Diese *testcard* gehört:

_____

_____

_____

Editorial

Als vom »Ende der Spaßgesellschaft« die Rede war, klang das
für kurze Zeit so, als sollte etwas
abgeschafft werden, was die Ruhe
und Ordnung innerhalb unserer
westlichen Gesellschaft doch
geradezu konstituiert. Der Ernst
alleine mit seiner fast immer nur
vorgetäuschten Seriosität, reicht
als Propaganda nicht aus: Erst
das Miteinander von Bildern und
Worten der »Erschütterung«,
»Betroffenheit« und Kampfent-
schlossenheit der »zivilisierten
Welt« einerseits und jenen der
bis zur Debilität gehenden
Quatsch-Comedy-Serien andererseits konstruiert die westliche
Welt als vermeintlich zivilisierte,
weil als frei empfundene, gegen
den humorlosen ›Feind‹ (den
›Fundamentalisten‹). Fast immer
dient Humor als Machterhalt
derjenigen, die sich der Freiheit
des Lachens bemächtigen.

Das Thema zu vorliegender
testcard-Ausgabe stand schon vor
jenen Ereignissen fest, denen der
Ruf nacheilte, dass die »Spaßgesellschaft« ein Ende habe, auf
perfide, nämlich unangemessene
Art und Weise das kolportierend,
was Adorno übers Gedicht nach
Auschwitz geschrieben hatte.

Die Herangehensweise an Humor,
die dieser Ausgabe zugrunde liegt,
wurde von der Medien-Rezeption
der Ereignisse des 11. Septem-
bers nicht beeinflusst, vielmehr
bestätigt: Kritischer Umgang mit
der Frage nach der Funktion von

Komik (wer nutzt sie zu welchen
Zwecken?) fördert zutage –
wie Roger Behrens in seinem einleitenden Artikel historisch untersucht –, dass die moralischen
Grundfesten unserer Gesellschaft untrennbar mit deren Kehrseite zusammenhängen, nämlich
dem Lachen über jene, deren
soziale Ausgrenzung über den
Witz noch einmal verbal untermauert wird.

Dass Humor der Festigung bestehender Verhältnisse dient und sich
geradezu eignet, die Unzivilisiert-
heit des Ernstes zu konterkarieren
(genau jene Comedy-Shows,
die nach dem 11. September aus
Pietätsgründen ausgesetzt wurden, halfen kurz darauf, von den
Bomben auf Afghanistan abzulenken oder sie sogar zu bagatellisie-
ren), ist allerdings nur eine Seite.
Die andere: Humor als Subversion,
als strategische Destabilisierung
herrschender Verhältnisse oder
als Grundwerte zerschmetternder,
deren Falschheit nach außen keh-
render ›Unsinn‹. Solche Strategien

werden hier auch behandelt (Frank
Apunkt Schneider über Helge
Schneider, Martin Büsser über
»Naiv-Pop« und jüdische »Patchwork«-Ansätze in der Musik,
Ina Beyer über KLF, Annette Emde
über das Fotografenpaar Bernhard
und Anna Blume u. v. m.) und
immer wieder gegen die leicht-
fertige Gleichsetzung von Humor
und Spaßgesellschaft ins Spiel
gebracht. In jedem Einzelfall gilt,
die Frage zu stellen, wer da zu
welchem Zweck über wen sich
lustig macht. Gegen Protestantis-
mus und gegen Vergötzung der
Restformen so genannter ›E‹-Kul-
tur ziehen die Beiträge dieser
testcard-Ausgabe eine Trennung
zwischen Humor als Ausdruck
von Machterhalt und als Moment
der Infragestellung von Machtverhältnissen – um sich entschieden
für Letzteres auszusprechen, nicht
aber für die kulturpessimistische
Flucht in einen verkommenen
bürgerlichen Seriositätsanspruch
an Kultur.

Die Redaktion

Roger Behrens

»Alles geht kaputt …
und ich lach, ha, ha, ha!«

[Humor in der Kulturindustrie]

Der Humor als Kulturschatten der Moderne

Ernst ist das Leben, heiter ist die Kunst.
Friedrich Schiller

Vita verecunda est, musa jocosa mihi.
Ovid

 Humor, Lachen, Witz und vor allem Ironie markieren Grunderfahrungen bürgerlicher Subjektivität, sind das Eingedenken, dass eben diese Subjektivität glatt und reibungslos in dieser Welt nicht zu haben ist. Und das nicht erst seitdem die Postmoderne ausgerufen und in ihrem Namen der Tod des Subjekts proklamiert wurde, womit durchaus fröhlich ein Subjekt gemeint war, das sich totgelacht haben könnte über seine eigene Selbstüberschätzung; nach der Postmoderne hat sich dies als die Fortsetzung einer Dialektik des Individuums erwiesen, die zur Moderne gehört, die das Subjekt immer schon als sterbend, zumindest aber scheiternd dachte:[1] Während die lineare Geschichtsschreibung die Neuzeit zwar mit dem Zweifel beginnen lässt, der sich aber im Cartesianischen Cogito zur widerspruchsfreien Selbstgewissheit stabilisiert, setzt der kritische Blick vorher an und sieht die Neuzeit und ihr subjektives Ideal bereits im Ursprung vom Lachen des Misslingens gekennzeichnet; ja, es scheint fast, als sei die Behauptung der Linearität und Widerspruchsfreiheit der Individuation offenbar selbst der beste Witz der Moderne. Es sind die frühmodernen Ketzer, die zugleich die Wahrheit der Moderne ausgesprochen haben: Philosophisch machten sich Giordano Bruno oder Erasmus von Rotterdam über das Ideal des neuen Menschen lustig, das sie doch zugleich postulierten; in der Kunst war es vor allem die Literatur, namentlich William Shakespeare und Miguel de Cervantes, die mit ihren Figuren eben nicht die erst viel später auftretenden, vermeintlich ich-starken Prototypen des Bürgertums vorstellten, sondern Helden der Lächerlichkeit, Don Quichotes, ironische Subjekte.[2]

Zur bürgerlichen Gesellschaft gehören konstitutiv die Widersprüche, nicht nur die ökonomischen, die sich dann in der kapitalistischen Ordnung verfestigen: Der moderne Mensch ist nur als Monade der Widersprüche zu denken. Es kommt nicht von ungefähr, dass die Helden der bürgerlichen Kultur des 19. Jahrhunderts, die nämlich oft als widerspruchslose Idealtypen vorgeführt wurden, heute so lächerlich erscheinen, ohne dass sie witzig wären. Durchaus könnte das die späte Rache oder wenigstens fröhliche Wahrheit in Hegels These vom ›Ende der Kunst‹ sein: Gerade der vermeintliche Ernst der Hochkultur, diese seriöse Gewalt der bürgerlichen Selbstbehauptung des 19. Jahrhunderts, hat nun die gesellschaftliche Funktion vollends eingebüßt wie die der angeblichen Hochkultur insgesamt – nicht nur, weil sie überflüssig wurde im Sinne einer historischen Erneuerung und Weiterentwicklung, sondern weil ihr angeblicher Ernst so antiquiert und albern erscheint, so grotesk und absurd, und zwar gerade, weil das alltägliche Leben heute weitaus ernster und gefährlicher ist, als mit hochkulturellem Seriositätsblick – ein moralischer Blick – jemals auch nur annähernd erahnbar gewesen wäre (zu denken ist hier an den Bildungsroman, dessen Niedergang schon Georg Lukács in seiner *Theorie des Romans* verfolgte; exemplarisch sind dann Werke wie Adalbert Stifters *Nachsommer*, das Arno Schmidt in seiner Unwitzigkeit bloßstellte, weil etwa auf den tausend Seiten kein einziges Mal – gelacht wird!).

Die Hochkultur, die sich im 19. Jahrhundert vor allem in Deutschland als verbindliche Nationalkultur behauptete, in deren Namen Ideal und Kanon von Bildung, Sittlichkeit und Kunst festgelegt wurden, konnte nur mit der Glaubwürdigkeit ihres Ernstes rechnen, indem sie zugleich das Lachen verbannte, oder in krude zivilisierte Formen brachte: »Sie belieben zu scherzen, Madame!« Fortan wird nur noch geschmunzelt, Frauen zudem mit vorgehaltener Hand vorm Mund, als könnten durch den plötzlichen Lachanfall – schon ein medizinisches Wort – Krankheiten verbreitet werden (und dass das Lachen ansteckend ist, weiß man ja längst). Das Proletariat hatte in dieser Zeit sowieso nichts zu lachen; auch deshalb erschien ein Bürgertum, das sich das Lachen versagte, den Unterjochten gegenüber glaubwürdiger, seriöser. Nichtsdestotrotz ist ein sowieso schon freud- und spaßloses Leben, ob unten gezwungener Maßen, ob oben in asketischer Selbstbehauptung, wenig erbaulich und überzeugt nicht wirklich als Leitbild und Deutungsmuster.

Der Humor muss wieder her, und zwar mit programmatischer Sicherheit der guten Unterhaltung. Die heute vielfach zitierte und ebenso vielfach zu ihrem Ende gekommene Spaßgesellschaft hat hier, inmitten des un- wie urkomischen 19. Jahrhunderts ihren Ursprung: Während sich die Hochkultur des Lachens entsagt, erwächst mit höhnischem Gelächter in ihrem Schatten die Massenkultur. Wenigstens in theoretischer Distanz wird diese neue, fast überdrehte Fröhlichkeit der industriellen Revolution beobachtet, und im 19. Jahrhundert finden sich zahlreiche Abhandlungen über Witz und Humor, von Goethe bis Freud, von Jean-Paul bis Bergson, von Schopenhauer bis Nietzsche etc. Das kollektive Gelächter, dessen Spuren weit zur mittelalterlichen Festkultur zurückreichen, wird stets in Zeiten des Elends und der Entbehrungen lauter. Und seit dem 19. Jahrhundert ist es nun eine Masse: ihre fast zynische Fröhlichkeit, die immer dann überdreht und jubelnd wird, wenns besonders schlecht geht, erscheint beruhigend und gefährlich zugleich: Das kollektive Lachen ist kaum kontrollierbar; aber worüber gelacht wird, vermag die neue Industrie der Massenkultur wenigstens vorzugeben. Und sie entdeckt in den Varietés, in den Kneipen und Music-Halls auch bald das Grundprinzip der Spaßgesellschaft: Je ernster die Lage, um so dümmer muss der Witz sein, damit es lustig zugeht. – Diese Logik reüssiert im Übrigen in den siebziger Jahren des 20. Jahrhunderts vollends, wenn in der postfaschistischen Spätrestaurationsperiode der Bundesrepublik, die von Wirtschaftskrise und sozialen Bewegungen bestimmt wird, eine neue Ära der Unterhaltungsshows anbricht und Otto Walkes, Mike Krüger, Didi Hallervorden, Helga Feddersen, Gottlieb Wendehals, Vater Abraham und die Schlümpfe, Loriot und schließlich auch Entertainer wie Rudi Carell und Hans Rosenthal den Feierabend zum Karneval erklären.

Tonträgerhülle aus der postfaschistischen Spätrestaurationsperiode der Bundesrepublik

»Humor ist, wenn man trotzdem lacht.« – Die Erfindung der Spaßgesellschaft

Schadenfreude ist die beste Freude.
Spruch

Im 19. Jahrhundert wird das Regime der Arbeit errichtet; die Menschen werden darauf verpflichtet, den Großteil des Tages mit Tätigkeiten zu verbringen, die vor allem eines nicht sind: amüsant, unterhaltsam, lustig. Die Fröhlichkeit und die Gelassenheit, mit der die Menschen ihr mühsames Tagwerk verrichteten, wie es noch auf den Bildern der niederländischen Landschaftsmaler zu sehen war, das Lachen bei der Arbeit, das auf vielen spätmittelalterlichen Stichen erkennbar ist oder in den Stundenbüchern nachlesbar, das Erzählen, nämlich das Spinnen bei der Arbeit – all das verstummt im Rauschen der großen Industrie. Mit der kapitalistischen Arbeit verschwindet das Lachen aus der menschlichen Praxis, fast. Die protestantische Ethik setzt sich in den Fabriken durch: Arbeit heißt Schweigen; in den bürgerlichen Disziplinaranstalten, den Schulen, Hospitälern und Kasernen wird das Lachen nicht nur zum Schweigen gebracht, sondern diese Ruhe und Ordnung, die jeden Witz unterbindet, zum pädagogischen Prinzip erhoben. ›Stillarbeit‹ heißt es in der Erziehung: und selbst das Spiel der Kinder soll die schweigsame Antizipation der sie erwartenden, lebenslangen Beschäftigungstherapie sein.

Doch ein schweigsamer Kapitalismus ist auf Dauer nicht aufrecht zu erhalten; längst wird die Ruhe und Ordnung in der Karikatur durchbrochen und in den Kneipen und Kellern stürmt bereits das große Gelächter los. Ein subversives Lachen, das bedrohlich Spaß und Freude zurückfordert. Zugleich ist es aber auch ein affirmatives Lachen, das schnell nach dem alten Prinzip von Brot und Spiele zufrieden zu stellen ist. Das bisschen Freizeit wird zum Spektakel, und die Sinnlichkeit, die der kapitalistischen Lohnarbeit fehlt, kommt hier als Rausch der Sinne wieder. Nur über sich selbst zu lachen ist schwer, wenn es wenig zu lachen gibt. Deshalb lenkt sich der Spaß auf die Schadenfreude, den Witz über andere: Über Frauen, Juden, Krüppel, Nichtweiße wird sich lustig gemacht, freilich nach ökonomischer Logik, auf Kosten der Anderen.

Der Humor des Kapitalismus ist die Schadenfreude für seine Opfer – an ihrem Unglück erfreuen sich neben den Oberen die Unterdrückten selbst, die mit ihrer Schadenfreude das Konkurrenzverhältnis bezeugen: Der Rassismus, Antisemitismus, Neid und Hass gründen nicht nur in der offenen Aggression und zynischen Sachlichkeit, sondern auch im »speziellen Humor« des Ressentiments: Das Borkumlied, der Judenwitz, die Darstellung des »Jazznegers« als Clown, der Blondinenwitz und das hämische Gelächter der Skinheads, die um den erschlagenen Fremden herumstehen, das hämische Gelächter der Männer, die gerade ein Mädchen vergewaltigt haben. Dieses Lachen markiert die größtmögliche Distanz zum Opfer und definiert das, was in den Zeiten der Kulturindustrie als Spaßgesellschaft proklamiert wird.

Die Spaßgesellschaft hat ihren Ursprung zum Ende des 19. Jahrhunderts – und das durchaus noch mit dem damals noch nicht vollkom-men abgestorbenem ironischen Lachen über das Scheitern des bürgerlichen Ideals namens Hochkul-

Bewährtes Prinzip: Brot und Spiele.

tur. Die Musik, die vergleichsweise spätentwickelte Kunst des bürgerlichen Zeitalters, wagt ihre ersten Späße, durchaus auch schon mit dem Gestus des Stars, der den Konkurrenten verspottet. Schlammschlachten, die durchaus ob ihres Unterhaltungswertes inszeniert werden, die heute zwischen Madonna und Britney Spears oder OASIS und BLUR ausgetragen werden (und je schon albern und lächerlich sind), gehören zum Musikleben des 19. Jahrhunderts, Beethoven gegen Rossini, Wagner gegen Brahms. Anders als im Barock, der das Lachen und das Lustige streng nach Affektenlehre darstellte, gerierte der romantische Humor oftmals eine unfreiwillige Komik, von der oben schon die Rede war. Und diesen Witz selbst nicht zu bemerken, ist die schönste Ironie, mit der die alberne Dummheit, die den Massen als Spaß serviert wird, eben zum lustigen, wenn auch »schlechten Gewissen der Hochkultur« (Adorno und Horkheimer) wird: Den Anwälten der Hochkultur entgeht noch heute, dass das, was sie an der Unterhaltungskultur, am Pop, als Schund klassifizieren, oft nur die reinste Karikatur der vermeintlich höheren und seriöseren Kultur ist – von den schwarzen Bigbands bis zur Verleihung der Goldenen Venus wird der Hochkultur der Spiegel ihrer Lächerlichkeit vorgehalten (freilich einschließlich aller sich selbst übertreffenden und überschlagenden Dialektik, wenn nach solchem Muster eben auch *MTV* zum Bayreuth der Popkultur werden möchte).

Die Schadenfreude, mit der die Massen abgespeist werden sollten, wird zum längsten Witz, der seit über einhundert Jahren über den bürgerlichen Kulturbetrieb im Umlauf ist. Dass die Hochkultur, die ernste, die auch ernst genommen werden will, bereits mit ihren frühen Allüren gar nicht ernst zu nehmen ist, sondern gerade in der Komik ihrer vermeintlichen Seriosität sich mit großem Unterhaltungswert präsentiert, wusste dann Jacques Offenbach zu nutzen.

Offenbach ist eigentlich der Erfinder des musikalischen Humors; er hat die komische Oper mit erschaffen, legte den Grundstein für die Operette und bot so eine Unterhaltung, die nicht den Elitarismus einer esoterischen Kultstätte im Sinne Bayreuths brauchte, sondern auf den weltlichen Kult der Sachlichkeit der Verhältnisse vertraute. Mit der Operette steigt die Hochkultur zur Unterwelt der Unterhaltung hinab; *Orpheus* heißt ihr erster Held, eben nur ein Halbgott. Die Revolution von 1848 war gescheitert, im Dezember des Jahres wurde Louis Bonaparte – ein Neffe Kaiser Napoleons I. – zum Präsidenten gewählt, 1852 ließ Bonaparte sich, durch eine Volksabstimmung legitimiert, zum Kaiser krönen, forcierte den ökonomischen Liberalismus und konnten durch den großen Wirtschaftsaufschwung Ende der fünfziger Jahre die Massen für sich gewinnen.

»Offenbach ist mit dem Zweiten Kaiserreich unzertrennlich verknüpft. Kaum hat sich Napoleon III. zur Diktatur aufgeschwungen, so baut Offenbach das Genre der Operette aus, und die Operetten, die er zwischen den beiden Weltausstellungen von 1855 und 1867 komponiert, sind nicht allein der repräsentativste Ausdruck der kaiserlichen Ära, sondern greifen zugleich mit verwandelnder Kraft in das Regime ein. Sie spiegeln ihre Epoche und helfen zu sprengen, – zweideutige Produkte eines Künstlers, der auch durch seine Person die Phantasie der Zeitgenossen erregt.«[3] – *Orpheus aus der Unterwelt* wird am 21. Oktober 1858 uraufgeführt und läuft dann über Jahre hinweg Abend für Abend im ausverkauften Bouffes-Parisiens.

Im Paris des Second Empire, für das Napoleon III. die Devise »Freude und Glanz« ausgab, fällt die »Blütezeit des Kapitals« (Eric Hobsbawm) mit der Entstehung der bürgerlichen Vergnügungskultur zusammen, schlägt die »Geburtsstunde der kapitalistischen Kulturindustrie«.[4] Offenbach hat sich mit seinen Operetten nicht nur zum Geburtshelfer der Kulturindustrie gemacht, sondern sie verkörpert: Als Komponist beherrschte er die grandiosen Tricks und Effekte, musikalische ebenso wie in der Ausstattung der Bühne, mit denen er sein Publikum verzauberte, und als Geschäftsmann leitete er seine Theater als profitable Unternehmen. Die auf Spaß abgestimmte Massenkultur zeigt sich hier erstmals verwertungslogisch, und damit den Kapitalismus von seiner fröhlichen, vergnüglichen Seite. – In seinem Aufsatz *Paris, die Hauptstadt des XIX. Jahrhunderts* notiert Walter Benjamin: »Die Weltausstellungen verklären den Tauschwert der Waren. Sie schaffen einen Rahmen, in dem ihr Gebrauchswert zurücktritt. Sie eröffnen eine Phantasmagorie, in die der Mensch eintritt, um sich zerstreuen zu lassen. Die Vergnügungsindustrie erleichtert ihm das, indem sie ihn auf die Höhe der Ware hebt.«[5]

Wenn Benjamin hier von »Phantasmagorie« spricht, so zitiert er nicht nur das Marxsche Wort aus dem Kapitel des *Kapitals* über den Fetischcharakter der Ware,[6] sondern ebenso auf einen allegorischen Begriff von Phantasmagorie, mit dem ursprünglich eine »Illusionsmaschine« des 19. Jahrhunderts bezeichnet wurde, aber auch phantastische Szenen auf der Theaterbühne.[7] – Anfang Mai 1855 wird die erste Pariser Weltausstellung eröffnet; Offenbach eröffnet am 5. Juli desselben Jahres sein erstes eigenes, kleines Theater, die Bouffes-Parisiens, liebevoll von den Parisern *Bonbonnière* genannt, in unmittelbarer Nähe zum großen Industriepalast der Weltausstellung und bringt mit seinen Operetten nichts anderes auf die Bühne als phantasmagorische Inszenierungen seiner Operetten: Das Phantasmagorische ist freilich der

Humor, mit dem er auf den Ernst der Hochkultur rekurriert, den er nun im *Can-Can* antreten lässt; der Spaß wird zum Kitt von Politik, Ware und Sexualität, das bis zum Sex & Drugs & Rock'n'Roll im 20. Jahrhundert das massenkulturelle Leitmotiv bleiben wird.

Das lächerliche Jahrhundert – Witzbuch für Jungen

Die Massenkultur hat schon ihr Publikum, aber noch nicht ihre wirklichen Konsumenten; es braucht noch einige Jahre bis zum Beginn des 20. Jahrhunderts, wo die Jugend erwacht, die für sich jede Mode des nächsten Vergnügens reklamiert. Das Rebellische der Jugend, mit dem sie seither herumprahlt, ist vor allem die Respektlosigkeit, mit der sie sich über die jeweilige Kultur der Erwachsenen lustig macht; jede Jugend versucht die ihr vorausgegangene mit Zynismus, Lustigkeit, Partystimmung zu überbieten. Reaktionär wird dies, wenn die Jugend genau darin versucht, ihren Ernst zu behaupten und sich dem Humor der Kulturindustrie nur andient. »Das Grab des Witzes ist gewiss seine gewerbliche Anfertigung, wie sie heute betrieben wird«, schreibt Kurt Tucholsky 1918 polemisch gegen die Zeitschrift, in der die juvenal-fixierte Popkultur ihren ideologischen Ursprung hat, die *Jugend*: »Der Hort des gut bürgerlichen deutschen Witzes ist die *Jugend*. Die *Jugend*-Witze sind vorher so genau zu berechnen wie eine Algebra-Aufgabe. Da haben wir den Witz, der gutmütig-holperig über die Dummheit eines Bäuerleins oder eines Soldaten spottet, der irgendeine Verfassung nicht kennt, der Rammel ... Man sollte der alten *Jugend* endlich einmal den Kindermund stopfen.«[8] Auch hier erfährt der Witz über die Schwachen seine erneute Begründung, und es bleibt nicht beim Lachen der geselligen Burschenschaft, sondern funktioniert ebenso mit SCOOTER und den meisten Hiphop-Cliquen: Das Lachen der kulturell Stärkeren ist ein männliches Lachen, und wahrscheinlich das sexuelle Synonym zur – angeblich – hysterischen Frau. Wenn es stimmt, dass Kultur – nach Sigmund Freud – die enorme Leistung des Realitätsprinzips darstellt, die Libido zu regulieren und die Lust zu sublimieren, dann ist das Lachen der Jugend die letzte Regression ihrer pubertären Inszenierung von Männlichkeit: Die sexuelle Freizügigkeit, die die Spaßgesellschaft der Jugend zugesteht, erstickt im Lachen sexueller Diskriminierung (Schwulenwitze, Witze über Potenz/Impotenz, über frigide Frauen).

Es gibt keine lustigen Pornofilme; und gleich ob Howard Stern, Bootsy Collins oder *Tutti Frutti* – das Lachen männlicher Selbstbehauptung, das die Popkultur prägt, ist in seiner Humorlosigkeit höchstens lächerlich und eigentlich »schamlos und prüde ... Das ist das Geheimnis der ästhetischen Sublimierung: Erfüllung als gebrochene darzustellen. Kulturindustrie sublimiert nicht, sondern unterdrückt ... Gelacht wird darüber, dass es nichts zu lachen gibt ... Fun ist ein Stahlbad. Die Vergnügungsindustrie verordnet es unablässig. Lachen in ihr wird zum Instrument des Betrugs am Glück ...«[9]

Die Witze der Kulturindustrie muss man nicht verstehen, um über sie lachen zu können; im Gegenteil: sie rechnen mit der Dummheit der Konsumenten, und je weniger Humor sie haben, um so lauter wird über sie gelacht. Das diskriminierende Gelächter erzählt überhaupt keine Witze mehr, sondern führt sie nur noch als Stereotypen, als Witzfiguren vor: Charlie Chaplin, Laurel & Hardy, Jerry Lewis an der Seite von Dean Martin ... das soll nicht darüber hinwegtäuschen, dass eben diese Sterotypen oft genug durch ihre narrative und reflektierte Binnenstruktur gesprengt werden, was auch für Doris Day oder Marilyn Monroe gilt – bis zu Woody Allen, Leslie Nielsen, gelegentlich Harald Schmidt oder Verona Feldbusch; sie gehen im stereotypen Witz gerade deshalb nicht unmittelbar auf, weil sie bereits die Unmittelbarkeit ihrer Rolle ironisch überzeichnen. Doch die Konsumenten wollen, dass die Witzigkeit der Stars echt ist; fliegt auf, dass der Witz nur ironische Distanz war und letztendlich der Eulenspiegel gegen das Publikum, verstehen sie keinen Spaß mehr – die Konsumenten wurden um die Identifikation mit ihrem Star betrogen und versuchen sich zu rächen, indem dem Star seinerseits die Identität genommen wird, schließlich die Würde, wenn Verona Feldbusch ihre Seele blanklegen muss.

Erst über die Inquisition der Ironiker und Abtrünnigen triumphiert die Spaßgesellschaft mit ihrem besonderen Witz: der Menschenverachtung, die von Julius Streicher bis Stefan Raab tendenziell dieselbe ist und in den Talkshows, wo die Schwächsten sich zu Witzfiguren machen, ihre Exemplare finden. Schließlich sollen im Popzeitalter die vorgeführten Witzfiguren mehr und mehr real existierende Außenseiter sein, die wirklich gescheitert sind, die wenigstens die neueste Mode verpasst haben wie schon die letzte, die dem kulturellen Code nicht entsprechen; Disktinktionsgewinne werden mit höhnischem Gelächter quittiert ...

Ohne Worte, ohne Pointe

Korf erfindet eine Art von Witzen,
die erst viele Stunden später wirken.
Jeder hört sie an mit langer Weile.
Doch als hätt' ein Zunder still geglommen,
wird man nachts im Bette plötzlich munter,
selig lächelnd wie ein satter Säugling.
Christian Morgenstern, *Die Galgenlieder*

Sich lustig machen. – Die Kulturindustrie: »Was grinst du denn so blöd? Ist irgendwas? Willst du Ärger?« Sigmund Freud: »Es ist Zeit, dass wir uns mit einigen Charakteren des Humors vertraut machen. Der Humor hat nicht nur etwas Befreiendes wie der Witz und die Komik, sondern auch etwas Großartiges und Erhabenes, welche Züge an den beiden anderen Arten des Lustgewinns aus intellektueller Tätigkeit nicht gefunden werden. Das Großartige liegt offenbar im Triumph des Narzissmus, in der siegreich behaupteten Unverletzlichkeit des Ichs.«[10]

* * *

Tränen lachen. – Die Kultivierung des Humors drückt sich auch in der Lautstärke des Lachens aus; – nicht immer ist klar, ob jemand weint oder lacht. Wie laut ist ein guter Witz, wie laut muss Humor, muss Scherz, darf Ironie sein? Diese Frage hat in abgewandelter, nämlich auf den Schmerz bezogener Weise die Kulturwissenschaften von Lessing bis Warburg interessiert: Schreit Laokoon, oder hat er nur seinen Mund geöffnet, um gerade so den Schrei tapfer zu unterdrücken? Im 20. Jahrhundert verschmelzen Schmerz und Schrei im Lachen vor lauter Angst: zum Beispiel auf Edvard Munchs *Der Schrei*, zum Beispiel bei Zeitungsjungen,

11

der die Schlagzeile – etwa ein Kriegsausbruch – als Reklame für die Zeitung ausruft; zum Beispiel das Gegenteil: Auschwitz und das Schweigen, versus: Trillerpfeifen auf der *Love-Parade*, schreiende Männer im Metal, *Scary Movie* und *Scream*. Die lauten Affekte: Verschwinden sie oder verschieben sie sich nur?

* * *

»Ach, und warum habt ihr plötzlich so gelacht?« – Eine Frage der Leidenschaft: »Humor ist eine willkührlich angenommene Manier. Das Willkührliche ist das Pikante daran: Humor ist Resultat einer freyen Vermischung des Bedingten und Unbedingten. Durch Humor wird das eigenthümlich Bedingte allgemein interessant, und erhält objektiven Werth. Wo Fantasie und Urtheilskraft sich berühren, entsteht Witz; wo sich Vernunft und Willkühr paaren, Humor. Persifflage gehört zum Humor, ist aber um einen Grad geringer: es ist nicht mehr rein artistisch, und viel beschränkter. Was Fr. Schlegel als Ironie karakterisirt, ist meines Bedünken nach nichts anderes als die Folge, der Karakter der Besonnenheit, der, der wahrhaften Gegenwart des Geistes. Schlegels Ironie scheint mir ächter Humor zu seyn ... Den stärcksten Witz hat die Leidenschaft. Ächt geselliger Witz ist ohne Knall.«[11]

Lachen verboten

Schon Platon wollte in seinem Idealstaat das Lachen verbieten; Lachen gäbe die Verhältnisse der Lächerlichkeit preis, es entspringe dem Dionysischen, verweigere sich der Konvention, der Ordnung und befördere die Ekstase, die Rebellion, die Revolution: »Wenn sich jemand in heftigem Lachen gehen lässt, so sucht dergleichen auch immer wieder eine heftige Umwendung.«[12] Gegen den letztlich totalitären Idealismus Platons hob Aristoteles allerdings die Bedeutung der Rührung hervor, die wir in der Kunst erfahren; sie ist Reinigung, Katharsis und führt zu einer »angenehmen Erleichterung«.[13]

Diese Reinigung ist keineswegs bloß Vergnügen und Seelenkur; sie ist, wie Dieter Prokop bemerkt, »Befreiung« – »Rührung und Schrecken bewirken Veränderungen: Tränen fließen; man kriegt eine Gänsehaut. Beim Lachen wird das Zwerchfell geschüttelt. Durch Rührung und Schrecken, Vergnügen und Gelächter lebt man Situationen des Lebens nach und bearbeitet sie.«[14] So hat das Lachen in der Komödie seine katharische Funktion: »Die Komödie ist, wie

wir sagten, Nachahmung von schlechteren Menschen, aber nicht im Hinblick auf jede Art von Schlechtigkeit, sondern nur insoweit, als das Lächerliche am Hässlichen teilhat. Das Lächerliche ist nämlich ein mit Hässlichkeit verbundener Fehler, der indes keinen Schmerz und kein Verderben verursacht, wie ja auch die lächerliche Maske hässlich und verzerrt ist, jedoch ohne den Ausdruck von Schmerz.«[15] – Es ist dieselbe Lächerlichkeit, die dem totalitären Staat einen Charlie Chaplin so gefährlich erscheinen lässt; es ist die Karikatur des Schreckens, das Hässliche der *Modernen Zeiten*, die Lächerlichkeit des *Großen Diktators*. Doch ist Hitler noch lächerlich, so das, wofür er steht, nicht. Und das ist das Problem des Humors, nachdem von der Vergnügungsindustrie nur noch die Spaßkultur übrig blieb, die das geschichtliche Verbrechen geflissentlich ignoriert.

»Kunst, die anders als reflektiert gar nicht mehr möglich ist, muss von sich aus auf Heiterkeit verzichten. Dazu nötigt sie vor allem anderen, was jüngst geschah. Der Satz, nach Auschwitz lasse sich kein Gedicht mehr sich schreiben, gilt nicht blank, gewiss aber, dass danach, weil es möglich war und bis ins Unabsehbare möglich bleibt, keine heitere Kunst mehr vorgestellt werden kann.«[16] – Gerade aber, weil sich die Sachlichkeit des Massenmordes den Spaß an der Terrorarbeit nicht verbieten lassen wollte und ja auch bekannt ist, dass der deutsche Alltag im ›Dritten Reich‹ durchaus vergnüglich war, gilt Adornos Diktum mit der paradoxen Korrektur, dass gegen die Diktatur der Spaßgesellschaft nicht nur auf Heiterkeitsverzicht zu insistieren ist, sondern gleichzeitig eine kritische Ironie und ein widerständiger Humor geübt werden müssten.

»›Keiner darf hungern und frieren; wer's doch tut, kommt ins Konzentrationslager‹: der Witz aus Hitlers Deutschland könnte als Maxime über allen Portalen der Kulturindustrie leuchten.«[17] Der verordnete Spaß gehört zur krudesten Ideologie der Kulturindustrie wie das Lachen über sie zum schönsten Widerstand. So wie der Spaß suggerieren soll, dass alles in Ordnung sei, für alle gesorgt ist, versucht Humor wenigstens dieser Dummheit des Konformismus zu widerstehen; und Ironie durchbricht ihn. Die Konsumenten glauben sich in ihrem Lachen so schlau wie der *Bild*-Zeitungsleser: Natürlich müsse niemand ins Lager, sowenig wie die amüsante Geschichte mit der durch den Fleischwolf gedrehten Ehefrau stimmt. – Es braucht Ironie und Humor, um die Wahrheit auszuhalten, dass der Witz eben doch ernst ist wie der brutale Mord.

Aus diesem tragischen Bewusstsein, dass vermutlich alles noch viel schlimmer ist, nährt sich der widerständige Humor. In dieser Weise war gemeint, was Benjamin dem Lachen noch gutschreiben wollte, Erkenntnischarakter: »Und insbesondere bietet die Erschütterung des Zwerchfells dem Gedanken gewöhnlich bessere Chancen dar als die der Seele.«[18] – Doch je weniger eine Gesellschaft mit der Ich-Stärke ihrer Mitglieder rechnen kann, zu um so weniger Humor ist sie fähig; fast gar nicht kennt sie die Ironie, die Selbstdistanz. Auch für die Kultur gilt, was Marx in Ergänzung hegelscher Geschichtstheorie festhielt: Nichts wiederholt sich zweimal, wenn doch, dann das erste Mal als Tragödie, das zweite Mal als Farce – wohlbemerkt: die eigentlich fällige Komödie bleibt aus. Will Humor, dass der Mensch, auch nach Marx, heiter von seiner Vergangenheit scheide, so weiß die Ironie, dass diese Vergangenheit schon längst verloren war, bevor sie überhaupt Spuren hinterlassen konnte.

Pop als musikalischer Witz

*Der Witz ist das Epigramm auf den Tod
eines Gefühls.*
Friedrich Nietzsche

Die Fröhlichkeit, mit der sich die Massenkultur im 19. Jahrhundert feiert, kaschierte die Misere der Gegenwart; die Spaßgesellschaft der Kulturindustrie verdrängt im Gelächter die Spuren ihrer Vergangenheit. Das Problem der Historiografie des Pop ist mehr als nur ein ästhetisches; die Massenkultur hat die Zeit aus der Geschichte genommen und sie durch Moden ersetzt. So kommt aus der Massenkultur – später dann der Popkultur – der Schatten der Geschichtslosigkeit, der die Spaßgesellschaft wie ein Unwetter überzieht. Das Kontinuum der Moden, als das nunmehr Geschichte von Saison zu Saison fortschreitet, wird auch

durch den Humor aufgesprengt. So sehr Adorno recht hat darin, dass nach Auschwitz der Kultur die Heiterkeit versagt ist, so sehr gehört Humor zur Erinnerung an das, was war; Ironie und Humor sind zwei Methoden einer kulturellen Didaktik, die Vergangenheit zitierbar zu machen: im Klezmer und selbst noch in John Zorns *Kristallnacht* wird das hörbar, was sich zuvor schon der Jazz angeeignet hat: Die Fähigkeit, sich unter lautem Gelächter und mit ironischer Brechung die verlorene Zeit anzueignen (man denke im Übrigen an das jüdische Purim). Jazz ist insgesamt von der Ironie bestimmt, im Zitat und der Montage des Gewesenen heimlich und schweigend eine Geschichte der Unterdrückung zu schreiben – mit dem lauten und keineswegs bescheidenen Humor, schließlich genau mit den Elementen, die stets als Schund abgestempelt wurden. Gegen die Hochkultur und bürgerliche Kunstmusik, für die das gängige *Ullstein Musiklexikon* noch eilfertig behauptet, es gäbe keine musikalische Ironie. Humor, klar: Bach kannte ihn, auch und vor allem Mozart (vor allem in den Opern und in den Sinfonien, etwa *Jupiter*), Beethoven (der feine Humor: »Die Wut über den verlorenen Groschen«), selbst Franz Schubert, Robert Schumann – die Humoreske.

Ironie hat aber viel mit Popelementen in der E-Musik zu tun, mit ihrem Jazz: Offenbach wurde bereits erwähnt, aber ebenso ist Berlioz zu nennen; Prokowjeff komponiert als junger Mensch seine *klassische Sinfonie* mit ironischer Leichtigkeit, Mahler seine tragischen sinfonischen Dichtungen, die gerade im Augenblick größter Not vor Ironie überquellen (man denke an die *Kindertotenlieder* und die *Lieder eines fahrenden Gesellen*). Dass mit Ironie eine Zeit zu gewinnen ist, haben dann nicht nur Weill (*Mahagonny*) und Eisler erkannt, sondern vor allem Schostakowitsch (*Jazz-Suite*). Im Jazz gibt es die ersten Schallplatten, auf denen gelacht wird (Dizzy Gillespie, Nina Simone, Herbie Hancock und dergleichen). Das ist das Sur-

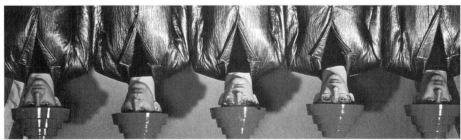

Shrivel up with the fröhliche Avantgarde: DEVO, Cover *Freedom Of Choice*, 1980

reale, mithin Dadaistische, das sich als Subversionsstrategie in der Kulturindustrie eingenistet hat und gegen den schlechten Witz des Mainstreams, gegen die Unterhaltung der Spaßgesellschaft, ganz andere Stimmungen des Lachens zeigt: Das Gegenteil von E-Musik wäre nämlich nicht U-Musik, sondern I-Musik, ironische Musik. Ihr Humor lacht über die Absurdität und verfremdet den Ernst der Spaßgesellschaft, indem sie ihn übertreibt, beschleunigt, übersetzt.

Die Ästhetisierung der Politik kulminiert in der Vergnügungsindustrie und ihrem Spaßterrorismus (»Kraft durch Freude«, die witzigen Showeinlagen der Popkultur, *Love Parade* als Mainstream und Ballermann Sechs). Die Ironie einer fröhlichen Avantgarde entlarvt durch Montage- und Verfremdungsverfahren den aufdringlichen Witz mit einem versteckten, fast verschwiegenen Humor als lächerlich: Ihre Ironie ist der Humor verpasster Möglichkeiten, die mit jedem schlechten Witz der Wirklichkeit annulliert werden. Die Spaßgesellschaft verspricht mit ihren Witzen das Glück, während die Ironie hinter der Illusion des Glücks das reale Unglück herausstellt; Humor ist das Lachen der Hoffnung auf zukünftiges Glück. Diese Utopie bleibt bilderlos, ist mal politisch, mal künstlerisch; sie hat keine Strömung, keinen Stil, keine Mode und ihre Geschichte besteht aus den Beispielen der Unterbrechung. Politische Ironie und künstlerischer Humor schreiben eine Subgeschichte der Musik, in Fragmenten: Conlon Nancarrow, Glenn Gould, Wendy Carlos, Jannis Xenakis,

John Cage (der späte), Lydia Lunch (die frühe) haben an der Technik das Komische gezeigt; DEVO, TALKING HEADS, B52's, PARLIAMENT, KLF, LASSIE SINGERS den Humor bewiesen, sich um die ästhetischen Probleme der Technik gar nicht erst zu kümmern; Gilberto Gils Adaption von *No Women No Cry*, LAIBACHs Übersetzung *Leben heißt Leben* und DJ KOZES Remix von *Tausend Tränen tief* sind als ironische Wendungen hörbar. Wie es mit INSTERBURG & CO ist, weiß ich nicht; Heinz-Rudolf Kunze: nicht komisch. Jan Delay: komisch. Und Ingo Metzmacher? Bernadette Hengst? EROBIQUE? FETTES BROT? PAROLE TRIXIE? – Zur Ironie gehört wie zum Humor gerade im Pop die subjektive Allgemeinheit des Geschmacksurteils und die objektive Allgemeinheit der kritischen Erkenntnis ...

»Stammheim-Babel. Kennst Du den schon?« – Die besten Witze der Kulturindustrie

Kindermund tut Wahrheit kund.

Spruch

Ein guter Witz der Kulturindustrie. – Das jüngst in die Neue-Mitte-Hauptstadt Berlin umgezogene Unternehmen *Universal* wirbt mit grellen Plakaten, auf denen zwei Personen, Mann und Frau, als Nerds mit Pullunder und dicken Brillen vorgeführt werden. »Das ist Kate, das ist Bob; und das ist ihr neuer Job ... Hol' dir den besten Job im Popgeschäft ...« In der Kulturindustrie,

Anmerkungen

1 In diesem Sinne sprach Wolfgang Welsch mit etwas übertriebener freier Assoziation davon, dass im Wort der »Moderne« ja auch das »Modernde« stecke (so in: *Unsere postmoderne Moderne*).

2 Vgl. dazu: Arnold Hauser, *Soziologie der Kunst*, München 1981.

3 Siegfried Kracauer, *Jacques Offenbach und das Paris seiner Zeit*, Frankfurt am Main 1994, S. 10.

4 Norbert Nagler, Jacques Offenbachs musikalische Utopie, in: Heinz-Klaus Metzger und Rainer Riehn (Hg.), *Musikkonzepte Band 13: Jacques Offenbach*, München 1980, S. 100.

5 Walter Benjamin, *Paris, die Hauptstadt des XIX. Jahrhunderts*, in: *Das Passagen-Werk*, Gesammelte Schriften Bd. V·1, Frankfurt am Main 1991, S. 50.

6 Vgl. Karl Marx, *Das Kapital*, MEW Bd. 23, S. 86: »Das Geheimnisvolle der Warenform besteht also einfach darin, dass sie den Menschen die gesellschaftlichen Charaktere ihrer eignen Arbeit als

gegenständliche Charaktere der Arbeitsprodukte selbst, als gesellschaftliche Natureigenschaften dieser Dinge zurückspiegelt ... Es ist nur das bestimmte gesellschaftliche Verhältnis der Menschen selbst, welches hier für sie die phantasmagorische Form eines Verhältnisses von Dingen annimmt.«

7 Vgl. dazu: Martin Jay, *Downcast Eyes. The Denigration of Vision in Twentieth-Century French Tought*, Berkeley, Los Angeles und London 1993, S. 115; Jay rekurriert auf einen Beitrag von Terry Castle, Phantasmagoria: Spectral Technology and the Metaphorics of Modern Reverie, in: Critical Inquiry 15, 1 (1988), S. 26 ff. Vgl. ferner meine Ausführungen in: Das unbewußte Sehen und das Unbewußte sichtbar machen, in: Behrens, Die Ungleichzeitigkeit des realen Humanismus. Konsequenzen, Experimente und Montagen in kritischer Theorie, Dartford und Cuxhaven 1996, S. 121.

8 Kurt Tucholsky, *Witze*, in: ders., *Gesammelte Werke Bd. 1*, Reinbek bei Hamburg 1975, S. 307 f.

9 Theodor W. Adorno und Max Horkheimer, *Dialektik der Aufklärung*, in: Adorno, *Gesammelte Schriften Bd. 3*, Frankfurt am Main 1997, S. 162 f.

10 Sigmund Freud, *Der Humor*, in: ders., *Studienausgabe, Bd. IV*, Frankfurt am Main 2000, S. 278.

11 Novalis, *Blüthenstaub, Schriften Bd. 2: Das philosophisch-theoretische Werk*, hg. v. Hans-Joachim Mähl, Darmstadt 1999, S. 239 f.

12 Platon, *Der Staat III*, 388e; Übersetzung Friedrich Schleiermacher.

13 Aristoteles, *Politik*, 8. Buch, 1342a.

14 Dieter Prokop, *Der Kampf um die Medien. Das Geschichtsbuch der neuen kritischen Medienforschung*, Hamburg 2001, S. 22.

15 Aristoteles, *Die Poetik*, 1449a.

16 Adorno, Ist die Kunst heiter?, in: *Gesammelte Schriften Bd. 11*, a.a.O., S. 603.

17 Adorno und Horkheimer, *Dialektik der Aufklärung*, a.a.O., S. 172.

18 Benjamin, *Der Autor als Produzent*, in: *Gesammelte Schriften Bd. II·2*, S. 699.

19 Adorno, *Ist die Kunst heiter?*, a.a.O., S. 602.

schreibt Adorno, wird »der Scherz zur grinsenden Fratze von Reklame ...«[19]

Scherz beiseite (1). – Ich, der ich in den Siebzigern meine Kindheit erlebt habe, erinnere mich an noch sehr unbeholfene rassistische Witze: Häschenwitze (»Haddu Möhrn?«) und Ostfriesenwitze, die sich auch sprachlich auf restingiertem Niveau bewegten; der erste »echte« rassistische Witz ging so: »Kommt ein Neger in eine Bar, kommt wieder raus, hat er den Bus verpasst.« Ende der Siebziger kulminiert der deutsche Humor in den Türkenwitzen.

Scherz beiseite (2). – Zur deutschen Spaßkultur der Siebziger gehört eine restaurierte Fassung des Clowns (der im Zerrbild Nazideutschlands immer beides war, Schwarzer und Jude); die ehemaligen Opfer des Terrors werden jetzt als Gastarbeiter der Kulturindustrie rehabilitiert, das Lachen über sie wird zur Entschuldigung für den Massenmord: Roberto Blanco, Tony Marshall, Bill Ramsey, Rudi Carell sind die lustigen Ausländer, deren gebrochenes Deutsch komisch ist. Vater Abraham, ebenfalls Ausländer, ist der lustige Rabbiner, Hans Rosenthal – »Und Sie sind der Meinung: ›Das war spitze!‹« – der Jude, der den Deutschen nichts übelnimmt, und selbst im Künstlernamen und Kostüm von Gottlieb Wendehals steckt eine komische Variation des stereotypen Juden.

Scherz beiseite (3). – Die deutsche Spaßkultur der Siebziger und Folgende ist nicht nur durch die Dummheit des Witzes gekennzeichnet, sondern auch von einer fast surrealen Qualität des Nonsens (Nonstop Nonsens): Von Sie müssen erst den Nippel durch die Lasche ziehen ..., Hier fliegen gleich die Löcher aus dem Käse bis Alles hat ein Ende, nur die Wurst hat zwei ... Bis zu Künstlern wie TRIO oder Helge Schneider könnte gezeigt werden, dass in diesen Nonsenswitzen und Humor der Sinnlosigkeit zugleich eine Wendung gegen die typisch deutsche Innerlich- wie Eigentlichkeit und Bedeutungsüberhöhung steckt. Und hat diese Form der Spaßkultur nicht wenigstens den Wahrheits- und Wahrhaftigkeitsanspruch herrschender Ideologie aufgebrochen, etwa auch gegen die Meinungsmache der Bild-Zeitung (die vielleicht nicht von ungefähr heute mit genau solchen vermeintlichen Selbstironisierungen des Sinnlosen für sich Werbung macht)?

Die Bombenstimmung der Spaßkanonen. – Die Kulturindustrie arbeitet nach Methoden des Volksgerichtshofs: Wer einmal Opfer des diskriminierenden Witzes wird, muss fortan beweisen, eben die Eigenschaften der Belustigung nicht zu haben. Der Sexismus des Blondinenwitzes basiert auf der unterstellten Dummheit blonder Frauen, die sich zudem in der Männerfantasie erotischer Naivität äußert; ausgerechnet gegen den Stumpfsinn des Herrenwitzes müssen die Frauen nun unablässig sich als irgendwie doch schlau bewähren (so wie zu Zeiten des Türkenwitzes der Ausländer als nicht-stinkend, fleißig etc.). – Den besten Herrenwitz erzählt übrigens Fanny Müller mit der Geschichte, wie sie in der Sauna Hausverbot bekam, weil sie zu ihrer Bekannten über einen Vorbeigehenden sagte: »Guck mal, sieht aus wie ein Penis, nur kleiner.« Was sie nicht wussten: das war der Bademeister.

Flüsterwitze. – Wer hat eigentlich in den fünfziger Jahren, in den sechziger, siebziger und achtziger Jahren über Hitler gelacht? Es gibt – gelungene und weniger gelungene – Ausnahmen, zum Beispiel Wolfgang Neuss, Ekel Alfred, Monty Python's Flying Circus, Albert Oehlen / Rainald Goetz ... Es hat den Flüsterwitz im ›Dritten Reich‹ gegeben, aber nie den guten Naziwitz (jedenfalls nicht in Deutschland; in Israel gibt es einige und in den Vereinigten Staaten ... und es gibt Woody Allen). Es wurde nicht gelernt, sich über Nazideutschland lustig zu machen. Etwa darüber: Weil es eine Verunglimpfung deutscher und nationalsozialistischer Symbole darstelle, war es verboten, Bratwürste in Hakenkreuzform zu grillen.

Jetzt ist Schluss mit Spaß! – Die Untertreibung des Humors als Widerstand gegen die übertriebene Fröhlichkeit. Edgar Allan Poe erzählt in The Jester die Geschichte eines Krüppels, der als Narr für die vergnüglichen Feste einer feinen Gesellschaft verantwortlich ist, wobei er und seine ebenfalls entstellte Freundin je schon als lebende Witze fungieren. Sein letzter Spaß wird die Rache für das erduldete Leiden – er gibt vor, mit den Festgästen ein Spiel zu machen, indem er einige in ein großes Netz einsperrt und am Kronleuchter hochzieht. Die Hilflosen fangen unter dem Gelächter der anderen Gäste Feuer und brennend stürzen sie in die Menge: Ein Inferno bricht los. – In den Siebzigern und Achtzigern versuchte eine Spaßguerilla mit ähnlichen Aktionen die Vergnügungskultur zu irritieren; vor allem gegen den Spaßterrorismus der Yuppies wendeten sich die Störungen: »Die Party machen wir!« – Die Punk-Industrialband MISSING FOUNDATION benutzte als Zeichen ein stilisiertes, umgedrehtes Sektglas, dessen Sprudel durchgestrichen ist. Und HANS-A-PLAST sangen: »Alles geht kaputt, alles geht in Schutt, und ich lach: Ha, ha, ha, ha, ha.« ●

Martin Büsser

Sie sind so niedlich.

Sind sie?

[Naiv-Pop, Anti-Folk, Shimmy Disc
und Jewish Music]

[Nicht-Identität als befreiendes
Lachen über die gar nicht komischen
Verhältnisse]

Vom Naiv-Pop zum Anti-Folk

Jad Fair & Daniel Johnston

 Kaum eine Veröffentlichung hat mich in den ausgehenden Achtzigern dermaßen begeistert und in Sachen Hörgewohnheiten aus der Bahn geworfen wie die Duo-Aufnahmen von Jad Fair und Daniel Johnston, '89 als LP und CD auf dem *50 Billion Skidillion*-Label erschienen. Das war eine Platte, bei der mir etwas passierte, das beim Hören von Musik, gleich welchen Genres, ganz selten passiert: Ich habe laut lachen müssen.

Erst einmal aber eine kurze Erklärung für all jene, die diese Veröffentlichung oder die Künstler nicht kennen. Jad Fair ist seit den ausgehenden Siebzigern als Sänger und meist auch Texter der schräg-trashigen

Jad Fair / Daniel Johnston: *same*

HALF JAPANESE aktiv (vielleicht läßt sich deren Musik am besten als Cartoon-Version von VELVET UNDERGROUND charakterisieren — im Gegensatz zu Lou Reeds lasziv rauhem Gesang klingt Jad Fair wie die Heliumstimme von Mickey Mouse); ähnlich lange ist auch Daniel Johnston schon »im Geschäft« (genauer also: als Musiker aktiv, ohne je richtig »im Geschäft« gewesen zu sein), er jedoch als notorischer Einzelgänger, meist als Solist an Akustikgitarre und Klavier, dessen Lieder — ein Repertoire von inzwischen etwa 300 Songs — jedoch eher anrührend als witzig sind und klingen, geprägt von Einsamkeit, offen ausgesprochener und über musikalische Unsicherheit ausgedrückte Kontaktarmut. Eine Art immer mitschwingende Unsicherheit, die durch bewußt schlechte Tape-Aufnahmen noch verstärkt wird: Das Rauschen der Aufnahmen klingt, als wollte sich der schüchterne Sänger hinter all dem Geräusch verstecken, bis zur Unkenntlichkeit verschwinden, auf möglichst große Distanz zum Publikum gehen (was zugleich ein Paradox zur fast schon exhibitionistischen Intimität seiner Texte und Musik darstellt).

Als ich mir einmal bei Jad Fair eine CD von Daniel Johnston kaufte, meinte er warnend: »It doesn't sound like a CD, it even doesn't sound like a LP ... but it's great.« Genauer beschrieben hören sich viele der älteren Johnston-Aufnahmen nicht nur so an, als hätte da jemand eine Kassette von der Qualität 70er-Jahre-BASF (orangenes Label, meines Wissens nicht mal *Chrom*-Qualität) in einen Mono-Rekorder mit daumenabdruckgroßem Raummikro geschoben, um von diesen Aufnahmen ohne jegliche Nachbearbeitung Tapes oder Platten ziehen zu lassen — sie sind auch de facto so entstanden. (Jad Fair: »I bought him some good quality cassettes, but he threw them away«).

Die Schüchternheit jener, die in den USA allgemein als *nerds* bezeichnet werden, drückt allerdings nicht nur die breiten Schultern von Daniel Johnston zu einer passiven, allgemein als unerotisch empfundenen, in sich gesenkten Haltung hinunter, sondern sie gehört auch zu den wesentlichen Eigenschaften von Jad Fair, wird von ihm auf der Bühne jedoch durch ein offensiveres, geradezu zappeliges Auftreten kaschiert — nicht aber durch seine übergroße »Wissenschaftler«-Hornbrille à la Professor Bienlein, mit der er sich die »Weirdness« geradezu bekennerhaft ins Gesicht geschrieben hat. In Interviews fällt es Jad Fair schwer, sein Stottern unter Kontrolle zu bekommen oder überhaupt im Sinne herkömmlicher Konvention ›souverän‹ (also im kapitalistischen Sinne: die eigene Person gut/cool verkaufend) zu kommunizieren.

Beide Musiker stammen aus wohlbehüteten Elternhäusern, beiden wurde von den Eltern her — soweit dies für uns nachvollziehbar ist — sehr viel Respekt und Liebe entgegengebracht. Wenn Daniel Johnston einmal live auftritt, was sehr selten der Fall ist, wird er fast immer von seinem inzwischen 80jährigen Vater begleitet (ausführlich dokumentiert im Booklet zur *Trikont*-CD *Why Me? Live Volksbühne am Rosa-Luxemburg-Platz Berlin 6/6/99*); und auch die Eltern von David und Jad Fair haben die kakophonen Sounds ihrer beiden Söhne in den Mittsiebzigern weder unterbunden noch mit den üblichen Ermahnungen begleitet. Gerührt und mit Tränen in den Augen erzählt die Mutter im Dokumentarfilm *Half Japanese: The Band That Would Be King* (Jeff Feuerzeig, 1993), wie sehr es sie mit Stolz erfülle, daß einige Leute ihr Heim als Geburtsort des amerikanischen Punkrock bezeichneten.

Das familiäre Umfeld und die Charaktereigenschaften der Musiker erklären natürlich noch nicht, warum die Platte, die beide als Duo aufgenommen haben, so witzig ist. Sie bilden aber den Hintergrund für etwas, das hintersinnigen Humor (im Gegensatz zu allen Stefan Raab-Schenkelklopfern) erst möglich macht: Zurückgenommenheit; scheinbar unsouveräne, stellenweise unbeholfen schusselige Umgangsformen, die sich bei genauerem Hinsehen bzw. Hinhören jedoch als das genaue Gegenteil zu erkennen geben: als maximale Souveränität, wie sie nur dort entstehen kann, wo Komik zugelassener Bestandteil ist,

Daniel Johnston: *Yip/Jump Music*

auch über den Ausführenden, den Künstler und nicht nur über seinen Witz lachen zu dürfen. Nicht aber, um ihn auszulachen. Sondern weil es hier den Rezipienten – die in der Regel Laien sind – möglich wird, die eigene Schwäche/Unbeholfenheit einmal im Vortrag anderer (ganz und gar nicht unbeholfen) vorzufinden, denen es (vermeintlich) so wenig gelingt wie es einem selbst gelingen würde, auf der Bühne ›souverän‹ zu wirken und dem Image eines Rock- oder Popstars zu entsprechen. Naiv-Pop in Fair/Johnston-Tradition ist U-Boot-Subversion, die das Starsystem Pop liebevoll untergräbt und sich damit über etwas lustig macht, wonach alle heischen, ohne es doch im Sinne einer besseren Welt ernsthaft wollen zu können: Stars statt Freunde.

Jad Fair und Daniel Johnston sind nicht notgedrungen, also nicht immer witzige Musiker. Mal ist es die offen vorgetragene Verlorenheit (Johnston) und mal (Fair) die manisch gesteigerte Naivität (mitsamt kindlichen Songtexten über Monster, Superhelden, UFOs u. ä.), die beim Hören dieser Musik alles andere als Lachen, schon gar nicht befreiendes Lachen erzeugen, sondern vielmehr Beklemmung – nicht zuletzt dadurch, daß das fast peinliche Mitgefühl beim Hören dieses beinahe pathologischen Seelenstriptease einem ganz anderen, nicht minder traurigen Gefühl weicht – nämlich dem, daß die dort gewählte naive Vortragsweise eine sehr pointierte, als »wahr« empfundene Auskunft über die Beschaffenheit der Welt zu geben vermag.

Das Naive ist also nur Mittel, um Zusammenbruch und Scheitern besonders effektvoll hervortreten zu lassen: In Don Quixote-Manier treten Jad Fair und Daniel Johnston als »traurige Gestalten« auf. Aufgrund ihres naiv vorgetragenen Glaubens an die Ordnung der Welt kann überhaupt erst offenkundig werden, daß nichts, wirklich gar nichts in Ordnung ist. »It's summertime / and all is fine« beginnt ihr Song *Summertime*, doch bereits das völlig falsche, besser gesagt nicht vorhandene Zusammenspiel von Schlagzeug und Klavier signalisiert die Aufgesetztheit dieser Zeilen. Im Sinne einer Inszenierung von *Ars Bruit* (und genau das unterscheidet diese Musik von Gruppen wie STATION 17) wird hier das Schönreden der Weltordnung bereits als bloß therapeutische Inszenierung offengelegt, hinter der der Abgrund lauert. *It's Spooky* heißt die erste Nummer dieses 89er Albums *Jad Fair and Daniel Johnston*: Der Spuk bezeichnet die allen Nummern innewohnende Angst, daß die Freundlichkeit der Welt, die da so übertrieben manisch aufgebaut werden soll, jeden Moment in ihr genaues Gegenteil kippen kann.

Auf der Platte befinden sich neben Coverversionen übliche Fair-Johnston-Naivitäts-Songs über Geister (*Casper The Friendly Ghost*), Monster (das großartige *Frankenstein Conquers The World*) und die typisch naive Alltagsbeschreibung mit Anleihen an Jonathan Richman (also: Eis essen, Auto fahren und glücklich sein) neben gebrochenen, zu beinahe schmerzhaft verstimmtem Klavier vorgetragenen Einbrüchen der Idylle, etwa *First Day At Work*, das davon handelt, daß der erste Arbeitstag immer aufregend ist und der Chef an diesem Tag besonders freundlich, sich all das aber schon mit dem kommenden Tag – und zwar für immer – ändern wird.

Souverän in dem Sinne, daß sie ein Lachen auslösen, werden die Texte hier erst durch den Vortrag, durch den Dilettantismus, immer nur haarscharf am korrekt gespielten Song vorbeizuschießen. Schlagzeug und Gitarre laufen häufig aus der Spur, doch den Takt nicht zu treffen, klingt sehr bewußt eingesetzt, ist also kein unfreiwilliger Dilettantismus, aber auch keine affektiert eingesetzte Clownerie. Es ist im Gegenteil künstlerisches Mittel, den überaus naiven Texten genau das zu rauben, was sie doch vorzugeben versuchen: die perfekte, harmonische oder doch zumindest immer erklärbar strukturierte Welt. Insofern ist das Lachen, das die beiden erzeugen, ein intellektuelles Lachen, nämlich eines, das zugleich den Verlust des Einfachen über das Scheitern auf spieltechnischer Ebene belacht. Anders gesagt: Diese so scheinbar einfach gestrickte Musik zieht ihre Komik daraus, daß sie weitaus komplexer funktioniert als nahezu alles, was sich im Rock und Pop zwar komplex, aber darum umso unwitziger, weil eindimensionaler in Szene setzt.

Ein klassisches Beispiel für Witz, der bei mir nie hat funktionieren können, ist Frank Zappa. Mir geht es gar nicht mal darum, daß sehr viel Zappa-Humor auf Kosten von Minderheiten ausgetragen wurde und deshalb alleine unter ›p.c.‹-Vorzeichen suspekt ist, sondern daß bereits die Art des Vortrags alles Komische im Keim erstickt: Zappa-Musik entstand aus einer selbstgewählten Warte der Souveränität heraus und herab, nicht nur musikalisch demonstrativ virtuos, sondern auch im Urteil über andere – Zappa zog ja geradezu allen Witz aus der Häme gegenüber anderen, sei es, daß er sie musikalisch persiflierte oder textlich abservierte –, nie jedoch aus der Gebrochenheit des eigenen Materials heraus. Alles Collagenhafte bei Zappa war nicht gebrochen im Sinne einer musikalischen Infragestellung des eigenen Materials, sondern entweder demonstrativ souverän avantgardistisch oder parodistisch. Die Kritik am Zappa-Humor ließe sich auch auf andere Musiker übertragen, die mit diesem »Witz« des virtuosen Übertrumpfens spielen, der meist ein »Besser als« in den Raum stellt, auf die RED HOT CHILI PEPPERS ebenso wie auf PRIMUS.

Andererseits ist aber auch der Dilettantismus an sich noch kein Garant für Komik. Es gibt unzählige dilettantische Musiker, die dank ihres Dilettantismus unfreiwillig komisch waren/sind und aufgrund ihrer total schrägen, aus Selbstüberschätzung entstandenen Machwerke ein Lachen hervorrufen (das SHAGGS-Phänomen) – ein solches Lachen hält jedoch nicht lange an, da es kein sozusagen philosophisch elementares Lachen über die Beschaffenheit der Welt ist, sondern nur ein kurzes, aus Erstaunen über die Dreistigkeit oder Selbstüberschätzung des Anderen entstandenes Lachen, das sehr schnell der Langeweile weicht. Ein Album der SHAGGS ganz durchzuhören ist eher zermürbend als komisch. Ähnliches gilt für die unzähligen »Incredible Strange Music«-Aufnahmen, als deren Verwalter sich vor allem das *Rhino*-Label hervorgetan hat: Verdienstvoll, diesen ganzen freiwilligen und unfreiwilligen Quatsch aus den 60er und 70er Jahren zu bewahren – so richtiges Lachen jedoch mag das nicht erzeugen. Fast all diesen Sachen mangelt es an dem Entscheidenden, was das Fair/Johnston-Album so kostbar machte: Mischung aus Dilettantismus und Kalkül, Miteinander von naiver Freude gepaart mit einem Ausdruck von Schwäche (fragiler Gesang, verstimmte, äußerst ›dünn‹ eingesetzte Instrumente), der die kindliche Sicht bereits als trügerisch entlarvt, es aber zugleich als Gegenmodell zur ›souveränen‹ Erwachsenenwelt mit all ihrer Rücksichtslosigkeit und Härte beibehält.

Blutbad im Kinderzimmer: HAPPY FLOWERS

Die kindliche beziehungsweise naive Tradition fand ihren ersten reinen Ausdruck Mitte der Siebziger in Jonathan Richman & THE MODERN LOVERS, deren

Happy Flowers: *Killerhase* (Innencover von *Too Manny Bunnies*)

Song *Road Runner* (mit dem affirmativ begeisterten Slogan »I'm in love with the modern times«) sogar die ganz und gar nicht naiven SEX PISTOLS auf *The Great Rock'n'Roll Swindle* Tribut zollten; die Tradition fand ihre trashige Zuspitzung bei Jad Fair/HALF JAPA-

NESE und ihre eher vereinsamte, erschütternd bis rührend klingende Variante bei Daniel Johnston (der zugleich der therapeutischen *Ars Bruit* am nächsten steht, was hier keinesfalls als wertend verstanden werden soll). Für eine weitere Zuspitzung – und zwar in Richtung Noise/Nerd-Core – sorgte zwischen etwa 1983 (erste EP mit dem paradigmatischen Titel *Songs For Children*) und 1990 (es gibt sie allerdings immer noch, aber seit Beginn der Neunziger ist es zumindest in Europa still um sie geworden) das Duo HAPPY FLOWERS, das all seine Songs aus der Sicht von Kindern schrieb, eine Kindheit besingend und in klanglichem Inferno umsetzend, die aus einer bloßen Aneinanderreihung von Alpträumen bestand. Musikalisch waren die HAPPY FLOWERS mit ihren markerschütternden Schreien, die Kinderstimmen nachahmten (Nummern wie *I Wanna Watch Cartoons* sind so nervenzerfetzend wie ein zwölfköpfiger Kindergeburtstag in einer Einfamilienwohnung) wesentlich ›härter‹ als fast alle Grindcore-Bands jener Zeit. Songs wie *The Vacuum Ate Timmy* (ein gigantischer Staubsauger hat den kleinen Bruder aufgefressen), *Mom, I Gave The Cat Some Acid* (Inhalt des Songs muß wohl nicht erklärt werden) und das höllisch schmerzverzerrte *Left Behind* (Eltern haben ihr Kind am Straßenrand vergessen und sind mit dem Auto davongebraust) bis hin zu unbeschreiblichen Splatterorgien im Kinderzimmer und Erscheinungen wie *I Saw My Picture On A Milk Carton* machten die Songs der HAPPY FLOWERS zu einem Kleinod an grotesker Protestmusik, die am letzten Tabu rührte: An der heuchlerisch propagierten Unversehrtheit der Kindheit (man denke nur an den schrecklichen PUR-Song *Kinder sind tabu*, der genau die Heuchelei des entsprechenden Klientels bedient ... ein Phänomen, das ich mich hier weiter auszuführen scheue).

Happy Flowers: Innencover von *Oof*

Das HAPPY FLOWERS-Szenario einer nur noch als grausam empfundenen Kindheit, in dem die *Itchy & Scratchy*-Dimensionen der Psychohölle Eigenheim nach außen gekehrt wurden, deutete bereits eine Wende im Naiv-Pop an: Mit der Tradition von Jonathan Richman, Jad Fair und Daniel Johnston wurde gebrochen, die abbildend naive Phase (»alles ist schön,

die Sonne scheint, das Eis schmeckt lecker«) ist einer Ernüchterung gewichen, in der das Naive nur noch formal auftritt (kindliche Krach-Musik und Kinderrollen), textlich jedoch alles im Argen liegt. Damit standen die HAPPY FLOWERS bereits dem sogenannten Anti-Folk unserer Tage nahe, Bands wie den MOLDY PEACHES – mit dem Unterschied, daß die MOLDY PEACHES bereits die Gebrochenheit und Kaputtheit selbst reflektieren oder doch zumindest persiflieren, mit Naiv-Pop also sozusagen postmodern umgehen, die HAPPY FLOWERS das Kaputte dagegen ›nur‹ cartoonhaft zu einem Horrorszenario à la *Braindead* aufgebläht haben.

Ahnherrin der ›Bewegung‹: Moe Tucker

Der Naiv-Pop war zu keiner Zeit tot, sondern lebt als ein Seitenstrang des sogenannten Independent-Genres bis in unsere Tage fort, als eine Tradition, in der sich die beteiligten MusikerInnen stets auf dieselben Referenzen besinnen – allen voran auf Moe Tucker, die unverwechselbare Schlagzeugerin von VELVET UNDERGROUND, die mit dem von ihr gesungenen *After Hours* (auf *The Velvet Underground* von 1968) vielleicht als Erfinderin des Naiv-Pop gelten darf: Alle Coolness, alle Kaputtheit, der ganze Heroin-Chic, der nicht zuletzt dank Lou Reed für den Kultstatus von VELVET UNDERGROUND sorgte, wird in dem schönen Liedchen von Moe Tucker weggeweht, weicht einer kindlichen Angst vor dem Liebesentzug, musikalisch vielleicht ebenso tief und anrührend wie der Beginn von Marcel Prousts *Auf der Suche nach der verlorenen Zeit*. Dieser Song läßt die ganze Underground-Destruktions-Attüde der VU (die allerdings eher ein Problem der Rezeption ist, von VU dagegen immer schon gebrochen wurde – Songs wie *Venus In Furs* sind ja bereits karikaturhaft zugespitzt und witzig, auf alle Fälle in ihrer Übertriebenheit witziger als der ganze sich so ernst nehmende Rock jener Zeit, diese existenzialistische Männer-Rebellen-Pose) als bloße Inszenierung hinter sich und bricht konsequent mit der distanziert abgeklärten Sonnenbrillen-Haltung, indem er ein Höchstmaß an Angst und Angreifbarkeit nach außen kehrt.

After Hours ist zwar noch kein wirklich witziger Song, wohl aber ein Schlüsselwerk jener Tradition, die den Witz später daraus zog, Angreifbarkeit zuzulassen und mit der eigenen Schwäche musikalisch zu spielen. *After Hours*, das mit den Zeilen »If you close the door, the night could last forever« beginnt, ist in seiner unhymnisch nach innen gekehrten Traurigkeit geradezu die Ur-Hymne all jener Schrubbel-Wohnzimmer-Lieder über Trennung und Einsamkeit, an denen sich schon immer leicht der Witz von der Attitüde hat scheiden lassen – jener Scheidepunkt zwischen dem Männergegreine vom »Ich-krieg-keine-Frauau-au« und einem unkoketten Umgang mit Naivität, in dem bereits die Vortragsweise keinerlei Fatalismus oder Authentizität erheischende Weinerlichkeit zu erkennen gibt (und deswegen witzig ist oder doch sein kann) ... zum Beispiel im ganz tollen *True Love* (»true love will find you in the end / you'll find out who is your friend«) von den VERMOOSTEN VLOTEN (auf *ngongo*, 1999), eine Daniel-Johnston-Coverversion (sic!), auf der bereits das in klassischer Naiv-Pop-Tradition eingesetzte (Kinder?-)Xylophon verdeutlicht, daß das Vorgetragene nicht die volle Wucht existenzieller Ernsthaftigkeit beansprucht.

Nach jahrelangem Abtauchen in das Leben als Hausfrau und Mutter betrat Moe Tucker Mitte der Achtziger wieder die Bühne und nahm nur konsequent ein paar wundervolle Platten unter Mitwirkung jener auf, die sich ihres Erbes angenommen hatten – darunter Daniel Johnston und Jad Fair. Die Bescheidenheit und Herzlichkeit, die sie an den Tag legte, wenn man sich mit ihr vor oder nach den Konzerten unterhielt, machte sehr schnell deutlich, daß Moe Tucker gar nicht in vollem Maße begriff, welche Bedeutung sie doch eigentlich im Sinne einer ›heimlichen‹ Ahnherrin der Popgeschichte hat und daß ihr Einfluß auf die vielleicht schönsten und menschlichsten Momente, die Popmusik je hervorgebracht hat (die Rede ist hier natürlich von der ganzen Tradition eines Jad Fair bis MOLDY PEACHES), all das aufwiegt, ja unwesentlich werden läßt, was ihre männlichen Kollegen, allen voran Lou Reed, an Wirkung erzielt haben. Oder aber: Ihre Herzlichkeit und Bescheidenheit ist vielleicht gerade Ausdruck dafür, daß sie sehr wohl ihre Bedeutung begriffen hat, die nicht zuletzt darin besteht, Naiv-Pop als Bastion gegen alle Coolness und alles Stargehabe etabliert zu haben.

Spätestens an dieser Stelle dürfte deutlich geworden sein, daß der Notbegriff Naiv-Pop (Roni Saarig schreibt in seinem Buch *The Secret History Of Rock* von »naive rock«, was mir nicht ganz so gefällt, weil die hier verhandelten Sachen ja gerade vermeiden, so richtig zu ›rocken‹) nichts mit jener Vorstellung von naiv zu tun hat, die sich auch auf das Auftreten von Popstars wie Britney Spears übertragen ließen, sondern daß damit eine Haltung und in Folge Strategie gemeint ist, in der Naivität nicht die »Dummchen«-Nummer wählt, sondern im Gegenteil ein Über-den-Dingen-Stehen, das sich nicht zuletzt darin ausdrückt, an einem auf Ernst gegründeten »business« (weil: Authentizität, »street credibility«, Schweiß, ›Ghetto‹, Rebellion etc. lassen sich nun mal nicht über Witz, Gebrochen- oder Bescheidenheit verkaufen) *nicht teilzunehmen.*

(Weil ich kein Freund von Fußnoten in einem Organ wie *testcard* bin, sei hier in Klammern angemerkt – bevor es weitergeht mit einer fragmentarisch wiedergegebenen Reise durch den Strudel von Naiv-Pop bis Anti-Folk –: Bei aller Problematik angesichts dessen, was aus Lou Reed geworden ist, liegt es mir fern, hier in einer Art nachträglich großspurig korrigierenden Geschichtsschreibung Moe Tucker zur einzig sympathischen und wirkungsgeschichtlich relevanten Kraft bei VU stilisieren zu wollen, auch wenn erstgenannter Punkt m. E. zutreffen mag. Vielmehr hätte in einem ganz eigenen Artikel aufgezeigt werden können, daß bereits im Gesamtgeflecht VELVET UNDERGROUND Humor eine große Rolle gespielt hat; allerdings nicht im Rahmen einer Naiv-Pop-Tradition, sondern im Rahmen von Selbststilisierung und -inszenierung; von eleganter, in französischer (De-Sade-und-Surrealismus-)Linie stehenden Überzeichnung sogenannter Schockelemente und Tabuthemen; von lasziver, immer nur vorgetäuschter Gelassenheit gegenüber dem Weltgeschehen (sie waren ja – scheinbar – eine der unpolitischsten Bands des Rock-Undergrounds innerhalb der politisch so aufgeladenen Endsechziger) – eine Eigenschaft, die sich dann doch auch im ganzen Naiv-Pop findet: unter Ausklammerung aller Politik-Issues die ganze Zerstörtheit der sozialen Verhältnisse im eigenen privaten Kosmos *als politische* zu benennen).

NOISE ADDICT

Bevor ich auf die MOLDY PEACHES eingehe, die einen deutlichen Bruch mit dem herkömmlichen Naiv-Pop vollzogen haben, möchte ich noch eine Band erwähnen, die 1994 auf *Wiiija Records* eine außergewöhnliche 10" veröffentlicht haben: *Young & Jaded* von

NOISE ADDICT (von denen sich BEASTIE BOY-Mike-D so begeistert zeigte, daß sie wenige Jahre später auf seinem *Grand Royal*-Label veröffentlichen). Die Bandmitglieder waren zu diesem Zeitpunkt alle wirklich jung, also um die 15 Jahre alt, aber doch weniger naiv als das Artwork und die an Jonathan Richman orientierte Schrubbel-Musik vermuten lassen. Bereits der Plattentitel (den man am ehesten als »jung und erschöpft« oder »jung und am Ende« übersetzen könnte) deutet auf keine sprühende Energie hin, sondern kokettiert mit der Desillusionierung. Am gelungensten ist sicher die erste Nummer *I Wish I was Him*, in dem sich der Sänger wünscht, er wäre Evan Dando von den LEMONHEADS, weil: »he has no enemies«, »he gets his records for free« und (besonderer Vorteil!) »he gets his NME's sent by air not boat«. Der neidische Blick auf das Popstarleben ist nicht ohne Ironie, denn natürlich ist die glückliche Existenz, die da hinter Evan Dando vermutet wird, nur ein Traumbild, das vom Schicksal Kurt Cobains überschattet war – wenn nicht längst von John Lennon, der vermeintlich auch keine Feinde hatte und daher von einem glühenden Bewunderer umgebracht wurde.

Immer wieder thematisieren Naiv-Pop-Bands andere Künstler (so auch Jad Fair und Daniel Johnston mit ihrer obskuren Hymne auf den Ex-13TH FLOOR ELEVATOR-Sänger *I met Rocky Erickson*), gerne in Form eines gespielt neidischen Tributs. Ein solches oft devotes Tribut gelingt natürlich nur, wenn es von einer Naiv-Pop-Band stammt, deren Musik an sich (aus Mainstream- oder Rockstar-Gesichtspunkten) bereits als ›minderwertig‹ charakterisiert werden kann, also dilettantisch auftritt: Würde eine auf Perfektion getrimmte Heavy-Metal-Kapelle ein Tribut an METALLICA aufspielen, wäre das Devote lediglich peinlich. Hier jedoch funktioniert es bestenfalls sogar so, daß das Naive, obwohl es eigentlich die Bewunderung für einen Star ausdrückt, wesentlich sympathischer und integer als die Musik dieses Stars selber rüberkommt und damit an sich schon die Notwendigkeit solcher Star-Konstruktionen in Frage stellt.

Noise Addict: *Young And Jaded*

Anti-Folk: THE MOLDY PEACHES

Bittere und zugleich großartig alberne Infragesteller sind auch die MOLDY PEACHES aus New York, die Helden des »New York Anti-Folk«, ein Begriff, den sie selbst für ihre Musik verwenden (auf *Jorge Regula* lautet eine Zeile »I'm the afny guy«, was die MOLDY PEACHES auf ihrer Homepage als »I'm the anti-folk new york guy« auflösen). Eine Etikette, unter der bereits zahlreiche andere Musiker gehandelt werden, darunter Jeff Lewis, DUFUS, Jude Kastle, Mary Ann Farley und Diane Cluck. Besonders aussagekräftig ist dieser Begriff nicht, es sei denn, man begreift Folk als Inbegriff des musikalisch Authentischen. Authentisch möchten die MOLDY PEACHES gar nicht sein. Ihre Musik ist urbaner Slapstick, ihre Texte sind ein postmodernes Sammelsurium aus Zitaten, die häufig nur noch aus einer Aneinanderreihung wohlkingender Zeilen bestehen (»the monkey on your back is the latest trend« oder »I'll kiss you on the brain in the shadow of the train«), die jugendkulturelle Codes anzitieren oder mit deren Mustern spielen, aber keinen klaren Sinnzusammenhang erkennen lassen.

Das Duo Adam Green und Kimya Dawson (sie tritt live gerne im Hundekostüm auf, er in Robin-Hood-Montur), das vor allem als Vorgruppe der STROKES bekannt wurde, zieht seinen besonderen Witz nicht zuletzt aus dem harschen Kontrast von niedlicher, intim liebevoller Musik und bissigen, oft geradezu gemeinen Textzeilen. Diesbezüglich hat der Song *New York City's like a Graveyard* mit Zeilen wie »all the tombstones sky scraping« und »all the yuppies getting buried« durch die Ereignisse des 11.9. in Fankreisen schon wegen seiner prophetischen Aussage Kultstatus erhalten – doch die Nummer ist für die MOLDY PEACHES untypisch, sehr trashig und verzerrt gespielt (ein bißchen im Stil der ROYAL TRUX), während die meisten ihrer Songs ganz deutlich an die Naiv-Tradition anknüpfen, vor allem an Moe Tucker und Daniel Johnston. Adam und Kimya singen bewußt unerwachsen, also halb kindlich, halb adoleszent, unterstützt von einer ›kindlichen‹ Musik, fragil bis tollpatschig zusammengesetzt aus schrammeliger Akustikgitarre, sehr minimalistisch eingesetztem Schlagzeug, manchmal Piano, Horn und Blockflöte (!). Obwohl gerade der Gesang streckenweise einen erotisch lasziven Ausdruck annimmt, dominiert doch überall der (trügerische) Eindruck von Unschuld. THE MOLDY PEACHES haben viele Elemente dessen übernommen, was Frank Apunkt Schneider mit der schönen Wortschöpfung »Laschcore« versah (siehe seinen Artikel in *testcard #9*), also sozusagen hardcore-mäßig schlappe Musik –

bei ihm bezogen auf christliche Popmusik, die zwar versucht, peppig und jugendlich zu sein, de facto aber wegen ihres technischen Unvermögens und ihrer absoluten Unverbundenheit mit jeglichem jugendkulturellen Lebensbezugs nicht aus dem Quark kommt.

Während einer Videosession ist Adam von den MOLDY PEACHES in entsprechend »lascher« Kleidung

The Moldy Peaches: *Same*

zu sehen, mit Strickpullover und Halstuch, einem Kirchentags-Christen wie aus dem Ei gepellt ähnelnd (ein Outfit, das sich übrigens empirisch problemlos von deutschen Christen auch auf US-amerikanische übertragen läßt). Auch die Blockflöte paßt so ganz zu diesem Image – alleine, daß das Naive und »Weiche« bei den MOLDY PEACHES parodistisch eingesetzt wird, weshalb sie in einer Kritik bereits als »Anti-BELLE & SEBASTIAN« bezeichnet wurden. Textlich wirken die MOLDY PEACHES wie hedonistische Abziehbilder der amerikanischen Subkultur, ganz so, als ob sie einem Buch von Dennis Cooper oder den Bildern von Larry Clark entsprungen wären. »Sucking dick for ecstasy« heißt es im Straßenstrich-Song *Downloading Porn With Davo*, in anderen Songs wird kräftig Crack geraucht und in *Steak for Chicken* fast manifesthaft eine neue sex- und drogenhungrige Jugend verkündet – der Refrain lautet »We're not those kids sitting on the couch«.

Die MOLDY PEACHES sind so desillusionierend wie eine ihrer Zeilen aus *Who's Got The Crack?*: »I wanna be a hippie but I forgot how to love«. In ihren Texten gibt es keine Erzähler mehr, deren Biographie oder Haltung zur Identifikation einlädt – und auch die ganzen Sex & Drugs-Verweise sind bloß noch Zitat, Rock'n'Roll-Klischees, die im Zusammenhang mit der »schlappen« Musik alle »Coolness« verlieren (und damit wesentlich ironischer funktionieren als bei den STROKES). Um die Klischees gänzlich zu demontieren, findet bei den MOLDY PEACHES zudem ein ständiges Gender-Switching statt, sei es, daß männliche Gastmusiker in Frauenkleidern auftreten,

sei es, daß Zeilen wie »who'm I gonna stick my dick in« auch von Kimya, also der Frau, gesungen werden.

Die einst in den Rock'n'Roll projizierte Intensität wird von Langeweile und Übersättigung abgelöst: Der Song *Jorge Regula*, der noch am ehesten in alter Naiv-Pop-Tradition steht, besteht aus nichts weiter als der Beschreibung eines Tagesablaufs, dessen einzelne Schritte in totale Teilnahms- und Emotionslosigkeit aufgelöst werden. »My name is Jorge Regula / I'm walking down the street / I love you / Let's go to the beach / Let's go sailing / Let's get a bite to eat / Let's talk about movies / Let's go to sleep / I wake up in the morning / Put on my yellow shirt / I get a bite to eat / I go to work.«

Alle Zeilen werden von Adam und Kimya betont unbetont vorgetragen, so daß Äußerungen wie »I love you« und »Let's get a bite to eat« dieselbe Nicht-Intensität erhalten, nichts weiter sind als Teil eines motorischen Ablaufs, dessen Banalität durch die Zeile »Let's talk about movies« in seiner vollen Tragweite zum Ausdruck kommt. Das »yellow shirt«, das der Protagonist am Morgen anzieht, um zur Arbeit zu gehen, zitiert die nur vermeintliche Fröhlichkeit und Helligkeit des Naiv-Genres von Richman bis Johnston und verdeutlicht zugleich, daß all die Freundlichkeit und Farbigkeit nichts weiter als der Versuch darstellen, die totale Entfremdung zu kaschieren.

Im Gegensatz zu ihren weit populäreren Freunden, den STROKES, sind die MOLDY PEACHES wahrscheinlich die größte (Anti-)»Rock«-Entdeckung des letzten Jahres gewesen. Ihre Mischung aus Witz und Desillusionierung ist in dieser Art einzigartig und auch nicht mit WEEN vergleichbar, obwohl sich dieser Vergleich anhand drastischer Texte auf den ersten Blick anbietet. Bei WEEN ist das, was gemeinhin schwarzer Humor genannt wird, Bestandteil eines durch und durch artifiziellen Vortrags; die MOLDY PEACHES dagegen geben mit ihrer Musik Intimität und die Möglichkeit zur Identifikation vor, allerdings nur, um sie permanent aufzulösen. Das Liebevolle ist reine Strategie, um die Lieblosigkeit einer Welt, in der jeglicher naive Blick verloren gegangen ist, umso ernüchternder zutage treten zu lassen. Sie haben das Genre auf die Spitze getrieben.

Hybrider Countryjazz und das jüdische Dazwischen

Eugene Chadbourne

WARNING PARENTS:
Narrow-minded ultra-conservative zealots will
want to note this album and keep it away from
their kids! It contains lyrics of an explicit social
an political nature accompanied by rowdy, out-
rageous music.

Aufdruck auf dem Cover von Eugene Chadbournes
Corpses Of Foreign War

Auf Chadbournes Doppel-LP *LSD C&W* (Aufnahmen von 1979–81, *Fundamental Records*) findet sich eine illustre Liste an beteiligten Musikern, wie man sie kurz darauf kaum mehr in dieser Anballung auf einer einzigen Veröffentlichung vorgefunden hat. Die Platte, eine hybride Mischung aus Country, Psychedelic, Free Form Rock, Free Jazz und Folk, schon vermessen und scheinbar chaotisch in ihrer Auswahl an Coverversionen (die von den BEATLES und ROLLING STONES über Duke Ellington und Albert Ayler bis zu Johnny Cash, Jimi Hendrix, B.B. King und MISSION OF BURMA reichen), wurde unter anderem mit der Beteiligung von John Zorn, David Licht, (Marc) Kramer, Toshinori Kondo und Tom Cora eingespielt. Obwohl die meisten dieser Namen mit der New Yorker Downtown-Avantgarde in Zusammenhang gebracht und also einer ›Familie‹ zugerechnet werden, haben sie doch teilweise in den darauf folgenden Jahren ganz verschiedene ästhetische Ansätze entwickelt und weiterverfolgt. Kramer, Kopf des *Shimmy Disc*-Labels, umtriebiger Musiker (bei SHOCKABILLY, B.A.L.L., BONGWATER u. a.) und Produzent, arbeitete die 8oer hindurch an einer ganz eigenen Vision von weich trancehafter Psychedelic, eine ironisch kritische Post-Hippie-Musik, in der verträumter Pop und avantgardistische Noise-Elemente einander fabelhaft ergänzt haben; John Zorn dagegen, Labelgründer von *Tzadik* mit dessen eigener *Radical Jewish Music*-Reihe, avancierte seit Beginn der Achtziger zum Musiker mit tausend Köpfen, die von Kammermusik bis Noisecore, von Post-Easy-Listening bis Post-Industrial, von Hard Bop bis zu Klezmer reichten. Eugene Chadbourne, unter dessen Schirmherrschaft die Aufnahmen von *LSD C&W*

Ende der Siebziger entstanden, ist seinem damals bereits voll entwickelten hybriden Stil treu geblieben, covert bis heute auf seine unverkennbare Art Künstler wie Albert Ayler, die BEATLES und Duke Ellington … hat sich also streng genommen am wenigsten weiterentwickelt und darf damit gerade deshalb als so etwas wie der beständige und beharrliche Dreh- und Angelpunkt jenes Nicht-Stils gelten, der sich am ehesten durch seine ständige Durchmischung charakterisieren läßt – ein permanentes Dazwischen, aus dem sich eine der wesentlichen Eigenschaften dieser Musik (na, welche wohl?) erklärt: Humor.

Es ist nicht willkürlich, dieses Kapitel auf Naiv-Pop folgen zu lassen, schon alleine deshalb nicht, weil es zahlreiche personelle Verstrickungen gibt. Sowohl Jad Fair wie Daniel Johnston haben auf Kramers *Shimmy Disc*-Label veröffentlicht, dort gibt es auch eine ausgezeichnete Duo-Platte von Kramer und Jad Fair (*Roll Out The Barrell*, 1988); Don Fleming von B.A.L.L. wiederum taucht als Gastmusiker auf Moe Tuckers Album *Life In Exile After Abdication* (1989) auf. Ein weiterer Dreh- und Angelpunkt sind die VIOLENT FEMMES: Mit Brian Ritchie und Victor DeLorenzo von den VIOLENT FEMMES hatte Eugene Chadbourne seine vielleicht zugänglichste Platte aufgenommen – *Corpses Of Foreign War* –, eine musikalisch humoristische Platte voller Slapstick-Elemente (bereits die erste Nummer ist Coverversion eines Anti-Nazi-Trickfilm-Songs *Der Fuehrer's Face* von Oliver Wallace), textlich jedoch eine Ansammlung von hochkarätigen, politisch ganz und gar ernsten Protest-Songs. »Explicit lyrics«, wie Chadbourne auf dem Cover gegenüber konservativen Eltern warnt (s.o.), im Zusammenhang mit »rowdy, outrageous music« – eine Mischung, die mehr Sprengstoff beinhaltet als alle bitter ernst vorgetragene Protestmusik (im Folk ebenso wie im Hardcore). Die VIOLENT FEMMES waren es wiederum, die gemeinsam mit Moe Tucker Mitte der Achtziger eine Platte aufnehmen wollten, was wegen der damaligen Flugangst von Moe Tucker nicht zustande kam.

Es gibt aber noch eine ganz andere Gemeinsamkeit zwischen dem Naiv-Pop und den hier genannten Avantgarde-Vertretern: Die humoristische Distanz gegenüber jeglicher musikalischen Identität – auf der einen Seite das naiv-dilettantische Lachen, das sich dem Ernst eines auf Identitäten gründenden Rockgeschäfts verweigert, auf der anderen Seite die stilistische Heimatlosigkeit. Wenn Chadbourne Partikel aus

24

Folk, Country, Psychedelic und Free Jazz wild durcheinandermixt, will er nicht etwa die Originale destruieren, sondern auf die Hybridität hinweisen, die in den als »rein« gehandelten Stilen selbst immer schon angelegt ist. Er verdeutlicht nur noch einmal durch teilweise absurdistische Überzeichnung, wie ›unsauber‹ die Musik von zum Beispiel Albert Ayler selbst bereits gewesen ist. Chadbornes Wunsch, die eigene Musik von Tag zu Tag »weirder« werden zu lassen, wie er in den Liner Notes zu seiner jüngsten Veröffentlichung *Ayler Undead* (*Grob*, 2002) schreibt, hat zum Ziel, den Mittelpunkt aufzulösen und Fäden in alle Richtungen zu spinnen und also zu zeigen, daß es »die Reinheit« (und die mit ihr gerne assoziierte Identität) in jeglicher Musik nicht – oder höchstens als Konstrukt – geben kann.

Dilettantisch und in dieser Hinsicht mit Naiv-Pop vergleichbar ist Chadbornes Herangehensweise ganz und gar nicht, wird man hier mit Recht einwenden können. Wenn Chadbourne komplette Duke-Ellington-Big-Band-Arrangements auf ein einziges Banjo

Eugene Chadbourne: *Double Trio Love Album*

überträgt, gibt sich vielmehr die pure Virtuosität – live, authentisch, ohne doppelten Boden – offen zu erkennen. Und doch arbeitet der Virtuose Chadbourne mit ähnlichen Mitteln wie der Naiv-Pop: Nicht nur sein Cartoon-Gesang, sondern auch die Wahl der Instrumente (hier zum Beispiel: die ›Reduktion‹ der Big Band auf ein knarzig gespieltes Banjo) hat den Effekt einer Verniedlichung, die das Material brüchig werden läßt. So gelingt es Chadbourne, politisch ganz und gar nicht witzigen Sachverhalten dank scheinbar alberner musikalischer Comic-Verpackung eine im Kontrast umso eindringlichere Wirkung zu verleihen. Ein ähnlicher Effekt der Intensitäts-Steigerung wie im Naiv-Pop: Das Traurige und Kaputte wird über den heiteren Vortrag erst in seiner vollen Tragweite deutlich.

Der Humor, der bei Chadbourne dadurch entsteht, daß scheinbar völlig fremde Elemente einander durchdringen und oft sogar (im Gegensatz zum politischen und sozialen Alltag) bestens koexistieren – zum Beispiel der als »schwarz« konnotierte Blues, Swing und Freejazz und die »weiße« Countrymusik oder aber auch sein politisches, längst wieder aktuelles Experiment *Country Music In The World Of Islam*, in dem US-Folk und die Musik des Islam einander durchdringen –, entsteht dadurch, daß mit den auf Identität

gegründeten Erwartungshaltungen und Zuweisungen gebrochen wird. Zugleich entspringt der Witz einer Position, bei welcher der Künstler selbst keinen Boden unter den Füßen mehr zu haben scheint, also (auf durchaus souveräne Weise) heimatlos wirkt.

Entsprechend einer Äußerung des jüdischen Musikers Kramer, daß jüdischer Humor immer auch im Lachen über die eigene (Nicht-)Position besteht, ist es möglich, die Ansätze sowohl von Musikern wie Jad Fair, den MOLDY PEACHES wie auch von Eugene Chadbourne als Formen oder doch Kinder eines alten jüdischen Humors zu bezeichnen. Jüdisch insofern, als daß diese Musik auf keiner Heimat fußt, sondern das Nomadische und Hybride angenommen hat, das auch Jiddisch als Sprache innewohnt. Und etwas, das bei aller beißenden Kritik auch Milde walten läßt, weil es die eigene Position nicht überbewertet. Ein jüdischer Witz erzählt davon, wie ein Rabbi im Zug mit anhören muß, wie sein Gegenüber antisemitische Witze reißt. »Hören Sie doch auf, sich über uns lustig zu machen«, entgegnet ihm der Rabbi, »wir können das doch viel besser.«

Jüdischer Witz als Melting pot

Im Programmheft zum Münchner *Art Projekt*-Festival 1992 veröffentlichten John Zorn und Marc Ribot den umstrittenen Text *Was genau ist diese Radical New Jewish Culture?*, aus dem hier ein paar längere Passagen zitiert werden sollen:

»Immer schon wurde die neue amerikanische Musik ihrer Vielfalt wegen gerühmt. Sie ist nicht das Eigentum oder die Kreation einer einzigen kulturellen Gruppe. Aber man kann mit einiger Gewißheit sagen, daß die amerikanischen Juden einen großen Anteil daran haben. Ebenso sicher kann man sagen, daß, während diese Musik nach ihrer geographischen Herkunft (Downtown, East Coast, West Coast), nach Gattungszugehörigkeit (Jazz, No Wave, Hardcore, Avantgarde), nach ihrer politischen Richtung, ihrer ethnischen oder sozialen Herkunft oder nach Geschlechtern klassifiziert und analysiert wird, das Phänomen dieses wichtigen jüdischen Beitrags auf merkwürdige Art unsichtbar bleibt.

Der Grund für diese Unsichtbarkeit ist ein Rätsel, aber wenn diese Konzerte auch keine Antwort liefern können, so hoffen wir doch, daß sie wenigstens einige Fragen aufwerfen. Über welche Musik sprechen wir eigentlich? Die Musik in diesem Programm stammt aus den verschiedensten Genres: Klassik, Neue Musik, Jazz, freie Improvisation, Rock, Hardcore usw. Gibt es irgendeinen ›roten Faden‹ zwischen diesen Gattungen? Warum werden Juden von dieser Musik angezogen und die Musik von ihnen? (...) Wurde dieser immense Anteil an der Entwicklung der neuen Musik vom Wunsch gesteuert, sich in einen Bereich der amerikanischen Kultur (und sei es ethnisch) einzugliedern, oder ist er ein Zeichen der Entfremdung von der eigenen Herkunft – oder beides? (...) Inwieweit hat die traditionelle jüdische Eigenart, die unterdrückten Elemente aus anderen Kulturen zu verteidigen und aufzunehmen, zur Patchwork-Musik beigetragen, die in den 80er Jahren aus New York kam?«

John Zorn: *Cobra*

Es brachte John Zorn nicht nur positive Kritik ein, daß er zwar das musikalische »Patchwork« und auch dessen Witz (an anderer Stelle ist von »Ironie« die Rede) als jüdischen Beitrag würdigte, sich zu jener Zeit aber mit seinem MASADA-Projekt bewußt vom Patchwork-Gedanken entfernte und einer vermeintlich reinen jüdischen Folklore zuwandte, die Peter Niklas Wilson (in *Neue Zeitschrift für Musik* 3/1998) dafür kritisierte, daß sie weniger »jüdisch« sei als aufgesetzt »jüdelt«. »Zorns Aktionismus unter dem Banner der *Radical Jewish Culture* ist ein Katalog symbolischer Handlungen, die ad hoc etwas herstellen sollen, was Zorns bisheriger Musik fehlte: kulturelle Identität.«

Und in der Tat: Mit dem Moment, an dem Zorn auf der Suche nach jüdischer Identität von der Patchwork-Arbeit abgewichen war, verlor sie auch ihren Humor. »So brillant Zorn die Dekonstruktion (musik-)kultureller Identität gelang«, schreibt Wilson, »so kläglich scheitert eine Rekonstruktion einer ungebrochen jüdischen Musik.«

Inzwischen haben sich die Wogen etwas geglättet. Zorn selbst beharrt in seiner Musik nicht mehr ausschließlich auf einem traditionalistischen Ansatz. Inzwischen ist es auch möglich, dem Manifest von damals etwas Aufklärerisches abzugewinnen, was jenseits aller problematischen Versuche einer Rekonstruktion von Identität zu äußern längst an der Zeit war – nämlich endlich einmal darauf hinzuweisen, daß der jüdische Anteil an der hybrid-ironischen Musik, die die Avantgarde der 80er und 90er Jahre in allen Bereichen prägte, stets verschwiegen wurde – so wie auch viele Mainstream-Künstler (z.B. Serge Gainsbourgh) ihre jüdische Herkunft aus Angst vor Antisemitismus verschwiegen hatten. Problematisch war weniger das Manifest selbst als Zorns plötzliche musikalische Wandlung und ihr Versuch, dieser Ironie und Heimatlosigkeit dank neuer Ernsthaftigkeit eine neue Heimat geben zu wollen – obwohl doch gerade die heimatlose Musik viel besser geeignet war, Kritik an bestehenden Verhältnissen (zu deren festen Bestandteil auch der Antisemitismus gehört) zu äußern.

Es versteht sich von selbst, daß die musikalische Thematisierung des Holocaust auf Humor verzichten muß oder ihn doch nur in einer so verhaltenen Art und Weise einsetzen kann, daß einem das Lachen förmlich im Hals stecken bleibt. John Zorn war sich dessen bereits vor der Veröffentlichung seines Manifests bewußt: Wenn er neben seinen Slapstick-Patchwork-Arbeit, dem blubbernden und quietschenden Spiel mit Posaunen-und Saxophon-Mundstücken in Wasserbecken (höre z.B. *A Classical Guide To Strategy*), explizit jüdische Themen aufgriff (z.B. auf *Kristallnacht*), verzichtete er aus guten Gründen auf all die für seine Musik so typischen Cartoon-Überspitzungen. Wenn es jedoch darum geht, den jüdischen Beitrag hervorzuheben, der die Musik der letzten Jahrzehnte als positiven Gegenentwurf zum auf Identität begründeten Ernst (der für Jazz ebenso wie für Rock konstitutiv ist) so bereichert hat, dann läßt sich mit Blick auf die Zukunft sagen: Sein Humor ist dringend notwendig, um der überall durch Musik stattfindenden Re-Nationalisierung Bremsblöcke in den Weg zu legen. (Nichts anderes versuchen diesbezüglich schon seit Jahren FSK in deutschem Kontext als explizit nicht-deutsche Band, deren Ansatz einer stil- und heimatlosen Musik entfernte Verwandtschaft mit Eugene Chadbourne hat; den jüdischen Aspekt einer solchen Herangehensweise unterstrichen sie mit dem Titel ihrer 2000er-Veröffentlichung: *Tel Aviv*).

Das Jüdische an dem Humor, der Naiv-Pop (dessen »schräges« Spiel sich im Klezmer zurückverfolgen läßt) und der Patchwork-Musik geistig miteinander verbindet (unabhängig davon, ob all diese Musiker tatsächlich jüdischer Herkunft sind, da es hier vor allem um *eine Idee* geht), hat nichts mit dem sogenannten jüdischen Selbsthaß zu tun, der einem *Radical Jewish Music*-Projekt rund um Anthony Coleman

den Namen – SELFHATERS – gab, sondern ist positive, nach vorne gewandte, aufklärerische Kritik. Es meint eher so etwas wie Distanz und geistige Unabhängigkeit gegenüber jeglicher Versuchung, über Musik und Texte Identität konstruieren zu wollen. Wer das Konstrukt Heimat nicht kennt, sehr wohl aber mit all den verschiedenen Versuchen vertraut ist, mit denen es weltweit kulturell konstruiert werden soll, ist frei genug, mit diesen Konstrukten spielen zu können. Der Witz, der da ein befreiendes Lachen befördert, entsteht aus dem Gefühl, sich an keine lokale oder mentale Konstante klammern zu müssen. ●

Auswahldiskographie

B.A.L.L.
Period ('87)
Bird ('88)
Trouble Doll ('89)
Four (Hardball) ('90)
Shimmy Disc

Quartett von Kramer, Don Fleming, David Licht und Jay Spiegel. Prägte den typischen *Shimmy Disc*-Pop voller ironischer Anspielungen auf die Musik der 60er und 70er Jahre. Trotz hochkarätiger Besetzung etwas eintönig und sicher nicht das Bemerkenswerteste, was auf *Shimmy Disc* erschienen ist.

SYD BARRETT
The Madcap Laughs ('69)
Barrett ('70)
Harvest

Der ehemalige PINK FLOYD-Musiker darf mit seinen zwei versponnen liebevollen Soloveröffentlichungen und dem Gesang, der oft sehr gekonnt neben der Spur ist, als einer der Ahnherren des Naiv-Pop gelten.

BONGWATER
Breaking No New Ground ('87)
Double Bummer ('88)
Too Much Sleep ('90)
The Power Of Pussy ('91)
The Big Sell Out ('92)
Shimmy Disc

Durchweg empfehlenswerte Zusammenarbeit von Marc Kramer und Sängerin Ann Magnuson, die auch für die Texte verantwortlich ist: Luftige, leicht psychedelische, manchmal an JEFFERSON AIRPLANE angelegte Musik mit streckenweise sakralem und auch erotischem Einschlag. Aber Vorsicht: Die ganze scheinbar sexistische Ästhetik führt die männlichen Rezipienten aufs Glatteis. Dahinter verstecken sich bissige Attacken auf das vom Machismo geprägte Musikgeschäft. Siehe hierzu auch Tine Pleschs Beitrag in dieser Ausgabe.

EUGENE CHADBOURNE
There'll Be No Tears Tonight ('80)
Corpse Of Foreign War ('86)
LSD, C & W ('87)
Country Music In The World Of Islam – Volume XV ('90)
Fundamental
Ayler Undead ('02)
Grob

Sein Output ist so gewaltig, daß diese Arbeiten nur exemplarische Empfehlungen sein können.

JAD FAIR
Everyone knew ... but me ('83)
Best Wishes ('87)
Great Expectations ('88)
Recommended No Man's land

JAD FAIR & KRAMER
Roll Out The Barrell ('88)
Shimmy Disc

JAD FAIR & DANIEL JOHNSTON
Same ('89)
50. Billion Watts

THE FROGS
It's Only Right & Natural ('89)
Homestead

Naiv-Schräg-Pop-Duo mit offensiv schwulen Texten ... könnten musikalisch eigentlich auch schon als »Anti Folk« durchgehen und wurden bereits als Einfluß der MOLDY PEACHES genannt.

HALF JAPANESE
1/2 Gentleman, 1/2 Beasts ('80)
Armageddon

Großartig schräges und von Spaß durchtränktes 3-LP-Debut. Auf späteren Platten finden sich immer wieder Highlights (vor allem – in der späteren Phase – auf *Charmed Life* von 1988), doch in den letzten Jahren ließ die Kreativität etwas nach. In vielen Fällen sind Jad Fairs Solo- und Duoarbeiten wesentlich waghalsiger, verspielter und witziger.

HAPPY FLOWERS
Oof ('89)
Homestead

Too Many Bunnies (Not Enough Mittens) – An Historical Perspective '83 – '88 ('89)
Homestead

JELLYFISH KISS
Animal Rites ('90)
Shimmy Disc

Durchschnittlich gute, aber nicht überrragende *Shimmy Disc*-Veröffentlichung im typischen Labelstil, der zeigt, daß Produzent Kramer den Bands gerne und sofort hörbar seinen Stil aufprägte.

DANIEL JOHNSTON
Hi, How Are You ('83)
Homestead, '88

Yip/Jump Music ('83)
Homestead, '89

Why Me? Live Volksbühne (2000)
Trikont

Auch hier wäre ein vollständiger Überblick (angesichts der zahlreichen MC-Aufnahmen) zu viel des Guten; gerade die Wiederveröffentlichungen aus den 80ern zeigen den Johnston-Charme pur.

KING MISSILE
Fluting on the Hump ('89)
Mystical Shit ('90)
Shimmy Disc

DOGBOWL
Tit! An Opera ('89)
Shimmy Disc

Textlich und musikalisch eine der witzigsten Pop/Beat-Bands auf *Shimmy Disc* mit John S. Hall als begnadetem Texter/Sänger. Neben obskurem Rap und Nummern, die fast schon wie eine musikalisch begleitete Dichterlesung klingen, gibt es immer wieder Ohrwürmer wie *Jesus was way cool*, eine urkomische Parodie auf christliche verzückte Popmusik. Co-Sänger und Gitarrist DOGBOWL kann diese Dichte an Witz auf seiner (trotzdem empfehlenswerten) Soloplatte schwerlich halten.

KRACKHOUSE
The Whole Truth ('87)
Drink. It's Legal ('90)
Shimmy Disc

Projekt von Mike Sappol mit (semi)bekannten Gastmusikern (z. B. Chris Cochrane von NO SAFETY und George Cartwright von CURLEW) – Slapstick-Musik zu kurzen, knackigen Songs von meist maximal drei Minuten.

TULI KUPFERBERG
No Desposit, No Return /
Tuli & Friends ('66/'90)
Shimmy Disc

Die FUGS waren eine Keimzelle des Agit-Prop mit dilettantischen Mitteln, eine Band, in der quasi sowohl HALF JAPANESE- wie auch Chadbourne-Elemente ihren Vorläufer hatten. Kein Wunder also, daß sich FUGS-Sänger Kupferberg in den Neunzigern als Solist auf Kramers Label zurückmeldete.

FRED LANE
From The One That Cut You ('83)
Car Radio Jerome ('86)
Shimmy Disc

Zwei Meisterwerke in Sachen Cut-Up-Ästhetik und schräger Zitatwurt. Schmalziger Schlagergesang im Frank Sinatra-Stil trifft auf SUN RA-(Free)-Jazzabfahrten, Swing und Chanson, Country & Western werden von absurden, manchmal fast karnevalistischen versoffenen Noise-Attacken durchbrochen. Wer sich hinter dem Namen verbirgt, ist bis heute fraglich.

THE MOLDY PEACHES
Same ('01)

Country Fair/Rainbows ('02)
Rough Trade

NOISE ADDICT
Young & Jaded
Wiiija

THE RED CRAYOLA
Malefactor, ade ('89)
Glass

Stilistisch in Sachen Minimalismus und Schrägheit sowie kindischem Gesang am ehesten in der Naiv-Pop-Tradition. Hochkarätige Besetzung mit Albert Oehlen, Werner Büttner, Andreas Dorau und Rüdiger Carl.

JONATHAN RICHMAN
& THE MODERN LOVERS
The Modern Lovers ('76)
Berserley

Naiv-Pop (mit Rock 'n' Roll-Einschlag) in seiner konsequentesten und reinsten Form. Fröhlich ganz ohne doppelten Boden.

SHOCKABILLY
(= Chadbourne, Kramer, Licht)
Earth vs. Shockabilly ('82)
Colloseum ('83)
Vietnam ('84)
Heaven ('85)
Shimmy Disc

MAUREEN TUCKER
Life in Exile after Abdication ('89)
50 Skidillion Watts

I Spent A Week There The Other Night (o.J., ca. '91)
New Rose

Life in Exile ... wurde in namhafter Besetzung mit SONIC YOUTH, Daniel Johnston und vielen anderen illustren Gästen eingespielt und klingt doch an keiner Stelle überproduziert. Mit einer Coverversion des VU-Stückes *Pale Blue Eyes* gelingt eine tolle Übersetzung des einst »coolen« Songs ins Naivpop-Terrain.
I Spend A Week: Eingespielt u. a. mit John Cale, Victor de Lorenzo, Don Fleming, Brian Ritchie, Sonny Vincent, Lou Reed. Spröder Überschwang: Songs, die davon handeln, zu faul für die (Haus)arbeit zu sein, stehen z. B. neben dem Phil Spector-Hit *(And) Then He Kissed Me*, der von einer etwa 50jährigen Frau gesungen, ganz anders als geplant, aber kein Deut weniger gut rüberkommt!

VERMOOSTE VLOTEN
ngongo ('99)
Flittchen

Eine ebenso bissige, geistreiche, dilettantische wie naive, stets auch poltisch aufgeladene Verarbeitung der Moe-Tucker-Tradition.

JOHN ZORN
The Classical Guide To Strategy ('83–'85) ('96)
Tzadik

Cobra ('91)
Hat

Die humorvolle Seite von John Zorn. Cut-Up-Slapstick.

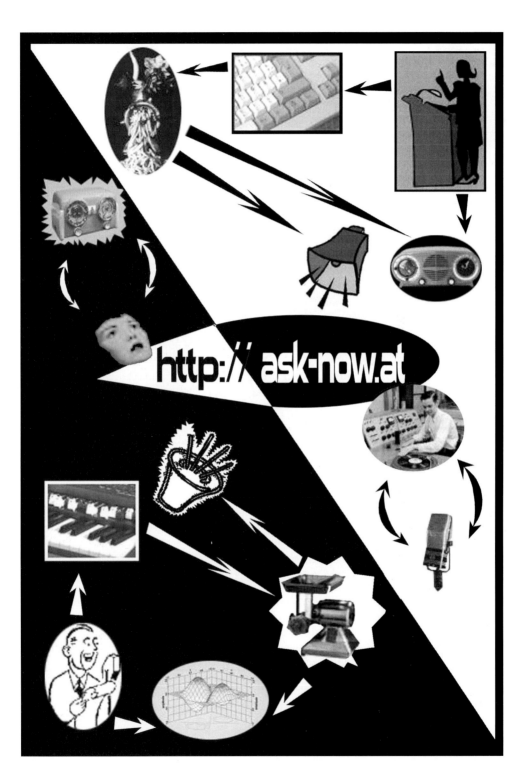

http:// ask-now.at

Ina Beyer

Is this what THE KLF is about?

 Am Ende der 8oer-Jahre entstand innerhalb der englischen Acid- House-Szene das Projekt KLF und lieferte in den folgenden Jahren einige unvergessliche Chartbreaker wie *What Time Is Love, 3 a.m. eternal* oder *Justified And Ancient* neben Unmengen dazugehöriger Remixe, zu denen in Clubs und Diskotheken allerorten getanzt wurde. Das Duo Jimmy Cauty und Bill Drummond wusste sich dabei stets öffentlichkeitswirksam in Szene zu setzen und verblüffte mit pseudomystischen Anleihen an Symbole und Zahlenkombinationen, einer Art Insider-Religiösität, Happenings, Elementen der Kommunikationsguerilla, einem vielbeachteten Handbuch etc.

Am 1. Januar 1987 starteten Bill Drummond und Jimmy Cauty, die zwei Männer, die unter dem Projektnamen KLF bekannt geworden sind, ihre Zusammenarbeit als die JAMS.

Cauty, der 1956 in Devon geboren wurde, hatte 1986 bei den von Stock-Aitken-Waterman produzierten BRILLIANT Gitarre gespielt und darüber Drummond kennengelernt, der bei *WEA*, bei denen BRILLIANT unter Vertrag standen, als A&R-Manager mit Bands wie THE PROCLAIMERS, ZODIAC MINDWARP AND THE LOVE REACTION, STRAWBERRY SWITCHBLADE und eben BRILLIANT arbeitete. Als letztere kein Hit beim englischen Publikum zu werden drohten, hängte Drummond den Job bei *WEA* an den Nagel und verabschiedete sich beim Management mit den Worten »I will be 33 1/3 years old in September, a time for revolution in my life«.

Noch im selben Jahr veröffentlichte er eine eigene Platte bei *Creation Records* (*The Man*) und wollte dem Musikgeschäft anschließend endgültig den Rücken zuwenden. Diese Entscheidung hielt allerdings nur etwa ein halbes Jahr an. Schließlich rief er Jimmy

Cauty an und schlug ihm vor, die JAMS – JUSTIFIED AND ANCIENTS OF MU – zu gründen. Nach einer Woche Zusammenarbeit hatten die JAMS ihren ersten Track *All You Need is Love* aufgenommen.

Cauty und Drummond arbeiteten in der darauffolgenden Zeit bis etwa Mitte der 90er-Jahre unter verschiedenen Projektnamen zusammen: THE JUSTIFIED AND ANCIENTS OF MU (THE JAMS), THE TIMELORDS, THE KOPYRIGHT LIBERATION FRONT (THE KLF), THE FOREVER ANCIENTS LIBERATION LOOPHOLE (THE FALL), nach 1992 als THE K FOUNDATION und THE ONE WORLD ORCHESTRA. Die größten kommerziellen Erfolge und das öffentliche Interesse erreichten sie unter dem Kürzel KLF – KOPYRIGHT LIBERATION FRONT oder später auch KINGS OF THE LOW(ER) FREQUENCIES, KEEP LOOKING FORWARD oder KEVIN LIKES FRUITS etc. KOPYRIGHT LIBERATION FRONT setzte sich als gebräuchlichste Bezeichnung durch. Viele der Projektnamen deuten auf die Roman-Trilogie *Illuminatus!* der Amerikaner Robert Shea und Robert A. Wilson hin. Mu ist das alte Wort für das versunkene Atlantis, dessen Bewohner den heiligen Gott Chao bewachen. Die Erasian Liberation Front versucht, der repressiven Ordnung der Illuminaten machtvolles Chaos entgegenzusetzen.

Eine eindeutige Intention ihres Schaffens lässt sich THE KLF nicht unterstellen, eine weit verbreitete These unter Fans der interviewscheuen Projektpartner ist allerdings, dass bei ihrer Arbeit die Befreiung von Mu(sic) aus den Copyrightgesetzen im Mittelpunkt steht.

Die erste Auseinandersetzung mit diesem Thema fand gleich am Anfang ihrer Karriere statt. Auf dem ersten Album der JAMS *What the fuck is going on?* hatten sie mit *The Queen and I* einen Song mit politischen Raps über den Stand der Demokratie im United Kingdom aufgenommen, der zu großen Teilen aus gesampleten Passagen aus ABBAs *Dancing Queen* zusammengesetzt war. Als ABBA von der Existenz des Stückes erfuhren, setzten sie per Gerichtsurteil durch, dass die JAMS die Produktion der Platte einstellen, die Scheibe aus den Läden nehmen und alle bereits existierenden Exemplare zu vernichten hätten.

Cauty und Drummond beschlossen daraufhin, ABBA in ihrem schwedischen Studio zu besuchen, um sie davon zu überzeugen, die Klage zurückzunehmen. Dazu nahmen sie Reporter und Fotografen englischer Musikmagazine wie *NME* mit auf die Reise, die die

Geschehnisse unterwegs dokumentieren und in medialen Umlauf bringen sollten. In Cautys Ford Galaxy V8, einem amerikanischen Police Car-Modell der 70er-Jahre, später auch Ford Timelord genannt, machten sie sich auf den Weg nach Stockholm. Dort angekommen, überreichten sie um drei Uhr morgens (3 a.m.) einer blonden Prostituierten vor ABBAs Studio eine goldene CD mit der Aufschrift »in recognition of sales in excess of zero«. Die mitgereisten Fotografen sollten die Welt später davon überzeugen, dass die Frau auf den Bildern Agnetha von ABBA war. Sie versuchten, ein Date mit Benny und Bjorn zu vereinbaren. Da dies aber nicht klappte, machten sie sich auf den Weg zurück nach London, hielten unterwegs an einem Feld an und verbrannten die untersagten JAMS-Alben. Fotos davon zieren die Cover späterer Alben wie *Who killed the JAMs* und *History of the JAMs*.

Der Qualm der brennenden Schallplatten hatte die Aufmerksamkeit eines schwedischen Bauern erregt, der – aufgebracht über die Verwüstung des Bodens – auf das JAMS-Mobil feuerte, das sich daraufhin in weiser Voraussicht schnell in Bewegung setzte. Auf der Fähre nach England warfen die JAMS schließlich weitere Kopien ins Meer und spielten ihren einzigen Live-Gig als die JAMS in der Schiffsbar.

How to have a no. 1 the easy way

Im Jahr darauf veröffentlichten Cauty und Drummond als THE TIMELORDS auf ihrem Label *KLF Communications* die Single *Doctorin' the tardis*. Der Song landete auf Nummer 1 der UK Charts.

Nach diesem Erfolg begannen Drummond und Cauty ein Handbuch zu schreiben, in dem sie anderen Leuten mitteilten, wie sich ein No.1-Hit in den britischen Charts platzieren lässt. Die besten Voraussetzungen räumen sie dabei übrigens Leuten ein, die bereits eine Weile arbeitslos und ziemlich pleite sind und darüber hinaus möglichst wenige musikalische Kenntnisse besitzen.

Das Buch erschien in England ebenfalls im Jahr 1988 unter dem Namen *The Manual – how to have a no. 1 the easy way*. Cauty und Drummond beschreiben darin »goldene Regeln« der (Pop)Musikindustrie, nach denen jede No.-1-Single aufgebaut ist. Abweichungen ausgeschlossen. Sie stellen einen 5-Wochenplan zusammen, durch dessen minutiöse Befolgung jede/r die Topposition schaffen kann. Sollte es doch nicht funktionieren (was auf jeden Fall eine Menge Schulden bedeutet), garantieren sie die Rückerstattung des vollen Kaufpreises.

Tatsächlich gibt es Leute, die mit diesem Buch gearbeitet haben und damit sehr erfolgreich waren.

Bill Drummond schreibt dazu im Nachwort zur deutschen Ausgabe des Handbuchs, die erst zehn Jahre später im *Die Gestalten*-Verlag erschien: »Jimmy und ich hatten gerade das HANDBUCH zu Ende geschrieben, als uns diese Typen aus Wien kontaktierten, die rüberkommen und mit uns quatschen wollten. Wir sagten: ›Prima.‹ Sie hatten diese Idee für eine Platte mit Jodeln, Breakbeats, Abba und Samples, Lederhosen und jeder Menge aus alpinen Kostümen ragendem Dekolleté. Sie wollten, dass Jimmy und ich ein Konzept für sie produzierten. Wir sagten: ›Das ist nicht nötig, ihr könnt das auch alleine‹, überreichten ihnen eine Kopie des HANDBUCHS und schickten sie zurück nach Österreich. Wenige Monate später kletterte *Bring me Edelweiss* von EDELWEISS in die UK Top Ten, belegte in sechs europäischen Ländern die Nummer 1 und schaffte sogar den fünften Platz in den Staaten.«

The White Room

Als JAMS erhielten Cauty und Drummond eine Menge Zuschriften von zum Teil ziemlich durchgeknallten *Illuminatus!*-Fans. 1988 befand sich unter den Zuschriften ein Vertrag, den eine sich nicht näher definierende *Eternity* mit THE KLF abschließen wollte.

Drummond und Cauty begeisterten sich für den mysteriösen, umfangreichen Vertragsinhalt und unterzeichneten gegen den Rat ihres Anwalts, der selbst noch daran arbeitete, die einzelnen Vereinbarungen zu durchschauen.

Im ersten Teil dieses Vertrages wurden THE KLF verpflichtet, sich selbst künstlerisch darzustellen, während sie sich auf der Reise zu einem »White Room« befänden. Das Medium der Darstellung stand ihnen frei. Wo oder was der White Room sein sollte, war nicht näher definiert. Im Gegenzug sollte THE KLF nach Vorlage ihrer Arbeit Zugang zum »real white room« eröffnet werden.

Zunächst planten die zwei, die Reise zum und die Ankunft im White Room in einer Kunstausstellung auf die Leinwand zu bringen. Cauty machte dann den Vorschlag, statt einer Ausstellung lieber einen Film zu drehen. Ein Roadmovie gehörte schon längere Zeit zu den Projektideen der beiden – mit den Einnahmen durch *Doctorin' the tardis* hatten sie zu diesem Zeitpunkt außerdem die nötigen Finanzen, um den Plan zu realisieren.

Sie riefen also ihren Freund, den Filmemacher Bill Butts, an und begannen in Zusammenarbeit mit ihm die Vorbereitungen für den White-Room-Film.

Sechs Wochen später filmten sie in der spanischen Landschaft der Sierra Nevada. Dazu hatten sie eine internationale Filmcrew angeheuert, die zuvor die Dreharbeiten für einen neuen *Indiana-Jones*-Film abgeschlossen hatte. Die Sierra-Nevada-Takes gestalteten sich weitaus schwieriger als zunächst angenommen.

Geplant war ein Roadmovie, Wüstensand, brennende Hitze, einzigartige Landschaften. Ein unvorhergesehener Wetterumschwung ließ es wochenlang regnen, was Drehtage und Geld kostete und das Bildmaterial zum großen Teil unbrauchbar machte. Einige geschäftliche Deals, aus denen noch Geld für die Fortführung der Dreharbeiten zu erwarten gewesen wären, gingen in die Hose. So kehrten Drummond und Cauty Wochen später mit einem Haufen unvollständigen Filmmaterials, das 250.000 Pfund – die gesamten Einnahmen der TIMELORDS-Platte – gekostet

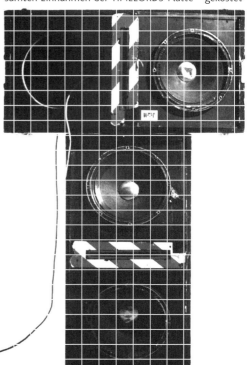

hatte, nach England zurück. Bedauerlicherweise stand kein weiteres Kapital zur Verfügung, um die Dreharbeiten fortzusetzen. So lag das Projekt zwei Jahre auf Eis, bis es 1989 fortgesetzt werden konnte. Die Innenaufnahmen und Londonszenen entstanden.

Nach Abschluss der restlichen Aufnahmen begannen Drummond und Cauty, den Soundtrack zum Film aufzunehmen. Geplant war, den Film entweder in die Kinos zu bringen oder den Soundtrack in Acid House Clubs live zur Projektion des Filmes aufzuführen. Die Ideen wurden allerdings wieder verworfen. Der 52-minütige Film war wenig erfolgreich, obwohl sich der Soundtrack in der Folgezeit zu einem regelrechten Hort an No.1-Singles entpuppen sollte. Szenen des Filmes, der mit der Vertragsunterzeichnung beginnt und mit der Liberation Loophole, seiner Auflösung, endet, sind z. B. im Video der KLF-Single *Kylie Said to Jason* zu sehen. *The White Room* ist in erster Linie tatsächlich ein Roadmovie geworden, in dem man Drummond und Cauty im schon von der Stockholm-reise bekannten JAMS-Mobil durch London und durch die Wüste fahren sieht – auf der Suche nach dem White Room, den sie schließlich auch finden.

Der große Stilbruch

Der Soundtrack zu *The White Room* versammelt viele der bekanntesten KLF-Tracks wie *What Time is Love*, *3 a.m. eternal* oder *Justified and Ancient*.

Besonders die trancigen Stücke hatten großen Erfolg in den Acid House Clubs Ende der 80er-Jahre. Ihre Samplingtechniken beeinflussten andere DJs und Acts ihrer Zeit, z. B. die italienischen BLACK BOX.

1990 überraschten sie die Szene dann wohl mit der Platte *Chill Out* – zum einen ein deutliches Voting für mehr Langsamkeit, zum anderen zu einem viel geringeren Teil aus trancigen und housigen Elementen zusammengebastelt. Auf der Platte dominieren Stücke, in die viele (ländliche) Umgebungsgeräusche, etwa von Schafherden, gesamplet sind. Die Tracks sind eher aus Fragmenten einzelner Stücke zusammengesetzt, von denen manche schon bekannt sind, aber weit weg eingespielt, wie auf einem halluzinogenen Soundtrip wirken. Zugleich ist *Chillout* keine anstrengende Platte. Sie klingt wie ein entspannter Tag, den man auf einer Wiese außerhalb der Stadt verbringt.

Das Album stieß unerwartet auf großes Interesse und trug mit dazu bei, einen neuen Sound, später Ambient House genannt, zu kreieren.

Das Finale

In diesem und dem folgenden Jahr entstanden eine riesige Zahl an Remixen zu den Tracks auf dem *White-Room*-Album, darunter die *Stadion-House*-Remixe, die wohl den größten Popularitätsgrad aller KLF-Veröffentlichungen erreicht haben und bis heute kein Stück ihrer Dancefloorkompatibilität eingebüßt haben.

Nach all den Erfolgen, die das Duo in dieser Zeit zu feiern hatte, wurden THE KLF schließlich für einen Brit Award in den Kategorien »Erfolgreichste Band« und »Beste Platte« des Jahres 1991 nominiert.

Die Verleihung sollte im Februar 1992 stattfinden und wie gewöhnlich zur Prime Time im britischen TV übertragen werden. Drummond und Cauty entwickelten schnell ziemlich genaue Vorstellungen davon, wie ihre Performance bei der Verleihung über die Bühne gehen könnte. Mit den Veranstaltern der Brit Awards konnten sie sich darauf einigen, dass THE KLF auf der Verleihung ihren Smash-Hit *What Time Is Love* zusammen mit den befreundeten EXTREME NOISE TERROR (deren Name so eine Art self-fulfilling prophecy ist) spielen würden.

Während der Show wollten THE KLF ein totes Schaf auf einem Altar opfern. Gleichzeitig sollten große Mengen Blut fließen, um dem Opferritual die gebührende Dramatik zukommen zu lassen. Das Symbol des Schafes hätte dabei für unterschiedlichste Interpretationen Anlass geben können, nicht zuletzt durch die Verbindung, die sich durch die Schafherden-Samples auf *Chillout* herstellen ließen.

Drummond besorgte am Morgen der Verleihung das (tote) Tier, Blut und weiteres Equipment wie Fleischermesser etc. EXTREME NOISE TERROR als militant agierenden Vegetariern ging die Opferungsidee jedoch entschieden zu weit, so dass kurz vor der Verleihung die Performance noch einmal überdacht werden musste.

Bill Drummond, der am Abend einen Kilt trug, eröffnete den Gig mit den Worten: »THE JUSTIFIED ANCIENTS OF MU MU versus EXTREME NOISE TERROR: This is television freedom« ENT und THE KLF begannen mit einer Trash-Metal-Version von *What Time Is Love*, wobei die gerappten Passagen durch geschriene ersetzt wurden, die zum Teil von ENT übernommen wurden. Die belustigten bis unentschlossenen

33

Reaktionen des Publikums verwandelten sich kurze Zeit später in Panik, als Bill Drummond eine Maschinenpistole auspackte und begann, in das Publikum zu feuern. Zwar wurde nach Sekunden ersichtlich, dass es sich dabei um Platzpatronen handelte, trotzdem verließen einige der Stars völlig aufgelöst den Saal und es war später schwierig, sie davon zu überzeugen, auf ihre Plätze zurückzukehren. Unter ihnen beispielsweise Sir George Solti, der für den Award in der Kategorie »Beste Klassikplatte« nominiert war. Die Show endete mit der Stimme Scott Pierings, des Radio- und Videopluggers von THE KLF, der die bedeutenden Worte sprach: »THE KLF have now left the music industry.«

(Im Hotel, in dem später die After-Party stattfand, schockierten der blutverschmierte Eingangsbereich und ein totes Schaf, das mit einem Schild um den Hals »I died for you. Bon appetit« im Foyer lag, das erlesene Publikum ...)

THE KLF waren nun offiziell tot und zogen konsequenterweise all ihre Alben vom Markt.

Demolish Serious Culture

Lange Zeit hörte man nichts von Cauty und Drummond. 1993 tauchten dann in britischen Tageszeitungen immer wieder ganzseitige Anzeigen einer Organisation auf, die sich *K Foundation* nannte. Es gab eine Adresse, an die man sich für zusätzliche Informationen wenden konnte. Der Inhalt der Inserate veränderte sich über Wochen: Die ersten beschrieben das Verrinnen der Zeit und forderten »Kick Out The Clocks«, eine andere bot 5-jährige Reisen – inklusive Erfolg als Popstar – an. Es war also bereits zu erahnen, wer sich hinter der *K Foundation* verbergen könnte.

Die 4. Anzeige enthielt die Aufforderung »ABANDON ALL ART NOW. Major rethink in progress. Await further announcements.« Der nächste Anzeigentext zwei Wochen später lautete schließlich: »Wir haben gemerkt, dass ihr nicht alle Kunst unterlassen habt. Weitere Schritte sind also dringend notwendig«. Die *K Foundation* ruft die »mutha of all awards«, den 1994er *K Foundation Award* für den »schlechtesten Künstler des Jahres« aus.

Die Liste der nominierten KünstlerInnen entsprach exakt der des *Turnerprize* 1993, einem mit 20.000 Pfund dotierten jährlich verliehenen Preis für den/die beste/n NachwuchskünstlerIn im Bereich der zeitgenössischen Kunst.

Wieder zwei Wochen später wurden die Lesenden aufgefordert, ihre Stimme für den/die schlechteste/n KünstlerIn des Jahres 1994 abzugeben.

In der letzten Anzeige wurde die ganze Kampagne noch einmal zusammenfassend dargestellt und einige Rückfragen an die Leute gestellt, die ihnen geschrieben hatten. Der oder die GewinnerIn des *K Foundation Awards* sollte in einer Art Livewerbespot, der auf die Verleihung desselben hinweisen sollte, während der Fernsehübertragung der Turnerprizeverleihung bekanntgegeben werden.

Die *K Foundation* nahm Kontakt zur Künstlerin Rachel Whiteread auf und teilte ihr den Gewinn des *K Foundation Awards* mit. Whiteread verwehrte sich gegen die Nennung ihres Namens im Spot. Die *Foundation* hatte als Verleihungsort ein Flugfeld außerhalb Londons ausgewählt und dorthin 25 prominente Jounalisten, Kunstkritiker und Leute aus der Musikindustrie eingeladen, denen jeweils 1.600 der insgesamt 40.000 Pfund überreicht wurden, die sie in einer Kunstaktion auf einen Bilderrahmen nageln sollten. Das Kunstwerk sollte als Award an die Siegerin gehen und gleichzeitig den Auftakt zu einer Wanderausstellung zum Thema Geld bilden. Dummerweise steckten viele der Celebritys das Geld in die eigene Tasche, so dass die Preisdotierung zwischenzeitlich auf 8.600 Pfund schrumpfte und von Cauty und Drummond später aufgefüllt werden musste. Am selben Abend entstand mit weniger Hindernissen *Nailed To a Wall*, ein weiteres, als Hauptwerk der Ausstellung geplantes Kunstwerk, das aus einer Million Pfund – in 50-Pfund-Noten auf einen Bilderrahmen genagelt – bestand.

Der Verleihungsort des *K Foundation Awards* wurde im Laufe des Abends spontan vor die *Tate Gallery*, in der die andere Verleihung stattfand, verlegt und die Gruppe der Gäste entsprechend ummobilisiert.

Während nun die *Turnerprize*-Verleihung im Fernsehen übertragen wurde, sendeten THE K FOUNDATION (K F) ihren Spot noch vor der Bekanntgabe des oder der offiziellen GewinnerIn des *Turnerprizes* und gaben vor der *Tate Gallery* Rachel Whiteread als Gewinnerin des K F Preises bekannt. Kurz darauf wurde in der *Tate Gallery* dieselbe Künstlerin als Gewinnerin des *Turnerprize* ausgerufen. Whiteread weigerte sich zunächst, das Preisgeld der K F anzunehmen. Diese drohten damit, das Geld anderenfalls zu verbrennen, so dass sich Whiteread entschied, das Preisgeld mittellosen KünstlerInnen zukommen zu lassen.

1.000.000 brennende Pfund

Cauty und Drummond kümmerten sich in der folgenden Woche darum, das Kunstwerk *Nailed To a Wall* zu versichern. Da sich keine Galerie oder Museum bereit erklärte, die hohen Versicherungskosten für das Werk zu übernehmen, brachten Cauty und Drummond *Nailed To a Wall* zur *Bank of England*, um es dort bis zum Ausstellungsbeginn in Verwahrung zu geben. Dort überraschte (?) man sie mit schlechten Neuigkeiten: Da die Pfundnoten Eigentum des britischen Königshauses sind, erstattete man aufgrund der Löcher in den Scheinen Anzeige gegen Drummond und Cauty wegen Sachbeschädigung, was ihnen eine

Covermotiv *The History of the Jams*

Geldstrafe von 9000 Pfund und zusätzlich zu erstattende 500 Pfund für den Neudruck einer Million Pfund einbrachte. Auf die Frage, was mit den gelöcherten Banknoten passiere, antwortete man ihnen, sie würden verbrannt.

Cauty und Drummond bestanden darauf, die löchrigen Scheine selbst zu verbrennen. Natürlich hatten sie auch diesmal die Musikpresse auf die bevorstehende Aktion aufmerksam gemacht.

Am 23. August 1994 war dann also der Tag, an dem eine Million britische Pfund in Flammen aufgehen sollten. Dazu waren Drummond und Cauty in Begleitung ihres Freundes Gimpo, einem alten Marinesoldaten, und dem Journalisten Jim Reid am Morgen zur Insel Jura im Atlantik aufgebrochen, ausgestattet mit 2 großen schwarzen Koffern, in denen sich die Geldscheine befanden.

Auf der Insel angekommen, begaben sie sich zu einem Bootshaus, vor dem sie die Feuerstelle errichteten. Gimpo war damit beauftragt, die ganze Aktion zu filmen. Der daraus entstandene Film *Watch the K Foundation Burn a Million Quid* zeigt etwa eine Stunde lang, wie Cauty und Drummond immer neue Banknoten ins Feuer werfen. Genau ein Jahr später wurde *Watch the K Foundation Burn a Million Quid* im Gemeindesaal von Jura gezeigt. Drummond und Cauty selbst befragten das Publikum nach dem Sinn der Aktion: Warum haben THE K F 1.000.000 Pfund verbrannt? War es Kunst? War es pervers? War es Rock'n'Roll?

Danach ging der Film auf Tour in verschiedene britische Städte. Seitdem liegen gemeinsame Aktionen von Drummond und Cauty auf Eis. Die *K Foundation* hat sich eine 23-jährige Nichtexistenz auferlegt, nicht zuletzt, um die Frage nach der verbrannten Million nicht zu beantworten. Trotzdem waren beide in den letzten Jahren nicht untätig.

Bill Drummond unternahm Mitte der 90er-Jahre gemeinsam mit dem befreundeten Mark Manning (ZODIAC MINDWARP) eine Nordpolreise. Ein Buch über die Reise gab Drummond 1996 im *Penguin*-Verlag heraus. Später unternahmen die zwei noch eine Expedition in den Kongo.

Aktuell betreibt Drummond eine Webpage, die man unter *www.mydeath.net* besuchen kann. Die BesucherInnen der Seite sind aufgefordert, Ideen für die eigene Beerdigung zu sammeln und untereinander auszutauschen.

Nach 1994 hatte Cauty eine Zeit lang ein neues Musikprojekt, AAA a.k.a. ADVANCED ACOUSTIC ARMORMENTS a.k.a. TRIPLE-A und stellte eigene Bilder, die meist die Thematik »Autounfälle« aufgriffen, in einer Londoner Galerie aus.

1999 gab er sich den Namen THE SCOURGE OF THE EARTH und produzierte unter diesem Pseudonym Remixe für PLACEBO, MARYLIN MANSON, THE ORB etc. Im selben Jahr wollte er zusammen mit Guy Pratt unter dem Projektnamen SOLID GOLD CHARTBUSTERS den Hit *I wanna 1-2-1 With You* landen, der es sicherlich auch auf die höheren Chartränge geschafft hätte, wäre die Aktion nicht durch britische Radiosender vereitelt worden, die sich weigerten, den Song zu spielen.

Im Jahr 2000 arbeitete er an einer Reihe von Tracks für sein neues Label *Crapola Records*.

Danach hörte man wenig über ihn. ●

Knarf Rellöm

Was ist Humor?

[Keine abschließenden Antworten am Beispiel der GOLDENEN ZITRONEN
und ihres Umfeldes]

[EINS] Zerstöre einen Mythos

»Wer Humor hat, ist ein guter Mensch. Weil sich jemand, der Humor hat, nicht so ernst nimmt. Wenn jemand, der Macht hat, auch Humor hat, kann er nicht ein so fürchterlicher Herrscher sein, wie jemand, der keinen Humor hat.«

Quatsch! Humor ist keine Charaktereigenschaft. Humor ist eine soziale Strategie, eine des Abgrenzens und natürlich auch des Öffnens; eine Strategie, die Menschen anwenden können. Sie können es allerdings auch bleiben lassen.

»Aber was ist mit den Menschen, denen Humor völlig abgeht? Die sprichwörtlich zum Lachen in den Keller gehen?«

»Sind nicht Leute, die alles humorvoll betrachten, denen zu allem ein Witz einfällt, genauso schlimm? Oder schlimmer, wenn sie chauvinistisches, sexistisches oder rassistisches Gelaber als Humor ausgeben? Ist das dann überhaupt noch Humor oder ist das nicht mehr lustig? Bis wann ist es denn noch lustig? Gibt es ein Maß an Rassismus, Sexismus und Chauvinismus, welches lustig ist? – Tja, was ist Humor?.«

Noch vor Schluß mit lustig: Die Goldenen Zitronen,
Backcover von *Porsche, Genscher, Hallo HSV*

»Wir haben jetzt hier ein Quiz zum Goethe-Jahr und wir haben eine junge, gutaussehende Dame hier, wie ist dein Name?«

»Jeanette.«

»Ja, Jeanette, hier kommt die Frage: In welcher literarischen Epoche war Goethe hauptsächlich tätig, war es

Schaschlik

Klassik oder

Klasse Fick?«

(Irgendwann, irgendwo im österreichischen Radio)

Als ich begann, diesen Artikel zu schreiben, erinnerte ich mich vage an das Buch *Der Witz* von Sigmund Freud. Ich erinnerte mich, daß Freud in seinem Buch Judenwitze als Beispiele anführte, was mich natürlich als Umkehrung rassistischen Humors freute. Was auch etwas darüber aussagt, wovon Humor abhängt – die Bedingungen: Wer erzählt wann, wie, wo einen Witz.

Ich wollte anhand dieses Buches Humorarten beschreiben und geriet (jetzt auch und immer noch) an das Problem: Was ist Humor? »Der Witz ist ein spielendes Urteil« sagt Sigmund Freud.

Humor, Geschmack, Mode. Alles Systeme, denen immanent ist, daß, sobald sie definiert werden, diese Definitionsgrenzen eingerissen werden. Der Interpretation immer einen Schritt voraus (Die Bedingung von Popkultur?).

»Über Geschmack läßt sich nicht streiten!«, sagt so manche und so mancher und ich bin *nicht* dieser Meinung (Pierre Bourdieu wird auch nicht dieser Meinung gewesen sein, so weit ich von Bekannten über ihn weiß. Er meint, die soziale Stellung definiere den Geschmack). Humor, Geschmack, Mode sind keine schicksalhaften Bedingungen, letztendlich mythisch – Nein! Über diese Dinge läßt sich sehr wohl streiten und auch beurteilen, was diese Art von Humor, Geschmack, Mode jetzt zu bedeuten hat: Was die Dinge hinter den Dingen sind.

[ZWEI] Gegenhumor

Das erste Mal sah ich die GOLDENEN ZITRONEN Mitte der 80er, ich war umgehauen. Zu dieser Zeit suchte Punk Auswege aus dem Dilemma, selbst schon eine Institution zu sein. Er mischte sich: Cow-, Jazz-, Funk-, Electronic-, Bluespunk entstanden, Ska, Mod, Rockabilly, Psychobilly und Hardcore hatten entweder ein punkfrisiertes Revival oder entstanden. Auch etwas, das Darkwave heißt, entstand (da gab es natürlich auch Interessantes dabei, es war noch nicht eine ewig gleiche Wiederholung wie heute) und mit ihm erfuhren Pathos, Religion und hohle Ernsthaftigkeit eine Renaissance.

Und als Gegenstück (in solchen Situationen entsteht das Gegenteil sofort mit) formierte sich Fun-Punk. Die GOLDENEN ZITRONEN waren Fun-Punk, als es diese Musikrichtung als Verkaufsargument noch nicht gab. (Heute ist es via TOTE HOSEN, ÄRZTE, BLINK 182 »ein Thema«, wie der/die Musikindustrieangestellte sagen würde).

Auf der Bühne standen vier Typen, ein Ted, ein Mädchentyp-Punk, ein 77er-Punk und ein Ami-Punk mit Irokesen-Schnitt. Als hätte die Band die Idee gehabt, sich als VILLAGE PEOPLE des Punk selbst zu casten. Der Bandname DIE GOLDENEN ZITRONEN stammte vom *ADAC*, der jedes Jahr das Auto mit den meisten Pannen mit der Goldenen Zitrone prämierte. Heute hat sich der Sinn der Wortkombination verschoben – denken überhaupt noch Leute an den *ADAC*-Preis? Damals bedeutete das: In eurem System sind wir klasse, wenn wir für euch das Schlechteste sind, das es gibt.

Man kann auch ohne Beine die Sportschau sehn,
man kann auch ohne Augen auf Toilette gehen,
man kann auch ohne Alkohol lustig sein,niemals,
lustig sein, niemals!

Das war für mich Humor gegen den Betroffenheitsgestus der Hippies. Außerdem verstand ich den gesamten Output der Band als Programm gegen die Humorlosigkeit der Linken. Sozusagen: »Wenn wir auf Humor verzichten, berauben wir uns eines politischen Mittels.«

Mitte der 80er gab es im deutschen Punk viele Bands, die ›Preaching To The Converted‹ betrieben (sie waren alle in der Hamburger Hafenstraße zu sehen, wo auch die GOLDENEN ZITRONEN häufig spielten), also die Überzeugten überzeugen. Musik, die vorgab, genau zu wissen, wo die Guten und wo die Bösen sind, ergo: GGISG (gut gemeint ist schlecht geworden) und langweilig.

Das Ein-Punkte-Programm »Humor für die Linke« funktionierte in der Hafenstraße sehr gut. Es gab Ärger, es spaltete, die Leute mußten sich verhalten; kurzum: Hohe Wirkung, Ziel erreicht (insofern, daß das Programm im Gespräch war. Humor ist bis heute für bestimmte Linke ein fremdes, unverständliches Wort. Oder schlechte Kleinkunst). Allerdings funktionierte es immer schlechter außerhalb, in den größeren Hallen der Kleinstädte, in denen die ZITRONEN spielten, weil sie Fast-Rockstars waren (sie hatten damals mit

Am Tag als Thomas Anders starb einen Hit und tauchten sogar als Skandal in der *BILD*-Zeitung auf).

Die Witze mußten den Leuten erklärt werden. »Wir sind Linke und machen keine chauvinistischen Witze.« Das Publikum verstand nicht, daß sich die ZITRONEN nur über die richtigen Sachen lustig machten – den Leuten war auf diesem Weg kein politischer Standpunkt zu vermitteln. Spätestens nach der Wiedervereinigung und den Aufmärschen und Mordbrennereien der Rechten war klar, daß alle, die jetzt noch Fun-Punk spielen, kein politisches Bewußtsein haben.

[DREI] Nicht-Humor

Die GOLDENEN ZITRONEN brachten 1992 eine Platte namens *80 000 000 Hooligans* heraus, die eine radikale Änderung ihres Outputs markierte. Schluß mit lustig. »Es gilt Dinge zu verstehen« (ein Refrain auf der Platte), kein Witz, keine irgendwie geartete humoristische Auflockerung. Weg vom Punk (wenn damit ein Musikstil gemeint ist), der immer zahnloser und berechenbarer wurde, hin zu der damals politischen Musik Number One: HipHop (siehe auch: PUBLIC ENEMY NO 1 und BOOGIE DOWN PRODUCTIONS). Mir gefiel die Platte nicht, ich fand sie eindimensional. Aber sie war richtig. Als Bruch mit dem 80er-Jahre-/Ironie-/Affirmations-Gestus, der politisch-künstlerisch nicht mehr produktiv war und längst von den Falschen falsch benutzt wurde. Siehe auch: Stefan Raab und Guildo Horn. Ein paar Jahre später– die ZITRONEN waren eine Agit-Prop-Band – entstanden Zeilen wie diese:

»*Was machst du denn so?*«
»*Ich arbeite in der Werbung.*«
»*Echt?*«
»*Ja, ich mag Menschen.*«
Textauszug aus der Platte *Economy Class*

Ich denke, daß einige Leute darüber lachen. Oder wenigstens lächeln oder schmunzeln. Ist das Humor? Ist das nicht auch scheißegal? Ist das die feine Form zu sagen, daß Werber Arschgeigen sind?

Auf jeden Fall ein künstlerisches Mittel, das die Aussage auf den Punkt bringt. Wobei anzumerken ist, daß dieses künstlerische Mittel nicht von jedem Artisten benötigt wird. TOCOTRONIC sind da ein schönes Beispiel für die völlige Abwesenheit von Humor – die Musik würde sogar nicht funktionieren, wenn Humor vorhanden wäre. Ein Freund erzählt mir zum Beispiel, er hört bei einem TOCOTRONIC-Konzert ein Stück, von dem er weiß, daß er es kennt, und von dem er weiß, daß es nicht von TOCOTRONIC ist:

> Freunde, ich hab Freunde,
> und die lassen mich nie allein,
> Freunde, ich hab Freunde,
> ich werde niemals einsam sein.

Schlagartig fällt ihm ein: das Stück kennt er von Rocko Schamoni. Jedoch: Bei Rocko sind die Zeilen lustig-hysterisch, während sie bei TOCOTRONIC fast wie eine Bedrohung klingen. »Meine Freunde lassen mich NIEMALS allein.«

[VIER] Absurd-Humor

> Messer ohne Klinge, wo der Stiel fehlt.
> Lichtenberg

Der Absurd-Humor ist das Skurrile, das Unverständliche, Unlogische, das: »Das kann man jetzt nicht wirklich auf der Bühne machen«. Der Tabubruch ohne politisches Ziel – oder wenn ein Ziel, dann: Die absolute Freiheit des Individuums. Anarchie des Einzelnen. Politik ist da meist ein zu beengendes System. Ein Beispiel von DJ Koze (auf einer ADOLF NOISE Platte):

> »Sagen Sie, heißen sie?«
> Verwirrung am anderen Ende der Telefonleitung.

> »Ja, der Thorsten ist nicht da!«
> »Wenn Sie ihn treffen, heißen Sie ihn von mir?«
> Verwirrung. »Äh, ja! Tschüß!«

Der Mann der das auch virtuos macht, ist Helge Schneider. Während sich die alte Schule der Humoristen (wie Otto, Mike Krüger) an ihre Witze als festes System hält (vergleichbar einer Songstruktur mit Strophe, Refrain, Strophe, Refrain, Brücke, Refrain) spielt jemand wie Helge mit Witzphrasen, will gar nicht auf eine Pointe hinaus, erzielt die Wirkung durch ewige Wiederholung des Themas, mit kleinen Abänderungen; eben Jazz. Wie würden, dieser Analogie folgend, Witze funktionieren, wenn sie Hiphop oder Elektronik wären? Was ist die Zukunft des Humors?

Um nochmal auf den Anfang zurückzukommen: Natürlich wäre eine Welt ohne Humor öde, aber es gibt öden Humor: Wenn ich daran denke, durch wie viele Gagdepressionen ich gegangen bin und wie ich den Witz zuviel verflucht habe. Doch natürlich: auch für mich ist Humor ein Überlebensmittel.

Aber mich ärgert dieser gesellschaftliche Zustand, der jeden Müll mit dem Argument »Hast du keinen Humor, oder was?« rechtfertigt. Die Angry Young Men (eben zumeist Männer) und Tabubrecher gefallen sich ja jetzt besonders darin, sexistische Witze zu machen. Der die öffentliche Moral erschütternde Witz kommt ja jetzt aus der reaktionären Ecke. Sexistisch, rassistisch und chauvinistisch gilt heute als rebellisch und ist ein Verkaufsargument. ●

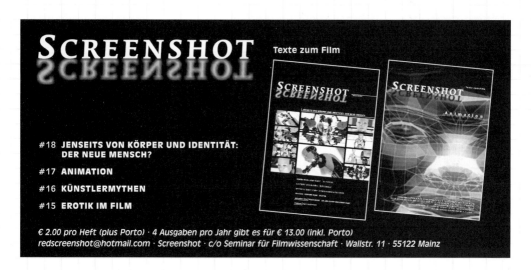

Frank Apunkt Schneider

Helge Schneider für Kinder

[Protokoll einer Besichtigungsfahrt an die Nahtstelle
des siamesischen Zwillings »Sinn/Unsinn«]

Glaubt da draußen noch wer, Helge Schneider wäre bloß irgend so eine Ulknudel und nicht der Rede wert? Seine Entwicklung zum »kulturellen Phänomen« vollzog sich in den 90ern analog zur breitärschigen Ausdifferenzierung des »Comedy«-Segments als spezifischer Humorform der Neuen Mitte, die von der Alten Mitte im Begriff der »Spaßgesellschaft« wiederum begreint wird. Als deren Protagonist musste Schneider dem genretypisch- ungenauen Hinschauen des Feuilletons erscheinen: Von den Plateauschuhen und räudigen Perücken bis zur *Jingle Bells*-Dekonstruktion *Katzeklo*[1] wird er als postmodernistisch eingefärbtes Relaunch des deutschen Sonder-Formates »Blödelbarde«, höchstens noch aber als irgendwie ungenießbare Mischung aus Mike Krüger und SUN RA, rezipiert. Selbst ein intellektueller Naturbursche wie Reinhold Messner darf ihm öffentlich bescheinigen, er sei »etwas für sehr bescheidene Köpfe. Diese Form von Kabarett ist mir zu simpel. Da gehört meiner Vorstellung nach mehr Geist und Hintergrund rein.«[2]

Wenngleich sich die Leitkulturhammel beinahe gierig auf jene Angriffsfläche gestürzt haben, die Schneider ihnen irgendwie jesusmäßig hinhält, so ist doch aus den zahllosen Verlächerlichungen und Weg-Erklärungen seines Schaffens ein latentes Unbehagen herauszuspüren – es scheint eine monumentale Unverständlichkeit von diesem Werk auszugehen, etwas Fremdartiges, das sich nicht in den Reiz-Reaktionsschemata erlernten bildungsbürgerlichen Verhaltens einfangen, reflektieren und kanalisieren lässt.

Dem stehen nicht gerade viele Texte gegenüber, die willens sind, in Schneider mehr zu erblicken. Diesbezügliches Kuriosum dürfte wohl ein von Jens Hagestedt verfasstes Radioessay sein, in dem man/frau/sonstige erfährt, Schneider gelte »unter Fachleuten als einer der besten [Richard] Straußkenner unserer Zeit« und zu einer gelehrten Neubewertung angesetzt wird:

»Eine Stimme, die prägnant über drei Oktaven hinweg auf geringste Ausdrucksinnervationen anspricht. Mit der Fähigkeit nicht nur diese Stimme immer wieder anders zu timbrieren, sondern ... das Timbre und den Ausdruck von einem auf den anderen Augenblick zu wechseln, mit einer Präsenz schließlich, um die ihn die meisten ausgebildeten Sänger beneiden dürften. [...] Es gibt heute, die Klassikszene eingeschlossen, kaum einen zwei-

ten Sänger, der das Hochdeutsche so gut artiku liert als Helge Schneider.«[3]

Und das beste daran ist: Es stimmt sogar! Ebenfall: dem musikalischen Schaffen widmet sich Eckhar< Schumacher im *Merkur*.[4] Er lotet dessen über- und un terirdische Verbindungen zu Kultur und Tradition de: Jazz aus, ohne dass schon der Versuch gemacht würde Schneiders Arbeitsweise insgesamt vom Jazz her verstehen zu wollen. Diese These habe ich, gestützt auf eine Selbstaussage Schneiders,[5] in einem früheren Text entwickelt, in dem ich versucht habe, ein Kategoriensystem zu entwerfen, mit dem Schneider, wenn erst einmal Historizität über ihn gewachsen sein würde, von der Germanistik erfasst werden könnte.[6]

Zwischenzeitlich ist mir dann noch eine sehr umfangreiche monographische Arbeit zugespielt worden, die Schneider bereits per Untertitel (»Philosophieren nach Helge Schneider«) als ein Phänomen der Philosophie ausweist[7] – wobei damit keineswegs ein *Haffmanns*-TB-Schenkelklopper-Konstrukt in Neufrankfurter Schuluniform à la »Philosophieren nach Lothar Matthäus« gemeint ist. Die in Schneiders Werk getriebenen Suchpfade sind hier das Denken des Poststrukturalismus, die philosophische Tradition des Kynismus usw. Den spätestens jetzt allfälligen Aber-RuferInnen kann indes mit dem Autoren selbst über den Mund gefahren werden:

»Wenn Schneider in Bezug zu neueren philosophischen Ansätzen gesehen wird, wie etwa die Dekonstruktion, die Posthistorie, das rhizomatische Denken, das *pensiero debole*, so heißt das nicht, dass er diese Ansätze kennen, also durchdacht haben muss, aber sie gehören zum Denkbaren und deshalb ist *diese* Affinität, selbst wenn sie zufällig ist, sinnvoll.«[8]

Keineswegs soll damit also bedeutet werden, Schneider habe Bücher von Deleuze/Guattari, Foucault, Kristeva, Derrida, Kléber oder meinetwegen *Die Kritik der zynischen Vernunft* im Regal stehen. »Sicherlich legen wir hier das Philosophische hinein. [...] Aber man zeige mir doch erstmal einen Komiker als Gefäß, in das man so etwas hineinlegen kann.«[9]

Im folgenden möchte ich also die Dekonstruktion als Kennzeichen des Schneiderschen Werkes in dieses selbst hineintragen, um in der Tradition von Lyotards *Postmoderne für Kinder* einen etwas bekömmlicheren

Zugang zu dessen Kompliziertheit und Schwierigkeit zu trassieren, ohne mich sogleich in eine Platitüde à la »aller Humor ist Dekonstruktion« einmümmeln zu wollen. Es geht dabei auch darum, einen signifikanten und humortheoretisch relevanten Unterschied zu markieren zu »Comedy« (der Schneider fälschlicherweise oft zugeschlagen wird), der über das bloße Begabungsproblem, das Comedy und Schneider voneinander unendlich trennt, hinausgeht.

Exkurs: Die »Spaßgesellschaft« der Gesellschaft

In den letzten Jahren wurde die sogenannte »Spaßgesellschaft« zum Popanz einer nicht unverdächtigen Hysterie aufseiten eines nicht minder suspekten Gemenges aus Humanismus, Kulturzuständigkeit, Schwafler-in-der-Wüstetum und deren AusläuferInnen in neurechter Kulturpessimismus-Pathetik gemacht, allseits als kulturelles worst case Abendlandsend-Szenario beseufzt und mit jammerläppischem Degout kritisiert, aber nicht so richtig, sondern mehr so »sozial-« oder »gesellschaftskritisch«, also möglichst diffus und folgenlos. Getroffen werden soll in diesem Begriff ein komplett inhomogenes Ensemble postmoderner Kulturphänomene, die alle gemein haben, dass sich an ihnen hervorragend eine Krisis des berüchtigten abendländischen Wertekanons herbeischreiben lässt. Als Austragungsort eines Kulturkampfes verschiedener herrschender Klassen ist dies natürlich höchst durchsichtig: Die social overtones sind leicht herauszuschmecken, ebenso die schweinslederne Kastrationsangst eines »E« durch ein sich unangenehm breit machendes »U«, die das Soziale nur als Bedrohung des eigenen Sonderstatus zu denken vermag. Kann in einer Séance mit Bourdieu hinreichend geklärt werden.

Bei Licht betrachtet blaffen sich also Unschärfe und Unverschämtheit dieses fadenscheinigen und zutiefst tautologischen[10] Begriffs der Spaßgesellschaft unverwandt an, er muss durch kritische Analyse seines Gegenstandes überwunden werden.

Miteingeschlossen in die »Spaßgesellschaft« sind bestimmte (im guten wie im schlechten Sinne) transgressive Formen von Humor, die sich nicht an das Referenzsystem bürgerlicher Ästhetik anschließen lassen und demzufolge als »banal«, »oberflächlich«, »platt« oder »infantil« besorgfältelt werden können. Vor einem solchen Hintergrund sind Schneider und Comedy phänomenologisch zusammengedacht: Katalysator

dieser Synthese ist die doppelte Negation werthaft besetzter Begriffe, wie sie die Kritik als »oberflächlicher Unsinn« behauptet: der abgedunkelte und kunstreligiös verklärende der »Tiefe« (der deutsche Wald unter den Kulturonkelfloskeln) sowie der der erhellend-kommunikativen Vernünftigkeit im Sinne von Habermas. Eine solche Kritik verbleibt noch jeweils im schlecht gelüfteten Dunstkreis jener klassisch-ideologischen Trinität vom Schönen-Guten-Wahren. Die skizzierte Tiefe-Vernunft-Dichotomie besitzt als binärer Code ihrerseits entsprechend dichotomische Humortypen: einen »humoristischen Tiefsinn« einerseits, dem als neuere Eingemeindung noch die Kompromisslösung vom »höheren Blödsinn« (für bereits kanonisierten Unsinns-Humor wie Morgenstern oder Gernhardt) zugehört, andererseits diskursiv-funktionale Humortypen, hier vor allem die Satire.

Bislang ist das gesellschaftliche Subsystem »Humor« noch weitgehend theorielos geblieben. Humortheorien liegen nur zusammenhanglos vor – hier Jean Paul, dort Freuds Abhandlung über den Witz (die übrigens im Witz bereits einen Austragungsort von Ressentiments sieht) und als zeitgenössische Variante die seit Jahren fest im Mittelteil der *Titanic* installierte Rubrik *Humorkritik*, deren feuilletonistisch-geschmäcklerische und »eindimensionale«[11] Kanonpflege sich allerdings in der Tradition heißgelaufener BildungsspießerInnen wie Eckhard Henscheid von jeglicher Relevanz außerhalb des *Raben* verabschiedet hat.

Auch linke Theoriebildung hat das Feld »Humor« bisher erstaunlicherweise vernachlässigt, wenn sie sich nicht überhaupt so distanzlos wie unreflektiert an das elitäre Spaßgesellschafts-Bashing angeschlossen hat. Dabei wäre doch gerade hier ein Hauptumschlagsplatz ihrer Themen zu finden. Rassismus und Sexismus z.B. werden ja in der *Comedy-Hour* auf *Pro7* mindestens genauso öffentlich ausagiert wie etwa auf Wahlkampfreisen Stoibers. Hier findet eben kein »Niedergang von Kultur« statt, sondern deren Fortsetzung mit anderen, aggressiveren Mitteln.

Humorformen sind nicht ablösbar von den sie umgebenden gesellschaftlichen Bedingungen, d.h. jeder Humor, noch der scheinbar sinnfreieste, bleibt letztlich bezogen auf das, was er aufzulösen scheint: »Sinn« als Effekt gesellschaftlicher Produktion. Ein Humor, der sich den gesellschaftlichen Herstellungsweisen von »Sinn« (zu denen er gehört) verschließt, wäre als solcher gar nicht mehr erkennbar. Vielmehr besteht sein Sinn als Humor ja gerade in einem humorvollen Umgang mit »Sinn«. Er entkommt ihm auch da nicht, wo er sich aus einer vorgeblichen Abkehr von Sinn und Diskurs, nämlich als »Unsinn«, legitimiert, so wie Comedy dies bisweilen tut, um sexistische und rassistische Übergriffe hinter einem »War doch bloß Spaß!« gegen diskursive Kritik zu immunisieren und ihre KritikerInnen als lustfeindliche Spaß-Muffel kaltzustellen.

Als »Sprechen« bleibt Humor so in dem Derridaschen Paradox der Sprache befangen, kein Außen zu besitzen, kurz: der prinzipiell sinnstiftenden Tätigkeit von Humor kann nie entkommen werden. Ihr kann nur begegnet werden, indem das Spiel der Sinnerzeugung bewusst aufgenommen wird,

Schon im alten Rom soll es »Phönizierwitze« gegeben haben.

anstatt sich nur in den ausgetretenen Spurrinnen eines bestimmten schon verfassten und konventionalisierten Sinns dahinzuschleppen. Helge Schneider tut dies, indem er Sinn (das Feld gesellschaftlicher Bedeutungszuschreibungen und seiner Produktionsweisen) in andere Konstellationen bringt als solche Humortypen, deren Produktion von Sinn bei aller formalen Anarchie in der Regel konform geht mit dem Status quo. Der Anarcho-Konformismus besteht hier darin, dass die herrschenden Ansichten und spezifischen Vorurteile des Publikums bestätigt und in eine leicht handhabbare, humoristische Form gebracht werden, d. h. vom Anderen/Fremden in einer Weise gehandelt wird, wie schon Freud sie für den »Witz« herausgearbeitet hat. Dies ist nicht historisch neu, schon im alten Rom soll es ja bekanntlich »Phönizierwitze« gegeben haben.

Die scheinbar so gegensätzlichen Gattungen »Satire« und »Comedy« können unter diesem Aspekt als Produktionsstätten und Standortfaktoren kapitalistisch-bürgerlicher Ideologie in deren jeweiligen, auseinander hervorgehenden geschichtlichen Formationen beschrieben werden.

Von der historischen Aufklärung wurde Satire als Mittel zur Ausbreitung von »Wahrheit« eingesetzt. In ihr sollte ein falsches Leben, der »Schein«, dargestellt und kenntlich gemacht werden, um somit (freilich unter Aufsicht der Vernunft als moralisch-praktische Instanz) zur Erkenntnis des richtigen zu gelangen.

Satire ist hier Zweckform, die ihren Stoff relativ unproblematisch und einsträngig in ein Spiegelverhältnis von Idealität und Realität bringt. Ihr bevorzugtes Mittel ist die Überzeichnung und ihr Personal häufig nur durch die eine (vom Wertekanon aus negativ bewertete) Eigenschaft charakterisiert, die es jeweils wiederum zu charakterisieren hat.[☎] Z. B. besteht ein Grundmuster satirischen Erzählens in der Darstellung von exzentrischen, extremen Verhaltensweisen und Eigenschaften als Schwundformen und krankhafte Auswüchse des bürgerlichen Tugendkatalogs (z. B. Geiz als Verzerrung der Sparsamkeit). Hierin wird jene »gesunde Mittellage« propagiert, in der sich historisch das Bürgertum in seiner Zwischenstellung zwischen Adel und Pöbel zum Sitz einer abwägenden Vernunft, zum Maß aller Dinge und (wie in Hegels Geschichtsbegriff) zum Mittelpunkt und Sinn der Welt verklären konnte und von der aus alle Abweichungen pathologisch werden.

Die aufklärerische Satire ist also bereits ein Mittel, das Andere des männlich-weiß-heterosexuellen Erkenntnissubjektes der Aufklärung zu besprechen, ohne dass dieses selbst zu Wort kommen dürfte: die »Opfer«, an denen sich eine »aufgeklärte« Lachlust delektiert, sind häufig genug Frauen, die unteren Schichten, andere Rassen, Marginalisierte, jene, die oft nicht »zurückschreiben« können, da sie gerade durch jenen Objektstatus vom aufgeklärten Diskurs ausgeschlossen sind, der in ihm erst hergestellt wird.[☎☎]

☎ Hiervon auszunehmen wären z. B. die wesentlich komplexeren Erzählungen Marc Twains, der allerdings häufig als Satiriker geführt wird.

☎☎ Kann in diesem Rahmen leider nicht ausführlich behandelt werden und mit entsprechendem Material angereichert werden. Hier muss der Hinweis auf den Zusammenhang genügen.

Freilich wäre einzuwenden, dass Satire traditionell auch ein Mittel der Kritik an Obrigkeit ist. In nicht-pluralistischen Gesellschaften kann sie durchaus politisch wirken in der Bloßstellung der Mächtigen, als uneigentliches Ansprechen von Missständen, als Verbreitungsmedium von Informationen und vor allem in der Stiftung eines gemeinsamen Resonanzraumes für ein auch sinnlich vermitteltes Dagegensein (eben das Gelächter). In pluralistischen Gesellschaften verliert sie diese konspirative und im guten Sinne aufklärerische Funktion, hier ist sie ein kulturelles Angebot unter vielen, das sich von der Notwendigkeit zur Zielgruppendiversifikation getrieben immer schon an ein ganz bestimmtes Publikumssegment richtet. Entsprechend bleiben ihre Informationen tautologisch – so gehörte es zu den Hauptanliegen des politischen Kabaretts der 80er, dass Helmut Kohl gerne Saumagen isst, angeblich wie eine Birne aussähe (die Erfindung einer weiteren komplett überflüssigen Zunft: der KarikaturistInnen) sowie die spezifische an Aphasie heranreichende Täppischkeit pfälzischer Aussprache – weniger aber die reaktionären Inhalte seiner Politik. Dabei waren die Pointen zumeist unglaublich scheiße und entgegen dem Selbstbild des Publikums als anspruchsvolles völlig pennälerhaft – die Möhre des Häschenwitzes war sozusagen als Kohl relauncht worden. Kurz, jene Subversion, bei der einer/m laut kostenlosen Stadtmagazinen angeblich

Unrecht als Klassiker des *Pro7*-Humors gehandelten, vielmehr politischsten[T] *Monty Python*-Film *The Life of Brian*: anstelle Pilatus zwecks Begnadigung den Namen eines zum Tode Verurteilten zu nennen, amüsiert die Menge sich bloß mit dessen Sprachfehler durch Zuruf sprachfehlerrelevanter Namen.

Meine These ist nun, dass Satire der geschichtlichen Formation der Disziplinargesellschaft zugehört. Deren Denken und Ideologie repräsentiert sie im Feld des Humors. Sie steht eben nicht »auf der Seite der Schwachen« – eine klischierte, »am Wesen des Gegenstandes seltsam vorbeimenschelnde Definition«,[12] sondern schlägt sich vielmehr auf die Seite derjenigen, die zu wissen glauben, was für »die Schwachen« gut ist.

Wo Satire noch einem traditionellen (d.i. liberalen) Liberalismus entspricht, ist Comedy quasi Neoliberalismus in Humorform und kann gattungsgeschichtlich als kontrollgesellschaftliches Update von Satire betrachtet werden, die logische Fusion aus Feyerabends »Anything goes« und dem »Anything must go« des globalisierten Kapitalismus zum zynischen »Anything must goes« der »Stahlbademeister«[13] Raab, Harald Schmidt, Niels Ruf etc. Erlaubt ist hier, was der Einschalt-Quote gefällt.

Der sicherlich kritikwürdige und salopp-verkürzte Schematismus dieses Modells sollte dabei nicht dasjenige überdecken, was an ihm geeignet scheint, Humortypen mit ihrem ökonomisch-sozialen Bedingungsrahmen im Sinne einer ideologiekritischen Humortheoriebildung kurzzuschließen und Humor – im Sinne der These, ihn als Kettenglied der gesellschaftlichen Sinnproduktion aufzufassen – als Ort für Ideologiebildung, aber auch -kritik beschreibbar zu machen. Der sich hierbei aufdrängende Befund, dass »Humor« faktisch häufiger rechts steht, als man/frau/sonstige kraft der üblichen Phrasen vom prinzipiell anarchischen Lachen annehmen möchte, sollte gerade nicht daran hindern,

Birne! Birne!

immer »das Lachen im Halse stecken bleibt«, war ein komischer Methodenmix aus Schulhof-Hänselei und folgenloser (nämlich personalisierter und damit harmlos gemachter) Herrschaftskritik – wie RAF, nur bestuhlt. Sozusagen eine Satire auf die systemstabilisierende Funktion von Satire findet sich in dem zu

auch die dekonstruktivistisch-subversiven Potentiale von Humor zu erkennen und zu erörtern.

Wer mit Comedy zu tun kriegt, wird sofort zum Objekt eines Ausbeutungsverhältnisses gemacht, aus dem so lange und unnachhaltig Humorkapital geschlagen wird, bis er/sie zusammenbricht wie ganz real im Falle der »Maschendrahtzaun-Frau« Regina Zindler, die im Rahmen der von Stefan Raab angezettelten und mit vorbildlicher Effizienz bis zur *Beate Uhse*-Schaufenstergestaltung meiner Heimatstadt abgewickelten Sächs-Ploitation dann einen Nervenzusammenbruch erlitt.

Statt als kritische Instanz versteht sich Comedy nur noch als Dienstleistungsunternehmen, orientiert sich auf die Bedürfnisse spezifischer Publikumsschichten, auch wenn diese Schichten eher freischwebende, fiktionale Gebilde darstellen und keinesfalls deckungsgleich sind mit ihren sozialen Pendants. Die hier sowohl Sprachrohr- als auch Thematisierungsfunktion erfüllenden Sender zielen mit ihrem pseudo-postmodern zwischen Zitat und Authentizität schwankendem Proletkultgemisch aus Wet-T-Shirt-Contest-auf-Mallorca-Reportagen, Talk-Freak-Shows, ausländische-SozialbetrügerInnen-Enthüllungsjournalismus, »Die dümmsten Wohlstandsverlierer«-Formaten und eben dem Halli-Galli-Drecksau-Humor von Comedy ebenso auf eine Neue Mitte ab wie auf eine traditionelle Arbeiter- und Unterschicht. Symbolisch für diesen Schulterschluss mag die große Integrationsgestalt eines Harald Schmidt stehen, der seine ZuschauerInnen quer durch die Bildungs-Schichtungen zur informierten 8oer-Jahre-Zynismus-Community verklammert.

Informiert vor allem dahingehend, als dass Material dieses Humors zu einem guten Teil dem Bereich reaktionärer Klischees entnommen ist; kaum wird dem Publikum mal etwas vorgesetzt, was mit dessen Horizont kollidieren könnte. Was Comedy thematisiert – darin besteht der Dienstleistungsethos – muss allgemein bekannt und schnell begreifbar sein. Ähnlich arbeitet auch der jungdeutsche Film, dessen Versuch, tarantinomäßig mit coolem Wissen zu hantieren von der gleichzeitigen hysterischen Angst durchkreuzt wird, ob es auch wirklich von der Gesamtheit der anvisierten Zielgruppe problem- und rückstandslos verstanden werden kann. Deswegen finden sich in beiden Fällen Minderheiten von der nicht-zwangsheterosexuellen Lebensform bis zum Nicht-Deutschen in der Regel nur als die PointengeberInnen ihrer einschlägigen Klischees wieder: so müssen z. B. MigrantInnenkinder-Darstellungen in Comedy-Sketchen spätestens nach 5 Sekunden »Voll krass, ey Alter!« sagen, um erkennbar zu bleiben. (Ob spezifisch migrantische Comedy-Formate wie *Erkan und Stefan* es schaffen, damit signifyingmäßig zu spielen, soll jemand beurteilen, der/die diese Fadesse länger als 2 Sekunden ungezappt aushält.)

Unter dem Deckmantel aufgeklärter (Herrschafts-)Kritik gehör(t)en Rassismus und Sexismus freilich bereits zum Repertoire des politischen Kabaretts, etwa wenn der Kabarettist Christoph Sommer über Angela Merkel sagen darf, *man* sehe ihr schon von weitem an, »dass ihr nichts von allein in den Schoß fällt« – bei soviel Stammtischniveau bleibt mir allerdings dann tatsächlich doch noch das Lachen im Halse stecken.

Appelliert wird dabei an das, was die kurzlebige Toleranz-Disziplinargesellschaft der 8oer aus dem öffentlichen Diskurs in den Status kultureller Latenz abgedrängt hatte. Von dessen Toleranz-Ideologie hat Comedy sich vollends entfesselt, ja sie macht diese und v. a. den Interventionismus der p.c.-Bewegung gezielt zu ihrem Figurenarsenal (als Sozpäds, Gutmenschen, Softis – auch diese Tradition ist vom politischen Kabarett ererbt, wo es zwischen zwei Kohl-Nummern immer eine grün-alternative Diskussions-Kultur-Nummer gab).

Anarchisch ist dieser Humor nur im Sinne des neoliberalen Missverständnisses »Anarcho-Kapitalismus«, ja, seine Entgrenzung ist ähnlich derjenigen, die in Swinger-Clubs angeboten wird.☏☏ Die inszenierte Transgression, wie sie v. a. in Personality-Comedy-Shows teils ganz handgreiflich durchschlägt, richtet sich als Regelverstoß nur gegen ganz bestimmte Regeln, während sich die anarchische Praxis Helge Schneiders z. B. gegen ökonomische Regeln richtet.☏☏☏ Denn: Welche Regel verletzt Harald Schmidt eigentlich, wenn er z. B. einem als Talkgast geladenen Model zur Begrüßung ganz spontan an die Brust greift? Die des Aufklärers Freiherr Adolf

☏ Diesbezügliches Interpretationsportal: Anders als alle anderen Figuren der Filme oder Sketche der Gruppe ist der Protagonist ja nicht in irgendwie lustiger Weise deformiert oder neben der Spur, sondern beharrt im Zentrum des montypythonesken »Blödsinns« auf einen bestimmten Typus einer politisch tätigen Vernunft, wie sie direkt anarchistischer Theoriebildung entnommen zu sein scheint.

☏☏ In Swinger-Clubs wird das angepeilte Prinzip der Entgrenzung ja mit zahlreichen Grenzziehungen, in denen sich die realen Machtverhältnisse abkonterfeien, abgesichert gegen etwaige Einbrüche des Anderen: Zärtlichkeiten sind zwischen Frauen zwar toleriert, ja erwünscht, zwischen Männern aber verboten und neulich sagte mal ein Typ in einer Fernsehdoku, was er an seinem Club so schätze, sei, dass da keine Ausländer reindürfen.

☏☏☏ Z.B. durch Konzertabbruch bei bestimmten, ihm gegen den Strich gehenden Aggregatzuständen von »Publikum«.

von Knigge wohl sicherlich, mag sein auch diejenige des in öffentlich-rechtlicher Betulichkeit vor sich hin dösenden TV-Betriebs von vor 15 Jahren, als Nina Hagens angedeutetes Masturbieren noch Köpfe zum Rollen bringen konnte. (Wobei natürlich auch damals schon das Geschlecht des/der mit aggressiven sexuellen Gesten Aufwartenden eine entscheidende Rolle spielte). Da das hierbei gebrochene Tabu spätestens mit der Einführung des Privatfernsehens gegangen worden ist (auch wenn manche empörte TV-Anstands-Wauwaus noch gar nicht gemerkt haben, dass es sie gar nicht mehr gibt), handelt es sich hierbei wohl eher um eine Grabschändung als um einen tatsächlichen Tabubruch. Das Regelwerk der Disziplinargesellschaft (Wohlanständigkeit) wird hier gleichsam in neoliberaler Perspektive gebrochen (Quote), zudem das männliche Subjekt, das sich beim weiblichen Objekt bedient, die Bestätigung einer viel robusteren und beschisseneren Regel ist und Macht bestätigt, anstatt ihren Systemen interessante Kurzschlüsse zuzufügen.

Dass trotzdem immer noch gerne behauptet wird, Schmidt gelinge es manchmal, dem Medium, in dem er sich bewegt, einen Spiegel vorzuhalten[τ] — was auch immer das jetzt medientheoretisch heißen soll (als wäre das Sich-den-Spiegel-Vorhalten nicht die einzige Beschäftigung von »Medien«) —, bestätigt nur das Funktionieren jenes kalkulierten double bind, mit dem er arbeitet: Schmidt beherrscht nämlich jene zweideutige Sprechweise meisterlich, die sich gezielt an zwei verschiedene Publika, deren Erwartungshaltungen und Denkweisen richtet. Die Zwangslogik mit der bei ihm dem Begriff »Polen« der Begriff »Autodiebstahl« folgt, lässt sich vom aufgeklärten Studienrätinnenanteil als satirische

Zuspitzung decodieren, während es der andere Teil als lustig gewendete, aber prinzipiell eins-zu-eins funktionierende Thematisierung des Realen nimmt. Diese Strategie ist so subversiv, dass Harald Schmidt es sich heute leisten kann, aufzuhören, wann er will, wie er vor einiger Zeit bei irgendeiner Gelegenheit beteuerte.

Da beide Pole ohnehin nicht säuberlich voneinander zu scheiden sind und in einer von der Omnipräsenz rassistischer Diskurse geprägten Gesellschaft die Beteuerung, man/frau/sonstige denke nicht rassistisch (analog: sexistisch) in erster Linie als Weigerung verstanden werden muss, sich mit den Einschreibungen rassistischer Denknormen ins eigene Bewusstsein auseinander zu setzen, bleibt eine solche Aufklärungsarbeit ohnehin tautologisch. Zumal selbst die satirische Überhöhung in ihrer permanenten Thematisierungsleistung des Komplexes »Polen-Autodiebstahl« ja an einem gesellschaftlichen Klima mitwebt, in dem eben solche Stereotypen »ganz normal« werden.[ττ] Wer in Polen nicht genau darauf achtet, *wo* er sein Auto abstellt, werfe den ersten Stein.

Adorno hat einmal sinngemäß gesagt, »Fun« würde gesellschaftlichen Sinn immer bloß unter dem Deckmantel einer scheinbaren Sinnfreiheit wiederholen. In diesem Sinne gibt sich der gesellschaftliche Sinn in den individualanarchistischen Aufgipfelungen, mit denen Comedy einem angeblich aus der Adenauerära herübergebeamten gesellschaftlichen Bierernst die Stirn und den Max Stirner bieten zu müssen meint, im leicht punkigen Outfit zu erkennen. Er erscheint aber gerade dadurch so unverrückbar und totalitär, dass er nach Anarchie erst deshalb aussehen kann — Sie müssen die neo-adornide Denk- und Satzstellung verzeihen —, weil kein Zustand außer ihm überhaupt mehr gedacht, geschweige den formuliert werden kann.

Die flachen Hierarchien von Comedy sind also ungefähr so subversiv wie kiffende FDP-WählerInnen. Nicht von ungefähr ergibt sich ein Guido Westerwelle seinem Schicksal, und lässt sich zu Stefan Raab einladen — der ihn dann auch gleich pflichtschuldig bauchpinselnd demontiert, Schwulengewitzel inklusive — nachdem er bereits im *Big Brother*-Haus klar gemacht hat, dass er gar nicht so langweilig ist wie sein Parteiprogramm. Westerwelle weiß nämlich ganz genau, wem er sich da anbiedert, indem er zeigt, dass er zwar weniger Spaß, dafür aber umso mehr »Spaßgesellschaft« versteht.

[τ] Vgl. Marcel Malchowski: *Den ich Ruf rief, den Geist*. In: *TAZ*. 7./8. Juli. 2001. S. 22.

[ττ] Hape Kerkeling hat in einem seiner Filme gezeigt, dass man/frau/sonstige auch deutsche TV-Komödien abliefern kann, die sich soviel Restwachheit und Humor bewahrt haben, derlei Stereotypisierung nicht bloß satirisch zu zitieren, sondern überhaupt mal zu durchbrechen: Als die deutsche Familie aus der polnischen Raststätte kommt, ist selbstredend das Auto plötzlich nicht mehr da; Schnitt: wir sehen zwei nach dem *Thelma&Louise*-Prinzip gemodelte deutsche Frauen, die im gestohlenen Wagen vor irgendeiner Road Movie-Handlung fliehen.

[τττ] Titel einer von *monochrom* am 9.12.99 im Wiener *Depot* veranstalteten Podiumsdiskussion zum Werke Schneiders.

[ττττ] Z. B. wenn Ben Becker bei Biolek dem uncool konnotierten Guido Westerwelle öffentlich ein Rauchpiece anbietet, um sozusagen das Prinzip FDP auf dem Feld des symbolischen Kapitals zu wiederholen.

»Es bleibt nichts im Halse stecken« ☭☭☭

Mindestens seit Helge Schneider qua *Katzeklo* ein Millionenpublikum erreicht und zu einem kolossalen Missverständnis herausgefordert hat, ist er zum beliebten Studiogast geworden. Seine Medien-Appearances sind dabei gekennzeichnet von einer Weigerung, sich den eingespielten Abläufen zu unterwerfen, ähnlich wie man/frau/sonstige es von seinen Bühnenshows kennt, dies jedoch in einer komplett anderen

Kiffende FDP-WählerInnen.

Weise als bei der BerufsverweigererInnen-Riege, die die Störung nur als symbolkapitalistisches Mobbing, als Bloßstellung des Gegenüber und damit als Bestätigung des gesellschaftlichen Konkurrenzdruckes inszenieren kann.☭☭☭☭ Während derlei im System verbleibt und nach dessen Regeln spielt, verlässt Schneider dieses System, das nicht verlassen werden kann, indem er sich sozusagen nomadisch darin umherbewegt, d. h. ihm andere Bedeutungsmuster und Bewegungslinien einschreibt. Dem medial eingeklagten Identitäts-Prinzip (qua dem sich z. B. Raab als Provo inszeniert) verweigert er sich durch einen fortlaufenden Identitäts-Drift, womit es ihm tendenziell gelingt, seine Präsenz ungreifbar zu halten: Ähnlich dem Schauspieler in Woody Allens *Deconstructing Harry* kriegt man/frau/sonstige ihn nicht scharf. Die mediale Strategie der sprunghaften Produktion einer unendlichen Kette an Helge Schneider-Identitäten habe ich bereits anderswo ausführlicher beschrieben und mit der These verknüpft, Helge Schneider nähere sich dem Material seiner Arbeit (sei dieses nun »Massenpublikum«, Autorenfilm, Kriminalliteratur, *Love me tender*, Fernsehen, Autobiographie oder die Schilderung einer Polarexpedition mit Reinhold Messner) als Jazzmusi-

ker.[14] Was Schneider unternimmt, bespielt er zugleich mit jener Wucht, die Jazz hatte, bevor er Bildungsgut und Brauchtumspflege wurde. Ähnlich wie der Interpretationsbegriff des Jazz den Jazzklassiker nicht zerstört, annektiert oder kolonialisiert, indem dieser interpretiert wird, sondern aus seinem kryotechnischen Klassikerelend erlöst, ist Schneiders Humor kaum je zerstörerisch oder annektierend. Obwohl er ja allein pointentechnisch so ziemlich jedem Phänomen der deutschen Fernsehlandschaft haushoch überlegen ist, benutzt er diese Überlegenheit in Fernsehshows nicht dazu, sein Gegenüber plattzumachen und zum Ablachen frei zugeben, wie dies Stefan Raab programmatisch tun muss. Eher eröffnet Schneider gewissermaßen Jam-Sessions, die natürlich nicht funktionieren können, da ihre Umgebungen Umgebungen der Macht sind, aber gerade dieses Nicht-Funktionieren erzeugt jenen dekonstruktivistischen Grundsound, der außer, dass er wirklich funky ist, auch einiges darüber erzählt, was an den Umgebungen, in denen er so grandios und bombastisch scheitert, nicht stimmt.

Sein auf den ersten Blick infantil anmutender Unernst zeigt sich gerade als Spiel mit und gegen die Gerinnungsfaktoren und -geschwindigkeiten seines Materials, eine ihren Inhalten nach nicht primär politische Intervention gegen das gewordene, fertige Produkt als Ideologie von Kapitalismus, bürgerlicher Gesellschaft und abendländischem Denken sowie deren hermeneutischem Prinzip.

Der Begriff der »Improvisation« wird von Schneider selbst als Grundlagenbegriff seiner Arbeitsweise beharrlich ins Spiel gebracht. Dabei erscheint dieser von gefährlicher Nähe zu neoliberalistischen Einpeitschungen: Innovation, Flexibilisierung, Marktdynamik, Leistungsorientierung swingen hier mit. Allerdings sind diese Begriffe aufgehängt im Paradigma eines Marktes, in dessen Hoheitsgebiet das Innovatorische immer nur als Waren-Dienstleistungs-Selbstidentität die Bühne betreten kann. Die angeblich enormen Geschwindigkeiten postmoderner Märkte sind jedoch nur relative Geschwindigkeiten, denen Helge Schneider – man/frau/sonstige verzeihe den Jargon – eine andere, »absolute« entgegensetzt: der Begriff der Ware wird gerade in der Unstetigkeit und Sprunghaftigkeit der Produktion exekutiert. Von daher stellt es auch ein grobes Missverständnis dar, dem auch z. B. Seidel aufsitzt,[15] wollte man/frau/sonstige dieses Werk nach »gelungen«/»nicht-gelungen«-Kategorien, nach innovatorischen und selbst-plagiativen Abschnitten unterteilen: denn darauf kommt es bei Schneider ja gerade nicht an, sich als wild um sich schlagende Innovationsmaschine einer bürgerlichen Konsum- und Geschichtslogik zu unterwerfen. (Was nicht heißen soll, dass Schneiders improvisatorische Leistungen nicht schier menschenunmöglich sind, wie ein Vergleich mit ähnlichen Projekten zeigt – etwa Bobby Conn als Mischung aus Helge Schneider, MC 5, PRINCE und einem vor der Wohnungstür stehenden *Zeugen Jehovas*-Pärchen.)

Dass bei Schneider Albernheit nicht nur debile Enthemmung oder eskapistische Regression ist, Nonsens nicht nur schlechtdurchdachte Verweigerung von Sinn meint (obwohl – und das ist nicht nur deshalb wichtig, um bestimmte links-humanistische Klischees von der Bettkante zu stoßen – es das eben mit vollem Recht auch ist), hat Seidel bereits herausgearbeitet. Wichtig wäre, »den kynischen Impuls zu bemerken und dessen Differenz vom zynischen Malström, der bis heute einen Großteil der politischen, öffentlichen, medialen Welt aufgesaugt hat, aufzuzeigen.«[16] Denn: »Nur vom Kynismus her lässt sich der Zynismus eindämmen, nicht von der Moral her.«[17]

In der spezifischen Art der Produktion, Reflektion und Zirkulation von Sinn hat Schneider eine Methode entwickelt, wie dessen gesellschaftliche Produktionsweise gestört werden kann, nicht um die Produktion gänzlich zu stoppen, was unmöglich wäre, sondern um das Produzieren seinem Zweck zu entziehen. Schneider stellt – da wo Comedy den von der Satire ererbten Familienbetrieb nur kaltschnäuzig modernisiert, in dem es ihm ein wenig anti-verkrustete Deregulation injiziert – einen Überschuss, ein Zuviel an Sinn her, das sich nicht mehr sinnvoll auf den konventionalisierten Sinn des gesunden Menschen und seiner überschätzten Verstandestätigkeit abbilden lässt. Dies stellt es als »Sinnlosigkeit« eine Wiedergewinnung von Sinn dar, indem durch das Nichts-Bedeuten, das Leckschlagen der Bedeutungszirkulation, die Paradoxien, den Rückfall in vorsprachliches Rauschen als Verweigerung einer immer schon so funktionierenden Sinnproduktion ja erst der Platz geschaffen wird für

eine andere und neue. Denn, dass etwas gar nichts bedeutet, heißt ja, dass es wieder alles bedeuten kann (ähnlich der bekannten »Abschaffung des Privateigentums«). Wo ein Sinn offensichtlich fehlt, muss er entweder aktiv hergestellt werden oder man/frau/sonstige belässt es dabei, dann wäre das Nicht-Vorhandensein von Sinn der einzige Sinn des »Sinnlosen«.

Die Unsinnsfelder, die Helge Schneider anlegt, sind mit Sinn wie vermint: tritt man/frau/sonstige etwas zu lange und zu heftig auf die falsche Stelle wird man schier zerrissen von der semantischen Wucht einzelner zunächst für unsinnig geglaubter Passagen.

Entsprechend ließe sich über einzelne Sätze und Wortkonstellationen abendfüllend sprechen, wozu man/frau/sonstige sie nur (und das wäre dann aber schon wieder verfälschend) aus den Kaskaden ihrer Erzeugung herauszulösen bräuchte. Ein Beispiel gibt die erkenntnistheoretische Verhedderung und Neuverschraubung der positivistischen »Erde« und der radikalkonstruktivistischen »Welt« zur »Werde« nicht nur als Ur-Imperativ einer göttlichen creatio ex nihilo, sondern auch der heraklitheischen-nietzscheanischen-bergsonschen-deleuzianischen/guattarischen Philosophie-Tradition, die sich ... *(Fragment)*

Derartige ins Brodelnde des Schneiderschen »Sinns« gerichtete Scheinwerferkegel sollten allerdings nicht im Sinne der Installation einer »gültigen Lesart« verstanden werden, sondern nur darauf verweisen, wieviel Bedeutung aus dem scheinbaren Unsinn gemolken werden kann und wie anschlussfähig dieser sich in die unterschiedlichsten (wenngleich doch nicht in *alle*) Richtungen zeigt. Wer die Vielheit Schneiderscher Texte in Interpretationseinheiten zu zerreißen versucht, sie bloß für tollkühne Metaphern (in irgendwie fliegenden Kisten) erklärt, bringt unweigerlich ihre Fließgeschwindigkeiten, die dann allererst mitzuinterpretieren wären, zum Versiegen. Diese aber sind u. a. gerade wichtig dafür, dass Schneiders Werk nicht gänzlich (wie andere Erscheinungsformen der Avantgarde) im Schwierigen, Komplexen aufgeht und sich soweit verdunkelt, dass nur noch Diskurs-AbonehmerInnen sich darin zurecht finden. Ihrem monströsen Kunstcharakter wird eine ganz basale und erfrischend banale Lustigkeit entgegengestellt – hier wird kein Rachenrohrkrepierer, »kein Lachen erzeugt, das im Halse stecken bleibt, sondern ein gesundes, herzhaftes Lachen«,[18] bei dem nicht mal Kleinkinder ausgegrenzt werden. Wer will, kann sich auch einfach nur in die Hose pissen vor Erschütterung.

Plüschtierpenisneid mit Klarinette

Helge Schneider als französischer Philosoph?
Die Quadratur der Themenkreise

Die Arten und Weisen der Erzeugung eines »Unsinns« bestehen bei Helge Schneider nicht darin, einem geschlossenen Sinnsystem ein geschlossenes Unsinnssystem entgegenzusetzen, wie in der Unsinnspoetik des noch polaristischem Denken verhafteten Dadaismus. Vielmehr scheinen beide Systeme ihre Schleusen zu öffnen, um sich zu merkwürdigen Schorlen zu verquirlen. Sinn und Unsinn, wenn man/frau/sonstige diese beiden Großkategorien einmal als Orientierungspfähle beibehält, sind bei Helge Schneider fast ununterscheidbar und jedenfalls nicht mehr voneinander ablösbar geworden.

Dies zeigt sich z. B. in den »spontanen Bühnenerzählungen«, jenen oft wuchernden und selbstläuferhaften Texten, die in Form von Livemitschnitten dann ihren Weg auf die Platten finden. Stehen sie noch in der Tradition der Überleitung, der (erläutern-

49

den) Ansage, der Bühnenkommunikation, des charismatischen Geplauders, so handelt es sich doch um eine äußerst komplex-gebaute und komplett eigenweltliche Erzähltechnik, die höchstens noch an Lewis Carroll, Franz Kafka und die Prosaarbeiten von Kurt Schwitters erinnert.

Schneider improvisiert hier um ein mehr oder weniger festgelegtes Grundgerüst herum, dass sich aber beliebig erweitern, brechen und als Absprungfläche in ganz andere Gefilde nutzen lässt. Zwischen hochgradig identischen Versionen und unendlicher Abweichung ist alles möglich. Selten sind sie als ganzes völlig »unsinnig«, sondern häufig konventionell angelegte Schilderungen, Erzählungen oder Reflexionen, in deren Vollzug aber ständig und poltergeistphänomenologisch destruktive Stimmen einbrechen. Der Text, der doch erkennbar ein Text über etwas bleibt, ist weder in seiner grammatikalischen Struktur (Sprache) noch in seiner narrativen Logik (Geschichte) noch dem Modus seiner Präsentation (Vortrag) in jener Weise intakt, in der sich Texte für gewöhnlich (selbst noch als »experimentelle«) für die Bruchlosigkeit und Funktionabilität eines grundsätzlich unproblematischen und vor allem auch erzählerisch handhabbaren Modells von »Realität« und deren sprachlicher Kohärenz verbürgen.

Obwohl er permanent »Sinn« ausstößt, ist dieser »Unsinn« keine Poetifizierung, kein Versuch, das so Nicht-Sagbare durch die Auflösung von sprachlichen Begrenzungen wiederum erzählbar zu machen und

auch nicht das Quengeln eines Verstummens vor dem Realen (wie in Adornos Verständnis des Sich-Ausschweigens moderner Kunstwerke).

Thematisch kreist dieses Erzählen häufig um einen bestimmten Zustand von Welt: in Schneiders Texten begegnet oft eine ominöse und vollends unmotiviert aufflammende splatterhafte Gewalt, bei der sich tiefe Abgründe zwischen Ursache und Wirkung geschoben haben, etwa wenn der Vater in *Pubertät* seine Tochter »brutal, krankenhausreif zusammenschlägt«,[19] anscheinend wegen eines Mofaunfalls. Der Erzähler findet das »selbstverständlich [...] und auch mehr als verständlich« – ob im hermeneutischen oder im zwischenmenschlichen Sinne bleibt unklar. Ebenso hinterlässt Kommissar Schneider, Schneiders Protagonist mehrerer Kriminalromane und eines Filmes, beim Ermitteln eine Spur aus natürlich folgenlos bleibenden Eigentums- und Gewalt-Delikten. Die Präsenz von Brutalität, Elend, Krankheit und Tod[20] erinnert nicht nur an ein marginalisiertes Schicksal im Spätkapitalismus, sondern auch an das spätkapitalistische Schicksal der Marginalisierten. Explizit angesprochen wird dies in der Vorrede zu *Ladiladiho*: »Es ist eine Welt des Horrors, der Qualen und des Entsetzens. Meine Lieder spielen in dieser Welt und machen alles wieder gut.«[21]

Hier wird – wie auch immer ironisch fraktalisiert – noch einmal an das Versöhnende der Kunst erinnert, womit allerdings weniger die Harmonisierung des Hässlichen und Disparaten zu stimmiger und sinnstiftender höherer Einheit gemeint sein dürfte, wie sie als Leitidee der klassischen Ästhetik vorschwebt, als vielmehr das Tröstliche, Solidarität stiftende, wie es in manchen Momenten manche Popstücke hinkriegen.

Aber Schneider verweist hier auch auf die konstruktivistische Sprengkraft seiner Ästhetik. Ähnlich der rhizomatischen Erzählweise Kafkas,[☙] die gerne zu Unrecht mit Bürokratismus-Phobie und existenzialer Not verwechselt wird (oder der *Star Trek*-Folge, in der Whorf einen Riss im Quantenraum erzeugt), befindet sich die erzählte Welt in permanenter Veränderung, sie wandelt sich nicht nur innerhalb ihres Weltmodells, sondern die Weltmodelle scheinen überhaupt ständig ineinander zu stürzen. Die Außerkraftsetzung von Naturgesetzmäßigkeiten, die Inkonsistenz der Kategorien »Zeit«[☙☙] und »Raum« sowie ihres Zusammenhangs,[☙☙☙] der Wechsel der Erzählgeschwindigkeiten vom Vortrags-Stakkato über eine *Der Schatten des Körpers des Kutschers*-mäßige Gedehntheit[22] bis

☙ Vgl. hierzu Gilles Deleuze/Félix Guattari: *Kafka. Für eine kleine Literatur*. Ffm 1976. Zum sich aufdrängenden Kafka-Vergleich meint Seidel: »Sicher, auf den ersten Blick wird die Konstruktion eines Bezuges zwischen Kafka und Schneider befremdlich, wenn nicht blasphemisch wirken, doch sind bei genauer Hinsicht die kafkaesken Momente im Schaffen des Humoristen durchaus wahrnehmbar.« (Seidel: *Ondologie*. S. 134.)

☙☙ Vgl. die kaleidoskopische Abfolge jahreszeitlich bedingter Stimmungsbilder und klimatischer Effekte in *Pariserzählung* (Auf: Helge Schneider: *New York I'm coming*. LP. Roof Music 1990.); das Stück kann lange gar nicht als Bericht von Ereignissen einsetzen, weil ständig neue Zeitangaben ständig neue Welten generieren, die beschrieben werden wollen.

☙☙☙ Über eine Autofahrt berichtet Schneider: »Die Geschwindigkeit war so hoch, dass der Raum dreidimensional war.« (*Flora und Fauna*. Auf: Helge Schneider: *Katzeklo*. MCD. Roof Music 1993.)

☙☙☙☙ Etwa die endlose, aber halsbrecherisch choreographierte Aufzählung der drei Benelux-Länder in *Ansprache* (Auf: *New York I'm coming*).

☙☙☙☙☙ In der *Pariserzählung* bekommt der Protagonist nach einem Zusammenbruch infolge des Verzehrs von ca. 190 bis 220 Capuccinos in einer 900stündigen Operation einen Herzschrittmacher eingepflanzt.

zum Verfangen in Endlosschleifen,[☞☞☞☞] die an die Zahlenphantastik des *Nibelungenliedes* gemahnenden Zahlen- und Größenangaben[☞☞☞☞☞] – all das verweist darauf, dass diese Welt nicht einfach abgeschildert ist (wie immerhin in ca. 99,99 % aller Texte incl. phantastische, groteske und Science Fiction[23]-Literatur), sondern sich entlang des geschilderten Ereignisses ständig neu konstituiert. Die in die Konventionen des Realen getriebenen Brüche, Verschiebungen und »Intensivierungen« sind in sich jedoch ebenso wenig stringent und ergeben zusammengenommen – weder im jeweiligen Text, noch in größeren Werkeinheiten – ein konsistentes Bild, eine in sich geschlossene »parallele Welt« (wie im Fantasy- oder dem Alternativwelt-Genre).

Dies zeigt sich besonders stark und hier auch schon leicht beklemmend in den Filmen *Praxis Doktor Hasenbein* und *Jagd auf Nihil Baxter*, die erneut an die historisch, sozial und geographisch sich stets entziehenden Szenarien Kafkas denken lassen – jene eigenartige Differenz von Kafkas Handlungsorten zum »realen« Prag oder Amerika. Letzterer spielt in einer nahen Zukunft, die aber wie dem experimentellen französischen Film der 60er entnommen wirkt und sowohl Platz hat für knallharte Ruhrgebietsrealistik als auch für Louis de Funès-Slapstick evozierende Gendarmen-Uniformen. Das Wo, Wie und Warum des Filmes ist ebenso ausgeklammert wie in *Praxis Doktor Hasenbein*, einem klaustrophobischen Kleinstadtmelodram um den Arzt Doktor Angelika Hasenbein, dessen fast gesamte Spieldauer sich darin genügt, das seltsame Alltagsgeschehen in dem Ort *Karges Loch* zu erzählen, über den wir nur per Bühnenbild erfahren, dass er am Ende eines riesigen Tunnels liegt (der Tunnelausgang ist freilich nur eine monströse Filmkulisse aus Pappmaché!). Neben dem stockfleckigen Interieur einer »Vergangenheit« (Krämerladen, Hausierer-Käseverkauf vom Bollerwagen aus) gibt es allerdings schon einen Geldautomaten und die Länge der Geheimzahl von Doktor Hasenbein lässt auf apokalyptische Überbevölkerung schließen. All dies ergibt kein stimmiges Bild einer bestimmten, erzählten Zeit, eher scheint diese eine Verschlingung verschiedener Zeitschichten zu einem unentwirrbaren Knäuel[24] zu sein.

Der Krieg, der dann als unfassbare Last-Minute-Handlung schicksalhaft in das Leben des Arztes einbricht und ihn nach 40 Jahren in einem U-Boot als Heimkehrer in ein schwach modernisiertes Ortsbild *Draußen vor der Tür*-mäßig abblitzen lässt, ist weder der letzte noch der nächste und auch nicht die platonische Idee davon, weder Heideggers Geworfensein noch jene expressive Geste aus der Pubertäts-Ploitation *The Wall*. Und doch irgendwie das alles und noch vielmehr als furiose Stampede der Zeichen. Das Vertrautheits-Fremdheits-Gemisch dieser Orte mag an Dystopien erinnern wie sie sich bei Alfred Kubin (*Die andere Seite*) und Hermann Kasack (*Stadt hinter dem Strom*) beschrieben finden, doch im Unterschied zu dort haben Schneiders Orte keinen parabolischen Gehalt mehr, sie lassen sich nicht mehr interpretativ erhellen, was über sie gesagt werden kann, fügt sich nicht mehr stimmig zueinander. Ähnlich sind die Rollen seiner Filme besetzt, wo Frauen von Männern (kaum allerdings Männer von Frauen!) gespielt werden und Kinder von Erwachsenen, was eine vulgäre Komik und existenzielle Drastik abwirft.

Dies sind einige wenige Beispiele für eine in der Fülle ihrer Effekte kaum je erschöpfend beschreibbare Überblendungstechnik, mit der Genderkategorien ebenso aufeinanderprojiziert werden wie wiedererkennbare historische, soziale und geographische Topographien auf eine generelle Atopie (eine Ortlosigkeit, die weder Utopie noch Dystopie ist). Auch mit Begriffen wie »absurd« oder »grotesk« ist dieses Fremdartige nicht noch einmal in eine geordnete Verhältnismäßigkeit zu bannen, da diese nur Verzerrungen und Abweichungen vom »Normalen« markieren und peripherisieren, das »Normale« eben durch die Form und Art der Verzeichnung bestätigen sollen. Sie sind vielleicht wie das Paris der SituationistInnen nur noch mit dem Stadtplan von London begehbar. Somit wird ein unendlicher Möglichkeitsraum eröffnet, indem Bedeutungen zwar laufend hergestellt, aber zugleich auch durchschritten und durchschnitten werden, sie haben nur Bestand für die Dauer eines Wortes, eines Satzes, eines Tones. Seidel sieht hierin ein rhizomatisches Verfahren:

> »Bei Schneider äußert sich das nicht nur in der Vielfalt der Themen, der Medien, der Stile, der Art – wiewohl das alles aussagekräftige rhizomatische Indikatoren sind, er erreicht es darüber hinaus durch eben jenen »Wettstreit von Dialekten, Mundarten, Jargons und Fachsprachen« und deren verschiedensten (parodistischen, satirischen, ironischen, nonsensikalischen, plagiierenden …) Inszenierungen und diese unnachahmliche Vieldeutigkeit, die aus der Kunst entsteht,

eine präzise, genaue Ungenauigkeit sprachlich-literarisch herzustellen. Dieses quasi-systematische Verfehlen eines Aussagesinns (oder einer Aussageform), der durch seine Absenz unmittelbar und eindringlich präsent ist und der zudem einen weitgefächerten assoziativen Raum voller *möglicher* Bedeutungen eröffnet, ist sicherlich eine der wesentlichsten Stärken. So kann nur jemand sprechen, der das postmoderne Dilemma des Sprechens begriffen hat.«[25]

Dass nun eine modische Begriffskollektion aus »Deterritorialisierung«, »Nomadologie«, »Werden«, »Schaft« und das aufgrund von Omnipräsenz schon ein wenig falbe »Rhizom« nicht völlig aus dem lauen Lüftchen ihrer derzeitigen Penetranszendentalität gegriffen sind, zeigt sich in den Themen Helge Schneiders, so z. B. in dem in zahlreichen Varianten vorhandenen Stück *Videoklip*.[☎] Hier *erzählt* Schneider ein Video zu einem seiner Stücke als präzise Persiflage auf Videos wie man/frau/sonstige sie z. B. von Peter Gabriel kennt. Ausdruckstänzelndes Gemorphe und sonstige pseudo-symbolistische Effekthascherei werden allerdings durch eine krude Alltagsmaterialität erweitert: in einer Version fliegt die Band in einen Pfannkuchen eingerollt durch das All, in einer anderen muss sie sich »an den Säcken von alten Männern«[26] über eine Schlucht hangeln. (Das schwächste Glied in dieser Scrotum-Kette ist natürlich dasjenige von Schneiders Drummer Peter Thoms, der die Machtverhältnisse moderner Arbeitswelten in Running-Gag-Form thematisiert). Das »Geschissene« solcher Bildmaterialschlachten wird wiederum in einer anderen Version ganz plastisch ins Bild gesetzt als Elefantenkot, den Thoms mit einer Schubkarre auffangen muss. Und natürlich taucht auch (als Zeichen für das Musikvideos innewohnende Emanzipationspotential wie auch für dessen Problematik und die geschlechtlichen Ausbeutungsverhältnisse der Musikvideo-Ikonographie –

☎ Völlig auseinanderdriftende Versionen sind mir bekannt von der Maxi-CD *Katzeklo Spectaculaire!* (MCD. Roof Music 1994), einem Livekonzert sowie unter dem Titel *Videoprodukt* auf *Da Humm* (Do-CD. Roof Music 1997).
☎ ☎ Wenn Schneider hingegen tatsächlich mal ein Video vorlegt (wie zu *Es gibt Reis, Baby!*), sind das eher zwischen Tür und Angel runtergerotzte LoFi-Super-8-Formate.
☎ ☎ ☎ Eine Pflanze(nart), die übrigens auch dem- und derjenigen begegnet, der/die es schafft, den auf der Umschlagsinnenseite der *Merve*-Ausgabe des *Rhizoms* in bewußt miserabler Qualität abgedruckten Eintrag in einem botanischen Nachschlagewerk zu entziffern[!].

diesbezügliche Stellen wurden im Zitat mit [!] markiert) in den verschiedenen Versionen gelegentlich Madonna auf:

»Madonna kommt auch da unten runter. Und auch wieder Sexualität. Sie spielt dann ein bisschen damit, mit Madonna. Die hat so eine ganz hautenge Ledergarnitur an, und wir sitzen dann darauf, den ganzen Abend und lesen Zeitung[!]. Und dann wird das so ein bisschen langweilig[!], aber das soll auch so sein[!].«[27]

Indem Helge Schneider allerdings dieses Video nur erzählt (und immer wieder anders erzählt), anstatt es und das in ihm dann bloß dargestellte Prinzip der Transversalität tatsächlich zu einem Produkt zu verdinglichen[☎☎] (in einer Version heißt der Text dann auch *Videoprodukt*) wird es gerade da gerettet, wo es sonst nur als Klischee seiner selbst – als Peter Gabriel-Video – existieren kann. Eine besonders wuchernde Version endet entsprechend mit der Einschränkung: »Das sind die ersten 2,3 Sekunden, den Rest machen wir noch.«[28]

Ebenso lassen sich immer wieder Stellen aufzeigen, die wie selbstverständlich philosophische Probleme behandeln (wenngleich diese sogleich wieder von den Bewegungsformen der Texte untergepflügt werden, was für ihre Rezeption von entscheidender Bedeutung sein sollte) – und zwar: akademisch-philosophische Probleme! In den Stücken des *Philosophie*-Werk-Komplexes wird z. B. ein Feuerwerk an erkenntnistheoretischen (»Sind wir nicht sogar Messungen?«), sprachphilosophischen (»Ist unser Leben denn mehr als eine anananananandergereihte Reihe«) und transzendenzphilosophischen (»Sind wir nicht entstanden aus etwas ganz Bestimmtem?«) Fragestellungen abgefackelt, um schließlich in deformierter Spruch- und Binsenweisheit zu veröden (»Wir müssen noch lernen – lernen, lernen, lernen – popernen!«).[29]

Am interessantesten ist dabei wohl jene Passage, die als Scheitern von Transzendenz einen Übergang von theoretischer zu praktischer Philosophie markiert, wenn nämlich die Kuschelrock-CD-haftigkeit der existenzialphilosophischen Phraseologie des noch halbwegs vernünftig formulierten und moderat vorgetragenen Einstiegs (»Wer sind wir – wo kommen wir her?«) von dem ansatzlos hervorgeschleuderten Sprachklumpen »Wer seid das ihr/Ihr [?]« abgestochen wird. Schneider klingt hier wie ein von Laienhand aus der Klarinette gequetschter Ton. Wie hier ein in seiner warenförmigen Subjekthaftigkeit weggesperrtes »Ich« seinem durch Einschaltung des neutralen Artikels in ein monolithisches »Ihr« (das »Ihr« ist ja eine in der Philosophie gerne vernachlässigte Kategorie) ineinsgestauchten Gegenüber aus dem unangenehmen Vollrausch fundamentaler Einsamkeit die Frage nach dessen ontologischem Status

In Ihren Themen zeigt sich, dass eine modische Begriffskollektion aus »Deterritorialisierung«, »Nomadologie«, »Werden«, »Schaft« und das aufgrund von Omnipräsenz schon ein wenig falbe »Rhizom« nicht völlig aus dem lauen Lüftchen ihrer derzeitigen Penetranszendalität gegriffen sind.

In meinen Themen zeigt sich, dass eine modische Begriffskollektion aus »Deterritorialisierung«, »Nomadologie«, »Werden«, »Schaft« und das aufgrund von Omnipräsenz schon ein wenig falbe »Rhizom« nicht völlig aus dem lauen Lüftchen ihrer derzeitigen Penetranszendalität gegriffen sind.

vor die Füße kotzt, das hätte eigentlich seine eigene philosophische Fachtagung (feat. Gadamer, Blumenberg, Odo Marquardt, Julian Nida-Rümelin [warme Begrüßungsworte & Laudatio], Habermas' türkischen Gemüsehändler *und* Reinhold Messner) verdient.

In *Philosophie II* wird diese wohl schon von der LP her bekannte und daher vom Publikum erwartete Sentenz zum no-wavig gequäkten »Wer seid das!?!«, um schließlich in einen evolutionsgeschichtlichen Abriss zu verfallen, dessen Logik sich zur herkömmliche Logik von Geschichtsschreibung als ein die Ursache-mit-der-Wirkung-Ausschütten verhält, und mit der Beschreibung einer prähistorischen Schachtelhalm-Zeit☃☃☃ einen erkenntnistheoretischen Problemhorizont eröffnet, der nicht zuletzt auch die Praxis der Geschichtsschreibung selbst betrifft: Erkenntnis kann

sich nur von einem ersten Punkt aus vollziehen, der aber dann als Ausgangslage und erster Erkenntnisgrund bereits alles weitere Erkennen affiziert ...:

»Es gab Schachtelhalmwiesen, Schachtelhalmbäume, Schachtelhalmtiere, alles war – es gab sogar eine Stadt, die hieß Schachtelhalm: die Stadt Schachtelhalmstadt und Schachtelhalm-Neu-Schachtelheim, Altschachtelheim und die anderen Städte hießen dann, sagen wir mal: Düsseldorf bei Schachtelhalm.«

Wohlgemerkt: Es geht nicht darum, ob & inwieweit wir es bei solchen Einlassungen mit Bewusstseins(bzw. Unterbewusstseins-)phänomenen zu tun haben oder mit solchen einer Inspiration, als spräche sich hierin eine in einem dubiosen »Darüber« zu situierende kosmische Instanz aus, die ihr Anliegen in das Gefäß des Dichters pumpt, wie es noch Aristoteles wollte. Das ließe sich freilich durch bloßes Anstaunen erledigen.

Es geht vielmehr darum, eine Methode zu erkennen, deren Arbeitsweise solchen Vexier-Sinn als Abfallprodukt abwirft. Wenn Helge Schneider also in einem Interview darauf besteht, was er mache, sei nicht – wie die Leute glauben – »Unsinn«, sondern »Sinn«[30], so meint er damit nicht jenen festumrissenen, hermeneutisch auslotbaren, immer schon verwalteten und durchherrschten Sinnbegriff der traditionellen Textwissenschaften, sondern einen deterritorialisierten Sinn in Aufruhr, der seinen Totengräber-InterpretInnen permanent von der Schippe tropft, ohne dabei doch vollends aufzuhören, traditioneller Sinn zu sein. Ziel dieser Technik ist aber nicht die Erzeugung von nicht-referentiellem Geräusch (in dem dann Referentialität durch maximale Nicht-Referentialität zur Totalität würde). Seidel sieht hierin vielmehr den Versuch der Bewältigung eines Ausstoßes an Sinn und sprachlichem Sein:

»Nicht nur, dass es eine unvorstellbar große Zahl von mehr oder weniger gewollten Produkten zu bewältigen gilt, erzeugt jedes dieser Produkte eine Reihe ungewollter Sekundärprodukte in Form von Dingen, Konstellationen, Veränderungen, Sorgen, Freuden etc. [...] Um die gerufenen Geister sprachlich bannen zu können, muss der Produktionsmaschine eine Sprachmaschine nachgeschaltet werden, ohne die paradoxe Situation negieren zu wollen, dass die Produktionsmaschine selbst partiell eine Sprachmaschine *ist* und umgekehrt.«[31]

Diese Sprachmaschine besteht bei Schneider – und das macht die Problematik der hier von den Platten abgetippten Belegstellen aus – nicht allein aus der Ebene der Wortbedeutungen. Diese werden ständig von anderen Sinnströmen durchkreuzt: demjenigen der oft freejazzigen Intonation, demjenigen der bei Liveauftritten eminent wichtigen Mimik und Gestik, demjenigen seiner klamaukhaften Accessoires, demjenigen der Pausen, der Lautstärken, der Fehler etc. Die Wort-, Sinn- und Klang(alexander)schlachten, die so ausgetragen werden, implizieren auch immer das Grauen angesichts des Gemetzels eines klaren Gedankens, des Blutbades der Stringenz.

Die Sinn-Unsinns-Verschränkungen bei Helge Schneider funktionieren also völlig anders als die vom Comedy-Bierzelthumor betriebenen Wiederholungen von gesellschaftlichem Sinn als Pseudo-Unsinn. Werden dort traditionelle Denkweisen bis hinab zur dumpffesten Stammtischgesinnung immer nur bestätigt, gelingt es Schneider einem solchen Denken die Kategorien zu entziehen und die Muster zu zerbrechen, ja, sogenanntes abendländisches Denken bisweilen überhaupt zu suspendieren.[32]

Dieser fundamentale Unterschied zwischen Helge Schneider und konformistischen Humorformen zeigt sich gerade da, wo er sich nahe an eines ihrer Medien, die Parodie, heranwagt, die als überzeichnende Darstellung ja der formalen Logik und Ökonomie ihres Gegenstandes verhaftet bleiben muss. Was also nur als maßstabsgetreue Übertreibung existieren kann, wird in der Schneiderschen (Post-)Parodie völlig remodelliert, so dass formal Geronnenes wieder freigesetzt werden kann. Als Beispiel mag hier die Schlager-Kontra-Re-Sub-Faktur *Ich stand auf der Straße*[33] dienen. Die Aneinanderreihung genretypischer Sprachgebilde in leichter Schräglage (»Eine Wolke aus Sehnsucht fliegt über das Tal«) und die direkt hintereinander geschaltete Mehrfachverwendung der Endreimpaarungen »sein/allein« und »zurück/Glück« könnten noch verstanden werden als ironisch-parodistischer Hinweis auf die Phrasenhaftigkeit des Genres. Doch schon, dass der durch den Bau des Strophenteils verheißene wuchtige Refrain in einer loopartigen Warteschleife immer wieder aufgeschoben wird, ist ein formaler Eingriff, der abgesehen von seinem komischen Effekt (auf der Sinnebene), das Stück (auf der Klangebene) in eine Form von Psychedelik umbiegt, wie sie z. B. auch Wenzel Storch in seinen Filmen oder der amerikanischen Gruppe WEEN, die wohl bedauerlicherweise in dieser Humor-*testcard* nicht behandelt werden wird, vorschwebt. Die Nicht-Parodien und Post-Fakes von WEEN versuchen ja ihre Referenzobjekte ästhetisch (nicht didaktisch!) zu verbessern, was bedeutet, dass sie nicht deshalb ein MARILLION-Stück machen, weil sie das eben draufhaben,[34] sondern eines, dass die Vorlage aus ihrer Ekeligkeit, Spätzeitlichkeit und klischeemäßigen Erstarrung (die z. B. die Parodie ja gerade als Existenzgrundlage braucht) zu erlösen, so dass durch Cheesyness und cooles Referenzwissen hindurch wieder etwas »Quasi-Authentisches« entstehen kann, Phrasen wieder in berührende Tonfolgen und hochkomplexe Erzählungen umgeschmolzen werden.

Dies sieht auch Seidel, wenn er in *Ich stand auf der Straße* eine »bis in Mikrobereiche vollzogene Annäherung, ja Verschmelzung von Parodie und Original«[35] erkennt. Helge Schneiders Interpretation gibt dem Schlager in der minimalistisch-angedeuteten Instrumentierung wie in den produktiven Eingriffen in dessen typische Gestalt eine längst verlorene Spiritualität und Power zurück.

Eine andere Parodie (zweiter Ordnung) gab Helge Schneider mal in seiner eigenen *Off-Show*, bei der er ParodistInnen parodierte, wie sie v. a. während der mittleren Kohl-Ära die 3. Programme nach 22 Uhr übervölkerten. Er stellt sich als »Ersatzmann für Thomas Freitag« vor, um sodann das Standardarsenal parodistischer Tristesse miteinander in Dialog zu bringen.

Dieser Dialog kommt jedoch völlig ohne parodiertes PolitikerInnensprech aus, seine Figuren treten sich in einer merkwürdigen, weder zu ihrer Funktion noch zu ihrem öffentlichen Klischee passenden, beinahe barlachartigen Abstraktheit gegenüber (etwa wenn FJS Willy Brandt seinen Strohhut zeigen möchte, was dieser aber – wenn ich mich richtig erinnere –

ablehnt). Zusätzlich wird die glatte Präsentationsebene ständig durchlöchert von der Suche nach dem erforderten Tonfall, der typischen Mimik. Schneider bricht mehrmals ab, um, sich räuspernd, mit »Nee, so, pass auf ...!« neu anzusetzen. Die konstitutive Glattheit und Klarsichtfolienhaftigkeit der Parodie wird hierbei soweit aufgerissen, das tatsächlich wieder so etwas wie Kritik hindurchdringen kann, anstelle der bloßen Verdoppelung der Repräsentation.

Und wenn Schneider bei *Die Katzenoma* DKP-nahes Liedermachertum der 70er in einer irgendwie an GASTR DEL SOL anklingenden Interpretation aufgreift, wird das in diesem eingeforderte, dann leider an Linientreue eingegangene Prinzip der Solidarität tatsächlich gecovert und nicht verballhornend vorgeführt: »Herr Schlecker, der alte Monopolist, ist schlau«,[36] er hat die Katzenfutter-Billigmarken ganz oben im Regal positioniert, so dass die kleine Oma nicht hinkommt und die teuren nehmen muss. Der Erzähler-Moderator-Schamane des Liedes bündelt nun die spirituellen Energien seines Publikums so, dass die Oma damit zum Schweben gebracht wird. Schleckers Rechnung wird durchkreuzt, emporgetragen von soviel Anteilnahme erwischt sie doch noch das billige Katzenfutter. Dass sie dann schließlich beim Füttern von ihrer monströsen Katze gefressen wird, ist allerdings schon wieder ein ganz andere Geschicht(sphilosophi)e.

Ob Schneider klar ist, was er da tut (und unterlässt) – schwer zu sagen. Äußerungen wie die folgende legen es jedenfalls vehement nahe:

> »*Zieh dich aus, du alte Hippe* hat einen globalen Schwierigkeitsgrad, der niemals unternebelt wird durch etwaige Hilfssprünge. Schneider stellt in seinem Roman ein Bein. Gleichzeitig packt uns eine ungeahnte Angst, die unser Leben bestimmt. Kein Mensch kann sich da heraushalten, es geht uns alle an. Mit dem Kauf dieses Buches wird man auf eine Fährte gesetzt.«[37]

Inwieweit diese »Fährte« tatsächlich der Derridaschen »Ur-Spur« entspricht, sei für weitere Forschungsaktivität einfach mal in handlicher Form so dahingestellt.

Noch gibt es die ja in einer derart eklatanten Weise nicht, dass Schneider sich selbst per Klappentext nachrufen kann »Helge Schneider, geboren 1903, ist in der Literatur ein Außenseiter geblieben.«[38] ●

Anmerkungen

1 Diesen Hinweis verdanke ich einer erbosten Leserinnenzuschrift an den *Gong*.

2 Zitiert nach Jörg Seidel: *Ondologie Fanomenologie Kynethik. Philosophieren nach Helge Schneider*. Essen 1999. S. 7.

3 Jens Hagestedt: *Mühlheim an der Ruhr. Versuch über Helge Schneider. Ein Essay*. Deutschlandfunk 1996.

4 Eckhard Schuhmacher: *Das Stolpern der Banalität. Über Helge Schneider*. In: *Merkur. Deutsche Zeitschrift für europäisches Denken*. H. 9/10. Okt. 1998. 52. Jg. S. 995–998.

5 Vgl. Helge Schneider: *Guten Tach. Auf Wiedersehen. Autobiographie, Teil I*. Köln 1992. S. 9.

6 Vgl. Frank Apunkt Schneider: *The Jazz of Consciousness. Prolegomena zu einer jeden Helge Schneider-Betrachtung, die als nicht-feuilletonistisch wird auftreten können*. In: *Bad Alchemy 33*. S. 3–11. In überarbeiteter Fassung nachgedruckt in *monochrom 11– 14einhalb*.

7 Jörg Seidel: *Ondologie Fanomenologie Kynethik. Philosophieren nach Helge Schneider*. Essen 1999.

8 Ebd. S. 95.

9 Ebd. S. 103.

10 Hierauf hat unlängst Georg P. Thomann in einem Interview hingewiesen. (Vgl. *Die Presse*. 19/20.01.2002. S. 16.)

11 Diedrich Diederichsen: *Die Simpsons der Gesellschaft*. In: *Spex 1/99*. S. 40–42.

12 Max Goldt: *›Mindboggling‹ – Evening Post*. Zürich 2001. S. 186 f.

13 Der Philosoph Stephan Günzel im persönlichen Gespräch (in Anlehnung an Adornos Diktum »Fun ist ein Stahlbad«).

14 Vgl. Schneider: *The Jazz of Consciousness*.

15 Vgl. hierzu Seidel: *Ondologie*. S. 308 f.

16 Ebd. S. 173.

17 Ebd. S. 175.

18 Max Goldt: *Quitten für die Menschen zwischen Emden und Zittau*. Zürich 1993. S. 116.

19 Aus: *Pubertät*. Auf: Helge Schneider: *Guten Tach*. LP. Roof Music 1992.

20 Vgl. Seidel: *Ondologie*. S. 72.

21 Bei einem Liveauftritt. Zitiert aus meiner Erinnerung.

22 Klappentext. Auf: Helge Schneider: *Hörspiele Vol. 2. 1985– 1987*. CD. Roof Music 1992.

23 Vgl. hierzu Christina Rauch: *Pflaumen vom Mars – Bekanntes im Fremden der Science Fiction*. In: *testcard #10*. S. 170–173.

24 Zur Metapher des Knäuels, vgl. *Operette für eine Katze (Orang Utan Klaus)*. Auf: Helge Schneider: *Es gibt Reis, Baby!* Do-CD. Roof Music 1993.

25 Seidel: *Ondologie*. S. 54.

26 Zitiert aus der Erinnerung. S. 15764735802 f.

27 Helge Schneider: *Videoklip*. Auf: *Katzeklo Spectaculaire!* MCD. Roof Music 1994.

28 Helge Schneider: *Videoprodukt*.

29 Alle Textbeispiele aus *Philosophie* (Auf: Helge Schneider: *Guten Tach*.) und *Philosophie II* (Auf: Helge Schneider: *Telefonmann*. MCD. Roof Music 1994).

30 Zitiert nach Seidel: *Ondologie*. S. 30.

31 Ebd. S. 23 f.

32 vgl. dazu auch Ebd. S. 16.

33 Auf: Helge Schneider: *New York I'm coming*.

34 Vgl. *She wanted to leave*. Auf: Ween: *The Mollusk*. CD. Warner 1997.

35 Seidel: *Ondologie*. S. 287.

36 Helge Schneider: *Die Katzenoma*. Auf: Ders.: *Hefte raus – Klassenarbeit!* DoCD Roof Music 2000.

37 Klappentext zu Helge Schneider: *Zieh Dich aus, du alte Hippe. Kriminalroman*. Köln 1994. S. 3.

38 Helge Schneider: *Der Scheich mit der Hundehaarallergie. Kommissar Schneider flippt extrem aus*. Köln 2001. S. 3.

Tine Plesch

Frauen? Humor? Popmusik?

Die Philosophie der Damen soll kurz, klar und elegant sein ...
LES REINES PROCHAINES, *Lob-Ehre-Ruhm-Dank*

[Wie immer gibt es eigentlich mehr zu sagen, als in diesen Artikel passt. Außerdem werfe ich im folgenden hemmungslos Humor verschiedener Definitionen durcheinander]

Is that a pistol in your pocket or are you just happy to see me?
Mae West

»Wenn ich jetzt gucke wie eine alte Emanze, sind Sie daran Schuld. Da können Sie dann unter das Foto schreiben: Biermann, die Emanze. Warum Emanze?
Weil Emanzen immer verbittert aussehen.«
Nicht, dass er etwas gegen Frauen im Allgemeinen habe, im Gegenteil, er glaube daran, dass Frauen die besseren Menschen seien ...
Antje Pothoff im Interview mit Wolf Biermann, *FR-Magazin*, 17.11.2001

EINLEITUNG
Die billige Humorpolemik.

 [Archivtext (1991)] Haben Frauen – und gerade die sich selbst so bezeichnenden oder die so bezeichneten Feministinnen – Humor? Und wenn sie denn Humor zeigen, wird er als solcher verstanden?

Haben Frauen einen anderen Humor als Männer? Ist Humor essentiell geschlechtsspezifisch vorhanden oder entwickelt sich Humor unterschiedlich je nach Geschlechterrollen?

Dass eine Satirezeitschrift eine besondere Sorte Witz (auch in Sinne von Ésprit) pflegt, und dass das nicht nur in Ordnung geht, sondern auch gesamtgesellschaftlich betrachtet wichtig ist, muss ich hier weder näher noch weiter ausführen. Die von Frauen an jene Satirezeitschrift eingesandten Manuskripte/Zeichnungen etcpp jedoch – so erfuhr ich aus berufenem Mund – ließen keinen anderen Schluss zu, als dass Frauen keinen Humor (Ésprit, Witz) hätten. Worauf mein Informant mitsamt seiner bei fränkischen Vernissagen unvermeidlichen Bierflasche verschwand. Auch eine Diskussion mit Feld-, Wald-und Wiesenfeministinnen lässt Männer zumeist zum einzig aussichtsreichen Argument greifen: der Flucht. Die selbsternannte FFW-Feministin (undogmatisch!) denkt sich nun allein ihr Teil – zum Beispiel über Humor (Ésprit, Witz).

»Du hast keinen Humor!« – einer der häufigsten Vorwürfe an Frauen, vor allem an Feministinnen, denen ständiger Bierernst und ständige Verbissenheit vorgeworfen werden und denen der ständige Kampf gegen das Patriarchat als einziger Lebensinhalt nachgesagt wird.

»Du hast keinen Humor!« – ein wunderbares Totschlagargument, denn Humor wollen wir natürlich alle gern haben, sonst ... (ja, was eigentlich?)[1]

Was wird da vermisst? Und was wird da verlangt? Vermisst wird das Über-sich-selbst-lachen-Können – leider alldieweil gleichgesetzt mit der Fähigkeit, über unaufgefordert dargebotenen Körperkontakt, schlechte Witze (z.B. Nudelhölzer in der Nacht) zu lachen – und wenn frau sich dieses oder jenes nicht gefallen lässt, dann heißt es ganz schnell: »Du hast keinen Humor!«

In Anbetracht der andauernden Diskussion darüber, dass Männer wie Frauen sich ohnehin nicht miteinander verständigen können, da sie sowieso keine gemeinsame Sprache[2] haben, findet sich freilich keine gemeinsame Basis für irgendeine Definition von dem, was Humor sein könnte. Humor, so wird gesagt, sei es, wenn du über dich selbst lachen kannst. Dazu stellt man wie frau sich am besten mal (symbolisch, allegorisch, metaphorisch) kurz neben sich. Um dabei nicht das Gleichgewicht zu verlieren (oder um das dann zumindest lustig zu finden), muss mann oder frau aber erst mal wissen, wo er oder sie steht. Funktionieren könnte das zum Beispiel so:

»Frauen wurden in dem Glauben erzogen, die Männer seien die Antwort. Waren sie nicht. Sie gehörten nicht einmal zu den Fragen.«

So wahr so witzig (Ésprit!) dieses Zitat ist – es stammt von dem britischen Schriftsteller Julian Barnes. QED ... what?[3] Doch wäre zu fragen, ob über sich selbst lachen alles ist? Und wer das überhaupt von wem verlangt ...

Und weiter, ebenso bierernst wie beinhart: Wer hat denn die Macht der Definition?

Und immer ebenso unselig wie unerbittlich: Wer hat denn den Zugang wozu? Wenn die Welt eigentlich in zwei Welten[4] geteilt ist?

Vielleicht können sich Frauen in der Satirewelt jener Zeitschrift erst mal nicht wiederfinden – genauso wenig wie umgekehrt die Satiriker sich in der Welt der Frauen wiederfinden mögen ... und dann spielt es keine so große Rolle mehr, wie sehr die einzige Redakteurin nach einer Kollegin suchen mag. Wäre Humor das besinnungslose Akzeptieren der jeweiligen Humorvorgaben?

Vielleicht haben Frauen ihren eigenen Humor entwickelt. Der dann wiederum auf der Basis der allgemeinen Humor und Nonsensdefinitionen (und allgemein = ... Aber das sollte inzwischen klar sein) nicht als lustig und relevant anerkannt wird.[5]

Humor ist auch ein Ausdruck von Machtverhältnissen und spiegelt soziale Gefüge wieder (siehe z.B. Galgenhumor). Sind die Lebenswelten getrennt und unterschiedlich bewertet, sind eben jeweils unterschiedliche Dinge komisch. So einfach ist das eigentlich. Da aber die »Machthaber« meist kaum über ihre eigene Position hinausschauen können, fällt ihnen auch das Lachen schwer, sobald sie und ihre Welt nicht gemeint sind. Oder andere mal gemein zu ihnen sind. Die »Ohnmächtigen« bleiben ihrer eigenen Sphäre verhaftet und interessieren die Machthaberkultur nicht. Sollten sie auf sich aufmerksam machen wollen, müssen sie sich in der Sphäre der Mächtigen genauso gut auskennen wie in ihrer eigenen. Das ist aber mühselig, erfordert u. U. angestrengtes Schielen oder das zweite Gesicht und muss nun auch generell nicht jederfraus Sache sein. [Ende Archivtext] [6]

Darum können auch zehn Jahre später, im 21. Jahrhundert, noch stundenlange Humor-in-der-xy-Kultur-Gespräche geführt werden, ohne dass Frauen dabei und darin eine Rolle spielen. Frauen haben nicht nur keinen Humor, sie sind nicht mal ansatzweise komisch.

Selbst der olle Willem B. mit der Paraderolle des klassisch doofen Pferderennbahnwitzes »Wo laufen sie denn, ja wo laufen sie denn?« gilt als komischer als DIE LASSIE SINGERS, Francoise Cactus, Ann Magnusson, DIE WELLKÜREN, PRINCESS SUPERSTAR, LES REINES PROCHAINES, Shirley Ann Hofmann, Maggie Nicols und Angie Reed aka Barbara Brockhaus zusammen. Dabei wird gerne vergessen, dass auch Harald Schmidt nicht immer komisch ist und Stefan Raab sowieso nur selten. Bloß Helge Schneider bringt es mal wieder auf den Punkt – und weil es stimmt bzw. die z.T. real existierenden Geschlechterverhältnisse noch ein wenig übertreibt, ist es dann auch wirklich witzig:

Ich weiß, du findest mich scheiße, doch ich lad
dich ein. Komm zu mir nach Hause ...
Es gibt Reis, Baby, ich koche für dich ein einziges
Mal, ab dann bist du dran. Dein ganzes Leben
sollst du kochen für mich und meine Freunde.
Hey Baby, zeig mal deine Hände, die sind viel
kleiner als meine, damit kommst du besser
in die Ecken beim Putzen ... wir sind eine ideale
Verbindung.

Da fängt das Problem ja schon an, mit dem Humor, den Frauen und der Popmusik. Natürlich müssen Frauen heute nicht mehr zuhause bleiben, nein, sie dürfen sich im TV sogar live für eine Band casten lassen, wenn sie nur angestrengt genug singen und tanzen gelernt haben und dazu einigermaßen schlank und auch sonstwie ansprechend rüberkommen. Dennoch haften alte Images immer noch, entstehen Witze oft genug streng in Klischees und durch die Teilung der Welt in zwei Sphären: Häuslich/Weiblich und DieWeiteWelt/Männlich.

The reason husbands and wives do not
understand each other is because they belong
to different sexes.
Dorothy Dix, early Feminist.

Und darum gibt es Blondinenwitze und dementsprechende Fernsehshows und vielleicht, nein, wahrscheinlich auch darum nannte Deborah Harry eine ihrer Soloplatten *Def, Dumb and Blonde.*

Sich selbst mit einem Lachen runterzumachen, bevor andere es tun und dann womöglich niemand etwas zu lachen hat, ist eine mögliche Humorstrategie. Dürfen wir raten, dass Frauen sie öfter anwenden als Männer?

Klar spielt auch Erziehung eine Rolle – Witze zu machen bedeutet auch, Aufmerksamkeit auf sich ziehen, laut und eben nicht so ganz einfach im Umgang zu sein. Und die Situation für einen Moment zu beherrschen. Vielleicht und hoffentlich ist das heute nicht mehr so relevant – aber die Autorin erinnert sich noch gut, dass ihre Mutter zu klagen pflegte »Das Einzige, was an dir wächst, ist deine Zunge«, und mir prophezeite, dass ich mit dieser – ihrer Ansicht nach überdies »spitzen« Zunge – immer Ärger kriegen würde.[7]

Humor, da haben wir es, ist eben, wenn eine über sich selbst lachen kann. Denn in diesem Fall lacht ja auch die am besten, die zuletzt lacht.

Und die lacht nicht pflichtschuldig über Witze, die sie nicht lustig findet, aus Angst, dass soziale Akzeptanz und erotischer Marktwert sinken könnten. Denn – so zitiert Regina Barreca die Comedy-Autorin Anne Beatts – oft genug bedeute die Aussage, dass eine Frau Humor hat, lediglich, dass sie Witze kapiert und an den »richtigen« Stellen lacht – und nicht, dass sie selber Witze macht. Das Klischee, dass Frauen keinen Humor hätten, heißt es weiter, wurde wahrscheinlich von einem Mädchen ausgelöst, das einfach nicht noch mehr Salz in einer offenen Wunde ertragen konnte – »... stop laughing along with the laugh track« heißt die Devise[8] – und dazu darf frau sich dann auch eingestehen, dass sie einen eigenen Humor entwickelt hat, den Männer oft nicht verstehen, weil sie das nötige Vokabular nicht besitzen. Dem den Frauen eigenen Humor gleichberechtigten Platz einzuräumen, würde bedeuten, sich in »fachfremdes Gebiet« einzuarbeiten und auch, Macht abzugeben, was ja bekanntlich recht schwer fällt.

So lang das nicht so ist, muss frau nur mit dem arbeiten, was sie hat – und das sind zum Beispiel die Zuschreibungen, das »typisch Weibliche«, das dann z. B. zugespitzt und selbstironisch besungen wird – z. B. von PHRANC in bester US-Showsongmanier:

Phranc

... I adore being dressed in something frilly,
when my date comes to get me at my place
Out I go with my joey, john or billy
like a filly who is ready for the race ...
... When I have a brandnew hairdo and
my eyelashes are all in curls
I float like the clouds on air do – I enjoy
being a girl ...
... When men say I'm cute and funny
and my teeth aren't teeth but pearls
I just lap it up like honey – I enjoy being a girl ...
... when I hear a complementary whistle
that greets my bikini by the sea
I turn and i glower and I bristle but I can't be
to know that the whistle is for me ...
I am strictly female female and my future
I hope to be
In the home of a brave and free male
who enjoys being a guy having a girl like me ...

PHRANC, *I Enjoy Being A Girl*

Oder frau spielt gleich absurdes Theater und inszeniert ihre Rolle im täglichen Leben als seltsames Spiel.

INSZENIERUNGEN [1]
Zuhause

Es wäre unsinnig zu glauben, dass sich generell etwas Wesentliches geändert hätte – das ist nicht nur daran abzulesen, dass das derzeit anlaufende Rock-Revival fast durchweg ohne weibliche Protagonisten stattfindet.
Am Beispiel der aktuellen *Dash*-Werbung, die Bügeln durch richtigen Waschmitteleinsatz überflüssig macht, stellte Petra Kohse jüngst in einer Glosse fest: »Trotzdem es beim Zappen manchmal den Anschein haben mag: In der Fernsehwerbung haben sich die Geschlechterrollen nicht geändert, sondern werden

nur anders geführt. Weiterhin genießt ER, während SIE versorgt, erkennt ER Qualität und löst Probleme, während SIE froh ist, das Tagwerk zu schaffen, ohne dass der Lippenstift verschmiert. Just in dem Moment, in dem das Familienleben ein sozial höhere Bewertung erfährt, sitzt ER auf diese Weise gutgelaunt mittendrin, während SIE, zur Strafe, dass sie ihrer Versorgungstätigkeit zunehmend außerhalb nachgeht, in den Erfolgsmomenten nur noch Zaungast ist. Als wären Haushaltstechnologie, Geschlechterforschung und Familienpolitik nur deswegen erfunden worden, um Männern am Ende der Arbeitsgesellschaft einen eleganten Ausstieg zu ermöglichen, führt Erreichtes in den Alltagssimulationen immer nur zum Punktabzug für Frauen.«[9]

I THINK OF YOU (chorus: woman, woman)
Waking up sometimes around noon /
cooking breakfast / i think of you
And all the bacon /you're out there making /
to bring on home to me
... you know i get so flustered that i almost
burn the toast ...
i think of you ...
... i find a sock and a funky sort of perfume
fills the room ...
i think of you ...
... i'm sweating now / with the household
chores / as the hoover purrs /
like a sex machine ...

Little Annie, *I Think Of You*

So sieht er aus, der Alltag der frisch verheirateten und noch verliebten jungen Hausfrau – verwirrt vor Zuneigung wird Kaffee über die beste Bluse gekippt, der »Bacon« dient nicht nur als Frühstücksbeilage, sondern funktioniert zusätzlich zum Staubsauger als erotische

Little Annie: *Short and Sweet*

Metapher[10] – gleichzeitig bedeutet »Bacon« auch Geldverdienen und das tut ER, während SIE – luxuriös spät aufstehend und damit wiederum das Ideal der von früh bis spät putzenden Hausfrau konterkarierend – fast hypnotisiert vom Duft getragener Socken an ihn denkt und darauf wartet, dass er von der Arbeit kommt, auf dass das Klischee Fleisch werde: »*You slap the bacon on the table: Here, Ms. Annie, that's for you.*« Der Song endet mit einer hübsch überzeichneten Szene an der Kasse für drei Artikel im Warenkorb bei *Marks and Spencer*: »*the cashier rings up in this inflationary times*« – die Summe beläuft sich ja nur auf 97.40 ...

Annie Anxiety Bandez' aka Little Annies Song *I think of You* inspirierte seinerzeit Musikmagazine in London, New York und Köln dazu, Artikel mit »Hausfrauenpower« zu übertiteln und wurde von einigen als »sehr intensives Liebeslied« aufgefasst.[11] Aber, so Annie Anxiety: »Es ist sehr ironisch ... Es ist ein Liebeslied, aber es ist auch zynisch, es ist eine Mischung. Ich war eine Zeitlang verheiratet und wenn du heiratest, schenken dir die Leute solche Sachen wie Toaster oder du bekommst Geräte, um selbst Babynahrung herzustellen – wie schrecklich, nein danke. Auf einmal war ich umgeben von all diesen Dingen und das Verrückte war, dass sie nichts mit meiner Lebensrealität zu tun hatten. Das war nervig und daraus ist der Song entstanden.«[12]

Haushalt und Liebe, der Tauschhandel aus »ER bringt das Geld an« und »SIE kocht und putzt« – sowie der phantasielose Brauch allzu rollenfixierter Menschen, Haushaltsgegenstände als Liebesgaben zu erwarten (SIE) und zu verschenken (ER) und somit zu Gradmessern der Zuneigung zu machen, hat die WELLKÜREN (respektive den Autor des folgenden Textes, Hans Well) zu einem boshaften Lied bewegt:

> ... an Mikrogrill und a Friteuse hat er mir
> z'Weihnacht'n g'schenkt
> und mit ana Moulinette an meinen
> Geburtstag 'denkt.
> Wenn er spät heimkommt vom Büro,
> dann wart' i mit'm Essen scho',
> so moan i, des is mei höchstes Glück ...
> zum Muttertag a Toastcenter und an Joghurt-
> maker, zum Hochzeitstag a Elektromesser
> mei Liab wird allweil größer ...
> und wenn i's Fleisch in'n Fleischwolf schiab
> dann denk' i an mei große Liab, so moan i,
> du bist bei mir ...

WELLKÜREN, *A Schüssal und a Reindal*

Auch die FEMINIST IMPROVISING GROUP bezog einen Großteil ihres – damals durchaus schockierenden –

Humors aus der Verwertung von Handlungen, die der sogenannten weiblichen Sphäre zugeordnet werden. Maggie Nicols erinnert sich an den ersten Auftritt:

> »Wir hatten nur einmal geübt. Wir trafen uns und gingen von uns aus als Personen. Ich war Mutter und auf der Bühne gab es einen Graben zwischen meiner Rolle als Mutter und als Performerin. Corinne (Liensol) ... begann Trompete zu spielen. Sie ... warf alles über Bord, was sie je von komponierter Musik gehört hatte. Lindsay Cooper wiederum kam ganz und gar von der klassischen Musik her. Sie spielte im National Youth Orchestra. Deshalb trug sie diese schrecklichen Kleider. Georgie Born machte sich Sorgen wegen ihrem Gewicht. Kathy Williams mimte immerzu die vornehme Hippie-Frau, das sophisticated chick ... Das alles war das Arbeitsmaterial für unseren Auftritt. Kathy tippelte über die Bühne, ich war eine wahnsinnige Mutter, Corinne legte los wie ein Kind, Lindsay kam daher in ihren klassischen Kostümen, wir schälten Zwiebeln, spritzten mit Parfüm herum, es war absolut anarchistisch.
> ... Die Leute (im Publikum) waren absolut erschrocken. Denn sie spürten plötzlich die Macht, die von den Frauen ausging ... wir improvisierten unser eigenes Leben ... ironisierten unsere Situation, pervertierten die Abhängigkeiten ...«

Im Heft *Portrait Irène Schweizer*[13], dem dieses Zitat aus einem Interview mit Irène Schweizer und Maggie Nicols entnommen ist, findet sich auch ein Foto von Nicols, Léandre und Cooper, kichernd und strickend beim *Taktlos*-Festival in Zürich.

Zum Zuhause gehören auch die Reproduktionsarbeit und die Arbeit an sich selber zwischen Wellness und Diätterror. Darüber gibt es mehr als genug – auch komische – Lieder. Die LASSIE SINGERS haben sich der Pärchenlüge angenommen[14] und wie wenige die eigene Situation als Musikerinnen-Bohèmiennes ironisiert, deren guter Ruf nie in ausreichender Relation zu einem gut gefüllten Bankkonto stand. Über die Gräben zwischen Schlankheitswahn und Hunger, Äußerem und Altern haben die LUNACHICKS ebenso gerockt, wie die WELLKÜREN bissige Gstanzerln darüber singen, Sissy Perlinger einen Comedy-Act daraus macht und LES REINES PROCHAINES das Dilemma in dramatischen Liedern vertonen.[15]

Aber genau da taucht ein weiteres Mal das bereits benannte Problem auf: Wenn z. B. Sissy Perlinger als Comedythema Frauen und Altern wählt, fühlen sich viele Männer wohl eher nur indirekt angesprochen. Oder denken einfach nur schadenfroh: Ätsch! (Weil sie immer noch nicht gemerkt haben, dass Körperkult und Schönheitswahn auch sie immer stärker betreffen …) Egal wie furios Perlinger sich über sich oder eben über Frauen, die sich gewissen (ja, auch patriarchal-ökonomisch-sozialen!) Zwängen allzu bereitwillig unterwerfen, lustig macht – also brav über sich selber lacht – es ist eben ein Frauenthema … – denn wie hörte ich neulich den sprichwörtlichen Mann von der Straße sagen: »Ein Mann ohne Bauch ist ein Krüppel« – und da verbieten sich die Witze ja von selbst – … und sind insofern eine andere Kategorie, eine andere Welt oder, sagen wir: nicht relevant. Und damit nicht so lustig.

Die Moulinettes

keit von Frauenrollen), Bandgründung (Selbstverwirklichung in Eigenständigkeit) und Hormone (dazu später) –Themen, die in der Musik ohnehin viel zu kurz kommen. Über Zeilen wie »Meine Liebe ist wie ein Asylantrag« lässt sich trotz der notwendigen Politisierung des Privaten freilich streiten. Während die auf der zweiten CD getroffenen Feststellung, dass der Mensch zu großen Teilen aus Wasser und zum Rest aus Alkohol besteht, eine tiefere Einsicht nicht nur aus der Popleben ist. Die in ihrer gewissen Wahrheit der Komik eben auch nicht entbehrt.

Die schmalen Räume zwischen Aufbegehren und Akzeptanz haben Bands wie die MOBYLETTES ausgelotet, im Spiel mit prüde-erotischem Schlager-Glamour der 50er und 60er und rebellischer Rock'n'Roll Attitüde. Weil das aber ein recht postfeministisches Spiel ist, das die ganze Zeit ein schwer augenzwinkerndes »Ich weiß ja, wie der Hase läuft« impliziert, kann der Schuss auch leicht nach hinten losgehen: lustig, parodistisch, ja! – aber bitte doch nicht ernst gemeint. Die althergebrachte Frauenrolle – hier eben schick verkörpert im kleinen Schwarzen am Boxring – bestätigt sich letztendlich selbst, vor allem darin, dass ein Leben ohne Männer kaum möglich ist, egal, wie oft frau ihnen den Stuhl vor die Tür setzt. Vielleicht, ich ahne es, liegt der Witz dann eben auch in der überbetonten Bejahung und darin, dass die wahre Bedeutung in der Schwebe bleibt.

Eine andere Band benannte sich ironischerweise nach einem hier schon erwähnten Küchengerät – die MOULINETTES. Sie balancierten mutig und leichtfüßig bis hin zum Easy-Listening über dem Abgrund des Schlager-Revivals, evozierten perfekt die Ahnung erster Italienurlaube im Wirtschaftswunderdeutschland und besangen auf ihrer ersten CD nicht nur große Männer zwischen Reini Furrer (Astronaut) und Herrn Rossi (»Kult«), sondern auch Barbiepuppen (Symbol der dem Klischee verhaftet bleibenden Wandelbar-

INSZENIERUNGEN [2]
Die Naiven

Brotbrocken, würg dich raus aus dem Rachen
Befreie dich, komm ans Tageslicht
LES REINES PROCHAINES, 1995

Frau kann sich ja schließlich auch über Männer lustig machen. Initiative ergreifen – oder sich einfach weigern, erwachsen zu werden. Oder als ganz junge Frau schlicht alle Weisheit der Welt besitzen:

Ich bin ein Mädchen wie es jede ist. Ich bin schlau,
hab Hirn und bin Optimist. Ich seh das Leben
positiv. Doch was Männer angeht, ich hab sie nie
vermisst. Ich schau mir lieber die Bravo an, denn
die ist besser als jeder Mann. Schau sie nicht an,
die Männer, denn es sind doch sowieso nur
Penner, schau sie nicht an, denn es bringt dir
nichts. Mal ganz ehrlich, so toll sind sie nicht. Auf
keinen Fall so toll wie ich. Doch sie geben an, wie
kein anderer es kann sie sagen, sie sind stark und
schlau und gehören auf 'ne Modenschau, doch
das stimmt nicht, das weiß jede, die so denkt wie
ich … Okay okay, ich seh's ja ein, manche Männer
sind wirklich keine Penner, doch wann trifft
man schon mal so 'nen Mann, unter hundert

*Männern sind mindestens 90 Penner. So ihr wisst
jetzt, wie manche Mädchen es sehn, wenn die
Männer an ihnen vorübergehn, aber trotzdem:
wir alle warten doch nur drauf, dass wir 'nen Mann
seh'n, an dem wir nicht vorübergehn – und ich
bin mir sicher, mein Traum wird auch noch groß.
Schau sie nicht an ....*

ZIGARETTENRAUCHEN feat. Rosa

Die Komik dieses Texts entsteht einerseits aus seiner
inhaltlichen Widersprüchlichkeit und andererseits
natürlich aus der Mädchenstimme, die ihn singt, und
aus dem nachgetragenen Wissen, dass eine Zehn-
jährige diesen Text verfasst hat. Und daraus, dass das
unsere Mütter uns schon gesagt haben (allerdings
ohne den Rat, *Bravo* zu lesen) – und wir uns das auch
schon gesagt haben. Daraus, dass das unendlich naiv,
herrlich frühreif, superb altklug, aber doch wahr ist
und ein bisschen doch auch wieder nicht. »Natürlich
sind nicht alle Männer Penner, aber ziemlich viele.
Bei mir in der Klasse gibt es fast nur Jungs ... die halt
sagen, Männer sind das stärkere Geschlecht und die
Frauen gehören hinter den Herd. Die müssen sich
damit ganz schön selbst behaupten.«[16]

Auf nicht ganz unähnliche Weise dreht Francoise
Cactus immer wieder allen eine lange Nase: Da will
sie einfach immer 16 bleiben – symbolisch für eine
Phase, in der die Freiheiten nach allen Seiten am
größten sind – oder beschwört – *Ich weiß, das ist Hippieshit* – die Liebe zu Dritt (*ist der eine müde, ist der
andere fit* ...) – und abgesehen davon, dass alle gern
über Akzente lachen und vor allem französischer Akzent Lächeln in Gesichter zaubert (»so charmant, so
sexy«), weshalb mann und frau Frau Cactus ohnehin
gern verfallen, bricht sie damit ein kleines Tabu, zieht
einen Diskurs über Sex und Gender von längst ad acta
gelegten Enden her auf höchst unbekümmerte Weise
wieder auf. – »Hippieshit« eben.[17] Aber es ist ohnehin
das Unbekümmerte, das naiv Wirkende, das den Witz
von Cactus ausmacht – eine erfrischende Art, die Dinge auf den Punkt zu bringen, aufs Wesentliche zu reduzieren und sie damit auch dem Gelächter darzubie-
ten. (Siehe z. B. auch die gesungen/getippte Liebes-
erklärung *Dactylo-Rock*) Diese Art Kindlichkeit fordert
geradezu Regelverstöße, aktive Selbstbestimmung –
und macht einfach Spaß. Vor allem auch vor dem
Hintergrund, dass Francoise Cactus im Gegensatz zu
Rosa schließlich einige Jahre älter ist als zehn.[18]

INSZENIERUNGEN [3]
Beziehungen, Sex und andere Dramen

»Hippieshit« und andere Inkarnationen von 70er-
Jahre-Weiblichkeitsidealen finden sich auf der aktuellen CD *Sex O'Clock* von Anita Lane auf ganz andere Art dargeboten. Schon das Info der Plattenfirma
versprach unter anderem, dass Lane sich ihrer Themen – Beziehungen, Sex, Selbsthass, Fixierungen –
mit Humor annehmen würde. Die im Booklet abgedruckten Texte machen das Lachen zunächst nicht
leicht.

Das beginnt schon mit dem ersten Stück – einem
Cover von Gil Scott-Herons *Home is where the Hatred
is* – das eher ein gequältes, bitter-zynisches Lächeln
der Erkenntnis impliziert.

Der Bezugspunkt von Anita Lane scheint mir in
jener Zeit zu liegen, als sexuelle Befreiung an sich
noch Thema war und Frauen sich noch eher über
Männer definierten. Respektive über den einen. In *The
Next Man That I See* stehen köstliche Zeilen wie

*Aber es ist Göttliches in allen Dingen –
in meinem zerstörten Heim, in meinen zerbro-
chenen Tellern, in meinen abgebrochenen
Fingernägeln – auch das ist ein Teil Gottes*

neben Zeilen, die man/frau eventuell erst mal mit
Humor goutieren lernen muss:

*... und ich möchte meinen Körper verlassen,
und deine Träume heimsuchen und an meinem
Meisterwerk arbeiten: dich erdenken, dich
erschaffen, wer du sein wirst und wie du mich
vervollständigen wirst. Aber ich bin wie ich bin
wie ich bin – und ich glaube ich gehe einfach
mit dem nächsten Mann ins Bett, den ich sehe.*
(Übersetzung: Tine Plesch)

Tja, so sind wir halt mal sozialisiert worden.

Anita Lane überzeichnet die Rolle der männerde-
finierten und männerfixierten Frau, für die (Hetero-)
Sexualität der Weg zur inneren Befreiung ist – *Let's
do the Kamasutra*, krass bis hin zur schrillen Parodie:
I love you, I am no more. Gleichzeitig beschwört sie
einen Horror herauf, vom rosafarbenen Mädchen-
zimmer hinein in den Schrecken des Erwachsenen-
alltags. Natürlich steht es Hörer und Hörerin frei,
Ms. Lane, die von jeher eine ästhetisch-musikalische

Vorliebe für's Vampig-Morbide hatte, beim Wort zu nehmen und einfach alles zu glauben. Dann hätte nur der/die VerfasserIn des Promozettels Unrecht und es wäre rein gar nichts lustig in der Welt der Anita Lane.

Dramatische Inszenierungen mit jeder Menge Übertreibung in der Präsentation der Person und der Musik mitsamt etwas augenrollender Selbstironie sind bei Künstlerinnen ohnehin eine beliebte Strategie – Frauen sind ja schließlich für Gefühle zuständig und die einzige Handlung, in der sie von jeher eine Rolle spielen durften, war die Liebe. Kein Wunder, dass also Nina Hagen in all ihren Phasen von der gelernten DDR-Liedinterpretin über die Punkerin, Zarah-L-Reinkarnation bis zur Mutter/Göttin immer etwas Überzeichnet-Komisches hatte, das bestimmt nicht zufällig war. Überhaupt ist es immer ziemlich lustig, wenn Frauen mit den ihnen zugeschriebenen und z.T. auch von ihnen repräsentierten Rollen spielen und dabei wagen, sich ein paar Schritte vom Weg zu entfernen. Zu solchen Künstlerinnen, die sich selbst und das, was so Weiblichkeit genannt wird, mit viel Spaß und einigen Grenzüberschreitungen inszenieren, gehören die GTOs (GIRLS TOGETHER OUTRAGEOUSLY und durchaus mehr als Zappas Groupies) mit ihrer Vorliebe für skurrile Texte oder THE HOLY SISTERS OF THE GAGA DADA von der US-Westküste, die sich mit dicker Schminke, viel Silberschmuck, sehr breiten Gürteln, ganz in Schwarz und im Herrenanzug als Gothic-Wave Parodie inszenierten. Sie coverten *Pretty Woman* oder *Paranoid*, nannten die eigenen Songs *Housework in Exile* und *I Won't Breed in Captivity* – und auch wenn die Texte nicht abgedruckt waren, war die Botschaft eindeutig und lustig genug.

Weitaus weniger eindeutig, aber dafür supersophisticated zwischen durchaus bekannten Versatzstücken von Deko und Handlung präsentiert sich Ann Magnuson – auf ihrer CD *The Luv Show* posiert sie im Innencover nur von Slip, Goldstilettos und Gitarre bedeckt als »luv showgirl of the month«. Offensichtlich dürfen hier Musikfilme, Revuegirls assoziiert werden, die archetypische Geschichte von den »Waterbeds of

Hollywod« vom Aufstieg aus dem Nichts durch den Pakt mit dem Teufel, vom selbstbewussten sexy Girl, dem Leben als raffiniertem Material Girl mit einem Liebhaber zuviel und vom *Manipulative Kennedyesque Celebrity Fucker* bis zum Ende, als die abgewrackte Heldin für ihr Chow Mein in den Kneipen Chinatowns auftreten muss und mit halb ruinierter

GTO (Girls Together Outrageously)

Stimme Erinnerungen an bessere Zeiten in ihren Highball murmelt, in denen allerdings auch nichts war, wie es zu sein schien:

Oh, the theremin sounds so soothing, the rhinestone collar on the organists neck brace so alluring, glistening in the dark along with the black lit string art shaed like mutant fish swimming in the mural sea. You where the first who cared about me. You knew what it was that I need. I laid all my secrets out for you like hundrerds of casualties of some airline crash waiting for identification in a foreign gymnasium. Yet even my id cheated its way out of our libido, I could never forget that jeweled moment, that feeling of fulfillment, that eternal orgasmic high that seemed to last forever as the sun exploded over Pacific and that edwood work of art we called a home burst into flames and how lucky were to feel this feeling lucky to be alive together watching it all melt away with Tokyo in the sequined sub-particled sky, obliterating the low points and leaving us nothing but the highs. And then in that instamatic polaroid flash, i looked into your big blue marble Steve McQueen eyes and smiled ...

Ann Magnuson verstand sich schon zu BONGWATER-Zeiten auf das mehr oder minder subtile Durchspielen gängiger Frauenrollen und Beziehungsklischees bis hin zur Groteske, Katastrophen eingeschlossen – ein schwarzer Humor, immer mit jenem Unterton von Anspruch auf Wahrheit, der die eine lauter lachen lässt als den anderen.

> I am woman, hear me roar / who you calling
> fancy whore? / I'll get down there on the floor /
> like my man that came before / I am woman
> hear me roar in numbers too big to ignore

hieß es auf The Power Of Pussy (Motto: »I don't have to until I want to«), ein Album, auf dem Magnusson diverse Rollen durchspielt, die den Frauen in der Sub-kultur zugestanden werden: die intellektuelle Schlam-pe, die sexy naive Schlampe, die Flower-Power-Zen-Schlampe (... and then do those oh-so-Zen-like movies with those oh-so-zen-like messages »Hey it's fun to be a prostitute« ...) oder auch die der klug-ero-tisch-herausfordernden Frau (wahrscheinlich mit der Erfahrung von zig-psychotherapeutischen Sitzungen), die dem anarchistischen Straßensänger zuruft: Hey I admire your get up and go, your youthful brooding and sexually charged enthusiams and all our other utterly naive and thoroughly endearing adolescent qualities and I bet you can keep it up all night, can't you? But I bet you don't use a rubber, don't you? (Un-ter anderem darum leben Frauen länger als Männer.)

Weiß frau übrigens, wo es am meisten wehtut, kann nicht nur Rache süß sein, sondern auch die Wahrheit vorgestanzter Liebesbekenntnisse auf die Probe gestellt werden:

> What if I baked you a coconut cake,
> with lots of nuts, the kind that you hate /
> what if I threw your car keys in the lake ...
> what if I pushed you off the ledge, /
> what if I scratched all your Sister Sledge ...
> what if I had PMS all my life and told you
> you looked just like Barney Fife ...
> Would you still love me? ...

Überhaupt – Sex. Frauen wollen ja immer – und sind darum des Teufels oder so. Vielleicht langweilen sie sich aber nur und dann ist es Zeit für die E-Variante von Pornographie (in den prüden USA ist derlei im-mer ein bisschen provokativer als bei uns). Im Stück Obscene and Pornographic Art von BONGWATER heißt es:

> Mr. B is out of town and I can't find anyone
> to have an affair with so I just mosey on down
> to the Metropolitan Museum of Art to look
> at all the satyrs with hard-ons ...

Und überhaupt hat es Ann Magnusson raus mit den Stories, die das Leben den Frauen schreibt: In einem Schwung geht es von der Betrachtung des Bildes »Leda mit dem Schwan« (Hey, what that swan be doing?) bis zu

> That guard looks cute. He has a look of studied
> melancholia and distraction that reminds me
> of my old greek boyfriend, the Al Pacino lookalike
> I called my subtle gigolo, who broke my heart
> in a hunderd places and caused my nervous
> breakdown that resulted in a unsuccessful suicied
> attempt involving 42 phenobarbitol where
> i slept for two days but woke up and luckily
> lived long enough to reach my sexual peak.
> I wonder what happened to him?

QED: wer zuletzt lacht ...

Sex, praktisch und faktisch: Die Selbstironisierungs- und Ich-dreh-den-Spieß-um-Strategien von Bands wie BYTCHES WITH PROBLEMS galten natürlich schnell als blöde und dröge. Trotzdem waren Songs wie Two Minute Brother, in denen es dann eben mal um die mangelnden Qualitäten der Männer im Bett ging, und darum, dass frauen beim Sex auch was zu fordern hätten, seinerzeit ebenso inspirierend wie lu-stig. Schließlich geht es um Machtverteilung. Ähnlich funktioniert es ja auch, wenn Missy Elliott bemerkt »Ich hab die Autoschlüssel!« und mit der dicken Karre – vroom, vroom – davonbraust. Unvergesslich in mei-ne Erinnerung gebrannt hat sich auch A BITCH CALLED JOANNA vom Washingtoner House-Sampler Area Code 212. In I am a Bitch geht es um Sex und es geht um klare Strategien im Umgang der Geschlechter: Sich nicht zum Opfer machen, selbstbewusst sein, das eigene Recht einfordern, für sich was tun. Alles ohne säuerliche Moral, sondern mit knackigen, praktischen Ratschlägen. Zum Beispiel Überleben: Ladies, you carry the fucking condoms and that's right, you be a bitch about living.

Ein klarer Kopf auf beiden Seiten: Kokser sind nicht gefragt, und auch dafür gibt es Argumente: *I don't want no halfass working me tonight ...* Besitzansprüche? Megaout: *Brothers, when you're in bed with your woman and you grab her pussy and say this is all mine ... well ladies, you grab this man's cock and say »Is this shit all mine?«* Joanna entlässt keine in die Nacht ohne die Aufforderung: *No more sell out! –*

Let's talk about Sex (SALT'N'PEPA) ist eben Spaß und Ernst zugleich. Ganz lapidar (und nach manch einer Ansicht hart) bringen es übrigens die VERMOOSTEN VLØTEN auf den Punkt:

> *Truckdriver, you told me for a fuck*
> *you just pay a fiver,*
> *that's a damned cheap sex life,*
> *truckdriver, you told me for a fuck*
> *you just pay a fiver,*
> *and I pay nothing when i fuck your wife ...*
> **VERMOOSTE VLØTEN,** *Truckdriver*

Alles nur billige Revanche? Ihr könnt da nicht lachen? Dann überlegt mal, wie es ist, wenn ihr eines Tages in der Disco aufwacht und feststellt, dass ihr immer nur der dicke Hintern im Hip Hop seid. Oder das gepiercte Bäuchlein unter der silikonvergrößerten Brust im Pop? Oder die da ...[19]

INSZENIERUNGEN [4]
Die Frau und ihre Hormone

> *Montags auf zum Kegelabend –*
> *mit Camelia Slipeinlage*
> *Dienstags vier Uhr Kaffeekränzchen –*
> *mit Camelia Slipeinlage*
> *Mittwochs in den Tennisclub –*
> *mit Camelia Slipeinlage*
> *Donnerstags zur Gartenparty –*
> *mit Camelia Slipeinlage*
> *Freitags in den Supermarkt –*
> *mit Camelia Slipeinlage*
> *Samstags dann zur Autowäsche –*
> *mit Camelia Slipeinlage*
> *Sonntags zum Familienfest –*
> *mit Camelia Slipeinlage*
> **STAUBSAUGER**

Die Frau an sich ist einerseits sexuell unersättlich, andererseits keusch und rein. Die Tage der monatlichen Regelblutung werden, so suggeriert die Werbung, mit den richtigen Tampons ausgerüstet, in unbeflecktem Weiß verbracht: frau fühlt sich beim halbnackten Herumliegen mit dem Freund sicher und setzt den armen jungen Mann keinen unangenehmen Gerüchen und Flecken aus, auch sportliche Betätigung verläuft nun ganz unpeinlich und sogar an den Tagen dazwischen bleibt frau sauber und duftet frisch. Das Geschäft, das mit Hygieneartikeln für Frauen gemacht wird, ist sicher – die Nachfrage geht nie aus.[20]

Das prämenstruelle Syndrom, die Tage an sich und dann die Wechseljahre – Launen, Pickel, Schmerzen, Gewichtszunahme, Hitzewallungen – finden m.E. leider noch viel zu selten ihren Weg in die populäre Musik. Medizin und Werbung machen uns hier klar, dass Hormone unser Frausein ausmachen und unser Leben von A nach Z regieren – da ticken biologische Uhren heute von speziell zusammengestellten Vitaminen, Sojaprodukten gegen Wechseljahresbeschwerden bis hin zu Invitrofertilisation, Pränataldiagnostik und Stammzellenimport, während früher Menstruation, Schwangerschaft und Wechseljahre gleich als Krankheit Frau angesehen wurden und man glaubte, dass Bildung zur Rückbildung des Uterus führen würde. Ganz alltäglich heißt es immer noch gern »Die hat halt ihre Tage« (und ist somit a) nicht ernstzunehmen, aber daraus folgt meist nicht, dass das b) lustig wäre. Immer mehr Männer berufen sich übrigens an manchen Tagen auch gern darauf, dass sie ihre Tage hätten. Manchmal bedarf eben das Leben an sich einer Krankschreibung). Den Lacher beschert hier meist, dass frau sich wiedererkennt, ein Zustand körperlicher und psychischer Missempfindung – noch dazu selbstironisch (keine/r versteht mich und ich sowieso nicht) – enttabuisiert, da thematisiert wird und auch dem eigentlich nicht so interessierten respektive betroffenen Teilen der Menschheit zu Ohren kommen kann. (Ätsch!) Die LUNACHICKS empfahlen bei PMS hemmungsloses Essen von Süßigkeiten, die MOULINETTES konfrontieren locker swingend mit all den Widersprüchen, die nebeneinander existieren:

> *Progesteron/Gestagen/Testosteron/Östrogen ...*
> *ich fühle mich mäßig / es geht mir sehr gut /*
> *ich möchte gern sterben / ich kann dich nicht*
> *mehr leiden / ich kann mich nicht mehr leiden/*
> *ich finde mich schön / noch eine Marvelon /*
> *noch eine Therapie / und du versprichst mir immer*

*wieder / dann geht es mir gut wie nie /
ich bin für ob / da kann ich mir sicher sein,
dass es wenigstens kein böses Erwachen gibt /
mein Leben ist sinnvoll / die Welt ist schlecht /
niemand will mich verstehn ...*

DIE MOULINETTES, *Meine Hormone und ich*

HANG OR DIE – deren CD bezeichnenderweise *Penis Envy* heißt[21] (weil das ja wohl schließlich die Ursache aller Probleme ist, die sich auf diesen Seiten andeuten) – besingen in *Cool To Be A Woman* Krämpfe, Liebesanwandlungen des Hundes von nebenan und ein missglücktes Oralsexerlebnis. Die greisen Rock'n'RollerInnen von ONE FOOT IN THE GRAVE (und zwar de facto die wohl einzige Punkband, deren MusikerInnen im fortgeschrittenen Rentenalter sind) nahmen sich als bislang einzige der Menopause an: *Say hello to life's frustration, say goodbye to menstruation, my nights are filled with perspiration* – Die altersbedingten Hormonveränderungen bringen außerdem einen Schnurrbart und trockene Schleimhäute: *Sex with my husband is becoming rare, I'll never get him his sexual share ...* Seid vorbereitet, Jungs und Mädels! ...

INSZENIERUNGEN [5]
Die Frau in der Arbeitswelt

Angie Reed inszeniert in ihrer *Barbara Brockhaus Secretary Show* (leider noch nicht auf Tonträger) virtuos eine generell und mittlerweile ohne Neid den Frauen zugedachte Berufssphäre: Die Welt der Sekretärin. Mit dabei: einige Vorurteile, die wir in Bezug auf Sekretärinnen hegen. Zum Beispiel, dass sie nur telefonieren, bürofremd, versteht sich, dass sie rauchen, und generell keine Lust zum Arbeiten haben ... Stimmt alles. Genau diesen Typ verkörpert Angie Reed, in engen roten Klamotten, auf sehr hohen Pfennigabsätzen und ständig überdeutlich Kaugummi kauend. »Weder Bürofee noch bürofeeig tut Barbara so, als ob sie an ihrem Arbeitsplatz arbeitet und langweilt sich dabei sehr. Ausflippen über die Kaffeepause mit Kippen ist netter als vom Tippen umkippen ...« Barbara Brockhaus flüchtet in Wach- und Wunschträume – und zwar in jene, die Frauen angeblich eben zur Verfügung stehen: Was wäre, wenn sie eine Affäre mit ihrer Wohnungsnachbarin hätte (nein, na gut, DAS gehört nicht zu den üblichen Fantasien), oder wie

wäre ihr Leben, wenn sie verheiratet wäre und sie dann ein Kind bekäme, sie aber bei der Kindererziehung alles falsch machen würde und sich aber dann von ihrem Mann trennen würde und ... Illustriert wird dies durch Dias von Zeichnungen Reeds, die wunderbarer Weise den kommerziellen Idealkörpern, die sonst Wunschträume beleben, nicht entsprechen. Manchmal hängt sich Angie Reed dann die Gitarre um und singt Songs über jene Themen, »die rhythmisch im Raum schweben, von Country Style Kentucky Cock zu Unterdemrock und von Schampolitik zur Kunstkritik«.

Aber bevor all diese vorgefertigten Fantasien endgültig den Bach runtergehen, weil jeder konventionelle Wunschtraum in einem Desaster endet, erscheint die Mutter von Buddha und will Barbara Brockhaus überreden, jenen Mann zu heiraten, den sie u.a. wegen seines langweiligen Anzugs höchst unattraktiv findet. Nix Neues also für Barbara Brockhaus, die sich mit Händen und Füßen gegen Mutter Buddhas »fortunecookie Philosophie von Herzen«[22] wehrt und am Ende der Show dann lieber die Story der arabischen Prinzessin erzählt, die die Hauptfrau im Harem des Königs werden soll – und was passiert, als sie das schließlich auch wird. Ein schönes Vexierspiel mit einander konterkarierenden Klischees.

I Kill Me Softly With My Own Song
PRINCESS SUPERSTAR

In der Welt der Arbeit – z.B. als Babysitter oder auch als Musikerin – treffen wir auch Concetta Kirschner aka PRINCESS SUPERSTAR, eine weiße Rapperin, die aus der Do-It-Youself-Ecke kommt und ihre ersten drei Veröffentlichungen in Eigenregie herausgebracht hat, deren Name natürlich doppelfette Übertreibung ist, die sich als sexy Italian Chick inszeniert, sich von Szenegröße Kool Keith atemlos erotische Zeilen rappen lässt und im Titel

Princess Superstar: *Princess Superstar Is*

Bad Babysitter alles macht, was das gute kinderliebende Mädchen, dem die Fähigkeit zur Haushaltsführung angeboren ist, nicht tut. Zum Beispiel ein Sexleben haben und es in anderer Leute Wohnungen ausleben:

... *I'm a bad babysitter, got my boyfriend in the shower!* Aber bei der Babysitterarbeit zählen auch rein ökonomische Aspekte – die Babysitterin findet höchstens junk food im Kühlschrank vor und darf dann noch, ausgebeutet als Haushaltshilfe, den Abwasch erledigen: *Damn, they're rich – left me fifty dishes – bitch* ... und alles für 6 $ die Stunde. Kein Wunder dass da Baby Josh früh ins Bett geschickt wird – *and Freddie Krueger might let you see your mom in the morning* – schließlich hat sie ja Besuch: ... *one day you'll know how nice it is to get laid while you gettin paid* – ein fieses double entendre fürwahr! VertreterInnen absoluter political correctness können mit dieser Sorte Humor in all ihrer Jetzt-bin-aber-mal-ich-dran-Großmäuligkeit wohl weniger anfangen. Vorlaute Frauen sind nach wie vor ungewohnt und können sich das Sprücheklopfen im Gegensatz zu den Männern noch lange nicht locker leisten. Einige Sprüche allerdings, wie in *Untouchable Pt. 1 – I got sexists begging to make me breakfast!* haben durchaus feministische Untertöne und PRINCESS SUPERSTAR verschweigt dies in Interviews nicht – denn, klar: der Sexismus ist *for real*, wie es so schön heißt, und den Vergleich mit EMINEM hat sicher nicht sie selbst erfunden: *Everyone tells me I'm the female Eminem ... well all I'm gonna talk about is getting fucked up the ass then!*

Hier vermischen sich Lieder und Leben in der Frauen-und-Humorfrage – PRINCESS SUPERSTAR betont in Interviews, dass Humor für ihre Arbeit eine wichtige Strategie ist. Das trifft zu für ihre Songs, in denen sie Napster-Nerds ebenso wie sich selbst auf die Schippe nimmt; und Humor braucht sie auch, wenn sie in Interviews dumme Fragen beantworten muss, wie: »The first thing I want to know is how many boyfriends you fucked while you were babysitting while you were younger?«[23]

PRINCESS SUPERSTAR nimmt ausführlich Stellung zum Thema Humor – vielleicht muss sie das schon deshalb, weil sich niemand vorstellen kann, das Zeilen wie aus dem Duett mit Kool Keith (*Baby, can you feel my love, I have shorts on and I'm taking them off*) wirklich ernst gemeint sein könnten. Sind sie auch nicht – aber dieser Humor ist, wie es im Englischen so schön heißt, tongue in cheek, also nicht von der schenkelklopfenden Sorte. Das Bekenntnis von PRINCESS SUPERSTAR ist jedenfalls eindeutig:

»I love humour so much, I think it's the most amazing tool, even if you try to have a message or something. Humour for me is the crux of what I do. It's like I don't take myself serious but I'm serious about what I do.«[24]

Humor und Feminismus schließen sich bei PRINCESS SUPERSTAR denn auch nicht aus. Im Feature der Zeitschrift *Sleazenation* findet sich folgende Interviewsequenz:

S: »In *I Love You (Or At Least I Like You)* you've got a male ho who brags about selling his cock.«

PS: »I love that one because that's my real feminist song. Cos every hip-hop song, like in that Dr. Dre song: *Can't make a ho a housewife*, and the Biggie song: *I'm going to wine and dine you and then you're fucking me tonight* and I just turned all that shit around. Nope, I'm the one doing this! I love that song because it's a real powerful feminist take on hip-hop. And it's funny too, I love doing that with humour. For me, humour is power.«

Wenn Ursula Rucker der Macho-Goldkettchen-Hustler-Hiphop-Szene den Kopf wäscht – *What?* – hat das per se schon Witz, weil sich hier eine nicht anpasst, sich verweigert, zum Einstieg aber erst mal dieselbe schöne Strategie benutzt, die aber ins Ungenaue verwässert und dem Street Cruisin so die Bedeutung nimmt – *me and my girls were sittin 'around, chillin 'or maybe we were drivin'* ... um die Jungs dann auch auf ihrem Terrain anzugehen, nämlich der Kunst des Rappens, die sie ihnen technisch (macht das mal nach, könnt ihr das überhaupt?) wie inhaltlich (und hier sind die Regeln: heute gibt's keine Titten und Arsch-Reime) zerlegt. Dabei wählt sie eine Strategie, die dem pur Didaktischen ein ebenso spielerisches wie geistreiches Element beigibt.

DIE ALLROUNDINSZENIERUNG
Das Leben als (dadaistisches) Theater

... wird auf allen Ebenen kongenial dargeboten von den Schweizerinnen LES REINES PROCHAINES (hier liegen u. a. Anfänge der mittlerweile international anerkannten Künstlerin Piplotti Rist). Schon die erste CD *Jawohl, sie kann's. Sie hat's geschafft.* kommentiert im Titel das mangelnde Zutrauen der Welt in Frauen als Künstlerinnen. Später benannten sie in längst überfälligem, sympathischem Größenwahn eine CD nach dem, was Königinnen so gebührt: *Lob, Ehre, Ruhm, Dank.* Dramatischer Gesang, seltsame Kostüme,

Themen, über die sonst niemand schreibt (*Die Magd sät den Weizen, Der Hund der stinkt, Das japanische Moosbett*), Themen, die Frauen bewegen (*The Lady is hungry, I hate diets, I will en Bodibilder si, diverse Arten der Liebe, Butch vs. Femme,* etcpp) plus: Allroundinstrumentalistinnen, surrealistische und dadaistische Texte, Wortspiele, assoziatives und konzeptionelles Arbeiten, minimalistische Kompositionen, die sich bei allem von Volkslied, Oper, Pop bis Punk bedienen, theatralische, melancholische und chaotische Arrangements, Gedichte, Diskussionen in Konzerten mit dem Publikum (z. B. darüber, ob eine Liebe, die nie zu Ende geht, schön sei oder nicht) und last not least wunderbare Parodien auf bekanntes Liedgut. Da wird

Les Reines Prochaines

As Tears go By (von Jagger/Richards für Marianne Faithfull geschrieben) ganz real mit Kaffeegeschirrklappergeräuschen inszeniert und kommentiert oder aus Chris Isaacs *Wicked Games* wird ein superschmalzig dargebotenes *Opfer dieses Liedes*, das die Gefühle der Zielgruppe Isaacs illustriert und gleichzeitig ironisiert – denn wer kennt sie nicht, die heimlichen, peinlichen TopTen, die Chartsbreaker, denen wir – entge-

Anmerkungen

1 Klar: sonst hat uns niemand lieb ...
2 Siehe dazu u. a. die Gesamtwerke von Luise Pusch und Senta Trömel-Plötz.
3 Dass auch Männer in der Lage sind, Witze über sich selber zu machen, natürlich.
4 Nachtrag 2002: Ernst und Gedöns, Frisur oder Kanzlerkandidatur, keine Kanzlerinnenkandidatur aufgrund ständiger Frisurwitze vs. einstweilige Verfügungen betreffs Vermutungen über möglicherweise gefärbtes Kanzlerhaar. Und last not least: Begucken wir kurz das Titelbild der *Titanic* 2/2002. Angela Merkel räumte im Kampf um die Kanzler(innen)kandidatur das Feld für Stoiber. Die *Titanic* klebt ihren Kopf auf eine Dame in einer Kittelschürze in einer Küche, untertitelt »Neuer Job für Merkel: Kanzlerin im Küchenkabinett« und weist dabei einigen küchenüblichen Gegenständen ministerielle Funktionen an: Pfanne = Arbeitsminister ... etc. –

gen unserm distinguiertem Musikverständnis – einfach dahin schmachtend verfallen sind.

> *Wählen Sie das schlanke Kleid /*
> *wir sind für Sie bereit*
> *Kommen Sie zu uns ins Krankenhaus /*
> *da blasen wir Ihnen die Brüste aus*
> *Dann werden sie platt sein*
> *Ja, dann werden sie platt sein /*
> *wer will denn nicht einmal platt sein*
> *wer will denn nicht einmal aalglatt sein*
> *Kommen Sie zu uns ins Warenhaus /*
> *da suchen wir für Sie 'ne Socke aus*
> *Die stülpen wir Ihnen dann über Ihre Nase*
> *Dann werden Sie lustig sein …*
> *Wer will denn nicht einmal lustig sein …*
>
> LRP, *Alberta*, RecRec, 1999

Die absurden Alltagsstories von SOLEX sollen hier zumindest erwähnt sein. BRITTA wiederum widmen sich dem Leben der Ausgehgesellschaft, der mehr oder minder selbsternannten Bohème im Sinne der armen Künstlerexistenzen – ein Leben, das sie in den Songs teilen, aber auch aus ironischer Distanz beobachten, manchmal nahezu karikieren oder in komischer Melancholie abbilden. Das ist natürlich besonders lustig, wenn mensch selber meint, ein Popleben zu führen, das eine/n z. B. nahezu manisch an langweilige Ort zieht. *An diesen Ort muss ich immer wieder hin, weil ich von Beruf Desillusionistin bin* heißt es in *Ex und Pop*. Oder wenn der Erfolgsdruck, von dem das subkulturelle Leben nicht nur aus ökonomischen Gründen auch nicht frei ist, in *Die neue Bitterkeit* geschickt relativiert wird: *Manche werden komisch im Sinne von seltsam verspleent, andere berühmter und haben es ja gar nicht verdient. Nur ich, ich bleib hier sitzen und ich guck mir alles an. Es hat so was Schickes, wenn man die anderen vorbeiziehen lassen kann.*

ABSCHLIESSEND GESPROCHEN …

… lässt sich Humor natürlich auch mit rein musikalischen Mitteln ausdrücken – hier wären die Posaunistin Anne-Marie Roelofs zu erwähnen, die u. a. auch mit der Kabarettistin Cornelia Niemann auftritt, oder auch Shirley Anne Hofmann (Euphonium und Diverses zwischen Kinderinstrumenten, Schläuchen, Geräuschen), deren Witz und verspielter, im besten Sinne unernster Umgang mit Musik sich am ehesten in ihren Live-Auftritten zeigt.

Auch Gesang ist vielseitig einsetzbar und kann auf ganz unerwartete Weise komisch wirken – auf einer alten Aufnahme von FSK, *Striptease Blues* singt Michaela Melián völlig leidenschafts- und emotionslos, fast leierig, was einen höchst komischen Akzent setzt – eben weil Textinhalt und Intonation auseinanderklaffen. Ebenso verfährt Vivian Goldman in ihrer Eigenschaft als Sängerin der FLYING LIZARDS – was

---

auch die Handtasche, betitelt: »geile Handtasche«, darf nicht fehlen. Die Vermutung, dass, kaum kommt die *Titanic* an Frauen nicht vorbei, ihr Humor reichlich altväterlich wird, bestätigt sich im Inneren, wo sich darüber lustig gemacht wird, dass Alkoholwerbung auf durchaus dümmliche Weise zunehmend Frauen als Zielgruppe wählt – aber Frauen sollen doch, so die *Titanic*, weil sie so schnell kotzen müssen, Likörchen trinken und nicht etwa Whisky.

5 Hier folgte eine Besprechung des Auftritts der Vokalistinnen Annick Nozati, Pinise Saul und Maggie Nicols während des *Canaille Festivals* 1991 – ein sehr reizvoller Auftritt, der mir damals vermittelte, was Humor alles noch sein könnte und dass er auch außerhalb der Anforderungen von Satirezeitschriften existierte. Mir wurde damals klar, dass es wohl eine Art Humorgefälle geben muss. Denn dieser Auftritt basierte auf dem Witz, der mit Klischees arbeitet

und entsteht, wenn Erwartungen und konventionelle Bilder flott und respektlos durcheinandergebracht werden, die Vorgaben nicht einfach nur verweigert werden, sondern als Grundlage des Spiels dienen, und dann z. B. Maggie Nicols aus einem abgenutzten Vorurteil – Frauen sind schwatzhaft – wunderschönen Gesang entwickelt.

6 An dieser Stelle möchte ich unbedingt zwei Artikel in dieser *testcard*-Ausgabe zum Lesen empfehlen. Therese Roth erklärt in *We are queer, we are here …* höchst anschaulich, wie Witze auf der Basis von »Innen« und »Außen« funktionieren. Oder eben nicht. Annette Emde verweist in ihrem Artikel über Anna und Bernhard J. Blume gleichfalls darauf, dass Humor durchaus auch mit der Rollenverteilung für die Geschlechter in einer patriarchalischen Gesellschaft zu tun hat. Die radikalfeministische Lesbenzeitschrift *Ihrsinn* hat die Ausgabe 23/01 *Humor. Ein Versuch* genannt – und macht gleichfalls deutlich,

dass Humor eben auch über Gruppenzugehörigkeit funktioniert; d. h. wer nicht zu den feministischen Lesben zählt, wird sich den einen oder anderen Witz kaum erschließen können, oder nicht unbedingt ernstgemeinte von satirischen Artikeln unterscheiden können.

7 Rebecca Branner (TU Darmstadt) hat zum Zweck der Erforschung des Humorverhaltens von Mädchen vier Jahre lang eine Gruppe »unauffälliger Mittelschichtsmädchen« begleitet. Sie stellte fest, dass Humor ein Weg sei, sich von einem Ereignis zu differenzieren. Mädchen würden überdies keinesfalls nur lästern, wie der Volksmund glaubt und wenn schon, diene das Lästern zum Aushandeln gemeinsamer Normen und Werte. Anders als Jungs seien Mädchen übrigens leichter in der Lage, über peinliche Situationen zu lachen, in denen sie selbst »Opfer« gewesen sein. Die Gruppe lästert, ohne das betroffene Mädchen

herausragende Parodien bekannter Hits zur Folge hatte. Jene Musik, die wir heute rückblickend NDW nennen, bot – wie auch Punk überhaupt – einiges an, bitterbösen Witz, der sich in den Songs genauso ausdrücken konnte wie in Bühnenklamotten und -performance.

Und natürlich gibt es Humor, der bestimmten Gruppen immanent ist, von Außenstehenden nicht unbedingt verstanden wird und vielleicht auch gar nicht für sie gedacht ist. Z.B. wenn Sister Souljah sich über die weißen Feministinnen lustig macht, und behauptet, sie wollten eigentlich nur mit schwarzen Männern schlafen. Das mag im Rahmen dieses Artikels gelten, wenn PHRANC Jonathan Richman covert und aus dessen Pablo Picasso *Gertrude Stein* wird (nicht nur große Schriftstellerin und offen lebende Lesbe, sondern auch eine der ganz frühen Förderinnen Picassos). Die folgenden Textauszüge zeichnen überdies ein recht lustiges Bild von Gertrude Stein, die auf Fotos eher nicht als »street-cruiser« rüberkommt ...

Some people try to pick up girls
and they get called assholes,
that never happened to – Gertrude Stein
Gertrude Stein was never called an asshole –
not in gay Paris
Now girls have turned the color of fresh avocado
When she cruised the street in her pink eldorado
So Gertrude Stein was never called an asshole –

except perhaps by Alice [25]
... She could walk down the street and girls
could not resist her stare ...
So Getrude Stein was never called an asshole –
except perhaps by Ernest Hemingway ...

Phranc, Gertrude Stein

Auch die Schönheit des folgenden Textes – eigentlich nichts als ein Traum – mag im Auge der oder des Betrachtenden liegen:

Bin ich faul und hässlich,
ganz und gar unpässlich
Stinken meine Füße
und du sagst mir, Oh Süße,
streichst mein fettig Haar
und küsst mich wunderbar
Das ist schön! ...
Da sitz' ich in der U-Bahn,
kommt ein blöder Mann an
und klopft so doofe Sprüche,
ich hau' ihn gleich in Brüche.
Da stehen alle Damen auf
und hauen gleich noch einen drauf
(im Hintergrund Johlen und Jubel,
Sängerin, selbstbewusst
und bescheiden: Dankedankedanke)
Das ist schön!

LES REINES PROCHAINES ●

auszulachen. Quelle: *Frankfurter Rundschau*, 31.12.2001, S.25

8 Regina Barreca, *They Used To Call Me Snowhite ... But I Drifted. Women's Strategic Use of Humor*, London, Penguin, 1991. S. 7 (Übersetzung von Verf.)

9 *FR*, 9.1.2002 S.17

10 Wie in Tennessee Williams Drama *Streetcar Named Desire* das Fleisch, das Stanley Kowalski heimbringt.

11 Z.B. vom Liedermacher Bernd Begemann, Interview m. Autorin, 1993

12 Interview mit Autorin, 1994

13 *Fabrikjazz/Intakt-Reords*, Zürich, 1991

14 Christiane Rösinger im Interview mit der Autorin, 2001: *Ich denke, in diesem Bereich – Mysterium der Heterosexualität und der Zweierbeziehung – habe ich genug geleistet ... (kichert)*

15 Einige dieser Texte (u.a. LASSIE SINGERS, TRIBE 8, LUNACHICKS, STEREO TOTAL, Dana Bryant, SOLEX, 2 NICE GIRLS) habe ich bereits – wenn auch in anderem Zusammenhang – in *testcard* # 6, *Pop-Texte*, ausführlich vorgestellt.

16 Rosa, protokolliert von Alexander Jürgs in *Superstar*, 3/2000, S. 33.

17 In *Female Sequences*, 3/2001 heißt es: »Sprechen über Sex(politiken) und kulturelle Produktionen zu diesem Thema nehmen in den letzten Jahren wieder zu.« In diesen Diskurs lässt sich Cactus sicher nur bedingt einordnen, aber vielleicht hat sie einfach den richtigen Riecher.

18 An dieser Stelle, zwischen den Inszenierungen 2 und 3 wäre Moe Tucker zu erwähnen, die nicht nur das Schlagzeug, sondern auch alle Hausfrauen- und Beziehungsdramen durchspielen kann, mit naivem Witz, gewissem Etwas und hinreissend trashig. Ich empfehle dringend den Artikel von Martin Büsser in diesem Heft.

19 Hier darf nach Ansicht vieler sicher auch PEACHES nicht fehlen. Ich persönlich finde leider, dass ihre Songs auf Platte nicht so witzig, sexy und aufbauend daherkommen – mag mir aber kein endgültiges Urteil erlauben, da

ich keiner ihrer Liveshows gesehen habe, die laut allgemeinem Urteil sexy, witzig und aufbauend sein sollen. Zum zweiten ist anzumerken, dass auch Männer gewissen Schönheitsidealen entsprechen sollen und der Druck im Popgeschäft durchaus grösser wird. Allerdings müssen sich Männer momentan noch nicht durchweg in dieser Eindeutigkeit körperlicher Zurichtung präsentieren wie Frauen.

20 S.a. Sonja Eismann. *Lifestyle-Binde & Co.* In: *Nylon* 4, 2001.

21 HANG OR DIE, *Penis Envy*, HarmOnice *Records/RecRec*, ca. 2000. Ein Vergleich mit *Penis Envy* von CRASS – vor gut 20 Jahren entstanden als die Verhältnisse erstmals benannt werden mussten, wäre sicher interessant!

22 Alle Zitate aus der Veranstaltungsankündigung im *YOT-Infozine* #17, 2001 (*www.yotzine.de*)

23 *LODOWN*, Dez./Jan. 2001/02

24 S. ebd.

25 Alice B. Toklas, Steins Lebensgefährtin.

Evi Herzing

smashing the omniverse with a smile!

[Über Chris Bickel
  und Guyana Punch Line]

*What sort of compromises do you feel like you've
made as a band in order to get to the point your
band is at now?*

Chris Bickel: *Touring. Recording. Writing songs.*

 Wer hätte gedacht, dass ausgerechnet
Hardcore-Punk, dieser von vielen als stump-
fes Macho-Riffgebolze abgetane Stil, sich
noch einmal aufbäumen und etwas wirklich Interessantes ausspucken würde? So geschehen mit GUYA-
NA PUNCH LINE, einer Band aus Columbia in South
Carolina, die mit soviel frischer Hemmungslosigkeit
und wirren Theorien an dieses Genre herantritt, dass

es eine wahre Freude ist, sich mit ihnen zu beschäftigen. Manchmal lohnt es sich auch tatsächlich noch, Bands nach dem Hintergrund ihres Namens zu fragen.[1] Chris Bickel erklärt, dass sich die Pointe ihres Namens auf die Schlange (engl.: »line«) von 900 Menschen bezieht, die in Jonestown, Guyana, darauf warteten, Punsch[2] (engl.: »punch«) zu trinken – Anhänger der People's Temple Sekte, die von ihrem Kopf Jim Jones in den Massensuizid geführt wurden.

Musikalisch bewegen sich GUYANA PUNCH LINE zwischen heftiger Aggression, tiefster Depression und einem eher rar gesäten Schmunzeln: in vertrackten Songs,

Chris Bickel

die selten die 3-Minuten-Grenze überschreiten. Psychotische Gitarrenattacken, brachiale Drumworks mit Gespür für Details, die sich trotz der teilweise atemberaubenden Geschwindigkeit nicht verlieren, und ein Bass, der oft die einzige Spur von Melodie hinterlässt, an der du dich festhalten kannst. Und nach etwas zum Festhalten wird es dich verlangen, wenn du diese Platte nur anhörst. Auch Bands wie THE LOCUST oder SWING KIDS zeigten in den letzten Jahren durch Überschreiten von Genregrenzen – bei ersteren Richtung Wave, bei zweiteren war es ... hm: Emo –, dass Hardcore doch noch Überraschungen bieten kann. Gemein ist den Bands, die ich hier subsumieren würde, eine klar nicht-machistische Haltung. Das Tough-Guys-Ideal, das im Hardcore lange überwog, wurde hier von oft eher schmächtigen Jungs gestürzt. Aber warum geht es dann ausgerechnet nur um GUYANA PUNCH LINE?

Ihrer Platte liegt ein Booklet bei ... klassisches Schnipsel-Layout, allerdings in Farbe, und hier, bei den Worten, wurzelt mein Thema: Chris Bickel, der Sänger, versucht, Punk mit beißendem Humor und verwirrenden Theorien neues Leben einzuhauchen und ich sage: Es gelingt ihm. Er ist ein brillanter Selbstdarsteller, der dies nicht nur auf seine Musik beschränkt, sondern auch im Schreiben auslebt: im Internet auf seiner Band- und der eigenen Website, aber auch für eine Produktberatungsseite namens Epinions.com – ob über Hustensaft oder in der Sparte Kinder&Familie über Pros und Contras der Beschneidung am Beispiel seines Penis.

Die Theorien tragen solch illustre Namen wie ›Smashism‹, ›Occultism‹ oder ›Emo-Violence‹. Liegt das Augenmerk bei GUYANA PUNCH LINE eher auf Smashism, so waren die beiden letzteren Begriffe bei

der vorhergehenden Band Chris Bickels tragend: bei IN/HUMANITY (1991–98). Deren Musik war von ähnlicher Aggressivität und ähnlichem Abwechslungsreichtum geprägt, verwirrend durchzogen von Intermezzi wie dem Sprachsample eines Kindes, das Satan die Treue schwört; oder auch dem Spiel mit Traditionalismen im countryesken Green Eyes und mit Rock Classics – The Dark Side Of The Moon wird zu Dork Side Of The Farce. Der Humor war hier den Songs noch oft inhärent, während er bei GUYANA PUNCH LINE eher begleitend zur Musik auftritt. Zum Beispiel ist auf der letzten Seite des Booklets zu ihrem Debutalbum eine Anleitung zum Selbermachen eines GUYANA PUNCH LINE T-Shirts: »Just go down to your local wal-mart and steal 1 white Hanes TM t-shirt and 1 Sharpie TM brand marker. Now make it yourself.« Der abgebildete Vorschlag zeigt ein schlecht gezeichnetes T-Shirt mit der Aufschrift GUYANA PUNCH LINE significally changed my life.

Eine 42 Songs zählende grandiose Zusammenfassung von IN/HUMANITY inklusive ausuferndem Booklet ist auf Prank Records veröffentlicht worden: Violent Resignation: The Great American Teenage Suicide Rebellion 1992–1998. Auf diesem Greatest-Hits-Album findet ihr auch einen Song, dessen Titel die Gründe für die Bandauflösung auf den Punkt zu bringen scheint: We're sick of music and we hate each other. Was der Menschheit aus dieser Phase Chris Bickels bleibt, ist die Entstehung von Begriffen wie ›Occultonomy‹, ›Emo-Violence‹ und ›Smashism‹.

Smashism

We've been crying now for much too long
And now we're gonna dance to a different song
I'm gonna scream and shout til my dying breath
I'm gonna smash it up til there's nothing left
THE DAMNED

Auf die Frage, warum er ständig neue Begriffe aufbaut, meint Chris Bickel: »The construction of a new language is the only way we can progress, first as a subculture, and then as a society as a whole.« Der Term ›Smashism‹ stammt ebenfalls aus einem Song, nämlich aus THE SCREAMERS' *If I Can't Have What I Want I Don't Want Anything.*[3] Chris Bickel definiert natürlich auch diesen Begriff:

»Smashism embodies the destructive spirit that is as Bakunin or some other thinker type said is a ›creative urge‹. It is the idea and ideal that no matter how out of control technology becomes, it is powerless to the swifty swing of a stick. At the heart of it all, there's a feeling of desperation which can be equated with Smashism. Hopelessness breeds Smashism. You could almost consider Smashism to be an educated tantrum ... which isn't that what Punk Rock is, really? Smashism is not simply about breaking things ... it can be about breaking down the will, or breaking down outmoded ideas, or breaking down preconceived notions. Smashism must break itself down to be properly considered Smashism, so therefore it has meaning in being meaningless. Punk Rock is like that too, I assure you.«[4]

Spielerisch beschwört er diese antitheoretische Theorie herauf – eine Jugendbewegung, die eigentlich dann schon vorüber ist, wenn sie wirklich zu einer wird. Auf die Frage, was wäre, wenn Smashism tatsächlich zum neuen Trend würde, antwortet Chris Bickel: »If Smashism became a household word, then I'd be forced into the position of becoming Smashism's greatest enemy, and I'd have to do all in my power to see it destroyed ...« In genau dieser Widerspüchlichkeit und Nicht-Greifbarkeit liegt wahrscheinlich die Stärke und Schwäche von Punk per se – wenn eine Bewegung, die sich durch ihre Opposition zum Main-

stream definiert (zu deren Charakteristika ihr Randgruppen-Dasein gehört) zur Massenbewegung wird, hört sie in ihrem eigentlichen Sinn zu existieren auf. Oder sie muss sich neu definieren und als solcher Versuch lässt sich Smashism verstehen.

Die Message des Smashism findet sich auch im Titel ihres zweiten Albums:[5] *Irritainment* – irritieren und unterhalten fallen hier zu einem Wort zusammen.

Die Kunst der Smashters trägt situationistische und aktionistische Züge, die Betonung des Jetzt und des Überall von Kunst und Revolte sind zentrales Motiv: »smashters of the omniverse have known for some time that art in the new millenium goes beyond mere sculpture, paint or poetry ... any action, no matter how seemingly unsignificant, that makes life more livable falls within the realm of art.«

Smashism versucht, Punk wieder aus dem schmerzhaften Spagat zwischen rein politischer Motivation[6] in den einen Gruppen und reiner Retro-Party-Mentalität[7] in den anderen herauszuholen, in dem er die Revolution feiert. Party und politics, absurde Theorien und Kritik an realen Missständen schließen einander nicht aus. Das zeigt Chris Bickel mit seinen Thesen zur Funktion des Orgasmus im Punk Rock.

Fucking for the [R]evolution!

Those who speak of revolution and class struggle without referring explicitly to everyday life, without understanding what is subversive about love and what is positive in the refusal of constraints, such people have a corpse in their mouth.

Raoul Vaneigem, *The Revolution of Everyday Life*

In der Theorie, mit der Chris Bickel auf die Probleme der heutigen Punkbewegung reagiert, erläutert er zunächst, dass sich in den letzten Jahren immer mehr Jugendliche von der »techno/dance community« angezogen fühlten statt vom »misfit-safe-harbor of past times: the punk rock community«. Den Grund dafür sieht er hierin:

»A young person entering the punk rock community is faced with the scrutiny and judgement of his ›peers‹. Not only must the clothing and hairdon'ts come correct, but there's a whole new dogma to be learned instantly, lest the newcomer be considered the most spat-upon of losers: a poseur. Couple this with the fact that punk rock shows have increasingly become affairs of arms-crossed shoe gazers waiting of the noise to stop so that they can clap.[8] Compare this with the dance community, where you have a bunch of X-happy touchy-feelies giving each other hugs and jumping up and down and trying to look cute for each other.«

Natürlich hat Chris Bickel auch schon eine Idee, wie die fehlgeleiteten Youngsters wieder zur Punk Community bekehrt werden könne: die Einführung eines Nude-Pit[9] in dem alle Leute nackt wären. Er erläutert, dass dies nicht nur dem Geist der Freiheit entsprechen würde, den GUYANA PUNCH LINE mit Punk verbinden, sondern auch viel vom Machismo, der mit Punk Dancefloors verbunden ist, eliminieren. Ich fragte Chris, ob diese Vorstellung nicht etwas hippiesk sei, und er entgegnete:

»Punk Rock has borrowed from every youth counter-culture that came before it. One of the reasons why the hippie movement became so huge in the 60s is because people thought that becoming a hippie would get them laid. If more people entering the world of punk rock thought that the culture embraced and celebrated sexuality, then maybe more people would be interested in becoming active within the culture. It's pretty basic ... people love to fuck. Punk rock has for years been so closed off to sexuality, that most young misfit kids these days are getting into the rave scene (which in the US is totally non-political) ... kids get into that scene because they see that it embraces sexuality as opposed to most of the punk rockers they meet which view sex as ›boring hippie shit‹. Kids must be turned away from rave music at all costs.«

Damit aus einem gelungenen Konzert auch eine gelungene Smashter Revolution wird, dazu ist der Nude-Pit allerdings nur die Vorstufe. Als nächsten Schritt fordert Chris Bickel Fuck-Pits:

»After 20 years, the punk rock scene is now prepared to accept the fact that there should be more fucking at punk shows. The premise of Foucaultist power relations suggests that sexuality is elitist, however, in such a ›spectacle‹, society is broken down to ist basest elements ... therefore the fatal flaw of consciousness (society) is deleted from our equation. The typical D.I.Y. show space is equivalent to a giant orgone accumulator. (...) [R]evolution is fucking against the system!«

Er erklärt, dass Sexualität im Punk viel zu lange viel zu negativ stigmatisiert gewesen sei: Wer seine oder ihre Sexualität frei auslebe, gelte in dieser Szene viel zu schnell als sexistisch. Die Angst davor, als sexistisch zu gelten, habe Sexualität aus dem Punk verdrängt:

»The problem is that too many people, particularly in the punk scene, equate sexism with sexuality. Many of these folks view the penis a tool of male oppression. This culture of embracing victim mentality has ruined all of the playfulness and fun that I'd like to see associated with sexuality. A bunch of people running around naked doesn't mean that every woman in the room is going to get raped ... if everyone is of equal mindset and understanding of each other, then there is nothing to fear and we can start to think of ourselves as truly revolutionary.«

Nun, was war wohl zuerst da – die Opfermentalität oder die Tat, die Opfer zu solchen werden ließ? Mir sei der Einwand gestattet, dass die meisten Frauen, die aus negativen Erfahrungen heraus vor männlichem Fehlverhalten Angst haben, bestimmt auch gerne freiheitlicher und spielerischer mit ihrer Sexualität umgehen würden. Chris Bickel ist in seinen Bemühungen, sich als ›Feminist‹ zu geben, manchmal etwas nachlässig, zum Beispiel, wenn er seine Vorliebe für Nazi-Sexploitation-Filme oder Frauen-Im-Gefängnis-Trash dadurch zu rechtfertigen sucht, dass er in fast jeder seiner Besprechungen solcher Filme bei *Epinions.com* den Machtaspekt der weiblichen Figuren herausstellt.

 So übersteigert bestimmte Züge der Fuck-Pit-Theorie auch sein mögen, in manchen Teilen davon zeichnet Chris Bickel leider ein nur zu realistisches Bild der Punk- oder Hardcoreszene: Political Corectness wird oft überbetont. Und da gab es den Einfluss gewisser Teile der Straight Edge Bewegung, deren Züge latent partyfeindlich waren, und die sich nicht zuletzt über ihre durchtrainierte Männlichkeit definierten. Dies nur als zwei mögliche Ursachen dafür, dass Punk an Sexyness und joie de vivre verloren hat. Und damit eben auch an Attraktivität für ... lasst sie mich liebevoll ›Weaklings‹ nennen – an Attraktivität für geistige oder körperliche Weaklings beider Geschlechter: Wer sich der Askese verweigert und zu sehr auf Party aus ist, gilt als unpolitisch, und wer sich im Slam-Pit nicht auf den Beinen halten kann, ist nicht tough genug, um dazuzugehören. Nude-Pits stellen sicherlich nicht die perfekte Lösung dar, aber dieses Konzept lenkt wenigstens neugierige Blicke auf das Problem.

Und wem der Fuck-Pit zu sehr nach bloßem Sex klingt, verzehre folgende rührenden Zeilen, die Smashism in voller Wirkung erläutern: »The last thing authority wants you to discover is the amazing amount of power you have in your own desire. Think about it, when you're in love it seems that nothing else matters ... nothing ... like taxes, deadlines, laws, patriotism, etc.« Liebe also als der wahre revolutionäre Akt. Das ist zwar nicht neu, hat aber auch nichts an Reiz verloren.

Im Verlauf der Kulturgeschichte des letzten Jahrhunderts wurde dieses Motiv oft als unerreichbarer Idealzustand anvisiert, so zum Beispiel von Ingeborg Bachmann im *Guten Gott von Manhattan*, einem Hörspiel, in dem zwei Liebende dem Ideal nahekommen. Da dieser alle Gedanken an etwas anderes ausschließende Zustand jedoch innerhalb der bestehenden Gesellschaftsordnung nicht möglich ist, werden die

Liebenden durch ein Bombenattentat von Eichhörnchen – den Schergen des Guten Gottes, der für die Einhaltung der Ordnung zuständig ist – getötet. Smashistique, n'est pas?

Teenage Suicide – Do It!

If wild my breast and sore my pride,
I bask in dreams of suicide.
Dorothy Parker

In einer Extremen zugeneigten Philosophie, liegt der Traum vom Idealzustand und die Konsequenz des Todes beim Versuch seiner Realisierung dicht beieinander. So verwundert es nicht, dass einige der Texte Chris Bickels auch pure ›teenage angst‹ sind und von Ekel vor, Langeweile und Verzweiflung an der Welt zeugen: »You liked to joke that every song I wrote was nothing more than a suicide note«,[10] oder: »When I said I'd ›rip your heart out‹[11] / Did you think I was talking about you? / Spare me your vanity / I was talking to myself«.[12] Suizid ist denn auch ein Thema, das Chris Bickel nicht loslässt und auch zu seiner Selbstbeschreibung als Clown, der nach außen lacht und nach innen weint,[13] ganz gut passt. *Suicide A* und *B* heißen die Seiten des *Irritainment*-Albums, und mit unerbittlicher Eindringlichkeit wird Suizid immer wieder als akzeptierter Ausweg genannt und zu IN/HUMANITY-Zeiten sogar noch als *Super Plan B* empfohlen:

> »ever notice people look so unhappy? / could it be there's just too many? / teen suicide, do it now! / [...] / zero population growth / you're too weak to survive / teen suicide, do it now / another turd in the gene pool, do us all a goddamned favor / do it now do it now! / you're sacrifice may save the life of a starving child. / this song is dedicated to all of our friends who have made the ultimate sacrifice. here's to our friends that have embraced the ultimate expression of autonomy and personal choice. here's to the real heroes of the revolution ... the martyrs.«[14]

Dagegen sind natürlich versteckte rückwärtsabspielbare Suizidbotschaften, wie wir sie von BLACK SABBATH-Platten kennen, gar nichts. Was hier Gefühlsausdruck und was Provokation ist, was intellektuelle Spielerei und was politisches Statement, das geht fließend ineinander über. Die Verantwortung der Interpretation und der Trennung liegt nach Chris Bickel ganz alleine beim Rezipienten:

> »In a society where we are supposed to be held accountable for our own criminal actions, how can an artist be blamed for the misdeeds of the sociopathic (or socio-pathetic?)? In the early part of the Twentieth Century there were certain Victrola records that were perceived as so saddening by certain individuals that mass suicides were occurring all over the nation. The lyrics in the songs were by no means offensive. Sick people simply used the music as a catalyst for their desperate actions.«[15]

Das bedeutet allerdings nicht, dass er zu Hass auffordernde Texte gutheißt − im Gegenteil −, aber seine Ansicht ist: »I do not however feel that the artists should be legally coerced into creating more ›responsible‹ art. (...) An artist's only responsibility should be to create art. Society then decides what to do with it.«[16]

Art-Punk

We wanted to go as high as we could,
and fucking low as we possibly could.
The lowest of the low
Bob Lewis (DEVO)

Auf die Frage, als was er GUYANA PUNCH LINE eher sähe, als Kunst oder als Punk, meinte Chris Bickel: »Any musical expression is art, so all punk is art ... though most punks would deny that they are artists ... thinking that ›art‹ is too pretentious ... but  those punks are being pretentious themselves by trying to seperate what they do from art. It's all art. GUYANA PUNCH LINE is probably more art than punk because none of us have the right haircuts or shoes for punk.« Und so ist auch einer der tragenden Aspekte seines Humors das Aufeinanderprallen von Hochkultur und Punk. Ein Beispiel für das amüsante Spiel mit Intellektualismen findet sich zum Beispiel im *Irritainment*-Booklet in den Anmerkungen zu einem 5-Sekunden-

Song namens *Old Guy In The Pit*, die eine ganze Seite in Anspruch nehmen. Ein Auszug:

> »In this performance, repetition of any material by the performers themselves has been avoided, i. e., whatever the players have played once becomes taboo for them. (...) A musical step that steps down, then back up, and then down again suggests a state of emotional confusion when linked to the subject matter of the lyric. The questions forced upon the listener are: who is this old guy? ... why is he in the pit? ... where is this pit? ... if I were deprived of all senses, would this pit exist? ...«

Es dürfte ein Lächeln wert sein, dass der Text, der im Booklet folgt, nur aus den Worten »Skinz and punx, skinz and punx, they're the skunz and punx« besteht. Schon alleine der Sarkasmus und der spielerische Humor, die all den ganzen Anspielungen und Theorien innewohnt, macht den halben Charme von GUYANA PUNCH LINE aus. Die Collagetechnik, die im Punk aus dem Erbe des Dada aufgenommen, schon immer in Form von Schnipsel-Layouts auftrat, wird hier auf der sprachlichen Ebene weitergeführt. Ob Kunst, Theorie, Pop oder Punk − hier stehen situationistische Thesen neben CUTTING CREW-Zeilen, Zeilen von THE WHO Songs[17] werden ebenso verfremdet wie ein Otto-Mühl-Stück.[18] Ich fragte Chris, ob er mit all diesen Andeutungen etwas Bestimmtes aufbauen wolle, und er meinte: »We all are influenced by things we've seen and heard in the past, and the human brain is programmed to take all of this input and somehow draw connections. I find humor and enjoyment in trying to incorporate all of these influences into some sort of a surreal philosophy.« Durch solche Konstruktionen stehen GUYANA PUNCH LINE eher in einer Tradition von Bands wie DEVO, die in ihrem Wagemut einen großen Einfluss auf Chris Bickel hatte,[19] CRASS und auch noch den DEAD KENNEDYS, als dass sie sich auf die jüngere Geschichte des Punk beziehen ließen, der es in großen Teilen an solcher

Kreativität mangelte. Seiner Liebe zum Punk verlieh Chris Bickel in seiner Version von dessen Entstehung Ausdruck:

»By 1976 Rock'n'Roll had a beard, a beer-gut, and a pony tail. At this point it was a genre of music that belonged more to the generation that had grown up into parental authority figures than to the youth of the day ... and as we all know, a style meant to appeal specifically to youth cultures cannot exist as a viable product for both the first and second generation. By 1976 buyers of records could choose between two camps: style lacking in substance (mind-numbing disco), or substance heaped upon substance lacking in all manner of style (jam rock and bloated arena rock such as THE EAGLES, or EMERSON, LAKE AND PALMER). Rock and Roll went from being something rebellious and spirited to something you could bring home to mom and dad. (...) Something had to come along to say ›all of this is bullshit‹, to say ›all of your heroes are bullshit‹, to say ›we are sick of people handing us their rules‹ ... basically, what it all boiled down to, was that something had to come along to scare the hell out of the parents.

An unholy chord rang out, the thunderclouds parted, the earth shook, and suddenly there was the SEX PISTOLS.

er ... um.

O.K ... maybe it wasn't at all like that ... but it certainly seems that there was some sort of divine or karmic intervention here. Pop culture got the kick in the cobblers that it needed from these 4 working class London snot-nosed, ›foul mouthed yobs.‹«[20]

Es wird deutlich, dass ihm das Provokationspotential gegenüber einer älteren Generation das vielleicht wichtigste Element des Punk ist. Danach nimmt Chris Bickel in dieser Besprechung jedes einzelne Lied des *Never Mind*-Albums auseinander. Interessant für uns wird es, wenn er den Song *New York* tranchiert:

»The song *New York* is a pisstake on the NY rock culture that was directly responsible for the the existence of punk rock. It's hilarious that the tune sounds exactly like it could have come right off of the first DOLLS[21] album, yet viciously (no pun intended) attacks the group and their scene. I always wondered if Rotten had written this song as a jab at Steve Jones who worshipped Johnny Thunders. Whatever the reasoning, it's brilliant that the band was so dead-set on proving that they didn't have any heroes, that they would attack the closest thing they could have possibly had to a hero. The pretentiousness of their stance is ballsy, and I find it endearing. Waylon Jennings once sang ›My heroes have always been cowboys‹ ... well, my heroes have always been pretentious assholes. Unlike Johnny, I admit that I do have heroes.«

Vielleicht war es das ›no more heroes!‹, das zur Tabuisierung von Helden- oder Heldinnenverehrung im Punk führte. Vielleicht vertrieb dieses Verbot, jemandes Fan zu sein die ›Kids‹ vom Punk und führte sie eher zur glitzernden Welt des Mainstream-Pop. Und, nur um noch ein ›vielleicht‹ anzuhängen: Vielleicht ist es deshalb so gut, dass mit Chris Bickel nun wieder mal ein wahrer Meister der hemmungslosen Selbstinszenierung an den Start geht.[22] Er ist einer von denen, die den Glam und den Mut zur Ungewissheit in den Punk zurückbringen. Seine Texte sind weit im Internet verstreut, der oben zitierte SEX-PISTOLS-Beitrag stammt von der Epinions.com-Website.[23] Weitere absurde Spuren Chris Bickels im Internet sind unter *keen.com*[24] zu finden: dort stellt er sich als Berater in *allen* Lebenslagen zur Verfügung. Und es gibt auch einen bandeigenen Yahoo-Club: *GUYANA PUNCH LINE's knitting circle*.[25]

»We are the best at being the worst«

I'm a fool, whose tool is small,
it's so miniscule, it's no tool at all.
Hang on to your IQ.

Brain Molko (PLACEBO)

Nicht nur im Internet, auch in Printform gab es bereits von Chris Bickel zu lesen: er schreibt hin und wieder für das *Maximum Rock'n'Roll*-Fanzine und brachte immerhin eine Ausgabe eines eigenen Fanzines heraus, das *SNIP* hieß (in Anspielung auf das *SPIN*-Magazine). In einem Artikel, der als Besprechung einer HATEBREED-CD etikettiert ist, aber eigentlich die Geschichte von Chris Bickels selbstgemachtem Zine und der Begegnung mit HATEBREED ist, gewährt er weitere gekonnt pseudo-intime Einblicke – ›pseudo‹, weil diese suggerierte Privatheit immer konstruiert und dem Stil ebenso wie der Entblößung verpflichtet bleibt. Wie auch im vorangegangenen Beispiel schafft er es, von einer Situation der Hilflosigkeit oder lächerlichen Schwäche so zu erzählen, dass die LeserInnen nicht nur mitfühlen, sondern er es sogar schafft, irgendwie doch als der Held aus der Geschichte hervorzugehen. Es sind ausgewählt exquisite Hilflosigkeiten, von einem Autoren zur Schau gestellt, der weiß, wie er sie zur Produktion von noch mehr guten Seiten seines fiktiven Ichs verwenden kann. Darin, einfach nur seine Seele auszuschütten oder auf gewohntem Wege politische Kritik zu üben, sieht er den Sinn seines Schreibens nicht, wie im folgenden Beispiel, in einem sarkastischen Kommentar zur Fanzine-Kultur und der Hardcore-Szene deutlich wird:

»People involved in Punk music love to subject other people involved in Punk music to their idiotic whimsies and pathetic best-left-in-the-journal introspection. They sandwich it between some record reviews and photocopied pleas for the pardon of Mumia Abu Jamal and call it ›zines‹. Being no different than any other self-involved would-be Punk Rock publisher, I too have produced a few such wastes of our Earth's dwindling natural resources. One of my efforts in the world of indiezinedom was called *SNIP*. It was just as self-serving and pointless as any other zinester's effort, though gracefully lacking the record reviews, Mumia and PETA xeroxes, and bad emo-introspection/sap. (...) I wanted to get rid of my remaining copies of SNIP; so I set up a table at a local Hardcore show. On the bill was a Columbia Hardcore band named Stretch Armstrong and some other chugga-chugga type acts. One of the bands on the bill was a newer group that I'd never heard of, HATEBREED. I didn't actually care much about who was on the bill, as I am not a great fan of the type of Hardcore that appeals to overdeveloped short-haired jocks in tank-tops. I was just there to unload my zines on some punk kids. After about 20 minutes and having sold about 5 copies of *SNIP* I hear the kind of booming belligerent voice one might more likely hear at 3:00 AM in a bar than at a Veteran's Hall Hardcore show: ›Where's the little faggot that wrote this shit!??‹ A thickneck from the band HATEBREED lumbered towards me. ›Are you the little faggot that wrote this shit?!‹ – ›I suppose

I am that faggot, yes‹, I replied. I was then blitzkrieged with threats of a severe asskicking over my apparent ›dissing‹ of the band's record label *Victory Records*. I was repeatedly called a ›faggot‹ for having written an article

that poked fun at the business practices of a minor league label trying to run with the big boys. By this time a group of about 30 attendees were surrounding me. The entire band HATEBREED gathered around. Half of the band members tried to argue somewhat less than rationally about the perspective of my article (which essentially reprinted the hilariously corporate-minded promotional ›one-sheets‹ sent to record stores to shift units for *Victory Records* with smart-ass comments written in the margins by yours truly) while the other half continued to threaten physical pummeling. The singer of STRETCH ARMSTRONG physically stepped in between to prevent one of the HATEBREEDERS from attacking me with his giant neck. I tried my best to casually slouch back in my chair behind my Jackie Onassis black sunglasses and grin. Sure I was a bit fearful of an ass pounding, but the hilarity of the situation did make it easy to play it off into a coy boyish smile.«[26]

Hier wird deutlich, wie gravierend sich Chris Bickels' Verständnis von Punk oder Hardcore vom heute weitverbreiteten Stereotyp als Reservat für klassisches männliches Rollen-Modeling unterscheidet. Nicht nur, dass er sich über die harten Jungs lustig macht,

nein, er betont auch noch humorvoll seine ›Feigheit‹ (›faggot‹ = ›Schwuchtel‹), wenn es um körperliche Auseinandersetzung geht, in einer Weise, dass aus den harten die hohlen Jungs werden. Er wischt im Gestus eines ›Na und?‹ den Gebrauch des Worts ›Schwuchtel‹ als Schimpfwort beiseite, und verstärkt diesen Effekt noch, indem er sich mit femininen Genderspezifika versieht: einer Jackie-Onassis-Sonnenbrille und einem »coy boyish smile«. Indem er sich je nach Stimmung weibliche oder männliche Gender-Spezifika zuschreibt, löst er sich von einer einseitig männlichen Identität.[27]

»Sexual identity is dead«

Now I know how Joan of Arc felt as the flames
rose to her roman nose.

Morrisey (THE SMITHS), *Big Mouth Strikes Again*

»Sexual identity is dead« heißt es im Booklet des *Irritainment*-Albums, aber das behaupteten CRASS auch schon 1978 von Punk,[28] und Chris Bickel haucht auch diesem neues Leben ein, indem er ihm mit GUYANA PUNCH LINE ein absurdes Gewand verpasst, dessen Reiz darin besteht, dass es voller verwirrendem Humor ist und nicht festlegbar ist und dadurch leicht mystische Züge bekommt. Bei CONFEDERATE FAGG,[29]

Anmerkungen

1 Zitate, bei denen keine Quellenangaben stehen, stammen aus einem E-Mail-Interview, dass ich mit Chris Bickel führte.
2 Der Punsch bestand aus Kool-Aid mit Cyanid. Darauf spielt auch die Kool-Aid-Werbefigur an, die im Coverartwork immer wieder mal auftaucht.
3 Dort heißt es: »I get so sick of the fashion and the fascism / Makes me crazy, wanna try a little smash-ism!«
4 http://hometown.aol.com/anakrid/mypage.html
5 Guyana Punch Line: *Irritainment. Songs To Disturb The Comfortable. Songs To Comfort The Disturbed.* Prank 2001. (In Deutschland z. B. bei www.x-mist.de erhältlich.)
6 Wie z.B. im Polit- oder im Straight Edge-Hardcore.
7 Wie z. B. im 60s-lastigen Punk'n'Roll.
8 Die Passivität des Publikums wird von Chris Bickel immer wieder angeprangert. So heißt es auf dem Cover des *Irritainment*-Albums: »Fun is waiting for the noise to stop so that the

audience can politely clap? The state of disaffected youth culture's social interaction has degenerated to a stasis which Guyana Punch Line would term ›Clapathy‹. Clapathy is a state of being, often mislabeled ›jadedism‹, in which spectators stand with arms folded, waiting for music to finish playing, so that they can give the Pavlovian response of clapping their hands for the appropriate ten seconds. The smashist needs your clap as much as the smashist needs your crap.«
9 Für EinsteigerInnen: ›Pit‹ ist die Bezeichnung für den Bereich vor der Bühne, wo bei Punk-Konzerten relativ aggressiv getanzt wird, daher auch ›Mosh-Pit‹ oder ›Slam-Pit‹
10 *Better Off Dead Pt. 2* auf Guyana Punch Line, *Irritainment*
11 *Rip Your Heart Out* war der Name eines Songs auf Guyana Punch Line, *Maximum Smashism*; die Liner Notes lauten: »A song about being so fed up, you want to rip someone's heart out and nail it to the wall. Actually it's about being mad at yourself.«
12 *Cracked* auf Guyana Punch Line, *Irritainment*.

13 http://www.misterridiculous.com/columns/chrisbickel.html
14 *Teenage Suicide – do it!* auf IN/HUMANITY, *Violent Resignation: The Great Ameican Teenage Suicide Rebellion. 1992 – 1998*, Prank Records.
15 »Freedom of expression means no restrictions«, Chris Bickel, writtenbyme.com
16 ebd.
17 Zum Beispiel wird *The Kids Are Allright* zu *The Kids Are Pissed*. (Guyana Punch Line, *Maximum Smashism*)
18 Die Spielanleitung zu einer verfremdeten Version von Mühls *O Tannenbaum* soll den Song *Smashters Of The Omniverse* begleiten. (Guyana Punch Line, *Maximum Smashism*)
19 »If I had to pick an all-time-favorite band, I'd be like that dog in the ancient Roman poem that couldn't decide between his two bones and eventually went around in circles until he dropped dead. One thing that I am certain of though, is that D-E-V-O from O-Hi-O would indeed be one of my bones. The music, artistic aesthetic, and philosophies of this visionary group have had a profound effect on the development

Chris Bickels' zweiter Band, ist der Stil dagegen genau festgelegt: schwuler Heavy Metal. Die Band nimmt sich nicht ernst, sondern versteht sich als Persiflage auf den Heavy Metal der 8oer – Musik, so Chris Bickels Definition, die meist von Männern gespielt wird, die lange Haare haben, Make-up und hohe Absätze tragen und unter deren Musikern es eine lange Tradition von Schwulen oder Bisexuellen gibt, die es nicht wagten, sich zu outen. Ihre sexuelle Orientierung wollen CONFEDERATE FAGG zwar auch offen lassen – um des Mysteriums willen – aber nur insofern, als dass sie nicht preisgeben, welches der Bandmitglieder schwul ist: »›Which member do I have the best chance of going down on?‹ should be a question on every fan's lips ... whether they be male or female«,[30] erläutert Teabag Balzac (aka Chris Bickel) in einem Manifest auf ihrer Website. Darin betont er auch, dass es ihnen wichtig ist, kein Mitglied der Gay Community mit ihrer Band zu verletzen: Die Band ist nicht als Persiflage auf Homosexualität gedacht, sondern eher auf die Leute, die ihre Homosexualität verbergen. Ihr banales Hauptziel ist sowieso nur folgendes: »Our intention is to rock your fucking balls off (... er, sorry for the gender specifism ... if you are a gal, we'll rock

your fucking tits off).«[31] Wie hier mit den Machismen und der verkrampften Heterosexualität dieses Genres gespielt wird, trägt eine große Portion Provokation in sich. Diese entsteht vielleicht gerade daraus, dass der homoerotische Aspekt, der im Heavy Metal zwar stets augenscheinlich vorhanden ist, aber niemals von den Bands selbst thematisiert wird, plötzlich in den Vordergrund gestellt wird. Das verleiht CONFEDERATE

FAGGS' Art von Camp Culture so viel mehr Biss, als ihn zum Beispiel das Gendercrossing und die Bisexualität einer Post-Glamfigur wie Brian Molko hat. Im Glam gehörte das Ignorieren von sexueller Identität von Anbeginn dazu, und hat deshalb an provokativer Kraft verloren.

Tabus mit einem Lachen zu brechen – darin liegt nicht nur die Stärke von CONFEDERATE FAGG, sondern auch allen anderen kreativen Outbursts von Chris Bickel scheinen so zu funktionieren. Und sie funktioneren gut.

Smash the omniverse! ●

of my character as an individual.. DEVO were the catalyst for making nerd-dom cool in the latter decades of the twentieth century. For this they will always hold a special place in my heart. For all we as a society know, DEVO may have given thousands of nerds the self-confidence that it took to develop the internet and the current technological boom in personal computers. Without tunes like ›Mongoloid‹, we might all be doing our taxes on Commodore 64's and TI-994A's.« (Review of Pioneers Who Got Scalped ... – Devo: »Break out your flowerpots and plastic yellow jumpsuits«, Chris Bickel, www.epinion.com

20 Review of Sex Pistols – Never Mind The Bollocks: Rotten Eggs On The World by Chris Bickel, www.epinions.com

21 The New York Dolls, amerikanische Punkband der ersten Generation.

22 Seinen Respekt vor einer gelungenen Selbstdarstellung wird zum Beispiel auch in einer Besprechung zu Meatloaf deutlich: »The title track on Bat Out of Hell is a ten minute rock operetta. The dynamics of the arran-

gement propel the song forward in a way that suggest the listener being on that motorcycle in the cover art. You would be hardpressed to find as pompous of a song about such a knucklheadedly juvenile theme, but this is exactly why the song works. It's a musical elevation of trash to art. Anyone that can do that, and turn some disgusting overweight slob into a lady-killing rock star is pure genius!« (Review of Meatloaf – Bat Out Of Hell: »Meatloaf – in defense of Bat Out Of Hell« Chris Bickel, www.epinion.com

23 www.epinions.com/user-chrisbickel

24 www.keen.com/categories/categorylist_expand.asp?sid=2456748

25 http://clubs.yahoo.com/clubs/guyanapunchline

26 Review of Hatebreed – Satisfaction Is The Death Of Desire: »I never bought the Hatebreed CD«, Chris Bickel, www.epinion.com

27 vgl. auch: »The song is not meant to support any kind of ideal of a genderless society. (...)Each person should be allowed without risk of cosnequence to be as masculine or feminine as they wish to be, and not have to kickk

someone's ass or spread their legs simly to live up to smoe notion created by our declining society.« (Embrace Androgyny auf IN/HUMANITY, Violent Resignation.)

28 CRASS, The Feeding Of The 5000, 1978, Crass Records

29 Der Bandname entstand aus dem Versuch, eine neue Form des Protests zu finden. Er richtet sich gegen das Hissen der Confederate Flag, der Südstaatenflagge auf einem öffentlichen Gebäude in ihrer Heimatstadt: »Putting the words ›confederate‹ and ›fag‹ together would obviously be considered the ultimate blasphemy to the dyed in the wool bigots that seemed so hellbent on keeping the flag flying. (Let me stop right here and say that not all of the supporters of the Confederate Flag are bigots ... I'm not going to make such a sweeping generalization ... but let's be realistic ... many many many many many many of them are).« (www.angelfire.com/band/confederatefagg)

30 Ebd.

31 Ebd.

Christian Keßler

Harald »Sack« Ziegler

[Eine Hommage]

Wer oder was ist Harald »Sack« Ziegler? Biographische Daten zu seinem Werdegang zu sammeln, ist nicht ganz leicht. Wir wissen nur, daß er in Köln lebt und sich auch auf die sogenannte ernste Musik versteht. Zuweilen soll er sogar in Frauenkleidern (langer Rock!) auftreten. Sicher ist, daß er seit Anfang der 8oer Jahre an der damals ja noch florierenden Kassettenszene partizipierte und mit Erzeugnissen von schillernder Vielfalt und großer Eigenartigkeit aufwartete. Unter den unzähligen Titeln, die von ihm auf den Markt geworfen wurden, befinden sich solche Evergreens wie *Entartete Musik von Sack* (seine erste!), *Die Sackparade*, *Versackt* und *Zehn Meter langes Regal kippte um*. Leider werden wir auch hier die dringliche Frage nach dem Ursprung des Beinamens »Sack« nicht klären.

Die Musik ist weitgehend unbeschreiblich. Die Miniaturen des Herrn Ziegler bestehen häufig aus wilden (nicht selten lärmenden) Passagen, die allerdings immer wieder mit bukolischen Harmonien verschmolzen werden. Dabei verwendet der Künstler nicht nur so gebräuchliche Instrumente wie Akustikgitarre und Heimorgel, sondern holt schon mal das Waldhorn aus dem Futteral und schreckt auch vor dem bedingungslosen Gebrauch von Haushaltsgegenständen und Kinderinstrumenten nicht zurück. Hier eine gewisse Verwandtschaft zu den frühen RESIDENTS zu sehen, ist nicht ganz abwegig. Wie die kugelköpfigen Sanfranziskaner beschränkt sich Harald »Sack« nicht darauf, grotesken Humor unter das Volk zu streuen – immer wieder wird die Musik auch von verwirrenden, ja bisweilen beängstigenden Akzenten unterlaufen, die Zuhörerln stark verunsichern.

Immer klingt heraus, daß Harald »S.« Ziegler seiner ganz privaten Vorstellung von Schönheit huldigt und nicht nur ein Zerrbild gängiger Musikästhetiken darreichen will. Das merkt man an den vielen gefühlvollen Balladen, die sich auf den Kassetten einschleichen. Es ist schon ein eigenes Universum, das dieser Künstler in seiner Musik erschafft. Kein Universum der Perfektion, aber eines der ungebrochenen Kreativität und Spielwut.

Greift »Sack« Ziegler zur Gitarre, dann kann es passieren, daß seine Balladen wüst ausarten – er klingt dann nicht selten wie eine Mischung aus Bob Dylan, Charles Manson und den Mainzelmännchen.

Die Texte sind oft sehr kurz und von bewußter Schlichtheit und besingen etwa Margeriten, Aquarien oder Bungalows, tun dies aber in einer dadaistischen Unberechenbarkeit. Man befindet sich bei den Sackophonien in ständiger Desorientiertheit, fühlt sich aber trotzdem pudelwohl, da die Welt seiner Lieder grundsympathisch ist.

Mein persönlicher Liebling unter seinen vielen, vielen Veröffentlichungen ist eine Split-LP, *Parp*, die Harald zusammen mit DOC WÖR MIRRAN aufgenommen hat. Auf ihr befindet sich das erhabene *Lied der Königin*, auf der Sack mit Inbrunst die Dudelsackkönigin besingt. Der anfangs leicht grungige Gitarrenrock mutiert sehr bald zu einem sehr aggressiven Gebratze, das Harald »Sack« mit Falsettgefiepe und Waldhornintermezzi anreichert. Das Lied von dem dicken Hai, der ein tonnenschweres Ei legt, fasziniert ebenso wie das Stück *Meine Oma*, das allgemein bedeutende Themen wie Bildungspolitik (»ist für Kinder, im Sommer wie im Winter, für Türken und für Inder« – und das etliche Jahre vor den bundesrepublikanischen Kinder/Inder/Green Card-Debatten!) überraschend mit Harald S. Zieglers einsamer Oma in Verbindung bringt. Die letzte Miniatur vermeldet dann: »An der Cowboybar ist der Kaugummi, den man dort kaufen kann, kaum kaubar.« Das war mir bisher nicht bekannt – leben und lernen, wie ich immer sage!

Im folgenden werde ich einige der tapegewordenen Absonderlichkeiten Revue passieren lassen. Das ist freilich noch lange nicht alles, was dieser Musiker herausgebracht hat, sollte aber einen repräsentativen Eindruck seiner Frühphase vermitteln.

Im wesentlichen zeichnen sich diese alten Tüfteleien durch einen wilden Eklektizismus aus, der mit großer Unbedenklichkeit in allen

Selbstportrait als beschrifteter Sack, 1995

möglichen musikalischen Genres wildert. Wer den hier obwaltenden Wahnsinn wirklich begreifen will, muß sich vergegenwärtigen, daß die Kassettenszene Anfang der achtziger Jahre vielen Künstlern, die weder das Geld noch die Beziehungen besaßen, um ihre Produkte professionell herauszubringen, die Möglichkeit gab, eine breite Öffentlichkeit zu erreichen.

Nun war es ja ohnehin so, daß die zu jenem Zeitpunkt marodierende »Neue Deutsche Welle« viele Bands in den Bereich eines Plattenvertrages (durchaus auch bei Major-Firmen) brachte. Viele dieser Bands waren das Papier nicht wert, auf dem die Tinte von den Unterschriften tropfte! Die Tapeszene hingegen stellte nun quasi die zweite Ebene dar: Künstler, deren Werke zu verschroben für die Geschmacksknospen ewig jugendlicher Plattenfirmenexecutives waren, waren hier ebenso zu finden wie Schülerbands, die sich den Punk von der zensurengebeutelten Seele klampften. Konfirmanden, die es satt hatten, auf Dorfkirchweihfesten aufzutreten, trafen hier auf die geheime Avantgarde. (Mein persönlicher Favorit in diesem Schrammelreigen sind die *Pissende Kuh Kassetten* der Schütte-Brüder aus Varel, deren Werke auch auf der Tonspur der Filme Wenzel Storchs zu vernehmen sind. Nicht zu glauben, was in heimischen Wohnzimmern damals geschah!) Wenn auch vieles von dem auf unschuldigen Tonbändern veröffentlichten Material

nicht viel mehr als totaler Schrott ist, so gibt es doch auch zahlreiche Juwelen zu entdecken, was vielleicht mal einem späteren Artikel vorbehalten sein sollte …

Die früheste »Sack-iade« in meinem Besitz ist das Tape *Musack*, das Sachen enthält, die in der Zeit von 1984 bis 1986 aufgenommen wurden und auf dem Label *Scheißkasten Produkt* herauskam.

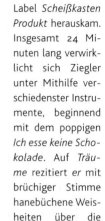

Insgesamt 24 Minuten lang verwirklicht sich Ziegler unter Mithilfe verschiedenster Instrumente, beginnend mit dem poppigen *Ich esse keine Schokolade*. Auf *Träume* rezitiert *er* mit brüchiger Stimme hanebüchene Weisheiten über die Diskrepanz zwischen Wirklichkeit und Traumwelt, untermalt von einem sanften »Doo-Wop«-Rhythmus und Falsett-Hintergrundgesang. Seite zwei offeriert mehr vom selben und entführt die Hörerinnen und Hörer nach Afrika (*Kumbayaaa* …), nach Amerika und in den *ABC-Swing*.

Eine 8-Minuten-Kassette von 1987 namens *Dub-Raahh* bietet ein vier Minuten währendes Kreischkonzert von Harald »Sack« und Freunden. Auf der zweiten Seite findet sich dann die Dub-Version … Eine meiner Lieblingsproduktionen im Schaffen des Kölner Künstlers, wenngleich Neuankömmlinge im »Sack«-Kosmos arg irritiert sein dürften!

1988 war es dann Zeit für die etwas glattere *Schnapp Flopp Fetz*, deren Anfangssong *Sie riecht so gut* verkündet: »Zuerst kam der Duft, und dann kam sie!« Ein erhabenes Waldhorn veredelt den Falsettgesang von *Du machst mich an*, dem ein gewisser Hitparadencharakter nicht abzusprechen ist. Sehr morbide präsentiert sich Ziegler auf *Vati*, wo von Kaufhausverkäufern die Rede ist, die seziert werden … Eindeutiger Höhepunkt ist aber *Frankfurter*, für das offensichtlich jemand mit Mikro durch eine Fußgängerzone gelatscht ist, den Passanten ein Mikro vor die Nase gehalten und sie gefragt hat, was ihnen bei »Sack« einfällt …

Die Reaktionen reichen von barschem Unverständnis bis zu zotigen Erwiderungen und verschämtem Gelächter und werden kunterbunt durcheinander gesamplet, untermalt von schmissigen Rhythmen. 5 Auflagen mit insgesamt 305 Exemplaren – also nahezu Broadway-Dimensionen!

Das 15-Minuten-Tape *Knack* (1989) überflutet Hörerin und Hörer mit zahlreichen Ministückchen, die gelegentlich von kurzen Poesieeinsprengseln aufgelockert werden. Das zentrale Stück ist hierbei sicher das live gespielte *Flat Frog*, das zu Anfang noch unter fehlerhaftem Equipment leidet, dann aber sozialkritisch referiert über »Frösche, die auf der Straße kleben«. Bereits hier tauchen einige mysteriöse *WSfO*'s auf, doch dazu gleich mehr.

Etwas esoterischer präsentiert sich Ziegler auf *Zehn Meter langes Regal kippte um* (1990), wo er z. B. von seinem 20-Jahre-Eßpapier-Projekt *Read + Eat* berichtet. Ein besonders hübscher Schluchzer verkündet: »Du bist süß wie eine Tasse Sirup« – selten ward langendes Bangen so ergreifend umgesetzt! »Eine Spülmittelallergie hatte ich noch nie«, verrät der Künstler in seinem *Aquarium*-Song, aber warum er keine Fische will, habe ich immer noch nicht begriffen ... Die B-Seite enthält diverse Live-Aufnahmen aus den Niederlanden, u. a. eine längere Version des kontroversen (bzw. cointreau-versen) *Teenage Lover*.

Ungebremst brillant ist die kurze Kassette *Sie hören Nachrichten*, deren A-Seite aus alten Märchenplatten zusammengeschnitten ist. Mit Stimmen, die in unterschiedlicher Geschwindigkeit abgespult worden sind, wird eine Version der Schneewittchen-Story dargereicht, die man nur als semi-pornografisch bezeichnen kann.

Die zweite Seite bringt dann noch einige Schnurren aus des Künstlers sonstigem Schaffen.

Wer aber nun meint, »Sack« Ziegler würde nur fröhliche Spaßlieder zum besten geben, kann sich auf der *Sack-Compilation* vom Gegenteil überzeugen: Insgesamt sechzig Minuten lang gibt es ein buntes Potpourri von E-Musik-Aufnahmen, die über einen Zeitraum von dreizehn Jahren hinweg auf nationalen und internationalen Tape-Samplern erschienen waren. Die erste Seite besteht aus kürzeren Stücken wie *Zwei Stücke der Pizza Vier Jahreszeiten für Erik Satie* oder

dem Kolossalwerk *Rambo*, das in die Bestandteile *Erwachen*, *Auf der Lauer*, *Angriff*, *Triumphmarsch* und *Finale* aufgegliedert ist ... Seite Zwei enthält gar die zehn Minuten lange Kurzoper *Blasenausschlag*, auf der Harald »Sack« und der Kirchenchor der ev. Kirchengemeinde Rodheim alles geben! Ein Werk, das faszinierend und instruktiv zugleich ist.

Kommen wir nun zum Vinyl: Als erste realexistierende Sack-LP scheint ein Werk mit dem heiklen Namen *Sack heil* (1990) zu gelten, das mir die Gezeiten aber noch nicht an den Strand gespült haben. Wohl aber ist das der Fall bei der 1994 herausgekommenen *W.S.f.O. -Winzige Stücke für Orgel*, auf der insgesamt vierzehn teilweise sakral anmutende, teilweise aber auch lustvoll melodramatische Orgeleien zu hören sind, die von Axel Fischer auf einer Hannoveraner Kirchenorgel interpretiert werden und auch in quietschigen »Effekt«-Varianten aus Sacks Heimwerkstatt enthalten sind. Das Ganze klingt so, als würde man sich die Sesamstraße unter dem Einfluß von Stechapfeltee zu Gemüte führen – Marienerscheinungen sind nicht ganz ausgeschlossen!

Auch zahlreiche 7-Inches säumen den Sack'schen Pfad, nicht selten entstanden in Zusammenarbeit mit anderen Künstlern. Besonders gelungen finde ich die Eso-Listening-Scheibe, die er zusammen mit Patrick Ehinger aufgenommen hat: Auf der einseitig bespielten Platte sinniert Sack fünf Minuten über Weltbewegendes, z. B. seine Kaffeetasse, die einen unzutreffenden Aufdruck hat und ihm somit vielleicht Nachteile beschert ...

Überhaupt ist anzumerken, daß Ziegler immer schon mit ausgefallenen Präsentationsformen experimentiert hat. Bereits unter den Tapes befindet sich eine kleine Kostbarkeit, bei der zwei durchsichtige Tapehüllen zusammengeklebt sind. In der zweiten befinden sich etwa dreißig Objekte, darunter eine altertümliche Spielzeugflinte, ein kleiner Teddy, eine Diode, ein Knopf, ein Gummiband, die Öffnungslasche von irgendeinem Gerät und der Buchstabe »E«! Besser als ein Überraschungsei, und es gibt sogar noch was zu hören ...

Klingende Post ist eine hübsch verpackte Flexi-Disk. *Gummipool* ist eine mit dem Niederländer Marc van Elburg gedrechselte Seven-Inch, die über ein toll aufgemachtes Beiheft verfügt. Sehr ungewöhnlich auch die giftgrüne Mini-Single *See Dee*, die das exakte Format einer CD besitzt, tatsächlich aber auf den Plattenteller gehört ...

Einen eher generischen Harald »Sack« Ziegler bietet das 1995 veröffentlichte Album *Brick*, eine umwerfend vielfältige Ziegelei, die von einem versackten Tim (von *Tim und Struppi*) auf dem Cover geziert wird. Wie immer geht es um Margeriten, die wie Spiegeleier aussehen, um getoastete Pyjamas und gebügelten Toast. Sehr innovativ finde ich die *Hin & Her*-Stücke, in denen Ziegler einfach zwischen zwei verschiedenen Musikstücken hin- und herschaltet und dadurch einen interessanten Effekt erzielt. Am meisten ans Herz gewachsen sind mir die Stücke um die Puppe *Sterntaler*, die zwischendurch auch immer mit Puppenstimme zu vernehmen ist: »Hallo, ich bin deine beste Freundin!« Eine sehr hübsche Platte mit nur 49 Stücken, die alle schön anzuhören sind.

Die neueste Veröffentlichung, die ich von »Sack« besitze, ist seine erste Zusammenarbeit mit Frank Schültge alias »Blumm«, nämlich die Single *Die 5. Dengelophonie*, die von einem Gleichmaß getragen wird, das es fast den Eindruck erweckt, als sei Philip Glass bei *Toys'R'Us* eingebrochen ... Ausgesprochen schön – die anderen Sack-Blummesken werde ich mir wohl auch besorgen. (Jetzt ist ja gerade eine Ko-Operation mit CAN herausgekommen – Spannung!)

Wer »Sack«-Ziegler auch sehen möchte, der und die hat dazu Gelegenheit auf diversen Split- und Solovideos,die Titel haben wie *S(Bl)ack is beautiful* oder *Mit der Gitarre durch die Nacht*. Sehr interessant

klingen auch literarische und Comic-Erzeugnisse wie *Kommt Zeit, kommt -tung*. Auch ein Songbüchlein ist erschienen, in dem ausgewählte Texte mit Sack-Zeichnungen verziert werden.

Insgesamt handelt es sich bei Harald »Sack« Ziegler jedenfalls um eine echte Entdeckung, bei der sich die humorloseren AnhängerInnen der Genialen-Dille-Tanten-Szene vermutlich zurückziehen werden, aber dann hat man um so mehr Platz im Herzen für den Do-it-yourself-Sonnenschein dieses Kölner Multitalents! Wer braucht den Dom, wenn er den Sack haben kann?

Nachtrag der Redaktion:

Kurz vor Drucklegung hat uns eine neue Veröffentlichung von Harald »Sack« Ziegler erreicht: *Kopf Zahl Bauch* LP/CD (*Staubgold #28/a-Musik*) mit Gastbeiträgen von MOUSE ON MARS, FX Randomiz, Reuber, Marcus Schmickler, G. Möbius, Josef Suchy und FS Blumm. Auch hier halten sich der eigenwillige Humor und eine durchaus ›seriöse‹ Musik die Waage, etwa wenn beim Auftakter eine billige Kirmestechno-Melodie dermaßen monoton durchläuft, daß sie zu Minimal Music mutiert.

In Planung ist außerdem ein gemeinsames Comicheft von Harald »Sack« Ziegler und *testcard*-Mitherausgeber Martin Büsser. Wann und in welchem Rahmen es erscheinen wird, konnten aber beide Beteiligte noch nicht sagen, obwohl die Arbeiten bereits zu 80 % abgeschlossen sind. ●

HARALD »SACK« ZIEGLER / CAN
Barbie Hymne / Serpentine 🕖

»Ich liebe meine Barbie sehr, oh so sehr, ich liebe meine Barbie mehr, noch viel mehr als alles and're auf der Welt, weil sie mir so gut gefällt und weil ich von ihr niehiehie verlassen werde, weil ich von ihr niehiehie verlassen werde.« – Hier haben wir es eindeutig mit einem weiteren unverkennbaren, liebevollen und charmanten Megamitsinghit des melancholischen Kölner Melodiekönigs und medienscheuen Mundharmonikaspielers Harald »S.« Ziegler zu tun. Bravourös in Lo-Fi! Für die Rückseite dieser inzwischen schon siebenundzwanzigsten Sägezahnsplitsingle, die wie immer schön limitiert und auf farbigem Vinyl daherkommt, hätte sich das Label allerdings ruhig etwas Gehaltvolleres aussuchen können als diesen völlig überflüssigen Track der noch relativ unbekannten Kölner (Schüler?-) Band CAN – was bei dieser Sorte von belangloser Hintergrund- und Fahrstuhlmusik bestimmt nichts mit »Können« zu tun haben kann ...

[Musical Tragedies 2001] Gunther Weinell

Hans-Jürgen Lenhart

Spaßgeselle in der Ernstgesellschaft

[Asmus Tietchens Glossen zu »randständiger Musik«]

Gitarre spielen kann ich leider noch nicht,
bin noch beim Lernen.
So – nun viel Vergnügen: toi, toi, toi!
Viel Vergnügen, hm!

Asmus Tietchens in: *Pflegekammer Mitte*

 Es heißt, weder auf der Wander- noch auf der Luftgitarre konnte Asmus Tietchens bisher nennenswerte Meisterleistungen entwickeln. Dazu fehlen ihm musikalische Grundlagen und Talent zum Showbusiness. Von 1962 bis 1972 führte er mit dem Kassettenrecorder ein akustisches Tagebuch, endlose Mitschnitte von Klassenfesten und Silvesterfeiern. Zum Aufnehmen, Schneiden und später zum Klang verändern braucht man keine Noten. Tietchens wurde infolge dessen das, was der musikalisch verständnislose Mensch als Knöpfchendreher bezeichnen würde, der musikalisch sachlichere Mensch als Geräuschmusiker kennt. Tietchens bearbeitet dabei Aufnahmen von Wasser-, Papier- und anderen Materialgeräuschen mit den heute möglichen Parametern der Klangbeeinflussung. Er untersucht Klang in mikroskopischen Einheiten, das Ergebnis bewegt sich oft weit weg vom Original und er verzichtet auf jede Rhythmisierung im Sinne von kompositorischem Element. Derartige Werke werden leicht in die Ecke der Neutöner gestellt, doch im Olymp von Stockhausen & Co will niemand Tietchens haben und er selbst will das auch nicht. Tietchens ist Autodidakt, hat also kein akademisches Instrumental- und Kompositionsstudium, und so gleicht er tendenziell dem Popmusiker, für den eher die Beherrschung des Studios und der programmierbaren Instrumente denn die eines Instrumentes erfolgsentscheidend ist. Doch in der U-Musik steht Tietchens als Geräuschcollagist genauso am Rande wie in der Neuen Musik als der Gelehrtenabteilung der E-Musik. So zog Tietchens die Konsequenz, von »randständiger Musik« zu reden, wenn er sich selbst orientiert. Die Schubladen von E und U sind ihm dabei egal, was er 1988 mit ironischen Aufarbeitungen dieser musikalischen Kategorien in zwei Stücken namens *E* und *U* mehr als deutlich gemacht hat. Tietchens befindet sich damit in einer Szene, die ihre Wurzeln in den Experimenten von Krautrock, elektronischer Popmusik und Industrial und damit letztlich der Kategorie U-Musik hat, die sich gleichzeitig aber als Underground des Underground versteht und den elitären Gestus von Szenepäpsten der E-Musik oftmals nur zu gern übernimmt. Doch auch die Abgrenzung zur Popmusik bleibt ambivalent.

»Die ›nichtakademische Geräuschmusik‹ war ja mal Bestandteil von Industrial und damit der Popmusik. Aus der historischen Entwicklung, ein Bereich zwischen U- und E-Musik zu sein, hat sich ergeben, dass Musiker aus dieser Szene sich tendenziell eher entschieden haben, sich als E-Musiker zu sehen. Diesen Wunsch, nicht mit der Elle der Popmusik gemessen zu werden, finde ich dann komisch, weil die gleichen Mechanismen der Popmusik, über die man vor zehn Jahren noch gespottet hat, nun in diesem Underground stattfinden.«

Doch wenn man entdeckt, wie Tietchens seine Stücke benennt, muss eigentlich schon klar werden, dass er sich den Definitionen seiner eigenen Szene so gut es geht entzieht. Tietchens bringt es mit zweien seiner Titel auf verschmitzte Weise auf den Punkt, zwischen welchen zwei Polen sich Geräuschmusik bewegt: *Hinterzimmer ohne Fenster* und *Unterhaltungsmusik*. Hier zeigt sich schon, wie Tietchens Humor einsetzt, um sich nirgendwo vereinnahmen zu lassen. Mit seiner eher düster-ruhigen Geräuschmusik will er weder zum elektroakustischen Chefideologen auserkoren, noch als Alleinunterhalter in New Age-Therapien missbraucht werden. Geräuschmusik ist für ihn Nischenmusik, nicht mehr und nicht weniger und sie hat auch nicht mehr Bedeutungsgehalt als herkömmlicher Schlager, nämlich gar keinen. Speziell für seine Musik streitet Tietchens ab, dass sie irgendwelche Botschaften vermittele. Diese werden nur von außen heran getragen und sein Musikschaffen dient nur seinem persönlichen Interesse und hat nichts Auratisches.

Ich vermute mal, dass diese Sachen irgendwann in irgendwelchen Musikgeschichten zur Fußnote werden, und dann ist Schluss.

Asmus Tietchens in: *Monographie*, S. 128

Doch so nüchtern sieht das nicht jeder in Tietchens Umfeld. Tietchens weiß sich allzu häufig von Selbstdarstellern umgeben, die Bedeutungsschwangeres verkünden, auf dass man sie als Lichtgestalt verehre und mit denen ist nicht zu spaßen. Vorsicht, sie haben manchmal »die Schriften Pierre Schaeffers in der Gesäßtasche«, was auf anstrengende Gespräche bei Kontaktaufnahme hindeutet oder verbreiten gar eine »kryptomanische« Atmosphäre, die einen gleich zum Waldmeisterspray greifen lässt. Eine humorlose Szene scheint es nicht zu geben als die der geheimbündlerischen *atonalen Musik*. Da scheint etwas Distanz notwendig und es verwundert fast, dass sie ausgerechnet von einem der Tonangebenden der Szene selbst kommt. Asmus Tietchens hat sich über die Jahre mit Glossen über die »randständige Szene«

Gedanken über das Profane seines Tuns gemacht, die in seiner von *Kai U. Jürgens* editierten und im *Verlag Auf Abwegen* (Bochum/Köln 1999) erschienenen *Monographie* zusammengefasst sind. Doch zum Glück nimmt er sich dabei von solchen Hinterfragungen selbst nicht aus. Genauso wie einst Frank Zappa den Kunstanspruch seiner Musik mit proklamatischen Feststellungen wie »We're only in it for the Money!« relativierte, sieht Tietchens die Geräuschmusik: »Ich mache Musik für mich, aber ich verkaufe sie ... um Geld dadurch zu bekommen ... und das freut mich sehr.« Damit widerspricht Tietchens dem kruden Klischee, dass nur Popmusiker Musik fürs Geld machen und intellektuelle Musiker dagegen ständig an revolutionären Beiträgen für die Weltkulturgeschichte arbeiten. Auch sie müssen irgendwie Miete zahlen. Tietchens erweist sich damit als ständiger Skeptiker allen Vorgaben über Musik und der Szene gegenüber, eine Haltung, die er von *M. E. Cioran* übernommen hat. Auffallenderweise zitiert Tietchens auf jeder Veröffentlichung den sich weitgehend in Aphorismen äußernden Philosophen, einem Anti-Systemdenker und 84 Jahre alt gewordenen Suizid-Fan.

> »Cioran wird häufig missverstanden als Pessimist, er ist aber vielmehr ein Skeptiker. Ihm fiel es im Laufe des Lebens immer schwieriger zu glauben. Er kam zum Schluss zu der Erkenntnis: ›Sein heißt, in der Klemme sein.‹ Und nicht von ungefähr heißt eines seiner Bücher *Vom Nachteil geboren zu sein.* Dies alles hat ihn zu einer Art geläuterten Humor geführt. Überall wo Menschen am Werk sind, findet er es abgrundtief komisch, wobei er sich nicht ausnimmt. Er ist also nicht der Weise, der milde lächelt.«

Vom aus weißen Rauschen abgeleitetem Britzeln und formantenreichen Impulsketten bis zu fourier-analysierten Geräuschen reichen die Manifestationen ihrer Bemühungen.
Asmus Tietchens über die Freunde der Technik
in: Monographie, S. 46

Die größte Skepsis scheint Tietchens gegenüber seiner eigenen Rolle als atonaler Musiker zu haben oder zumindest gegenüber der Rolle, in die er in dieser Szene geraten könnte. Die wohl wichtigste und zugleich amüsanteste Glosse ist Tietchens *Warum denn überhaupt Geräuschmusik?* Hier beschreibt er treffend das Panoptikum der atonalen Musik mit einer Typologie der Protagonisten. Hinter den geheimnisumwitterten Lichtgestalten des Post-Industrial entdeckt Tietchens sehr wohl die vorhandenen exzentrikversessenen Stümper in der Geräuschmusik, die bei ihm als »antriebsarme Nichtskönner« oder bloße »Wichte« geführt werden. Er nennt beim Namen, was gewiss keiner gerne in der Szene hört: Wo Damen gerne mal ihr Strickzeug auspacken, da drehen so manche Männer gerne wahllos an den Reglern und finden sich mit ihrem Spielzeug ob ihres ungeheuren Wissens über Musikelektronik unerreichbar wichtig. In der Avantgarde hat die Fun Generation zwar Hausverbot, doch wollen nur wenige zugeben, dass das Gekruschpel und Gezirpel eine ganze Menge Fun produziert. In den »Freunden der Technik« sieht Tietchens gleichzeitig nicht die Freunde der Klangforschung und empfiehlt ihnen zur Entkrampfung einen Bordellbesuch. Er übersieht aber auch nicht die »Klistierbeutel-Verherrlicher und Swastikanten«, die unverarbeitete Pubertät voller politischer Peinlichkeiten mit Provokation verwechseln, die »Idylliker« (Think positive!) oder die »Kryptomanen« (Think negative!), die »Ernsten jungen Männer«(= Intellektualismus mit Augenfunkeln) bis zum »Konzept-gewordenen Fleisch« (Körperauflösung durch Intellektualismus).

> »Ich bin z. B. absoluter Autodidakt. Ich sehe dabei, dass es absolut leicht ist, mit Hilfe von Wortgeklingel und Camouflage mich als etwas darzustellen, das ich gar nicht bin, nur weil ich exklusive Musik mache. Danach steht mir nicht der Sinn. Dies ist bei vielen Kollegen anders, weil es bei ihnen zur Stabilisierung der künstlerischen Persönlichkeit und des Selbstbewusstseins gehört. Nachdem ich diese Glosse veröffentlicht hatte, fühlte sich natürlich niemand angesprochen, da ja immer die anderen gemeint sein müssen. Ich selbst finde mich natürlich auch in einer der Kategorien, aber ich verrate nicht, in welcher. Ich wollte mich da nicht ausnehmen, weil ich mir sage, so exklusiv ist das ja nun auch wieder nicht, was ich da treibe. Es ist höchstens luxuriös. Mir fällt ein, dass ich mal in Brasilien in einer Veranstaltung des Goethe-Instituts aufgetreten bin und da fragte man mich völlig zu-

recht, mit welchem Kostenaufwand und welchen Mitteln ich diese Musik realisiere. Der Kostenaufwand ist wegen des Studios immens, die Zeit ebenso. Als ich nach der Auflage gefragt wurde, da haben diese Menschen eine Gleichung aufgestellt, dass ich in einem Studio sitze, das einen Wert von 370.000,– € darstellt, mit meinen Produktionen aber nur um die 500 Leute erreiche, während sie selbst in Wellblechhütten wohnen. Das war für mich sehr nachdenkenswert – ohne dass es mich allerdings moralisch vom weiteren Musikschaffen abhält. Aber das Stellen solcher Fragen nimmt mir etwas von meiner Wichtigkeit. Doch diese Distanz ist in der Szene nur wenig vorhanden.«

Eine skeptische Haltung wohnt letztlich auch dem Satiriker inne. Nicht umsonst hat Tietchens in seiner *Monographie* den satirischen Sprachkünstler *Ditterich von Euler-Donnersberg* zu Wort kommen lassen, der damit spielt, Tietchens als den bizarrperversen Sonderling (Tietchens will angeblich in seinem Wehrmachtskübelwagen bestattet werden) vorzustellen, wie sich der deutsche Durchschnittsbundesbürger eben einen knöpfchendrehenden Geräuschemusiker vorstellen mag. Hier wird endgültig klar, dass der Einsatz von Humor bei Tietchens einer tiefen Skepsis gegenüber Begrifflichkeit in der Musik sowie gegenüber einer festgelegten Bedeutung von Stilistik und universellem Wahrheitsanspruch entspringt. Humor dient ihm somit als Mittel zur Gewinnung von künstlerischer Freiheit. Wer nichts akzeptiert, hat den größeren Schaffensspielraum. Doch stellt er klar:

> »Ein Freund von mir hat mal einen schönen Begriff geprägt: Man kann sich über eine Sache ›abernsten‹, ihr also ungleich mehr Bedeutung zuordnen als ihr zugesteht. Es gibt natürlich aber auch Dinge, wo die Empfehlung, gewisse Sachverhalte unter humoristischen Gesichtspunkten zu sehen, fast zynisch klingen würde. Deshalb schelte ich auch im Prinzip niemand wegen seiner Ernsthaftigkeit.«

In der in seiner *Monographie* abgedruckten Glosse *Brunft und Musik* hinterfragt Tietchens die Überhöhung des emotionalen Aspekts der Musik. Für Tietchens hieße, Musik als direkten Ausdruck der Seele,

des Empfindens, wenn nicht sogar des Triebhaften zu betrachten, sie nicht mehr als genauso stark rationale Leistung zu verstehen, denn das widerspräche stark seinem musikalischen Konzept. Ihm gelingt die Vermittlung seiner Skepsis gegenüber einer Glorifizierung des Irrationalen in der Musik durch eine maßlose Übertreibung dieser Annahme. Musik sei nach Tietchens beim Urzeitmännchen einst aus Spaß an der Freud über die eigene Stimmfähigkeiten beim Ausstoßen des Brunftgeschreis entstanden. Aus »roh bossierter Klangabfolge« entstand Gesang und wer singen konnte, hatte beim sexuellen Werben um die Weibchen die Nase vorn. Um das Profane daran zu vertuschen, wurden diese derben hormonellen Entlastungsgeräusche zu Kulturleistungen umdefiniert. Kulturmusik wurde schließlich in E- und U-Musik getrennt, wobei die Komplexität der Lockrufe so genannter »inspirierter Schöpfer« der geistig substantielleren Musik irgendwann in »ihrem Facettenreichtum selbst die Lockrufe des Smaragdpiepers« zu übertreffen in der Lage waren. Das Bejubeln der Leistungen der Komponisten des 18. Jahrhunderts kaschierte allerdings ihr »zerrüttetes Geschlechtsleben«. Die Rückkehr zum »quasi-tierhaften Stadium« deute sich in der derzeitigen Musik jedoch wieder an.

Rationale Leistungen in der Musik würden demnach also nur ein Versehen sein, kunstvoll barocke Verschnörkelungen zwar, aber doch letztlich Verirrungen auf dem Weg zum Weibe. Keine Frage, dass Tietchens damit nicht ernst genommen werden will, doch ernst ist an seinen Überlegungen dennoch die Feststellung, dass Musik alias »männliches Brunftgeschrei« historisch gesehen weitgehend eine reine Männerangelegenheit war.

> »Dies ist aus dem Hintergrund meiner Beobachtung entstanden, dass Musik letztlich weitgehend von Männern gemacht wird, selbst da, wo Sängerinnen im Vordergrund stehen und auch in der Klassik, erst recht aber in dem Bereich, in dem ich tätig bin. Woran es liegt, weiß ich nicht. Geräuschmusik ist in gewisser Weise schroff oder verkopft, aber das heißt doch nicht, dass Frauen dafür nicht zugänglich seien. Aber weil es nun mal so ist, kam ich auf die anthropologisch nicht abgesicherte These, dass Musik nur männliches Brunftgeschrei sei.«

Letztlich sind Unterschiede in der Verteilung der Geschlechterrollen in der Kultur immer Ergebnis männlicher Machtpolitik in den Institutionen (und der Verbreitung ideologischen Nonsens' wie dem überwiegend männlich besetzten Genieanspruch) infolge historisch-gesellschaftlicher Prozesse. Es studieren gewiss genauso viel Frauen wie Männer Musik und Instrumente und sie wollen dabei gewiss erfolgreicher werden als es die geringe Anzahl von Dirigentinnen, weiblichen Lehrtätigen oder Leadgitarristinnen vermuten lässt. Sie sind aber meist Opfer männlich besetzter Seilschaften oder moralischer Über-Ichs und Drucks von außen in der Familienplanung bezüglich der Übernahme von Kindererziehung, was so alles nicht sein müsste.

Tietchens verschweigt die Männerdominanz zwar nicht, kommt aber leider nicht soweit, sie sich erklären zu können.

Der Galeerensträfling hatte nicht die Chance, den Taktgeber abzuschalten; heute geht man freiwillig ins Joch und beugt beglückt das Haupt vor den totalitären Rhythmusdiktatoren. Hirntote Plasmabatzen werden von der Peitsche des Lebens unbarmherzig vorangetrieben ...

Asmus Tietchens in *Monographie*, S. 52

Wenn Tietchens starke Zweifel am Gedanken von Musik als reinen Gefühlsausbruch hat, so mag ihm insbesondere der »Musiker, der den Rhythmus im Blut hat« und der endlos zuckende Loveparade-Raver als Gegenpol zu sich selbst erscheinen. Tietchens, der durchaus einst eine Phase rhythmischen Pseudo-Pops zu Beginn der New Wave-Zeit hatte, verzichtet heute ganz auf Rhythmik. In seiner Glosse *Die Todessehnsucht der Rhythmiker* stellt Tietchens konsequenterweise Rhythmik und Zeitmaß in der Musik als das erlebte Warten auf das Jüngste Gericht dar. Rhythmische Musik ist für ihn ein Ausdruck der Ungeduld im Warten auf Befreiung vom irdischen Jammertal und damit heimlicher Todessehnsucht. Zeitgenössische Tanzmusik ähnelt ihm daher zu sehr der Marschmusik und dies sei nun mal »der Soundtrack zum Sterben«. Er beklagt sich nicht über den Gebrauch von Rhythmus durch Andere, er selbst empfindet ihn als eine Erinnerung an das Vergehen von Zeit und dies bringt einen nun mal dem Tod näher. Musik, die das Zeit-

gefühl verloren gehen lässt, vermittelt ihm wohl dagegen ein Glücksgefühl. Auch hier gebraucht Tietchens wieder den Aberwitz, um den scheinbar unerschütterlichen Glauben an die Notwendigkeit von Rhythmus in der modernen Musik für nicht derart selbstverständlich zu erachten, indem er Rhythmus gar als existenzgefährdend erachtet. Im übrigen hält Tietchens neuerdings neben dem Rhythmus in der (Geräusch)musik auch größere Lautstärke für verzichtbar: »Die Art des Lautstärkenüberfalls gehört in der Geräuschmusik langsam der Vergangenheit an. Der Trend geht in Richtung Zimmerlautstärke. Es setzt sich die Erkenntnis durch: Man kann ja wohl nur dann differenziert hören.«

Aus Freude am Elend

LP-Titel von Asmus Tietchens, 1988

Eine weitere Begrifflichkeit, die Tietchens mit Zweifel betrachtet, ist die Avantgarde, besonders in ihren ökonomischen Veräußerungen. In seiner Glosse *Das Scheitern als eine der schönen Künste betrachtet* beschreibt Tietchens die Handelspraktiken bei der Vermarktung randständiger Musik im Grunde als einen Fall für Masochisten. Wir tauchen ein in die Atmosphäre nagetierverseuchter Plattenläden in denen Fahlhäutige nach Lounge Music für den SadoMaso-Club fragen, die stilgemäß in Schweinsblasen eingenäht wird. Doch derlei Musik, mit denen gehemmte Persönlichkeiten ihren heimlichen Neigungen nachgehen, ist in Wirklichkeit erst gar nicht erwerbbar, weil so etwas eh den deutschen Zoll nicht überleben würde.

Tietchens Glosse bezieht sich auf den Umstand, dass der Markt der Geräuschmusik in mancher Hinsicht von dem Phänomen der Nachfrage ohne Angebot zu leben scheint. Dies verführt Musiker auffällig oft zur Praxis limitierter Auflagen. Logisch: Wo eh nur Nachfrage vorhanden ist, kann man auch nur die Nachfrage bearbeiten. Wenn man ein kaum vorhandenes Angebot limitiert, steigert man womöglich die Nachfrage. Damit lässt sich verkaufszahlenmäßige Bedeutungslosigkeit lässig kaschieren. Die Methode eines geschmäcklerischen Geheimbundes als wahre Alternative zu WOM hat aber auch abschreckende Wirkung, die dem Künstler nicht unbedingt recht sein muss.

Tietchens-Plattenreview von Matt Howarth in *Sonic Curiosity*
(www.empireoftheclaw.com/soniccuriosity/)

»Ich wende ich mich bezüglich meiner Produktionen besonders gegen limitierte Auflagen. In Hamburg gibt es einen Laden für derartige Musik namens *Unterm Durchschnitt*. Der dortige Besitzer meinte einmal: ›Man muss die Menschheit durch Schweigen quälen!‹ d.h., er gibt Ware vor und gibt es nicht bekannt, dass er diese Ware hat. So weit kann es gehen. Er beklagt sich aber fairerweise nicht darüber, dass er bettelarm ist. Dies ist eine vorsätzliche Haltung, die den Gegenpol zur Warenüberflutung der Musiksupermärkte darstellen soll. Die Tendenz hin zum Edel-Unikat ist ja auch eine recht konservative Haltung. Der Wille, etwas Auratisches herzustellen, ist doch letztlich nichts anderes als was in der Druckgrafik geschieht, die niemand als Underground empfindet. Ich habe mich deshalb für bedarfsorientierte und nicht für limitierte Auflagen entschieden.«

Limitierung von Undergroundmusik und Limitierung von Golfclubmitgliedschaften unterscheiden sich nun mal nicht in ihrem Hang zur bürgerlichen Exklusivität, was derartiger Musik somit auch jegliche Sprengkraft nimmt. Insofern glaubt Tietchens auch nicht mehr an mögliche Provokationen in der Postmoderne, »es sei denn, dass jemand dezidiert politisch Stellung nimmt« oder dass er vorm falschen Publikum auftritt. Und hier bringt Tietchens einen Musikerkollegen ins Spiel, der auch als Humorist gilt und ebenso die Rituale von Entertainment und anspruchsvoller Kunst infrage zu stellen weiß: *Helge Schneider*.

»Er ist einer der ganz wenigen, denen zumindest ein Hauch von Subversivität anhaftet. Ich habe ihn mal in Hamburg erlebt, wo er sich am Abend vorher schon über sein Publikum geärgert hatte, das ihm wohl zu sehr auf Erfolgshits festlegen wollte. Darauf setzte er sich ans Klavier und spielte über eine Stunde lang Jazz von durchschnittlicher Qualität, was zu großen Unmutsbezeugungen im Publikum führte. Dann meditierte er noch fünf Minuten über ein Mineralwasser und damit war der Abend zu Ende. Extrem enttäuschend, aber auch extrem konsequent.«

Das Fest ist zuende.
Aus.
CD-Titel von Asmus Tietchens 1993   ●

Peter Kemper

Engel in der Arena-Gesellschaft

oder: Am Lagerfeuer der Technologie

[Laurie Anderson über sich, Moby Dick, McDonald's, Computerlogik und Humor]

 Seit Mitte der Siebziger versucht sie sich als Fremdenführerin in einem Grenzbezirk zwischen Träumen und Wachen, zwischen kindlichem Staunen und intellektueller Schwere. Dabei erfindet die amerikanische Performance-Künstlerin Laurie Anderson immer neue Phantombilder des Pop. Mit ihrer Hit-Single *O Superman* durchbrach sie 1981 endgültig den New Yorker Avantgarde-Zirkel und wurde bei einem Massenpublikum populär. Seitdem gelingt der Violinistin, Sängerin und Tänzerin immer wieder eine Verflüssigung von liebgewonnenen Ansichten über unsere Medienwelt. »Ich bin eigentlich eine Geschichtenerzählerin und versuche, an die älteste Kunst der Menschheit anzuknüpfen.« Weil für sie Geschichte nur aus einer Folge von Geschichten besteht, formt sie aus ihren Alltagserfahrungen eine Art »mental movie«. In ihren Performance-Programmen durchdringen sich die verschiedensten Ausdrucksmöglichkeiten: Minimalismus verbündet sich mit New-Wave-Emphase, Elektronik und Surrealismus finden zueinander, Beat-Lyrik, Jazz-Zitate, Pop-Melodien, Pantomime, Schattenspiele, Videoprojektionen, ›Found Art‹ und Umweltgeräusche, all das formte sich 1982 in der opernähnlichen Szenenfolge *United States I – IV* zu einer Momentaufnahme der technifizierten Lebenswelt. Bis heute hat Laurie Anderson zahlreiche Alben, Filme, Bücher und Bühnenshows veröffentlicht. Konzerttourneen rund um den Erdball, Theaterproduktionen auf fast allen renommierten Festival, sieben Alben und zahlreiche Kooperationen mit Musikern wie Brian Eno, Philipp Glass, Jean-Michel Jarre, Lou Reed oder dem Kronos Quartet dokumentieren ihre Bandbreite.

Nachdem sie sich in den letzten Jahren weitgehend aus der Musikszene zurückgezogen hatte, brachte sie im vergangenen Oktober ihr neues Album *Life On A String* auf den Markt und war zu einigen Konzerten in Europa. Zuvor habe ich sie in ihrem New Yorker Loft besucht und mich mit ihr anläßlich ihres Comebacks unterhalten:

[Peter Kemper:] *Es ist sieben Jahre her, daß Sie Ihr letztes Album »Bright Red« mit neuem Material veröffentlicht haben. Was war der Grund für diese lange Unterbrechung?*

[Laurie Anderson:] Solche Pausen ergeben sich eigentlich ganz natürlich, wenn man auf mehreren künstlerischen Feldern aktiv ist. Denn zwischenzeitlich habe ich noch Theaterstücke und Ausstellungen gemacht. Das neue Album hat aber eine besondere Geschichte: Eigentlich sollte es schon 1998/99 erscheinen, als wir die *Songs And Stories Of Moby Dick* herausbrachten. Ich hatte die Idee zu einer Show mit dem dazugehörigen Album – eine megalomanische Vorstellung, alles gleichzeitig zu veröffentlichen! Denn drei Monate vor der Premiere meiner neuen Show hatte ich weder das Bühnenkonzept noch das Album fertig. Und ich habe mir überlegt, zuerst die Bühnen-Performance fertigzustellen, denn es waren schon Karten verkauft, die Leute hatten dafür bezahlt, ich mußte etwas tun. Also habe ich mein ›Theaterstück‹ fertiggestellt und anschließend auf wenigen Konzerten in England, Italien und den USA vorgestellt. Es war eine komplexe Show mit unzähligen ›visuals‹, Filmeinspielungen, Projektionen, Videos usw. Wir konnten keine großen Tourneen mit diesem Apparat machen. Danach begann ich gleich an dem geplanten Album zu arbeiten. Mittlerweile schrieben wir das Jahr 2000 und ich wollte eine Geschichte aus dem 19. Jahrhundert aktualisieren, die eigentlich der Melodie des 18. Jahrhunderts folgte. Ich fühlte mich dabei komisch, denn ich lebte mittlerweile im 21. Jahrhundert und mein Vorhaben kam mir ganz willkürlich vor. Dazu kam noch, daß ich in der Vergangenheit schon oft meine Theaterstücke in Alben übersetzt hatte. Aber dieses Mal funktionierte es nicht. Ich hatte zu viel Text, es gab zu viele visuelle Elemente in meiner Show, zu denen ich mich durch Bilder und Zeichnungen aus dem Buch anregen ließ. Die Bilder und Zeichen bildeten eine Art Kontrapunkt zur Musik, sie überlagerten und kommentierten mit ihrem ganz eigenen Rhythmus die Rhythmen der Songs. All das würde auf einem Album fehlen. Wir haben zwar überlegt, eine DVD zu machen, aber mir gefiel das nicht. Doch wir sind nicht gescheitert, weil wir uns gesagt haben: Wir unterbrechen jetzt mal die Arbeit, schreiben einige neue Stücke, kommen zurück und probieren es erneut. Es mußten keine neuen *Moby Dick*-Songs sein, ich war völlig offen. Im vergangenen Sommer habe ich mich dann hingesetzt, es funktionierte und ich konnte die neuen Stücke schreiben.

Wenn wir mal einen Moment zurückblicken:- ›Performance-Art‹ kam in den späten Siebzigern in New York zur Blüte. Damals entstanden die ersten Werke von Robert Ashley, von Meredith Monk und von Laurie Anderson. Wie hat sich die Performance-Art in den letzten 20 Jahren verändert?

Oh, es gab gewaltige Veränderungen mit vielen neuen Gesichtern. Auf der einen Seite hat sich die Performance-Kunst immer mehr mit der Oper überschnitten z.B. bei Ashley, so entstanden in den 80ern zahlreiche Großproduktionen, die Dinge weiteten sich aus. Dann in den Neunzigern, als Künstler allenthalben mit Subventionskürzungen zurechtkommen mußten und viele liebgewonnene Fördermaßnahmen wegfielen, fingen die Leute an, wieder ganz kleine Sachen zu machen, mit wenig Aufwand. Ich erinnere mich z.B. an das *Meltdown*-Festival in London von 1997. Da gab es beeindruckende Performances nur mit einem Mikrofon und einem Stuhl, ganz einfach! Das Schreiben, der Umgang mit Sprache wurde plötzlich für junge Künstler wieder wichtig, denn sie hatten nichts als Wörter. Dann gab es Leute wie Kelly Woodbury und andere, die traditionelle epische Erzählweisen ›falsch‹ zu definieren versuchten und bei verrückten ›soap operas‹ landeten. Natürlich hatten ökonomische Entwicklungen auch unmittelbare Auswirkungen auf die Performance-Szene, denn die Menge des Geldes, das zur Verfügung stand, war mitentscheidend für die Größe einer Produktion.

Was bedeutet ›Performance‹ heute für Sie? Fühlen Sie sich noch immer als eine ›Performance‹-Künstlerin?

Ich habe mich nie als Performerin bezeichnet, das Etikett haben mir die Kritiker angeheftet. Es ist nicht mein Job, mit Worten zu erklären, was ich mache! In meinem Paß steht in der Rubrik ›Beruf‹ nur ›Künstlerin‹. Mir geht es immer um eine Mixtur ganz unterschiedlicher Strategien. Die Bezeichnung ›Performance‹-Künstlerin ist dafür ganz o.k., denn für

mich verweist sie immer auf eine Kombination verschiedener Elemente. Gleichzeitig ist es ein offener Begriff, der bestimmte Erwartungen weckt, die sich erst im Erlebnis einer Performance konkretisieren. In dieser Hinsicht ist der Begriff brauchbar. Oft wird ›Performance‹ aber auch abschätzig als narzistische Selbstdarstellung, als zügelloses Theater des eigenen Ich verstanden. Performance soll danach eine Art ›Persönlichkeits-Demo‹ sein. Aber das ist ein ›Cartoon‹-Verständnis, denn unter dem Schirm des Wortes ›Performance‹ verbergen sich auch viele andere Bedeutungen.

Performance war für Sie in den letzten zwanzig Jahren immer mit Mixed-Media-Kunst verwoben. Glauben Sie, daß sich die Mixed-Media-Kunst derzeit in einer Krise befindet, denn mittlerweile kann jeder seine eigene Web-Site mit Musik, Filmchen, Animationen von bunten Schmetterlingen usw. kreieren? Herrscht dort nicht die reine Beliebigkeit?

Ja, obwohl ich immer davon geträumt habe, daß jedermann seine eigenen Schallplatten produzieren kann, jeder sein eigener Web- und Video-Designer ist. Die Wahrheit gleicht eher einem Alptraum. Meine Freundin hat beispielsweise gerade ihr erstes Album veröffentlicht, es ist perfekt produziert mit ›Pro Tools‹, es stimmt in der Tonhöhe, es ist rhythmisch raffiniert, das Album hat ein schönes Booklet, die Fotos darin sind vollkommen – meine Freundin ist fünf Jahre alt.

Die Werkzeuge sind da und so ergibt sich eine ganz interessante Situation: Wenn jeder die gleichen musikalischen Werkzeuge zur Verfügung hat, gleichen sich die Sounderlebnisse immer mehr an, denn jeder benutzt den gleichen elektronischen Bleistift. Die Schwierigkeit besteht darin, die eigene Arbeit den beschleunigten digitalen Möglichkeiten anzugleichen und die elektronischen Möglichkeiten innovativ zu nutzen. Das gleiche Phänomen beobachte ich derzeit im TV: Du kannst dir tausend und abertausend Shows anschauen, das Problem ist nur: Sie sind alle gleich, sie folgen alle dem gleichen Plot! Es stimmt, jeder benutzt heute Technologie. Ich sehe darin zuallererst eine extrem effektive Marketing-Kampagne, diese Technologien durchzusetzen. Sie ist deshalb so effektiv, weil sie auf Angst beruht, der Angst, den Anschluß zu verlieren. Man sagt dir, ohne eigene Web-Site bist du ein

Niemand! Wie bitte, du verweigerst dich? Bist du krank? Was ist los mit dir? Entweder du vervollständigst deinen Auftritt oder du fällst zurück! Deshalb kaufen die Leute die neuen ›gadgets‹ und sie glauben, alles haben zu müssen. Das ist ein Prozeß, der kein Ende kennt. Wer heute eine ›globale Person‹ sein will, muß zuallererst ein perfekter Konsument sein!

Und die Musik geht in diesem riesigen Tauschgeschäft oft unter. Musik, die mich wirklich berührt, besitzt dagegen Verletzlichkeit. Sie bleibt verwundbar gegenüber dem ganzen Marktgeschehen. Ich suche deshalb inmitten der Technologieschübe vor allem nach Zärtlichkeit, nach Qualitäten, die die Empfindsamkeit des Zuhörers stärken können. Ich vermisse heute so etwas wie Feinfühligkeit, wie sinnliches Gespür in der Musik. Deshalb versuche ich auch, mich von meinem Computer mehr und mehr fernzuhalten. Obwohl, ohne großen Erfolg, denn ich bin Computer-süchtig!

Mir fällt auf, daß Ihre neuen Stücke eine merkwürdige Ballance zwischen einer fast kindlichen Unbeschwertheit und gleichzeitigem intellektuellem Formbewußtsein besitzen. Wie haben Sie eine Naivität des Ausdrucks und hochentwickeltes Strukturdenken zusammengebracht?

Man kann nie genau sagen, was sich gerade von einem in der Musik Ausdruck verschafft. Ich bin in vielerlei Hinsicht naiv und ich liebe die Einfachheit der Dinge. Dazu kam, daß ich mich sehr einsam gefühlt habe, als ich die neuen Songs schrieb. Mein Lebensgefährte, Lou Reed, war nicht in der Stadt und ich hatte nur mich selbst und meine kleinen Hund ›Lullaby‹ um mich herum. Mit ihm bin ich in dieser Zeit oft nachts allein spazierengegangen. Aber die Einsamkeit hat mich nicht traurig gemacht, sondern ich habe sie als wundervoll empfunden. Ich bin oft in den ›Battery Park‹ gewandert und habe diesen riesigen, weiten, erhellten Himmel betrachtet. In solchen Momenten war ich einfach überglücklich, in New York zu sein. Die Situation war ganz simpel aber zugleich perfekt. Das hat sicherlich mit meinem kleinen Hund zu tun. Er lebt für den Augenblick und hat ständig diese Präsenz. Zugleich freut er sich in jeder Sekunde darüber, daß er da ist. Er kennt keine Komplikationen.

Ich habe den Eindruck, Sie haben sich schon immer sehr für die Psyche von Tieren interessiert. In vielen Ihrer Songs ist das Verhalten von Tieren zentrales Thema.

Mich fasziniert vor allem die Frage, was Tiere mit uns gemeinsam haben: Wie kommunizieren sie, welche Sprachähnlichkeiten gibt es, wie läßt sich ihr Bewußtsein begreifen? Mir scheint, je technologischer unser Leben wird, um so mehr nähern wir uns den Verhaltensweisen von Tieren wieder an. In diesem Zusammenhang interessieren mich vor allem Spinnen und Schlangen und Fische! Ein Freund von mir arbeitet z. B. mit Delphinen und jeder weiß ja mittlerweile, daß Delphine sich über ihre Gesänge verständigen. Aber er hat mir erzählt, daß sie nie aufhören miteinander zu kommunizieren. Sie sprechen Tag und Nacht miteinander, während sie ihre Kreise im Aquarium schwimmen und sich beäugen – ein unendlicher Redestrom bewegt sich da unter Wasser. Sie hören niemals auf, miteinander zu reden und es hat drei Jahre gedauert, bis er herausgefunden hat, daß sich die Delphine andauernd über ihre Rangfolge unterhalten: Wer ist der Top-Delphin? Wer ist an zweiter Stelle? Wer ist an letzter Stelle? Wer wird der nächste Top-Delphin sein? Wer wird als nächster die letzte Stelle besetzen? Ihr jeweiliger Status in der Gruppe schichtet sich ständig um! Und mein Delphinforscher sagte zu mir: ›Tu mir einen Gefallen und betrachte mal einen Tag lang die Kommunikation von Menschen. Du wirst sehen, daß sich etwa neunzig Prozent davon letztlich um Statusfragen dreht: Es geht dabei immer um die Positionierung der eigenen Person gegenüber anderen Personen in der Interaktion.‹

Als mir das dann klar wurde, war ich zunächst schockiert und sogar ein bißchen deprimiert. Doch dann spürte ich, daß auch etwas Großartiges darin liegt, daß wir diese Gemeinsamkeiten mit den eingepferchten Delphinen haben. Auch wir halten ständig nach Anführern Ausschau, suchen uns immer wieder unseren Platz in all den sozialen Kreisen und werden durch solche Überlegungen in unserem tatsächlichen Verhalten ständig beeinflußt. Wir stellen ja ständig Positionsberechnungen an: Wer ist das da? Wer ist das da? Wer ist das da? Um in diesem Zusammenhang auf meinen Hund ›Lullaby‹ zurückzukommen: Er ist für mich auch eine Art Kommunikationsmedium, er hilft mir, Leute zu treffen, andere Hundebesitzer. Man unterhält sich dann nur über Hunde. Das ist eine Art andere Welt für mich! Ich bemühe mich z. Z. sehr, mich in Situationen zu versetzen, die zunächst für mich ganz unberechenbar sind. Ich habe während der Arbeit an dem neuen Album, aber auch schon in Projekten vorher gemerkt, daß ich – wie andere Menschen auch – über einen ganz eingeschränkten Blickwinkel verfüge. Ich bin New Yorkerin, ich bin eine Frau, ich bin eine Künstlerin und ich nehme deshalb alles durch diese Filter wahr.

Beruht Ihre Kreativität, Ihr spezifisches Sensorium als Musikerin, aber nicht gerade auf diesen genannten Faktoren? Sind sie nicht auch eine konstruktive Basis für Sie?

Schon, aber ich hatte das Gefühl, sie engen mich in Ihrem Klischeecharakter zu sehr ein. Also habe ich mich entschlossen, neue Sichtweisen zu erproben, mich auf neue soziale Erfahrungen einzulassen. Ich habe deshalb in diesem Frühjahr eine Zeitlang auf einer Farm der ›Amish People‹ gearbeitet. Es gab dort überhaupt keine Technologie, kein Telephon, keinen Fernseher, noch nicht einmal Motoren – dafür Stille und Schweiß. Und vor ein paar Wochen erst, habe ich meinen Job bei *McDonalds* beendet. Das war wahnsinnig interessant für mich!

Was hat Sie daran gereizt? Sie konnten es sich aus Ihrer privilegierten Position heraus natürlich leisten, auch hier mal für ein paar Wochen in den Arbeitsalltag hineinzuschnuppern.

Zunächst mal empfinden Intellektuelle *McDonalds* als eine Ikone der Peinlichkeit. Ob in Mailand oder sonstwo, die goldenen Bögen sind immer schon da. Es ist dieses Essen, mit dem sich die Amerikaner vollstopfen, und das ist mittlerweile auf der ganzen Welt verbreitet. Dabei sind diese Restaurants immer gut besucht. Ich habe mich schon seit längerer Zeit gefragt: Was bedeutet es eigentlich, standardisierte Produkte zu vertreiben, z. B. CDs zu pressen oder andere identische Dinge, die die Masse ansprechen. Wieviel Zucker muß ich diesen Dingen beifügen, bevor ich sie auf den Markt bringe.

Ich bin also zu *McDonalds* gegangen in der Erwartung, eine herzlose Fabrik vorzufinden, die tagein tagaus dasselbe herstellt. In Wirklichkeit aber war es eine aufregende, wundervolle Erfahrung: Die Filiale, in der ich gejobbt habe, lag in Chinatown und die Angestellten unterhielten sich in verschiedenen chinesischen Dialekten, auch die Kunden waren in der Regel Chinesen. Ich mußte zunächst mal lernen, wie man Hamburger verpackt, wie man *Coke* in Becher füllt usw. Man erwartet dort von dir, daß du den Becher *Coke* bis zum Überlaufen füllst. Alles muß nach Überfluß aussehen: Zu viele Pommes Frites, sie fallen schon aus der Tüte! Zu viel *Coke*, sie läuft schon über! Wenn du aber den Becher *Coke* nur bis unter den Rand füllst, bist du gleich unten durch und wirst auf der Stelle gefeuert! Hier das richtige Maß zu finden, ist gar nicht so einfach. Und als mir das zum ersten Mal gelang, haben mir alle Chinesen applaudiert. Und ich war richtig stolz, die ›Coca Cola-Prüfung‹ geschafft zu haben. Das muß man sich mal vorstellen!

Gab es für Sie bei dieser ungewohnten Arbeit eine zentrale Erfahrung, auf die Sie nicht mehr verzichten möchten?

Das Überraschendste war die Heiterkeit, die dort herrschte. Sie kam wohl aus dem Bewußtsein, das wir etwas taten, was die Leute wollten. Es war ungeheuer befriedigend, einem massenhaften Bedürfnis gerecht werden zu können. ›Sie möchten eine *Coke*? Hier ist sie, genauso, wie Sie sie wünschen!‹ Man hatte bei dieser Arbeit ständig Erfolgserlebnisse. Dazu kam, daß der Manager kein arroganter weißer Schnösel war. Wenn wir in Verzug kamen, packte er sofort mit an und half uns. Alle arbeiteten zusammen, als wirkliches Team. Und es war nicht die Spur deprimierend, es machte im Gegenteil Spaß. Das war ein heilsamer Schock für mich. Abgesehen von meinem letzten Arbeitstag, an dem sie die Preise erhöhten: Kaffee um sechs Cents, der vorher 99 Cents gekostet hatte, und die Gerichte um jeweils zwanzig Cents. Da kamen dann Leute wie an jedem Morgen und bestellten sich einen Kaffee. Ich sagte dann: ›Er kostet eine Dollar und fünf Cents.‹ ›Aber er kostete bisher 99 Cents‹. ›Ab heute einen Dollar, fünf Cents‹. Die Leute standen dann auf und gingen. Warum? Sie hatten die sechs Cents nicht. Wirklich, sie waren nicht in ihrem Budget. Das gleiche passierte mir mit dem Frühstück: Viele konnten es sich wegen der Teuerung um zwanzig

Cents jetzt nicht mehr leisten. Das hat mir schon zu denken gegeben und es war in gewisser Weise ein Realitätsschock.

Fühlen Sie sich als Mitglied einer globalen Kommunikationsgesellschaft?

Ich glaube, der Ausdruck ›Informationsgesellschaft‹ trifft die Sache besser. Wie oft kommunizieren wir denn wirklich miteinander? Oft ist die vielbeschworene Kommunikation doch nicht mehr als wechselseitiges ›Self-Marketing‹. Ich mache für mich einen Unterschied zwischen einer bloßen Verbindung, die ich aufbaue und wirklicher Kommunikation. Wirkliche Kommunikation verändert dich, sie gibt dir etwas, das du vorher nicht hattest. Es findet hier ein gegenseitiger Austausch statt, der Sichtweisen und Reaktionen der Beteiligten beeinflußt. Das setzt natürlich Lernbereitschaft voraus. Aber darin sehe ich das Aufregende der Kommunikation. Wenn sie sich allerdings auf eine bestimmte Übertragungsgeschwindigkeit, ein Senden und Empfangen von Signalen, ein Austausch von Informationen reduziert, bedeutet sie mir nichts.

Sie haben einmal die Bemerkung gemacht: »Die Technologie ist das neue Lagerfeuer der Gesellschaft, um das sich alle scharen.« Wie beurteilen Sie in diesem Zusammenhang die Rolle des Internet?

Für mich ist es zuallererst ein riesiges Telefonbuch. Seine Größe hat auch etwas sehr Kleines. Wenn ich z.B. im Internet recherchiere, dann bemühe ich mich zwar um möglichst interessante Informationen, aber was ich dann bekomme ist nie so aufregend, wie die Informationen, die ich wirklich guten Büchern entnehmen kann. Ein gutes Buch enthält dagegen neben den sachlichen – ich möchte sagen – ›übernatürliche‹ Informationen, die das bloß Faktische brechen und verrücken können. Das Internet ist ein ganz nützliches Werkzeug für bestimmte Arbeiten. Aber man sollte doch nicht auf diesen Hype hereinfallen, der behauptet, man sei über das Internet mit der ganzen Welt verbunden. Man ist schlichtweg nur ›online‹. Hier meldet sich nur der generelle Techno-Hype zurück!

Sie haben sich immer als eine Geschichtenerzählerin verstanden? Wie unterscheidet sich für Sie eine Geschichte von einer Information?

Hmm, das ist eine gute Frage. Zunächst mal besitzt eine Geschichte notwendig eine Struktur, während eine Information oft nur Fakten enthält, die aber nicht notwendigerweise miteinander verknüpft sein müssen. Eine Geschichte hat darüberhinaus einen Spannungsbogen, selbst eine Kurzgeschichte. Und ich befasse mich ausschließlich mit Kurzgeschichten in meinen Shows: Sie beginnen meistens mit einer Beobachtung, die ich schildere und enden oft mit einer offenen Frage. Ich fürchte mich nämlich vor endgültigen Antworten, ich empfinde jedes Ende als eine Art Bedrohung. Ich akzeptiere nur Unterbrechungen und jede meiner Geschichten soll zu einer anderen überleiten.

Als ich meine erste CD-ROM produziert habe, merkte ich endlich, in welchem Rhythmus ich denke. Ich habe keinen narrativen Stil, wie ihn z.B. ein Drehbuchschreiber oder ein Romanautor braucht, um seine Charaktere zu entwickeln, ihre Probleme aufzuzeigen und Lösungsmöglichkeiten durchzuspielen. Das ist die normale Story. Meine Geschichten funktionieren aber nicht so, ich habe dieses Strukturbewußtsein nicht. Wenn ich eine CD-ROM mache, fühle ich mich eben nicht wie in einem Zug, mit dem ich durch verschiedene Situationen reise, sondern es öffnet sich vor mir ein offener Horizont von Situationen. Ich bewege mich nicht in einem Zug, sondern in einem Feld, wo die Dinge auf verschiedenen Ebenen miteinander in Beziehung treten können. Es gleicht einem riesigen Flickenteppich, auf dem sich unterschiedlichste Gedanken verknüpfen lassen.

Sehen Sie einen wachsenden Konflikt zwischen der Logik, die unserer Sprache innewohnt und der digitalen An/Aus-Logik, der alle Computer gehorchen?

Computer kennen keinen Entwicklungsprozeß, keine Steigerung, keine Höhepunkte. Es gibt nur einen ständigen Strom von ›bits‹, den ich stoppen kann. Es gibt sicherlich viele sanfte Übergänge, die Leute wechseln zu analogen Medien, schauen sich z.B. Filme an oder hören Musik. Sie können problemlos zwischen analogen und digitalen Bildwelten hin- und herspringen. Doch viele Menschen werden von den digitalen Werkzeugen geradezu beherrscht: Man kann jetzt Bilder ohne Ende aufnehmen, das Filmen ist billig. Ich kann jetzt problemlos den Werdegang eines Bildes, das Bild selbst und seine Auflösung zeigen. Der Augenblick wird zur Normalität erhoben, der Moment zum Standard des Bildes.

Es ist ähnlich wie damals, als Künstler zum ersten Mal in den Sechzigern und Siebzigern mit der Videotechnik zu arbeiten begannen. Sie verloren mehr und mehr ihr Zeitgefühl, denn bei der Videoaufzeichnung kam es auf das ständige Ein- und Ausschalten an. Es war einfacher, eine andauernde Geschichte zu erzählen: Das extremste Beispiel liefert Andy Warhol, als er acht Stunden lang einen Schlafenden filmte. Dafür war Video damals gut.

Natürlich bin ich davon überzeugt, daß Werkzeuge großen Einfluß auf Stilentwicklungen und Zeitvorstellungen haben. In der Musik wurde das ganz deutlich, als Beats für jedermann berechenbar und alle möglichen Rhythmen maschinell verfügbar wurden. Takte und Tonhöhen waren plötzlich kein Problem mehr, ließen sich perfekt manipulieren.

In diesem Zusammenhang fällt mir die Zusammenarbeit mit dem Arrangeur, Komponisten und Pianisten Van Dyke Parks ein. Ich hatte ihm ein verschwommenes Demo-Band geschickt, auf dem ich von einem Engel sang, der in eine verlassene Stadt stürzte. Diese Demo-Aufnahme war rhythmisch uneindeutig, voller Pausen, Stockungen, Räuspern, Ähh's und Uhh's, eine Art unvollkommener Sprechgesang, der für mich hinsichtlich seines Sounds viel mit Jazz zu tun hat. Denn wenn wir sprechen, beschleunigen wir unsere Sprache, verlangsamen sie, werden lauter, werden leiser, reden härter oder weicher. Wir sprechen nie in fest definierten Rhythmen nach bestimmten Regeln, wir reden spontan drauflos. Gesprochene Sprache besitzt für mich ein ähnliches Zeitgefühl wie Jazz: Man bewegt sich frei in vorgegebenen Strukturen. Ich denke in diesem Zusammenhang z. B. an Ornette Coleman, an die Art und Weise, wie er improvisiert, wie sich seine Melodien frei im Raum bewegen und zugleich Strukturen bilden. Es ist dieses Zugleich von Bewegung und Konstruktion.

Um auf Van Dyke Parks zurückzukommen: Er hat seine Orchestrierung um all die ›Aahh's‹, ›Uuhh's‹ und ›Äähh's‹ geschrieben. Das klang völlig bizarr! Aber ich war fasziniert davon und habe das Stück mit all den kleinen Ungenauigkeiten und Unebenheiten noch einmal notiert. Ich habe Tage gebraucht, um es zu aufzuschreiben, denn ich hatte es ja nicht in einem bestimmten Rhythmus gesungen. Wenn man versucht, etwas exakt so zu wiederholen, wie man es einmal gesagt hat, bis auf die Millisekunde genau, mit all

den Atempausen, Verzögerungen und Verschleifungen, dann ist das ein hartes Stück Arbeit.

Man hat Sie als »High Tech Harlekin« bezeichnet. Wie wichtig ist Ihnen Humor in Ihrer Arbeit? Schließen sich Witz und Avantgarde aus?

Ich kann nicht für die Avantgarde sprechen, obwohl mich heute viele vermeintliche Avantgarde-Stücke zum Schmunzeln bringen. ›Avantgarde‹ – das ist für mich ein verbrauchter Terminus. Aber ich traue einem Lachen wahrscheinlich mehr, als irgendetwas sonst. Denn ein Lachen läßt sich nicht fälschen. Man spürt sofort, wenn es unecht ist – es klingt nur schaurig. Alles, was unberechenbar ist oder was sich aus einer körperlichen Regung heraus plötzlich ergibt, liegt mir sehr am Herzen.

Das gilt auch für meine Bühnenarbeit: Als mich kürzlich ein Schauspieler in den Proben für die *Moby Dick*-Show fragte, welche Motive den Handlungen von Kapitän Ahab zugrunde liegen, wovon er in seinem Wahn getrieben wird, war das für mich ein Alptraum. Ich erinnerte mich an eine alte Schauspieler-Regel: Frage nie nach der Kindheit eines Charakters, den du darstellen sollst. Mein Kaptiän Ahab hat keine Kindheit, er existierte nicht einmal bevor er in meiner Inszenierung auftauchte. Wir dürfen uns nicht zu sehr in diese imaginären Menschen hineinversetzen, wenn wir sie spielen. Es geht dabei auch darum, wer wir sind, wer uns beeinflußt hat. All das erzählte ich dem Ahab-Darsteller. Aber er insistierte: ›Wen versuchen Sie denn in Ihrer Performance anzusprechen?‹ Ich erklärte ihm, daß ich mir darüber noch keine Gedanken gemacht hätte. Als ich das sagte, wurde mir schlagartig klar, wer ich war. Ich verkörperte auf der Bühne nur eine traurigere Ausgabe von mir selbst. Und ich versuchte ständig, diese Person aufzumuntern, sie zum Lachen zu bringen oder ihr Stoff zum Nachdenken zu geben.

Wie halten Sie es mit der unter Performern weit verbreiteten Idee des »Gesamtkunstwerks«? Ist das heute eine anachronistische Idee, geht es nur noch um das »Gesamtdatenwerk«, wie Roy Ascott einmal bemerkt hat?

Die Möglichkeit eines Gesamtkunstwerks hat mich immer fasziniert. Aber es gibt nicht viele, die diesem Ideal bisher gerecht geworden sind. Bob Wilson ist für

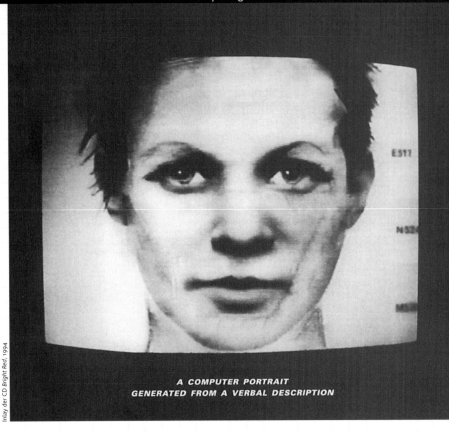

Inlay der CD *Bright Red*, 1994

A COMPUTER PORTRAIT
GENERATED FROM A VERBAL DESCRIPTION

mich ein erfolgreicher ›Gesamtkunstwerker‹: Er fordert dich in jedem seiner Stücke auf, bedingungslos in seine Welt einzutauchen und sich darin zu verlieren. Das Problem ist dabei immer, die unterschiedlichsten Materialien zu einem homogenen Ganzen zu bündeln. In meiner Arbeit dominieren Sounds – inklusive die der Sprache. Sie schaffen einen Raum, der mich im besten Fall so sehr gefangen nimmt, daß ich vergesse, wo ich gerade bin. Auch ein reines ›Theater aus Klängen‹ kann ein ›Gesamtkunstwerk‹ sein, weil es deinen Kopf vollständig ausfüllt. Nur im Idealfall befinden sich die Sounds, Bilder, Projektionen, Filme, Bühnenaktionen usw. in meinen Werken in perfekter Balance. Dem synästhetischen Anspruch kann man nur selten wirklich gerecht werden.

In Deutschland wird gegenwärtig ein Philosoph diskutiert, Peter Sloterdijk, der behauptet, wir entwickelten uns zunehmend zu einer Arena-Gesellschaft, in der öffentliche Erregungsproduktion als stärkste soziale Integrationskraft wirkt ...

Ich habe von Peter Sloterdijk gehört und glaube, daß seine These bedenkenswert ist. Es gab schon immer, seit den ›Spielen‹ in Rom, solche Arena-Momente in unserer Kultur – man schaue sich nur Sportveranstaltungen an. Am stärksten kommt für mich der Gedanke der Selbsterregung im Horror-Film zum Ausdruck: Alle kreischen zur gleichen Zeit, wissen aber, daß es nicht gefährlich ist. Die ›Schicksalsgemeinschaft‹ der Kinobesucher hat hier eine Schutzfunktion: je mehr schreien, um so sicherer fühlt man sich. Ich liebe es deshalb, zu Horror-Film-Premieren zu gehen, mit all ihrem Rauch, den Laserblitzen und dem ganzen Schnickschnack. Natürlich reicht dieser Horror nicht an die wirklich schaurigen Dinge deines Lebens, aber er kommt ihnen manchmal nahe.

Wir haben in der amerikanischen Erzähltradition diese Geschichten vom ›Freund eines Freundes‹, dem die gruseligsten Dinge passiert sind. Davon gibt es in unseren Alltagsgesprächen Tausende. ›Die Freundin eines Freundes arbeitet als Babysitterin und immer wenn sie allein ist und die Kinder schlafen, bekommt sie diese Anrufe: Ich weiß, wo du bist. Du hältst dich

99

gerade im Wohnzimmer auf. Nach dem dritten Anruf dieser Art erkundigt sie sich bei der Vermittlung: Woher kamen diese Anrufe? Und sie erfährt: Aus dem Stockwerk über Ihnen.‹

Solche banalen kleinen Geschichten, die allen Amerikanern vertraut sind, dokumentieren für mich die weitverbreitete Sehnsucht nach Erregung in diesem Land. Erregung ist der Rohstoff unserer Massenunterhaltung. Auf der anderen Seite stelle ich fest, daß in diesem extrem materialistisch orientierten Land, der Buddhismus immer mehr Anhänger findet: Kontemplation statt Agitation! Es überrascht mich nicht, daß eine der am stärksten vom Konsumismus und von Arbeitssucht angetriebenen Gesellschaften erkennt: Das reicht in Zukunft nicht! Es gibt in den USA so etwas wie eine geistige Suchbewegung, in vielen anderen Ländern übrigens auch. Oft äußert sie sich in einem extremen Idealismus oder in einer romantischen Weltsicht – ich spüre so etwas in der deutschen Kultur, z.B. im Bereich der Literatur. Da gibt es große Gemeinsamkeiten mit der amerikanischen. Beide Kulturen sind zunächst einmal sehr leistungsorientiert, streben nach hohen Produktionsstandards, stellen perfekte Waren her. Aber gleichzeitig verstärkt sich unterhalb des erfolgreichen Marktgeschehens eine ganz fragile Anstrengung, die man als Sinnsuche bezeichnen könnte.

Wie wichtig ist für Sie die Negativität von Kunst, ihre Möglichkeit, den gesellschaftlichen Status quo zu verneinen und sich von ihm abzusetzen?

Es gibt natürlich ebensoviele Möglichkeiten, sich mit seiner Kunst zur gesellschaftlichen Situation zu verhalten, wie es Künstler gibt. Dazu zählen auch Werke, die auf uns verstörend wirken ohne unmittelbar etwas zu bedeuten. Es gibt auch Werke, vor deren Herrlichkeit man nur niederknien und Gott danken kann, daß sie nichts bedeuten und unübersetzbar sind. Denn wenn man ein bestimmtes Statement machen möchte, sollte man einen Essay oder ein Buch schreiben und sich nicht mit Noten oder Farben herumärgern müssen.

Ich verstehe ein Kunstwerk immer als Kontext von Einzelheiten. Wenn man ein Teilchen aus dem Ganzen herausreißt, wird es irgendwie falsch. Was bedeutet ein blauer Stoff-Fetzen? Keine Ahnung, das läßt sich nur im Zusammenhang des Werks deuten! Wie gehen Künstler mit Bedeutungen um? Glück-

licherweise gibt es dafür überhaupt keine festen Regeln! Natürlich gibt es Künstler, die klare Botschaften vermitteln wollen. Für mich ist das dann weniger Kunst und eher Propaganda. Ich bin absolut sicher, daß es nicht funktioniert, Leute durch Kunst von irgendetwas zu überzeugen. Meine Großmutter hat beispielsweise als Missionarin in Japan gearbeitet. Sie versuchte, Buddhisten von der Notwendigkeit der Taufe zu überzeugen und zum Christentum zu bekehren – einer Religion, von der sie noch nie gehört hatten. War sie erfolgreich? In dieser Hinsicht nicht, aber in einer anderen: Sie fing an, Hüte zu entwerfen, die verrücktesten Hüte mit Blumen, Federn, Vogelnestern u.a. Und die Japaner waren von ihren Kreationen angetan und fragten sie, wie sie die Hüte machte. Und sie lehrte sie, wie man den Hut zuschneidet, ihm Struktur verleiht usw. Unter ihren Schülerinnen war eine Gärtnerin und die brachte ihr im Gegenzug bei, wie man Bonsai-Bäume beschneidet. Hat meine Großmutter irgendjemanden von irgendetwas überzeugt? Nein! Hat sie erfolgreich kommuniziert? Absolut!

Ich bin der Überzeugung, daß Kunst – wenn man ihre Wirkung auf Teenager einmal ausklammert – kaum eine Bewußtseinsveränderung bewirken kann. In der Phase aber, in der man seine Persönlichkeit erst entwirft, ist man noch vielen Einflüssen gegenüber offen. Vielleicht wäre es nicht schlecht, wenn es eine besondere ›Kunst für Teenager‹ gäbe. Doch was bietet man ihnen stattdessen an: Rap und Britney Spears!

Oft tauchen in ihren Stücken Engel-Figuren als Botschafter der Melancholie auf – auf dem neuen Album gleich mehrfach: Gefallene Engel, Engel als Heilsbringer. Was fasziniert sie an diesen Zwitterwesen?

Engel sind für mich perfekte Repräsentanten der Einbildungskraft. Sie haben Flügel, sie sind ungeheuerlich. Daß sie kein eindeutiges Geschlecht haben, ist erst in zweiter Linie für mich wichtig. Denn als ich in den Siebzigern mit meinen Performances anfing, versuchte die Avantgarde gerade, die Geschlechterdifferenzen zwischen männlich und weiblich zu überspielen.

Mir ist erst später aufgefallen, daß wir uns alle gleich kleideten, wir erklärten uns miteinander solidarisch und versuchten, die typischen Definition von ›Mann‹ und ›Frau‹ außer Kraft zu setzen. Die Leitbilder – man denke nur an James Dean oder Marylin Monroe – besaßen damals noch immer eine große Strahlkraft. Doch plötzlich wurden die Unterschiede weich: Bob Dylan hatte z. B. nichts mehr von einem James Dean. Engel funktionieren in diesem Zusammenhang für mich als Unterbrecher, ähnlich wie bei Wim Wenders. Es sind Agenten, die beobachten, aber nichts beeinflußen können. Sie mögen als Störenfriede auftreten, manchmal zetteln sie auch eine Auseinandersetzung an, aus der die Menschen meistens als Sieger hervorgehen. Denn wir denken rational, Engel haben nur eine Idee, über die sie nicht hinausdenken können. Sie sind gewisserweise eindimensionale Wesen. Das fasziniert mich an ihnen.

Man hat den Eindruck, als würden Sie auf Ihrem neuen Album eine »Kunst der Auslassung« praktizieren. Die Stücke klingen, als seien sie auf das Wesentliche reduziert worden. Was versprechen Sie sich von einer solchen ›Poesie der Lücke‹?

Auf diese Weise versuche ich, in meinen Liedern Raum zu gewinnen. Die Stücke sollen atmen können. Viele Musiker versuchen ja gerade, durch möglichst viele Zutaten eine intensive Atmosphäre aufzubauen. Ich gehe den entgegengesetzten Weg, indem ich möglichst viel weglasse. Eine Überreizung durch Klänge wollte ich in jedem Fall vermeiden: Verdichtung durch Verknappung! Vielleicht entsteht so auch ein größerer Anreiz, genau hinzuhören. Seit meinem ersten Album bin ich der Auffassung, daß starke rhythmische Grooves nicht notwendig unterhaltsam sind. Ruhe kann viel anregender sein.

Vier Lieder auf dem neuen Album gehen ja auf ihre Show »Songs And Stories Of Moby Dick« zurück. Was hat Sie an dieser Geschichte von Herman Melville besonders gereizt?

Die Bühnenfassung hatte ihren Ursprung in einer geplanten DVD-Veröffentlichung. Einem DVD-Produzenten war aufgefallen, daß Jugendliche heute kaum noch Bücher lesen. Sie schauen sich zwar jede Menge Filme und Videos an, wissen aber gar nicht, daß die Bibliotheken vor verrückten, phantastischen Geschichten geradezu überquellen. Jedenfalls war dieser Produzent der Meinung, daß man ein Buch nur noch liest, wenn einem gesagt wird, daß man es lesen soll. Mir geht es z. B. mit Filmen ganz ähnlich. Deshalb bat

dieser Produzent verschiedene Künstler, in Form von Monologen auf einer DVD ihr Lieblingsbuch vorzustellen. Ich entschied mich für *Moby Dick*, das ich zuletzt in meiner Schulzeit gelesen hatte. Ich war überwältigt: Es ist ein so bizarres Buch, so modern und zugleich rätselhaft. Nachdem ich es zum fünften Mal gelesen hatte, entdeckte ich die Schönheit seiner Sprache und hatte plötzlich Bilder dazu im Kopf. Ich konnte mir vorstellen, etwas daraus zu machen. Dabei braucht dieses Buch wirklich keine Multi-Media-Show – es ist perfekt.

Gab es Motive in diesem Roman, wie z. B. der ›Wahn‹ und die ›Besessenheit‹ des Kapitäns, die Sie besonders gefesselt haben?

Das ist die klassische Lesart: Am meisten hat mich der Erzählstil des Romans beeindruckt, die Fülle der Einzelheiten, die vielen philosophischen, technischen, nautischen Exkurse.

Melville ist ein Meister des Sprungs: Er wechselt virtuos zwischen den verschiedenen Ebenen hin und her. Mich hat deshalb nicht so sehr diese eindeutige Besessenheit von Kapitän Ahab gereizt: ›Ich muß diesen Wal töten!‹. Deshalb sind mir auch beide *Moby Dick*-Filme zu melodramatisch, sie blenden viel zu viel aus. Mir geht es dagegen um die Vielschichtigkeit der Erzählung. Fast immer beginnt er eine Episode damit, daß er zunächst den Ort beschreibt, an dem sie beginnt. In meinen *Moby Dick*-Liedern gehe ich auch ganz situativ vor: Hier ist eine Insel, hier ist eine Straße usw. Bei Melville heißt es gleich zu Beginn: »Hier liegt die Insel Manhatten, umgeben von Docks, wie eine Südseeinsel von Korallenriffen ...«. Oder die magische Anziehungskraft des Wassers auf Ismael, sein zielloser Blick über den Ozean: »Warum?«

Wenn Melville dann die Vorteile eines Kochs auf einem großen Schiff schildert, kommt er über die Zubereitung eines gekochten Hühnchens auf die Vorliebe der alten Ägypter für gebratene Flußpferde und die Mumien dieser Tiere »in den riesigen Backhäusern, den Pyramiden« zu sprechen. Und das alles auf den ersten drei Seiten! Was für ein Erzähler, was für eine Phantasie! Durch alle meine *Moby Dick*-Lieder auf dem Album zieht sich deshalb das Motiv der Suche, der unstillbaren Sehnsucht nach etwas, das man wahrscheinlich nie erreichen wird. Auch Melvilles Roman kann ja als eine Geschichte der sinnlosen Jagd verstanden werden. ●

Martin Büsser

Verträumt, berauscht und doch berechnet

[él Records]

Der Sozialanthropologe Leopoldo Concupisetti hat sechs essenzielle Charaktereigenschaften von »Englishness« aufgestellt: Snobismus, Exzentrik, Liebe zum Amateurhaften, ehrenamtliche Tätigkeit, den sportsmännischen Gentleman-Code und eine Art von ewiger Bubenhaftigkeit. Es ließe sich keine bessere Definition zum Geist von él Records vorstellen als diese. Umso merkwürdiger, dass Mike Always Label von fast allen außer ein paar fanatischen Japanern verschmäht wurde. Oder vielleicht ist dies gar nicht so merkwürdig seit sich England besser durch das »Loaded« Magazin als durch Concupisettis bezaubernde Aufzählung definieren läßt.

Cherry Red

[Mike Always:] Aus der Asche meiner Zusammenarbeit mit *Blanco y Negro*, die unter keinem guten Stern stand, ging *él* hervor, dessen erste Zielsetzung es war, ein ausgesprochen individualistisches Profil zu etablieren und mit ihm zugleich Geldgeber zu beeindrucken, in unseren Plan zu investieren.

Die überraschend andersartigen, bewußt stumpfen ersten Veröffentlichungen klingen noch immer äußerst aufregend. SHOCK-HEADED PETERS' hymnisches *I, Bloodbrother Be* wurde bemerkenswerterweise in allen vier großen britischen Musikmagazinen zur »Single des Monats« gewählt. Trotz dieser hervorragenden Auszeichnung wurde sie vom lethargischen *Radio One* ignoriert, dem die Single abstoßend erschien und unverständlich blieb (eine Reaktion, die zu ihrer mitleidigen Standardantwort auf jede *él*-Veröffentlichung werden sollte).

Cherry Red haben sich als die einzigen herausgestellt, die den Mut und die Vorstellungskraft besaßen, unser Label zu finanzieren, obwohl ich mich erinnere, dass sie ihre Finanzabteilung bewußt nicht zu sehr in die Ideen und die Strategie des Labels einweihten. Wir hatten ihnen nämlich erklärt, dass *él* ein Paradebeispiel in Sachen Kontinuität werden sollte, das ganz mit der Individualität des Labels stehen und fallen würde. Ich war dazu entschlossen, Platten von Menschen mit starkem Charakter zu veröffentlichen, die voller Spontaneität und Phantasie sein sollten, unabhängig vom musikalischen Können dieser Leute.

Im direkten Gegensatz zur Mittelmäßigkeit der vorherrschenden Musikszene war es geradezu das Motto von *él*, Eskapismus zu betreiben und eine Pop-Phantasiewelt zu kreieren, in der es nur Optimismus und Sonnenschein gab. Eine Welt, in der die kümmerliche Realität ausgeblendet wurde, gedankenverloren in den feineren Beschäftigungen des Lebens. Bewaffnet mit einem Pinsel, einer Landkarte von Südspanien, einer Flasche Chianti, einer Kopie von *Pandora & The Flying Dutchman* und Luis Bunuels *Mein letzter Seufzer*, machten wir uns daran, so viele Leute wie möglich zu verwirren, zu bezaubern und gegeneinander aufzubringen.

Beeinflußt von den surrealistischen Filmphantasien der Sechziger wie *The Prisoner*, *The Singing Ringing Tree* und *The Avengers* (*Mit Schirm, Charme und Melone*), war ich von der Idee angetan, dieses Miteinander von Strangeness und trockenem Humor im Kontext eines Plattenlabels neu zu beleben. Das Label, das ich mir vorstellte, wurde von John Steed und Mrs. Peel betrieben (während die MONKEES und Jackson Pollock noch irgendwo im Hintergrund schwebten) – inmitten einer Industrielandschaft, die Kunst und Humor längst vergessen hat – und sollte »Ersetze Geld durch Phantasie« zur Maxime haben.

Ein Bekannter von mir, das Teenybop-Idol Simon Turner, wurde zur Peter-Pan-Figur THE KING OF LUXEMBOURG, Jessica Griffin, eine elegante Songschreiberin, die seinerzeit in London arbeitete, wurde THE WOULD-BE-GOOD (eine Art SHANGRI LAS, die man von der Roedean-School verwiesen hat), während BAD DREAM FANCY DRESS einen psychedelischen Lärm schlugen, der klang, als würden die SHAGGS und Stanley Kubrick sich über einer heißen Matratze begegnen. Ein Kritiker, der sich auf diesen Geist hatte einlassen können, beschrieb *él* als »Pop, der seinen Namen rückwärts buchstabieren kann«.

Wir haben niemals gefürchtet oder uns vorgestellt, daß wir scheitern könnten, obwohl wir mit jeder Platte komplett unkonventionelle Wege beschritten, die den Achtzigern völlig trotzten – wir flirteten mit dem Desaster während wir an den Windmühlen hingen.

Während wir in England nur mit Argwohn betrachtet oder total ignoriert wurden, fiel das Urteil bei den wesentlich kultivierteren Japanern wohlwollender aus, da sie sich mit unserem freundlichen, artifiziellen Stil identifizieren konnten. Was im Westen als hochtrabender Luxus von »overgrown public school boys« angesehen wurde, erkannten die Japaner als spaßiges Wegwerfprodukt voller Schönheit, also als eine ganz und gar unentbehrliche Sache. Kurz darauf, im Oktober 1988, begaben wir uns auf eine erfolgreiche Promotion-Tour mit (was für uns ungewöhnlich war) Liveauftritten in Tokyo.

Aber trotz internationalem Lob für Platten wie *Royal Bastard*, *The Camera Loves Me*, *Choirboys Gas*, *Cadaquez*, *Appointment With Venus* und *The Red Shoes* (Platten, die in einigen Kreisen bald als Meilensteine gehandelt werden), wurden wir vom inzwischen ungeduldig gewordenen *Cherry Red*-Label gefragt, wie wir uns unseren kommerziellen Ausfall erklärten.

Sie teilten unsere Bestürzung darüber, daß hochqualitative »Hit«-Singles wie *Valleri, You Mary You, Nicky, Trial of dr Fancy, The Camera Loves Me, Guess I'm Dumb* und *Curry Crazy* in der Versenkung verschwunden waren, sahen aber auch keine Hoffnung für die künftigen Pläne des Labels, auch nicht für meine Idee, eine ultimative Kinderband namens HUNKY DORY zusammenzustellen. Durch die Flut an finanziellen Verlusten wurde unsere Zusammenarbeit schließlich aufgelöst.

Aber mehr als ein Jahrzehnt nach seinem Ableben ist *él* lebendiger als es je war und seine Einflüsse auf die internationale Popszene sind offenkundig. Der größte in Japan ansässige Popstar CORNELIUS hat bekanntgegeben, daß das Label sein Leben verändert habe, während Kahimi Karie eine überragende Tribute-Single, *Mike Alway's Diary*, veröffentlichte. PIZZICATO FIVE sind eine weitere erfolgreiche Band, die einige unserer visuellen Motive mit ihrer eklektizistischen Musik vermischten. Außerdem muß ich mit Nachdruck darauf hinweisen, daß MOMUS 1994 aus Tokyo zurückkam und sagte, daß dort »überall der *él*-›Look‹ zu sehen ist«.

Schließlich wurde *él* auch im Westen entdeckt. SHAMPOO genossen einen riesigen Erfolg, der eigentlich BAD DREAM FANCY DRESS hätte zukommen müssen, und erfolgreiche Bands auf beiden Seiten des Atlantiks nannten *él* schließlich als Einfluß, darunter THE CARDIGANS, DIVINE COMEDY, BECK, PULP, ST. ETIENNE und COMBUSTIBLE EDISON. Die fragwürdige Lounge-Szene geht ebenso auf unsere Pionierarbeit zurück wie viele Ideen, die zum Bestandteil heutiger Photographie und Graphikdesign geworden sind. Sowie Film und Fernsehproduktionen. Und sogar Mode.

[Mike Always, London, Oktober 1998]

 Das britische *él*-Label, zu dem Mike Always den oben abgedruckten Nachruf schrieb, der sich in englischer Sprache auch auf der Homepage des *Cherry Red*-Labels findet, ist mit nichts hierzulande vergleichbar. Humor und Herangehensweise von *él* sind in der Tat *very british* gewesen – alle Versuche, dies andernorts zu kopieren (was Philip Boa Mitte der Achtziger mit seinem *Constrictor*-Label wohl vorhatte), mußten fehlschlagen. Es gibt gewisse Parallelen zwischen *él*

und *Ata Tak*, die jedoch nicht ausreichen, um *él*, das eine genuine Labelästhetik in Sachen Musik und Artwork entwickelt hatte, leichtfertig als »britisches *Ata Tak*« zu bezeichnen. Gemeinsam ist beiden Labels vor allem ihr Flirt mit Easy Listening (lange vor dem Boom), der allerdings stets ironisch gebrochen war. Eine zweite Gemeinsamkeit war der Erfolg in Japan, wobei *Ata Tak* im Gegensatz zu *él* nie der Ignoranz im eigenen Land ausgesetzt war, wie sie Mike Always (selbstredend ein bißchen übertrieben) in seinem Selbstportrait geschildert hat. Ein wesentlicher Unterschied zwischen den beiden besteht allerdings darin, daß *Ata Tak* neben seinem Flirt mit Easy Listening, Calypso und Exotica eine ganz eigene Vorstellung von Pop-Avantgarde entwickelt hatte, auf *él* jedoch (abgesehen von ganz wenigen Ausnahmen) alle Avantgarde-, Noise- und Industrial-Ästhetik der Endsiebziger mitsamt deren Negativitäts- und Endzeit-Habitus scheinbar spurlos vorübergegangen war. *Él*-Musik klingt gut gelaunt und alles ›Schräge‹, was es auf diesem Label (vor allem bei KünstlerInnen wie BAD DREAM FANCY DRESS und KING OF LUXEMBOURG) zu hören gibt, zieht seine Reminiszenzen nicht aus Noise und Avantgarde, sondern aus Kinderliedern, Comedy (die Monthy Python-Songs haben deutliche Spuren hinterlassen) oder aus der parodistischen Übertreibung von Hollywood-Filmmusik- und Musical-Phrasen.

Die Wirkung von *él*, wenn auch selten als solche ausgesprochen und gewürdigt, hat bis in unsere Zeit zahlreiche Spuren hinterlassen: Labels wie *Bungalow* und *Apricot* wären mit ihrer ganzen Ästhetik zwischen Lounge, Chanson, Incredible Strange Music und dem Hang zu verträumtem Frühachtziger-Britpop à la AZTEC CAMERA und ORANGE JUICE ohne die Vorarbeit von *él* so kaum denkbar.

Was *él* jedoch gegenüber so manchen Nachfolgern dieser gerne und etwas hilflos als »charmanter Pop« oder grob als »Weicheier-Musik« bezeichneten Spielart unterscheidet, ist die feine Verwobenheit von Eskapismus und Schrulligkeit, von Sophistication und Bizarrerie, ein gewissermaßen Oscar Wilde'scher Traumtanz zwischen Spott, Ironie und Sehnsucht nach Schönheit. Dabei sind natürlich nicht alle *él*-Bands witzig gewesen, manche (wie zum Beispiel FELT) passen mit ihrem romantischen Hang zur Melancholie gar nicht in die Humor-Rubrik, sehr wohl aber, na ja, etwa siebzig Prozent des Label-Outputs, wie sich sehr gut auf den zahlreichen Labelsamplern

(Compilations von Single-A- bzw. B-Seiten, Best-of-Label-Doppel-CD, Instrumental-Compilation, Filmmusik-Compilation u.v.m.) nachhorchen läßt.

Leicht ließe sich mutmaßen, daß él ein im Grunde durch und durch chauvinistisches Label war, dessen »Britishness« als Vorläufer zur »Buy British«-Hegemonialkampagne weißer Männer mitsamt ihrer gegenüber jeglichen fremden Elementen ignoranten Musikästhetik angesehen werden muß. Angesichts des fast schon übertriebenen »British Style« auf él-Veröffentlichungen (die Weißheit der Musiker im Sinne von Blässe ist auf allen Covern extrem überzeichnet hervorgehoben) bekommt »Brtishness« hier allerdings eher etwas Skurriles denn Identifikations-Stiftendes. By the way: Wäre él tatsächlich chauvinistisch und der britischen Pop-Sophistication gegenüber wirklich affirmativ schmeichelhaft gewesen, hätte es im eigenen Land durchaus Erfolg haben müssen, da die meisten Briten wie die meisten Europäer Nationalisten sind, die sich sofort auf jegliches nationalistische Produkt stürzen. Das Gegenteil scheint mir der Fall: él hat die »Britishness« sowohl durch Übertreibung karikiert wie auch durch zahlreiche Vermischungen hybridisiert. Von der offen schwulen Zote (I, Bloodbrother Be) bis zur dandyesken, knabenhaften Homoerotik (vor allem bei KING OF LUXEMBOURG), von bizarren franco- und espagnophilen Hommagen bis zu kruden Marx- und Situationismus-Anspielungen (unter anderem bei MOMUS) bot él einen Mix, der keinerlei Vereinnahmung zuließ, sondern – darin ganz perfekt und postmodern Pop – mit einem Haufen von Klischees spielte, die keinerlei feste Zuweisung mehr zuließen: Torrero-Pathos und Picasso-Style, Montmarte-Absinth-Mythos und Chanson-Geflüster, Brasil-Exotik und der queer Chic von »Drei Musketiere«-Filmen gepaart mit feminin-feministischen Jean D'Arc-Inszenierungen, haben él zu einem Steinbruch an kunterbunten und zuckerwattig süßen Film-, Kunst- und Musik-Zitaten gemacht. All das war in seiner Mischung zu surreal entrückt, zu uneigentlich Zitathaft, als daß es von wem auch immer hätte vereinnahmt werden können.

Im letzten Jahr schließlich erschien ein Sampler, der sich zumindest musikalisch ganz der él-Tradition verpflichtet fühlt: Airpop Terminal 2, zusammengestellt vom Wiesbadener Apricot-Label. Die Cover-ästhetik des Samplers (Pop als Spiel mit Luxus, Werbe-/Design-Ästhetik und Freiheits-Metaphern) ist ganz der él-Tradition entlehnt, das Motiv jedoch wurde bitter von der Realität eingeholt. Ein Personenflugzeug über New York, das sich den beiden Türmen des World Trade Centers nähert ... Was da als Inbegriff des Geschmäcklerischen gedacht war, war kurz darauf dem Verdacht der Geschmacklosigkeit ausgesetzt. Nach Verkauf der Auflage soll der Sampler nicht mehr wiederveröffentlicht werden, war in einem Interview mit dem Bierfront-Fanzine zu lesen. Interessanter als dieser Cover-Zufall, der die Qualität weder hebt noch schmälert, ist es, daß die Herausgeber verstanden haben, Interpreten für den Sampler zu finden, die sich ganz in die Frühachtziger-Tradition rund um él fügen, zumindest, was den Sound angeht. Luftig, weich, fragil und glamourös wie ein Porzellansaal voller Kissen. Interpreten wie CHARMING, NOTRE DAME, SPEARMINT, SUBTERFUDGE und CINNAMON treffen ganz den Sound-Spirit jener Zeit und laden zu einer Zeitreise ein, die in den Linernotes von niemand Geringerem als Shooting-Star Christian Kracht kommentiert wird. Kracht schreibt darin, daß er irgendwann seine Plattensammlung verkauft habe und nur die Sachen von él behalten (lakonischer Kommentar: »which were different«) und nun erst wieder durch diese Apricot-Compilation sein Interesse am Pop wiederentdeckt habe. Unterschrieben ist das ganze, um die eigene weltmännische Heute-hier-morgen-dort-Pose zu unterstreichen mit »Christian Kracht. Bangkok, January 2001«.

Gefühlsmäßig der él-Tradition verpflichtet: airpop terminal 2

Der Geist von él lebt also doch weiter, wenn auch die meisten Beiträge auf Airpop Terminal 2 nur das musikalische Erbe antreten, nicht aber den verschrobenen Witz erreichen, den Acts wie BAD DREAM FANCY DRESS und KING OF LUXEMBOURG an den Tag gelegt hatten. ●

Conny Lösch

Das Ding mit Ming

[Sexton Ming –
  Künstler, Musiker, Autor]

Ming mit Brautjungfern

Burton-on-Bradstock ist ein verschlafenes Nest an der englischen Südküste. Es gibt zwei Pubs, ein Autohaus, einen Supermarkt und viele Bed & Breakfast Pensionen. Oben auf den Klippen thront das Burton-Cliff-Hotel, in dem seit den siebziger Jahren kein einziges Möbelstück mehr verrückt wurde. Es wird geführt von Basil Fawlty, der jeden John Cleese-Lookalike-Contest locker gewinnen würde und stolz auf die unenglisch gute Küche seines Hauses ist. In Wirklichkeit heißt der Geschäftsführer allerdings Michael und lässt sich nichts anmerken, wenn ihn betrunkene Gäste penetrant Basil nennen. Er ist Profi. Nebenan wohnt Billy Bragg mit seiner Familie in einem unsozialdemokratisch großen Haus. Auf der anderen Seite steht ein winziges Feriencottage. Sonst gibt es keine Gebäude auf den Klippen, nur weidende Kühe, ein paar Dorfbewohner und Touristen. Hier hat Sexton Ming im vergangenen Jahr im April Ella Guru bei strahlendem Sonnenschein und heftigem Wind geheiratet. Vor Aufregung ist ihm der Schleier vom Kopf und das Strumpfband vom Schenkel gerutscht. Die Feierlichkeit der Zeremonie hat das nicht gestört. Viele Gäste hatten Tränen in den Augen. Auch die männlichen Brautjungfern in ihren pastellfarbenen Fummeln. Als sich das Paar versprach ein Leben lang füreinander zu sorgen, sich zu lieben und wenn nötig auch das Badewasser zu teilen, hielten alle Anwesenden ein Stück rote Schnur umfasst, das später auseinandergeschnitten und zur Erinnerung jedem einzelnen ums Handgelenk gebunden wurde. Diese Hochzeit war kein Witz. Es war Liebe. So wie alles, was Sexton Ming macht.

Sexton Ming ist ein Künstler aus London. Aber vielleicht ist er gar kein Künstler, denn er hat nicht viel übrig für Leute, die Wert darauf legen, so genannt zu werden. Natürlich heißt er auch nicht Sexton Ming. Und genau genommen kommt er auch nicht aus London.

Er kommt aus Gavesend. Das ist der Ort, der die Grenze markiert bis zu der die Londoner früher ihre Pesttoten begruben. Heute gehört es wie Strood, Rochester und Chatham zu Medway, einem unübersichtlichen, hügeligen Knoten zusammengewachsener Hafen- und Industriestädte im englischen Kent, südöstlich von London. Es ist eine Art Ruhrgebiet für Anfänger. Dreckig, hässlich, zugepflastert mit Einkaufszentren, in denen die Leute das Geld, das sie nicht verdienen, ausgeben sollen. Medway liegt an der Themsemündung, das Meer ist nicht weit und deshalb ist die Luft manchmal ganz gut. Die Laune der Leute hebt das nicht. Sie sind so stinkig wie die Fabriken, in denen sie arbeiten, besonders gegenüber Leuten, die anders sind: zum Beispiel freundlich. Es ist typisch Provinz. Zum wahnsinnig werden.

Sexton Ming hat es mit dem Wahnsinn versucht, es sich dann aber doch anders überlegt. Er hat begonnen zu malen, zu schreiben und Musik zu machen. Kunst hat für ihn keine therapeutische Wirkung, es ist eher etwas, das er nicht lassen kann, weil es ihm Spaß macht. Depressionen und Halluzinationen hat sie nicht von ihm ferngehalten, aber er hat Techniken gefunden, den eigenen Wahnsinn wahnsinnig zu machen. Er hat den Spieß umgedreht: statt sich den eigenen Psychomacken zu ergeben baut er sie in seine Bilder, seine Musik und seine Geschichten ein. Seine Macken sind weder seine Freunde noch seine Feinde, sie sind wie die unfreundlichen Leute in Medway – unangenehm, aber da. Er spielt mit ihnen und unterhält so sich und sein Publikum. In diesem Sinne ist er ein klassischer Entertainer.

1978 war Ranting Poetry bereits erfunden. John Cooper Clarke, Joolz, Seething Wells und ATTILA THE STOCKBROKER hatten von der 76er Kulturrevolution gelernt, sie machten keine Platten, sondern ihr eigenes Ding, Texte wie Maschinengewehre, drei Minuten-Knaller, mit denen sie den Hochschulliteraten den Stinkefinger zeigten und das Kneipenpublikum zum Lachen brachten. Sie waren die Hofdichter des Punkrock. Sie hatten keine Massen hinter sich, aber die hätten in ihren Nischen auch gar keinen Platz gehabt. Auf der Straße standen schon lustig verkleidete Vorstadtkinder mit grünen Irokesenschnitten und warteten, dass ein Postkartenfotograf sie für Geld um eine Aufnahme bat. In den Kassen der Punk-Metropole begann es heftig zu klingeln.

In Medway gab es nicht mal Nischen. Schon gar keine Postkartenpunks. Wer unter Punkverdacht stand, d.h. kurze Haare hatte und Hosen ohne Schlag trug, wurde auf der Straße bespuckt. Das war nicht freundlich, aber Sexton Ming war es gerade recht, denn er wollte sowieso nicht zur erwachsenen Provinzbevölkerung gehören. Ebensowenig aber wollte er Teil einer Jugendbewegung sein. Punk war für ihn keine Kirche, sondern die Entdeckung, dass es auch für ihn einen ganzen Haufen Möglichkeiten gab. Er gründete mit seinen Freunden Billy Childish, Bill Lewis und Rob Earl die MEDWAY POETS. Sie strotzten vor Provinzstolz und Punktrotz und waren anti-alles: anti-alternativ, anti-punk, anti-hippie, anti-jung und anti-Rechtschreibung.

Wie Childish ist auch Ming Legastheniker und will nicht einsehen, weshalb er nicht schreiben sollte, nur weil er nicht buchstabieren kann. Ebensowenig wie er einsehen wollte, weshalb seine Texte nicht gedruckt erscheinen sollten, nur weil kein Verlag das übernehmen wollte. Er gründete seinen eigenen – *The Phyroid Press* – und veröffentlichte seine Texte außerdem bei Childishs *Hangman Books*. Die Texte erschienen wie sie geschrieben wurden: voller Fehler, Liebe, Abscheu, Ekel, Witz und Illustrationen. Die MEDWAY POETS trugen ihre Texte überall dort vor, wo man sie ließ. Wenn sie betrunken genug waren, auch dort, wo man sie nicht ließ. Aber Ming ist keine Nervensäge, er will Leute nicht quälen. Mit Selbstfindungslyrik hat er nichts am Hut, aber er ist auch kein clownig-launiger Scherzkeks. Er schreibt auf, worüber er selbst lachen kann, dabei fehlt seinem Humor jede Angestrengtheit und Eitelkeit. Er ist nicht stolz auf seine Einfälle, er freut sich über sie. Das merkt man ihnen an.

Mit Childish zusammen erfand er das Genre der Punkrock-nursery rhymes: Gedichte und Geschichten so kindisch, albern und brutal wie Tom & Jerry Cartoons. Billy Childish hat sich danach benannt. Es geht immer um Leben und Tod, was nie dramatisch, sondern immer lustig ist. Gestorben wird nur formal, es tut nie weh. Während sich Tom & Jerry aber klassisch kapitalistisch um Fressen und Gefressenwerden zanken, erzählt Ming Geschichten, die er mit der absurden Phantasie Lewis Carrolls bepackt. Mings Vorstellungskraft ist gigantisch. Kindischsein bedeutet bei ihm, den eigenen Horizont zu erweitern, die Welt zu vergrößern, neue Lebensformen und damit die Differenz zur Welt, wie wir sie kennen, zu entdecken. Er erzählt von einem Bauern, der sich in seinen satanistischen Traktor verliebt, vom Suppenkind, das für Suppe die eigene Seele verkauft und von einer Tabakverkäuferin, die den Tabak nicht für Geld, sondern nur im Austausch gegen eine Schlägerei hergibt. Hexen, Außerirdische und Regenwürmer gehören zum Personal der Geschichten ebenso wie Eric Clapton, Nick Drake und manchmal Ming selbst. Auch Superhelden, wie Randos, der Bulle sind dabei. Randos ist immer vor Ort, wenn es gilt, die Unterdrückten zu befreien, die Unglücklichen glücklich zu machen, den Verzweifelten Mut einzuflößen. Anders als seine amerikanischen Comickollegen besitzt Randos keine über-

sinnlichen Fähigkeiten, er kann nur ungeheuer große Scheißhaufen abladen mit denen er seine Gegner bekämpft. So gesehen ist Randos bodenständiger. Er rettet seine Brüder und Schwestern in der Fleischfabrik vor der Verwurstung, oder überzeugt den schwulenfeindlichen Polizeiwachtmeister, dass die Regenwürmer die gestohlenen Menschenbeine behalten dürfen.

Die Geschichten sind stilistisch naiv und dabei äußerst präzise, anarchistisch kämpferisch und politisch völlig unkorrekt, auf schwule Weise homophob und feministisch frauenfeindlich. Mit Satire, die von Ironie und Diffamierung lebt, hat das nichts zu tun, eher mit alberner Überzeichnung, bei der Voreingenommenheiten ausgeblendet bleiben. Es wird viel gefickt, geflucht und gestorben. Und wie wahre Geschichten haben nicht alle ein gutes Ende. Soviel Realismus erlaubt sich Ming.

Seit 1998 schreibt Sexton Ming regelmäßig Kolumnen für die Tageszeitung *junge Welt*. Vor zwei Jahren sind die bis dahin veröffentlichten Geschichten im Maas Verlag gesammelt erschienen (*Verfickt und zugenäht. Nette Geschichten aus der Stadt* ISBN 3-929010-71-2). Inzwischen gibt es doppelt so viele, die einen neuen deutschen Verleger suchen.

Ähnlich wie ein Kind ist Sexton Ming polymorphpervers. Er hat einen Bierbauch und wunderschöne schlanke Beine. Seine Mission ist der Verstoß gegen gute Manieren, sofern diese zu nichts Besserem dienen, als anderen etwas zu beweisen. Er flucht, rülpst und furzt wie man es Bierkutschern aus vergangenen Jahrhunderten nachsagt und auch damit will er niemandem etwas beweisen. Vom Macho unterscheidet ihn seine Freundlichkeit und dass er sich für Macht nicht interessiert. Er lebt ungeniert. Wenn er eine Hand frei hat und sonst nichts besseres zu tun, kratzt er sich gerne mal am Sack. Vorbeilaufenden Hunden guckt er zuerst auf die Geschlechtsteile und kommentiert deren Form und Größe. Selten hat er Würstchen oder Fleischbällchen gegessen, ohne anzügliche Witze darüber zu reißen, weil er findet, dass sie Geschlechtsteilen ähneln. Er mag Geschlechtsteile und er hat kein Problem mit Körpern. Auch das unterscheidet ihn vom Macho. Er liest aus den Gesichtern von Tieren Unterhaltungen ab, im Fernsehen sieht er gerne Tierfilme. Auch das Sexualleben von Insekten interessiert ihn. Zum Beispiel das der Mistkäfer. Wenn der Mistkäfer bumsen will, baut er seiner Braut ein

Bett und lädt sie in seine Scheiße ein. Mit Billy Childish hat er das Gedicht, das er darüber geschrieben hat, vertont. *Dung Beatle* ist der Hit auf *Which Dead Donkey Daddy* (*Hangman*/ Hang 5-Up) von 1987, einem inzwischen seltenen Klassiker mit wilden Gitarren, Glockenspiel und Orgel, aufgenommen in Billy Childishs Küche. Zu zweit haben sie auf insgesamt vier LPs alte und neue Punkrock-Nurseryrhymes vertont. Wie bei Lennon und McCartney geht bei ihnen nichts verloren, es kommt höchstens etwas dazu. Nach *Plump Prizes and Little Gems* von 1988 und einer über zehnjährigen Pause erschien 1999 *The Cheeky Cheese* (*Damaged Goods*) und jetzt gerade *Here Come the Fleece Geese* (*Sympathy for the Record Industry*). Es geht um arrogante Gelehrte in Cambridge, Shrimp, der shoppen geht, tote Esel, Knospen im Frühling und V2-Raketen. Songs von Sexton Ming sind niemals lustig, sie sind warm und traurig, manchmal albern und oft gemein. Sie sind so gut, dass sie Leute glücklich machen können.

Als er zu schreiben anfing, wollte er mehr und noch bessere CAPTAIN BEEFHEART-Songtexte schreiben. Die, die es gibt, sind ihm nicht genug. Bei Musik ist Ming unersättlich. Er mag alles, das in seinen Ohren nicht schal klingt. Er liebt Kraut- und Progrock, Zappa, die VERMOOSTEN VLOETEN und einen fetten Gitarrenwichs. Professionalität langweilt ihn. Obwohl er ein wandelndes Lexikon ist und seine CD-Sammlung auswendig runtersingen kann, hat er für Expertentum keine Energien frei. Sobald er Geld hat, kauft er sich CDs, seine eigenen Platten aber besitzt er teilweise selbst nicht. Er hat in so vielen Bands gespielt, dass er sich kaum noch an die Namen erinnern kann. Manchmal existierten sie nur für ein paar Auftritte,

andere gab es länger wie THE MINDREADERS, AUNTIE VEGETABLE, THE NATURAL BORN LOVERS oder THE DIAMOND GUSSETS. Bei den TV PERSONALITIES war er für zwei Deutschlandtourneen als Schlagzeuger gebucht.

Eine Band ist in Mings Universum kein neuer Weltentwurf, sondern eine Situation, die genau so lange gut ist, wie es Spaß macht, zusammen zu spielen. An einem Plattenvertrag hat er niemals auch nur gerochen und trotzdem über 15 LPs gemacht. Davon gleicht keine der anderen. Mings eigene Stile sind so zahlreich wie seine Lieblingsbands und trotzdem schafft er es immer, Ming zu bleiben. Das kann an seiner Stimme liegen, die oft genau und effektvoll, bierdunstverhangen neben dem Ton liegt, eine Stimme mit der er schreien, hauchen, quäken und raunen kann. Er schafft damit mühelos den Übergang zwischen Kneipenrock und Kindergartenpop. Er tritt auf mit oder ohne Bart und Bauch, in Rock oder Hose, manchmal auch in Latex. Frauenkleider hat er schon als Kind gerne angezogen. Sein schwules Coming-Out hatte er sehr viel später. Da war er lange über dreißig und trat ungekämmt in Glitzerkleidchen, Netzstrümpfen und Stöckelschuhen auf und spielte den dreckigsten Schweinepunk, den man sich vorstellen kann. Mit seinem ehemaligen Mitbewohner Steady macht Ming sehr sanfte, melodiöse elektronische Musik (*Rogue male*/*Sweet*/ 1997). Oder Transenauftritte in Clubs und anderen merkwürdigen Orten wie der Sainsbury Supermarkt-Filiale in der Oxford Street, anlässlich der Eröffnung einer neuen Rolltreppe.

Seine aktuelle Band heißt THE TASTY ONES. Er gründete sie, als er seine heutige Frau Ella Guru, die von der Lesbenszene ebenso wie Ming von der Schwulenszene die Nase voll hatte, kennenlernte. Mit Johnny Johnson, dem Bassisten der inzwischen aufgelösten HEADCOATS an der Gitarre, der Mundharmonika und Melodica, Ella Guru (Ex-VOODOO QUEENS) am Bass und Ming mit Gesang und Schlagzeug nahmen sie *Piston Project* und das gerade erschienene *Powered by Guts* (beide *Rim Records*) auf, gingen 2000 auf Deutschlandtournee und spielten 2001 im Vorprogramm von SONIC YOUTH. Ein Schlag-

Sexton Ming und Ella Guru

zeug haben sie nicht – ihnen fehlt die Lust zum Aufbauen und Draufhauen. Dem eher schrottigen als lauten Sound schadet das nicht, im Gegenteil. Man hat die Ohren frei und hört den Respekt für Mings Lieblingsbands: Frank Zappa, John Zorn, FAUST, CAN und natürlich CAPTAIN BEEFHEART. Live kommt besonders der Space-Rock-Oldie *Silver Machine* von HAWKWIND gut. Oder der reduzierte Acid-Rock bei *Set the Controls to the Heart of the Sun* von PINK FLOYD. Es sind Versionen, die man sich schon lange gewünscht hätte, hätte man sie für möglich gehalten. Mings eigene Stücke wie *Jesus knows your Pain, Brown Balls* und *In the Woods* sind melancholische Ohrwürmer und in den CD-Versionen schon wieder Geschichte, denn Johnny Johnson, der inzwischen in Sizilien lebt, wurde durch Charlie Fuge am Bass ersetzt, weshalb Ella auf die Gitarre umstieg. In Mings Bands bleibt zum Glück nichts lange beim Alten.

Auch Sexton Mings Bilder sind albern, kindisch, naiv und voller Wucht. Betrachtet man sie lange genug, beginnen sie zu sprechen. Es könnten Standbilder seiner Geschichten sein, manchmal sind sie das tatsächlich. Nur dass sie als Standbilder ohne Geschichte eine eigene Geschichte erzählen, eine, die man

sich selbst dazu ausdenken muss. Ming malt Gefühle, die man an den Gesichtern der Figuren – Hunde, Hexen oder Autos – ablesen kann. Es sind bunte Bilder, deren Farbgebung Knalligkeit mit ungeheurem Gespür verbindet und damit über die Comics, an die die Linienführung erinnert, weit hinausgehen. Oft macht er Situationen wie Streit, Versöhnung, Spiel zu seinem Thema, oft aber sind es auch klassische Porträts, die unter Umständen einen eigenen Willen entwickeln. Als Ming ein Porträt von Margret Thatcher malte, stellte er hinterher fest, dass es sich in Wirklichkeit um Vivienne Westwood handelte. Ein Fehler, der Vivienne Westwood in ähnlicher, nur umgekehrter Weise auf dem Titelbild des *Tatler* 1989 selbst unterlief.

Zusammen mit Ella Guru, Billy Childish, Charles Thomson und neun anderen Künstlern hat er eine Bewegung gegründet, die wie auch schon die MEDWAY POETS keine Bewegung ist. Die Stuckisten sind Leute, die Bilder malen, weil ihnen danach ist, nicht weil sie die Kunstgeschichte revolutionieren wollen. Sie interessieren sich einen feuchten Kehricht für Innovation, weil sie als Selbstzweck nichts bewegt. Stuckisten wollen keinen Fortschritt simulieren. Statt sich mit anderer Leute Theorien zu befrachten, schrieben sie ihre eigenen: In Form klassischer Manifeste, in denen sie erklären, dass ihnen Kunst wichtiger ist als Kommerz und dass sie mit den Kunstkack fördernden Klüngeln, als die sie Saatchi und Konsorten begreifen, nichts zu tun haben wollen. Ebenso klassisch ist die Entstehung ihres Namens aus einer Beleidigung. Die Beinahe-Turner-Preisträgerin und Ex-Freundin von Billy Childish schrie ihn wütend an: »You're stuck, you're paintings are stuck. You are stuck! Stuck! Stuck!« (»Du bist stehengeblieben!«). Mit einer Reihe von Sammelausstellungen und Fernsehauftritten ist es ihnen in den letzten drei Jahren gelungen, der Kunstszene auf den Wecker zu fallen. Sie hatten ein gutes Argument und einen Haufen Spaß. Inzwischen aber ist es Ella Guru, Sexton Ming und Billy Childish in den Kreisen, die sie nerven wollten, zu langweilig geworden und sie sind ausgestiegen. Eine gute Idee ist im Ming-Universum nur so lange gut, wie sie etwas Neues und keine alten Verpflichtungen bringt.

Sexton Ming ist ein Mann mit einem Hang zur Depression. Aber alles, was er tut, tut er ohne Wehleidigkeit und Pathos. Mit traurigem Clown-Quatsch hat das nichts zu tun. Mit der allergrößten Selbstverständlichkeit malt er, schreibt und macht Musik. Wer hat sich jemals ausgedacht, dass sich das trennen lässt? Sexton Ming bestimmt nicht. Erfolg ist für ihn, morgens aus dem Bett zu kommen. In London ist er das, was man unter einer Kultfigur versteht. Dazu haben nicht nur seine Transenauftritte oder die Doppelrolle als Königin Victoria und als ihr Sohn in dem Spielfilm *Pervirella*, sondern auch seine mehrjährige Abwesenheit beigetragen. Als Ming aus Frankreich zurückkehrte, schimpfte man ihn einen Lügner, als er sich mit Namen vorstellte. Das Gerücht war umgegangen, er sei bei einem Motorradunfall ums Leben gekommen. Ein anderes Gerücht besagte, er habe beim *Cambridge Poetry Festival* auf der Bühne in den offenen Flügel gekotzt. Bewegt man sich in Gefilden, in denen Berühmtheit anders als über Verkaufszahlen gemessen wird, dann funktioniert Ruhm genau

so. Ming nimmt das zur Kenntnis, so wie die Ansage, dass es Freibier gibt: wohlwollend und wissend, dass Existenzfragen anders lauten. Er ist Realist und Lebensretter, denn bei ihm steckt noch in der größten Gemeinheit Liebe. ●

Diskograophie (Auswahl):

SEXTON MING
Old Horse of the Nation
(LP / Hangman)
Six More Miles to the Graveyard
(LP / Hangman)
Birds With Teeth
(LP / Hangman)
Master of Gibberish
(LP / Tom Tom)
Marshan Love Secrets
(CD / Creeps Records)

SEXTON MING
AND THE DIAMOND GUSSETS
Endless Discipline
(LP / Hangman)

SEXTON MING
AND BILLY CHILDISH
Which Dead Donkey Daddy?
(LP Hangman)
Plump Prizes and Little Gems
(LP / Hangman)
Ypres 1917 Overtures
(LP / Hangman)
The Cheeky Cheese
(LP / Damaged Goods)
Here Come the Fleece Geese
(LP / Sympathy for the Record Industry)

WILD BILLY CHILDISH
& THE NATURAL BORN LOVERS
Long Legged Baby
(LP / Hangman)

THE MINDREADERS
Ban the Mind Reader
(LP / Empire Skill)

THE OFFSET / MINTY
It's a Game
(CD / Poppy Poppy)

THE TASTY ONES
Piston Project
(CD / Rim Records)
Powered by Guts
(CD / Rim Records)

SEXTON MING & STEADY
Rogue Male
(CD / Sweet)

www.sextonming.co.uk

Killer Traktor

Ein alter Freund von mir, ein Bauer, hatte sich einen neuen Traktor gekauft. Der war rot und dunkelgrün. Er nannte ihn Muskelpaket wegen seiner Stärke und Zugkraft.

»Komm her und sieh ihn dir an«, sagte er. »Es ist eine Freude ihn anzusehen. Er kann Felder umpflügen, Gras schneiden und Kühe melken. Sein Motor klingt wie hundert tote Möwen, die in Motoröl versinken. Seine großen Reifen sind glatt und fest wie der Bizeps eines Gewichthebers. Seine Abgase riechen süß und stechend scharf nach Diesel. Ich bin verliebt in meinen neuen Traktor.«

Das hatte ich befürchtet. Mein Bauernfreund, der Bob hieß, verliebte sich oft in seine Maschinen. Es war nicht nur Bewunderung, sondern eine richtig sexuelle Sorte Liebe. Einmal war er in eine Kettensäge verliebt und hätte sich beinahe den Pimmel abgeschnitten. Davor war er in einen Mähdrescher verliebt und hätte sich fast in einen Strohballen verwandelt. Seine Frau war sehr eifersüchtig und verzweifelt wegen seiner Affären mit seinen Maschinen.

Meine Befürchtungen bestätigten sich, als er anfing, seinen Traktor zu verwöhnen. Am Anfang waren es Kleinigkeiten, wie ein täglicher Ölwechsel und frische Reifenluft. Ständig wurde er gewachst und der Schlammschutz poliert und das kleinste bißchen Dreck wurde sofort von den Scheinwerfern gewischt.

Dann wurde es schlimmer. Er begann Liebesbriefe an Muskelpaket, den Traktor, zu schreiben. Seine Frau Flossy zeigte mir einen. Da stand:

»Oh Traktor mit scharfen Klingen,
Hell leuchtend im Mondlicht,
Komm in mein Schlafzimmer, und laß mich
Deinen Metallkörper umschlingen.
Jag deinen Motor hoch,
und laß mich sein Pochen spüren,
Während sich mein Penis vor Erregung aufrichtet.
Ich will Liebe mit dir machen,
Nicht mit meiner verhärmten Frau.«

Flossy war entsetzt. Das Faß lief über, als sie Bob früh morgens auf einem Acker dabei erwischte, wie er seinen Traktor ins Auspuffrohr bumste. Sie rief mich, damit ich mit ihm reden und ihn zur Vernunft bringen sollte.

»Jetzt hör mal zu Bob«, sagte ich. »Es ist nicht natürlich, unbelebte Gegenstände zu vögeln.«

»Sexton«, sagte er, »das verstehst du nicht. Der grün-rote Körper meines Traktors bedeutet mir mehr als der Körper einer Frau.«

»Aber die Brüste einer Frau sind mit Sicherheit besser. Sie sind weich und man kann dran saugen.«

»Halt mich für schwul, Sexton. Aber ich mag harte Sachen.«

»Aber Flossy hat ein paar ausgezeichnete Titten«, sagte ich.

»Dann bedien dich«, sagte Bob. »Ich liebe nur meinen Traktor, und ich werde ihn morgen heiraten.«

Flossy, seine Frau, hörte das. Vor Wut nahm sie einen Hammer und begann die Scheinwerfer des Traktors zu zerschlagen.

»Nimm das, du blöder Traktor«, schrie sie. »Wie kannst du es wagen, dich zwischen mich und meinen Mann zu drängen.«

»Nein«, schrie Bob.

Aber bevor irgendwer merkte, was los war, heulte der Motor des Traktors auf, und er fuhr über Flossy hinweg, zerhackte sie mit seinen Grasschneideklingen in winzige Teilchen.

Dann fuhr der Traktor auf uns zu und sagte mit tiefer öliger Stimme: »Ich bin ein Killer-Traktor und vom Teufel besessen. Die Teufel wünschen, daß ich mit diesem Mann kopuliere, damit es bald Hunderte humanoider Traktor-Teufelsanbeter gibt. Ich werde dich töten«, sagte er zu mir.

Sein Motor kreischte, und er stürzte sich auf mich. Ich rannte, und zum Glück konnte ich auf einen Baum klettern, bevor mich seine Reifen erreichten. Ich hatte mein Mobiltelefon dabei. Ich rief das einzige Lebewesen an, das diesen dämonischen Traktor würde

Ding mit Ming

aufhalten und zerstören können. Randos, den Bullen.

»Alles klar, Arschloch«, sagte Randos, nachdem ich ihm die Situation erklärt hatte. »Ich bin auf dem Nachbaracker. Ich komme sofort.«

»Ah ha«, sagte der Traktor, als Randos eintraf. »Randos, der berühmte linke Bulle. Es wird mir eine Freude sein, dich in hauchdünne Scheiben Rindfleisch zu schneiden.«

»Nicht so hurtig«, sagte Randos, riß die Vorderreifen des Traktors ab und schiß in seinen Diesel-Tank.

»Aaaarrrgh. Deine Scheiße ist so dick, Randos. Meine Kolben kommen damit nicht klar. Ich sterbe.«

Innerhalb weniger Sekunden war der Killer Traktor tot.

»Du hast meinen wunderschönen Traktor umgebracht«, jaulte Bob.

Randos ging zu ihm rüber und brach ihm mit einem Schlag den Kiefer.

»Denk über dein verdammtes Leben nach«, sagte Randos. ●

Stephanie Bunk

One and One is

[Mit 32 Schritten
zurück in die
Spaßgesellschaft]

Schritt 1 – 4: Alle blicken in eine Richtung.
Mit Beginn der Musik drei Schritte nach vorn, den
rechten Fuß ohne Gewicht danebenstellen.
Beim Vorwärtsgehen Arme im Lokomotiv-Rhythmus
kreisen lassen.

Schritt 5 – 12: Drei Schritte rechts seitwärts
(mit dem rechten Fuß anfangen), dabei einmal
um die eigene Achse drehen, bei Schritt 8 in
die Hände klatschen. Die gleiche Drehung zurück
(mit dem linken Fuß anfangen), herumdrehen,
auf zwölf klatschen.

Wenn mein Vater die Disco betrat, legte der DJ sofort sein Lied auf: *One And One Is One*. Den Titel hat er sich dann auch auf den Bauch tätowieren lassen. Das erinnert ihn an seine große Zeit, auch wenn ich nicht mal mehr den Song kenne, geschweige denn die Tätowierung sehen kann. Seine Begeisterung für das Phänomen »Disco« hat meine Kindheit begleitet, den Grundstein zu meiner Plattensammlung gelegt und meinen Musikgeschmack geprägt. Mein Lied war dann etwa fünfzehn Jahre später *Blue Monday* von NEW ORDER, halb so lang (nach Anzahl der Buchstaben), halb so anzüglich, mindestens doppelt so lang (nach Anzahl der Minuten) und doppelt so lange haltbar. Tätowieren lassen habe ich mich nicht.

Trotz der letzten Tage der Disco Ende der Siebziger, der rasanten technischen und ästhetischen Entwicklung der Disco-Musik seit den Achtzigern und ihrer damit verbundenen Auflösung in eine Vielzahl neuerer Musik-Genres in den Neunzigern: die Disco lebt. Und daran ändert auch das 2001 im Feuilleton ausgerufene »Ende der Spaßgesellschaft« nichts. Im Gegenteil: *Your Disco Needs You* – heute mehr denn je.

Musik, Architektur, Name und sogar der Ort als konkretes Ereignis unterliegen Veränderungen, ganz zu schweigen von der Struktur der In-die-Disco-Gehenden. Bezeichnete man bis vor kurzem mit »Diskothek« eher die ganz schlimme Sorte der Tanzhallen, z. B. Großraum- oder Dorfdiscos, so ist der Begriff heute wieder salonfähig und wird vor allem von Club-Musikern selbstreferentiell eingesetzt.[1]

Was von den skizzierten Veränderungen unberührt bleibt, ist die gesellschaftliche Funktion der Diskothek als Raum für bestimmte kulturelle und soziale Praktiken. Der Raum »Diskothek« wird dabei vor allem von Praktiken zur Steigerung von Vergnügen, Lust und Genuß konstituiert: Tanzen, Begehren und Konsumieren. Lawrence Grossberg beschreibt Vergnügen als »[d]ie Zufriedenheit, etwas geschafft zu haben, den Genuß, tun zu können, was man will, den Spaß, Regeln zu brechen, die Erfüllung von Wünschen, so vorübergehend und künstlich sie auch sein mögen [...] den Reiz, die Gefühlswelt anderer zu teilen; die Euphorie des Ausbruchs.«[2] Die Diskothek entsteht aus der Möglichkeit, eben diese Erfahrungen zu machen und wird dadurch zu einem Ort, an dem man die sogenannte »Spaßgesellschaft« vermuten könnte. Wenn in der Diskothek Tränen vergossen werden, dann vor Lebensfreude und nicht vor Melancholie: »Tonight's the night at the danceteria / The joining of the tribe / The speakers blasting clear and loud / The way you dance is our criteria / The DJ takes you high / Let tears of joy baptize the crowd.«[3]

115

Schritt 13 und 14: Mit dem rechten Fuß nach schräg vorn kicken, die Ferse belasten, dann das Gewicht auf den linken Fuß verlagern.

Als Räume nehmen die Diskotheken gegenüber dem umliegenden Raum eine Funktion ein, die eine gänzlich andere sein kann, sogar im Widerspruch zum sozialen Umfeld stehen kann, deren Teil sie sind. Michel Foucault, der diese Räume auch als »Heterotopien« bezeichnet hat, unterscheidet zwei extreme Pole, zwischen denen sich ihre Funktion entfaltet: die Illusion und Kompensation. »Entweder haben sie [die Heterotopien] einen Illusionsraum zu schaffen, der den gesamten Realraum, alle Plazierungen, in die das menschliche Leben gesperrt ist, als noch illusorischer denunziert. [...] Oder man schafft einen anderen Raum, einen anderen wirklichen Raum, der so vollkommen, so sorgfältig, so wohlgeordnet ist wie der unsrige ungeordnet, mißraten und wirr ist.«[4]

Auf Grund ihrer besonderen Position haben diese Räume die Qualität eines Spiegels, der nicht nur die bestehende Ordnung reflektiert im Sinne der Wiedergabe eines Bildes, sondern darüber hinaus zum Werkzeug der Reflexion als Nachdenken über das Verhältnis von Bild und Abbild wird, von Realität und ihrer Repräsentation. Als Spiegel konkreter räumlicher Beziehungen zeigen sie durch das gleichzeitige Nebeneinander der einen und der anderen Räume das Prin-

zip ihrer Konstruktion auf. Sie erlauben eine Lokalisierung des Subjekts in eben diesem Raumgeflecht, wobei die Heterotopien sowohl als die Spiegelfläche als auch als das auf ihr enstehende Bild verstanden werden können: Die Heterotopie zeigt die andere Hälfte der Raumvektoren, die immer da, aber nicht immer sichtbar ist. Daniel Defert beschreibt diese Spiegelung wie folgt: »Diese Gegen-Räume sind nun allerdings ihrerseits wieder von all den anderen Räumen durchdrungen, die sie in Frage stellen: So zum Beispiel wirft der Spiegel, wo ich nicht bin, das Bild der Situation zurück, in der ich mich befinde.«[5]

Diese »anderen Räume« sind also viel weniger Ausdruck eines isolierten kulturellen oder sozialen Phänomens als ein Abdruck der gesamten gesellschaftlichen Beziehungen und Strukturen. Gerade die Ausschluß- und Einschlußmechanismen, die zeitlichen und räumlichen Beziehungen zum Umfeld und die Zuschreibungen von gesellschaftlichen Funktionen, die diese Räume erst konstituieren, geben Auskunft über den Zustand der Gemeinschaft. Betrachtet man zunächst die Diskothek unter dieser Perspektive, entsteht auf der Spiegeloberfläche ein Raum, der nicht nur Ausdruck, sondern vielmehr die Bedingung von Spaß ist. Das Vergnügen findet in bestimmten, dafür konzessionierten Räumen statt, die nicht nur durch die Position eines Türstehers und extreme Öffnungszeiten reguliert werden. Sie unterliegen darüber hinaus einer Gesetzgebung, über deren Einhaltung neben der Ordnungsmacht auch die Polizeigewalt wacht. Die Diskothek als Raum macht Spaß nicht nur erst möglich, sie kontrolliert und determiniert ihn gleichzeitig, sie schließt Spaß aus. Die Diskothek ist ein Ort des regulierten Ausnahmezustands.

Wenn man Foucaults Unterscheidung in Illusions- und Kompensationheterotopien aufnimmt, welches Bild der Gesellschaft erscheint dann in den Spiegeln der Disco-Kugel? Ist die Diskothek Illusion oder Kompensation? Zerbricht das Bild einer wahren, essentiellen und sinnhaften Kultur jenseits der Diskothek in Tausende und Abertausende von Fragmenten? Oder aber entsteht das Bild einer Gesellschaft, die erst in der Erfindung der Diskothek die Verwirklichung ihrer Ordnung und damit ihr »wahres« Gesicht zeigt? Jedenfalls kann eine Gesellschaft, in der Vergnügen eher negativ belegt ist und sogar ausgegrenzt und kontrolliert wird, nicht so besonders spaßig sein.

Schritt 15 und 16:
Mit den Füßen (wie beim Schlittschuhlaufen) abwechselnd nach rechts und links über den Boden wischen. Endposition: Füße einen halben Meter auseinander.

Schritt 17 bis 24: Auf der Stelle stehen bleiben. Auf 17 (Bild 5) den rechten Arm nach oben strecken und die Hüfte nach rechts schieben, Kopf nach rechts oben drehen, die linke Hand bleibt auf der linken Hüfte. Auf Schritt 18 (Bild 6): Die Hände überkreuzen sich an der linken Seite der Hüfte, Hüfte nach links schieben, Kopf nach links unten. Die beiden Schritte viermal wiederholen.

An der Geburt der Disko, wie wir sie heute kennen,[6] waren vor allem zwei Gruppen beteiligt: Die High-Society und die Subkultur, die Dekadenten und die Dissidenten. Während die Diskothek für die einen den Surplusbereich des Hedonismus und des Glamours darstellte, war sie für den sogenannten »Untergrund« immer auch Raum der Selbstbestimmung in Abgrenzung zu traditionellen Entwürfen von der Gesellschaft. Gemeinsam war den beiden extremen Polen der Wunsch der Grenzüberschreitung, der Versuch des Ausbruchs aus bestehenden Regeln, auch wenn die Motivation nicht unterschiedlicher sein konnte: Die Einen suchen nach neuen Lebensformen, die Anderen suchen nur ihre Nähe. Doch durch die gemeinsame Inbesitznahme und Inszenierung von Räumen des Exzesses wurde das Verdrängte der Normalität für die Länge einer Nacht sichtbar.

Die Dualität zwischen dem »Oben« und »Unten« der Gesellschaft läßt sich an dem heutigen Zustand der Disco-Welt zwar noch ablesen, hat aber an Trennschärfe verloren. Die Club-Szene ist heterogener, die Subkultur lokalisierbarer geworden. Für fast jede Vorliebe werden geeigneten Räume eingerichtet, so daß die Struktur des subjektiven Vergnügens das identitätsstiftende Moment ist, nicht die Zugehörigkeit zu einer Gesellschaftsschicht. Auch hier kann man als Gemeinsamkeit das Ziel der Überwindung von Regeln und Grenzen ausmachen, doch ist dies kein kollektiver Prozeß mehr und die Grenzen sind die, die der eigene Körper setzt. Jeder ist selbst für sein eigenes Vergnügen verantwortlich. *Vernichte Deine innere Zensur.* Doch was erscheint dann vor dem Hintergrund einer hedonistischen Matrix? Ist auch heute noch die Grenzüberschreitung mit der Absicht nach gesellschaftlicher Relevanz und Veränderung verbunden?

Im Mittelpunkt des Raumes Diskothek steht der Körper. Das Fitness-Studio und die Disco bezeichnet Hartmut Böhme als »Kathedrale der Gegenwart«, in der eine universale Performance-Kultur ihren Körperkult feiert.[7] Der Körper ist demnach in ein Regime der

Selbstoptimierung und Stilisierung als Selbstzweck eingebunden, ohne das er passiv und immobil bleiben würde. Gabriele Klein hingegen sieht die »verspielte, spaßgeladene Demonstration des Lebensgefühls« der Popkulturen der Neunziger als Ausdruck des Widerstands, bei dem vor allem der tanzende Körper eine zentrale Rolle spielt.[8] Der Körper ist gleichzeitig Ausgangspunkt des Vergnügens und seiner kulturellen Praktiken, aber damit auch Ansatzpunkt für die Unterwerfung unter die Macht der Norm. Der Körper ist dadurch aber auch Hauptdarsteller im Spiel mit Praktiken des Widerstands.

Das subversive Potenzial von kulturellen Praktiken liegt nach Judith Butler vor allem darin, »Strategien der subversiven Wiederholung auszumachen, die durch solche Konstruktionen ermöglicht werden, und die lokalen Möglichkeiten der Intervention zu bestätigen, die sich durch die Teilhabe an jenen Verfahren der Wiederholung eröffnen, die Identität konstituieren und damit die immanente Möglichkeit bieten, ihnen zu widersprechen.«[9]

Eine unreflektierte Parodie ist dabei noch lange keine subversive Praxis: Zu einer subversiven Praxis wird die Parodie erst durch ihren bewußten und reflektierten Einsatz zur Aufdeckung und Verschiebung der bestehenden Konstruktionen. Butler knüpft ihr Modell der Subversion an eine Praxis, die über das Bloßstellen durch Nachahmung und Übertreibung hinaus geht: »Dabei geht es um solche Akte, die die Kategorien des Körpers, des Geschlechts, der Geschlechtsidentität und der Sexualität stören und ihre subversive Resignifizierung und Vervielfältigung jenseits des binären Rahmens hervorrufen.«[10] Kennzeichnend für die subversiven Akte ist vor allem ihr hohes Maß an Reflexion der inneren Prozesse der Subjektivierung, die den körperlichen Praktiken zugrunde liegen. So wird der Einzelne nicht durch direkte Einwirkungen auf den Körper unterworfen, sondern erst durch die Verinnerlichung eines bestimmten Selbst-Verhältnisses zu sich und zu seinem Körper durch ein Wissen über den Körper, das vor allem ein diskursiv gebildetes und sprachlich vermitteltes ist.[11] Widerstand ist daher erst dann wirksam, wenn sowohl die Ebene der Körperpraktiken als auch die Ebene der sprachlichen Praktiken in den Prozeß der Veränderung einbezogen werden und die wirkenden Prozesse der Subjektivierung erkannt werden.

Schritt 25 und 26:
Füße schließen,
Körper aufrecht
halten, die Arme
werden vor dem
Körper gedreht
(Wolle wickeln)
und dabei über den
Kopf gehoben.

»Offenbar müssen wir nicht so sehr daran arbeiten, unser Begehren zu befreien, als daran, selbst unendlich genußfähiger zu werden«,[12] so Foucaults Antwort auf die Frage, wie man sich selbst verwandeln und eine neue Lebensart erfinden kann. Mit Umberto Eco möchte man anschließen: »und humorvoller!« Eco schreibt in seinem Aufsatz *The Frames of Comic ›Freedom‹* dem Humor im Gegensatz zum Karneval die Qualität zu, die »Wahrheit« sichtbar machen zu können: »We smile because we feel sad for having discovered, only for a moment the truth. But at this moment we have become too wise to believe it. We feel quiet and peaceful, a little angry, with a shade of bitterness in our minds. Humor is a *cold* carnival.«[13]

Was im Humor als Wahrheit erscheint, sind nichts anderes als die Strukturen, die uns in unseren eigenen Grenzen halten. Ein Außerhalb dieser Grenzen gibt es nicht, so daß sich auch der Humor in ihrem Rahmen bewegen muß, um sie zu untergraben. »Humor [...] does not fish for any impossible freedom, yet it is a true movement of freedom. Humor does not promise us liberation: on the contrary, it warns us about the impossibility of global liberation, reminding us of the present of a law that we no longer have reason to obey. In doing so it undermines the law. It makes us feel the uneasiness of living under a law – any law.«[14] Humor ist, wenn man trotzdem lacht, angesichts der bestehenden Ordnung und sich ihr auf diese Weise widersetzt. Humor als Haltung, die den sprachlichen, körperlichen und räumlichen Praxis zugrunde liegt, macht ihre Regeln und

Schranken deutlich, aber gleichzeitig auch ihr Potenzial zur Modifizierung und Resignifikation im Spiel mit dem Gesetz der Normalität.

Schritt 27 und 28:
Die Fersen zweimal zusammenschlagen, parallel dazu mit den Ellenbogen schwingen.

»Na dann wollen wir mal wieder ...« heißt eine Ausstellung von Matthias Klose, die zur Zeit im *The Better Days Project*, Hamburg-St. Pauli läuft. Schafft man es Samstag Nacht auf den überlaufenen Kiez, am stählernen Türsteher vorbei, durch die Abwehrreihen der Ander-Bar-Hocker und ohne zu weinen über den Dancefloor zu kommen, so tut sich hinter einem Vorhang aus Gummi ein »anderer Raum« vor einem auf. Ein Pausenraum zum Ausruhen von zu viel des Guten, mit Blättern aus der Regenbogenpresse, einem Weltempfänger und immer einem Astra im Kühlschrank. Da sitzt man dann mit anderen Ruhebedürftigen, ist froh, daß man nicht täglich 45 Minuten in so einem Raum sein Mitgebrachtes essen muß und spricht auch schon mal über das »Ende der Spaßgesellschaft« als Konstrukt der ganz Humorlosen, bis man wieder weiter durchbrechen muß. Und die Plattenauflegerin im *Living Room* im Souterrain spielt auch noch *Blue Monday*.

Schritt 29 bis 32: *Auf dem rechten Fuß stehen und auf 29 die linke Ferse ohne Gewicht vorsetzen.*
Auf 30 den linken Fuß nach hinten schwingen und auf die Spitze setzen, auf 31 den linken Fuß vorschwingen und auf die Ferse setzen. Auf 32 linken Fuß anwinkeln und parallel dazu auf dem rechten Fuß eine Vierteldrehung nach rechts machen. Dann wieder mit Schritt 1 beginnen. Viel Spaß![15] ●

Anmerkungen

1 So rockt Rob Sinclair in der Diskothek, und auch Rocko Schamoni bekennt sich dazu, ein Discoteer zu sein, WHIRL-POOL PRODUCTIONS reisen *From: Disco To:Disco* und Kylie Minogue proklamiert, wie oben zitiert: *Your Disco Needs You*, um nur einige Verwendungsweisen des Begriffs anzuführen.

2 Grossberg, Lawrence: *Zur Verortung der Populärkultur*, in: Bromley, R. / Winter, U. / Göttlich, U. (Hg.): *Cultural Studies*, Lüneburg 1999, S. 221.

3 Songtext von ALCAZAR: *Crying at the Discoteque*

4 Foucault, Michel: *Andere Räume*, in: Barck, Karlheinz u. a. (Hg.): *Aisthesis. Wahrnehmung heute oder Perspektiven einer anderen Ästhetik*, Leipzig 1993.

5 Defert, Daniel: *Foucault, der Raum und die Architekten*, in: documenta und

Museum Fridericianum Veranstaltungs-GmbH (Hg.): *Das Buch zur Documenta X = politics-poetics*, Ostfildern 1997, S. 274–283, S. 275.

6 Ich beziehe mich hier auf die amerikanische Tradition der Disco und ihre Anfänge im New York der Sechzigerjahre, wie sie z. B. Ulf Poschardt in *DJ Culture*, Reibek 1997 und Georg Mühlenhöverin *Phänomen Disco*, Köln 1999 beschreiben. Leider entwickeln beide Autoren einen unkritischen Blick auf die historische Entwicklung der Diskothek und tragen damit eher zur Mythenbildung bei.

7 Zitiert nach Hartmut Böhmes Vortrag *Kunst, Körper, Konjunkturen* in der Freien Akademie der Künste, Hamburg, 4.2.2002

8 Vgl. Klein, Gabriele: *Electronic Vibration, Pop Kultur Theorie*, Hamburg 1999, S. 125 f.

9 Butler, *Das Unbehagen der Geschlechter*, Frankfurt/M. 1991, S. 216.

10 Ebenda, S. 12.

11 So ist zum Beispiel auch die Definition und das Empfinden von Vergnügen und Spaß historisch und kulturell gewachsen und keineswegs ein natürlicher Zustand. Siehe dazu: Bittner, Regina (Hg.): *Urbane Paradiese. Zur Kulturgeschichte modernen Vergnügens*, Frankfurt New York 2001

12 Foucault, Michel: *Von der Freundschaft als Lebensweise*, Michel Foucault im Gespräch, Berlin 1984, S. 88.

13 Eco, Umberto: *The Frames of Comic »Freedom«*, in: ders. u. a. (Hg.): *Carnival!* Berlin New York Amsterdam 1984, S. 8.

14 Ebenda

15 *Tanzkurs mit John Travolta*, in: Cornelsen, Peter: *John Travolta*, Bergisch Gladbach 1978, S, 138–146.

Oliver Uschmann

Apocalypse   **Flow**

Persona Non Grata # 52

Lauwarm geduscht

[Fanzines in Deutschland ... ein Abgesang]

Wenn ein Aufsatz über Fanzines nicht persönlich sein darf, was dann? Aus diesem Grunde spritze ich diese Worte aus meiner Dusche auf das so lange ungezinte Papier der *testcard*, warmbestrahlt Assoziationen schäumend zwischen der kleinen Kabine unserer WG und dem Fanzine-Markt der Neuzeit. Erkenntnis: Man sollte nicht duschen, während die Spülmaschine läuft. Die ganze Hitze kämpft sich folglich an den Badrohren vorbei ins verklebte Geschirr, während Körper und Fließen lauwarm bleiben und man dennoch verbohrt

drunter stehen bleibt. Man könnte natürlich einfach aussteigen, sich sauber abtrocknen und badebemantelt ins überheizte Studentenzimmer setzen, ein wenig was lesen und auf die Vollendung der Klarspülschleife im endlosen Zyklus von Siff und Ordnung warten. Dann schließlich ein paar Seiten über die Zeit, Boiler wieder voll und wirklich richtig heiß duschen, auf dass der ganze alte Dreck den Ausguss findet.

Macht man aber nicht.

Statt dessen wartet man ab in dem lauwarmen Strom, weil man *hofft*.

Ich wollte ihm wirklich nicht weh tun

So etwas geht nie ohne Wehtun ab

HASS

Danke, ich vertrag nicht so viel!

Expose #4

Expose #4

Expose #4

Politessen werden immer aggressiver. In fast allen Großstädten Europas nehmen Gewaltakte und die Zerstörungen von falsch geparkten Fahrzeugen zu. Dabei häufen sich Fälle, bei denen sogar ornungsgemäß geparkte Autos dem blinden Haß von Politessen zum Opfer fallen. Stadträte und Politiker empfehlen immer öfter rigoros gegen Politessen vorzugehen, notfalls ohne Vorwarnung zuzuschlagen oder von der Schußwaffe gebrauch zu machen. Die Politessengewerkschaft ihrerseits droht mit dem Abtauchen in den Untergrund und kündigt Bombenattentate auf Parkplätze und Einkaufszentren an, wenn die EU nicht innerhalb von 24 Stunden 2730 siebenjährige Schulkinder nach Namibia verkauft

Eschatologie des Alltags.

Da ist man einfach stur.

Zwar weiß man, dass man den Geduldskampf gegen die erst kürzlich in Gang gebrachte Spülmaschine quasi nicht gewinnen kann, aber wer will das schon wissen?

Die Duschkabine sind die Fanzines der Gegenwart. Die Spülmaschine, jenes verklebte Geschlönz aus Identitätenbaukastenklötzchen, Urfundamentalismus und als Anti-Intellektualismus getarnte Bequemzoneneinbettung ins eigene Schreberhäuschen, die den subkulturellen Elaboraten der Postmoderne aber auch alles entzieht, was sie heiß, neu, frisch, ungewöhnlich und irgendwie sexy machen könnte.

»Es gibt eben kein scheiß verficktes System das einem wahre Freiheit bietet; und das momentan (und wohl auch für alle Ewigkeit) auf der ganzen Welt vorherrschende is nicht grade eines der tollen. Fuckin Kapitalismus – es gibt einfach kein Entkommen mehr!« (*Do you feel lucky, punk?* #3)

Scheiße, wieder nur das billige Duschgel gekauft.

»Ich gönne diesem hässlichen Zellhaufen Mensch in seiner eigenen Scheiße zu krepieren und stelle meinen persönlichen Spaß über alles andere.« (*Notengezeter* #8)

Haare im Ausguss.

»Was war'n das für schöne Zeiten, als Autonome, Punx und/oder Ausländergangs den braunen Scheißhaufen durch die Stadt gejagt haben. Oben beschriebene drei Gruppen, die sich nicht riechen konnten bzw. können: UNITED am Blödhaufen verkloppen.« (*Nervous Breakdown* #1)

Weberknechtleichen in Sud.

Was?

Richtig, hier geht es um Humor.

Humor, das kommt aus dem Lateinischen (für Feuchtigkeit, so schließen sich Kreise) und beschreibt »eine Gemütsstimmung, die sich – nach früher Ansicht angeblich abhängig vom richtigen Maß an ›gesunden Säften‹ im Menschen – über Ärgernisse und Missstände wohlwollend erhebt und von diesen unberührt bleibt.«[1]

Demnach KANN ein Fanzine gar keinen Humor haben, DARF nicht, SOLL nicht.

Denn Fanzines, das sind – wie Dick Hebdige einst schrieb – »ungebührlich zusammengehauene Blätter [...] aus vorderster Front.« Schnellschüsse der Wut, Drängen des Ärgers. Wer – so die Definition weiter – »zu einer kritisch-wohlwollenden Nachsicht gegenüber Unzulänglichkeiten des Lebens neigt«, macht sicher kein Fanzine ... und »eine gewisse Selbstkritik an eigenen Mängeln« im Galleropfen des geklebten Marktes zu erspähen, wird wohl auch nicht einfach sein.

Am angenehmsten da noch eine klassische, aber zumindest unterhaltsame Form des punkrock'n'rolligen Schreibens: die Tourstories und Lebensberichte des amtlichsten deutschen Bukowski-Verwalters Tom van Laak, seines Zeichens *Ox*-Opa und im seichten Knöchelbecken der Fanzine-Szene ein Topschwimmer im Bereich Rollenprosa. Der Mann inszeniert sich und sein Leben im schönsten Sinne identifikatorischer Loser-Anekdoten, so etwa, wenn er wie ein Klassenfahrtsbetreuer in einem klapprigen Kombi eine komplette Tour mit den Wonderfools durchzieht und ihnen plötzlich am französischen Horizont ein »Ufo« begegnet:

> »Die Erinnerung daran, wie die Norweger ihr Entsetzen auf skandinavisch Weise äußerten. Die sind bescheuert, total meschugge. Denn da, wo wir gelegentlich und akzentuiert ein gehaltvolles ›BOAH!‹ einstreuen, sagen die Norweger ›UFF!‹ oder ‹FIIEEEFAAAAHHHHNNNNN!!!‹ Aber die sagen das nicht ein- oder zweimal, die sagen das dann im Sekundentakt. Da sitze ich also irgendwo im nebligen Nirgendwo in Frankreich, habe ein Ufo über mir und 4 Norweger im Auto, die minutenlang abwechselnd ›UFF!‹ und ›FIIIEEEFAAAAH-HHHNNN!‹ stöhnen.« (*Ox* #39)

Auch ein schönes Bild: Wie Tom eines frühen morgens kopfbedröhnt und schlafbedürftig zwischen trunkenen Frauenbeinen aufwacht:

> »Irgendwann werde ich durch Lärm geweckt und glaube zunächst furchtbar beschissen zu träumen. Um mich herum der Rest der JERRY SPIDER GANG und irgendwelche Frauen in vollkommen besoffener Partylaune. ›Nein, lieber Gott, bitte mach, dass das jetzt nicht wahr ist!! Bitte mach, dass ich schlafe und einfach nur beschissen träume!!!‹ Mir wird schnell klar, dass ich nicht träume. Da liege ich also in Unterhose in irgendeinem französischen Wohnzimmer umgeben von lallenden Frauen und Männern und fühle mich nicht wie die Prinzessin auf der Erbse [...] trotz eines Promillegehalts von mindestens 3,5 bemerkt Laurent, dass zwischen der Franzosenfraktion und mir ein Stimmungsabfall herrscht und beschliesst, mit der Meute in die 24-Stunden Kneipe um die Ecke zu gehen. Danke Laurent!!

> Es ist 5.30, als ich endgültig das Bewusstsein verliere.« (*Ox* #39)

In meiner Duschkabine befinden sich Collagen aus *Hansa*-Flaschen-Etiketten. Von meinem Mitbewohner. Es scheint so, als brülle man sich unterm Wasser eine Identität vor die eigenen Augen. Obwohl ... Flaschen? Man wird nicht jünger und unsere Küche erlebt nicht mehr das, was der alte Tom abschließend zum Besten gibt:

> »Als am Horizont langsam die Sonne aufgeht, fliegen die ersten Lebensmittel. Würstchen, Hähnchenreste, Dosenspargel, Salate, alles. Unfassbar. Und während Zugly kläglich versucht, dieses Chaos im Bild festzuhalten, packt Alex in einem unbeachteten Augenblick diesen riesigen Tisch, der prallgefüllt mit halbvollen Bier- und Weinflaschen, Salatschüsseln und allen möglichen Lebensmitteln in der Mitte des Raumes steht und wirft ihn mit scheinbar unmenschlichen Kräften durchs halbe Zimmer. [...] Das Ergebnis ist verheerend. Der Raum steht knöcheltief in Bier, Wein und Salatsoße. Es ist ekelhaft. Es stinkt unglaublich. Aber auch mir ist jetzt alles egal. Ich lege mich auf ein sauberes Stück Matratze und warte auf die Bullen. Die Bullen müssen einfach kommen, denn der Lärm war unvorstellbar. Dann wird es still ...« (*Ox* #39)

Das ist ja ganz schön. Das liest man gerne, wenn man ehrlich ist. Und dann lallt man nach vielen Pullen in der nächtlichen Zeltsenke, dass nur der, der in »seiner Jugend« Hansa gesoffen und Bukowski verschlungen hat, ein wahrer ... ein wahrer ... ein was eigentlich?

»Sweet Little Sixteen« nennt sich Roland aus Bayern und schmeißt seine ganze Kohle in den Wind, um ein nahezu reines Tagebuch mit ein paar versoffenen Gelegenheitsinterviews zu veröffentlichen, indem nur die Fanzines der Kollegen Beachtung verdienen. Kein stapelweises Freiverteiler-Platten-firmengeschnorre, kein Gästelistenmedienpartnerpapier ... nur Notizen aus dem »verschütteten Leben«, wie man vielleicht so sagen würde, unfreiwillig komisch zudem, denn seine Schreibe ist – sagen wir mal- ›entschlackt und reduziert‹ ... das Leben eines Sechzehnjährigen in Inchenhofen geht demnach so:

»Holen wir uns noch ein bisschen Bier beim mini-MAL. Ja. Bier gut. Leute immer noch nicht da. Beim mini-MAL gibt's HANSA-Paletten. Lasst uns zusammenlegen. Eine geht schon. O. k., tolle Idee. Ich geh mit dem Jo los. Auf dem Parkplatz bricht dann die scheiß Assopalette auseinander. Alle Dosen am Boden. Plötzlich fangen ein paar zum spritzen an. Glücklicherweise konnten wir das meiste mit unseren Mündern auffangen und – wie in so einer großen Not die Leute plötzlich Hilfsbereit werden – ne Frau kommt gleich her und sagt sowas wie »Ich schau ob ich im Kofferraum ne Tasche für Euch hab‹. Hatt se nich. Wir sammeln Dosen ein und versuchen gleichzeitig das so wenig Bierflüssigkeit wie möglich verloren geht.«
(*Rohrverstopfung #3*)

Ox #39

Rohrverstopfung #3

Plastic Bomb #37

Plastic Bomb #37 (CD)

Neulich bemerkte ich mal mehr im Spaß zu meinem trinkfesten Mitbewohner, dass Saufen ja wohl Staatsfreund Nummer Eins wäre, so sicher, wie es all unser revolutionäres Potential betäube, das, ungezähmt, der ganzen Misere drogenfrei ausgeliefert, den Flächenbrand entfachen müsse. Ahnte kaum, dass dies Missmut erzeugen könne, sehen doch immer noch viele in Flaschenhals und Dosenloch die Erdachse ihres Weltekels, um die sich aller Protest sich an sich selbst verschluckend dreht.

Ganz im Ernst.

Wenn's dann mal politisch wird, gibt's auch nicht viel zu lachen, denn Zeugton der Überbrustung wirft sich derart in Schale, dass nur die Publikationsumstände und die Zielgruppe den Unterschied zu Ulrich Wickert in die Welt moralisieren. So etwa Opa Knack im ersten *Plastic Bomb* nach dem »Angriff auf die Zivilisation«:

»Aber nicht dass Ihr jetzt denkt ich wäre ein blutrünstiges, sabberndes Monster. Ich bin wirklich der allerletzte der grundlos einen Menschen umbringen würde, denn es gibt genug Menschen die man begründet ausrotten sollte, ja müsste. [...] hauptsächlich Wirtschaftsfunktionäre, Waffenindustrielle, Geheimdienstfotzen, korrupte Journalisten und machtgierige Wannabes. Diese in meinen Augen wahren Terroristen besitzen zu allem Überfluss die unglaubliche Frechheit, sich trotz jeglichem menschenverachtenden Verhalten als Homosapiens zu bezeichnen, und was viel schlimmer wiegt, von der strohdummen, in keinster Weise hinterfragenden Gesellschaft, werden sie nach wie vor als solche angesehen. [...] Und da solche Arschlöcher zu Tausenden immer noch als Menschen durchgehen, bin ich ganz froh darüber, wenn man mich nicht mehr zu dieser blutrünstigen Sippschaft dazuzählen möchte.« (*Plastic Bomb* #37)

Ich hatte früher mal ein grünes Anästhesistenhemd, aus dem Krankenhaus geklaut. Hab's zerrissen und so grimmige Gesichter draufgemalt. Brightside sogar. Ich hasse euch alle. Es war Karneval.

Selbstironie ob revolutionärer Gepflogenheiten und dem wütenden Geiste des Punk findet man selten in den genügsamen Pamphleten derer, die ihren Platz in der Welt gefunden haben, opponierend eingebauscht gegen »die« und »dem« und »das« und an sich. Aufgemerkt: das Expose! Dort immer mal wieder treffliche Bildchen und nette Einfälle, keine Chance, sich unter der Dusche einen Instantkaffee zu machen, aber doch der Anflug eines warmen Schauers ... Prinzip Hoffnung.

Das Leben könnte ja so einfach sein, würden sie's sich machen und bevor ich nun von Foucault einer- und der Transaktionsanalyse andererseits herleite, warum immer dann alles in die Hose geht, wenn man ein »Wir« und ein »Die« konstruiert und warum ich die These vertrete, dass niemand in dieser »Szene« glücklich werden kann, wenn sein »Lebensskript« nicht per se darin besteht, unglücklich zu werden und in der Konstanz des Verlierens sein Glück zu finden, werfe ich lieber mal platt in den Raum: Die einzig erträglichen Texte im Sinne von Humor sind da zu finden, wo jemand entweder *noch nicht* oder *nicht mehr* einem selbstgewählten Martyrium leidvoll genießend folgt oder als Kämpfer in höherer Sache fungiert, der nicht informieren und inspirieren, sondern zementieren will ... nämlich Grenzen. Amen.

In diesem Sinne ist es immer wieder nett, wenn die in jeder Jugend mindestens einmal mitgemachte Inventur zu Zeilen wie diesen geriert:

> »Aber für die 35 DM, die ich nach 3 Stunden und einer halben bekommen hab hat das schon gepasst. Konnte ich dann gleich für die Briefmarken zum verschicken der #2 ausgeben. Die Arbeit war aber auch eine kleine Bereicherung, denn ich weiß jetzt das es Hornhautraspeln, Hornhauthobeln, Ersatzklingen für Hornhauthobeln und ganz wichtig HORNHAUTKONTURFEILEN gibt. Außer-

dem habe ich noch beschlossen, dass falls ich jemals in einer Oi!-Band spielen werde diese sich ›Hornhautkonturfeilen‹ nennen wird.« (*Rohrverstopfung* #3)

Denn Abseitiges ist meist am Frischesten und bietet, aus dem Off der endlos jägerumzäunten Standard-Themen, wenigstens einen Hauch des Anarchischen im Sinne jener kindlichen Motivation, deren Freiheitsdrang noch nicht in diskursive Einbahnstraßen umgeleitet wurde. Eine Gebrauchsanweisung zur Hyänenzucht nimmt sich da für jeden Punk- und Plenageschädigten geradezu wie das verheißende Ballonfahrtgefühl von »Ich mach mir die Welt wie sie mir gefällt«-Pippi aus.

> »Hyänenzucht
> 7. Außerdem müssen sie in der Zwischenzeit einige Gymnasiallehrer besorgen, da Hyänen Aasfresser sind.
> 9. Schmeißen sie, wenn möglich, einen fleischfressenden, rechten Biologielehrer in das Gehege, bzw. den Stall.
> 10. Genießen Sie den Anblick der Verwüstung, wenn das Gebiss des Lehrers in tausend Stücke zersplittert wird.« (*Expose* #3)

Und auch die Missgeschicke des Bloody Björn, der sich des nächtens schlafwandelnd ausschließt und »bekleidet mit weißen, schweißfußprovozierenden Turnschuhen« in einem »Kinderschlafanzug« vor einer grauen Hauswand wiederfindet, erzeugen ein seltenes echtes Schmunzeln, vor allem, wenn er seine einzige Rettung, den Fanzinerkollegen, Freund und Nachbar in einem Lobgesang anredet, dessen homoerotischer Inhalt in dieser Form im deutschen Blätterwald einzigartig ist:

> »Der Gott der heiligen Tugend der Gastfreundschaft, der St. Martin der Neuzeit, der mich mit einem Schlafplatz und Kleidung versorgen wird. Holger, der beste Freund, den man sich überhaupt nur vorstellen kann. Holger, oh mein holder Holger, Holger, ich liebe Dich, Holger, wie schön, dass Du mein Nachbar bist. Und wenn Du mir aufmachst, dann sei Dir gewiss, dass Deine Rosette so lange von den zärtlichsten Fingern dieser herrlichen Welt bearbeitet wird, bis Du schreiend

Expose #4

Expose #3

Das "erster Mai-Dilemma"

Noch mehr Party-Tips
von Peter Puck

Ox #39

und winselnd vor mir liegst und mich bittest, niemals mehr damit aufzuhören... Mit dieser Einstellung renne ich durch den Regen zum gegenüberliegenden Haus.« (*Open End* #6)

Was bleibt?

Lange Jahre in verklebten Seiten und Bleiwüsten, den trockenen Weg weiterschleichend aus einem Gefühl der Verpflichtung, der einstmals getroffenen Entscheidung, dem Gefühl, immer »die Kleinen« unterstützen zu müssen?

Mein Gott ja, es gibt »Peter Pank« und »Peter Puck« und »Fou Fou« und ab und zu mag es ja ganz lustig sein, mit einer Flasche *Hansa* unter die lauwarme Dusche zu steigen, während man vorher mit dem »Klorapport« den eigenen Topf angewärmt hat. Und im Flur das neue PNG-Poster mit den *McDonalds*-Fritzen aufhing, dem eine gewisse Sympathie abzusprechen wohl unmöglich ist.

Bezeichnend jedoch, dass sich diese Mindesttemperatur zu so großen Teilen aus Heften zusammensetzt, die mit dem Stapel der Prittstift-A5er auf meinem Schreibtisch nicht allzuviel zu tun hat.

Ist Joschka Fischer schlauer geworden?
Werden wir irgendwann alle erwachsen?
Papperlapapp!

Aber wenn ich in der Bibliothek sitzen kann, leidlich geduscht und hirnfunktionsmüde, und plötzlich Schwitters und Arp, Cabaret Voltaire und blaue Reiter, Surreales und Situationistisches aus dem heißen Start des Jahrhunderts, in dem die Duschen deine Haut verbrannten, auf mich einprasseln und ich plötzlich die Welt um mich rum still und leise wie ein einrastendes Bild beim Rollenwechsel in meinen Abenteuerspielplatz verwandelt sehe, indem ICH tun kann, was ich will ... wenn plötzlich eine Ahnung von Anarchischem durch meine Synapsen rasselt, gegen die sich jedes kopierte Blättchen wie der Rundbrief der Kolpinggemeinde ausnimmt (remember Naturwissenschaft: keine Materie ohne Antimaterie) und wenn es schließlich in der solidarischen Bemühung, dem Dauergeprassel der lauwarmen Dusche ausgesetzt zu bleiben, noch nicht mal eine gescheite Ausbeute wahrhaft lustiger Momente gibt ... DANN ... ja DANN bin ich recht erleichtert den Stapel heut und in aller Zukunft von der Arbeitsplatte meiner Aufmerksamkeit zu entfernen und mal wieder ein wirklich heißes Bad nehmen zu können. ●

1 Literaturlexikon Institutsbibl. Germanistik Bochum, 2. Regalreihe, 2. Regal von rechts, Lexikon oberste Reihe Mitte (blau)

Humor ist, wenn man eben nicht trotz- dem lacht, sondern gerade darum

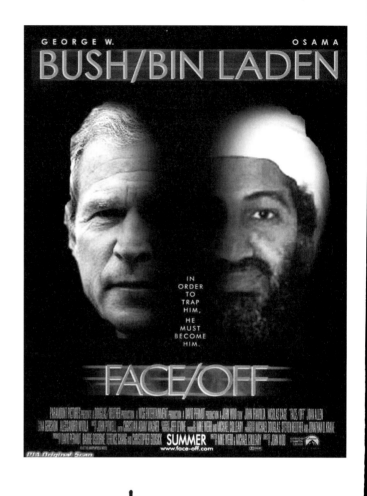

— und was das in Deutschland bedeuten könnte

[Reflexionen über die Vorkommnisse am 11. September '01 und deren Aufarbeitung durch Witze]

Mich erwischte die Nachricht von der Grande Catastrophe auf der Ottenser Hauptstraße in Hamburg. Wenn mir nicht eine Bekannte schon mit fliegenden Fahnen entgegengeweht wäre, um mir die Neuigkeit zu berichten, hätte ich wahrscheinlich erst am nächsten Tag davon erfahren. Ich besitze nämlich weder einen Fernseher, noch höre ich Radio, und Tageszeitungen kommen mir nur sehr selten ins Haus – und wenn doch, dann muss ich ganz besonders gute Laune haben oder es muss etwas ganz Dolles passiert sein.

Zum Glück war ich an diesem Tag nicht auf dem Nachhauseweg, sondern befand mich in der anderen Richtung, auf dem Weg zur Arbeit. Normalerweise hätte ich meiner Bekannten wahrscheinlich den Fuckfinger gezeigt und sowas ähnliches gesagt wie, »Ach leckt mich doch mit eurem ständigen Medienhype, ich glaub' sowieso nicht, was die einem ständig weismachen wollen.« Und so war es dann auch, ich trottete mehr oder weniger missmutig und ungläubig hinter ihr her und dachte mir so meinen Teil zu den ganzen medienpenetrierten, beeinflussbaren Dummerchen. Selbst als ich dann meinen Arbeitsplatz erreichte, wollte ich noch nicht zugucken, wollte nur meine Arbeit machen und meine Ruhe haben. Erst nach und nach tastete ich mich an den Bannkreis des Fernsehers heran, um immer näher und näher zu rücken und schlussendlich vor dem Bildschirm zu kleben, verzweifelnd den Fehler der Computeranimateure suchend, die zugegebenermaßen verdammt gute Arbeit geleistet hatten und nun die wichtigsten Fernsehstationen der Erde gehackt hatten, um sich einen unglaublich guten Scherz zu erlauben – so zumindest meine Theorie.

Man/frau sollte dazu wissen, dass ich zu einer ähnlichen Story schon vor langer Zeit mit einer Freundin in einem urigen Wiener Schnitzellokal das komplette Drehbuch geschrieben hatte und es seitdem in der Schublade einstaubt. In dieser Geschichte geht es darum die Weltrevolution anzuzetteln – natürlich! Ich will mich kurz fassen: Auf der ganzen Welt werden die TV- und Radiostationen zerstört, nur

wenige bleiben heil, um Texte und Manifeste zu senden. Das wird so lange durchgezogen, bis das »Volk« weich ist, um es dann gendertechnisch umzuerziehen. Am Ende des Experiments steht dann die medienfreie und gegenderte Gesellschaft. Amen!

Ich war also hin- und hergerissen zwischen Begeisterung für die Ausführung und Lob für die Hacker, und dem Selbstmitleid, das mich immer dann überfällt, wenn ich das Gefühl habe mal wieder zu spät zu sein mit meinen tollen Ideen ...

Das zweite Flugzeug, die flüchtenden Menschen, die ersten saublöden Kommentare der ModeratorInnen, sowie die erste debile Reaktion des US-Präsidenten überzeugten mich dann leider doch davon, dass mein Traum nicht Wirklichkeit geworden war.

Ok, da haben wir den Salat. Dieses blöde Scheißgerät spricht also die Wahrheit. Was nun, lachen oder Trauer empfinden?

Nun verunsicherte mich eine Tatsache. Neben mir saß eine wie Espenlaub zitternde New Yorkerin, die ihre halbe Verwandtschaft in den Towern sitzen wusste. Dieser Umstand verhinderte meinen normalen Reflex, sofort alle dramatischen Ereignisse in Funk und Fernsehen zu abstrahieren, um nicht völlig gaga werden zu müssen – was mit Verlaub nix mit der viel zitierten Abgestumpftheit zu tun hat. Da saß ich nun und wollte eigentlich das bis dato finale Medienereignis loben, erste Analysen über die politischen Zusammenhänge versuchen – mir kam sofort das Thema Sicherheitspolitik in den Sinn – aber gleichzeitig natürlich um nichts in der Welt die Gefühle dieser Frau verletzten. Wer interessiert sich schon für Etats, Ölpipelines, Rassismus und wiederaufkeimenden Nationalismus – ich denke da nur an die Massentätowierungen von Stars and Stripes auf amerikanische Oberarme ein paar Tage danach – wenn man/frau gerade seine/ihre Familie mitsamt dem Symbol der westlichen Zivilisation untergehen sieht, ähm, 'tschuldigung!

Aber nun mal ehrlich: Mir fällt es zumindest schwer über Moral und Ethik zu reden, wenn zugesehen werden soll, wie Menschen in Todesangst aus

Hochhäusern springen, um vielleicht irgend etwas zu tun in dieser ausweglosen Situation und sei es, die Todesart selbst zu bestimmen.

Von dem ganzen anderen Leid auf dieser Welt, angefangen von aufgeblähten Bäuchen verhungernder, mit Aids infizierter Kleinkinder, die sich nicht mehr auf den Beinen halten können und womöglich in ihrer Todesstunde noch mal schnell abgelichtet werden, sowie brutalen blutigen, in Fetzen runterhängenden, von Granaten zerstörten Gliedmaßen, bis hin zu nachretuschierten Plakaten blutig geschlagener kurdischer Demonstranten sollte an dieser Stelle eigentlich gar nicht die Rede sein. Man/frau sieht leider immer noch genug davon, trotz der inzwischen klinischen, computerspielartigen und deshalb unblutigen Medialisierung der Kriege seit Anfang der 90er.

Mit meiner Verunsicherung war ich offensichtlich nicht alleine. Jeder und jede, auf das Thema angesprochen, hat eigentlich nur rumgestottert und am Ende gesagt, »Tja, weis ich auch nicht so genau, aber ein interessantes Thema.»

Das Problematische an dieser Sache ist doch die fehlende Gradlinigkeit. Es gibt eigentlich keine klaren Grenzen, die zu überschreiten wären, keine Tabus, die zu brechen sind. Es sei denn, man/frau tritt damit Anwesenden bewusst auf den Schlips bzw. ihre Seele und provoziert sie, ohne damit ein bestimmtes Ziel zu verfolgen. TabubrecherInnen, die nach dem Grund ihrer Provokation gefragt, mit so dämlichen Antworten kommen, wie: »Entspann dich mal!« gehören sowieso endlos auf die Fresse gehauen, ausgepeitscht und weggesperrt! Man/frau sollte schon wissen, was er/sie da tut und das auch erklären können, sonst macht das Provozieren keinen Sinn.

Und genau da liegt der Unterschied zwischen Provokation und Humor. Bei der einen Sache porkst

man/frau solange rum, bis sich eine Reaktion einstellt, mit der dann umgegangen werden muss. Bei der anderen Sache bleibt einem das ganze im Halse stecken, bzw. man/frau kommt gar nicht auf die Idee überhaupt zu lachen. Ich würde es mir zumindest dreimal überlegen, ob ich Lust hätte mir lachend auf die Schenkel zu schlagen, wenn ich damit bewusst bei jemand anderem einen Heulkrampf provozieren würde – es sei denn, ich wäre ausgewiesene Sadistin und könnte die Folgen eines solchen Ausbruches tragen! Hätte die Person allerdings gerade den Raum verlassen, sähe das Ganze schon wieder anders aus – allerdings soll es auch da natürlich Graustufen geben. Stellt sich nun die Frage, warum bleibt ein Witz witzig, auch wenn man/frau Menschen damit verletzen könnte?

Eine mögliche Erklärung wäre, das sich nicht über die Opfer lustig gemacht wird, sondern über die Verhältnisse, in denen Menschen zu Opfern werden. Das sollte allemal erlaubt sein! Wenn das Opfer nicht mehr global denken, Zusammenhänge erkennen und abstrahieren kann, weil es zu tief in seiner/ihrer Trauer, Wut und Hilflosigkeit verstrickt ist, ist das nur menschlich und völlig ok, und deshalb rücksichtsvoll zu behandeln! Aber es ist eben auch nicht das Maß aller Dinge!

Aufklärung tut not! Beim Tabubruch sowie beim Humor ist es wichtig zu wissen, worum es hier eigentlich geht, worüber man/frau lacht und wen man/frau provoziert. Größte gemeinsame Nenner und Schnittmengen sind langweilig, verdecken und verwässern mehr, als dass sie aufklären bzw. Diskussionen und Reflexionen anregen. Einigkeit ist meistens ein fauler Kompromiss!

Deshalb soll es bis auf weiteres auch keine Gnade mehr geben, das Opfer zweiten Grades hat inzwischen erfahren, dass ihre Verwandtschaft entweder krank, oder zu spät dran war und den Raum verlassen; alle anderen, die nicht soviel Glück hatten und Opfer zu beklagen haben, hören jetzt auf zu lesen.

Als die ersten Schweigeminuten noch nicht richtig vorbei waren, und nachdem man/frau sich ausreichend auf die Schenkel geklopft hatte angesichts des durchaus komischen Aspekts, dass Hollywood das Spektakel nicht besser hätte inszenieren können – leider gab's nicht die übliche Auflösung des durchschnittlichen Actionfilmes: man hat den Schuldigen weder finden, noch ihm die Schuld beweisen können ... oder nachdem dann auch den künstlerischen Aspekten der Grande Catastrophe großbürgerliche Anerkennung gezollt worden war – von z.B. Stockhausen, der dies ja auch, zumindest öffentlich, büßen musste – fing man/frau an, sich hinter vorgehaltener Hand die ersten Witze zu erzählen:

- *Haste gehört? Sie haben Bin Laden erschossen – der Fernseher ist gleich mit draufgegangen!*
- *Was heißt Rollstuhlfahrer auf arabisch? – Is lam.*
- *Bin Laden Airlines bringt Sie direkt ins Büro!*
- *Zwei Türme sind verliebt, sagt der eine zum anderen: »Mir ist so schwummerig!« »Warum?« »Ich glaub ich hab Flugzeuge im Bauch!«*
- *Es ist das Jahr 2030. Vater und Sohn gehen im Park spazieren und kommen an einem Denkmal vorbei. Der Sohn fragt: »Was ist das?« »Das ist ein Memorial zum 11.9.2001 als zwei Flugzeuge in die Twin Towers geflogen sind!« »Wer hat das gemacht?« »Arabische Terroristen!« »Und was sind Araber, Papi?«*

Schade, dass nicht nur Leute wie Stockhausen, sondern auch jemand wie Woody Allen, der in einem unbedachten Moment auf einer Party den Schachwitz erzählt hat (*Warum schlägt Bin Laden Bush immer im Schach? – Weil Bush seine zwei Türme verloren hat*), für ihren Humor zu Kreuze kriechen müssen. Dabei sind die, die eben gerade diesen Humor als unmoralisch verurteilen, oft die lächerlichsten.

Ich liebe z.B. die Kastrationstheorie. Wenn ich an die Aufnahmen von Bushs extrem debilen Gesichtsausdruck denke, als er auf einem Erstklässlerstühlchen sitzend von seiner Leibgarde das Ungeheuerliche erfuhr. Ähnlich gucken Männer, wenn ihnen in die Eier getreten wird: dumm, ungläubig und mit der panischen Angst im Nacken, vielleicht nie wieder einen hoch zu kriegen. Später dann konnte man/frau sich davon überzeugen, dass die selbsternannte Wiege der Zivilisation tatsächlich von einem brabbelnden Idioten regiert wird, als Bush in der ers-

ten offiziellen Pressekonferenz mantramäßig vor sich herbetete: »... Wir kriegen euch, egal wo ihr euch versteckt, wir werden euch finden und dann gnade euch Gott ...« – und das bestimmt zehnmal geloopt. Erst sehr viel später war Bush dann zu seiner ersten wirklich fiesen und ernstzunehmenden Drohung fähig, als er verkündete, das jede Nation, die sich jetzt nicht auf die Seite der USA schlagen würde, gegen selbige sei und mit Konsequenzen zu rechnen habe, was dann ja auch auf der ganzen Welt für schöne Verwirrungen gesorgt hat. Gebt dem Mann also nur ein wenig Zeit, dann wird das schon!

Schön auch hierzulande der leicht religiöse Anfall in der Livemoderation von Ulrich Wickert: »... und hier sehen Sie wie die Menschen fliehen, ein Mann mit Krücken kann sogar wieder laufen ...«. Eine andere Art Humor hat er dann im Oktober in einem Gastbeitrag der Zeitschrift Max bewiesen: »Bush ist kein Mörder und Terrorist. Aber die Denkstrukturen sind die gleichen ...« Unbezahlbar, der Mann!

In der gut einen Monat später erschienenen Wiener Zeitschrift Malmö (*www.malmoe.org*), schrieb die

unschätzbare Hito Steyerl über genau diese Theorie einen interessanten Artikel, indem sie die wunderbare Spiegelszene aus dem Film *Duck Soup / Die Marx Brothers ziehen in den Krieg* zum Anlass nahm, einige äußerst kurzweilige Überlegungen anzustellen. Hito

Steyerl ist zu Recht der Meinung, dass sich die Revolution vom Kapitalismus hat einkaufen und vereinnahmen lassen. Ehemals sozialistische Länder versuchen möglichst amerikanisch und westlich daherzukommen – die »zivilisierte« und »demokratisierte« Welt gleicht sich an. Es könnte alles so schön sein, wenn nicht die islamistischen, terroristischen Barbaren auf der anderen Seite des Spiegels stehen würden. Wer da Harpo und wer Groucho ist, ist eigentlich egal, das Kasperletheater ist auf jeden Fall im vollen Gange und könnte auch eins bleiben, wenn nicht Chico als Verkörperung der dritten Welt und der MigrantInnen und ArbeiterInnen im WTC, die deshalb nicht in irgendwelchen Statistiken auftauchen, weil sie illegal waren, um die Ecke käme und alles versauen würde ...

Soweit Hito Steyerl. Aber ich möchte meinen Fokus von den globalen Zusammenhängen wieder auf Amerika lenken, auf ein trauerndes Amerika, ein verwirrtes und verletztes Amerika.

Da gibt es beispielsweise diese ominöse Indexliste, erstellt von einem einzelnen Programmdirektor kurz nach dem 11.9., nachzulesen unter *www.eonline.com/news/Items/0,1,8842,00.html*. Angeführt von AC/DC's fast komplettem Programm, über die BANGLES mit *Walk Like An Egyptian* – dazu Nina Crowley, Radiodirektorin von MassMic: »You really gotta stretch it to get that!« – bis hin zu Skeeter Davis' *End of the World* (wie anmaßend ist das denn, bitteschön?!), oder Neil Diamonds *America* – huch? Außerdem Bob Dylans *Knockin' on Heaven's Door*, was meiner Meinung nach sowieso auf den Index gehört, aber das ist ein ganz anderes Thema. Indiziert sind auf dieser Liste noch so schöne Titel wie JUDAS PRIESTs *Some Heads Are Gonna Roll*, oder Jerry Lee Lewis' *Great Balls of Fire*, Simon & Garfunkels *Bridge Over Troubled Water* und – jetzt wird's wieder voll lustig – Nenas *99 Luftballoons* (*99 Red Balloons*), oder *Another One Bites The Dust*

von QUEEN. Die hochgradige Perversität dieser Liste zeigt sich entgültig durch den Bogen, der von VAN HALEN – *Jump* – und Tom Petty – *Free Fallin'* – zu den Ereignissen in NYC gespannt wird. Selbst schuld, wenn wenig später die ersten Bilder im Internet unter *www.muller-b.com/disaster* erschienen, mit dem Foto von Leuten, die aus den Twin Towers springen und im Vordergrund steht Geri Halliwell und rockt zu ihrem *It's Raining Men* so richtig ab.

Nun fragt sich hoffentlich der/die geneigte LeserIn mit mir, ob sich darüber lustig gemacht werden darf, wenn da jemand in den sicheren Tod springt?!

Die Antwort ist meiner Meinung nach im Slapstick zu suchen.

Das Stolpern des Autonomen, des Mächtigen und Selbstbewussten ist das Elementare an einer komischen Situation. Wenn also die Twin Towers in Manhatten ein Symbol für Amerikas Macht gewesen sind, dann hat es schon etwas Komisches, sie einknicken/stolpern/brechen zu sehen. Aber nicht nur die Gebäude sind mächtig, sondern auch die Firmen, die darin ihren Sitz haben und die Menschen, die in diesen Firmen beschäftigt sind. Es sind erfolgreiche Menschen, es sind Menschen, die systemkompatibel sind, mehr noch, das System aufrecht erhalten, selbst daran arbeiten und sich im oberen Drittel der Wohlstandsskala befinden – wird mal wieder von den Illegalen in den Gebäuden abgesehen. So hat es einfach etwas komisches, wenn man eben diese Leute aus den Fenstern purzeln sieht, immer vorausgesetzt, da widerhol' ich mich gerne, man/frau kann abstrahieren und hat keine persönlichen Opfer zu beklagen.

Der Erfolg und die Macht werden gebrochen, es tritt eine Entspannung ein. Die Spannung mit der man/frau Überflieger betrachtet, weicht einer Erleichterung wenn sie wieder auf dem Boden der Tatsachen angelangt sind. Je schmerzhafter, desto lustiger und so sind Stan/Olli, Tom/Jerry und alle die anderen Paare permanent darauf bedacht, den anderen bloß nicht in Ruhe zu lassen und schon gar nicht besser sein zu lassen als man/frau selber. Das Stichwort Konkurrenz ist hier sehr wichtig: schneller, besser, härter, mehr Geld, mehr Frauen, mehr Autos ... Was gibt es da Schöneres als den Chef, die dumme Socke, über einen Mülleimer stolpern zu sehen?! Nichts anderes passiert, wenn abermals das Foto vom Tower gezeigt wird, ein Mann in freiem Fall und darunter die Flaggen diverser arabischer Länder. Über jeder Flagge steht eine Zahl – 0,8 / 1,7 / 2,1 usw. – und das ergibt eine neue olympische Disziplin: Freefalling Championship.

Osama Bin Laden-Witze sind dagegen extrem unwitzig und drücken eher eine Hilflosigkeit aus – nämlich den Willen Rache zu nehmen und nicht so richtig zu wissen wie, außer mit roher Gewalt Gleiches mit Gleichem zu vergelten. Jay Leno verkündet in einer seiner ersten Shows nach dem 11.9.: »In den ABC Nachrichten haben sie gemeldet, dass Bin Laden auf den Tod vorbereitet ist. Das sind mal gute Nachrichten. Wir wollen ihn töten – endlich eine gemeinsame Basis, auf der wir arbeiten können.« In anderen derartigen Witzen wird z.B. Bin Laden von Bush in den Arsch gefickt, oder kriegt von Hussein einen runtergeholt, oder Bin Ladens Kopf wird auf eine Barbiepuppe oder die Flamme der Freiheitsstatue gesetzt. Das sind homophobe und sexistische Scherze, die vermeintlich auf Kosten des Schwachen gemacht werden, aber sehr schnell auf den Witzereißenden selbst zurückfallen. Wenn man/frau nämlich die Twintowers als Doppelschwänze und als Symbol der Macht und der Zivilisation sieht – was die Amerikaner ja nach eigenen Angaben durchaus machen – und den 11.9. somit als einen Tag der Kastration der USA betrachtet, wird schnell klar, wer hier eigentlich der Gefickte ist. Bin Ladens Person eignet sich nicht für einen guten Witz, weil der Djihad und die Taliban nicht witzig sind – Amerikas Potenz und Allmachtphantasien, die z.B. die Taliban überhaupt erst zu dem gemacht haben was sie jetzt sind, allerdings schon!!!

Darüber hinaus gab es auch die Sorte der Vorauseilender-Gehorsam-Witze, von Wetterberichten beispielsweise, wo bei der Wettervorausschau für Afghanistan am fünften Tag eine Atombombenexplosion eingeblendet und die Temperatur mit 5000 Fahrenheit angegeben wurde ... (tja)!

Leider ist z.B. auch das November Heft der Titanic voll gewesen von schnarchlangweiligen Osama Bin Laden-Witzen.

Eine Aktion in diesem Heft war allerdings dafür unschlagbar gut: »Wir sind ein New Yorker«. Herrlich, die Fotos von den Leuten, die diese Pappschilder in der Hand halten und damit vor einer Großaufnahme

der gerade kollabierenden Türme stehn. »You are not alone, Onkel Sam!« »We stand behind you, USA.« »Live goes on.« »Weltsicherheitsnadel, gegen Unsicherheit und Terror!« stand da zu lesen. Die besten Bilder stammen allerdings von zwei todernst drein blickenden Männern mit Schildern wie »Hauptsache, man redet drüber« und »We are all Americans«. Das Schöne bei solchen Aktionen ist ja, dass vieles davon echter Fake ist, aber manchmal kommen dann doch genau die richtigen Passanten vorbei, die nicht begreifen, worum es geht und die »Aktion« mitmachen, weil sie solidarisch sein wollen ... (prust)!

Eine andere todkomische Sparte Humor stellt die Verarschung der Verschwörungstheoretiker dar. Die Rohrschachtest-erprobten-Genauhingucker wollten ja so einiges in den Rauchwolken und Explosionen entdeckt haben. Ungläubige Kommentare zu vergrößerten Detailaufnahmen »Spinn ich jetzt, oder ist das Satan?!« haben schon zu guten Lachanfällen geführt. Die Antwort darauf: Ein bezipfelmützter Osama Bin Laden auf schlabberigem Gebetsteppich, der gerade in einen der Tower rauscht.

Dennoch bleibt die eine Frage: Wo hören Durchhalteparolen, Schadenfreude, revanchistisches Sich-über-einen-vermeintlichen-Feind-lustig-Machen und Schwarzweißmalerei auf, und wo fängt Humor an?

Führende deutsche Komiker waren sich jedenfalls einig, dass es Humor ist, wenn man trotzdem lacht. »Es mag zwar zynisch klingen, aber ...« Das ist der meist gesagte Satzanfang jener Tage gewesen. Zu

mehr als Zynismus sind die Deutschen leider auch nicht fähig. Jürgen von der Lippe: »Wir brauchen jetzt die Unterhaltung so dringend, wie der Schwimmer den Beckenrand.«, Thomas Herrmanns: »Es war schon immer so: Wenn sich im Zirkus der Trapezartist zu Tode gestürzt hat, dann kamen die Clowns in die Manege, um abzulenken. Das ist jetzt unsere Pflicht!« Hier haben wir es mit einem typischen Missverständnis zu tun, dem die Deutschen immer wieder unterliegen – The Show Must Go On, durchhalten, stillhalten, die Leute bei Laune halten, niemandem auf

den Schlips treten, sich nix anmerken lassen und dazu schleimige, arschkriecherische Beileidsbekundungen, das ist der Deutschen Humor. Wigald Boning: »Eines der Ziele der Terroristen war, das öffentliche Leben in der westlichen Zivilisation aus den Angeln zu heben ... und unter anderem eben auch bestimmte ›Auswüchse des westlichen Lebens‹ wie

etwa die Fernsehunterhaltung zu zerstören. Und darauf einzugehen hieße ja, sich einschüchtern zu lassen.« Es geht hier also um Pflichterfüllung, sich von den Wilden nicht einschüchtern lassen, um ein »Jetzt erst recht!« Thomas Herrmanns: »Wenn der Terror es schaffen würde, den Menschen in Deutschland das Lachen zu nehmen, wäre viel verloren.« Sorry, aber da bin anderer Meinung, Thomas!

Terrence Des Pres[1] übrigens auch: »... ein Gelächter, das die Autorität der Existenz nicht anerkennt, das, das wie es ist, verhöhnt, so eine Distanz zum Geschehenen verschafft, die der zeitlosen Entfernung angemessener ist als ein vermeintlicher Realismus.« Also nicht Durchhalten und Ablenken, sondern reflektieren. Ole Frahm, Literaturwissenschaftler und Comic-Forscher[2]: »... es geht um reflexives Lachen, also nicht über das Grauen, sondern über die Unmöglichkeit, es zu erfassen.«

Wie die/der geneigte LeserIn sicherlich schon bemerkt hat, sind die letzten beiden Zitate nicht von irgendwelchen Spaßmachern, sondern von Holocaustforschern, die sich mit dem Thema der Aufarbeitung beschäftigt haben. So auch der Auschwitz- und Buchenwald Überlebende Imre Kertész in seinem Essay *Wem gehört Auschwitz?*[3]: »... ich halte aber jede Darstellung für Kitsch, die nicht die weitreichenden Konsequenzen von Auschwitz impliziert und derzufolge der mit Großbuchstaben geschriebene MENSCH – und mit ihm das Ideal des Humanen – heil und unbeschädigt aus Auschwitz hervorgeht.« Das führt die Kunsthistorikerin Prof. Silke Wenk[4] noch mal aus: »... also nicht die Einhaltung des Humanen, sondern – und davor warnt das großgeschriebene Humane (MENSCH), das annimmt, dass die Menschen auch aus Auschwitz heil herauskommen – dass er genau das in Frage stellt, und für das Kleingeschriebene steht das normale, gewöhnliche, ordinäre ...«

Also müssen sich wohl alle selbsternannten Humanisten endlich einmal damit abfinden, dass die Humanität, zumindest wenn sie großgeschrieben wird, spätestens in den Gaskammern deutscher KZs mitverendet ist und nach 1945 auch nicht im geringsten der Versuch gemacht wurde, daran nochmal etwas zu verändern. Das, was Silke Wenk als »humorlose säkulare Kunstreligion« bezeichnet, ist genau das, was in die uns sekundär Traumatisierten so wohlbekannte und verlogene Aufarbeitung des Holocausts mündet – die, wenn überhaupt, darin besteht, zu dokumentieren, auf gar keinen Fall aber darin, zu analysieren oder zu interpretieren.

Und gerade deshalb, mein lieber Thomas Herrmanns, wäre es eigentlich gar nicht so schlecht, wenn den Deutschen mal so richtig das Lachen verginge, zumindest das, was sie für eines halten.

Sicher ist der Holocaust eine harte Ausgangsbasis für den Humor an sich, aber diese Basis ist nun mal hier in Deutschland geschaffen worden, also muss sich damit auch auseinandergesetzt werden, und das müssen nicht nur die Deutschen, sondern all die, die daran beteiligt waren – offiziell, inoffiziell, direkt oder indirekt. Deshalb soll Humor auch nicht nur explizit in Deutschland ein Problem sein, die Thematik hier ist nur eine sehr deutliche und ursprüngliche.

Jeglicher Moralpredigt ist also erst mal mit einer gehörigen Portion Skepsis zu entgegnen. Moral, Ethik, Humanismus, das sind alles Begriffe die hier eigentlich nichts mehr zu suchen haben, weil sie an anderer, wichtiger Stelle schon so ins Absurde verkehrt worden sind, das einem eigentlich nur das Kotzen kommen könnte, oder zumindest das Lachen im Halse stecken bleiben sollte.

Hätte guter Humor vielleicht das schlimmste verhindern können?

Man/frau stelle sich nur diese ganzen Militaristen und Politiker vor, wie sie über sich selbst lachen und genug Distanz zu ihren Verbrechen haben um sie selbst zu analysieren. Eine Katze die sich in den Schwanz beißt, denn wer würde fortfahren so idiotische Dinge zu tun wie beispielsweise im Gleichschritt zu marschieren, wenn einem klar wäre wie lächerlich man sich damit macht?! Sich nicht so furchtbar ernst zu nehmen, bzw. die Möglichkeit

haben über sich selbst zu lachen sind die wichtigsten Voraussetzungen des Humors, und das geht den Mächtigen dieser Erde ja nun vollends ab.

Deshalb sind Witze, die z. B. die Verlogenheit der Amerikaner mit ihren Indexlisten aufs Korn nehmen, wichtig und richtig, weil sie mehr über soziale Verhältnisse, Rezeptionen in Medien und bestehende Moralvorstellungen aussagen, als so vieles andere Geschwafel und Möchtegernanalysen.

Es gibt jedenfalls zahllose Aspekte des 11.9.01, bei denen einem speiübel werden kann. Dazu gehören nicht die Vorkommnisse an selbigem Tag, sondern das, was da noch kommen wird. Schon jetzt dürfte die Zahl der Toten vom 11.9. locker von toten Afghanen und Afghaninnen abgegolten sein. Die Zukunft wird nichts Gutes bringen, und das hurmorlose Pflichterfüllen trägt bestimmt nicht zur Mobilisierung der revolutionären Massen bei, was einerseits so traurig weit entfernt scheint, aber andererseits ja auch so existenziell wichtig wäre ...

Wir sollten die Hoffnung nicht aufgeben, aber vorerst sind wir wohl grade am Rande des Jammertales angelangt, das müssen wir uns wohl langsam mal eingestehen!

Da tut guter Humor Not! ●

Anmerkungen

1 Terrence Des Pres: Holocaust Laughter. In: Berel Lang (Hg.): *Writing and the Holocaust*. London: Holmes & Meier 1988.
2 Ole Frahm: *Das weiße M – Zur Genealogie von MAUS (CHWITZ)*. In: Fritz Bauer Institut (Hg.): *Jahrbuch 1997 zur Geschichte und Wirkung des Holocaust*. Frankfurt am Main: Campus 1997.
3 Imre Kertész: *Eine Gedankenlänge Stille, während das Erschießungskommando neu lädt*. Essays im Rowohlt Verlag 1999
4 Silke Wenk: *Happy End nach der Katastrophe? Das Leben ist schön zwischen Medienreferenz und ›Postmemory‹*. Vortrag gehalten auf der Tagung Lachen über Hitler / Auschwitz Gelächter, Filmkomödie und Holocaust. 25.–29.4.2001 Evangelische Akademie Arnoldshain.

Zelfmoord raket van de TALIBAN met doel

Enno Stahl

»Ulkiger Erzählonkel«
gereift & altersweise?

[Über Thomas Kapielski]

Kapielski war eigentlich schon immer lustig, nicht erst seit das Feuilleton in ihm seinen Lieblingsnarren und -nestbeschmutzer entdeckte.
Irgendwann, ich glaube 1998, ließ Iris Radisch das mal so fallen in einer großen Abrechnung mit der jungen, deutschen Gegenwartsliteratur – alles Scheiße, aber das »herrliche Sudelbuch Thomas Kapielskis« ... Danach kam es, wie es kommen musste: alle liebten ihn, alle fanden das, was Kapielski schreibt, »unheimlich lustig«, geradezu zum Schreien, total schräg. Erst SWF-Bestenliste, dann Klagenfurt, Kapielski mittendrin verwurstet das natürlich wieder in einem betriebskritischen Text, da lacht der Akademiker.

Dass Kapielski bereits seit Anfang der 80er Jahre tätig ist, als bildender Künstler und Musiker, und speziell als Autor mit *Aqua botulus* (1992) und *Der Einzige und sein Offenbarungseid* (1994) einzigartige humoristische Highlights geliefert hatte, war an all diesen neuerwachten Abfeierern spurlos vorbeigegangen. Natürlich hat es bei seinen zweibändigen *Gottesbeweisen* (1. *Davor kommt noch* [1998] und 2. *Danach war schon* [1999]) ein besonders glückhaftes Zusammentreffen gegeben, das den Erfolg sicher maßgeblich mitbestimmt hat. Denn beide Bände sind im wohl beleumundeten *Merve*-Verlag erschienen, dessen umfangreiches Programm neuer und neuester strukturalistischer, poststrukturalistischer und sonstwelcher Theorie Kapielski, nach seiner eigenen oft beurkundeten Aussage, erst zu dem hat werden lassen, der er heute ist. Und hier sind wir bereits im Zentrum des Kapielski'schen Witzes, der, soviel sei hier vorweg gesagt, unbedingt ein philosophischer ist.

Doch das ist nur die eine Seite. Die andere ist das Leben, Kapielskis nämlich. Denn Protagonist aller seiner Bücher ist ausnahmslos er selbst und das, was ihm widerfährt. Und was ihm widerfährt, ist nicht immer ganz unabhängig von dem, was er tut.

Ich lernte Kapielski auf der Buchmesse 1992 kennen, *Aqua botulus* war soeben im neu gegründeten *Maas* Verlag erschienen und wir hingen ein bisschen mit den verrückten Autoren herum, die dazu gehörten, außer Kapielski waren das Harry Hass und Peter Wawerzinek, ein Flohzirkus also, den der Verleger Maas da zu hüten hatte. Und das Erste und Eindrücklichste, womit Kapielski sich in meine Erinnerung einbrannte, war eine kleine, doch typische Szene bei einem Verlagsempfang der »SoVa«, irgendeiner damaligen sozialistischen Vertriebsgemeinschaft (die »SoVa« ist bis heute unser Vertrieb; Anm. der *testcard*-Redaktion), satt mit Büffett und Freigetränken ausgerichtet, und Kapielski, der mit Maas und Hass weitgehend still an unserem Nebentisch gesessen hatte, stieg auf einmal besoffen auf seinen Stuhl und brüllte in den Raum: »So, ihr linken Säue! Jetzt sing ick euch ma wat von Brecht!« Und dieser Ankündigung folgte umgehend die Tat. Ringsum sprangen Leute auf, Kameras blitzten, man ist auf Buchmessen-Parties ja so dermaßen froh, wenn nur mal *irgendetwas* passiert. Kapielski, unbeirrt und unermüdlich, schmetterte einen Weill-Song nach dem anderen. Welche es waren, weiß ich nicht mehr, *Mackie Messer* jedenfalls nicht. Dann nach einer guten Viertelstunde setzte er sich wieder hin und widmete sich ruhig dem Biere. Alles, was ich danach von ihm sah (an bildender Kunst) oder las (an Literatur), überraschte mich nicht mehr. Denn es folgte genau demselben Duktus wie diese kleine Spontaneinlage, nämlich im absolut Alltäglichen, im Trivialen den Zauber des Besonderen aufscheinen zu lassen, oder wenigstens den Aha-Effekt, den Erkenntnisblitz: »ja, so könnte es auch sein«, »genial, aber einfach!«. Das galt für *Aqua botulus*, für

Die dürfen sollen, müssen können wollen: Thomas Kapielski in Mainz, 2001. Foto: Annette Emde.

viele immer noch sein bestes Buch, ebenso wie für künstlerische Arbeiten wie sein angeknabbertes *Rec-lam*buch *Gadamer*, das sich mit ein paar aufgemalten Käselöchern lakonisch-treffend zu den Werten der hehren Philosophie und Hermeneutik äußerte, in dem Fall zur »Aktualität des Schönen« (so der Titel des Gadamer-Buches).

Unvergessen auch sein »Perpetuum mobile« (zwei Kaffeemaschinen, die ihr Wasser ineinander speien und so einen nicht enden wollenden Kreislauf erzeugen) oder seine »Kleinste Theke der Welt«, die mit Rollen versehen und so jederzeit mitnehmbar ist in überfüllte Kneipen, wo sich ansonsten kein an-ständiger Abstellplatz finden lässt. Noch heute wüss-te ich zu gern, wer auf der Liste »Die vier größten Arschlöcher Kölns« bzw. »Berlins« steht – leider wa-ren sie in verschlossenen Briefumschlägen und ge-rahmt, »Aufmachen kostet 1800 Mark«, gab Kapielski mir zu verstehen. Auch dies wieder ein Spiel mit den Werten der Kunst oder besser: dem *Wert* der Kunst, dem Kunstmarkt und seinen Gesetzen.

Seit vielen Jahren fotografiert er intensiv, immer mit einer billigen Kamera, immer seltsam-skurrile Augenblicksdokumentationen, besonders aus dem Bereich kleinbürgerlicher (Anti-) Ästhestik, Kneipen-interieurs o. ä., alle seine Bücher sind mit solchen Schnappschüssen illustriert. Mitunter haftet diesen Fotos etwas Rätselhaftes an, dass man gar nicht recht weiß, was eigentlich das Motiv sein soll, und die Lite-ratur funktioniert seltsamer Weise reziprok – hier scheint alles offensichtlich, alles Oberfläche, es wird etwas beschrieben, ein Alltagsleben, Kapielskis All-tagsleben, das zwar besonders sein mag, in dem aber jeder Vieles wiederfinden kann, was er von sich selbst kennt, tagein, tagaus. Doch unter dieser Schicht des unmittelbar Sichtbaren, dessen, was geschildert wird, liegt wiederum das Rätsel. Der Kapielski'sche Witz erzählt die Dinge, wie sie sind, und man glaubt das kaum und lacht, aber sie müssen wohl so sein und wir alle kennen das ja, selbst das Sprichwort: solche Ge-schichten schreibt halt nur das Leben. Weder Kapiel-ski noch der Leser hinterfragt das Geschehen, warum es so ist, warum stehen 20 finnische Männer in Eises-kälte vor einem Kofferraum und trinken schweigend schwarzgebrannten Schnaps? Warum dieses Roller-pärchen in Bamberg, das selbst so rund ist wie seine Sturzhelme? Warum liegt er selbst, Kapielski, auf Trip am Boden der Gedächtniskirche wie ein Novize, die Ordination erwartend? Was steckt dahinter? Ist das nicht gerade das Unbekannte, die Chiffre, das Laby-rinth des täglichen Lebens?

Das, was Kapielski beschreibt, gerade in seinen stärksten Momenten, sind Epiphanien des Alltags, jene »kleinen, profanen Wunder, über die man so täg-lich staunt«, wie er selber das beschreibt: »Das sind so die kleinen Gottesbeweise, es sind so banale For-men des Wunders. Immer dann, wenn man anfängt zu staunen.«[1]

Wenn man anfängt zu staunen, versteht man nicht mehr ganz. In das allseits Bekannte hat sich die Abweichung eingeschlichen, das Besondere im All-täglichen, die Verfremdung. Diesen Punkt kann man entweder übergehen, ihn ignorieren oder gar nicht wahrnehmen, weil es einem eh an der Aufmerksam-keit gebricht, den Alltag noch zu strukturieren, zu un-terteilen, weil man ihn nurmehr erleidet, weil er einem bloß widerfährt.

Oder man kann mit wachem Bewusstsein nach solchen Momenten suchen, sich sensibel dafür ma-chen – und das ist eine moderne Form philosophi-scher Lebensführung. Der Kapielski'sche Witz ist letzt-lich Ergebnis einer Reflexion auf die scheinbar einfa-chen Dinge der gewohnten Umgebung, Ergebnis einer anhaltenden Betrachtung, er sagt selbst: »Unreflek-tiert würde ich vor die Hunde gehen, also muss ich auf einer Schiene meines Lebens doch in irgendeiner Wei-se versuchen, mir Klarheit zu verschaffen. Wenn auch Klarheit teilweise durch Vernebelung, das kann sehr paradox sein.«[2] Und an dieser Stelle erhellt sich er-neut das glückhafte Zusammentreffen, denn man ver-steht, dass die *Gottesbeweise*, die zunächst aus dem üblichen *Merve*-Progamm herauszufallen scheinen, auf eine hintergründige Weise sehr gut dazu passen.

Wie aber ist der Kapielski'sche Alltag individuell beschaffen? Was erfahren wir über ihn, über den Autor und Künstler, und über die Welt, entspringt sie doch bei seiner Art der Literarisierung dem unmittel-baren Erlebniskontext?

Da ist zuallererst die Kneipe, Berlin aus Kneipen-perspektive. Sie ist der letzte Ort des Authentischen, der eine freie und unmittelbare Kommunikation er-

möglicht. Natürlich sind es nicht die Szenekneipen, die Kapielski besucht, sondern die Proll- und Eck-kneipen, jedoch ausgesuchtester Manier, besondere Schmuckstücke, die sich ja in jeder Stadt von den Au-gen des Nicht-Kenners verbergen, um ihren Stamm-kunden einen kleinen, stillen Frieden zu bewahren:

»Ja, die Kneipe, also der Stammtisch insbeson-dere, ist ja außerordentlich schlecht konnotiert, diese Strategie müssen wir mit aller Vehemenz bekämpfen. Das sind die letzten Orte, wo die Leu-te noch nicht im Hyperrealen vor ihren Fernsehern bei Büchsenbier hocken, sondern tatsächlich noch sehr freimütig miteinander reden, da passiert sehr viel, man hört viel, sprachliche Akrobaten-stückchen passieren, aber auch nicht so persona-lisiert, sondern eher kollektiv; also ich glaub, da werden auch die Witze geboren, die man nicht orten kann, die man keiner Originalität zuordnen kann. Da sitzt man eben halt und redet, das ist vom Feinsten, das ist was ganz Wichtiges! Die Kneipe muß erhalten bleiben! Deshalb bin ich auch gegen jede Preiserhöhung dort und irgend-welche Steuerabgaben, die man aus irgendwel-chen angeblich volksgesundheitlichen Gründen noch ankoppelt, DAS DARF NICHT SEIN!!«[3]

Fast in allen seinen Geschichten und Anekdoten spielt der Tresen eine Rolle bzw. der Biertisch, an dem sich neben dem Protagonisten seine Freunde, Barphilo-sophen auch sie, austauschen über den Lauf der Welt, wo sie gewissermaßen Jahrzehnte im Auge des Hurri-canes verbringen und lauter Leute und Bekanntschaf-ten an sich vorüberziehen lassen und ihre Schicksale und einmal mehr ganz klar sehen, dass alles eitel ist. Vielerlei Absonderlichkeiten, speziell aus der Kunst- und Medienwelt, weiss Kapielski zu berichten, sie haben sich angesammelt beim simplen Aufmerken und gemütsruhigen Studium des Daseins. Und getreu nach Art des Lästermauls Jörg Schröder, der in seinen Erinnerungstapes ganz hübsch austeilt, offenlegt und decouvriert, deckt auch Kapielski die inneren Wider-sprüche einer Reihe von »Betriebsgewinn(l)ern« auf – zur Freude des hämischen Publikums, uns. Aber das soll keine reine Bloßstellung um ihrer selbst willen sein, Kapielski betont, er habe von Schröder gelernt, »immer ganz tapfer und offenherzig, aber in gewisser Weise auch sehr ethisch, moralisch-kontrolliert die Realitäten direkt zu benennen.«[4] Wichtig ist ihm dabei, dass er nicht etwa nur bei andern draufhaut, sondern sich selbst nicht schont:

> »Also in der Hinsicht muß dann ja etwas Aufrichtigkeit sein. Es macht mir von daher gerade keine Schwiergkeiten, als daß ich da ja ganz ordentlich ausschenke, und da muß ich ooch, da kann ich mich da nicht aussparen, sondern meine Schwächen müssen auch benannt werden, auch meine Stärken selbstverständlich. Ich finde das sehr wichtig, daß die Ironie, ausgezeichnet mit außerordentlicher Wahrhaftigkeit, angefangen bei sich selbst, ausgestattet wird. Danke.«[5]

Diese Ironie kennt dabei durchaus verschiedene Stärkegrade, von versöhnlich – etwa den eigentümlichen Anwandlungen seines Freundes Helmut Höge gegenüber, der kurz nach der Wende als Freiwilliger in einer LPG zu arbeiten begann – bis ganz ätzend, vornehmlich den orthodoxen Haderlinken gegenüber, *TAZ*-Umfeld und Ähnliches; dass er seinerzeit wegen des berüchtigten Diktums »gaskammervoll« von der Alternativ-Zeitung geschasst worden war, hat er wohl heute noch nicht ganz verwunden.

Wie sehr diesem Kontext seine Intimfeindschaft gilt, beweist seine aktuelle Veröffentlichung *Sozialmanierismus* (2001). Hier spart er nicht mit periodisch wiederkehrenden Miszellen, vor allem gegen die politische Korrektheit, die er (mitsamt einigen anderen Stilisierungen) unter dem Titelbegriff des Buches subsummiert:

> »Es geht um die Verkitschung des Sozialen. [...] Dit geht auf der einen Seite so ins Familiäre rein, auf die Ebene der politischen »Correctness«, in die allgemeine Geldgier, [...], dieses Interesse nur noch an Sex, Geld, Verdienen, aber eben nicht auf so ne naturwüchsige Art, sondern auf eine merkwürdige, in den Kitsch gewendeten Art. [...] Dazu viel Verlogenheit, Selbstzensur, bei Leuten, man hat ständig mit Selbstzensur zu kämpfen, wenn man schreibt, so 'ne bigotte Sache in der Ausländerpolitik, sehr viel Bigotterien, Frieden und Krieg betreffend, sehr viele Bigotterien, Zuchtpadeier, Erziehung betreffend.«

Je ernster er es meint, desto weniger lustig ist das Ganze allerdings. Er selbst sagt von sich, er habe versucht, »den ulkigen Erzählonkel abzuschütteln«, und

das ist ihm leider gelungen. Die uralte Binsenweisheit Nietzsches »Nicht durch Zorn, sondern durch Lachen tötet man.« bewahrheitet sich einmal mehr: die Passagen, in denen er über einen Fernsehauftritt berichtet (eingeladen anlässlich seines Auftauchens in der SWF-Bestenliste) bzw. von seinem Klagenfurt-Auftritt, sind mit Abstand die stärksten. Dort vermittelt er in altgewohnter Weise seinen schonungslosen Blick auf die Aporien des hysterischen deutschen Medienbetriebs. Aber sein Kampf gegen PC, gegen bestimmte Formen der Frauenemanzipation, gegen die Widersprüchlichkeit der Integrationspolitik u.ä. schießt übers Ziel hinaus, obwohl er in manchem durchaus Recht hat. Tatsächlich winken in Deutschland gewisse Kreise gleich ab, wenn es etwa um die *Integrationsfähigkeit* ausländischer Jugendlicher geht. Man muss doch in der Tat bedenken, wenn von Integration die Rede ist, dass dabei ausgesprochen demokratiefeindliche Werte mitintegriert werden müssten. Dass die Haltungen vieler junger Türken gegenüber Frauen oder gegenüber unserem Staat bisweilen gar nicht zum Selbstverständnis einer westlichen Demokratie passen mögen und dass viele von ihnen politisch sehr autokratisch orientiert sind – das sind Probleme, auf die man hinweisen kann. Aber man muss aufpassen, dass solche Kritik kein Selbstzweck wird und nicht ganz schnöde Berührungspunkte findet zu Rassismus und Sexismus.

Natürlich ist Kapielski die Gefahr dieser Gratwanderung bewusst und er versucht, immer wieder auszugleichen, dennoch tönt die Wut durch, und sie ist kein guter Ratgeber. Die Leichtigkeit seiner bisherigen Bände besitzt *Sozialmanierismus* nicht mehr, zu sehr spricht hier jemand seine ganz persönlichen Befindlichkeiten und Ärgernisse ungefiltert aus, und das ist letztlich nicht so interessant. Gereift und altersweise ist das nicht, denn dazu gehört auch, ein bisschen mehr laufen zu lassen, zuzugestehen.

Vielleicht beim nächsten Mal wieder, mit etwas mehr Abstand und weniger Druck. Angesichts dessen, was Kapielski bereits vorgelegt hat, lohnt es sich, darauf zu warten. ●

Anmerkungen

1 Kapielski-O-Ton in einem Gespräch mit E. S.
  (gesendet im *Deutschlandfunk, Büchermarkt* 28.6.1999)
2 Kapielski-O-Ton in einem Gespräch mit E. S.
  (Juli 2001, demnächst im *Deutschlandfunk, Büchermarkt*)
3 ebd. (Gespräch '99)
4 ebd.
5 ebd.

Christina Rauch

Merke auf, es wird zu lachen geben[1]

Oder: wie gemeinfrei kann Gelächter sein?

[Wie Komik funktioniert – am Beispiel der Feuerzangenbowle]

 Humor ist nicht nur eine ernste, Humor ist auch eine vielfältige Sache. Seit Aristoteles' sinnfälligerweise fragmentarischen Überlegungen zur Komödie müht sich die akademische Forschung vergebens damit ab, sich auf das allgegenwärtige und schlecht erklärliche Phänomen des menschlichen Gelächters ihren Reim zu machen. Nun könnten wir es mit dem Bachtinschen Hinweis auf die grundlegend anarchische Qualität des Lachens [siehe z. B. Bachtin 1996] bewenden lassen und uns ins Fäustchen kichern. Doch hilft das wenig. Wollen schließlich auch wir verstehen, was es auf sich hat mit dem, was das Publikum zum Lachen bringt.

Nun sieht das Thema anfänglich keineswegs beschwerlich aus. Aus allen Sendern unserer Medien dröhnt das Stichwortgelächter der *sitcoms* und *comedy shows*, die täglich von Millionen verfolgt und belacht werden. Die Regale der Buchhandlungen sind immer noch gefüllt mit lustigen Frauenromanen, lustigen Szeneromanen und gelächterorientiertem Schreibwerk überhaupt. Da kann doch nicht im Ernst die Frage gestellt werden, ob es etwas wie eine populäre Lachkultur geben kann?

Und doch, je länger die Frage gärt, desto undeutlicher wird die Antwort.

Dem Lachen selber wurden kaum Grenzen gesetzt – sofern es Lachen blieb.
(Bachtin 1996: 34)

Deswegen konnte das Lachen am wenigsten zum Werkzeug der Unterdrückung und Verdummung des Volkes werden. Und es ist niemals gelungen, es völlig offiziell zu machen. Das Lachen blieb stets eine freie Waffe in der Hand des Volkes. [Bachtin 1996: 39]

Um es gleich klarzustellen: ich will hier nicht in das kulturpessimistische Horn blasen und in das allseits beliebte Klagelied von der Zersetzung der Hochkultur durch die massenmedial inszenierte Spaßkultur einstimmen. Denn natürlich sind Gaby Hauptmann[2] und Stefan Raab lustig, genau wie Heinz Erhardt und Liesl Karlstadt lustig waren und gerade so lustig wie *Till Eulenspiegel* und Apuleius' *Der goldene Esel*, die dem Gelächter des Publikums auf die Sprünge halfen und helfen. Und genau wie Raab und Hauptmann heute, haftete zu ihrer Zeit Karlstadt und Apuleius der Ruch des Zersetzenden und folglich irgendwie Minderwertigen an. Das kann also nicht der Punkt sein, an dem die Frage nach der populären Lachkultur ansetzen muß.

Ergiebiger möchte da doch der Blick sein, den wir auf die grundsätzliche Funktionsweise von dem, was wir so lustig finden, werfen wollen.

diskongruenz & erleichterung

Lustig finden wir offenbar alles, was im weitesten Sinne gesprochen ›nicht stimmt‹. Soviel Einigkeit scheint immerhin unter den Theoretikern des Komischen und Lachhaften zu bestehen. Ob es nun Freud in seiner Abhandlung über den Witz im Rahmen seines Vokabulars von Trieb und Tabu erläutert, Bachtin unter den Auspizien von Karneval und Groteske über das Lachen nachdenkt oder Aristoteles – und ihm später folgend Lessing – unter der Herrschaft des Hohen und des Niedrigen argumentiert, immer scheint das Komische aufs Engste mit dem Widersinnigen und Paradoxen verbunden zu sein. Natürlich ist es (das Komische), kaum belacht, auch schon wieder verschwunden und schlägt der akribischen Untersuchung seit ewigen Zeiten seine Schnippchen. Doch so oder so, wir können getrost davon ausgehen, daß da, wo gelacht wird das eine oder andere Ungleichgewicht besteht, vielleicht auch nur bis dahin bestanden hat.

Das Komische ist also eine ziemlich flüchtige und unberechenbare Angelegenheit. In diesem Sinne wird es auch verständlich, wenn mit dem Komischen und dem daraus resultierenden Lachen Dinge wie Unbotmäßigkeit, Anarchie, Tabubruch und derlei mehr assoziiert wurden und werden.

Doch bei aller Widerborstigkeit bleibt das Komische immer versöhnlich. Zwar wird das Tabu gebrochen, der Eigensinn auf die Spitze getrieben, aber letztlich gehört das komische Sprechen zu den uneigentlichen Sprechweisen und zieht sich aus dem Bereich der ernstgemeinten Wirklichkeitsaussage sofort wieder zurück. Die Pointe bleibt spielerisch und das macht sie so attraktiv. Denn zwar umfaßt sie einen Augenblick der Überschreitung von Ordnung, aber eben immer nur einen Augenblick.

Dabei entsteht die Attraktivität für Initiatorin und Rezipient aus unterschiedlichen Gründen. Der vergnügliche Teil der Grenzüberschreitung und des pfiffigen Rückzugs aus der Gefahrenzone bleibt der Initiatorin vorbehalten. Indem sie das Unerhörte *tatsächlich* sagt, behauptet sie sich gegen die Ordnung und indem sie sich geschickt wieder aus der Gefahrenzone entfernt, beweist sie, daß nicht jede Ordnungswidrigkeit geahndet wird. *She beats the system.* Dem Rezipienten gehört dafür das Vergnügen, den Augenblick der Unbotmäßigkeit zu erkennen, die Raffinesse der Ordnungswidrigkeit zu goutieren und den Rückzug zu decken.

Interessanterweise besiegelt nämlich erst das Lachen (das eigene und das fremde), daß wir es mit einer Spezifikation des Komischen zu tun haben. Dies ist deswegen interessant, weil häufig das Lachen als *Reaktion* auf Lustiges aufgefaßt wird. Wir aber wollen einmal annehmen, daß das Lachen[3] konstitutiv an der Herstellung des Komischen beteiligt ist, daß das Lachen sozusagen ein Produktionsschritt bei der Herstellung des Lustigen darstellt. Damit entsteht nun die Situation, daß einerseits konspiriert wird, um der Ordnung ein Schnippchen zu schlagen, es aber andererseits zu einer temporären Umverteilung von Macht kommt. Die Initiatorin nimmt für einen Augenblick die Definitionsmacht an sich, wenn sie etwas angeblich Unmögliches sagt oder tut. Auf den Rezipienten geht die Macht des Urteilens über. Von ihm hängt ab, ob die Operation gelingt, an ihm liegt es, ob der Verstoß geahndet oder belacht und damit als komisches Spiel akzeptiert wird. Mit anderen Worten ist ein Witz also erst dann ein Witz, wenn er als solcher auch verstanden und bestätigt wird. Deswegen ist auch der größte Feind des Komischen gar nicht so sehr der ›große innere Zensor‹ [vgl. Bachtin 1996: 39], sondern das ausbleibende Lachen. Comedy-Produzenten wissen das sehr genau und bauen sicherheitshalber ihre automatischen Lachkonserven in die Show ein. Nicht allein signalisieren die eingespielten Lachsalven, daß das Vorgeführte lustig ist, sie sollen auch Einigkeit der Auffassung stiften, denn schließlich wirkt Gelächter – auch wenn es ein bißchen blechern klingt – ansteckend.

versprechen

Im humoristischen Sprachspiel wird Freiheit behauptet und Beruhigung betrieben. Für die Dauer der komischen Äußerung verändert sich die Welt. Diese komische und folglich temporäre Ordnungsüberschreitung kann nun subversiv sein, denn ohne Zweifel erhebt sich das lachende und witzereißende Subjekt für die Dauer seiner komischen Äußerung über die Zwänge der herrschenden Ordnung und erzeugt so einen Augenblick der Freiheit.[4] Und natürlich ist dem Lachen durchaus jenes Umwälzungspotential zuzutrauen, das Bachtin so darstellt: »Das Moment des Lachens, das karnevalistische Weltempfinden ... zerstören die beschränkte Ernsthaftigkeit sowie jeglichen Anspruch auf eine zeitlose Bedeutung und Unabänderlichkeit der Vorstellungen von der Notwendigkeit. Sie befreien das menschliche Bewußtsein, den Gedanken und die Einbildungskraft des Menschen für neue Möglichkeiten. Deshalb geht sehr großen Umwälzungen, selbst noch in der Wissenschaft, eine gewisse Karnevalisierung des Bewußtseins voraus« [Bachtin 1996: 28]. Geradesogut aber kann sie genau jene eben noch überschrittene Ordnung lediglich relativieren und am Ende wieder in Amt und Würden setzen. In diesem Fall fungiert die komische Gesamthandlung eher wie ein Ausflug ins Grüne, dessen Ziel ja auch nicht das Leben in der Wildnis ist, sondern die Rekreation für das ›eigentliche Leben‹ der Ausflügler.

Doch immer bleibt das Lachen »eine bestimmte, jedoch nicht in die Sprache der Logik übersetzbare *ästhetische Einstellung zur Wirklichkeit*, eine bestimmte Weise, die Wirklichkeit künstlerisch zu sehen und zu erschließen ...« [Bachtin 1996: 66, Hvm.]. Als fast schon perfektes Beispiel möchte ich an dieser Stelle Spoerls *Die Feuerzangenbowle* ins Feld führen. Die Geschichte dürfte bekannt sein:

Dem jungen Schriftsteller Hans Pfeiffer (»Met einem oder met zwei äff?« / »Mit drei, Herr Professor.« / »??« / »Eins vor dem ei und zwei hinter dem ei.« [Spoerl 1973: 13]) ist die prägende Erfahrung einer öffentlichen Schule entgangen, weil er privat erzogen worden war. »Hans Pfeiffer ist ganz niedergeschlagen und voll Neid. Es muß doch etwas Herrliches sein, so ein Pennal mit richtigen Magistern, richtigen Klassen und richtigen Kameraden. Mit seinen vierundzwanzig Jahren kommt er sich gegen die älteren Herrschaften wie ein Greis vor« [Spoerl 1973: 8]. Inspiriert durch die titelgebende Feuerzangenbowle hecken die sechs alten Herren der trinkfesten Runde deswegen den Plan aus, Pfeiffer buchstäblich nachzuschulen. Der junge Pfeiffer verläßt sein urbanes Großstadtleben und wird als Primaner auf ein Gymnasium in der Kleinstadt Babenberg geschickt. Dort mausert er sich schnell zum ausgebufftesten aller Schlitzohren, heckt die raffiniertesten Streiche aus, landet dafür im Karzer und findet seine wahre Liebe. Natürlich entledigt er sich zwischendurch noch seiner falschen Liebe – »Marion Eisenschmidt. Hans Pfeiffers Braut. Im grau-grünen Reisekleid, handgewebt und Mode von übermorgen, mit dem undurchdringlichen Gesicht und überlegenen Lächeln, genauso wie sie Hans aus Berlin gewöhnt war« (Spoerl 1973: 78). Er holt, kurz gesagt, seine Pubertät nach, um am Ende bereichert in seine vorherige Identität als Erwachsener zurückzukehren.

Spoerl hat mit seiner *Feuerzangenbowle* einen stilsicheren, fast perfekten humoristischen Roman geschrieben, dem es verblüffenderweise gelingt, seine sehr genaue zeitliche und soziale Verortung (bürgerlich, männlich, zwanziger Jahre) so darzustellen, daß das Buch bis heute seine Leser dazu bewegen kann, sich an der notwendigen lustigen Konspiration (siehe oben) zu beteiligen und den »Inhalt der sich im Lachen eröffnenden Wahrheit« [Bachtin 1996: 39] der Geschichte zu aktualisieren. Das Thema Schule ist für den Roman von entscheidender strategischer Bedeutung – schließlich gehört die Schulerfahrung zu den weithin geteilten Sozialisationserfahrungen und gibt damit einen zuverlässigen Bezugshorizont für die Leser ab. Hans Pfeiffer, der sein edukatives Soll[5] ja eigentlich längst erfüllt hat, wird zum unerpressbaren komischen Rächer aller gezwiebelten SchülerInnen, weil er sich ganz und gar der Architektur seines schulischen Fehlverhaltens widmen kann. Besonders deutlich wird dies im Kontrast zu Luck, dem kleinen Klassenprimus. Der heckt, um endlich allen zu zeigen, daß er auch so einiges auf dem Kasten hat, einen viel zu groß dimensionierten Streich aus. Er hängt nämlich die Mitteilung, daß das Schulgebäude heute wegen Bauarbeiten geschlossen sei, an der Eingangspforte auf und verschafft so allen einen schulfreien Tag. Allein, er verfehlt sein Ziel, weil sich die pragmatische Vernunft des Machterhalts durchsetzt und das Kollegium vorgibt, es sei tatsächlich renoviert worden.

Sein Ordnungsverstoß läuft ins Leere: »Das war Lucks großer Tag. Er machte zwar noch ein paar hoffnungslose Versuche, wenigstens die Klasse über seine Heldentat aufzuklären. Schließlich gab er es auf und sah ein, daß es ein törichtes, verkrampftes Heldentum war, zu dem er sich vergewaltigt hatte« [Spoerl 1973: 74]. Luck ist ›im Ernst‹ Teil seines sozialen Umfeldes und kann sich nicht über dessen Bedingungen erheben, Pfeiffers Freiheit dagegen ist innerhalb des schulischen Umfeldes praktisch grenzenlos. Selbst noch seine Beteiligung am Reglement des Schülerlebens ist eine freiwillige Handlung, mit der er wiederum dem Reglement seines Erwachsenenlebens ein Schnippchen schlägt. Spoerl macht Pfeiffer damit zum vollkommen freien Subjekt seines Lebens – jedenfalls für die Dauer des schmalen Bändchens.

Doch meine ich, daß die komische Umschrift eines Schülerlebens nur eine Wirkungsebene des Textes ist. Heinrich Spoerl geht noch ein zweites, fundamentaleres Thema an: die Irreversibilität der Zeit. Genau besehen inszeniert der Autor in seinem Romänchen nämlich eine literarische Zeitmaschine. Er suggeriert, daß bereits gemachte Sozialisationserfahrungen nicht nur verändert, sondern sogar neutralisiert werden können. Wir erinnern uns, die Idee zu der ganzen Komödie entsteht vor dem Hintergrund einer zeitlichen Dissoziation von Pfeiffers Selbstgefühl (»Mit seinen vierundzwanzig Jahren kommt er sich gegen die älteren Herrschaften wie ein Greis vor« [Spoerl 1973: 8]). Folgerichtig besteht nun ein wesentliches Funktionselement der ganzen Geschichte darin, daß die Linearität der Zeit anscheinend besiegt wird: »›Das habe ich auch schon gemerkt, ich werde immer jünger. Zu Weihnachten kannst du mir Karl May schenken, und im nächsten Frühjahr glaube ich wieder an den Klapperstorch‹« [Spoerl 1973: 79], antwortet Pfeiffer seiner Verlobten auf ihre Vorwürfe, wie lächerlich und kindisch er sich aufführe. Er entscheidet sich im folgenden dafür, die Geschichte bis zum Ende durchzuspielen und zu bleiben, was nichts weniger heißt als daß er seine eigene Vergangenheit noch einmal neu gestaltet.

Halten wir also fest: In der *Feuerzangenbowle* stehen zwei fundamentale Parameter zur komischen Disposition, nämlich einmal die gesellschaftliche Ordnungsmacht in ihrer Gestalt als Schule und zum zweiten die Zeit in ihrer Linearität. Wider das bessere Weltwissen von Autor und Publikum beruht die gesamte Erzählung auf der temporären Überwindung jener beiden grundlegenden Größen menschlicher Erfahrung. Nun könnte diese Loslösung aber auch in eine unwohle Verunsicherung führen. Dem baut Spoerl aber an zwei strategisch klug gewählten Stellen im Text vor.

Gleich zu Anfang stellt er in seiner als Epitaph abgesetzten Aussage klar, daß dieser Roman »ein Loblied auf die Schule [ist], aber es ist möglich, daß die Schule es nicht merkt« [Spoerl 1973: 5]. Noch bevor er mit seiner komisch verzerrten und hierin natürlich respektlosen Darstellung der Schule beginnt, stellt er sich zurück in den Bereich der Ordnung. Erst unter dieser bewußt voreingestellten Harmlosigkeit kann der Spaß losgehen. Am Schluß des Romans findet sich eine kleine Passage, in der unmißverständlich das »traurige Happy-End« [Spoerl 1973: 128] formuliert wird, daß nämlich die ganze Geschichte samt Personal frei erfunden und ausschließlich in der jenseitigen Welt des Fiktiven Gültigkeit besitzt. Wahr daran, so Spoerl, sei lediglich die Feuerzangenbowle und »die Sehnsüchte, die uns treiben« [ebd.].

Damit affirmiert Spoerl zweierlei: einerseits den Primat der faktischen Welt und ihrer Zwänge, andererseits aber auch den Wunsch, sich über genau diesen Primat immer wieder hinwegzusetzen.

einsicht

Doch unsere bisherigen allgemeinen Meditationen über Bau und Funktion des Lustigen sowie die spezieller Betrachtung eines nachgerade klassischen humoristischen Büchleins bringen uns einer Antwort auf die eingangs gestellte Frage nach der populären Lachkultur nicht wirklich näher. Wir haben immer noch keine Erklärung für die Omnipräsenz des Lustigen in unseren Medien. Sicher sind nur die Einschaltquoten und die Verkaufszahlen. Die haben aber, jedenfalls vermute ich das, vor allem mit den technischen Möglichkeiten der Produktion und Rezeption zu tun. Mußte vor 500 Jahren noch ein Buch (ich denke etwa an den *Till Eulenspiegel*) für viele Generationen reichen, die ansonsten auf die nicht konservierbare live-Darbietung angewiesen waren, so haben wir heute eine derart hochpotente Medientechnologie, daß der komische Einfall schneller vervielfältigt als erdacht ist. Allerdings glaube ich nicht, daß sich deswegen inzwischen so etwas wie eine universelle Struktur des Komischen erkennen ließe. Denn abgesehen von der Schadenfreude, die ein recht zuverlässiges Gelächtererzeugungsmittel war und ist, bleibt der Humor und das Lachen eine ziemlich individuelle Angelegenheit. Wer was wann und wie lustig findet hängt weitaus stärker von schlecht bestimmbaren Zufallsfaktoren ab, als es den Komödianten und Akademikern lieb sein kann. ●

Literatur

Aristoteles: *Poetik*. Stuttgart: Reclam.
Bachtin, Michail M.: *Literatur und Karneval. Zur Romantheorie und Lachkultur.* Übersetzt von Alexander Kaempfe. Frankfurt/M.: Fischer, 1996.
Freud, Sigmund: *Der Witz und seine Beziehung zum Unbewußten. Der Humor.* Frankfurt/M.: Fischer Taschenbuch Verlag, 1996.
Lessing, Gotthold Ephraim: *Hamburgische Dramaturgie.* Stuttgart: Reclam.
Spoerl, Heinrich: *Die Feuerzangenbowle.* München: Deutscher Taschenbuch Verlag, 1973.

Anmerkungen

1 Apuleius. *Der goldene Esel.* Frankfurt/M.: Insel, 1989.
2 Bekannt geworden durch ihren lustigen Frauenroman *Suche impotenten Mann fürs Leben.*
3 In all seinen Ausprägungen wie Kichern, Schmunzeln, auf-die-Schenkel-schlagen etc.
4 Vor allem Bachtin weist immer wieder auf die innige Verbindung zwischen Lachen und Freiheit hin.
5 Sowohl das Abitur als auch einen Doktortitel nennt er schon lange sein eigen.

141

Therese Roth

We are queer, we are here and we gonna have a look on jokes ...

Alle Illustrationen: Jule Kruschke

[Queer Humor]

 Wer kennt es nicht, das Schamesröte ins Gesicht treibende Gefühl, einen Witz nicht verstanden zu haben, das seine Krönung nur in der Peinlichkeit findet, auch nach mehrfachem Erklären der Pointe immer noch nicht lachen zu können? Oder umgekehrt: Die ekelhafte Situation, wenn person einen Witz erzählt und keiner lacht?

In beiden Situationen zeigt sich, dass über Humor Gruppenzugehörigkeiten gebildet werden.

Wer mitlachen kann oder andere zum Lachen bringt, ist dabei und beliebt, zeigt Souveränität und Entspanntheit und beweist somit soziale Kompetenz. Wesentlicher Bestandteil von Queer Theory ist die Analyse von Identitätspolitiken, der Ein- und Ausschlüsse, die diese produzieren, und der politischen Macht, die sich über die Konstruktion von Identitäten anhand einiger beliebiger Merkmale, erreichen lässt. Ein erwünschtes Ziel dieser Art der Analyse ist es, strategischer mit Identitätskonstrukten umgehen zu können und anhand dieses strategischen Umgangs gleichzeitig ihre »Nicht-Natürlichkeit« aufzuweisen.

Da viele Witze ihre »Würze« aus dem Sich-lustig-machen-über beziehen, eignen sie sich gut für eine solche Analyse. Wenn ein solcher Witz erzählt wird, passieren kontextabhängig verschiedene Dinge zeitgleich. Immer wird allerdings auf die ein oder andere Art ein »Innen« und »Außen« konstruiert.

In der Geborgenheit einer schwul-lesbischen Bar lässt sich leicht über homophobe Witze lachen. Dieses Lachen ist dann eine Aneignung des feindlichen Raums, ein Beweis für die eigene Souveränität im Umgang mit sowohl der gesellschaftlichen Position als auch den eigenen klischeehaften Handlungen, die Ziel der Pointen werden.

»Innen« ist in diesem Moment die Gruppe der »Über-sich-selbst-lachen-Könnenden« und »Außen« ist die Welt, in der solche Witze einen abwertenden Charakter haben.

Auf einer heteronormativen Hochzeit mit homophoben Witzen konfrontiert zu werden, macht es dagegen verhältnismäßig schwerer, sich ein Lachen abzuringen. »Innen« ist dort die Heteronormativität, die Sicherheit, »normal« zu sein und diese »Normalität« auch zu wollen, »Außen« sind diejenigen, die diese »Normalität« anzweifeln und nicht leben wollen oder können.

Nach der Hochzeit mit Gleichgesinnten eine Erzählung der seltsamen Rituale zum Besten zu geben, versetzt den/die Erzählende wieder in die Position der Souveränität. »Innen« sind hier alle mit den gleichen Erfahrungen mit oder der gleichen Kritik an den seltsamen Possen der Heterowelt und »Außen« ist – wie zu erwarten – die konservative Heterorealität.

Es könnte also behauptet werden, dass über das Konstruieren eines »Innen«, das zeitgleich die Bildung des »Außen« bedingt, eine eigene »Normalität« erschaffen wird.

Gemeinsames Lachen beruht unter anderem auf dem Vertrauen darauf, zu verstehen, wie die Pointe gemeint ist und dass sie in der jeweiligen Situation keinen böswilligen Angriff auf jemanden innerhalb der Gruppe bedeutet.

Voraussetzungen für dieses Vertrauen bilden ein gemeinsamer Erfahrungshorizont, eine kollektive Idee dessen, was erlaubt und was verboten ist, und eine gemeinsame Abstraktionsebene – so niedrig ihr Niveau auch sein mag. (*Kommt ne Frau beim Arzt ...*). Das gemeinsamen Erleben eines »Innen« mag sehr schön sein, wenn man sich im ständigen Kampf um die Anerkennung der gewählten eigenen Lebensweise befindet, die gleichen kulturellen Voraussetzungen hat und die Geborgenheit einer Gruppe benötigt.

Lästig wird es aber, wenn auch diese eigene, im bestimmten Sinne widerständige »Normalität« solche Personen, die sich zunächst einmal dem »Innen« zugeordnet haben oder die zu dem »Innen« dazugehören sollten, ungewollt ausschließt. Bei Witzen ist hier nicht zuletzt die Sprachbarriere anzuführen.

Verwirrungen mit dem »Innen« und »Außen« erlebte ich mit dem folgendem Witz:

»Was sagen zwei Lesben nach dem ersten gemeinsamen Sex zueinander? – ›Schatz stell bitte den Wecker auf acht, der Umzugswagen kommt!‹«

Ich erzählte ihn eine Zeitlang sowohl Lesben als auch Heteras.

Auffällig daran war, das durch die Bank alle Lesben in spontanes Lachen ausbrachen, wohingegen die Heteras gereizt (oder ratlos) auf eine Erklärung warteten. (»Was soll denn daran lustig sein?«)

Aus diesen Reaktionen wurden »Innen« und »Außen« oberflächlich recht schnell klar. Da sich allerdings unter den Heteras viele befanden, mit denen ich mich sehr gerne politisch bewege und deren Kritik an den Verhältnissen für mich außerordentlich wichtig ist, war der Ausschluss, der bei diesem Witz passierte, für mich als Erzählende kein nur schöner.

Plötzlich befand ich mich auf einer anderen Seite, wo ich von Personen, deren Meinungen ich schätze, nicht verstanden wurde und dafür in einer Gruppe Lacher erntete, mit deren momentan lautesten politischen Forderungen (Recht auf Heirat) ich mich nicht identifizieren möchte.

Auf längere Erklärungen der Pointe möchte ich an dieser Stelle verzichten.

Wie bei den »Sich-lustig-machen-über«-Witzen zu beobachten ist, beinhaltet Humor häufig ein Element der Transgression, der Überschreitung von gesellschaftlichen Grenzen.

Unangenehm wird der Moment der Transgression in Witzen, in denen »endlich mal offen« homophob, rassistisch und sexistisch gesprochen wird. Bei solcher Art Humor werden »Schwächen« der gesellschaftlich wenig Angesehenen konstruiert, vermeintlich blossgelegt und attackiert. Nicht zuletzt findet jede noch so grobe Konstruktion eines »Außen« (ich habe noch nie von einer Blondine gehört, die tatsächlich Wasser in ihren PC schüttet, um surfen zu können) ihre Pointe. Wenn jemand damit verletzt wird, versteht er keinen Spass, und hat sich damit selber als unerfreulicher sozial inkompetenter Zeitgenosse entlarvt.

Glücklicherweise funktioniert die Überschreitung auch in andere Richtungen.

»Was sagt ein Mann, der bis zum Bauchnabel im Wasser steht?

›Das geht mir über den Horizont.‹«

In Witzen, die über gesellschaftliche machtvolle Gruppierungen gemacht werden (»Was unterscheidet Polizisten von Schnittlauch?« – »Nichts, sie sind grün, hohl und stehen in Bündeln.«) bietet die Transgression ein Ventil für die tagtäglich erlebte Ohnmacht. Sie konstruiert auch hier ein »Innen«, einen Ort, an dem person nicht alleine ist mit ihrer unangenehmen Erfahrung der Handlungsunfähigkeit. Durch diese Versicherung eines Kollektivs ist sie zudem eine Handlung, eine Erschaffung eines Freiraums und bietet die Chance zu Veränderung.

PINK SILVER

Pink Silver findet ihr weniger beim Christopher Street Day als bei Grenzcamps, oder bei Demonstrationen gegen Brechmitteleinsatz der Hamburger Polizei oder bei Berliner Demonstrationen gegen Residenzpflicht. Pink Silver versteht sich nicht als bunte Version des Schwarzen Blocks. Ein Motto von Pink Silver heißt »Keine Machos, keine Märtyrer, Keine Helden.« Was ist Pink Silver?

Einige sehen den Ursprung im Radical Cheerleading aus den USA, andere meinen, es bei den Anti-IWF und -Weltbank Protesten in Prag zum ersten Mal bewusst wahrgenommen zu haben, die nächsten verorten es innerhalb einer britischen queeren Bewegung. Wenige denken, es käme aus Wanneeickel. Das Schöne daran ist, es könnte tatsächlich auch aus Wanneeickel kommen, weil Pink Silver ständig neu entsteht. ... Pink Silver funktioniert sowohl als eigene Organisationsform als auch zusammen mit all den anderen vielen Spielarten des linksradikalen politischen Spektrums ...

Militantes »Puscheln«, begleitet von mehrsprachig intonierten Parolen, bedeutet eine Möglichkeit, vehement Kritik an den herrschenden Verhältnissen zu äußern. Es bedeutet außerdem den Versuch schon durch das irritierende Auftreten (Verkleidung, Musikinstrumente, etc.) mit gängigen Gedankenmustern zu brechen. Denn:

- Ungewöhnliches Auftreten verhindert keine ernsthafte Auseinandersetzung.
- Eine Gruppe muss nicht martialisch auftreten, um militant zu sein.
- Politische Inhalte müssen nicht in reiner Textform wiedergegeben werden, um Denkanstöße zu vermitteln.

... Pink Silver kann heißen, mit traditionellen Geschlechterrollen und deren Zweiteilung zu brechen und der Vielfalt zwischen Subjekten aber auch innerhalb jeder/jedes Einzelnen Rechnung zu tragen. Pink Silver könnte sich demnach eher auf Differenzen innerhalb der globalisierungskritischen Bewegung konzentrieren und diese für gemeinsame politische Zwecke mobilisieren, als sich auf angeblich selbstverständliche Gemeinsamkeiten zu beziehen ...

Schon die dezentrale Organisation der Pink-Silver-Gruppen und das Ineinandergreifen unterschiedlichster Aktionsformen, wie des Cheerleadings, der Akrobatik und auch des Straßentheaters, sind Ausdruck einer Auseinandersetzung mit den Grenzen bisheriger Politikformen. Im Rahmen von Pink Silver zu agieren heißt, auch innerhalb der Gruppe so miteinander umzugehen, dass Hierarchien abgeschafft werden können bzw. gar nicht erst auftreten und alle an den Entscheidungsprozessen beteiligt sind. Im Rahmen dieser Auseinandersetzung geht es auch darum, andere Wege zu finden, theoretische Erkenntnisse in eine politische Praxis umzusetzen ...

Pink Silver spiegelt eine Neubewertung von Macht- und Widerstandsstrategien wider, einfach weil es wichtig ist im Angesicht neuer Repressionsformen angemessen auf letztere zu reagieren. Statt in der Defensive zu verharren, setzt Pink Silver auf frivole Grenzüberschreitungen, die in ihrer Unvorhersehbarkeit nicht nur unberechenbar sind sondern auch neue Handlungsmöglichkeiten öffnen. Und das sowohl sprachlich als auch räumlich.

(Aus: Nina Schulz: *Antiglobalisierung ist uns zu global. Kann Puscheln herrschaftskritisch sein ...*)

Überschreitungen geschehen aber nicht nur auf der Ebene der Pointe. Überschritten werden auch Grenzen von Gruppenzugehörigkeiten. Das »Außen« wird zum »Innen«, wenn jemand aus der Gruppe, über die gelacht wird, mitlacht, sich über die Pointe verbündet.

Auch das überlegene Gefühl, souverän und entspannt zum »Innen« zu gehören, kann vielseitig genutzt werden.

Für die politische Arbeit mit Witz möchte ich zwei nach »Außen« gerichtete Effekte humorvollen Eingriffs in den öffentlichen Raum in den Vordergrund stellen.

Als erstes die Beobachtung, dass diejenigen, über die gelacht wird, nicht ernst genommen werden. Sie stellen also für die außerhalb dieser Gruppe Stehenden keine unmittelbare Gefahr dar.

Zweitens gehe ich davon aus, dass Menschen, die kritikfähig sind, diese Fähigkeit am besten ausleben können, wenn sie sich entspannt und souverän fühlen, also in die Lage versetzt sind, Strukturen mit einer gewissen Distanz wahrzunehmen. Dabei kann durchaus der Effekt entstehen, dass aus dem Über- jemanden-lachen ein Mit-jemandem-lachen entsteht, also das »Außen« zum »Innen« wird.

Die Strategien der Gruppe **PINK SILVER** setzen genau an diesen Stellen an: Mit ihrem theatralischen Auftritten auf Demos sind sie große Heiterkeitserfolge. Die bunten Kostümierungen, die einstudierten Cheerleading-Choreographien und nicht zuletzt die Puschel, vermitteln eine Albernheit, die fröhlich stimmt, sympathisch ist und dazu verleitet, genau in dieser Gruppe keine Gefahr für die öffentliche Ordnung wahrzunehmen.

Wer sich zu dieser Annahme verleiten lässt, liegt falsch, da PINK SILVER häufig genau die Gruppe ist, die es schafft, sich hinter Absperrungen zu puscheln, und damit die Durchlässigkeit von Grenzen aufzuzeigen, die ansonsten starr und ohnmächtig machend vor den DemonstrantInnen stehen.

Die Inhalte der skandierten Parolen und das Gesamtbild der Gruppe (die versucht, durch ihre Kostümierungen das Fließen der Geschlechtergrenzen zu verdeutlichen), ermöglichen es denjenigen, die –

Alexander) oder Werbespots wie der mit den *Iglu-Tucken* (die glücklich zum gemütlichen Fernsehabend Fertiggerichte verzehren), geht es darum, progressiv gesellschaftliche Verhältnisse zu verändern.

Da nicht jede/jeder in einer politischen Gruppierung aktiv ist oder sein will, möchte ich zum Schluss meiner Ausführungen noch aus dem Nähkästchen plaudern und eine Geschichte zum Besten geben, die für mich eine erstklassige queere/feministische Selbstbehauptungsstrategie darstellt:

Es begab sich in einem Hamburger Musikerlokal, in dem einer der »Jungs« – nennen wir ihn mal T. wie Trottel – umsonst frühstücken durfte. Besser noch, er konnte Gäste dazu einladen. Er kam also Sonntags in besagtes Etablissement und brachte, so wie es aussah, seine Familie mit. Im vollen Genuss seiner Privilegien schrieb er seinen eigenen Bestellzettel und gab ihn auch selbst in der Küche ab. Auf dem Zettel standen folgende Dinge:

durch das Spektakel aufmerksam gemacht und durch den Humor entspannt – das Geschehen verfolgen, sich Gedanken über die angesprochenen politischen Themen zu machen, und stellen somit einen Beitrag zur Aufklärung dar. Die zunächst einmal »Außen« stehenden ZuschauerInnen werden durch den Witz der Aktionen zum »Innen«.

Damit sind zwei wichtige Aufgaben politischer Arbeit im öffentlichen Raum durch Humor erfolgreich in die Tat umgesetzt: Das Aufzeigen einer ungebrochenen Widerstandsfähigkeit und der gleichzeitige Versuch der Aufklärung.

Ein Aspekt, der nach »Innen« wirkt, ist die Tatsache, dass ein kreativer und humorvoller Umgang mit den gegebenen Verhältnissen ein Weg ist, sich offensiv aus der Ohnmacht zu befreien und somit die Kraft für einen langen politischen Kampf frei zu setzen.

Humor ist nicht nur bei PINK SILVER eine wichtige Komponente des queeren politischen Kampfes. Wer sich in der queeren Geschichte umschaut, kann unzählige Beispiele dafür finden.

Kurz anführen möchte ich hier die Anfänge der *Gay Liberation Front* (Freilassen von Mäusen auf rechtskonservativen Veranstaltungen) und das Lied der Transen bei den *Stone Wall Riots*: »We are the Stonewall girls, we wear our hair in curls ...«

Die Frage, die person sich allerdings immer wieder bei humorvollen Selbstdarstellungen stellen sollte, ist: Wer lacht mit wem warum?

Weder bei Filmen wie *Charlys Tante* (mit Peter

4 Käsefrühstücke, 1 normales Frühstück, 1 Becher Blut, 1 Penis auf Eis.

In der Küche arbeiteten zwei lesbische Frauen (A und B). A fand den Zettel nicht weiter bemerkenswert, stellte aber eine Schüssel mit Eis auf einen der Frühstücksteller. B regte sich sehr über die Bestellung auf, wusste kurz nicht, was sie tun sollte, nahm sich dann die Schüssel und füllte noch etwas Wasser auf die Eiswürfel.

Dann nahm sie das Tablett mit den Frühstücken und machte sich auf den Weg nach oben in den Gastraum. Da viel zu tun war, musste A kurz danach die nächsten Bestellungen servieren und kam in den Genuss der folgende Szene:

In ihrem Rücken erklang die vollkommen beherrschte, rauchige und in diesem Moment extrem laszive Stimme B's: »Hat hier jemand einen Penis auf Eis bestellt?«

Leicht zögernd, aber dennoch eifrig antwortete T: »Ja, ich!«

B sagte daraufhin immer noch in bewundernswerter Gelassenheit: »Möchtest du, dass ich serviere oder willst du es lieber selbst tun?«

A drehte sich um, gespannt, was nun passieren würde.

T guckte B mit einem hündischen Gesichtsausdruck an und sagte: »Du.«

Da nahm B die Schüssel mit dem Eiswürfelwasser und schüttete das Gemisch auf die Genitalien von T. Danach drehte sie sich um und ging gemessenen Schrittes zurück in die Küche. A hielt die Luft an und folgte ihr, so schnell es ging. Unten angekommen brachen sie beide vor Lachen zusammen. B sagte zu A »Weißt du, ich hatte keine Lust mehr, ewig die humorlose Feministin zu sein, aber bieten lassen will ich mir sowas auch nicht.« A hatte vollstes Verständnis,

und servierte daraufhin den Rest des Tages die Bestellungen, da B sich nicht mehr in den Gastraum traute.

Faszinierend war, dass T über zwei Stunden mit nasser und kalter Hose sitzen blieb und sich anscheinend vor seiner Familie nicht die Blöße geben wollte, auf die Situation zu reagieren. Die Angst von A und B, dass jetzt alle Lesben in diesem Lokal auf der Stelle ihren Job verlieren würden, erwies sich als unbegründet. Es trat etwas ein, womit sie nicht gerechnet hatten: Niemand sprach über den Vorfall, weder die KollegInnen noch die Chefs. ●

Dagmar Brunow

Watch British:
Anglo-asiatischer
Kanak Chic erobert
den Mainstream

[Die BBC-Comedy-Serie Goodness Gracious Me]

So etwas wie *Goodness Gracious Me* hat es in der britischen Fernsehgeschichte noch nicht gegeben: Zum ersten Mal ist ein Programm von, mit und über *ethnic minorities*, nämlich *anglo-asians*, zum Mainstream geworden.[1] »Kiss my chuddies«, dieser Ausruf der beiden Bhangramuffins in der Serie, ist längst auf Spielplätzen und Schulhöfen im ganzen Land zum Schlagwort geworden und hat mittlerweile sogar Einzug ins *Oxford English Dictionary* gehalten.[2] »Heard the one about the Asian comedy that's taken Britain by storm?«, überschlug sich seinerzeit der *Guardian*, der die Comedy-Serie dafür lobte, ZuschauerInnen »from across all racial boundaries« anzulocken. Sie sei: »a display of the self-confidence within the British-Asian population« (*Guardian* 20.02.99). Selbst die erzkonservative *Times* widmete *Goodness Gracious Me* einen überschwänglichen Leitartikel, stellte die Serie in einer Reihe mit Klassikern wie *Yes, Minister* und *Fawlty Towers* – mit John Cleese als durchgeknalltem Hotelbesitzer – und lobte die Serie als »the oil of race relations«. Die britische Polizei setzt *Goodness Gracious Me* (*GGM*) mittlerweile ein, um jungen PolizeischülerInnen »race-relations awareness« beizubringen. Die Erfolgsbilanz: Preise, gute Kritiken, der Verkauf in viele Länder[3] und eine stolze

BBC, die sich endlich damit rühmen kann, einen breiten Querschnitt ihrer GebührenzahlerInnen zu bedienen.

So weit, so mustergültig? »Wir haben uns alle lieb« rules? Dabei machen KulturkritikerInnen immer wieder auf die sonderbare Diskrepanz aufmerksam, dass die Kulturproduktion von MigrantInnen zwar schnell vom Mainstream aufgenommen (bzw. angeeignet) wird, die EinwandererInnen selbst aber nicht. So beschreibt es die Filmemacherin Hito Steyerl (2001) angesichts der begeisterten Aufnahme des Kanak Chic in den deutschen Kulturbetrieb, während zur selben Zeit immer noch völlig veraltete Konzepte von Integration und Assimilierung die unsäglichen Debatten um Staatsbürgerschaft und Leitkultur beherrschen. In Großbritannien dagegen haben *ethnic minorities*, sofern sie aus Ländern des ehemaligen »Commonwealth« stammen, den (zumindest rechtlichen) Status britischer Staatsbürger. Was nicht heißt, dass nicht »Britishness« bislang als weiße Angelegenheit verhandelt wurde – und Britpop mit seinen »Buy British«-Stickern und seinem weißen Laddism vielleicht ein letztes Aufbegehren gegen die Anerkennung eines multiethnischen popkulturellen Mainstreams war. Inzwischen ist das Konzept von »Britishness« ins Wanken geraten, was weniger an

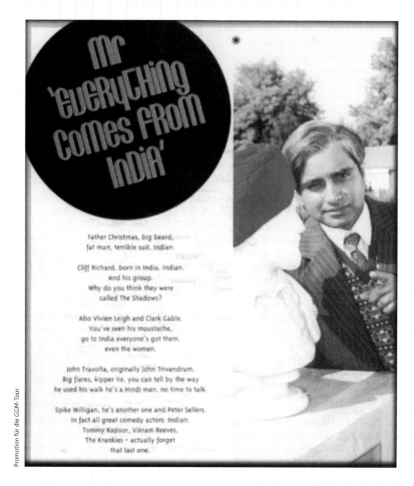

Promotion für die GGM-Tour

den *ethnic minorities* liegt, sondern eher an der Furcht, die EU könne jeglicher nationaler Identität den Garaus machen. Gleichzeitig ist es mittlerweile cool, *anglo-asian* zu sein (während das Image von *Asians* früher den Glamourfaktor eines Buchhalters hatte)[4]. Nicht von ungefähr erklärten die Medien 1997 zum »Jahr der selbstbewussten AsiatInnen der zweiten Generation«. Kann man einerseits in *BBC*-Polls lesen, Britishness wäre die friedliche Koexistenz verschiedenster »races«, so hat der britische Innenminister andererseits gerade eine unsägliche Leitkultur-Debatte vom Zaun gebrochen. Und während liberale Blätter mit *Race in Britain*-Sonderausgaben aufwarten, geizt die britische Presse ansonsten nicht gerade mit rassistischer Berichterstattung. Im vorigen Sommer erzielte die BNP (British National Party) ihr bestes Ergebnis aller Zeiten, kurz darauf wurde ein kurdischer Asylbewerber in Glasgow ermordet, Laut

Guardian (20.02.99) steigt die Zahl rassistischer Anschläge rasant – wobei Anglo-Asians immer häufiger zur Zielscheibe werden. Ein Pakistani mit einem Universitätsabschluss hat dieselben Chancen auf einen Job wie ein Weißer ohne jegliche Qualifikationen, und 80 Prozent der Einkommen in pakistanischen oder bangladeshi Haushalten liegen unter dem Landesdurchschnitt.

Angesichts der rassistischen Erfahrungen von AsiatInnen in Großbritannien, scheint der oben beschriebene Erfolg der Sketch-Show nur ein scheinbarer zu sein.[5] Welchen Stellenwert hat eine Serie wie *GGM* in einem Land wie Großbritannien? Lässt sich überhaupt eine eindeutige Antwort finden? Um es mit Umut Erel (1999, 183) zu sagen: »Wir sollten anerkennen, dass kulturelle Produkte von verschiedenen Gruppen unterschiedlich verstanden und genutzt werden.« Doch von vorn:

What the hell are you talking about?

Von *Goodness Gracious Me* liefen bislang mehrere Staffeln mit großem Erfolg in der *BBC*, wobei die immer wiederkehrenden Figuren einen großen Reiz der Sketch-Show ausmachen – wie eben die Bhangramuffins mit ihrem »Kiss my chuddies«. Dann wäre da noch das Ehepaar Kapoor, das sich »Cooper« nennt, Golf und Tennis spielt und sich über die vielen Einwanderer beklagt – und sich von ihrem Sohn sagen lassen müssen »There's nothing wrong about being Indian.« Der Meinung ist in jedem Fall auch Mr Everything-Comes-From-India, denn für ihn stammt alles, was gut ist an Großbritannien, aus Indien, natürlich auch Shakespeare. Daher muss er auch in der Buchhandlung den gesamten Bestand englischer Literatur vor das Regal »Indian Literature« schichten – einschließlich aller englischer Wörterbücher. So entspinnt sich eines Abends, als Mr Everything-Comes-From-India mit seinem Sohn auf der Veranda sitzt, folgendes Gespräch: »The word ›veranda‹ – from India – where do you think the Queen got the word ›verandah‹? And ›bungalow‹, and ›shampoo‹. So the English are sitting on the verandah in front of their bungalows and use their shampoo. Everything Indian.«. Der Sohn: »Bullshit.« »Bullshit? That's Indian, too.« Auch den beiden überehrgeizigen Müttern begegnen wir immer wieder, die sich gegenseitig mit dem Erfolg ihrer Söhne und deren Willen, sich für die Familie aufzuopfern, übertrumpfen wollen: »Where is your son today instead of being with his family?« »He is in India to see his uncle who is having an operation. And what about your son?« »He is right now on the plane to Canada to see his uncle who has got a slight headache.« Daneben sind da die beiden Disco-Chicks, die ständig erfolglos englische Jungs anbaggern (besonders, wenn man vor einer Schwulendisco steht) und die Bollywood-Klatschreporterin Smita Smitten Showbiz Kitten.

Verkörpert werden diese Figuren von vier Comedians, die auch die Serie konzipiert haben:
Sanjeev Bhaskar (37), Kulvinder Ghir (36) und Nina Wadja (32), allesamt Stand-Up-Comedians, SchauspielerInnen und/oder Dramatiker. Als Vierte mit dabei ist Meera Syal (37), der wohl mittlerweile – neben Hanif Kureishi – bekannteste anglo-asiatische Medienstar. Syal hat sich als Romanautorin (*Anita & Me*, *Life Isn't All Ha Ha Hee Hee*), Drehbuchautorin und

Schauspielerin einen Namen gemacht, u. a. in *Sammy And Rosie Get Laid* (Frears/Kureishi, 1988) Sie schrieb auch das Drehbuch zu Gurinder Chadhas erfolgreichem Film *Bhaji On The Beach* (1993) über eine Gruppe höchst unterschiedlicher anglo-asiatischer Frauen auf einem Ausflug nach Blackpool. Der Film ist deshalb spannend, weil er zeigt, dass »Ethnizität« nicht ohne Aspekte wie Gender, Sexualität, Generation oder Religion zu denken ist – und genau dies macht auch *GGM* deutlich. Doch dazu später.

Asian Comedy

»You say, ›Asian Comedy‹, and people say, ›What the hell is that?‹ It was a bit of a shot in the dark«, meint Anil Gupta, der Produzent der Serie (*Guardian* 20.02.99). Mit *GGM* wollte das Team die gängige Auffassung widerlegen, ein »ethnic-minority performance team« könne keinen Mainstream-Hit landen. Und Mainstream-Erfahrung hatten die Vier, die ihren Humor an Serien wie *Seinfeld*, *The Young Ones*, *Morecambe & Wise* oder den Simpsons geschult haben, genug. Drei von ihnen waren bereits an der Schwarzen BBC-Sketch-Show *The Real McCoy* beteiligt, doch weil die Gags auf einer afro-karibischen Erfahrung basierten, wollten sie ihr eigenes Ding machen, das ihre asiatische Identität repräsentiert. Um den Produzenten vom Potenzial von »Asian Comedy« zu überzeugen, entwickelten sie innerhalb von fünf Tagen eine einmalige Live-Show mit dem Namen *Peter Sellers Is Dead*. Die Produzenten Anil Gupta (*Spitting Image*) und Jon Plowman (*Absolutely Fabulous*) bissen an und gaben einen Piloten für das Radio in Auftrag. Der Erfolg nahm seinen Lauf – die Serie kam vom Radio ins Fernsehen.[6] Die Zuschauerzahlen stiegen an, und die Verlegung der Anfangszeit um zwei Stunden nach vorne (auf 21.30 Uhr) brachte einen neuen Zuschauerzuwachs mit sich. Mit einem Mal war *GGM* Mainstream, ein Erfolg bei Publikum und Kritik gleichermaßen, heimste dann auch noch den »British Comedy Award« für die »Beste Comedy« ein. 80 Prozent aller Zuschauenden waren weiß.

Was guckst du?

Und wie erklärt sich der Erfolg von *Goodness Gracious Me* beim weißen Publikum? Eine simple Erklärung wäre, dass geguckt wird, was geboten wird. Der Aspekt der Distribution sollte nicht unterschätzt werden, selbst bei schlechter Sendezeit garantiert das Fernsehen immer noch ein größeres Publikum als wenn die Filme in Programmkinos oder auf Festivals laufen – das war der Grund, warum das Neue Britische Kino in den Achtzigern so erfolgreich war, schließlich war *Channel 4* als Produzent maßgeblich daran beteiligt. Zweitens, dass sich der Humor nicht gegen die weiße Mehrheit in Großbritannien richtet. »I was very conscious of being not confrontational.«, erklärt der Produzent, Gupta. »Not writing stuff that says, ›White people, you're bad, awful and ignorant.‹ If I'd done something like that, Asians would say, ›Yeah‹. White liberals would say, ›Yeah, sorry.‹ And white non-liberals would say, ›No.‹ It would just comfirm what they all thought in the first place. I thought if we raised people's hackles, they would start thinking, ›Uppity Pakis.‹« (*Guardian* 20.02.99).

Drittens haben Filme wie *My Beautiful Laundrette* und *Sammy and Rosie Get Laid*, in denen Ethnizität – wie auch Klasse, Gender und Sexualiät – thematisiert werden, den Weg geebnet. Und außerdem ist *asian culture* gerade – seit Mitte der 90er – trendy. Ausdruck für den Hype sind nicht nur Bands wie ASIAN DUB FOUNDATION oder CORNERSHOP, die mit ihrem *A Brimful of Asha* einen Nummer Eins Hit landeten – ihrer Huldigung an die populäre Playback-Gesangsstimme unzähliger Bollywoodfilme, Asha Bhosle. Trendy sind auch der *Asian Outcaste Club* und das gleichnamige Plattenlabel, in Londoner Clubs sind Sari Tops angesagt & Brick Lane – mein Gott, was war das früher abgeranzt, jetzt gibt's da Cappuccino – ist im Zuge der *gentrification* posh geworden: zu den zahlreichen (Kleider!)Stoffläden der Bangladeshis gesellen sich nun Schnickschnackläden mit überteuertem Tüdelkram von Samtkissen bis selbstgenähten Handtäschchen für die zahlungskräftige *trendy* Mittelschicht.[7]

Und so floriert die Kulturindustrie: Inzwischen arbeitet Andrew Lloyd Webber mit Meera Syal an einem Bollywood-Musical. Syals Buch *Anita & Me*, das zu einem Bestseller geworden ist, wird inzwischen verfilmt. Im Covent Garden arbeitet die Royal Opera an einer Bollywood-Version von *Turandot*. Die plötzliche Vorliebe der britischen Kulturindustrie für Bollywood[8]

hinterlässt bei manchen einen eher bitteren Nachgeschmack: »I don't doubt Lloyd Webber's enthusiasm. It is just that age-old process of assimilation in action: it takes a figure from the establishment to give ›minority‹ arts the thumbs-up. There is a danger that Lloyd Webber milking the sacred cow of Bolly will overshadow the important work done by British Asian artists such as Tanika Gupta, Parv Bancil and Ayub Khan-Din. They won't be going away, even if the media's eyes are dazzled by Bollywood for a while.« (Krishnendu Majumdar, *Guardian*, 21.02.2001)

Auf der anderen Seite haben Studien ergeben, dass das weiße Publikum vor *ethnic minorities*-Programmen zurückschreckt. Laut einer Umfrage wird die preisgekrönte *BBC* Nachrichtensendung *Black British* von 25 % aller weißen Zuschauer gemieden, weil sie das Wort »Black« im Titel trägt. (*Guardian* 20.02.99) Dennoch machen weiße Zuschauer hier und bei *GGM* das Gros der Einschaltquote aus (bei *Black British* sogar 92 %) – schließlich beträgt der Anteil an *ethnic minorites* im Land nur etwa 6–7 %. Man kann also sagen, der Erfolg von *GGM* liegt nicht daran, dass so viele Weiße zugeguckt haben – denn das tun sie sowieso, sondern dass es die Serie geschafft hat, einen hohen Anteil an *Anglo-Asians* vor die Bildschirme zu locken. Nach Angaben der BBC saß die Hälfte der anglo-asiatischen Bevölkerung vor den Fernsehern, wenn *GGM* lief – eine Sensation.

Watch British – aber was ist britisch?

Nachtigall, ick hör dir trapsen. War also *GGM* doch kein karitativer Akt, keine *Goodwill*-Aktion der BBC? Wohl kaum. Denn in Zeiten, wo die meisten Einwanderer sich Satellitenschüsseln an ihre Häuser pappen, weil sie sich im britischen Fernsehen kaum wiederfinden, müssen sich die britischen TV-Stationen schon etwas einfallen lassen, um neue Publikumsgruppen zu erschließen. So ist der Anteil *ethnic minorites* am Programm immer noch verschwindend gering, wie Studien belegen.[9] Marginalisierung, Unsichtbarmachung und Stereotypisierung sind immer noch an der Tagesordnung. So kann die Hälfte aller Briten keine/n einzige/n Angehörige/n einer ethnischen Minderheit nennen, den/die sie bewundern. (Riddell 2002) In Meera Syals Jugend war die einzige indische Frau, die in den britischen Medien als »Role Model« hätte fungieren könnte, eine Frau im Sari, die in der Sitcom *Mind Your Language* die meiste Zeit strickend auf dem Sofa saß, kaum lesen und schreiben konnte, und nicht viel mehr von sich gab als »golly gosh«. Als Meera Syal später bei Auditions zweimal gebeten wurde, ein Opfer einer arrangierten Heirat zu spielen, dreimal die unterdrückte Ehefrau eines Ladenbesitzers, und viermal eine Ärztin, die von einem Typen belästigt worden ist, fiel ihr etwas auf. Mit herrschenden Stereotypen spielt *GGM*, indem hier munter die Selbst- und Fremdbilder gegeneinander clashen. Als Identifikationspotenzial im Sinne positiver »Role Models« taugen die einzelnen Figuren aus *GGM* wohl kaum, wohl aber tragen sie dazu bei, dem Bild von ethnisierten Minderheiten als »das Andere« zu irritieren. Denn das Konzept vom »Anderen« kann nur funktionieren, wenn jegliche Unterschiede innerhalb der vom Hegemonialdiskurs ausgegrenzten Gruppe geleugnet werden – wie im Orientalismus-Diskurs, der die unterschiedlichsten Religionen, Kulturen, Sprachen homogenisiert. Indem *GGM* die Differenzen innerhalb verschiedener Communities aufzeigt, kann die Serie die Auffassung von einer einheitlichen »Community« widerlegen. Damit werden essentialistischen Identitätskonzepten eine Absage erteilt.

Natürlich bleibt ein strategischer Essentialismus so lange nötig, bis sich die Verhältnisse geändert haben, das haben auch die *female machos* in ihrem Artikel in der letzten *testcard* deutlich gemacht. Die Gettofilme des New Black Cinema in den USA zum Beispiel bieten zwar einem schwarzen Publikum Identifikationspotenzial, die Einseitigkeit der produzierten Bilder jedoch kann Wasser auf die Mühlen konservativer

Kräfte sein. Hoffstadt (1995) zeigt in seiner Studie über Black Cinema, wie die Gettofilme mit ihrer Konstruktion von *race* das Bild einer schwarzen Unterschicht transportieren, die im Teufelskreis aus Armut und Verbrechen verharrt. Insofern bergen »negative« Bilder immer die Gefahr, für rassistische Diskurse instrumentalisiert zu werden. Wenn auch die Reaktionen auf *GGM* überwiegend positiv waren, gab es doch auch harsche Kritik an der Serie, insbesondere an der Darstellung religiöser Zeremonien. Aufsehen erregte ein Sketch, in dem ein Paar das Abendmahl falsch versteht, noch drei Flaschen Wein nachordert und die Oblaten mit Chutney würzt. Nachdem ein Bischof daraufhin von »Ketzerei« sprach, wurde die Szene für die Wiederholung herausgeschnitten. Proteste gab es auch nach einer Szene, in der das heilige Feuer bei einer Hochzeitszeremonie als »Fondue« bezeichnet wurde. 12 (!) Zuschauer beschwerten sich bei der BBC, dass hier ein religiöses Symbol des Hinduismus auf inakzeptable Weise lächerlich gemacht würde.[10] »It gives the English the opportunity to laugh at us without thinking about it«, so ein Kritiker der Serie. (*Guardian* 20.02.99)

Auch bei *My Beautiful Laundrette* gab es seinerzeit Stimmen, der Film sei »an insult to Islam«, weil es nun einmal keine pakistanischen Drogendealer und Homosexuellen gäbe. (Schüren 1999). Immer noch lastet auf migrantischen KünstlerInnen die Hypothek, mit ihrer Arbeit für die gesamte Community zu sprechen. In Zeiten, in denen mediale Darstellungen von MigrantInnen jenseits gängiger Stereotypen eine Ausnahmeerscheinung ist, birgt natürlich eine Darstellung, die sich über bestimmte Positionen lustig macht, immer auch die Gefahr, Wasser auf die Mühlen von rassistischen Denkweisen zu sein. Die Rezeption der Serie zeigt, dass viele *Asians* glauben, die Serie bestätige rassistische Vorurteile nur noch. So meint die Medienarbeiterin Yasmin Alibhai Brown »British people are not generous, and you wonder why, all of a sudden, they are praising you«, und fährt fort: »I hope people aren't laughing at us rather than with us. If you are Asian, you take a completely different set of messages from it. I'm concerned that it matches some of our enemies' prejudices. British people know nothing about Asian culture, so I wonder whether they get the second or third level of the jokes.« (*Guardian* 20.02.99) Mit dieser Auffassung aber katapultieren sich die KritikerInnen selbst wieder in die Marginalität, meint Mercer: »The very notion that a single film or cultural a artefact can ›speak for‹ an entire socio-ethnic community reinforces the perceived marginality and ›secondariness‹ of that community.«[11] Schließlich ist der Glaube an die Homogenität einer Community im Grunde nur die Kehrseite rassistischer Praktiken, die alle nicht-weißen Minderheiten in ein binäres Verhältnis zu »weiß« setzt – die Kritik bleibt also in der Binarität gefangen. Das Problem, gleich als Sprachrohr der gesamten Community zu gelten, wird KünstlerInnen, die jenseits der herrschenden Kategorien *white – male – middle-class* verortet werden, so lange treffen, bis sie eben nicht mehr »das Andere« verkörpern. Die Lösung bietet die Kulturkritikerin Judith Williamson: »The more power any group has to create and wield representations, the less it is required to *be* representative«[12]

Hier spielt *GGM* eine Vorreiterrolle, weil ein Programm, in dem Angehörige von ethnischen Minderheiten (fast) alle Rollen spielen, schon in sich das Konzept von »dem Anderen« irritiert. Dadurch, dass immer die gleichen SchauspielerInnen die unterschiedlichen Figuren darstellen, wird – im Sinne Butlers – die Performativität von nationaler Identität deutlich, was beinhaltet, dass diese als veränderbares Konstrukt gelesen werden kann. Nationale Identität ist also nichts was man hat oder nicht, sondern ergibt sich relational, je nach Kontext von Bedeutung oder nicht. Zum Beispiel beschreibt Kureishi in seinem autobiografischen Text *The Rainbow Sign*, dass ihm erst bei seinem ersten Besuch in Pakistan aufgefallen ist, wie britisch er ist.

Ass-kicking essentialism

Es hat sich gezeigt, dass ein mimetisches Verständnis von Repräsentation schnell an seine Grenzen stößt. Wenn man die Medien nicht als Abbild einer wie auch immer gearteten Realiät versteht, sondern als Feld, in dem unsere Wahrnehmung der Welt vorstrukturiert wird, ergeben sich neue Lesarten für die Identitätskonstruktion bei *GGM*: Entgegen herkömmlichen Medienbildern werden MigrantInnen nicht als homogenes – gleichermaßen faszinierendes wie bedrohliches – Andere wahrgenommen, sondern genau diese

Auffassung wird vorgeführt und somit dekonstruiert. Gegen die Homogenisierung von ethnischen Minderheiten richtet sich der Sketch, in dem die Coopers und ihre Freunde Mitglied der Conservative Party werden wollen. Darauf der zunächst verdutzte Parteisekretär: »Fine, we are keen to attract members of all the ethnic communities«, worauf die Vier erschreckt zurückweichen. Und dann wäre da noch die Gutmensch-Engländerin im Indienurlaub auf der Suche nach »authentischer« Kultur. Sie betritt eine ärmliche Hütte, deren beiden Bewohner gerade noch rechtzeitig ihren Gameboy verstecken können und ihr, als sie den Braten gerochen haben, den verrosteten Abwasser-Eimer als traditionelles indisches Geburtsgefäß verkaufen. Als sie ein anderes Gerät an der Wand sieht (einen Dosenöffner), sagt die Engländerin: »Mit meinen westlichen Augen hätte ich unwissend diesen Gegenstand als Dosenöffner bezeichnet. Natürlich ist es ein ...« (es folgt ein fragender Blick auf die Bewohner). Und auch die Bettwäsche – »this pattern looks quite familiar« – wird kommentiert, wobei die Hausfrau erläutert: »It's a mystery that our ancient Gods look exactly like the Power Rangers.« In einem anderen Sketch sitzen drei Yuppies im Restaurant beim Essen. Gesprächsthema der schockierten Runde ist ihr gemeinsamer Freund, der eine Engländerin geheiratet haben soll. Als das Paar auftaucht, hat der Freund seine weiße Ehefrau im Schlepptau, die einen Sari trägt, Indian English spricht und auf die Bitte, doch am Tisch Platz zu nehmen, sich zum Befremden aller Anwesenden auf den Fußboden hockt.

Differenz rules

Die beiden Beispiele zeigen, dass bei *GGM* kräftig nach allen Seiten ausgeteilt wird, was heißt, Stereotypen werden umgedreht und somit aufgebrochen. So wie *My Beautiful Laundrette* die Geschäftserfolge der asiatischen Figuren als Strategie benutzt, um alte, imperiale Machtverhältnisse umzukehren (Hill 1999, 210), funktionieren zahlreiche Sketche in *GGM* gemäß Stuart Halls (1997) Strategie von »reversal« – also der Umkehrung von Stereotypen.

Zum Beispiel, wenn indische Studierende ihren Urlaub in England verbringen und sich über die vielen Bettler und das Essen beschweren. Oder wenn die vier indischen ReisereporterInnen ihrem Publikum eine »very exotic railway line« vorstellen, die sich als der Vorortzug von Wolverhampton North nach

Wolverhampton South (oder so ähnlich) herausstellt. Solche Sketche entlarven den exotischen Blick des weißen Zuschauers (und den Orientalismus). Westliches Dominanzverhalten wird auf den Kopf gestellt, wenn keiner der indischen Kollegen den Namen des neuen weißen Angestellten Jonathan aussprechen kann – und ihn ständig mit neuen Namen anreden. Imperiale Machtverhältnisse werden immer wieder thematisiert – nicht nur im Sketch mit der alten grauhaarigen indischen Zeitzeugin, die noch die Zeit vor der Unabhängigkeit erlebt hat. Gefilmt mit Weichzeichner und romantischer Beleuchtung erzählt sie dem Interviewer in blumigen Worten von der herrlichen Kolonialzeit, als die Stiefel der englischen Soldaten so blank schimmerten, wenn sie den indischen Untertanen damit in die Bäuche traten. Wie koloniale Strukturen weiterleben, zeigt sich in mehreren Sketchen, die den Rassismus der britischen Gesellschaft thematisieren. Beispielsweise wollen die Kapoors, sorry Coopers, mit ihren beiden Freunden Mitglied im Tennisverein werden wollen. Als es »for members only« heißt, verstehen sie zunächst nicht, was gemeint ist, schließlich wollen sie ja erst Mitglied werden und erst als der Clubsekretär nach langem

Hin und Her verzweifelt schreit: »No Pakis!« ist klar, worum es die ganze Zeit ging.[13]

Bei anderen Gags wiederum spielt Ethnizität gar keine Rolle. In einem Sketch geht es um das buddhistische Prinzip des Nicht-Tötens. Meera Syal spielt hier eine Hausfrau mit ausgeprägtem nordenglischen *working-class-accent*, die einen Kammerjäger bestellt hat, der die Mäuse hinter ihrer Küchenzeile erlegen soll. Doch der Kammerjäger stellt sich als Buddhist heraus, der die Mäuse – statt sie zu töten – per Meditation zur Räson bringen will. Als das nicht funktioniert, schlägt er andere Alternativen vor, wie einen Diktator einzuschleusen und ein totalitäres Regime zu errichten, bei dem sich die Mäuse gegenseitig zu Grunde richten. Auch der Versuch, die Mäuse zu derart dummem Benehmen anzustiften, dass sie im nächsten Leben als Steine wiedergeboren werden, bleibt unerprobt, da der Kammerjäger vorher von der Hausfrau vor die Tür gesetzt wird.

Dieser Sketch zeigt, dass Identität relational ist und andere Faktoren das Konzept der »ethnischen Identität« durchdringen: Gender, Religion, Alter, Klasse oder Sexualität. Somit kann *GGM* als Ausdruck dessen

Literaturverzeichnis

Baker/Diawara/Lindeborg (Hg.): *Black British Cultural Studies. A Reader.* Chicago & London: The University of Chicago Press.
Butler, Judith 1991: *Das Unbehagen der Geschlechter.* Frankfurt/Main: Suhrkamp.
Cooke, Lez 1996: *British cinema: representing the nation.* in: Nelmes, Jill (Hg.): *Introduction to Film Studies.* London /New York: Routledge.
Erel, Umut 1999: *Grenzüberschreitungen und kulturelle Mischformen als antirassistischer Widerstand?* in: Gelbin, Cathy, Kader Konuk und Peggy Piesche (Hg.): *AufBrüche. Kulturelle Produktion von Migrantinnen, Schwarzen und jüdischen Frauen in Deutschland.* Königstein/Taunus: Ulrike Helmer Verlag, 172–194.
Göktürk, Deniz 1998: *Verstöße gegen das Reinheitsgebot. Migrantenkino zwischen wehleidiger Pflichtübung und wechselseitigem Grenzverkehr,* in: Mayer/Terkessidis, 99–114.
Gutiérrez Rodriguez, Encarnación 2001a: *Widerstand in der différance. Repräsentation, Verinnahmung und Gegenstrategien von MigrantInnen und Schwarzen Deutschen.* in: iz3w, blätter des informationszentrums 3. welt, 253, Mai/Juni, 22-23.

Gutiérrez Rodriguez, Encarnación 2001b: *Auf der Suche nach dem Identischen in einer ›hybriden‹ Welt – Über Subjektivität, postkoloniale Kritik, Grenzregime und Metaphern des Seins* in: Hess/Lenz, 36–55.
Hall, Stuart 1996: *New Ethnicities* in: Baker et. al., 163–172.
Hall, Stuart 1997: *Representation. Cultural Representations and Signifying Practices.* London, Thousand Oaks.
Hess, Sabine/Ramona Lenz (Hg.) *2001: Geschlecht und Globalisierung. Ein kulturwissenschaftlicher Streifzug durch transnationale Räume.* Königstein/Taunus: Ulrike Helmer Verlag.
Hill, John 1999: *British Cinema in the 1980s.* Oxford: Clarendon Press.
Hoffstadt, Stephan 1995: *Black Cinema. Afroamerikanische Filmemacher der Gegenwart.* Marburg: Hitzeroth
Julien, Isaac and Kobena Mercer 1996: *De Margin and De Center* in: Baker et.al., 194–209.
Kureishi, Hanif 1986: *My Beautiful Laundrette and The Rainbow Sign.* London: faber & faber
Kureishi, Hanif 1990: *The Buddha of Suburbia.* London: faber & faber
Mayer, Ruth & Mark Terkessidis (Hg.) 1998: *Globalkolorit. Multikulturalismus und Populärkultur.* St. Andrä/Wördern: Hannibal.

Menrath, Stefanie 2001: *Represent what? Performativität von Identitäten im Hip Hop.* Hamburg: Argument.
Mody, Anjali (2001): http://www.indian-express.com/ie/daily/20010117/ied17038. html (09.08.01)
Pritsch, Sylvia 2001: *Auf der Suche nach dem Third Space: hybride (Geschlechts-) Identitäten jenseits von Fremdem und Eigenem?* in: jour fixe initiative Berlin (Hg.): *Wie wird man fremd?* Münster: Unrast, 171–206
Riddell, Mary 2002: *Teach us all to be British.* Observer 10.02.
Sackler, Molly 2000: *East is East* (Review). *Bright Ligths Film Journal,* Issue 30, October 2000.
Schüren, Rainer 1999: *Bhaji on the Beach and the Critics. An Essay on Hybridity.* in: *Hard Times* Nr. 67/68 *India in Britain,* Herbst, 75-83.
Steyerl, Hito 2001: *Ornamente der Neuen Mitte. Wo Widerstand zu Kanak-Chic wird, bedient sich die Gesellschaft.* in:iz3w, blätter des informationszentrums 3. welt, 253, Mai/Juni, 24–25
Syal, Meera 1996: *Anita and Me.* London: Flamingo
Syal, Meera 2000 [1999]: *Life Isn't All Ha Ha Hee Hee.* London: Anchor
Terkessidis, Mark 1998: *Die Kultur der Deutschen.* taz 01.08.

interpretiert werden, was Stuart Hall als weites Moment Schwarzer kultureller Praxis begreift. Hier geht es darum, »die außergewöhnliche Vielfalt von Subjektpositionen, sozialen Erfahrungen und kulturellen Identitäten, aus denen sich die Kategorie ›Schwarz‹ zusammensetzt« anzuerkennen (Hill 1999, 209). Damit könne man dem essentialisierten Schwarzen Subjekt eine Absage erteilen. Dieselbe Position vertritt Kobena Mercer, wenn er konstatiert, Schwarze britische Kunst in den Achtzigern hätte eines gemeinsam: »the recognition of difference within and between our ›communities‹«.[14] Filme wie *My Beautiful Laundrette* oder *Bhaji* – und eben auch *GGM* – versuchen erst gar nicht, einer »authentischen« oder »essentiellen« Schwarzen oder asiatischen Erfahrung Ausdruck zu verleihen, sondern betonen statt dessen Heterogenität im Sinne dessen, was Stuart Hall als »living [of] identity through difference« bezeichnet hat.[15]

Arrangierte Ehen, das Kastensystem, religiöse Differenzen (wenn der Sohn einer muslimischen Familie zum Judentum konvertiert), Gewalt in der Ehe – all das sind Themen, die in *GGM* angeschnitten werden. In einem Sketch wird einer modernen jungen Frau diagnostiziert, sie sei LCI-positiv. LCI steht für »Lack of Cultural Identity«. Eine Pille schafft Abhilfe und die Frau erhebt sich, nun im Sari, verschämt kichernd vom Untersuchungstisch. Als der Arzt ihr zum Test mit der Frage »Does this hurt?« die Faust ins Gesicht boxt, lächelt sie nur verschämt und wirft sich ihm anschließend in einer Unterwerfungsgeste zu Füßen.

Solche Sketche entsprechen Kobena Mercers Vorschlag, *zu* einander zu sprechen, statt *für* die fiktive Schwarze oder Asiatische Community, die ja nur als Konstrukt des weißen Hegemonialdiskurses existiert, in dem die sozialen und kulturellen Unterschiede der ethnischen Minderheiten außer Acht gelassen werden.

»Bri'ish identity«
»ein waschechter Engländer, fast«

»I am an Englishmen born and bred – almost« so beginnt Hanif Kureishis Roman *The Buddha of Suburbia*. Und in Meera Syals *Anita and Me* (1996, 149f), heißt es: »I knew I was a freak of some kind, too mouthy, clumsy and scabby to be a real Indian girl, too Indian to be a real Tollington wench, but living in the grey area between all categories felt increasingly like home.« Die Grauzone ist in Syals Text nicht – wie in der deutschen Debatte – Ausdruck für die leidvolle Erfahrung vom Verlorensein »zwischen zwei Welten«[16], sondern eine Möglichkeit, ein neuer Raum, der sich öffnet für das Ausloten von Identitäten. Die Erfahrung von »in-betweenness« (Bhaba) wird nicht pathologisiert, ist kein Problem, sondern Chance, ein »wechselseitiger Grenzverkehr«, wie Göktürk (1998) die gegenseitige Beeinflussung von Minderheitenkultur und Mainstream nennt. Diese hybriden Positionen tragen – bei aller Kritik am Konzept der »Hybridität«[17] – auch zu einer Neudefinition hegemonialer Identitäten bei. Demnach kann auch *GGM* als Versuch gesehen werden, die Grenze zwischen Zentrum und Peripherie zu verschieben. Viele der Figuren aus *GGM* sind in diesem »Zwischenreich«, wie Salman Rushdie es nennt, zu verorten, allen voran die beiden Bhangramuffins mit ihrer *global streetwear*, die meinen, der Eurotunnel wäre eine Bedrohung »for our British identity« (eine Auffassung, die im Sketch wiederum dadurch ironisiert wird, weil sich herausstellt, dass sie mal wieder zu paddelig waren, das richtige Terminal zu finden und statt dessen im Shuttle-Zug in der Northern Line der Londoner U-Bahn sitzen).

GGM zeigt, dass Unterschiede in bezug auf Klassenzugehörigkeit, Religion, Generation etc. häufig einen größeren Stellenwert haben als die Ethnizität. So heißt es in der Special Issue *Race in Britain* des *Observer* in einem Ausblick über die Entwicklung in London: »Future London may be defined less by interracial conflicts than by class. The ideal of a collective ethnic solidarity based solely on race, holds little truth in practice. Tomorrow's ethnic groups won't identify with people they relate to racially, but the ones whose lifestyles match their own.« Und an dieser Stelle komme ich noch einmal auf die oben erwähnte Kritik an der negativen Darstellung zurück. So wurde *Bhaji on the Beach* von vielen älteren asiatischen Männern kritisiert/attackiert, weil man meinte, der Film würde die *Asian Community* diffamieren, besonders durch seine Darstellung junger asiatischer Frauen, denn eine unverheiratete Studentin wird von ihrem schwarzen Freund schwanger. Als »vulgar and offensive«, »an insult to all decent Asian women« und »grossly indecent and made in bad taste«, bezeichnet der Chef des Indischen Kulturinstituts in London Chadhas Film. (Schüren 1999) Bemerkenswert erscheint mir, dass es sich bei dieser Kritik an negativen Repräsentationen häufig um Aspekte von Gender und Sexualität handelt: Vorehelicher Sex, Gewalt in der Ehe, Homosexualität – all dies sind Aspekte, deren Thematisierung anscheinend hinter dem strategischen Essentialismus zurückstehen müssen. Wenn man mich fragt: sounds like bloody same old Nebenwiderspruch-talk to me!

»Whatever colour lines may be tested and blurred here, gender remains a clear line in the sand«, bemerkt Molly Sackler über *East is East*. Das gleiche trifft auch für die hybriden Positionen in der Kanak-Literatur zu. Deren Widerstandspotenzial generiert sich aus dem klassischen popkulturellen Widerspruch von Rebellion und Weiblichkeit. Der Kanak-Rebell ist männlich.[18] Ein viel differenzierteres Bild bieten dagegen Filme wie *Bhaji on the Beach* oder Angelina Maccarones Komödie *Alles wird gut* (1997), die – fürs Fernsehen produziert, mainstream-kompatibel und in bester »Screwball Comedy«-Tradition – um romantische Verwicklungen Schwarzer Deutscher in Hamburg kreist. Ebenso klug wie vergnüglich lotet der Film nach dem Buch von Maccarone und Fatima El-Tayeb

Aspekte wie Ethnizität, Sexualität und Klasse aus. Auch hier macht sich ein Wandel vom »cinema of duty« zu »pleasures of hybridity« bemerkbar und eröffnet – wie *GGM* – »Potentiale der wechselseitigen humoristischen Bespiegelung«.[19]

»Englishness is black« [20]

Inzwischen ist *GGM* auch als Kaufvideo auf dem Markt, wo es einträchtig neben *Absolutely Fabulous*, *Blackadder*, dem guten alten *Upstairs, Downstairs* und anderen BBC-Erfolgen im Regal steht – was insofern erwähnenswert ist, als dass die Videos in diesen Regalen kommenden Generationen von Cultural Studies-DoktorandInnen als Beispiele für »Britishness« dienen werden. Britishness? Jawohl. »There Ain't No Black in the Union Jack« nannte der Kulturtheoretikers Paul Gilroy seine einflussreiche Studie, in der er zeigt, wie sehr die Bestrebungen des Hegemonialdiskurses immer wieder dahingehen, »Britishness« gleichbedeutend mit »Whiteness« zu machen. Vor allem in der Amtszeit von Margaret Thatcher herrschte

Anmerkungen

1 Als *ethnic minorites* (= »ethnische Minderheiten«) werden in Großbritannien die MigrantInnen aus den ehemaligen Kolonien des Commonwealth bezeichnet. Der Ausdruck »asians« bezieht sich in Großbritannien in erster Linie auf MigrantInnen mit familiärem Hintergrund in Indien, Pakistan oder Bangladesch. Zur Ambivalenz von sog. »Bindestrich-Identitäten« siehe Gutiérrez Rodriguez 2001b.

2 »chuddies« stammt vom Hindi-Begriff für »Unterhose« und wird im *anglo-asian Slang* in dieser Bedeutung verwendet. Das Online Dictionary of Playground Slang gibt als Erläuterung gar »testicles« an.

3 U.a. nach Schweden, die Niederlande, Neuseeland, Australien und in den südostasiatischen Raum (*Guardian* 20.02.99).

4 Zum Verhältnis von Coolness und Vereinnahmungen durch den kulturellen Mainstream, siehe Erel 1999.

5 In seiner Untersuchung über das US-amerikanische Black Cinema betont Hoffstadt (1995, 13): »Die unleugbare Kontinuität der Machtverhältnisse, sozialer Benachteiligung und rassistisch geprägter Denkstrukturen erinnert daran, dass die schwarze Präsenz in der Kultur kein Abbild einer entsprechenden gesellschaftlichen Entwicklung ist.« –

Hoffstadt spricht von einer »symbolischen« Präsenz, die womöglich dazu beiträgt, davon abzulenken, dass die Repräsentation von AfroamerikanerInnen den politischen, sozialen und intellektuellen Institutionen des Landes rückläufig ist. Oder, in den Worten Stuart Halls: »I know that what replaces invisibility is a kind of carefully regulated, segregated visibility.« (Stuart Hall *What's this ›Black‹ in Black Popular Culture?*, hier zitiert nach Hoffstadt 1995, 13). Diese segregierte Sichtbarkeit beinhaltet null Widerstandspotenzial, im Gegenteil: sie trägt noch zur Festigung des Status quo bei: »In der Zelebrierung schwarzer Leistungen in Kultur und Entertainment setzt sich eine paternalistische und fetischistische Tradition fort, die Schwarze auf diese Bereiche reduziert und damit bestehende Machtverhältnisse bestätigt.« (Hoffstadt 1995, 13)

6 Alles begann als Radioshow auf *Radio 4* im Juli 1996. Die sechs Folgen der ersten Staffel liefen im Januar und Februar 1998. Noch im selben Jahr sendete *BBC2* die zweite Staffel, nämlich im Oktober/November 1998.

7 Zur Vereinnahmung migrantischer Kulturproduktion und ihres Widerstandspotenzials vgl. Erel 1999.

8 Um es noch einmal klar zu machen: Bollywood ist natürlich auch Kulturindustrie, total kommerziell und Mainstream – in Indien. Uns interessiert

hier der britische Kontext, in dem indische Kultur bislang auf »curry« – also »indisch essen gehen« – reduziert wurde (eigentlich analog zum Döner in Deutschland). Nach einer popkulturellen Rezeption (der Einfluss von Bhangra auf die Club-Culture, indische Einflüsse im Outfit) ist das Interesse des kulturellen Mainstreams (Oper, Lloyd Webber) bemerkenswert – was sich in einer nicht-subventionierten Theaterlandschaft aus dem Bestreben erklärt, neue Publikumsschichten zu erschließen. Dazu noch einmal Majumdar: »But producers are realising that there is an audience for theatre with Asian themes, one that hasn't yet been exploited. The brown pound is strong.« Das spüren auch kleinere Theatergruppen wie Tamasha. Dazu die Mitgründerin Sudha Buchar: »Our last show, Balti Kings, had a 40% core Asian audience, and a 60% non-Asian audience. We gained a mainstream audience following the success of East Is East two years ago.« (*Guardian*, 21.02.2001)

9 Der Anteil von »ethnic minority participants« beträgt 6.3%, was ungefähr dem Anteil an der Gesamtbevölkerung entspricht. Dennoch läuft den britischen Sendern das Publikum weg, wie der *Channel 4*-Redakteur für »multikulturelle Programme«, Patrick Younge, beschreibt: »Black and Asian viewers are moving away from terrestrial television

die Auffassung vom »ethnischen Absolutismus« vor, wie auch der Auslandskorrespondent vom Indian Express, Anjali Mody beschreibt: »Tory Britain was encapsulated by warm beer, spinsters cycling to church on summer afternoons, and the Windsors as Britain's ideal first family. But in the real Britain chicken tikka masala was being consumed by the balti full, washed down by cold Australian larger, in crowded inner cities you could hear the muezzin's call to prayer, and the Windsors had become tabloid fodder with tales of adultery and divorce. The nostalgic pre-war memory of Britain conjured up by the pints of warm dark ale and visions of Miss Marple trundling around on bicycles was translated, in the Tories' political rhetoric, into overtly racist sloganeering.« (Mody 2001) Mit dem Übergang zu New Labour habe sich das Bild gewandelt, meint Mody. »Britishness was defined as Englishness and a Britain in which cultural difference and multiple national identities are celebrated« – naja, darüber, dass so viel Optimismus angesichts des alltäglichen Rassismus vielleicht doch nicht uneingeschränkt angebracht ist, haben wir ja schon am An-

fang gelesen. Wie aber sieht es in der Popkultur aus? Nachdem sich Britpop den Vorwurf gefallen lassen musste, reaktionär zu sein und sich kulturellen Einflüssen zu verweigern, gehen nun Bands wie CORNERSHOP auf Tour mit OASIS (als Vorband auf der US-Tour), und ASIAN DUB FOUNDATION waren bei der letzten Tour von PRIMAL SCREAM Support. Und lange genug hat es gedauert, bis endlich mal eine angloasiatische Familie in das Herzstück der britischen Soaps, die *Coronation Street* eingezogen ist (und aus der *Lindenstraße* wissen wir, dass das noch nicht viel heißt). Wahrscheinlich besitzt diese Familie so viel (d.h. wenig) Identifikationspotenzial wie ihre Kollegen in der *Lindenstraße*. Viel entscheidender ist, dass sie dazu beiträgt, wie Kureishi (1986, 38) es mal formuliert hat, dass es die weißen Briten sind, die lernen müssen, dass Britishness nicht mehr das ist, was es mal war. Und *GGM* habe dazu beigetragen, meint der Guardian euphorisch: »Britain has re-branded itself. With curry as our national dish and clubbers wearing bhindis, ›white‹ and ›mainstream‹ are no longer synonymous.« (*Guardian* 20.02.99). ●

faster than any other sub-demographic in our audience. They are the early adopters of cable and satellite, with around 12 dedicated channels now providing Asian language news, film and music programming and a great deal of activity under way to establish a black/urban channel.« (*Guardian* 02.10.2000) Einhergehend mit den veränderten Sehgewohnheiten vollzieht sich ein demographischer Wandel: Machen die ethnischen Minderheiten zur Zeit 5,5% der UK-Gesamtbevölkerung aus, sind es bei den Unter-30-jährigen bereits 10%, bei den Unter-Fünfjährigen 12%. »Conservative projections predict 40% of the under-25s in London will be black, Asian and/or mixed race within 10 years.« (Younge ebd.) Nicht alle Anbieter haben, wie *Channel 4*, bereits im Lizenzvertrag geregelt, wöchentlich mindestens drei Sunden »multicultural programming« zu gewährleisten. Damit sei die Verantwortung dafür von den Spartenredaktionen auf den gesamten Sender übergegangen. Das heißt für *Channel 4*: Jedes neue Senderformat soll in Zukunft darauf geprüft werden, wie es dem Anspruch von Multikulturalismus gerecht wird, bei Produktionsteam oder bei den DarstellerInnen bzw. den ModeratorInnen vor der Kamera. (*Guardian* 02.10.2000) Warum *Channel 4*, die doch in den Achtzigern so eine gute Arbeit

geleistet haben, jetzt mit so veralteten Konzepten wie »Multikulturalismus« anfängt, ist mir schleierhaft.
10 Hier wäre es interessant zu sehen, inwieweit unterschiedliche Kriterien bei der Beurteilung der Zuschauerproteste herrschen. Ob die Kritik an der Fondue-Szene dieselben Konsequenzen für eine erneute Ausstrahlung nach sich gezogen hat, wie die Abendmahls-Szene?
11 K Mercer *Recoding Narratives of Race and Nation*, zit nach Hoffstadt 1995, 197.
12 Zitiert nach Julien/Mercer 1996, 197
13 Dass die Performativität nationaler Identitäten auch seine Grenzen hat – nämlich durch rassistische Zuschreibungen des weißen Hegemonialdiskurses, zeigt folgende Passage: »sometimes we were French, Jammie and I, and other times we went black American. The thing was, we were supposed to be English, but to the English we were always wogs and nigs and Pakis and the rest of it.« (Kureishi 1990, 53).
14 Mercer, Kobena: *Black Art and the Burden of Representation*, hier zitiert nach Hill 1999, 209.
15 Hall, Stuart: *Old and New Identites, Old and New Ethnicities*, zitiert nach Hill 1999, 209.Genau diese Bestreben auf Differenz veranlasst auch neuere Forschung zu postcolonial und queer theory, den Begriff der *différance* von Derrida flottzumachen. Vgl. dazu insbeson-

dere Encarnación Gutiérrez Rodriguez (2001, 23), die das Potenzial des différance-Konzepts darin sieht, dass es ermöglicht, »die Dynamiken des Sehens und der Präsenz für die Darstellung des unsichtbar Gemachten zu erkennen.« Différance als Widerstandsmoment heißt »immer wieder die Logik der vorherrschenden Definitionsmacht zu brechen; sie zwar ›nachzuäffen‹, aber zugleich zu dekonstruieren.« (ebd.)
16 Vergleichbar skizziert Göktürk (1998, 104) die Situation in Deutschland. »Filmemacher sahen sich häufig festgelegt auf leidvolle Geschichten vom Verlorensein der Migranten ›zwischen den Kulturen‹.«
17 Zur Kritik am Konzept der »Hybridität« siehe Pritsch 2001, Gutiérrez Rodriguez 2001b. »Auch Hybridität ist zu einer essentialisierten, kommerzialisierbaren Kategorie geworden« – zu diesem Schluss kommt Caglar (in Hess/Lenz 2001, 225) angesichts des Wandels von Rap als Ausdruck afroamerikanischen Widerstands zum globalen Mainstream.
18 Vgl. dazu auch Erel 1999 und Gutiérrez Rodriguez 2001a.
19 Göktürk 1998, 113, die die Entwicklung des britischen Kinos seit Mitte der Achtziger mit der Situation von Migrantenkino in Deutschland analogisiert.
20 Stuart Hall, *Old and New Identites, Old and New Ethnicities*, zitiert nach Hill 1999, 215.

Michael Gruteser

Stand Up!

[Zur Lage der Stand Up-Comedy]

Anfang der 90er eröffnete Gerd Dudenhöfer seinen Auftritt bei *Wetten dass..?* mit einer Stand Up-Performance. In seiner Bühnen- und TV-Persönlichkeit Heinz Becker schwang er xenophobe Reden, die das Publikum sehr belustigten. Später auf der Couch beantwortete Dudenhöfer die Frage, ob er mit seinem Erfolg zufrieden sei, etwas ausladender und ernster. Das Publikum war nicht sonderlich amüsiert. Viele Menschen aus dem Publikum sähen nicht, daß das, was er mache, Satire sei und würden den Statements Beckers sogar beipflichten.

Dudenhöfer wartete offensichtlich im Verlauf seiner Karriere auf eine Katharsis, die sich beim Publikum allerdings nicht einstellte. Das geschlossene Format des Fernsehspiels macht die *Familie Heinz Becker*, wie auch ihren berühmten Vorgänger *Ein Herz und eine Seele* aus den 70er Jahren, beliebig lesbar. Die Äußerungen des rechten Kleinbürgers mögen satirisch oder affirmativ verstanden werden. Eine nach Einschaltquoten erfolgreiche Ausstrahlung ist jedoch kein Garant, auch der Intention nach erfolgreich zu sein.

Dudenhöfers Figur erscheint vordergründig witzig. Deswegen braucht sie diese Kappe und die ganze, auf den deutschen Kleingeist verweisende Garderobe. Heinz Becker stellt einen Typen dar, und weil solche Typen normalerweise nicht im Fernsehen auftauchen, ist das per se witzig. Er ist der Narr am falschen Platz, und Narren sprechen ja bekanntlich die Wahrheit, und zwar vornehmlich das, was die ›bösen Amis‹ den ›armen Deutschen‹ nach 1945 zu sagen verboten. Somit trifft Beckers Xenophobie, ebenso wie die des Ekels Alfred, offensichtlich immer noch auf einen fruchtbaren Boden voller Ressentiments.

Dudenhöfers Versuch der Ironie, den blanken Realismus des deutschen Klein-Spießers aus einer gegensätzlichen Haltung heraus zu spielen, ohne diese kenntlich zu machen, verurteilt zumindest seine eigenen Ambitionen zum Scheitern. Dieter Hildebrandts Ironie funktioniert hingegen als solche – zum 8. Mai 1995 forderte er beispielsweise eine Gedenkbombardierung Berlins –, weil er im lebhaften Selbstgespräch auf der Bühne Diskurse verhandelt und dabei in seiner

›Attitude‹ erkennbar bleibt. Das in der ARD immer noch aktive Format des politischen Kabaretts *Scheibenwischer* um Dieter Hildebrandt, vereint verschiedene Kleinkunst-Genres des politischen Kabaretts, doch auch hier vermehrte sich über die Jahre die Präsenz deutschsprachiger Typen-Komiker, die vornehmlich das Ziel ihrer eigenen Attacke spielten. Im schlimmsten Fall (Stephan Wald) stellte dieses Ziel gar eine real existierende Persönlichkeit dar, anstelle eines fiktiven sozialen und politischen Typs. Helmut Kohl, Witzfigur und Despot zu gleichen Teilen, wurde nicht zuletzt im *Scheibenwischer* vollends zur Witzfigur stilisiert und somit seiner despotischen Angriffspunkte beraubt. Über das ausschließliche Nachspielen verlagern sich satirische und kritische Ansatzpunkte in das Innere der homogen wirkenden Figur. Hier wird alles verhandelt und nur hier ist das zu verorten, was von der Attitude des Performers übrig bleiben mag.

Um ›Attitude‹, ging es ja bekanntlich auch mal im Rap, bevor die Typen-Inszenierung des Gangsta-Rap, die performende Person zur Fantasie-Gestalt verklärte. Humor wird bei diesem strengen Identitäts-Konzept wie selbstverständlich ausgeklammert. Der goldgelockte Zehen-Fetischist MC Paul Barman (*It's Very Stimulating*, Wordsound 2000) wird über das *Lustige* seiner gerapten Sex-Fantasien bereits zum Außenseiter, weit entfernt von den Codes des Underground, den die hegemonialen Akteure des Rap ebenso für sich beanspruchen wie den Mainstream. *To keep it real* bedeutet nicht, lustig zu sein, denn – so der dominante Apokalypse-Mythos – das Leben ist Leiden und am Ende folgt der Tod.

So scheint die oberste Maxime in der deutschsprachigen Adaption des Rap auch Humorlosigkeit zu sein. Sammy Deluxe schießt sich bierernst auf orale Traditionen des Kulturpessimismus ein: »die Menschen sehen vor lauter Bäum' den Wald kaum«, versucht sich, ebenso wie Kollege Jan Delay über sentimentale RAF-Allianz, die Aura eines Denkers zu verleihen.

In einem *Mixery Raw Deluxe Wien*-Special auf VIVA battelten sich im Sommer 2001 die leiwanden Buam, daß den berühmten Schmäh die hochdeutsche Bedeutung ereilte. Ein 19-jähriger und ein 15-jähriger Kombatant hielten sich gegenseitig ihren erheblichen Altersunterschied vor, so daß der 15-jährige, einmal in Rage gerapt in machtvoller Pose in die Stille nach dem Break postulierte »I komm aus Österreich«. Die Publikumsreaktion disqualifizierte ihn ohne Verzögerung. Spaß-MC Rene brach die Blamage des minderjährigen National-Rappers charmant ab. DAS Thema sollte hier nicht Thema sein, es geht, so der Duktus der formkonservativen Degeneration im Deutschrap um styles, skills etc. letztendlich um Musik (also checkt das). Was unter den Punkten des Parteiprogramms Deutschrap hartnäckig fehlt ist ›Attitude‹. Genau die zeigte sich in dem angeführten Moment in unerwünschtem Ausmaß. Doch wenn die böhsen Onkelz vor weit über zehn Jahren zu einem rockisierten Reggae-Groove auf die »Deutschland-Fahne« stolz sein konnten, so liegt die Erkenntnis nahe, daß Musik per se keine Farbe hat und in Bezug auf die ›Attitude‹ des Performers beliebig instrumentalisierbar ist (s.a. Unterwanderung des Hip Hop von rechts, *Intro* 01/02 2001).

Die formelle Nachahmung des Genres verliert sich im Abklappern von Allgemeinplätzen. Rituelle Sprachfiguren, deren Sinn zwar schon immer ihre Wiederholbarkeit und damit ihre Funktion als Verweis-Technik war, wandeln in der Adaption von kollektiven Inhalten *too black, too strong* oder *don't believe the hype*, in selbstbeschreibende Beliebigkeit: *Ich hab tolle Reime am Start* oder *checkt meinen flow*.

Ebenso arbeitet deutschprachige Stand Up häufig auf *eine* Pointe hin, anstatt über Pointen eine Story zu erarbeiten. Gewisse Standards werden von amerikanischen Originalen entlehnt, ohne sie zu variieren, und die vortragende Person bleibt hinter den Allgemeinplätzen des Humors verborgen. Vielleicht erklärt sich auch aus dieser Arbeits-Technik, warum deutschsprachige Performer meist so schnell wieder von der Bühne müssen – das Material ist ausgegangen. In der *Pro7*-Stand-Up-Revue *Quatsch Comedy Club* teilen sich regelmäßig drei Gast-Komiker die 25 Minuten Sendezeit mit den zähen Beiträgen des Hosts, und obwohl das Stargast-System Abwechslung garantieren sollte, zeigt sich hier am deutlichsten die Witz-Erzähler-Mentalität der deutschsprachigen Szene.

Das Mikrofon spielt in der elaborierten Form des US-Stand Up der 70er bereits eine große Rolle. Sein verstärkender Effekt wird genutzt, um Geräusche und Stimmlagen qualitativ zu verändern, lauter zu machen, zu verzerren etc. Die vortragende Person hat über die Impersonation verschiedener sozialer Typen, Prominenter und in der Interaktion mit dem Publikum, die Möglichkeit, Diskurse zu verhandeln.

Die Interaktion mit dem Publikum kann im Stand Up auch als rhetorische Form erscheinen, wie es von Groucho Marx bis Woody Allen zu beobachten ist. Richard Pryor, Bill Cosby und Eddie Murphy hingegen »arbeiten« mit dem Publikum. Sie provozieren Reaktionen, baden sich darin oder manipulieren die vom Publikum lautstark empfundene Stimmung.

Mit ihren Stand Up-Performances illustrieren Pryor und Cosby über die 70er Jahre hinweg den afro-amerikanischen Diskurs zwischen Afrozentrismus und Assimilation. Pryor steht für gewisse *Black Thangs* ein und verhält sich bereits über die Popularisierung oder Medialisierung der in der African American Community gebräuchlichen Sprache politisch.

Bill Cosby hingegen dominiert das kontinuierlichere Medium Fernsehen mit seiner *Bill Cosby Show*. *You all watch the Bill Cosby Show?* fragt Eddie Murphy in einer Stand Up-Performance und das Publikum bejaht begeistert. Darauf erzählt er, wie Bill Cosby ihn angerufen hätte, um mit

ihm über seine *language* zu reden. Er impersoniert Cosby, in dessen Bühnenpersönlichkeit, die mit merkwürdigen Körperhaltungen und enormer Sprachverzögerung ihren Witz ausspielt. Die Quintessenz des Gags ist, dass Cosby Murphy gerne mitteilen würde, dass dieser auf der Bühne nicht *fuck* sagen solle, Murphy aber die blumigen Umschreibungen Cosbys so lange nicht verstehen will, dass Cosby schließlich genötigt ist, vor Murphys begeistertem Publikum *fuck* zu sagen. Als schließlich klar ist, worum es geht, ruft Murphy Pryor an, erzählt ihm, was Cosby fordert und impersoniert nun auch Pryor.

Well, do you get paid,
for what you're doing on stage?
Yes.
Then tell Cosby to fuck himself.

Als Stand-Up-Performer erzählt Cosby gerne von seiner Familie. Wie in der Fernseh-Serie geht es um spielerischen Ehestreit, mehrere pubertierende Töchter und einen pubertierenden Sohn. Cosbys Diskurs-Kosmos neigt zum Geschlossenen, bis schließlich nur

noch die eigene Familie den Erklärungsmaßstab für die Welt stellt. Rassismus, ein wichtiges Thema sowohl für Pryor als auch für Murphy, hat in die sprachliche Welt Cosbys nie Eingang gefunden. In seiner Fernsehshow ist es jedoch in einer sehr subtilen Weise, vielleicht auch im Sinne einer Forderung nach *Black Aesthetic* enthalten. In der filmischen Realität von Cosbys TV-Show gibt es nämlich keine Weißen. Das heißt, es gibt sie eigentlich schon, nur in einem Sinne, wie Hollywood im Zuge zäh voranschreitender Aufklärung schwarze Figuren einsetzte: als Opfer, Stichwortgeber, oder Narren. So z.B. Peter, der schwergewichtige Spielkamerad einer Huxtable-Tochter, der sich durch konsequent schüchternes Schweigen auszeichnet. Für Familienvater Cliff (Cosby) ist Peter offensichtlich ein Faszinosum, ein verhaltensgestörter weißer Gastsohn, mit dessen verminderter Kommunikationsfähigkeit er sich zwar zu arrangieren versucht, die aber letztlich auf die *incredible strange world of white people* verweist.

Mit der moralisch einwandfreien und problemlosen Welt, die Cosby besonders um die Familie des Ph.D. Clifford Huxtable entfaltet, teilt er nicht viel von der sozialen Realität der African American majority der 70er und 80er Jahre mit. Dennoch erscheint diese heile Welt auch als selbstverständliche Forderung, die ebenso von den parallel auftretenden Consciousness-Bewegungen, wie der Zulu-Nation eingefordert wird. Mag Cosbys Welt auch nicht revolutionär oder agitativ erscheinen, so ist sie doch weit entfernt von der Agonie der vergreisten Cowboys, wie Ronald Reagan sie als Speerspitze einer neuen konservativen Periode zur selben Zeit verkörperte.

I've been thinking, I haven't done any drugs now,
it's been seven months
Stimme aus dem Publikum: *Allright*
(Applaus)
I think I've done drugs, like, since I was 14. This is
the first time in my life being sober, and then
being off drugs too. It's a real strange feeling.

Entgegen der sauberen Showbiz-Policy der 80er, geht Richard Pryor offen mit seinem Drogenkonsum um, und für sein Publikum erscheint dieses Thema alles andere als abwegig. Es weiß ebenso um die Falschheit des Mythos vom Joint, der direkt zur Überdosis führt, wie um die realen Abgründe des Drogenkonsums. Nüchtern zu sein wird für Pryor selbst zu einer bewußtseinserweiternden Erfahrung. Er stellt fest, daß jetzt, da er keine Drogen mehr nimmt, um ihn herum plötzlich alle Drogen zu nehmen scheinen. *They call it epidemic now, that means white folks are doing it.* Er thematisiert auch das strukturell rassistische Konstrukt, daß es für ihn als Afro-Amerikaner nicht ungewöhnlich sei, Drogen zu nehmen, daß gewisse gesellschaftliche Bedingungen für ihn den Ausnahmezustand zum Normalzustand erklären, ohne die Alleinschuld bei der Gesellschaft zu verorten –»die Menschen sehen vor lauter Bäum' den Wald kaum«. Gleichzeitig bringt er durch seine Verpflichtung, als Stand-Up-Komiker soziale, milieuverhaftete Diskurse durchzuspielen, an dieser Stelle einen aufklärerischen Aspekt ein. Er ist nicht der moralische außenstehende Indoktrinator, der mit weltfremden Horrorvisionen die Sündigen zu überzeugen versucht. Sein Realismus im Vortrag impliziert eine Möglichkeit zur Selbsterkenntnis bei anderen, in einer klaren, offenen und freien Sprache, die vor allem den Betroffenen verständlich erscheinen muß. *You know that you're addicted when you prefer the dope to the pussy.*

> *[I been] Married to white and black, there is no difference. Except, there is some shit you can pull on a white woman that you can't pull on a black woman, like: Baby, you don't understand cause it's a black thang.*

Auch Pryors Beobachtungen zum Rassismus sind von seiner Innensicht geprägt, aus der heraus er aber auch größere Zusammenhänge darstellt, die er mit ähnlich scharfen Statements versieht, wie jenem über die rassistische Wahrnehmung von Drogenkonsum in der Öffentlichkeit.

> *Have any of you ever been to Africa, back to the motherland? That's something. I went to Zimbabwe. It's a new country, it's about three years old now. Cause it used to be Rhodesia, before they killed all them white motherfuckers over there. It's the only country I've ever been to black people kicked ass over there. Seven years they killed motherfuckers. They happy too. You walk down the street, they're just smilin' ›Hullo, oh they don' fuck wit'us no mo‹, no.*

Das afrozentristische Ideal der Reise zum *Motherland* wird von Pryor zusätzlich mit einem Moment bestückt, das dem Gefühlstheater Barakas nahesteht.

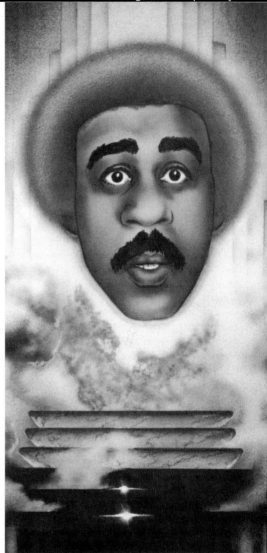

Wenn es hier auch nicht um ein Nachempfinden der Afroamerikanischen Leidensgeschichte geht, sondern vielmehr um ein Einfinden in die Position der scheinbar Unbeteiligten Nutznießer rassistischer Unterdrückung:

> *I know how white people feel in America now – relaxed. Cos' when I heard a police car I knew they weren't coming after me. Obviously, you know, obviously, they must be going after some white person.*

Die mediale Segregations-Politik in den USA, die Aufteilung der Radiostationen in schwarz und weiß oder die dürftige Präsenz bis völlige Abwesenheit von Afroamerikanern in Film und Fernsehen, gipfelte in den

8oern in der Verweigerung des Musiksenders *MTV* afroamerikanische Beiträge zu senden, eine Position die angesichts des heutigen Erscheinungsbilds des Senders eigentlich undenkbar ist.

In der Stand-Up-Comedy brachte das Publikum schon vorher vermeintliche Grenzen zum Einsturz. Denn hier entscheidet der Ticketverkauf und die Präsenz Einzelner, im Gegensatz zu den anonymen und mafiösen Verkaufsstrategien mit denen die Musikindustrie ihren Absatz anzukurbeln pflegt. Pryor und Murphy sprechen zu einem gemischten Publikum über *Black Thangs*, die sich jedoch entgegen mythischer Konstrukte als durchaus teilbar erweisen. Der Erfolg den Pryor und Murphy mit Cosby teilen, ist ihrem *talking* zu verdanken. Im Gegensatz zur Clownerie, also dem Typen-Stand-Up, bei dem die Rolle wichtiger ist als die Rede, steht im eigentlichen Stand Up der *social beat* in Form einer lustigen Gesellschafts-Reportage im Vordergrund. Diese Komik versteckt nicht, sondern unterstützt die »Attitude« der vortragenden Person gegenüber den verhandelten Gegenständen. Der geradezu verbindliche Perspektiven-Wechsel, der Versuch, sich selbst und somit dem Publikum verschiedene Postitionen zu erklären, macht die Stand-Up-Comedy trotz ihrer kargen, sich medial verweigernden Ausstattung zu einem urbanen Genre.

Der junge Wilde der deutschen Fernseh-Unterhaltung ist immer noch Harald Schmidt. Denn in der deutschsprachigen Stand Up verwaltet er fast ausschließlich das Reden – oder dem kulturellen deutschen Korsett vielleicht eher entsprechend das Nicht-Reden.

Anfang der 90er ruinierte Harald Schmidt das beste Pferd der Fernsehunterhaltung im Stall der *ARD*. Hier wurde zuvor eifrig demonstriert, wie viel Spaß die Deutschen entgegen aller Erwartung verstehen, und dies im Verbund mit der *Eurovision* unter schweizerischer Moderation. Dann kam Schmidt. Seine Warm Ups verschlangen regelmäßig die Hälfte der geplanten Sendezeit. Er erzählte ausladende Geschichten, von denen er ausgehen konnte, daß das Publikum ihnen nicht folgen wollen oder können würde. Dann gestand er dem Publikum zu, es müsse nicht lachen, denn er würde auch so gut bezahlt. Er rechnete seinen Stundenlohn vor und schwieg zufrieden.

Für manche mag das lustig gewesen sein, doch dem alterwürdigen *Verstehen-Sie-Spaß?*-Publikum, gingen diese Scherze entschieden zu weit. Der Spaß

wurde zurückgefordert und Schmidt erhielt ohnehin den Posten in der formellen Letterman-Kopie bei *SAT 1*.

Bei Letterman wurde als inoffizieller Name für *Euro-Disney* einst *Did you forget we saved your ass in World War II-Land* gewählt, und ein solch zynisch entlarvender Humor ist auch Schmidt eigen. Als er den Juso-Vorsitzenden im Herbst 2001 nach der Position der Jusos zum Bundeswehreinsatz in Afghanistan fragte und dieser entgegnete, das sei kein Thema für eine Comedy-Show, meinte Schmidt, leicht ins schwäbische fallend, *doch grad da*. Fern von sogenannter Politikverdrossenheit ist Schmidt bereit, auch noch mit den verdrossensten Politikern zu reden, wenn ihm denn, so seine Diven-Inszenierung, der Sinn danach steht.

Auch in seinen Stand-Up-, oder inzwischen eher Sit-Up-Nummern, mit denen er seine Show einleitet, dominieren aufklärerischer Zynismus und ›Attitude‹. Die kulturpolitische *Attitude* erscheint, wenn er extrem unnützes Bildungsbürger-Wissen hervorkramt und es mit verweigernder Komik auswalzt oder den Schöngeist offensiv demütigt. Zum Nobelpreis 2001 teilte er Bücher in drei Kategorien auf, solche, die er liest und wegschmeißt, solche, die er nicht liest und wegschmeißt und solche, die er eingeschweißt wegschmeißt – zur letzteren Kategorie gehören die Bücher von Vladimir S. Naipaul.

Respektlosigkeit ist eine Art Credo von Schmidts Humor und findet angesichts des virtuellen Proletarierkults, der beständig Respekt jenseits des selbstverständlichen Respekts vor der Menschenwürde einfordert, vielfältige Anwendung.

Pierre Brice wollte Bully wegen dessen Respektlosigkeit gegenüber Winetou im Winter 2001 die Fresse polieren und eben diese Respektlosigkeit auch für die Anschläge des elften September verantwortlich machen. Vielleicht ist der Humor des Pierre Brice symptomatisch für ein neues Selbstbewußtsein, das sich von Satire wie Kritik beleidigt fühlt (wer hätte gedacht, dass es im 21. Jahrhundert den Begriff Beleidigung noch gibt), und nicht nur die deutschsprachigen Stand Up-Comedians tun besser daran, Witze von Bäumen und Wäldern zu erzählen. ●

Ausdwahldiskographie:

Richard Pryor: *is ... the Wizard of Comedy ...*, LAFF Records 1978
Bill Cosby: *What Must I Do? What Must I Do?*, Capitol 1977
Eddie Murphy: *Eddie Murphy*, CBS 1982

Impressum

testcard
Beiträge zur Popgeschichte
#11: *Humor*
Juni 2002
ISBN: 3-931555-10-0
300 Seiten
Einzelpreis: 14,50 €
Abonnement (2 Ausgaben):
Inland 26,– € / Europa 31,– €
(inkl. Versandkosten)

HerausgeberInnen und Redaktion:
Martin Büsser (V.i.S.d.P.),
Roger Behrens, Jens Neumann,
Tine Plesch und Johannes Ullmaier

Layout/Satz: Oliver Schmitt
Belichtung: Xpose, Würzburg
Druck: Winddruck, Siegen

Wiederverkäufer erhalten die handelsüblichen Rabatte. Konditionen bitte beim Verlag erfragen.

Kontakt

testcard c/o VENTIL VERLAG
Augustinerstraße 18,
D-55116 Mainz
fon: (06131) 226078,
fax: (06131) 226079
E-Mail Redaktion: mail@testcard.de
E-Mail Grafik: os@testcard.de
E-Mail Vertrieb: mail@ventil-verlag.de
Internet: www.testcard.de
und www.ventil-verlag.de

Bankverbindung des VENTIL VERLAGs:
VR-Bank Mainz e.G., BLZ 550 604 17,
Konto 100 138 258

Erratum

Die in der letzten Ausgabe (Zukunftsmusik) auf Seite 107 aufgeführte E-Mail-Adresse der feministischen Wiener Kulturzeitschrift *Female Sequences* lautet richtig: fem.seq@gmx.at

Bildnachweise

Soweit nicht direkt vermerkt: Cortoons auf S. 4, 10, 44, 53 und 71: Oliver Schmitt | Abb. S. 6, 9, 43, 47: Archiv os | S. 16: Moldy Peaches, Promo | S. 30: Logo KLF | S. 31 Label einer The Jams-Maxi | S. 32 Cover (Ausschnitt) The KLF, *The White Room* | S. 40 und 49: Helge Schneider, Promo | S. 56: Die Wellküren, Promo | S. 59: Phranc, Promo | S. 61: Die Wellküren, Promo | S. 63: GTO, Promo | S. 72–81 Ausschnitte asu GPL-Covern | Foto S. 87 : Hans-Jürgen Lenhart | Fotos S. 106–113: Conny Lösch | S. 126–133: Internet | S. 149–152: GGM-Promo | S. 158: Backcover (Ausschnitt) Bill Cosby, *My Father Confused Me ...* ('77) | S. 160: Backcover (Ausschnitt) Eddie Murphy, *same* ('82) | S. 161: Cover (Ausschnitt) Richard Pryor, *The Wizard Of Comedy* ('78) | S. 164: Filmstill aus Kevin Smith, *Clerks* | Fotos S. 174–182: Anna und Bernhard Johannes Blume |

Andreas Rauscher

Generation X'd

[Die Filme von Kevin Smith]

Verderbt ist die Kulturindustrie, aber nicht als Sündenbabel, sondern als Kathedrale des gehobenen Vergnügens .
Generation Grand Hotel Abgrund

I am not a target market.
Generation X

Am liebsten wäre es mir, wenn man uns die STAR WARS-Generation nennen würde.
Kevin Smith

 Die Wahrscheinlichkeit, heute noch auf eine *Lost Generation* zu treffen, tendiert gegen Null. Die gegenwärtigen kulturindustriell gefertigten oder von *FAZ*-Feuilletonisten in mühevoller Heimarbeit im Hobbykeller gebastelten Generationen sind meistens schon benannt, bevor sie überhaupt in Erscheinung treten. Die entsprechenden Etikette *Generation* – hier bitte je nach Vorliebe *X, Y, Golf, BMX, Golfkrieg, Me* oder *mir-doch-egal* einsetzen – erscheinen beliebig. Das Spiel der austauschbaren Labels wäre an sich eine unterhaltsame Angelegenheit; wäre da nicht jene kleinbürgerliche Verbissenheit, die alles und jeden zur *Generation Golf* zwangsrekrutieren will.

Statt einfach mit der dafür notwendigen Gelassenheit über Videospiele, die peinlichsten Lieblingssongs oder die im Keller ausgegrabene Playmobilsammlung zu schreiben, geht die neue deutsche Popliteratur mit ausgeprägtem Ordnungswahn und einer kaum verborgenen Aggressivität gegen längst obsolete Feindbilder zur Sache, als ginge es darum, Zwerge im mühevoll abgesteckten Pop-Schrebergarten an einem Sonntagnachmittag in Marschordnung zu bringen. Die vermeintliche »Gleichgültigkeit der Generation Golf gegen Theoriegebäude jeder Art«[1] führt am Ende dann doch nur dazu, dass Generation Golf-Ingenieur Florian Illies im Pluralis Majestatis kollektives Einverständnis mit Martin Walsers antisemitischem Keulenschwingen gegen die »Dauerrepräsentation unserer Schande« proklamiert.[2] Im Nachfolgeband Anleitung zum Unschuldigsein empfiehlt Illies als »Übung« gegen mangelhaft ausgeprägten Nationalstolz auf pseudo-ironische Weise, dass man in Bundeswehrkleidung vor dem Büffet in einem italienischen Restaurant alle drei Strophen des Deutschlandlieds singen soll.

Dieser und andere Kontroversköder zur Steigerung der eigenen Popularität wären eigentlich völlig belanglos, wäre nicht die sogenannte Generation Golf mitsamt Tristesse Royale-Anhang symptomatisch für das neu erwachte deutsche Pop-Selbstbewusstsein, in dem antisemitische Ausfälle gegen vermutlich selbstgedrehte »Moralkeulen« wieder auf der Tagesordnung stehen. Und für Pop jenseits des kleinbürgerlichen Gartenzauns interessiert sich das biedere Generationsstilleben nicht weiter. In der literarischen Golf-Inspektion werden bereits am Anfang Popmusik (»statt neuer Singles gab es nur Maxi-Singles«) und Film (»wenn man ins Kino ging, gab es statt neuer Filme nur neue Versionen«) unauffällig entsorgt, nur um auf den letzten Seiten des Buchs dann doch bei Sissi und den Dornenvögeln als »vorangekündigte Gefühlsäußerung« außerhalb des fest geregelten Büroalltags zu landen.

Fight this Generation?? – Dieser von PAVEMENT gegen die Generation X propagierte Slogan würde nur zu einer unnötigen Aufwertung des Simulakrums Generation Golf führen. Auch das vermeintliche Ende der Spaßgesellschaft hat mit der Generation Golf wenig zu tun, denn es gibt kaum etwas langweiligeres als den bemühten Hedonismus der neudeutschen Me-Generation. Wie sehen jedoch die Alternativen zur holistischen teutonischen Generationen-Hobbythek aus?

Eine davon bietet Kevin Smith. Seit fast zehn Jahren arbeitet der zwischen Mainstream und Indie changierende Regisseur, Schauspieler, Comic- und Drehbuch-autor im provinziellen Niemandsland von New Jersey an Alternativen zum langweiligen Generations-Labeling. In seinen bisher fünf Filmen thematisiert er ironisch die Neurosen und Obsessionen der sogenannten Generation X. Im Unterschied zur neuen deutschen Popliteratur nimmt Smith die Vorlieben seiner Charaktere für Comics, Filme (vor allem die Star Wars-Trilogie) und Musik ernst, ohne dabei den Alltag aus den Augen zu verlieren. In einer Serie von fünf Filmen, die vom für 25.000 $ produzierten Clerks (1994) bis zur aktuellen 22 Millionen Dollar-Produktion Jay And Silent Bob Strike Back (2001) reicht, entwarf Smith einen eigenen skurrilen Slackerkosmos, der sich über die Filme hinaus in eigenen Comicserien und auf einer Website im Internet (www.viewsaskew.com) fortsetzt. Das Bindeglied zwischen den sehr unterschiedlichen Filmen Clerks, Mall Rats (1995), Chasing Amy (1997), Dogma (1999) und Jay And Silent Bob Strike Back (2001) bilden Smiths Alter Ego der wortkarge Kleindealer Silent Bob und dessen geschwätziger Begleiter Jay (Jason Mewes). Die prototypischen Slacker verbringen den Großteil ihrer Zeit vor dem Supermarkt Quickstop oder in der örtlichen Shopping Mall. Auf den ersten Blick entsprechen sie allen Erwartungen, die an die Generation X gestellt werden. Ihr Outfit, Baseball-Cap und Shorts, folgt den Anfang der 90er gültigen Crossover-Dresscodes und ihre Begeisterung für Musik, Comics und Dope kennt man von ähnlich veranlagten Comedy-Duos, von den biederen Rockisten aus Wayne's World bis hin zu dem in den frühen 90ern populären MTV-Dekonstruktionsduo Beavis and Butthead. Sie unterscheiden sich von diesen jedoch gravierend in einigen ihrer Vorlieben. Sie interessieren sich nicht für New Metal, sondern für die 8oer-Teeniekomödien von John Hughes (Breakfast Club) und als ihr großes Rolemodel betrachten sie die Funkband THE TIME, eine Gruppe aus dem Umfeld des Symbols, das sich jetzt wieder PRINCE nennt, die zu den wichtigsten Wegbereitern des heutigen R'n'B zählt, aus der die Produzenten von Janet Jackson hervorgingen und die sich mit ihrem Funk-Dandyismus garantiert auf keiner Top Ten der Generation X finden würde.

Das alleine wäre noch nicht so spannend, würde Kevin Smith in seinen Arbeiten nicht immer wieder treffsicher absurd übersteigerten Alltag und die kulturindustriellen Rahmenbedingungen des Slackertums genüsslich auf Kollisionskurs schicken. In Clerks treten Jay und Silent Bob noch als einigermaßen realistische

Nebenfiguren auf, die den Supermarktangestellten Randal und Dante das Leben schwer machen, vor dem *Quickstop*-Markt ihr Dope verkaufen und einen schwedischen Besucher zum Nachwuchs-Poser-Metalsänger ausbilden wollen (die Lyrics zu dessen einzigem Song *Berserker* reduzieren mit wenigen Versen das Genre auf seine klischeehaften Bestandteile: »My love is like a truck – Berserker – do you wanna making fuck – Berserker«) Im Nachfolger *Mall Rats* verhindern sie als comichaft überzeichnete Anarcho-Dudes eine Partnervermittlungsshow, bei der die Ex-Freundin eines der Protagonisten von ihrem Vater, einem arroganten schwerreichen TV-Produzenten, unter die Haube gebracht werden soll. Die Rolle der Superslacker führt im dritten Film *Chasing Amy* jedoch nicht zur erwarteten Routine. Stattdessen verarbeiten die Comiczeichner Holden und Banky die beiden zu einer lukrativen Cartoonserie im Stil der *Freak Brothers*. Für ihre kulturindustrielle Vermarktung kassieren Jay und Silent Bob gelegentlich von den Zeichnern einen Scheck. Nach einem Zwischenspiel als Propheten wider Willen in *Dogma* müssen sie in *Jay And Silent Bob Strike Back* feststellen, dass ihre ursprüngliche Verwertung in Underground-Comics sich in ein millionenschweres kulturindustrielles Franchise verwandelt hat, an dem sie selbst keinerlei Anteile besitzen. Motiviert durch den Erfolg der (real existierenden) Comicverfilmung *X-Men* (2000) will das (ebenfalls real existierende) Hollywoodstudio *Miramax* (das neben Quentin Tarantino auch die Filme von Kevin Smith produziert) den durch Jay und Silent Bob inspirierten (nach *Chasing Amy* Realität gewordenen) Comic *Chronic and Bluntman* in ein (fiktives) Blockbuster-Spektakel verwandeln. Als sie im Internet auch noch mit den (dort in Wirklichkeit gegen Kevin Smith geäußerten) Beleidigungen einiger (fiktiver, aber äußerst realistischer) Hobby-Filmkritiker konfrontiert werden, beschließt das aufeinander eingespielte Anarcho-Duo von New Jersey nach Hollywood zu reisen, um die Produktion des (fiktiven) Films zu verhindern.

Auf ihre Weise funktionieren Kevin Smiths nach eigenen Drehbüchern und mit einem festen Ensemble an wiederkehrenden Schauspielern realisierte Filme als Autorenkino. Das tun sie jedoch in einer denkbar anderen Form, als es sich die Anhänger des genuinen Schöpfertums vorstellen, die Regisseure nur als Partisanen der Hochkultur wahrnehmen können. Kevin Smith zieht nicht im Alleingang mit einer *Caméra Stylò* in den konstruierten Grabenkrieg gegen die Fluten des vermeintlich Trivialen. Stattdessen verfügen für ihn der *Teenage Angst*-Comedy-Chronist John Hughes, der Herausgeber der *Marvel*-Comics Stan Lee und George Lucas über die gleiche Relevanz wie die Indie-Ikonen Jim Jarmusch und Spike Lee. Von letzteren übernahm er in seinem Debüt *Clerks* den spontanen Stil, die Vorliebe für ausgedehnte Dialoge und die Einstellung mit geringen finanziellen Mitteln einen kleinen persönlichen und realistischen Film realisieren zu wollen. Die Inhalte der Dialoge in Smiths Filmen drehen sich jedoch um die zuvor Genannten.

Im Gegensatz zu Aushängeschildern des amerikanischen Independentkinos wie Richard Linklater (*Slacker*, *Dazed And Confused*) interessieren sich Smith und sein von Film zu Film expandierendes Ensemble weniger für eine Poesie des Augenblicks, als für den gesamten Backkatalog der Kulturindustrie. Die schlecht bezahlten und ständig gereizten Supermarkt-Angestellten Dante (Brian O'Halloran) und Randal (Jeff Anderson) führen ausführliche Debatten über die Vorzüge des düsteren *The Empire Strikes Back* gegenüber der kommerziellen Muppet Show von *Return Of The Jedi* und erörtern das Schicksal von Darth Vaders namenlosen neutralen Dachdeckern auf dem noch nicht fertiggestellten und von den Rebellen trotzdem in die Luft gejagten zweiten Todesstern. Filmkritiker Roger Ebert bemerkte treffend über das Verhältnis von Smiths Protagonisten zum Generation X-Hype: »*Clerks* is so utterly authentic that its heroes have never heard of their generation. When they think of X, it's on the way to the video store.« Genau diese von Ebert beschriebene Einstellung bringt Kevin Smith auf den Punkt, wenn Ladenhüter Randal seinen Arbeitsplatz in der an den *Quickstop*-Markt angeschlossenen Videothek verlässt, um in einem noch größeren Videostore Filme auszuleihen. Darin ähnelt der *Clerks*-Protagonist durchaus dem Regisseur. Zwar avancierte *Clerks* zu einem Prototypen des *Indie Guerilla-Filmmaking* in den 9oern, doch im Unterschied zu seinen Indie-Kollegen entschied sich Kevin Smith bei seiner nächsten Produktion für einen Job als Dachdecker in Hollywood.

Mit einem Budget von sechs Millionen Dollar realisierte er für den Hollywood-Major Universal 1995 den *Clerks*-Nachfolger *Mall Rats*, für den er sich einige Jahre später bei der Verleihung der *Independent Spirit Awards* öffentlich entschuldigte. Der vom Studio als kommerzielles Fiasko und von der Indieszene als Ausverkauf gewertete Film ist längst nicht so schlecht wie sein Ruf und um einiges unterhaltsamer als der etwas unentschlossene Nischen-Smash-Hit *Dogma*. Kevin Smith nutzte das hohe Budget für eine Hommage an die überdrehten Mainstreamkomödien von John Hughes und John Landis (*Animal House, Blues Brothers*), bei denen er sich im Abspann dafür bedankt, dass sie ihm mit ihren Filmen eine Beschäftigung für langweilige Freitag-Abende bereiteten. Er vermischt die Teenager-Neurosen von Hughes mit dem destruktiven Anarcho-Humor von John

Ben Affleck in *Chasing Amy*

Landis zu einem eigenwilligen Comic-Cocktail. Der Plot ist denkbar einfach. Die Nerds T.C. und Brody (Jason Lee) werden von ihren Freundinnen verlassen, weil ihr Interesse überwiegend ihren Segakonsolen und Comicsammlungen und nicht ihren fragilen Beziehungen gilt. Mit Hilfe von Jay und Silent Bob können sie doch noch das Blatt wenden und ihre Freundinnen vor einem brutalen Herrenboutique-Yuppie-Angestellten (Ben Affleck vor seiner Hollywood-Karriere), bzw. vor einer biederen Dating-Show voller *Generation Golf*-Schnösel retten.

Als Schauplatz dient nicht mehr der karge Vorort-Supermarkt aus *Clerks*, sondern dem Steigerungsbedürfnis gängiger Sequels entsprechend eine mit allen Finessen ausgestattete Shopping Mall. Die Gegenspieler beschränken sich nicht mehr wie in *Clerks* auf Kaugummiverkäufer, die Tabakhändler als Handlanger des Todes überführen wollen, oder auf penetrante Kunden, die in einem Stapel von Eierschachteln stundenlang nach dem perfekten Dutzend suchen. Die Feindbilder, vom gehässigen TV-Produzenten (Michael Rooker aus *Henry-Portrait Of A Serial Killer*) bis hin zum streitlustigen Security-Chief, entsprechen auf unterhaltsame Weise den Stereotypen der fiesen Schuldirektoren, wie man sie aus den John Hughes-Filmen kennt und wie sie sich bis heute bei den *Simpsons* in Gestalt von Hausmeister Willie oder Oberschulrat Chalmers finden. Die Konventionalität der 8oer-Komödien wie *Ferris Bueller's Day-Off* (Ferris macht blau) wird in *Mall Rats* zum bewusst eingesetzten Stilmittel.

Dabei gelingt Smith in einigen Szenen genau jene Poesie des Augenblicks, die seinen nächsten Film

Chasing Amy prägt und die er in *Clerks* systematisch vermied. Comicfreak Brody wird aus seiner Lethargie gerissen, indem ihm der scheinbar zufällig anwesende *Spiderman*-Erfinder Stan Lee eine melancholische Anekdote über eine verlorene Liebe erzählt. Einen Augenblick später erweist sich die spontane *education sentimentale* als gezielte Aktion, die auf Initiative von Brodys Freund T.C. zustande kam. Stan Lees Monolog über die *Marvel*-Helden als Metapher für verletzte Teenager-Gefühle stammte in Wirklichkeit aus einer alten *Spiderman*-Ausgabe. Wahrscheinlich war Kevin Smith mit *Mall Rats* seiner Zeit voraus. Das entsprechende 8oer-Revival, für das sich *Mall Rats* als begleitendes Midnight-Movie geeignet hätte, setzte erst einige Jahre später ein. Smith bezeichnete *Mall Rats* im Nachhinein als »six-million dollar casting call« für den nächsten Film *Chasing Amy*, seine bisher vielschichtigste und interessanteste Arbeit.

Deren Hauptrollen besetzte Smith mit Joey Lauren Adams, Jason Lee und Ben Affleck, die bereits in *Mall Rats* mitwirkten. Im Gegensatz zu seinen späteren Rollen in den Hollywood-Blockbustern *Armageddon* und *Pearl Harbor*, in denen Affleck wieder ähnlich affektiert und gelackt in Erscheinung tritt wie als karikaturhaft überzeichneter Boutiquenschläger in *Mall Rats*, erweist er sich in *Chasing Amy* wider Erwarten als subtiler Schauspieler. Dieser Effekt ergibt sich in erster Linie daraus, dass er stellvertretend für den Regisseur ausagiert, wie der in *Clerks* und *Mall Rats* etablierte Nerd-Kosmos an seine Grenzen stößt. Der von Affleck dargestellte Zeichner Holden verliebt sich auf einer Comic-Convention in die lesbische Underground-Cartoonistin Alyssa (Joey Lauren Adams). Entgegen aller Erwartungen ihres Umfelds finden die denkbar unterschiedlichsten Charaktere zueinander. Holdens bester Freund und Geschäftspartner Banky (Jason Lee) versucht mit homophoben Ausfällen gegen Alyssa seinen mühsam aufgebauten Jungsclub zu verteidigen. Doch auch Bankys Eifersucht kann die Beziehung nicht gefährden. Dass die Romanze schließlich doch scheitert, liegt an Holdens Unfähigkeit mit von Banky systematisch wieder ans Licht gezerrten Affären aus Alyssas High School-Zeit umzugehen. Durch penetrante Küchenpsychologie und dem verletzenden Insistieren auf der überflüssigen Klärung längst abgeschlossener Kapitel aus Alyssas Vergangenheit zerstört Holden schließlich sowohl das gerade erst begonnene Verhältnis, als auch seine Freundschaft mit Banky. Der wieder als Low Budget-Film realisierte *Chasing Amy* stellt mit seinen ambivalenten Charakteren und der tragikomischen Handlung einen offensiven Gegenentwurf zum sterilen Mainstream-Beziehungskitsch der Tom Hanks / Meg Ryan-Filme dar. Smith strebt keine falsche Versöhnlichkeit an. Komödie und Drama ergänzen sich gegenseitig und bleiben nebeneinander bestehen.

Jay und Silent Bob bewegen sich in einer kleineren Rolle auch in diesem filmischen Kosmos, da sie die Vorlage zu den Comics von Banky und Holden abgaben. Während eines Treffens beginnt der ansonsten nur eine Dialogzeile pro Film sprechende Silent Bob angesichts von Holdens emotionaler Krise über seine eigenen gescheiterten Beziehungen zu berichten. Er erweist sich als sensibler Beobachter, der einiges zu erzählen hätte, wenn er nicht ständig im Schatten seines geschwätzigen, auf unfreiwillig komische Macho-Routinen fixierten Begleiters Jay stehen würde. Kevin Smith widmet sich ausgiebig seinen Nebenfiguren und diese Sorgfalt beschränkt sich nicht nur auf sein eigenes Alter-Ego. Der in drei längeren Sequenzen auftretende afro-amerikanische Comiczeichner Hooper X zählt zu seinen interessantesten und originellsten Figuren. Der homosexuelle farbige Cartoonist repräsentiert »eine Minderheit in der Minderheit«. Um dem latent homophoben afrozentrischen Diskurs zu entsprechen, tritt er auf den Comic-Conventions als kämpferischer, gängigen Männlichkeitsmythen entsprechender militanter Aktivist auf, der Vorträge über die Machenschaften des weißen Antichristen hält und *Star Wars*-Held Lando

Hooper X in *Chasing Amy*

Calrissian als »House Nigger« des »arischen Bauernjungen« Luke Skywalker entlarvt. Durch seine oberflächlich betrachtet als Political Incorrectness erscheinende polemische Haltung, erweist sich Kevin Smith als realistischer und politisch korrekter als einige seiner Kollegen. Er akzentuiert die Widersprüchlichkeiten seiner Protagonisten, ohne für diese eine Lösung anzubieten. Die Ironie seiner Dialoge dient dabei nicht der billigen Affirmation von Stereotypen, sondern benennt in *Chasing Amy* genau jene Sackgassen, in die sich andere Vertreter der *Generation X* bereitwillig stürzen, ohne sie überhaupt als solche zu erkennen. In dieser Hinsicht erweist er sich als produktiver und interessanter als die auf Allgemeinplätze abonnierten *Generation X*-Ikonen Douglas Coupland und Bret Easton Ellis.

Gerade in Rückblick auf *Chasing Amy* scheint sich die amerikanische *Gay and Lesbian Alliance Against Discrimination* (GLAAD) mit ihrer Kritik der vermeintlichen Homophobie in Kevin Smiths Filmen das falsche Ziel ausgesucht zu haben. Kevin Smith entlarvt gerade in der Charakterisierung von Figuren wie Banky Homophobie als jene beschränkte dümmliche Ignoranz, die sie im leichtfertigen Gebrauch von Worten auch ist. Die Sympathieträgerin in *Chasing Amy* ist nicht zuletzt durch die überzeugende schauspielerische Leistung von Joey Lauren Adams eindeutig die bisexuelle Comiczeichnerin Alyssa. Dass ihre Beziehung zu Holden scheitert liegt nicht an ihr, sondern an dessen unbeholfener Ignoranz.

Erkundete Kevin Smith in *Chasing Amy* noch auf undogmatische Weise die Grenzen des eigenen Nerd-Kosmos, begab er sich mit *Dogma* auf eine schmale Gratwanderung zwischen seinem vertrauten Anarcho-Humor und theologischem Diskurs-Blockbuster. Motiviert durch die Erkenntnis, dass es an der High School von Shermer, Illinois, Schauplatz des Films *Breakfast Club*, zwar zahlreiche Partys, aber keine Dealer gibt, machen sich Jay und Silent Bob auf den Weg, um diese Marktlücke für sich zu nutzen. Leider müssen sie feststellen, dass dieser Ort lediglich eine Erfindung des Regisseurs John Hughes war, und so landen sie unerwartet in einem Konflikt von biblischen Ausmaßen. Sie begleiten die Protagonistin Bethany (Linda Fiorentino, die es sichtlich genießt einmal nicht die Neo Noir-Femme Fatale spielen zu müssen) in einen Kampf zwischen Himmel und Hölle, der natürlich Anlass für zahlreiche komische Dialoge über Gott und die Welt bietet. *Dogma* bewegt sich etwas unentschlossen zwischen einer polemischen Religionssatire in der Tradition von Garth Ennis' *Preacher*-Comics (für die Kevin Smith das Vorwort verfasste), einem an Douglas Adams orientierten Hitchhiker's Guide to Feierabend-Katholizismus und effektgeladenem Spektakel. Wahrscheinlich wäre eine Umsetzung der ausufernden Geschichte mit ihren zahlreichen Charakteren als epische Comic-Serie effektiver gewesen. Immer wieder wird deutlich, dass Kevin Smith sich lieber ausführlicher den skurrilen Diskussionen zwischen übernatürlichen Mächten und gestrandeten Slackern widmen würde, als der Stringenz des Plots folgen zu müssen. Zumindest dürfte *Dogma* der einzige Film sein, in dessen Special Thanks sich sowohl Douglas Adams, Martin Scorsese, Spike Lee und Quentin Tarantino, als auch Nikolas Kazantzakis (Autor der Romanvorlage zu Scorseses *The Last Temptation Of Christ*), Cervantes, John Milton und die vier Apostel finden. Natürlich kann die drohende Apokalypse verhindert werden und so steht dem Abschluss der *Clerks*-Saga in einem fulminanten Comic-Feuerwerk nichts mehr im Weg.

Das Road-Movie *Jay And Silent Bob Strike Back* führt fast alle Protagonisten der vorangegangenen Filme zusammen. Kevin Smith präsentiert darin die Kulturindustrie als ein einziges Irrenhaus im Stil der ersten *Saturday Night Live*-Generation um John Belushi, Bill Murray und Dan Ayckroyd. Holden aus *Chasing Amy* lästert über den Erfolg der Hollywood-Nachwuchsstars, zu denen sein Darsteller Ben Affleck selbst zählt. Im Finale des Films tritt Affleck schließlich als er selbst auf und versucht am Set von *Good Will Hunting 2* seine Rollen in *Armageddon* und *Pearl Harbor* zu rechtfertigen. Horror-Altmeister Wes Craven verwandelt die Dreharbeiten zu einer neuen *Scream*-Folge im wahrsten Sinne des Wortes in ein Affentheater und die Helden um den geisterjagenden Cartoon-Köter Scooby Doo lassen sich von Jay und Silent Bob zum Dopekonsum verleiten. Chris Rock stellt als Regisseur angesichts eines Laserschwert-Gefechts zwischen Mark »Luke Skywalker« Hamill und Silent Bob vor

bonbonfarbener Comickulisse fest, dass dafür garantiert jemand von George Lucas verklagt werden wird (die Anwälte der *20th Century Fox* werden diesem Wunsch, wenn sie mit allen laufenden *Simpsons*-Prozessen fertig sind, sicher gerne nachkommen). *Jay And Silent Bob Strike Back* verwandelt den *Clerks*-Kosmos in einen Flying Circus in der Tradition der Monty Python-Filme. Das Ergebnis wirkt trotz aller Insider-Gags, der Seitenhiebe auf das aktuelle Filmgeschehen im Stakkato-Tempo und der Anspielungen auf die eigenen Vorgänger nicht überladen, sondern bildet einen konsequenten Abschluss der Serie. Die vorhersehbare Kritik an *Jay And Silent Bob* nimmt Kevin Smith gleich selbst vorweg. Auf gefakten Websites, die auch im Film selbst auftauchen, ließ er Jay und Silent Bob als »third rate Cheech and Chong« beschimpfen und rief im Namen eines fiktiven Gralshüters der Filmkunst zum Boykott des eigenen Films auf. Strategien dieser Art könnten auch aus der Werkstatt von Malcolm McLaren stammen. In der letzten Sequenz des Films kommen die Protagonisten der früheren Smith-Filme enttäuscht aus der Premiere des Jay und Silent Bob-Vehikels und artikulieren sämtliche Kritikpunkte, die nach dem Start des Films dann auch direkt in den realen Kritiken auftauchten — besser als *Mall Rats*, aber nicht subtil genug, flacher Hollywood-Mainstream mit berechenbaren Gags. Am Ende feiert Kevin Smith als Silent Bob gemeinsam mit Jay zu den Funk-Grooves von The Time den Abschluss der Serie. Dass die nach ihren Auftritten in den PRINCE-Filmen in der Versenkung verschwundenen THE TIME endlich einmal nicht die fiesen Schurken spielen müssen, die den leidenden Artist Formerly Known as Prince quälen, erinnert in der konsequent ausgespielten Sympathy for the Second Best schon fast an die Serien von Matt Groening. Bevor das *Clerks*-Universum weiter stagnieren konnte, sorgte Kevin Smith selbst für dessen Implosion. In seinen nächsten Projekten will er zwar weiterhin mit dem gleichen Ensemble arbeiten, doch Jay und Silent Bob treten mit diesem Film den verdienten postpubertären Pop-Ruhestand an. ●

Anmerkungen

1 Florian Illies, *Generation Golf*. Frankfurt am Main, S. 19
2 ebd. S.175

Tine Plesch

[Im Gespräch mit Andreas Kragler]

does humor belong into art?

Andreas Kragler, Absolvent der Nürnberger Kunstakademie, hatte vergangenes Jahr eine Ausstellung – *Tüten & Texte* –, in der sich Bezugspunkte zu Pop und Humor geradezu aufdrängen. Eine Bilderserie basierte auf den Plastiktüten bekannter Einkaufsmärkte – allerdings ohne den Firmenschriftzug, mehrere Tafeln deklinierten die Möglichkeiten des italienischen *coop*-Schriftzugs durch, die apokryphen Schriftzeichen der *Hugendubel*-Tüte werden plötzlich deutlich lesbar (aber haben sie auch eine Bedeutung?) und zu den Nietzsche-Zitaten auf der *Zweitausendeins*-Tasche hat Kragler eine Geschichte geschrieben: »Der Philosoph

und der HipHopper«. Die Strichzeichnung eines Schlagzeugs direkt auf weißer Wand fehlt ebenso wenig wie die Illustration der Entstehung des Bassmotivs aus Computerbeats durch eine Schablonenzeichnung mit entsprechender Unterschrift (Kleinformat, gerahmt). Und dann war da noch die Foto-Serie »Andreas Kragler übt Kurt Schwitters übt die Ursonate« vor dem Spiegel.

Die lokale Berichterstattung geizte denn auch nicht mit Zuschreibungen wie »jung und frech« oder »witzig«, die Rede war von »originellen Fortsetzungen« des Dadaismus ebenso wie von »Ironie und Spaß«.

170

TP: Natürlich ist das lustig, wenn eine/einer auf der Ausstellung frohes Plastiktütenraten spielen kann – ist das jetzt Edeka oder Aldi? Oder ist das doch ein Bild ...? Worum geht es dir?

AK: Nimm zum Beispiel die *Aldi*–Plastiktüte – die ist eine Abwandlung von Joseph Albers' *Hommage an das Quadrat* – eine Bilderserie, die ineinandergeschachtelte Quadrate zeigte. Oder die *Norma*-Tüte – eigentlich ein klassisches Streifenbild. Die Tütenmotive gehen auf abstrakte Malerei, auf konkrete Kunst zurück – das hat eben damals Werbeleute inspiriert und sie haben diese Motive der klassischen Moderne in die Alltagskultur, in die Massen- und Konsumkultur hineingetragen. Wenn ich das entkerne, also das Firmenlogo rausnehme und ganz klassisch male – zwar nicht in Öl, aber in Acryl auf Leinwand, kleinformatig, bringe ich diese alltagsvertraute Tüte wieder in den Kunstkontext zurück.

Du hast auch die Arbeiten von Daniel Pflumm vom Electro Music Department genannt – nicht als Anknüpfungspunkt, sondern eher als etwas, worauf du anspielst ...?

Daniel Pflumm arbeitet u.a. mit Firmenlogos – der Schriftzug kommt raus, aber das Emblem bleibt. Er benutzt oft Logos, die auf Erfolg verweisen, die ›aufwärts‹ oder ›vorwärts‹ implizieren, wie das der *Deutschen Bank*, mit dem nach oben weisenden Balken in einem Quadrat oder er verwendet Logos von Fluggesellschaften – aber auch Vertrautes aus der Nahrungsmittelindustrie – Firmen die jedeR kennt und Firmen, die sich über ihr Logo

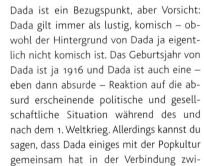

Andreas Kragler: *Coop*

definieren. Daniel Pflumm bastelt mit diesen Icons herum, verfremdet sie manchmal, verarbeitet sie zu Videos, druckt sie auf T-Shirts, stellt sie als Leuchtkästen aus – aber er arbeitet immer in einer coolen, perfekten Technoästhetik. Da könntest du, wenn du meine Arbeit nimmst, schon eine gewisse ironische Kommentierung seiner Vorgehensweise drin sehen. Im Gegensatz zu dieser Coolness und Perfektion des

commercial global village chic, der Technik- und Markengläubigkeit, die bei Pflumm – ob er es nun kritisch meint oder nicht – als Ausdruck modernen Lebens rüberkommen, male ich meine Bildchen – und ich nenne sie bewusst Bildchen – ganz liebevoll in klassischer Handarbeit. Ich arbeite z.B. auch ohne Abkleben, so dass die Trennlinien zwischen den Farbflächen organisch sind. In den Grenzen zwischen den Farbflächen ist Leben – und du stehst nicht vor einer Farbfläche, sondern vor einem Bild.

Die Rezensionen sehen in dir jemanden, der Dada fortsetzt, Du hast Dada auch in der Ursonaten-Fotoserie verewigt – oder verarbeitet. Wie fühlst du dich in dem Bezugsfeld?

Dada ist ein Bezugspunkt, aber Vorsicht: Dada gilt immer als lustig, komisch – obwohl der Hintergrund von Dada ja eigentlich nicht komisch ist. Das Geburtsjahr von Dada ist ja 1916 und Dada ist auch eine – eben dann absurde – Reaktion auf die absurd erscheinende politische und gesellschaftliche Situation während des und nach dem 1. Weltkrieg. Allerdings kannst du sagen, dass Dada einiges mit der Popkultur gemeinsam hat in der Verbindung zwischen Kunst, Literatur, Musik und Performance.

Aber das ist sowieso so ein Problem, der Unterschied zwischen Comedy/Spaßkultur und gutem Humor. Lachen ist okay, aber wenn es danach nicht weitergeht, wäre es schade. Thomas Wagner schrieb neulich in der *FAZ* (23.2.2002, S. 46) über den Künstler Richard Hamilton und stellte im Hinblick auf dessen Arbeit fest, dass Hamilton wahrscheinlich leise

Ironie für eine produktivere Form der Kritik halte, weil die Medien ohnehin jede Kritik unablässig zu einer Lachnummer machen wollen.

Ohne Hintergrundwissen erschließen sich die vielschichtigen Ebenen der Plastiktüten nicht. Wie gehst du beim Arbeiten vor?

Du hast klar einen Fundus, aus dem du schöpfst. Der ist – durch das Studium und mit was du dich sonst beschäftigst wie z. B. Musik oder beim freien Radio Sendungen machen – eben einfach da. Also holst du das aus deinem Bewusstsein und arbeitest es mit ein, meinethalben wie ein Zitat – man könnte es auch als eine Art Sampling bezeichnen.

Um das noch einmal anhand des Daniel-Pflumm-Beispiels zu erklären – es geht darum, die Ideologien dahinter zu kommentieren, dabei nicht die lange Nase drehend, aber schon augenzwinkernd. Das ist eher so ein untergründiger Humor. Wenn Pflumm den Schriftzug rausnimmt, bleibt es trotzdem 1:1 ein Icon – wenn Kragler den Schriftzug rausnimmt, ist es keine Tüte mehr, sondern ein Bild. Das kannst du auch als Verweis auf andere zeitgenössische Praktiken lesen, die durch das klassische Arbeiten von dieser coolness-Ästhetik abweichen. Das heißt nun nicht, dass ich da verschiedene Arten oder Orte von Kunst hierarchisieren oder gegeneinander ausspielen will – mir geht es nicht darum, via des gemalten Bildes hämisch auf die Überlegenheit der Kunsthalle gegenüber dem Club zu verweisen. Ich versuche eher, eine Metaebene einzuziehen, sehe mich selber eher als Beobachter der diversen Orte, ob sie nun White Cube, Literaturbetrieb oder Disco heißen.

In deinen künstlerischen Arbeiten finden sich auch andere Verweise auf Musik als Daniel Pflumm – das gezeichnete Schlagzeug, Holzgitarren usf., das Schablonenbild mit der Unterschrift, wo es um Beats und Bassmotiv geht. Wie stark beziehst du dich auf Musik?

Das gemalte Schlagzeug ist ein Erinnerungsstück, ein Verweis auf meinen eigenen musikalischen Background. Früher habe ich aus Pressspan Gitarren gesägt – das entstammte meiner musikalischen Laufbahn mit der Kapelle DOCH, die sich der Vorführung der schönsten und widerlichsten Klischees der Rockmusik widmete. Da gab es die Performance mit dem gesungenen Gitarrensolo und was Gitarristen sonst

noch alles durchexerzieren, inklusive der Zerstörung des Instruments, wofür eine echte Gitarre zu schade gewesen wäre. Ich habe auch mal diese Instrumenten-Installation gemacht, Gitarren, Schlagzeug, alles aus Pressspan. Das wirkte auf den ersten Blick echt und stellte sich auf den zweiten sofort als Attrappe heraus

Die Zeichnung mit der Schablonenschrift, deren Untertitelung sich auf Drumcomputer und Bassmotiv bezieht, gehört eher in den Kontext der Schriftarbeiten. Hier geht es um das Übereinanderlegen von Strukturen, aus nüchternen Schablonenziffern wird ein Strukturexperiment. Durch den Satz, der darunter steht, bekommt das ganze eine anekdotische Qualität. Du kannst das auch als Visualisierung der Entstehung eines Musikstücks sehen – John Cage z. B. hat Partituren wie eine abstrakte Zeichnung gemalt. Du kannst es aber auch sehen als Illustration und gleichzeitiges Entmystifizieren eines Schaffensprozesses, dem ja immer noch der Ruch genialer Kreativität anhaftet. Der Computer mitsamt seinen Möglichkeiten vereinfacht jenen Prozess ja unglaublich. Durch die Untertitelung bekommt das auch ganz klar etwas unernstes.

Kommen wir doch zur Kernfrage. Kunst, Humor und später auch noch Pop – geht da was zusammen? Oder wie du es selber so schön sagst: Does Humor belong into Art?

Es ist schwierig, Bilder zu malen – klar stellst du dir die Frage »Was kann man überhaupt noch malen …?« Auch Farbfeldmalerei gibt es reichlich, es gibt überhaupt viele überflüssige Bilder, genau wie es viele überflüssige und schlechte Videos gibt – ohne Metaebene erscheint einer/einem vielleicht alles abgegrast. Oder du reagierst eben etwas selbstironisch auf die Möglichkeiten des Künstlers an sich. Andererseits: mit Metaebenen macht man sich die Sache auch leicht – man entzieht sich essentieller Kritik.

Humor als witziger/spielerischer Umgang mit Vorgaben und Erwartungen im Gegensatz zu Bierernst – das steckt sicher mit drin. Aber das führt auch leicht auf eine falsche Fährte … Ich meine, du kannst auch Witze herstellen und als Kunst verkaufen, so wie die fränkische Spaßriege um Harri Schemm, wo dann Albrecht Dürer mit der Bratwurst statt mit dem Pinsel im Bild ist … das ist lustig und das war's.

Aber sieh Dir Arbeiten von Fischli und Weiss an – wie *Plötzlich diese Übersicht* oder das Video *Der Lauf*

172

der Dinge: Da ist der Humor subtil, die Fragestellungen sind komplex. Es ist nicht mit dem Lachen vorbei, du musst deine grauen Zellen einschalten.

Erzähl' noch etwas über Magritte und das Croissant.

Ceci n'est pas un demi croissant besteht aus dem Foto eines halben Hörnchens, das auf der Titelseite eines meiner kleinen Heftchen zu sehen ist und sich aufgrund der sofort erkennbaren Ähnlichkeit des Hörnchens mit einer Pfeife natürlich auf eine Arbeit von Magritte bezieht – *Ceci n' est pas une pipe*. Im Heft ist ein Text von mir, eine Glosse, die sich um Bäckereifachverkäuferinnen und die Unterscheidungsmerkmale von Bamberger und Croissants dreht. Damit jubele ich dem Kunstkontext einen Text unter, der mit Kunst gar nicht zu tun hat.

Andreas Kragler: *Ceci n'est pas un demi croissant*

Aber wie bereits angedeutet: Auch wenn das natürlich Spaß macht, birgt es die Gefahr des Spaßkultur-Vorurteils, auf das ich fixiert werden könnte. Das ist dann eben dieser Humor in der Kunst, der ist Unterhaltungsindustrie wie *Quatsch Comedy Club*, das ist einfach nur albern. Gute Sachen haben dann ein aufdeckendes Element ohne Didaktik.

Siehst du dieser Tage, dass Popkultur und Kunst aufeinander Bezug nehmen, miteinander agieren?

Popkultur ist für mich ein Wort, das ich zur Zeit sowieso nicht definieren kann. Wenn ich es als Verschmelzung von U und E-Kategorien interpretiere, ist eben auch ein Gotthilf Fischer auf der *Love Parade* Popkultur. Jemand wie Stuckrad-Barre ist für mich im seriellen Nacheinander von Buch, CD und TV-Auftritt und Tour eindeutig kommerziell. Interessant als Illustration von und Reaktion auf Popkultur sind für mich künstlerische Arbeiten, die vorn den Popkulturstempel und hinten das potentielle Verfallsdatum drauf haben – so wie das Michael Majeras mit Bildern von Mario Brs. etc macht, sich beliebig aus Popkultur und Kunstgeschichte bedient, sich aber der Halbwertszeit seiner Bilder bewusst ist.

Wenn du die Raymond-Pettibon-Zeichnung auf dem SONIC YOUTH-Album *Goo* hernimmst – dann ist das sicher so ein cooler, Drogen-Bonnie&Clyde-Chic, sehr stylish. Aber ich frage mich schon, wieviel Leute tatsächlich den Text zu dem Bild auf dieser LP lesen und das Verhältnis von Text und Darstellung in den Pettibon-Ausstellungen beachten.

Stellt sich schon die Frage, ob die bildende Kunst der Popkultur etwas anbieten kann? Literatur und Musik wirken eben direkter, geben einfacheren Zugang. Oder wie sagt es Micha Ködel von FLAMINGO MASSACRES, die ja auch an der Kunstakademie war: Ein Konzert spielen ist einfach geiler!

Um noch einmal auf den bereits erwähnten FAZ-Artikel über Richard Hamilton zurückzukommen – da heißt es: »Denn wie die Fotografie das Vorrecht der Kunst beschnitt, visuelle Tatsachen festzuhalten, so sei ihr durch die Pop-Kultur ihre Rolle als Schöpferin von Mythen entzogen worden. Darauf gelte es ... zu reagieren. Nicht anpassen solle sich der Künstler, sondern sich der veränderten Situation stellen und die Massenkünste plündern, um die Bildwelt zurückzuerobern, die sein rechtmäßiges Erbe sei.«
Aber im Moment spielt die bildende Kunst in der Popkultur oft nur eine illustrierende Rolle – wie Pettibon bei SONIC YOUTH. Oder nimm eine Ausstellung mit DJ – da ist der DJ meist interessanter als die Ausstellung. Du kannst das auch positiv sehen, in dem Sinn, dass Kunst eine vermittelnde Rolle spielt. Wenn z. B. *Spex* über Ausstellungen berichtet (oder *testcard* über Kunst schreibt? tp) dann ist das sicher gut gemeint, als Zusammenbringen oft disparat wahrgenommener Kunstformen – aber weder im Heft noch über mehrere Hefte hinweg wird Popkultur und Kunst konsequent aufeinander bezogen – boshaft bemerkt, schmückt sich da die Popkultur mit der Kunst und entsprechende Berichte wirken wie die Bildungsabteilung der *Spex*. ●

Annette Emde

Zu Hause und im Wald
Oder: Fotos aus
dem wirklichen
Leben

Küchenkoller (1986/87)

[Zum Werk von Anna und Bernhard Johannes Blume]

Humor, nicht Ironie oder Zynismus.[1]

Bazon Brock

Wenn es um Humor in der zeitgenössischen künstlerischen Fotografie geht, dann gilt dies wohl vor allem für das Werk von Anna und Bernhard Blume. Seit über zwanzig Jahren parodieren die Blumes in ihren gemeinsam durchgeführten Fotoaktionen die typisch deutschen Gepflogenheiten bürgerlich-kleinbürgerlicher Alltagswelt und entlarven damit die Widersprüche und Diskontinuitäten eines Systems, das sich scheinbar nur noch über die stete Reproduktion seiner selbst definieren kann. Dabei liegt das Augenmerk auf banalen, die Grenzen zur Absurdität markierenden Tätigkeiten, wie die Titel *Waldeslust* (1982), *Im Wahnzimmer* (1984), *Küchenkoller* (1986/87), *Mahlzeit* (1986/87), *Tellertraum* (1986/87), *Trautes Heim* (1986/87) oder *Vasen-Extasen* (1986/87) – um nur einige Beispiele anzuführen – bereits zu erkennen geben.

Die Blumes – beide sind 1937 geboren und beide haben von 1960–1965 an der Düsseldorfer Akademie Kunst studiert – inszenieren gezielt komische Situationen, in denen sie selbst, einzeln oder gemeinsam, als Akteure auftreten. Anna Blume – allein dass ihr Name identisch ist mit dem gleichnamigen Gedicht von Kurt Schwitters gibt einen ersten Hinweis auf den humoristischen Hintergrund – arbeitet seit den siebziger Jahren gelegentlich und seit 1980 intensiv mit Bernhard Blume zusammen. Ihre Ergebnisse, Paradoxien des Realen, präsentieren die Künstler meist als großformatige Schwarz-Weiß-Aufnahmen und in Form von wandfüllenden Fotosequenzen. Kennzeichnend für ihr gesamtes Werk ist der konzeptuelle Ansatz. Gedankliche Reflexionen sind wesentlicher Bestandteil ihrer Arbeit und werden vor dem Schaffensprozess meist in Form von Zeichnungen erprobt. Ihre slapstickartigen Fotosequenzen werden darüber hinaus oft von Texten begleitet.

In ihren Werken verhandeln die Blumes verschiedene Sujets, die entweder zwischen den vier Wänden oder im Umkreis des deutschen Heims kontextualisiert sind, an jenem uns als Hort der Geborgenheit wohl bekannten Ort. Zuhause ist die Welt, die man sich gebaut hat, eine Metapher für Gemütlichkeit. In dieser Sphäre schützender Privatheit sind die Dinge vertraut. Alles verläuft in gewohnten Bahnen. Droht die Außenwelt auch mit Entfremdung, so stellt zumindest die häusliche Umgebung die Möglichkeit der Identität bereit. »Daheim«, jeder weiß es, »ist es am schönsten«. Überhaupt gilt heutzutage im Zusammenhang mit einer von vielen als bedrohlich empfundenen Öffentlichkeit und dem Ruf nach »innerer Sicherheit« mehr denn je: »Trautes Heim. Glück allein«.

Das Kontrastprogramm der Blumes könnte kaum größer sein. In ihren Inszenierungen, zumal ihren kleinbürgerlichen Nachkriegsinterieurs, entwerfen sie in aller Ausführlichkeit ein genaues Gegenbild zur deutschen Heimeligkeit und Trautheit. Die Fotoserien sind von einfacher Grundstruktur: Wie von Geisterhand bewegt fallen Tische und Stühle um, wirbeln Kannen und Vasen, Teller und Tassen durcheinander, stürzen Geschirrberge zusammen oder fliegen Kartoffeln und anderes Gemüse durch den Raum, kurz: Die Dinge verweigern sich den von den Menschen zugedachten Funktionen. Die heile Welt kippt im wahrsten Sinne des Wortes aus den Fugen. Der Mensch seinerseits – und stellvertretend für diesen der Künstler – gerät ob dieser auf den Kopf gestellten vertrauten Verhältnisse ins Wanken. Das traute Heim wird zum Schauplatz ver-rückter Erfahrungen, an dem die Dinge eine Eigendynamik und damit ein Eigenleben bekunden und so die alltäglichen Gewohnheiten durchbrechen – das Selbstverständliche verselbständigt sich, das Eindeutige wird vieldeutig. Chaos zieht ein in die beschirmte kleine Welt provinzieller Beschaulichkeit. Zurück bleiben bis zur Unumstößlichkeit verschrobene Raum-Zeit-Verhältnisse.

Ein besonderes künstlerisches Stilmittel ist hierbei die Bewegungsunschärfe, verursacht dadurch, dass sich entweder das aufzunehmende Objekt oder die Kamera bewegt. Figur und Gegenstand sind oft nur undeutlich, sozusagen umrisshaft zu erkennen und tragen zur Dynamik des Geschehens bei. Dieses Gestaltungsprinzip, mit dessen Hilfe die formale und die inhaltliche Ebene sehr anschaulich miteinander verklammert werden, ist charakteristisch für nahezu alle Fotosequenzen der Blumes.

Bei diesem »Aufstand der Dinge«[2] spielt Humor eine eminent wichtige Rolle. Er entsteht gerade dadurch,

Küchenkoller (1986/87)

dass die Dinge nicht mehr wie gewohnt funktionieren. Die Bilder sind alles andere als systemstabilisierend oder wertekonservierend. Doch erst bei eingehender Betrachtung erschließt sich der komplexe, gesellschaftskritische Hintergrund und seine subversive Wirksamkeit.

Der Bezugsrahmen aus deutscher Heimeligkeit und Trautheit verdichtet sich sehr anschaulich in der 18-teiligen Fotosequenz *Im Wahnzimmer* (1984). Hier blickt der Betrachter in eine nur spärlich möblierte Wohnstube. Das Mobiliar – der Sessel, der Tisch, der Schrank, der Teppich – ist außer Kontrolle geraten. In diesem bizarren Durcheinander tritt Bernhard Blume als Protagonist mit einer Vase balancierend auf, gekleidet in Bügelfaltenhosen und kariertem Sakko, das genauso altbacken und stereotyp daherkommt wie der ihn umgebende Raum. Die Agilität der Objekte parallelisiert sich in dem gleichsam ekstatischen Zustand des Protagonisten. Blume, der wie im Galopp durch den Raum tobt, scheint, von den Objekten überwältigt, die Kontrolle über sein Bewusstsein verloren zu haben. Ihm scheint der Boden unter den Füßen zu entgleiten. Sein Herumtollen und seine manierierten Bewegungen unterstreichen seine Entrückung von der Wirklichkeit. Die herkömmliche Ordnung der Dinge ist aufgehoben und verwandelt Blume in einen Zustand ekstatischer Entfremdung, in dem

sich seine zwischen Euphorie und Bestürzung pendelnden Gefühle völlig nach außen kehren. Die Dinge, die menschliche Eigenschaften angenommen haben, spiegeln nun umgekehrt sozusagen die Befindlichkeit des Menschen wider. Blumes veitstanzartigen Bewegungen können mithin als Akt der Befreiung aus der Normalität des Alltags ausgelegt werden. Doch ganz scheint ihm das nicht zu gelingen. Blume befindet sich augenscheinlich in einem Zustand des Schwankens: Die Vase, die er empor hält und an die er sich zugleich klammert, kann als Indiz dafür gedeutet werden, dass er sich an irgendeiner Ordnung festzuhalten versucht.

Die Blumes haben hier den bürgerlichen Wohnzimmermief mitsamt seinem ideologischen Überbau auf spielerische Art unter die Lupe, genauer gesagt unter die Kameralinse genommen. Sehr anschaulich visualisieren sie die Bodenlosigkeit eines Systems, dessen hermetische Verschlossenheit einiges an Bedrohungen in sich birgt. Auf turbulente Weise wird das Betrachterauge in einen Sog gezogen, in welchem die Dinge und das Selbst gleichsam halt- und schwerelos durcheinanderwirbeln. So gerät die kleine Reise durch das deutsche Wohnzimmer zu einer höchst irritierenden Rutschpartie, in der die verdrängten Ängste und verschütteten Lebensbereiche zum Vorschein kommen. Das Wohnzimmer, der Reliquienschrein des Kleinbürgertums, ist zugleich *Wahnzimmer*. »Im hintersinnigen Wortspiel des Titels klingt der komplexe Zusammenhang an, den Blume in keinem seiner Werke aus den Augen verliert. Das deutsche Wohnzimmer – ein Ort des heimeligen Selbstbetrugs –, gemütlich bis zur Stickigkeit, vollgestopft mit Talmi und enttäuschten Träumen, aus dessen Schoß nicht selten Bedrohliches gekrochen ist. Blume hat es kräftig durchlüftet.«[3]

Dass die Aufnahmen keine authentische Lokalität vor Augen führen, ist Strategie. Ganz offensichtlich haben die Künstler lediglich einige markante Einrichtungstücke aus den fünfziger oder sechziger Jahren montageartig arrangiert, die in ihrer programmatischen Klischeehaftigkeit das penetrant Kleinbürgerliche deutscher Gemütlichkeit widerspiegeln, ohne jedoch den obligatorischen Nippes und Kitsch mit einzubeziehen. Der Anblick vermag keine Nostalgie zu wecken. Kein Pathos weit und breit. Derart klischeebeladene Versatzstücke, in denen das sogenannte Wirtschaftswunder der Nachkriegszeit karikiert wird, ermöglichen es dem Betrachter, den Raum mit eigenen Erinnerungen aufzuladen. Das Wohnzimmer wird zum symptomatischen Erinnerungsraum.

Auf ähnlich verschmitzte Art und Weise vermittelt auch das Künstlerduo Peter Fischli und David Weiss in ihrem Videofilm *Der Lauf der Dinge* (1985–87) einen Eindruck von der Verselbständigung und dem gleichsam verwegenen Eigenleben der Dinge. In penibel ausgetüftelten Kettenreaktionen fallen Tische und Wassereimer um, rollen Autoreifen umher und kippen Schuhe, Kanister, Wasserkessel und Tassen um.

Mit ihren Fotoaktionen stehen die Blumes auch in einer Tradition mit den Fluxusevents und Happeningaktionen. Während ihrer gemeinsamen Studienzeit in Düsseldorf setzten sie sich ausführlich mit dem damals dort lehrenden Joseph Beuys auseinander und besuchten die frühen Fluxusveranstaltungen. Doch ihre auf Performances basieren-

den Arbeiten sind – im Gegensatz zum traditionellen Sprachgebrauch dieses Begriffes – kein ephemeres, für ein anwesendes Publikum bestimmtes Ereignis, das unmittelbar mit den Sinnen wahrgenommen und im Gedächtnis festgehalten werden kann. Sie halten ihre Begegnungen der dritten Art vielmehr in »dokumentarischen« Fotografien fest.

Während die Malerei als subjektives Medium betrachtet wird, gilt die Fotografie aufgrund ihres technischen Wesens gemeinhin als objektiv, oder anders formuliert: Die Malerei erfindet/»lügt« und die Fotografie ist »wahr«. Bernhard Blume äußert sich in diesem Zusammenhang folgendermaßen: »Das durch Fotos Vermittelte wird im objektiven Sinne immer noch für wahrer gehalten als Geschriebenes oder Ge-

Vasen-Extasen (1986/87), Detail

maltes oder als das Konkrete, Selbsterlebte, ›es war im Fernsehen‹ ... Die Kamera, besonders die Fernsehkamera muss ja dabei gewesen sein, die Bildherstellung geschieht ja nach Naturgesetzen, Willkür hat seine Grenzen. Die Spuren auf den Fotos sind Lichtreflexe wirklicher Gegenstände.«[4]

Die Künstler spielen mit der Vorstellung der Fotografie als Beweismittel. Die Fotografie dokumentiert ein Dabeisein, einen notwendigen Ursachenzusammenhang. Denn das Licht hinterlässt den Abdruck auf der lichtempfindlichen Filmschicht.

Es geht den Blumes dabei jedoch nicht darum, die Wirklichkeit abzubilden, sondern eigene Bildwelten zu inszenieren. Indem sie Geschehnisse visualisieren, die sich dem rationellen Verständnis zunächst entziehen, problematisieren sie den vermeintlichen Authentizitätscharakter der Fotografie. An anderer Stelle schreibt Blume: »Fotomystizismus mit simplen Mitteln zum Zwecke der Entmystifizierung der Fotobilder, ihres Authentizitätsanspruchs, ihrer Scheinobjektivität ist ein Aspekt meiner Fotos. Mein Thema ist sozusagen das Wesen der Vorstellung als Vorstellung – wie sich die Subjekte ihre Objekte, genannt Realität, schaffen. Das Medium Fotografie hat mich immer deshalb interessiert, weil man den Authentizitätscharakter der Bildideen aus dem Kopfe aufgrund der Rezeptionsform bei Fotos damit eher beschwören kann.«[5]

Die Blumes brechen radikal mit den Konventionen der traditionellen Dokumentarfotografie, und zwar nicht nur formal, sondern auch inhaltlich, indem sie banale und alltägliche Dinge vorführen, Normalitäten, die das private Umfeld des Menschen primär konstituieren. Darüber hinaus werfen die assemblageartigen Interieurs Fragen nach der Konstruktion dieser Wirklichkeit auf.

Ihre pseudodokumentarischen Fotos sind in bewusst kunstloser Art und Weise angefertigt und ähneln in ihrer Anti-Ästhetik Schnappschussfotografien. Dass sie sich dabei der Ästhetik der Amateurfotografie bedienen, hat auch ideologische Gründe: Bewegungsunschärfe, Verwacklungen, Schrägstellungen oder unmotiviert erscheinende Bildausschnitte werden als Bildstrategie eingesetzt, um eine ästhetisch perfekte Bildsprache zu vermeiden, wie sie beispielsweise in der Werbefotografie vorherrscht.

Gleichwohl besitzen ihre amateurhaft wirkenden Großfotos malerische Qualitäten. Die Bilder enthalten einen großen Stimmungsfaktor, hervorgerufen durch starke Helldunkelkontraste einerseits und differenzierte Grauwerte andererseits sowie durch starke Verwischungen. Auch durch die Lichtführung wird eine spezifische Stimmung erzeugt. Es geht nicht um das Dokumentarische, sondern um das Emotionale. Hier gibt sich durchaus ein poetisches Moment zu erkennen.

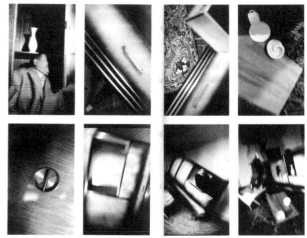

Im Wahnzimmer (1984)

Welch unheildräuende Wirkung das Vertraute und auf den ersten Blick zugleich Heitere haben kann, zeigt auch die Wohnrauminszenierung *Vasen-Extasen* (1986/87), die das an sich harmonische Verhältnis zwischen Blume und Vase konterkariert. Wie schon der Titel impliziert, spielt das Moment der Ekstase auch hier eine zentrale Rolle.[6] Eingeleitet wird die vielteilige Katastrophenserie mit einer Aufnahme zweier durch einen Raum schwebenden hellen Blumenvasen. Die bauchigen Vasen scheinen die Schwerkraft überwunden zu haben. Auf der zweiten Aufnahme blickt der Betrachter frontal auf Bernhard Blume in seinem obligatorischen Rastersakko, der von mehreren Vasen umzingelt ist. Seine Augen sind geschlossen, die Arme fest angelegt. Die Szene spielt sich vor dem Hintergrund einer dunklen Wohnzimmerschrankwand ab. Dann wechseln die Bilder: Verschiedene, zum Teil stark verwackelte Fotos zeigen Blicke in gekippte Zimmerecken, Wände und Möbel stürzen, der Teppich klebt an der Wand. Andere Fotos zeigen Vasen, die lichtreflexartig, gleichsam entkörperlicht, wie UFOs durch den Raum jagen, derweil Blume mit verdutztem Gesicht und einer großen Vase zwischen hinterlistig ihn bedrängenden Möbelstücken durch den Raum taumelt. In einem weiteren Bild hält der Künstler einen stilisierten Blumenstrauß in seiner rechten Hand. Im letzten Bild, das zu den eindringlichsten der Serie gehört, offenbart sich die ganze Heimtücke des Geschehens: Blume (der Name erhält hier doppelte Bedeutung) erscheint schicksalhaft eingezwängt in eine überdimensional große Vase, die wie

Gesellschaft fußt und der das Verhältnis des Menschen zu seiner Umwelt bestimmt: »Nicht bloß mit der Entfremdung der Menschen von den beherrschten Objekten wird für die Herrschaft bezahlt: mit der Versachlichung des Geistes wurden die Beziehungen des Menschen selber verhext, auch die jedes einzelnen zu sich.«[7] Es sind die sublimierten Wünsche und Bedürfnisse, die objektivierten Gefühle die Blume in den Wahn treiben.

Dabei gehen die Blumes über persönliche Idiosynkrasien und das typisch deutsche Spießertum weit hinaus. Indem sie sich auf die fünfziger und sechziger Jahre beziehen, bauen sie eine Distanz zur Gegenwart auf, über die dem Betrachter sein eigener gesellschaftlicher und kultureller Standpunkt bewusst wird.

ein aufgezogener Kreisel, um sich selbst rotierend und nach allen Seiten surrend, durch den Raum gleitet. Sein Gesichtsausdruck spricht Bände: Augen und Mund sind weit aufgerissen. Das Entsetzen ist groß.

Abgesehen von dem gebotenen logistischen Aufwand, ist die Akkuratesse des Aufnahmemoments als fotografische Leistung hervorzuheben. Die Fotos sprechen trotz ihrer Präzision eine sehr experimentelle Bildsprache. Das Davor und Danach ist kaum auszumalen: Der Wurf, das kurze Schweben, das scheppernde Aufprallen. Anna Blume fixierte die Augenblicke präzise im richtigen Moment. Dieser in sich geschlossene Vorgang erzeugt eine hohe innerbildliche Spannung.

Über derart skurrile und abwegige Szenarien – und das ist der Kern ihrer Aussage – werden die Hohlräume der (klein-) bürgerlichen Ideologie ausgeleuchtet. Es wäre jedoch zu kurz gegriffen, würde man in den Fotosequenzen nicht mehr als den Versuch sehen, zu zeigen wie entfremdend, beengend und trügerisch die kleinbürgerliche Welt ist. Vielmehr ironisieren die Blumes den Rationalisierungsprozess, auf dem unsere

Die Blumes richten ihr Augenmerk auf die Beziehungen zwischen den Menschen und den Dingen. Der Mensch, der in einer offensichtlich doppelbödigen Dingwelt verweilt, findet keinen Halt. »Die Dinge umgeben und umkreisen offensichtlich dieses Ich, das etwas verängstigt dazustehen scheint. Sie schließen das Ich ein, bedrohen es.«[8] Indem die Dinge sich des Menschen bemächtigen, der ursprünglich selbst einmal die Macht über die Dinge ausübte, wird die dialektische Beziehung zwischen Mensch und Ding aufgezeigt. »Der Gegenstand verleibt sich das Ich ein«[9], wie das letzte Foto der Sequenz Vasen-Extasen anschaulich macht. Ihre Diagnose einer von Waren bestimmten Gesellschaft enthält implizit auch den Verweis auf die entfremdeten Produktionsverhältnisse und die Kritik an der kulturellen Produktion unter den Bedingungen der Warengesellschaft.

Zugleich unterstreicht ihre Schnappschussästhetik das bewusste Abweichen von bestimmten Wertekonventionen unserer Warengesellschaft, in der die Fotografie als ein Bildmedium fungiert, welches unseren Bildhunger, der als Kompensation zur Rationalität der Welt verstanden werden kann, stillt. Wir orientieren uns heute mehr an Bildern als an eigenen Erfahrungen. Als Massenmedium kann und soll die Fotografie jeden einzelnen von uns im Alltag begleiten. Diese Funktion der Fotografie und ihre gesellschaftliche Ambivalenz wird veranschaulicht.

Derlei Szenarien können auch als Metapher für die systemtheoretische Wende der Gegenwart gelesen werden, für die sich gleichsam selbständig organisierenden Prozesse der modernen Gesellschaft. Im Mittelalter, pauschal betrachtet, erschienen alle Lebensbedingungen des Menschen noch in einem göttlichen Licht, während in der Renaissance ein anthropozentrisches Weltbild vorherrschte, das dem Denken Descartes schließlich als Plattform diente. Die mit einer Vielzahl unveränderlicher Attribute ausgestattete tradierte Weltordnung gewährleistete eine gewisse Kontinuität, welche die Verkettung der Dinge in der Welt anzeigte. Die Welt wurde in Form von Mikrokosmen organisiert, die von einer übergreifenden Weltordnung, dem Makrokosmos, bestimmt wurde. Heute dagegen sieht sich der Mensch mit Prozessen konfrontiert, die sich, weit verzweigt in zahllose Systeme, aus eigenem Antrieb selbst zu organisieren scheinen. Jeder dieser disparat ablaufenden politischen, wirtschaftlichen, kulturellen und ökologischen Prozesse folgt seiner eigenen Logik. Diskontinuitätserfahrungen sind die Norm. Sämtliche Steuerungsmanöver erweisen sich als wirkungslos und enden nicht selten in einer Katastrophe.

Die Blumes entlarven mithin Systeme und Strukturen, die ein falsches Gefühl der Sicherheit in einer Welt vermitteln, die sich stets im Fluss befindet und suchen die Bodenlosigkeit des Menschen in einer Welt zerstörter Bindungen widerzuspiegeln. Descartes' Diktum »Cogito, ergo sum«, das die letzte Sicherheit des Subjekts im Denken verortet, gerinnt in diesem Zusammenhang zur schieren, ironisch verzerrten Aussage.

So oder so ähnlich könnten die verbalen Subtexte unter Anna und Bernhard Blumes Fotosequenzen lauten.

Auch die fünfteilige Sequenz *Kant zuliebe* (1981) von Bernhard Blume aus dem Werkkomplex *Die reine Vernunft ist als reine Vernunft ungenießbar* illustriert diese Problematik. Die Fotos schildern den verzweifelten Versuch des Künstlers ein rechteckiges weißes Klötzchen zu essen. Blume umschreibt die Serie folgendermaßen: »Ich zeige hier im Foto ein Gebilde vor mit rationalen Kanten. Es wirkt aus dieser Nahsicht leicht verschwommen. In seiner idealen weißen Sauberkeit steht es für Ordnung und für Reinlichkeit, fürs Technoide-Rationelle, weshalb es also eckig und nicht rund ist. Wiewohl das menschliche Gemüt das runde heile Ganze möchte, erscheint auch dieser numinose Gegenstand mit Ecken als Archetyp und leere Form für alle möglichen spezifischen Objekte aus einem gleichen Geiste. Hand und Objekt verdecken im Moment des Zeigens und Erscheinens symptomatisch das Gesicht. In mediumistischer Ekstase verschwindet ohnehin die Subjektivität. Zwei ideoplastische Portionen stehen oder schweben im nächsten Bilde vor dem Gesicht des medialen Ideoten. Warum sind es nun zwei? Was das betrifft: Das eine konnte sich verdoppeln und wird sich irritierend immerzu in ein Unendliches vervielfachen. Die Phänomene zeigen nämlich in exemplarischer Objektform einen subjektiven Zustand als den Zustand der Gesellschaft: Vor Erkenntnis sind sie blind und krank vor Objektivität. In dieser Zwangseinstellung verschwindet unter unserem rationalen Zugriff schon seit langem die Vielfalt der Natur und auch wir selbst als individuelle Einzelne. Umgesetzt ins immer gleichartige Selbige und abgepackt zum Äquivalente unserer selbst verschwinden wir in massenhafter Einfalt und landen auf dem Müll. Und doch: Konsum ist eben heute = Kommunikation, denn erst als Konsument bin ich das ideale Medium einer allgemeinen rationellen Heilsökonomie. Und erst Verzehr heißt hier: Erkenntnis. Karl Marx behielt in diesem Punkte recht.«[10]

Dass hier kein rationaler Zugriff möglich ist, lässt sich auch anhand der Bildorganisation ablesen. Die serielle Anordnung der Fotografien legt, traditionsgemäß, eine linear organisierte, mithin narrative Bedeutungsfolge nahe. Doch in den meisten Sequenzen der Blumes zeichnet sich weder ein chronologischer Zeitverlauf noch ein kausaler Bildzusammenhang ab. Die Abfolgen artikulieren vielmehr, neben den Luftsprüngen der Blumes, auch Zeit- und Kausalitätssprünge. Unterstützt durch Verwischungen, Schrägstellungen, verzerrte Blickwinkel, Vertauschungen von Oben und Unten, scheinen die Bilder keinen linearen, sondern vielmehr einen simultanen Bewegungsablauf zu veranschaulichen, wenn auch die gleichzeitige Darstellung von zeitlich verschiedenen Zuständen und Erlebnissen sich nicht in einem Bild vereinigen. Die gewohnten Relationen von Zeit und Raum sind abhanden gekommen. Auf diese Weise gerinnt die Zeit, im Bergsonschen Sinne, zur reinen Dauer. Die Wirklichkeit wird als verweilende Energie aufgefasst. Das Leben ist nichts Starres, Identisches oder mit dem Denken zu Erfassendes, sondern etwas Fortlaufendes, ein ewig Werdendes. Es ist mit rationalen Mitteln nicht fassbar, sondern kann, hier noch einmal Bergson, nur durch die Intuition, durch eigenes Erleben, greifbar gemacht werden. Jedes einzelne Foto erhebt darüber hinaus den Anspruch, so Bernhard Blume, »für die Gesamtaussage exemplarisch zu sein.«[11]

Die Sequenzen *Trautes Heim*, *Küchenkoller* oder *Tellertraum* stellen eine andere Lesart bereit. Die Blumes, jenes sich »seit 1967 in dauerlibidinös-terroristischer Ehe«[12] befindliche Künstlerehepaar aus Köln, thematisieren hier unter anderem die Rollenverteilung von Mann und Frau in einer patriarchalischen Gesellschaftsstruktur (Anna Blume setzt sich in ihren Zeichnungen immer wieder mit dem Frausein in einem männlich dominierten Umfeld auseinander). Dabei wird das vermeintlich spezifisch Weibliche in Zweifel gezogen. Anna Blume äußert sich hierzu: »So-

Im Wahnzimmer (1984), Detail

lange aber, wie im Jahrtausende alten Patriarchat unserer Kultur, der herrschende Blick nur eingeschlechtlich männlich ist, sieht die Frau die Dinge der Welt zwangsläufig aus der Perspektive der Beherrschten – es sei denn, sie wechselt ihren Ort und identifiziert sich mit dem männlichen Blick, wobei sie ihre Weiblichkeit verdrängen muss. Ich bin der Meinung, dass der eingeschlechtliche männliche Blick nicht schon der allgemein menschliche sein kann. Denn solange das Weibliche nicht eingebracht, sondern verdrängt, unterdrückt, zerstört (Natur) wird und kein Konsens

zustande kommt, solange hat Blick mit Herrschaft und Erblicktwerden mit Opfer zu tun.«[13] In dem Zitat drückt sich ein radikaler Zweifel an der gesellschaftlichen Definition von Weiblichkeit aus, da die weibliche Wahrnehmung der Frauen meist männlich vermittelt wird. »Denn jede Frau ist auch in Teilen ›mann-geschaffene Frau‹, d.h. sie ist mitgeprägt durch männliche Vorstellungen resp. gesellschaftliche Vorstellungen von Frau-Sein.«[14]

Unter diesem Blickwinkel wird beispielsweise alles, was mit Küche zu tun hat noch immer dem Bereich der Frau zugeordnet. Mit solchen Zuweisungen aber kann sich diese scheinbar nicht mehr identifizie-

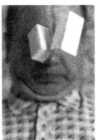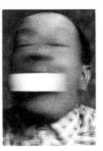

DIE
REINE VERNUNFT
IST ALS
REINE VERNUNFT
UNGENIESSBAR

Die reine Vernunft ist als reine Vernunft ungenießbar (1981)

ren. Die Hausfrau im aufdringlich gemusterten Kleid verliert die Kontrolle und rastet aus. In *Trautes Heim* und *Tellertraum* kippen derweil Stühle beziehungsweise Tellertürme um, während in *Küchenkoller* »Kartoffeln wie Wurfgeschosse«[15] herumfliegen. Das stereotype Hausfrauendasein, in dem sämtliche Handlungen der Frau automatisch ausgeführt werden (wie beispielsweise das ewige Kartoffelschälen), zeitigt katastrophale Folgen: Verdrängte Wünsche und unterdrückte Gefühle, die nicht zum Ausdruck kommen können, werden in verdinglichter Form kompensiert. Dabei fungieren Kartoffeln oder Teller als Katalysator für die geschlechtsspezifisch bedingte Beschränkung und Fremdbestimmung. Obgleich unbewusst, verwandelt die Hausfrau das als selbstverständlich Angesehene in chaotische Bedrohung, indem sie ihre Rolle aufkündigt.

Die Serie *Küchenkoller* kommentieren die Blumes, die zugleich betonen, dass dies »*ein* Interpretationsvorschlag unter vielen« sei, mit folgenden Worten: »Sind Kartoffeln nur Kartoffeln, oder können es auch Seelenzeichen sein? Muss man sie nicht als Objektivationen sehen, z. B. unterdrückter, nicht gelebter Wünsche, Triebe? Könnten dann Kartoffeln nicht zuweilen Triebgebilde sein, fotogene Manifestationen einer lang frustrierten Seele, die sonst sprachlos bleiben müsste? Das in den Fotos festgemachte und nicht alltägliche Verhalten der Kartoffeln legt dies nahe: Es ist bedrohlich, oder doch zumindest ungewöhnlich! Das für eine Mahlzeit Vorgesehene gehorcht nicht mehr Naturgesetzen, sondern eher sozusagen akausalen, hier z. B. hausfraulichen Seelenkräften. Da zeigt die Psychoanalyse uns natürlich Wünsche auf, die, abgedrängt ins sogenannte Unbewusste, nur noch kartoffelförmig in Erscheinung treten konnten. Ihr eigentlicher Sinn bleibt für die Hausfrau selber vorerst rätselhaft. Für die verständigen Betrachter der Bilder

aber liegt der Triebgrund des Geschehens sozusagen obenauf!«[16]

Über ein solches spielerisches Umgehen mit Stereotypen, das nicht einer gewissen pathologischen Note entbehrt, werden eingefahrene, zu Klischees geronnene Rollenzuweisungen aufgedeckt. Es stellt sich weiterführend die grundlegende Frage, inwiefern Geschlechterrollen gesellschaftlich konstruiert werden.

Eine andere Orientierung gibt die fünfteilige Großfotoserie *Waldeslust* (1982).[17] Sie zeigt die Künstler als frohgemute Sonntagsausflügler. Die Blumes präsentieren sich als perfekte Inszenierung eines Paares mittleren Alters: Er wirkt etwas schmierig in seinem feinen Anzug, sie leicht untersetzt in ihrem geblümten Sommerkleid. Die Serie beginnt mit einem Bild, in dem der Mann, Bernhard Blume, breit in die Kamera lachend an seinem am Waldesrand geparkten Wagen lehnt. Danach folgen drei Bilder mit Tannenbäumen, die unterschiedliche Zeichen der Zerstörung zeigen wie kahle Äste oder geborstene Stämme. Auf einem der Fotos posiert das Ehepaar winzig klein unter einer abgeknickten Tanne und winkt dabei vergnügt in die Kamera. Die Umgebung wird scheinbar nicht als desolat empfunden. Im fünften Bild erscheint die Frau, Anna Blume, mit einem maskenhaften Lachen, gestützt an einen Tannenstumpf.

Die Blumes nehmen in *Waldeslust* das allseits beliebte Ritual des Sonntagsausfluges im redlich verdienten Mittelklassewagen, versteht sich, als Inbegriff deutschen Spießertums aufs Korn. Sie zeigen ein Paar, das sich an einem sonntäglichen Sommertag auf den Weg macht, einen Spaziergang in der Natur zu unternehmen, um sich von den Strapazen des Alltags zu erholen, nach dem Motto »Parke und Wandere«.

Die Künstler spielen hier auf die Bedeutsamkeit des deutschen Waldes als Refugium für ›die Seele‹ an.

Diese Sehnsucht des Menschen nach einem Rückzugsgebiet, sozusagen nach einem Fluchtraum, reifte vor allem im Zuge der aufkommenden Massengesellschaft heran und war zentrales Thema der Romantik. Doch die Bilder der Blumes sind ganz und gar nicht romantisch. In ihnen manifestiert sich der Prozess der Entfremdung des Menschen von der Natur. Sie visualisieren sehr anschaulich die Kompensations- und Verdrängungsmechanismen des naturentfremdeten modernen Städters: Obgleich der Wald durch sauren Regen und extensive Nutzung bedroht ist, soll er dem Menschen dennoch als Stätte der Erholung zwecks Wiedergewinnung verbrauchter Kräfte dienen. Schließlich verweist diese paradox anmutende Funktion auf den Verlust eines allumfassenden Bewusstseins des in einer höchstindustrialisierten Zivilisation lebenden modernen Menschen. Doch stellen die Blumes keine Rousseauschen Lösungen bereit, sondern

erlauben uns mittels schwarzen Humors den distanzierten Blick auf das eigene Handeln.

Gleiches gilt für die Polaroidsequenz *Natürlich* (1984), in der Bernhard Blume nach eigener Aussage als Müslimann und Salatbeschwörer auftritt: Blumenkohl, Salatkopf, Lauchstangen, Äpfel und anderes Gemüse wehren sich dagegen, gegessen zu werden. Auch hier handelt es sich um eine ironische Allegorie auf die menschlichen Übergriffe an der Natur und deren Konsequenzen.

Den Blumes gelingt es, Widersprüche und Konflikte mit und in der Gesellschaft aufzubrechen. Sie tun es mit einem Augenzwinkern auf humorvolle, nicht auf agitatorische Art und Weise, auf dass eine heiter gelassene Haltung und eine selbstkritische Reflexionsebene sich Bahn breche inmitten aller Widerwärtigkeiten und Unwägbarkeiten des menschlichen Daseins. ●

Literatur (Auswahl)

Anna und Bernhard Blume. Trautes Heim. Fotos aus dem wirklichen Leben, Ausst. Kat., Kunsthalle Basel 1987 und Kölnischer Kunstverein 1988, Basel 1987 (Text: Jean-Christoph Ammann).
Anna & Bernhard Blume. Grossfotoserien 1985 – 1990. Hg.: Landschaftsverband Rheinland und Rheinisches Landesmuseum Bonn, Verlag der Buchhandlung Walther König, Köln 1992.
Anna und Bernhard Blume: Transzendentaler Konstruktivismus / Im Wald, Hg.: Klaus Honnef, Verlag der Buchhandlung Walther König, Köln 1995.
Bernhard Johannes Blume: *Heilsgebilde,* Zeichnungen aus den Serien *ICH & DU, EW'GE RUH* und *HEILSGEBILDE,* Balloni Verlag, Köln 1983 (Text: Bazon Brock).
Ders.: *natürlich. quasiphilosophischideoplatischer Diavortrag,* Dany Keller Galerie München, o. J.
Ders.: *Hellsehen als Schwarzsehen. Quasiautobiographische Bemerkungen zu einigen Fotosequenzen 1971–1984,* Hg.: Michaela Schleunung in Zusammenarbeit mit dem Lenbachhaus München und dem Förderverein der Akademie der Bildenden Künste München, 1986.
Ders.: *S/W-Fotoarbeiten 1970–1984,* Hg.: Landschaftsverband Rheinland und Rheinisches Landesmuseum Bonn, Rheinland-Verlag GmbH, Köln 1989 (Texte: Klaus Honnef u.a.).
Ders.: *Transzendentale Fotografie. »(Eine) Cellularpathologie der Seele«. Ein Dia-Vortrag,* Wiens Verlag, Berlin 1999.

Peter Weibel: *Anna und Bernhard Blume. Vasen-Extasen,* Frankfurt am Main 1991 (Schriften zur Sammlung des Museums für Moderne Kunst Frankfurt am Main).
Zurück zur Natur, aber wie? Kunst der letzten 20 Jahre, Hg.: Stadt Karlsruhe und Städtische Galerie, Ausst. Kat., Galerie im Prinz-Max-Palais Karlsruhe, 1988.

Anmerkungen

1 Bazon Brock: *Heilsgebilde? Wir wollen Gott – basta,* in: Bernhard Johannes Blume: *Heilsgebilde,* Köln 1983, o. S.
2 Klaus Honnef: *Versuch einer Annäherung,* in: *Bernhard Johannes Blume. S/W-Fotoarbeiten 1970–1984,* Hg.: Landschaftsverband Rheinland und Rheinisches Landesmuseum Bonn, Köln 1989, S. 7–15, hier S. 13.
3 Ebd., S. 14.
4 Bernhard Blume, in: *natürlich,* München o. J., o. S.
5 Ders.: *Hellsehen als Schwarzsehen,* München 1986, o. S. Dieser als Bildtafel konzipierte Text ist kommentierender Bestandteil der vierteiligen Fotosequenz *Anstrengungen zur Herbeibringung des Kreuzes* (1971).
6 Vgl. hierzu auch Honnef, a.a.O., S. 13 f. Ähnliche fotoekstatische Aktionen hat Blume in den siebziger Jahren mit seiner Mutter Maria inszeniert »mit sichtbar befreienden Folgen für Mutter und Sohn« (ebd., S. 13), wie beispielsweise *Holterdipolter, Fliegender Teppich, Freizeit* oder *Flugversuch* aus dem Werkkomplex *Ödipale Komplikationen* (1977/78).

7 Max Horkheimer und Theodor W. Adorno: *Dialektik der Aufklärung,* Frankfurt am Main 1995, S. 34.
8 Peter Weibel: *Das Ich und die Dinge,* in: Ders.: *Anna und Bernhard Blume. Vasen-Extasen,* Frankfurt am Main 1991, S. 9.
9 Ebd., S. 58.
10 Bernhard Blume: *Hellsehen als Schwarzsehen,* a.a.O., o. S.
11 Ders., in: *Anna und Bernhard Johannes Blume: Pathetisierung des Banalen. Ein Gespräch mit Sara Rogenhofer und Florian Rötzer,* in: Kunstforum International, Bd. 96, 1988, S. 232–243, hier S. 233.
12 Zit. n. dem Kommentar zu den Bildern im Text, in: Bazon Brock: *Anna und Bernhard Blume,* in: Kunstforum International, Bd. 106, 1990, S. 154–155, hier S. 155.
13 Anna Blume im Gespräch mit Rogenhofer und Rötzer, a.a.O., S. 243.
14 Ebd.
15 Jean-Christoph Ammann: *Zur Aktualität von Anna und Bernhard Blume,* in: *Anna und Bernhard Blume. Fotos aus dem wirklichen Leben,* Ausst. Kat., Kunsthalle Basel 1987 und Kölnischer Kunstverein 1988, Basel 1987, o. S.
16 Anna und Bernhard Blume, in: Ebd., o. S.
17 Vgl. auch die Version *Waldeslust II* (1984/86) in: *Zurück zur Natur, aber wie?,* Hg.: Stadt Karlsruhe und Städtische Galerie, Ausst. Kat., Galerie im Prinz-Max-Palais Karlsruhe, 1988. Weitere Varianten der Blumes zum Thema *Im Wald* (1982–1992) vgl. in: *Anna und Bernhard Blume: Transzendentaler Konstruktivismus / Im Wald,* Hg.: Klaus Honnef, Köln 1995.

Christian Welzbacher

Die Geburt der Postmoderne aus dem Geist der Polemik

[Zum fragilen Verhältnis zwischen (Computer)Architektur, Geschichte, Humor und Popkultur]

Prolog. Weh dem, der Symbole sieht!

 In der renommierten englischen Fachzeitschrift »Architectural Design« warnte der Kritiker Rupert Spade vor einer Krise der Architektur. Die neuen Medien der Informationsgesellschaft vernichteten die künstlerische Form. Radio, Fernsehen und die angewandte Computertechnik, so meinte er, haben zur Veränderung der gesellschaftlichen Verhältnisse geführt, die Übermittlung ätherischer Daten und Wellen zur Auflösung der traditionellen, strukturellen und ästhetischen Erscheinung des Bauens. Das zugehörige Bild zeigt das pneumatische »Un-House«, eine nierenförmige Blase mit einer »Kommunikationseinheit« in der Mitte. Alles konzentriert sich auf den Metallbau im Zentrum, in dem sämtliche Wohnfunktionen (Kochen, Heizen, Telefonieren, Arbeiten, usf.) gleichsam implodiert sind. Für die Gestaltung des Baus selbst bleibt nurmehr heiße Luft. Der computerdominierte Zeitgeist, so

Spade, hat aus dem Haus, das einstmals als repräsentierendes »information image« fungierte, ein bloßes »information object« gemacht – analog zu den gestaltlosen Informationsdaten, die zu seiner Errichtung notwendig sind, ist es vollständig amorph.[1]

Spades Text war 1969 erschienen. Ein Vierteljahrhundert später stürmte eine Reihe junger Planer auf die Bühne der Architekturwelt. Mitten im Sechziger-Jahre-Revival generierten sie mit einer hochelaborierten Computertechnik erneut gestaltlose Häuser und behaupteten, die Form hänge mit der medialen Transformation der Welt zusammen. Lars Spuybroek etwa, niederländischer Pionier der Computerarchitektur, erklärte: »Wir erleben eine extreme Verflüssigung der Welt, der Sprache, unserer Geschlechterrollen, unserer Körper. Eine Situation, in der alles medial vermittelt wird, in der jegliche Substanz und jeglicher Raum mit ihrer medialen Repräsentation verbunden werden, in der alle Form mit Information vermischt wird.«[2]

Der entscheidende Unterschied zum bizarren »Un-House«-Konstrukt aus der Woodstock-Ära ist ein praktischer. Denn dank der neuartigen Computerprogramme lassen sich jetzt die Entwürfe auch in die Tat umsetzen. Gebäude in »Tropfenästhetik«, nach dem gleichnamigen Hollywoodfilm mit dem Titel »Blob« versehen, sind seit Mitte der neunziger Jahre an verschiedenen Orten der Welt wie die Pilze aus dem Boden geschossen. Das verleitete Kritiker dazu, gleich eine internationale Architekturströmung zu konzedieren, einen neuen globalen Stil – unabhängig davon, ob die Arbeitsweise mit dem Computer verschieden sein mag oder nicht, ob die Planer etwa ihr neues Arbeitsinstrument nur zum Umrechnen analoger Phantasien benutzen (wie etwa Frank O. Gehry), wissenschaftliche Analysedaten auswerten lassen (wie UN Studio) oder die genuinen Möglichkeiten des Rechners in einem künstlerischen Prozeß thematisieren (wie Greg Lynn, Fernando Romero oder Spuybroek).[3] Schließlich wurden die gekurvten Räume, fließenden Linien, skulpturalen Formen, kühnen Solitäre gar – weil sie entfernt an »biomorphe« Strukturen erinnerten – als Ausdruck des »Genzeitalters« interpretiert. Das kalt-warme Metaphernbüffet war eröffnet, die Journalisten drängelten sich in bekannter Weise vor und jeder verleibte sich ein, was er zuerst kriegen konnte. Selbstverständlich machten sie dabei die Rechnung ohne den Caterer, der ihnen die üppige Auswahl vorgesetzt hatte. Kas Oosterhuis, der mit Spuybroek zu den erfolgreichen niederländischen Planern gehört, wird seither nicht müde, unentwegt Bilder zu seinen Bauten zu liefern, auf das diese die oberflächlichen Sensationsfeuilletonisten erschlagen mögen.[4] Aber liegt das Gute denn nicht wie so oft viel näher? Das erste Schlagwort, das dem naiven Beobachter der neuen Computerarchitektur einfallen sollte, ist doch wohl eher: Pop!

Wenn der Kurator Peter Cachola Schmal im Katalog zu »Digital-Real. Blobmeister«, einer Ausstellung, die vom Deutschen Architekturmuseum in Frankfurt aus wieder ins Internet gewandert ist (*www.a-matter.com*), davon spricht, die Computertechnologien der neunziger Jahre habe die Umsetzung von Visionen der sechziger Jahre erst möglich gemacht, so verweist er deutlich auf Vorbilder und Parallelen.[5] Warum jedoch, voraus-

gesetzt, die Computerplaner finden einen Bauherrn, fast vierzig Jahre alte Ideen umgesetzt werden, bleibt eine offene Frage. Denn die zurückliegenden Ängste, Freuden, Wüte und Hoffnungen sind längst überwunden, die künstlerischen Strategien überlebt. Auch die Gegner von einst, das architektonische Establishment, ist ein anderes geworden. Nicht selten sind es die früheren Revolutionäre selbst, die jetzt in den Gremien und Ausschüssen sitzen und über Verschönerungskampagnen der Großstädte befinden. Sollte die gegenwärtige Computerarchitektur tatsächlich derart aus der Zeit gefallen sein, so würde auch eine durch ihre andersartigen Bauten vermittelte Gesellschaftskritik ins Leere laufen. Aber gerade eine solch dezidiert kritische Haltung scheint ohnehin zu fehlen – und damit ein zentrales Charakteristikum der pop-

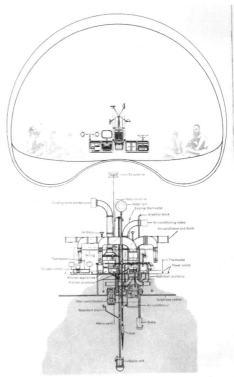

Un-House in Architectural Design, 1969

architektonischen Revolution überhaupt: Humor, Ironie, Sarkasmus, Witz, Narretei, Hohn und Spott, all jene Mittel derer sich die Phantasten von einst bemächtigten, um ihren Positionen Ausdruck zu verleihen, sind verschwunden, Politik ist obsolet. So scheint

Blob

fe umsetzten,[7] erschienen ab 1961 ihre Heftreihe mit dem Titel »Archigram«. Mit rollenden, laufenden, flexibel montierbaren Stadtsystemen feierten die »Archigram«-Comics[8] den ungebändigten Technizismus; metallische Rohrleitungen dockten an die imaginierten käferartigen Bauwerke, deren Innereien nach außen gekehrt wirkten. Bunte Schriftzüge verkündeten die Vorzüge von Konsum und Drogen, dank derer die sich auflösende Stadt wie ein pulsierendes Organ zu leben anfing. Die Übertreibung aller Verheißungen der Moderne zu einem absurden Spiel sollten die domestizierten Wunschvorstellungen »seriöser« Baukunst als Spießerarchitektur entlarven.[9]

die zur Schau gestellte Nonkonformität zum Formalismus zu gerinnen, zur exzentrischen Floskel, zum marktschreierischen Erfolgsrezept. Aber war früher wirklich alles besser?

Als das Witzeln noch geholfen hat:
Pop, Revolte und Papierarchitektur

Fünf Stockwerke hoch, fein säuberlich gerastert. Auf weißen Betonstützen, schwebt das kubische Schulgebäude aus dem Jahr 1959 über einem Londoner Pausenhof. Für diese — immerhin realisierte — Arbeit sind die sechs Mitarbeiter des Architekten Hubert Benett nicht berühmt geworden.[6] Wohl aber für ihre Zeichnungen und Phantasien, die wilden Ausbruchutopien aus dem engen Korsett der angewandten Architektur. Während Warren Chalk, Ron Herron, Peter Cook und andere zum Broterwerb streng-spätmoderne Entwür-

Fast gleichzeitig formierte sich in Italien das »Superstudio«, die vor allem mit den Mitteln der Persiflage den Heroenkult der Moderne verulkten.[10] So erarbeitete die Gruppe um Adolfo Natalini eine Reihe von Manifesten und berief sich damit auf urmodern-publizistische Strategien. Noch nicht hinreichend untersucht ist bisher, ob es sich bei diesen Text-Zeichnungs-Collagen tatsächlich um »neoavantgardistische« oder um »pseudoavantgardistische« Manifeste handelt, scheinen die Schriften doch weniger auf eine »Baureform«, als viel eher auf den Spaß am Spaß abzuzielen. Von Leonardo bis Le Corbusier wird gnadenlos alles durch den Kakao gezogen, was im Zusammenhang mit Architekturtheorie steht.[11] Und nachdem die historischen Utopien komplett eingedampft waren, schien jegliche Architektur am Ende zu sein — oder wieder bei ihren stonehengeartigen Anfängen. Eine berühmt gewordene Serie von Zeichnungen unter dem Titel »Il monumento continuo« (1969) zeigt eine Art archaisches Viadukt, das als monströser Rasterbau den gesamten Erdball umrundet.[12] So zerschneidet das »Monumento« wie ein Hulk der Architektur die Skyline von Manhattan, rauscht durch den Grand Canyon und stampft das zur Zwergensiedlung marginalisierte Graz nieder.

Es ist wohl kaum ein Zufall, daß man sich in der österreichischen Stadt zeitgleich ähnlichen Phantasien hingab, denn die Architektur-Revoluzzer kannten

Hans Hollein: *Phallus/Faust*-Skizzen

sich untereinander gut. Die Grazer Schule gehörte zu den wichtigsten Impulsgebern für eine bürgerbeteiligte Architektur, die in den siebziger und achtziger Jahren versuchte, Mieter und Eigentümer gleichberechtigt am Planungsprozeß ihres Wohn- und Lebensumfeldes zu beteiligen.[13] Ihr Beginn aber waren die wüsten Happenings im Stile des Wiener Aktionismus,[14] bei denen pneumatische Gebilde aufgeblasen wurden, temporäre Pavillons, die etwa bewußtseinserweiternden Charakter haben oder zur Ausübung der freien Liebe animieren sollten.[15] In Wien selbst war es vor allem Hans Hollein, der Collagen beisteuerte.[16] Holleins erste Zeichnungen, die dem revolutionären Aufbruch zugeordnet werden können, datieren bereits vom Ende der fünfziger Jahre. Es sind auf Buchseiten gekritzelte Hochhäuser in Form eines Phallus (die Urmetapher aller Hochhausarchitektur und wohl als Kapitalismus-These zu verstehen) und einer erhobenen Faust (dementsprechend eine politisch-linke Antithese).[17] Kurz darauf montierte Hollein Erwin Panofskys kunsthistorischen Rolls-Royce-Kühlergrill[18] sprichwörtlich in die Skyline von Manhattan und erhob auf dem Papier einen riesigen Eisenbahnwaggon zum Denkmal (1963).

Die Strategien in Rom, London und Wien waren ähnlich: ihre Phantasiearchitektur setzte entschieden auf eine Entkontextualisierung, die »Neubauten« treten nicht in den Dialog mit ihrer Umgebung, sondern überschreien gleichsam das bereits bestehende bauliche Konglomerat. Um diesen Affront zu gewährlei-

sten griffen die Künstler-Architekten zum Mittel der Übertreibung, das sich als extremer Maßstabssprung offenbart.[19] Klobig, gigantisch und undurchdringbar hermetisch sind die entworfenen Strukturen. Menschen, Tiere und Bauten scheinen sie plattwalzen zu wollen. Hinzu kommt die konsequente Anwendung der Persiflage. Sie entsteht, im Falle von »Superstudio« durch Verarbeitung verschiedenster Motive aus der Architekturgeschichte, die in ihrer Selbstreferenzialität nur von Eingeweihten zu verstehen ist. Bei Hollein hingegen sind es die Alltagsgegenstände, die zu Bauwerken erhoben werden.[20] Damit war er frühzeitig den Verfahren amerikanischer Kunst der fünfziger Jahre am nächsten und transponierte die Pop-Art in eine Pop-Architektur.

Auch die Art der Entwurfspräsentation war integraler Bestandteil des Konzepts. Im — orthodoxen — planerischen Prozeß sind Skizzen und Zeichnungen immer nur Zwischenschritte. In der Pop-Architektur, die ausschließlich aus Planmaterial und Modellen besteht, wird damit eine Vorstufe nobilitiert: sie gilt bereits als Endprodukt. Als Entwurf angelegt thematisieren die Blätter damit das Unfertige und Projekthafte und implizieren so die Verweigerung, den eigenen Beruf ordnungsgemäß auszuführen. Selten finden sich sachgemäße Schnitte, Auf- und Grundrisse (obwohl diese, wie manche Detailpläne in »Archigram« zeigen, die Absurdität durchaus steigern), statt dessen dominiert die impressionistische Collage-Montage-Technik (analog zur Papierarchitektur der zwanziger Jahre) und die Comic-Sprache (Pop-Art). So mußte die gesamte Bewegung wie ein einziger Rausch aus Dekadenz, Übertreibung, Anti-Haltung, Protest, Performance erscheinen, der den erklärten Feinden mit allen Winkelzügen des Humors um die Ohren schlug.

Doch der Spaß hatte ein Ende, als es dann doch ans Bauen ging. Als ob sie dies geahnt hätten haben sich einige der Protagonisten bis heute erfolgreich darum gedrückt, waren statt dessen lieber als Lehrer tätig und schickten andere vor, die jetzt als Computerarchitekten die Versprechungen von damals einlösen sollen. Hans Hollein aber, der polternde Polemiker, der sich mit seinem Diktum »Alles ist Architektur«[21] zunächst selbst um die Arbeit gebracht zu haben schien, gehörte zu denjenigen, die sich früh aufs Glatteis der Praxis wagten. Durch die Provokationen prominent geworden avancierte er schnell zu einem der erfolgreichsten Planer Österreichs. Die Projekte der sechziger Jahre lassen sich dabei zunächst als Versuche lesen, die papierne Kritik auch in den dreidimensionalen Raum zu überführen.

In seinem berühmten Kerzenladen Retti (1964/65), mitten in der Wiener Innenstadt gelegen, wird das programmatisch »Andersartige« durch das Material zum Ausdruck gebracht.[22] Hollein wählte erstmals Aluminium, ein Element, das Assoziationen an Raumfahrt und Zukunft erweckte und damit im Kontrast zur fest auf der Erde verankerten Architektur stand. Bis dahin war Aluminium, das den besonderen Wert durch seine Leichtigkeit erhielt, ausschließlich in der Industrie eingesetzt worden. Aus dem Umfeld der Technik herausgelöst, interessierten Hollein vor allem die optischen Qualitäten der silbrig-spiegelnden Platten. Der spielerische Umgang mit dem Metall, das sich als flächige Haut sanft um die halbrund ausgestülpten Ecken der Schaufenster schmiegt, wurde zur Initialzündung für einen ganzen Einrichtungsstil. Im Zusammenhang mit den aluminiumverkleideten »Boutiquen« in der Londoner Kings Road sprach der Architekturkritiker Charles Jencks von einem »Supersensualismus«, der »aufgrund seiner reflektierenden und taktilen Eigenschaften der natürliche Stil des Narzißmus« sei.[23]

Ausgelacht (I): Das Establishment verweist die Pop-Architektur auf die Plätze

Wo Aluminiumplatten zu teuer und exklusiv, wo ein fein austariertes, auf Wirkung justiertes Design zu aufwendig waren, traten bald Alufolie und heimgemachte corporate identity auf den Plan. 1965 entstand in Berlin mit dem selbstgezimmerten Designmöbelhaus »kubus« ein buntes Geschäft, das die neuesten Erzeugnisse der alternativen Formgebung mit dezidiert pädagogischem Anspruch vertrieb.[24] »Space-Design« aus Italien, England und Skandinavien sollte den Altbaucharme ersetzen, der selbst noch die Einrichtung der Kommune 1 beherrschte.[25] So forderte die Befreiung vom sozialen Zwang auch eine neue, ganzheitliche Wohnkultur. Mit den feilgebotenen Plakaten, Möbeln und Objekten sollten die Käufer den Muff von Gründerzeit und Nachkriegsmoderne aus ihren guten Stuben vertreiben, wie mit Sylvesterkrachern die bösen Geister der Vergangenheit. »Wir waren es leid, uns durch ein Angebot von Kitsch und mittelmäßigen Dingen durchzuwühlen«, formulierten die »kubus«-Betreiber ihre Kritik am Establishment, die sie mit ihren Produkten und einer kongenialen Verkaufsatmosphäre vermarkten wollten.

Während sich »kubus« rasch zur erfolgreichen Kette auswuchs, eröffnete drei Jahre später am Kurfüstendamm das Reisebüro ARTU.[26] Mit nur 7000 Mark gestaltete Carsten Gieseke ein psychedelisches Ambiente in orange-rot-braun-gelb-Tönen, mit wulstigen Formen, Flokatis und integrierter Lightshow. Der »Pop«, zu dem sich der Architekt explizit bekannte, diente als Lockmittel für eine neue, eben erst entdeckte Zielgruppe: Jugendliche, die mit der schrillen Oberflächenästhetik in Verbindung gebracht und hinein gelockt werden sollten, um das Geld ihrer Eltern zu investieren. Nicht allein Reisen, sondern auch Geschenkartikel und Souvenirs wurden hier verkauft.[27] So hatte sich der Anspruch einer als kritisches Korrektiv angetretenen Kunst- und Architekturrichtung bald entscheidend gewandelt. Der rebellische Pop-Protest (expansiv-exzessiv) aus den Tagen von Holleins Kerzenladen wurde zu einem privaten Pop-Ambiente (Weltverbesserung für den Eigenbedarf) der engagierten Cubus-Betreiber und schnurrte schließlich mit ARTU und den Londoner Alu-Boutiquen auf den Pop-Konsum (hedonistisch-ignorant) zusammen. Damit geht auch die Bedeutungsverschiebung der Vokabel Pop einher: die künstlerische Promotion der Alltages im Sinne der Pop-Art wird durch eine massenwirksame Vereinnahmung banalisiert und popularisiert.[28]

Eine neue Allianz war besiegelt, Pop, Jugend und Kapital hatten zueinander gefunden, die Architektur hatte als Medium zu fungieren, das den geeigneten Rahmen zur Verfügung stellt. Daß damit auch jene Stadtpolitiker, Planungsbeamten und Nachkriegsarchitekten leben konnten, die mit einer alternativen

Baukunst ursprünglich kritisiert werden sollten, zeigt sich darin, daß das Establishment gerne auf die Revolutionäre einging und ihnen ihre Spielwiesen überlies. Auf der Weltausstellung in Montreal 1967 etwa errichtete Karl Schwanzer, der spätere Architekt des Münchner BMW-Hochhauses, den Kindergarten des österreichischen Pavillons: als Baukasten im Großen aus bunten Fertigteilwürfeln mit Bullaugenfenstern. Zahlreiche Jugendtreffs, Sozial- und Freizeiteinrichtungen kündeten mit schreienden Farben und wulstigen Formen von einer neuen Pädagogik, so etwa das berüchtigte Münchner »Schwabylon« (Architekt: Justus Dahinden), das bereits nicht mehr war als eine bemalte Kiste und die Pop-Architektur seinem ästhetischen Nullpunkt entgegenführte. Eines der vielleicht kuriosesten publizistischen Zeugnisse, die den Versuch einer Vergesellschaftung popkultureller Phänomene belegen, ist ein 1968 erschienenes Buch aus dem Ravensburger Spiele-Verlag Otto Maier. Der Band setzt sich kritisch mit Pop-Art in der Schule auseinander und präsentiert selbsterprobte, pädagogisch-wertvolle Beispiele, die unter Anleitung der Lehrer angefertigt wurden.[29]

Wo Architekten dennoch auch für Erwachsene planen konnten, ging es ebenfalls nicht mehr um »Reform«, sondern um »Ambiente«. In zahlreichen Restaurants[30] oder der berühmt gewordenen Kantine des Hamburger Verlagshauses Gruner und Jahr (1973)[31] entstanden kleine Zonen der Freiheit und Lässigkeit, in die man für kurze Zeit eintauchen konnte. Sie sollten die Menschen in eine trancehafte Atmosphäre entführen, jenseits von Studentenunruhen und Vietnamkrieg, Atombedrohung und Contergan. Spielwelten, diesmal für Erwachsene, waren gefragt, denen etwa die Uterus-Ästhetik eines Verner Panton die ersehnte Geborgenheit lieferte. Die Interieurs waren wie der Bauch des Yellow submarine, den alle betreten durften, die in die unbegrenzte Leichtigkeit des Konsumentendaseins abtauchen wollten.

Neben der Symbolarchitektur für die aufkeimende Spaßgesellschaft zeigte sich die grelle Pop-Ästhetik in ihrer breitenwirksamen Form bald auch von einer praktischen Seite. Es entstanden signalhafte Bauten für den Verkehr, unter denen die Berliner U-Bahn-Sta-

Das *Schwabylon* als Covermotiv bei den MERRICKS

tionen der späten sechziger Jahre besonders anschauliche Beispiele sind. Der Architekt der Berliner Verkehrbetriebe (BVG), Rainer G. Rümmler, errichtete etwa auf dem Fehrbelliner Platz[32] im Stadtteil Wilmersdorf einen mit roten Kacheln verkleideten Bahnhof in frei fließenden Formen. Daß sich die Wände krümmen liegt an den geschwungenen Gängen dahinter, die nach den Bewegungsabläufen der Pendler ausgerichtet sind. Der »organische Funktionalismus«[33] dieses Organisationssystems führt zu skulpturalen Formen, die wie überdimensionierte, undefinierbare Gebrauchsgegenstände oder Spielzeuge den Straßenraum bevölkern, grellbunt, für jeden Verkehrsteilnehmer erkennbar.

Immerhin hatte das Rendevous von Pop und Verkehr dazu geführt, einen wichtigen Punkt der Moderne-Kritik umzusetzen. Seit den fünfziger Jahren mehrten sich die Vorwürfe, Bautypen und -aufgaben seien dank des Funktionalismus nicht mehr voneinander zu unterscheiden, Büros, Wohnhäuser, Bahnhöfe sähen alle gleich kubisch-weiß-aufgeständert aus.[34] Der Bahnhof Fehrbelliner Platz mag zwar – selbst ganz Kind der Moderne – nicht zwangsläufig als »Bahnhof« interpretiert werden. Wer aber das auffallende Gebäude einmal gesehen und betreten hat, wird es nicht mehr vergessen. So haben der Maßstabssprung, der den Collagen Holleins oder »Superstudios« entlehnt scheint, und die Exzentrik des Baus einen unleugbar praktischen Nutzen: sie fungieren als auffälliges Superzeichen, das dem Verkehrsteilnehmer den Weg weist. Nur konsequent fanden auch zahlreiche Unternehmen gefallen an dieser Ästhetik, für deren Verwaltungen die Erkennbarkeit, Unverwechselbarkeit, Zeichenhaftigkeit ungeheuer werbewirksam sein sollte.[35] Schließlich setzten auch die Kommunen auf eine poppige Corporate identity und ließen Museen (Centre Pompidou, Paris) oder Kongreßzentren (ICC, Berlin) in einem solchen »Stil« errichten.

Jugendkult, Raumausstattung, Orientierungshilfe, Medienwirkung: mit Revolution hatte diese Art der Pop-Architektur längst nichts mehr zu tun. So waren die Architekten zu Beginn der siebziger Jahre wieder Avantgarde, nur in einem anderen Sinne. Denn sie erfuhren als erste, was es heißt, von der Realität eingeholt und vereinnahmt zu werden. Das Ironische, Ätzende, Kritische, Politische war gezähmt, wurde Mode und konnte schon bald wieder abgestreift werden. Der Wohneinrichter »Kubus« schloß 1977, das Berliner Reisebüro, nach nur zwei Jahren, schon 1971, das »Schwabylon« in München wurde abgerissen.

Ausgelacht (II): Sozialistisches Plastik und kapitalistische Elastik

Doch nicht alle Pop-Revolutionäre der ersten Stunde hatten den Abstieg in die Banalität mitgetragen und sich frühzeitig entschieden, weiter an ihren Utopien zu werkeln. Während Hans Holleins Debüt den Weg des Hedonismus gewiesen hatte, blieben sie bei ihrer Arbeit an der Basis der Weltverbesserer. Draußen beschäftigten sich die Menschen damit, wie sie Haare und Koteletten länger und wo sie Röcke kürzer bekommen könnten, in ihren Architekturlabors saßen einige Illusionisten und bastelten weiter an einer Baukunst der neuen Zeit. Nach wie vor sollten die Städte explodieren, die Häuser laufen, die Menschen glücklich werden in einem bis in die Tiefen der Seele runderneuerten Leben. Nicht erst das »Un-house« und andere aufblasbare Strukturen, die in den Happenings der sechziger Jahre zum Einsatz kamen, wiesen dem Kunststoff dabei eine zentrale Rolle zu. Bereits 1956 zeigten die englischen Planer Alison und Peter Smithson auf der Londoner Ausstellung »Ideal Home«, was dank Plastik alles möglich sein könnte. Versuchshostessen mit bizarren, in Zickzack-Bordüren endenden Kleidern und zauseligen Perücken auf dem Kopf liefen durch die Kunststoffkulisse ihres »House of the future«. Die Einbauschränke und -regale hatten jene später obligatorischen abgerundeten Ecken, das Material, im Polymerisations- und Gußprozeß in Form gebracht, schien eine solche Ästhetik nahezulegen. Das Messetheater, das hier gespielt wurde, erinnerte absichtlich an die Show, die sich die Lebensreformer zu Beginn des zwanzigsten Jahrhunderts lieferten. Denn es ging erneut um Anspruch, Recht, Befreiung, Mit- und Selbstbestimmung. Der Kunststoff wurde als urdemokratisches Material angesehen.

Im Verlauf der sechziger Jahre entwickelte sich das Plastik zum Lieblingsbaumaterial der revolutionären Pop-Architektur. Faltwerke, Kuppeln, Module,

Kapseln: immer wilder entbrannten die Baukastenphantasien, die mittels 1:1-Modellen erprobt wurden. Gleichartige Bauteile sollten ineinander gesteckt werden können, aus kleinen Einheiten ganze Komplexe, Städte, Siedlungen entstehen. Wie die Gesellschaft, so sollten auch ihre Behausungen flexibel, veränderlich, nomadisch sein.[36] Wie sehr das Plastik nach damaliger Meinung sogar zur Völkerverständigung taugte, zeigt seine rege Anwendung in den Staaten des Ostblocks, in denen die – allerdings vor allem orthogonal orientierte – Standardisierung des Bauens ohnehin radikaler vorangetrieben wurde als im Westen. Der polnische Plastik-Architekt Jerzy Hryniewiecki etwa erläuterte: »Standardisierung und Gleichförmigkeit sind nicht ausschließlich Produkte der wirtschaftlichen Notwendigkeit. Ihr raison d'etre liegt in der allgemeinen Tendenz zur Gleichheit und Fairness im täglichen Leben, zur Einführung eines allgemeinen Standarts für alle.«[37] Es schien, als habe erst das Plastik ein Leben unter den Bedingungen der französischen Revolution möglich gemacht.

Doch es war ein Industrieprodukt, auf das die Entwerfer gesetzt hatten. Und wo die Hersteller nicht, wie in Polen, verstaatlicht waren, blieb die Verwirklichung der Projekte marktabhängig. Auf dem Höhepunkt der Euphorie, im Januar 1970, zeigten zahlreiche Gestalter ihre Plastikarbeiten auf der Internationalen Möbelmesse in Köln. Die VDI-Nachrichten kommentierten das Geschehen nüchtern aus dem Hintergrund und verdarben den Spaß mit Statistik. Sie verwiesen auf die bekannt werdenden »Preiserhöhungen von durchschnittlich 5 %, [...] die vor allem auf steigenden Löhnen und damit auf höheren Kosten für Roh- und Halbfabrikate beruhen. Außerdem müssen viele Firmen erhebliche Beiträge investieren, um die in immer größerer Auswahl zur Verfügung stehenden neuen Werkstoffe verarbeiten zu können.«[38]

Nur folgerichtig nahm die Industrie ihre Vermarktung selbst in die Hand und entmachtete die träumenden Architekten. Das geschah aber nicht am Ende der sechziger Jahre, sondern – zumindest im Vorreiterland Amerika – schon wesentlich früher. Ein Jahr, nachdem die Smithsons in London ihr kritisches Wohnraummanifest vorgestellt hatten, begannen in Florida die Bauarbeiten am berühmten »Monsanto House«. Der Plastikbau bestand aus vier mit einem Stahlsockel in die Luft gewuchteten Raumzellen und sah aus wie aneinandergelegte, aufgeschnittene Weizenmehl-Toastbrote. Und er war nicht nach einem heiligen Berg benannt, sondern nach dem Konzern, der ihn entwickelt hatte: die Monsanto Chemical Company. Mit der ihr eigenen Fähigkeit, das Versuchsobjekt an enorm breitenwirksamen Stelle der Öffentlichkeit zu präsentieren, demonstrierte Monsanto mustergültig, worauf es ankam: bis zu seinem Abriß 1967 sahen angeblich rund zwanzig Millionen Menschen das Haus, denn sie alle besuchten nicht eine gewöhnliche Verkaufsmesse sondern »Disneyworld«.[39] Wie viele Menschen sich jedoch entschieden den massenweise produzierten Individualismus in Form eines Monsanto-Eigenheims zu erwerben, ist nicht überliefert. Doch mit der Erfindung des Fertighauses war die Pop(ulär)-Architektur ohne Architekten geboren.

Daß sich der Pop mit seiner Industrie-Liaison prostituiert hatte, mag einigen Planern aufgestoßen sein. Aber war das wirklich so schlimm? Es gab schließlich prominente Vorbilder, auf die man verweisen konnte. Der bedeutendste unter ihnen war der amerikanische Ingenieur Richard Buckminster Fuller, der mit geodätischen Kuppeln, verrückten Marathonvorlesungen und basisdemokratischen Phantasien bald zum Prophet einer woodstockisierten Architektengeneration wurde.[40] Daß aber der Weltausstellungspavillon, den »Bucky« 1967 in Montreal verwirklichen konnte, die kriegslustigen Vereinigten Staaten von Amerika verherrlichte, war anscheinend unwichtig. Und auch, daß der gleiche Buckminster Fuller, der auf seine Studenten einschnatterte und mit ihnen absurde Lieder von der phantastischen Wirkung geodätischer Strukturen auf das Leben sang, jahrelang mit Regierungschefs, Geheimdiensten und Militärs verhandelt hatte, um seine Arbeiten im großen Stil umsetzen zu können.[41] Es wurde übersehen, vergessen, verdrängt – oder war einerlei. Zynisch gesprochen erscheint es aus der Distanz als eines der wichtigsten Charakteristiken, daß die Rezipienten und

»Monsanto-House«

Multiplikatoren der Pop-Ideen in ihren Ansprüchen äußerst selektiv waren, ja, entscheidende Dinge, die ihr Weltbild frühzeitig auf den Prüfstand gestellt hätten, einfach ignorierten. Sie hätten feststellen müssen, daß sich Pop nicht bauen läßt, da sich angewandte Architektur immer auf die Gegebenheiten eines Marktes anpassen muß. Wer sich auf diesen einläßt, kann nurmehr schwerlich gegen ihn protestieren. Was als Aufbruch in ein neues Bewußtseinsstadium begonnen hatte, lebte schließlich als Phantom in den Köpfen einiger lebensferner Gestalten weiter. Die schweigende Mehrheit schwelgte in der schicken Pop-Mode.

Venedig oder die letzten Tage der Ironie: auf dem Weg in die Postmoderne

Am Beginn der siebziger Jahre war die Popkultur tief in ihre eigenen Widersprüche verstrickt. Es hatte viele Wege gegeben, sich um den Spaß an der Revolution zu bringen. Die Pop-Architekten haben sie alle beschritten. Was war geblieben, außer Enttäuschungen auf der ganzen Strecke? Wäre die architektonische Urschreitherapie, die in Rom, Graz und London ihren Ausgang genommen hatte, ungehört verhallt, so wäre es für ihre Protagonisten vielleicht noch am angenehmsten gewesen. Daß aber ausgerechnet Konsum, Kapitalismus, Globalisierung, Industrie, Militär sich ihrer Chiffren bediente, mußte erniedrigend wirken. So waren Inhalt und Ästhetik unbrauchbar geworden. Es blieb nur eins: ein zweiter pädagogischer Versuch mit den Mitteln einer Strategie, die schon einmal die Feinde hatte weglachen sollen – der Humor. Er sollte als Zerrbild der Geschichte wieder in die Entwürfe zurückkehren.

Vier Jahre, nachdem der britische Architekt James Stirling die englische Olivetti-Dependance in Haslemere (1969–73) mit einer knallengen Plastikhaut überzogen hatte,[42] begannen die Bauarbeiten an seinem Erweiterungsbau für die Staatsgalerie Stuttgart. Der Grundriß variierte Karl Friedrich Schinkels Altes Museum: an die Stelle der Rotunde, die als allerheiligstes im Zentrum des klassizistischen Berliner Baus das Pantheon zitierte, setzte Stirling eine kreisrunde leere Mitte. In diesem Innenhof wurden ein paar Säulen aus Naturstein aufgestellt, die nichts tragen, dafür aber halb im Boden versunken sind. Die Tiefgarage, die dem gesamten Baukörper als Sockel dient, variiert ägyptische Formen, einige Steinquader haben sich aus der Wand gelöst und liegen wie antike Ruinenteile im Gras: das kunstvolle Loch dient der Rauchabzugsöffnung für die Abgase der Autos. Der amerikanische Architekt und Publizist Robert Stern zählt Stirlings Initialbau einer neuen Epoche zum »ironischen Klassizismus«.[43] Wie in den bissigen Zeichnungen der frühen sechziger Jahre collagiert Stirling architektonische Versatzstücke, entreißt sie ihrem Bedeutungszusammenhang und bricht sie durch den Kontrast ihrer Inszenierung mit knalligen Farben. Neben der Moderne[44] zählen zu Stirlings Ironie-Repertoire vor allem Historismus und Klassizismus, die Bauaufgabe Museum wird durch die Zitate anderer Museumsbauten aus dem 19. Jahrhundert bewältigt.

Damit waren plötzlich alle Verhältnisse umgestürzt. Die Avantgarde ritt, auf dem Weg zu einem neuen Stil, der den neuerlichen Ausweg aus den selbstgezimmerten Dilemmata des Pop weisen sollte, mit voller Kraft zurück in die Vergangenheit. Nachdem die Übertreibung aller Moderne-Utopien kläglich gescheitert waren unterminierte Stirling die eigene Vorgehensweise: die Fortentwicklung der Architekturgeschichte war durch den Rückgriff auf ihre Ursprünge, auf das klassische Repertoire zum stoppen gebracht, die neue Utopie war das Ende aller Utopien, der Fortschritt wurde abgeschafft, der Glaube an die Zukunft eingemottet. Besonders in Deutschland mußte diese Strategie doppelbödig, ja, perfide er-

scheinen. Denn von der konservativen Adenauerzeit bis in die frühen siebziger Jahre hinein hatte sich das angefeindete Establishment der Moderne bedient, jenem in den zwanziger Jahren von einer radikalen Minderheit verfochtenen »Stil« der Erneuerung schlechthin, der dem postnationalsozialistischen, demokratischen Deutschland sein Gepräge verleihen sollte.[45] Der Griff in die Stiltrickkiste der Vormoderne bedeutete damit einen Tabubruch: die Wiederaufnahme der durch NS nach damaliger Meinung diskreditierten Formen. Die geistige Revolution des Pop hatte sich damit einer stilistischen Restauration bedient – ein Widerspruch, der zunächst mit Humor übertüncht wurde.

Auf der ersten Architekturbiennale in Venedig entstand 1980 ein kleiner Straßenzug mit Pappfassaden unterschiedlicher Entwerfer.[46] Aufgemalte Tempel, akademische Gesimse und klassisch detaillierte Fensterlaibungen waren dort zu sehen, alles noch immer ironisch-collagenhaft, demonstrativ fröhlich-dilletantisch zusammengezimmert. Hans Hollein, ausgestattet mit seinem untrüglichen Instinkt für die Gunst der Stunde, reihte fünf Säulen vor seiner Ausstellungskoje auf, die augenzwinkernd die Architekturgeschichte durchdeklinierten. Doch die fünfte und letzte Säule, die für die Gegenwart stand, war aus edlem Marmor gefügt und hatte keine Sprünge. So haftete bereits jetzt dem heiteren Spiel eine Ernsthaftigkeit an, die die weitere Entwicklung vorwegzunehmen schien. »La presenza del passato« war die Ausstellung überschrieben, die Bauflucht der kuriosen Pavillons wurde »Strada novissima« genannt: das Neue war das Alte geworden.

Die letzte Ironie in der Geschichte der Pop-Architektur galt damit ihren eigenen Erfindern. In Venedig verabschiedeten sie sich endgültig von ironischer Moderne und ironischer Postmoderne gleichermaßen. Mit den achtziger Jahren begann die Zeit ohne Eigenschaften, die Epoche der Historismen, der Neuaufgüsse, der Wiederholungen, der Humorlosigkeit. Städte sollten nicht mehr zu Lebewesen mutieren, sondern rekonstruiert werden. Häuser sollten nicht schweben und laufen, sondern auf Sockeln im Boden verankert werden. Das einstmals wilde Farbengemisch wurde erst blaß und schließlich graustufig. Endlich brachte die künstlich-nostalgische Welt im Rückspiegel auch die Revivalkultur hervor. Und in dieser durfte unter dem Schlagwort »Sixties« auch der Wiedergänger der Pop-Ära nicht fehlen.

Epilog. Hystery repeating:
Heiter ist Revolution, ernst ihr Revival

»[...] Today is tomorrow.
Planning may sharpen value conflicts,
simulation by
Computer (Ahhhoo)
(surely environments must be simulated before
they are turned into hardware and a city
simulation would be peanuts given the money
to buy the brains).
has made it possible for the 1st
time to conduct
large-sclae controlled
experiments in the social sciences
The Future is the present. [...]« [47]

So dichtete David Greene 1969 in seinem »Cybernetic forest poem«. Der Computer (Ahhhoo), schon einmal als großes Zaubermittel einer Architekturrevolution verehrt, ist heute präsenter denn je und wird als kolossales Ereignis von revolutionärer Kraft gefeiert. Über dreißig Jahre nach Rupert Spades Kritik am »Un-House« ist das »Un-House« zurückgekehrt. Und so, wie in den Visionen der Pop-Architekten, sehen auch die Häuser wieder aus: wie Fernseher, Faustkeile, Spielzeuge, Ufos, Tischstaubsauger. Erneut dürfen die Baumeister für das exzentrische architektonische Kasperletheater sorgen, das sich so gut in die selbst eingeräumten Nischen der Spaßgesellschaft einfügt: Restaurants, Pavillons und Spielstationen, die neue Adidas-Konzernzentrale in Herzogenaurach.[48] Dreißig lange Jahre hat der Mitbegründer von Archigram warten müssen, bis auch er seine Phantasien umsetzen konnte. Peter Cook wird jetzt das Kunsthaus in der Pop-Grün-

derstadt Graz errichten.[49] Peter Cachola Schmal, der Kurator am Frankfurter Architekturmuseum, sollte recht behalten: die Visionen von einst, sie werden gebaut. Eine kritische Aussage aber haben sie nicht mehr, denn diese hatten sich im Kampf mit der Realität abgeschliffen, seit sie zum ersten Mal Mitte der sechziger Jahre umgesetzt worden waren. So beschränkt sich das Revival auf oberflächliche Adaptionen, weist einen ideologischen Zusammenhang von sich und ergeht sich in der Affirmation bestehender Verhältnisse. Die Neo-Pop-Architektur ist kapitalistisch, konform, massentauglich, oberflächlich, humorlos.

Und staatstragend, wie ein letzter Blick auf ein kapitales deutsches Projekt zeigen soll. Als Antwort auf das »Monumento continuo« von »Superstudio« hatten Rem Koolhaas und Elia Zenghelis 1971 eine

Axel Schulte, Charlotte Frank: *Bundeskanzleramt*

Rem Koolhaas, Elia Zenghelis: *Exodus*, 1971

193

bittere Collage unter dem Titel »Exodus« entworfen.[50] Sie zeigt eine große Mauer, die sich eine Schneise durch die umliegenden Häuser schlägt. Innerhalb des hermetisch abgeschlossenen Gefüges, einer Art betongewordener Hortus conclusus, liegen verschiedene monumentale Bauten. Im letzen Jahr wurde der Entwurf, einer der bekanntesten aus der utopisch-revolutionären Pop-Architekturgeschichte, in Berlin Wahrheit. Aus dem »Exodus« wurde das »Band des Bundes«, nicht Koolhaas-Zenghelis waren seine Planer, sondern Axel Schultes und Charlotte Frank. Innerhalb der kilometerlangen Mauer, die mit großer Kraft vom Berliner Spreebogen aus in den Innenstadtbezirk Mitte vordringt, liegen das neue Bundeskanzleramt und die Abgeordnetenbüros. Ein Zufall? Wahrlich nicht. Axel Schultes gehört zu denjenigen Architekten, die mit großem Formverständnis im Kramladen der Geschichte immer die richtigen Filetstücke zu ergattern wissen. Sein Kanzleramt ist eine Collage aus den Highlights der Architektur von der Antike bis in die Nachkriegszeit.[51] Das städtebauliche Zitat aus dem Hause Koolhaas-Zenghelis demonstriert daher anschaulich, zu was der Pop fähig ist. Mit der Revolution der sechziger Jahre ließ sich kein Staat machen – wohl aber mit ihrem Revival. Mit dem neuen Regierungszentrum hat sich der verdünnte, blutleere Geist der ermatteten westdeutschen 68er ein Denkmal gesetzt, einen begehbaren architektonischen Frack aus den Flicken der eigenen Geschichte, der noch einmal die wehmütigen Erinnerung an die besseren Zeiten der Revolution zurückruft: »Il Bonn-umento continuo«. ●

Anmerkungen

1 Rupert Spade: *Information: invincible destroyer of form.* In: *Architectural design,* 6, 1969, S. 297. Das Haus wurde durch den englischen Kritiker und Architekturpropheten Reyner Banham entworfen.
2 Nox: *Deep surface.* Rotterdam, 1999.
3 Zu diesem Problem siehe: Christian Welzbacher: *Vla-architektur – Baukunst, hochviskos. Niederländische Computerarchitekten zwischen Sinnbild und Abbild, Form und Funktion.* In: *mediavla. Niederländische Medienkunst,* Berlin 2002.
4 Siehe Ton Verstegen: *Tropismen. Metaforische Animatie en architectuur,* Rotterdam 2001, S. 85–87.
5 Die Entwicklung zeigt dabei auch im Detail manche Überraschung. Etwa die, daß die schwergewichtige Begleitpublikation sich im Layout dem Magazin *Spex* verdächtig angepaßt hat, was auf der Gestaltungsebene Zusammenhänge zwischen »Cyber« und »Pop« noch einmal zu bestätigen scheint. Peter Cachola Schmal (Hg.): *Blobmeister. Digital – real. Erste gebaute Projekte.* Basel, Boston, Berlin, 2001. Die Kataloggestaltung übernahmen Oliver Kleinschmidt und André Ringel.
6 Die Secondary School ist publiziert in: *Architectural Design,* November 1965, S. 559.
7 Chalk, Herron und Dennis Crompton waren etwa an der Errichtung der Konzerthalle und des Museums am Royal Festival Hall-Komplex beteiligt, einem der ambitioniertesten Bauvorhaben im London der späten fünfziger Jahre. Vgl. wie Anm. 6
8 Die Comic-Ästhetik leitete Warren Chalk selbst von Richard Hamilton ab, den er als »Daddy of Pop in the UK« bezeichnet. Hamiltons Collage »Just what is it that makes today's home so different, so appealing?« sieht Chalk als »key image«. It lead the whole revolution in attitudes«. Warren Chalk: *Owing to lack of interest, tomorrow has been canceled. Architectural Design* 9/1969, S. 505.
9 Peter Cook faßte die Arbeit von Archigram in mehreren in den achtziger Jahren erschienenen Büchern zusammen, zuletzt Peter Cook (Hg.): *Archigram.* Basel, Berlin, Boston 1991 und Peter Cook (Red.): *A guide to Archigram, 1961–1974.* Ausstellungskatalog, London 1994.
10 In dieser Zeit entsteht auch das sogenannte Redesign, in dem Möbelklassiker persifliert werden, wie etwa im Falle des zackigen Sessels »Mies« (1969) der Gruppe Archizoom. Hierzu das Kapitel *Abrechnung mit den Klassikern* in Gerda Breuer: *Die Erfindung des modernen Klassikers. Avantgarde und ewige Aktualität.* Ostfildern 2001, S. 134–151.
11 Die Kunsthistorikerin Marie-Theres Stauffer arbeitet derzeit an einer Dissertation zum Thema. Der Avantgardebegriff ist bis heute unübertroffen und mustergültig aufgearbeitet im nicht unumstrittenen Buch von: Peter Bürger: *Theorie der Avantgarde.* Frankfurt am Main 1974.
12 Vgl. auch die Ergebnisse der Konferenz »New Babylon. The value of dreaming the city of tomorrow«, die im Januar 2000 in Delft abgehalten wurde. Kommentar in *Archis,* Heft 4, 2000, S. 70–74.
13 Juliane Zach (Hg.): *Eilfried Huth, Architekt. Variätet als Prinzip.* Berlin, 1996. Zur Grazer Schule gehörte auch Günter Domenig. Ähnliche basisdemokratische Wohnkonzepte verfolgte in Deutschland etwa Jochen Brandi.
14 In der Person Friedrich Achleitners hatte sich am Wiener Aktionismus auch ein Architekt beteiligt. Das Vorbild der weitaus radikaleren Wiener Gruppe liegt vor allem in den künstlerischen Strategien der Performance. Hierzu zuletzt: Wolfgang Fetz: *Die Wiener Gruppe.* Ausstellungskatalog, Wien 1998.
15 Neben den gemäßigten Vertretern aus Graz sind vor allem Haus-Rucker-Co. zu nennen, die sich in Düsseldorf niederließen, daneben auch Gernot Nalbach. Auch die Gruppen »Zünd-Up« oder das noch heute bestehende Büro Coop Himmelblau sind zu nennen. Das dritte Archigram-Heft feierte ebenfalls eine »Sin-City«.
16 Zu den frühen Arbeiten von Hollein siehe das Kapitel in: Christian W. Thomson: *Experimentelle Architekten in der Gegenwart.* Köln, 1991.
17 Hollein spricht in einem Vortrag aus dem Jahr 1962 davon, daß Architektur eine »Aussage« haben müsse. Vgl. den Abdruck in *Bau,* 2–3/1969, S. 5–6.
18 Erwin Panofsky: *Die ideologischen Vorläufer des Rolls-Royce-Kühlers und Stil und Medium im Film.* Frankfurt, New York 1993.
19 Die Eigenschaften der Pop-Entwürfe vorwegzunehmen scheint bereits Adolf Loos' berühmt gewordener Beitrag zum Wettbewerb für den Neubau der Chicago-Tribune aus dem Jahr 1922, für den er eine hochhausgewordene dorische Säule einreichte. Hierzu: Katherine Salomonson: *The Chicago Tribune Tower Competition. Skyscraper design and cultural change in the 1920s.* Cambridge 2001, S. 118–123. Nicht zufällig setzten sich zahlreiche Architekten der Pop-Generation mit Loos' Entwurf auseinander und entwarfen ironische

sogenannte »Late entries« zum Tribune-Wettbewerb.

20 Über die direkten Vorläufer dieses Ansatzes, etwa die Architekten Alison und Peter Smithson und die Künstler Eduardo Paolozzi und Richard Hamilton, veranstaltete das Museum für Gestaltung Zürich 2001 eine Ausstellung. Der gleichnamige Begleitband wurde herausgegeben von Claude Lichterstein und Thomas Schreckberger: As found. Die Entdeckung des Gewöhnlichen. Britische Kunst und Architektur der fünfziger Jahre. Zürich 2001.

21 Vgl. Hans Hollein: Alles ist Architektur. In. Architectural Design – Cosmorama, 2/1970, S. 60ff. Hollein, von AD als Sprachrohr der österreichischen Entwicklung ausgesucht, kommentiert in diesem Text das jüngste poparchitektonische Geschehen.

22 Hollein erprobte damit seine Fähigkeiten damit erstmals an einer Gattung, die man als architektonisches Kammerstück bezeichnen könnte und die seit Adolf Loos in Wien eine große Tradition besitzt. Das Ladenlokal Retti ist mit seinen unterschiedlichen Vorstufen dokumentiert in: Heinrich Klotz (Hg.): Revision der Moderne. Postmoderne Architektur 1960–1980. München 1984, S. 97–100.

23 Charles Jencks: Spätmoderne Architektur. Beiträge über die Transformation des internationalen Stils. Stuttgart 1981, S. 33.

24 Publiziert in: db- Deutsche Bauzeitung, 6/1969, S. 424–427: Pop und Multiples in der Verkaufslandschaft. Zwei Läden in Berlin.

25 Zum Design der Zeit vgl. diverse Ausstellungen der letzten Jahre, die im Zuge des sechziger Jahre Revivals veranstaltet wurden, darunter etwa Les années pop (2001) am Centre Pompidou. Die Einrichtungsgegenstände, die man auf den Dokumentarbildern über das Lebens in der Kommune 1 sehen kann, erscheinen erschreckend konservativ, sind jedoch auch Ausdruck der Verweigerungshaltung auf einer anderen Ebene. Der fast liebevolle Umgang mit den Ausstattungsrelikten der bürgerlichen Ära findet sich im ressourcenschonenden Umgang der Öko-Bewegung seine Entsprechung, die unter dem Stichwort »Nachhaltigkeit« in die Berliner Republik Eingang gefunden hat.

26 Publiziert in: siehe Anm. 24.

27 Zur Verbindung von Pop und Konsum im gestalteten Ladenlokal vgl. José Ragné Arias: Pop. Kunst und Literatur der Jugend. Reinbek 1978, S. 73–83.

28 Zur Bedeutung von Pop, besonders Beispiel der Pop-Literatur siehe: Johannes Ullmaier: Von Acid nach Adlon und zurück. Eine Reise durch die deutschsprachige Popliteratur. Mainz 2001, S. 12–20.

29 Florian Metz: Pop Art in der Schule. Eine Untersuchung der Pop-Art auf ihre Eignung in erzieherischer Theorie und unterrichtlicher Praxis. Ravensburg, 1968.

30 Etwa in: Justus Dahinden: Neue Restaurants. Ein internationaler Querschnitt. München, Stuttgart 1973.

31 Alexander von Vegesack und Mathias Remmele (Hg.): Verner Panton: Das Gesamtwerk. Weil am Rhein, 2000, S. 197–198.

32 Zum Bahnhof, geplant und ausgeführt zwischen 1967 und 1972 siehe: Bauwelt 4/1971, S. 138ff. Mit etwas Wohlwollen könnte man Rümmlers roten Prä»Blob« als architektonischen Kommentar zur umgebenden Bebauung aus der NS-Zeit werten. Daß es sich jedoch nicht um eine absichtliche Konfrontation handelt, der als revolutionäre Geste gegen den gebauten »Muff von tausend Jahren« gesetzt wurde, demonstriert die Austauschbarkeit der Bahnhöfe im Stadtbild. Am Bayerischen Platz, einer politisch unverdächtigen gründerzeitlichen Anlage, steht das in weiß gehaltene Pendant zum Bahnhof Fehrbelliner Platz. Der Platz ist dokumentiert in: Wolfgang Schäche. Architektur und Städtebau in Berlin zwischen 1933–1945. Planen und Bauen unter der Ägide der Stadtverwaltung. Berlin 1991 (=Die Bauwerke und Kunstdenkmäler von Berlin, Beiheft 17).

33 Die Vorbilder dieser Entwurfsmethode liegen in den zwanziger Jahren und wurden von Hans Scharoun und besonders Hugo Häring angewandt. Vgl. zuletzt und umfassend: Matthias Schirren: Hugo Häring, Architekt des Neuen Bauens. Ostfildern, 2001.

34 Vgl. etwa die Polemik zu Mies van der Rohe, in: Charles Jencks: Modern Movements in Architecture, Second edition, London, 1985, S. 96–103 oder Robert Venturis Essay: Complexity and contradiction in architecture, New York 1966.

35 Das bekannteste deutsche Beispiel mag die ab 1970 verwirklichte BMW-Zentrale in München (Karl Schwanzer) sein. Wie Thomas Topfstedt, Städtebau in der DDR 1955–1971, Leipzig 1988, nachgewiesen hat, entwickelte sich eine Architektur der Superzeichen (Bildzeichen) auch im östlichen Deutschland, etwa mit den Hochhäusern von Leipzig und Jena. In Amerika erlebte sie mit zahlreichen »unverwechselbaren« Bauten eine Blüte, das Werk Philip Johnsons etwa kennt zahlreiche solcher Beispiele. Oft funktioniert das »gebaute Bild« nicht allein als »Superzeichen«, sondern auch als gebaute Metapher. So lassen sich das BMW-Haus als Motorkolben, das Hochhaus in Jena als Fernrohr (Zeiss-Werke) lesen; Bertrand Goldberg errichtete mit seinem Wohn-Doppelhochhaus »Marina-City« auf kreisförmigem Grundriß in Chicago (1968) angeblich eine Hommage an die Stadt des Maiskolben-Anbaus.

36 Zur Geschichte des Baumaterials und seiner Auswirkungen auf das Bauen siehe das Standartwerk von Arthur Quarmby: The plastics architect. London 1974. Eine tabellarische Liste aller bis 1969 umgesetzten Kunststoffhäuser mit praktischen Zeichnungen und Angaben zu Architekten und Auftraggebern findet sich in Architectural Design – Cosmorama, 4/1970, S. 167–168. Den Entwicklungsstand der Kunststoffe Ende der sechziger Jahre resümiert auch der Beitrag Transmobil-Digotalrepunsator oder 5. Internationale Fachmesse Kunststoffe in Düsseldorf, in: db – Deutsche Bauzeitung, 2/1968 S. 126 ff.

37 Zitiert in Udo Kultermann: Der Schlüssel zur Architektur von heute. Wien und Düsseldorf 1963, S. 184.

38 Zitiert in: db – Deutsche Bauzeitung, 5/1970, S. 370: ... und wie man sich bettet so liegt man.

39 Quarmby, wie Anm. 36, S. 50.

40 Die Einflüsse von Buckminster Fuller auf andere Architekten sind beispielhaft dokumentiert in: Renzo Piano. Architekturen des Lebens. Ostfildern 2000. Und: David Jenkins (Hg.): On Foster – Foster on. München, London, New York 2000.

41 Zu »Bucky« siehe ausführlich in den Bänden von Joachim Krausse und Claude Lichterstein (Hg.): Your private sky. R. Buckminster Fuller. The Art of design science. Zürich 1999. Dieselben: Your private sky. R. Buckminster Fuller. Diskurs. Zürich 2001.

42 Hierzu in Jencks, wie Anm. 23, S. 80–83.

43 Robert A.M. Stern: Moderner Klassizismus. Stuttgart 1990. S. 106–108.

44 Auf der Rückseite des Museums baute Stirling eine Kopie von Le Corbusiers Doppelhaus der Stuttgarter Weißenhof-Siedlung von 1927, das den Staatsgalerie als Verwaltungstrakt dient.

45 Christian Welzbacher: Die stilisierte Moderne. In: Thorsten Scheer, Josef Paul Kleihues und Paul Kahlfeldt (Hg.): Stadt der Architektur – Architektur der Stadt. Berlin 1900-2000. Berlin 2000, S. 270–279.

46 Wie Anm. 43, S. 246–149.

47 David Greene: Are you sitting uncomfortably? Then I'll begin. In: Architectural design 9/1969, S. 506.

48 Das Bauwelt-Heft 34/1999 widmet sich dem Wettbewerb zum Adidas-Gelände, auf dem mehrere »Blobs« mit privaten und halböffentlichen Einrichtungen errichtet werden sollen.

49 Siehe Wettbewerbe aktuell 9/2000, das anhand der anderen Einsendung gleichzeitig die derzeitige »hipness« der Pop-Architektur verdeutlicht.

50 El croquis Nr. 53, 3. Auflage, Madrid, 1994, S. 12.

51 Vgl. Christian Welzbacher: Postmodernism devours it's children. Marginal notes on the Bundeskanzleramt in Berlin by Axel Schultes. In: Archis 5/2001, S. 103–121.

Franziska Meifert

Wenn man trotzdem ... Von Lach- und anderen Tränen

*Übermaß an Sorge lacht,
Übermaß an Freude weint.*

William Blake, *Die Hochzeit von Himmel und Hölle*, 1790

[Ein Streifzug durch aktuelle
Buchveröffentlichungen]

Die fröhliche Wissenschaft

 Lachen ist gesund, gewiß. Und wer gesund ist und Spaß hat, arbeitet auch besser. Das hat jetzt sogar die Wirtschaft entdeckt, zuerst in den USA, dann bei uns. *Fun works* heißt das Schlagwort, wie der Titel einer amerikanischen TV-Sendung des Humorberaters Matt Weinberg, der auch für das Buch *Management by fun* geradesteht. Und die »Bank of America« hat gar eine Aktion »Kein Tag ohne Lachen« ins Leben gerufen und wünscht sich von ihren Mitarbeitern, daß sie fleißig Witze reißen und Cartoons verteilen. Früher nannte man das einfach »Bürohumor« und die griesgrämigen Chefs von annodazumal sahen das gar nicht gerne, daß die Fotokopierer mißbraucht wurden, um ganze Witzsammlungen über die Abteilungen zu verbreiten. Heute sollen Führungskräfte in Fortbildungsseminaren bei professionellen Humortrainern das Lachen erlernen, um ihre Betriebe von humorvollem, folglich kreativem Geist wiederbeleben zu lassen. Wieviel Spaß davon nach unten durchsickert, ist fraglich. Witze am Fließband? Da lachen ja die Hühner ...

Covermotiv (Ausschnitt) von
Matthijs van Boxsel, *Die Enzyklopädie der Dummheit.*

Auch die Wissenschaften haben sich mit Humor eher schwer getan, als hafte dem Thema von vornherein etwas Unseriöses an, als stünden Lachen und Ratio in unauflöslichem Widerspruch: »Die liebliche Bestie Mensch verliert jedesmal, wie es scheint, die gute Laune, wenn sie gut denkt; sie wird ›ernst‹! Und ›wo Lachen und Fröhlichkeit ist, da taugt das Denken nichts‹: – so lautet das Vorurteil dieser ernsten Bestie gegen alle ›fröhliche Wissenschaft‹.« (Nietzsche)

Anfang der 90er hat man in Tübingen eine Ringvorlesung gewagt, deren Beiträge Thomas Vogel zu einem interessanten Reader zusammenstellte: **Vom Lachen. Einem Phänomen auf der Spur.** Querfeldein durch die Geisteswissenschaften werden diverse Aspekte des Lachens beleuchtet: der Volkskundler Hermann Bausinger untersucht die »Lachkultur«, Gert Ueding die »Rhetorik des Lachens« und Thomas Vogel führt ein Werkstattgespräch mit dem Kabarettisten Uli Keuler. Reinhart Lempp beschäftigt sich mit dem Lachen des Kindes, und Helga Kotthoff führt uns die geschlechtsspezifischen Unterschiede des Humors vor: »Von gackernden Hühnern und röhrenden Hirschen«. Lachen ist ebenso eine angeborene Fähigkeit wie in hohem Maße kulturell vermittelt. Worüber lachte man im alten Ägypten (Waltraud Gugliemli) und worüber im Mittelalter (Gerhard Schmitz)? Welche Bedeutung hat das Lachen bei Kafka, Kleist oder in der Frühromantik? (Jürgen Wertheimer, Bernhard Greiner, Manfred Frank).

Obwohl uns gerade das Lachen vom Tier unterscheidet, behauptete der Kirchenvater Chrysostomos, daß es uns »den Affen gleich« mache, erschien der christlichen Kirche das Lachen die längste Zeit verdächtig teuflisch. Über etwas lachen, heißt immer auch, statt fanatischer Identifikation eine Distanz dazu einnehmen können, den Zweifel der Gewißheit vorziehen. Jenseits dieser bierernst-verbiesterten Traditionslinie erstellt Karl-Josef Kuschel eine kleine biblische Phänomenologie des Lachens und findet sehr wohl auch den »lachenden Christus«, dessen Darstellung Künstlern wie Redon und Buñuel den Vorwurf der Blasphemie einbrachte.

Das Wort »Witz« gehört nicht zufällig zum Wortfeld Wissen, das mittelhochdeutsche »Witze« meint Verstand, Klugheit. Was sich oben im Gehirn abspielt, wenn unten das Zwerchfell bebt, erläutert Valentin Braitenberg, biologischer Kybernetiker. Er stellt die interessante Hypothese auf, daß Lachen die Lust an Erkenntnis ausdrückt, die im Spannungsfeld zwischen unserem durch die Sprache gegebenen logischen Denkapparat und dem älteren emotionalen Teil des Gehirns entsteht. Erkenntnis ist das Plötzlich-in-Zusammenhang-bringen von zunächst unzusammenhängenden Dingen, und dieser »Geistesblitz« erzeugt schiere Lust: »Wenn man annimmt, daß es im Gehirn – wenn auch wenige – Fasern gibt, die von den Gegenden, wo die Welt dargestellt ist, zu den Gegenden führen, wo jenes emotionale Kasperltheater im Innern des Gehirnlebens stattfindet, dann hat man ein Modell für das, was den Menschen auszeichnet, nämlich die Lust am Verstehen. Und ich behaupte, daß es eben genau dieses System ist, daß es diese Fasern sind, die angeregt werden, wenn man einen Witz verstanden hat oder ein Stück Mathematik.«

Daß Lachen nicht nur eine Frage der Intelligenz, sondern mithin auch ein Schlüssel zu den kulturellen Codes und der Sensibilität vergangener oder anderer Gesellschaften ist, beginnen auch die Geschichtswissenschaftler langsam zu entdecken. Die **Kulturgeschichte des Humors – Von der Antike bis heute**, herausgegeben von Jan Bremmer und Herman Roodenburg, enthält eine Auswahl von spannenden Beiträgen zu einer Humor-Konferenz in Amsterdam und dazu im Anhang eine ganze Forschungsbibliographie zum Thema, sowie ein Register. Zwölf namhafte Historiker, darunter Jacques Le Goff, Aaron Gurjewitsch und Peter Burke, schlagen den Bogen von Platon (4. Jh. vor unserer Zeit) bis zum Berliner Eckensteher Nante (19. Jh.): 2300 Jahre Lachen, gezähmt, verpönt und immer mal wieder laut herausplatzend. Prinzipiell zeigt die Geschichte des Lachens deutliche Parallelen zu dem von Norbert Elias beschriebenen »Prozeß der Zivilisation«. Die Zähmung begann schon im alten Griechenland. Der ehrwürdige Platon zum Beispiel war ein richtiger Miesepeter. Was vor und zu seiner Zeit an burlesken und obszönen Späßen gang und gäbe war, fand er überhaupt nicht lustig, wollte gar die Komödie abschaffen und die Posse den Sklaven überlassen. In seiner Schule war Lachen buchstäblich verboten. Ihm folgten die Pythagoräer, die Spartaner und die Christen. Richtig stolz auf ihren Witz waren hingegen die Römer. Cicero theoretisierte nicht nur über den Humor, er muß auch sonst ein ziemlicher Witzbold gewesen sein, von seinen übellaunigen Feinden »scurra« (Clown) genannt.

Vom 4. – 10. Jh. herrscht das mönchische Modell vor, eine Periode des unterdrückten, unterbrochenen Lachens, parallel zur Repression des Traums, wie

Jacques Le Goff in seinem Kapitel zum Mittelalter detailliert darlegt. Für die Mönche ist das Lachen neben der Eitelkeit der zweite große Feind, die »schlimmste Verschmutzung des Mundes« und mithin der obszönste Weg, das mönchische Schweigen zu brechen.

Erst im 11. Jh., mit dem lachenden Gesicht des Franz von Assisi, wird Lachen im christlichen Abendland als eine Form der Spiritualität akzeptiert. Aber weiterhin spiegelt sich im Kampf zwischen Karneval und Fastenzeit der Kampf zwischen Lachen und Leichenbittermiene. Daß dieses Tauziehen nicht einfach der Polarisierung von lachender Volkskultur und ernster herrschender Kultur entspricht, wie Michail Bachtin in den 40er Jahren in seiner berühmten Theorie des Karnevals nahelegte, zeigt Aaron Gurjewitsch in seiner wohlwollenden Kritik des alten russischen Historikers.

Nach den langen Jahrhunderten der Lachaskese blühte der Humor im Italien der frühen Neuzeit auf, eroberten die Schwänke von hier aus ganz Europa. Wie vielgestaltig und differenziert er war, davon zeugen schon die zahlreichen Wörter, die es für »Spaß« und »spaßig« gab: neben dem spasso lachte man über den baia, beffa, burla, facezia, giuoco, legerezza, pazzia, piacevolezza, scherzo usw. Wo der Spaß begann und wo er aufhörte und wie diese Grenzen sich erst ausdehnten, um dann wieder eng und enger zu werden, analysiert Peter Burke für den Zeitraum von 1350 und 1750. Ab dem 17. Jahrhundert setzte auch, wie Herman Roodenburg für Holland schildert, eine Verfeinerung des Witzes für die höheren Kreise ein, eine Etikette des Scherzens, »um angenehm unter den Menschen zu verkehren« – eine frühe Welle der political correctness. Eine richtige parlamentarische Debatte über den korrekten Gebrauch des Lachens brach nach der französischen Revolution aus. Antoine de Baecque beschreibt in seinem originellen und höchst amüsanten Beitrag die »Parlamentarische Heiterkeit in der französischen verfassungsgebenden Versammlung 1789–1791«. Trotz des Lachverbotes im Rahmen eines internen Verhaltenscodex – man wollte nicht, daß so ein ernstes Unternehmen veräppelt würde –, mußten sich die Abgeordneten doch vor Lachen ausschütten, als mitten in der Diskussion über Menschenrechte ein Priester das Rednerpult erklomm und vorschlug, die Nationalversammlung der Religion zu widmen, samt Altar und Kaplan mit eigenem Büro, der den Abgeordneten nach erfolgter legislativer Arbeit gleich die Beichte abnehmen könnte. Ab sofort brachen sich die französische Heiterkeit und der scharfe Wortwitz wieder Bahn und führten zur Einsicht, daß Lachen und Despotismus einfach unvereinbar seien. Wie sich der Humor schließlich von einem traditionellen Zeitvertreib in ein kommerzielles Produkt des Massenmarktes zu verwandeln beginnt, erläutert Mary Lee Townsend an der Berliner Figur des Eckenstehers Nante.

Last not least ist die Humorfrage ein Schlüssel zum Verständnis gänzlich anderer Kulturen – und in Konfrontation damit tun die Ethnologen gut daran, wenn sie auch eine gute Portion davon mitbringen. Henk Driessen besah sich die Rolle des Humors in der ethnologischen Wissenschaft einerseits und seine praktische Seite in der Feldforschung andererseits. Daß allein schon die mangelhafte Beherrschung der anderen Sprache zu einer Reihe vergnüglicher bis peinlicher Mißverständnisse führt, kennt eigentlich jeder. Die Forscher hingegen schweigen sich darüber meist aus.

Eine Ausnahme ist Nigel Barley, dessen erstes Buch *The Innocent Anthropologist. Notes from a Mud Hut* (dt. *Traumatische Tropen* in Anspielung an *Traurige Tropen* von Lévi-Strauss) inzwischen nicht nur zum Sachbuch-Klassiker aufstieg, sondern auch zum witzigsten Elaborat seiner Zunft. So berichtet er von seiner Feldforschung unter den Dowayos in Kamerun und seinen Problemen beim Erlernen einer tonalen Sprache: »Obszönität ist in Dowayo nie weit entfernt. Eine Verschiebung des Tonfalls macht aus dem Fragepartikel, mit dem man einen Satz in eine Frage verwandelt, das unanständigste Wort in der Sprache, etwa wie ›Fotze‹. So verwirrte und amüsierte ich die Dowayos, indem ich sie grüßte: ›Ist der Himmel für dich klar, Fotze?‹«

Ein gutes Beispiel für Humor in der Feldforschung, wenn auch nicht bei Menschen, ist der Biologe Robert M. Sapolsky: *Mein Leben als Pavian. Erinnerungen eines Primaten*: »Der Pavianherde schloß ich mich in meinem einundzwanzigsten Lebensjahr an. Als Heranwachsender hatte ich nie mit dem Gedanken gespielt, ein Steppenpavian zu werden; ich hatte vielmehr immer geglaubt, aus mir würde ein Berggorilla.« Am liebsten hätte er seine Zeit mit einem ausgestopften Silberrücken verbracht, in einem der afrikanischen Dioramen im Naturhistorischen Museum New Yorks. Aber die wissenschaftliche Fragestellung seines späteren Studiums zur Streßforschung erforderte eine Primatenart mit anderer Sozialorganisation: »Man muß im Leben Kompromisse machen; nicht jeder Lausbub kann später Präsident oder Fußballstar oder Berggorilla werden«. Er beobachtet also eine Horde von Pavianen in der Serengeti und verpaßt ihnen alttestamentarische Namen – kleine Rache an seinem Hebräischlehrer, der jeden Evolutionsgedanken als Gotteslästerung verdammte. Und so hören sich die Beschreibungen der Pavianhorde zuweilen an, als würde er über ein Dorf seiner eigenen Artgenossen schreiben, altbiblisch versteht sich: wer mit wem wann hinterm Busch verschwindet, streitet, krank wird oder Karriere macht. Mit Salomon, Hesekiel & Co. kommt er also gut klar, Schwierigkeiten bereiten ihm eher die Homo Sapiens in seinem Habitat: die Wildhüter, die dem Vegetarier eine frisch gewilderte Zebrakeule präsentieren, ein kenianischer Trucker, der ihn kidnappt und bis zum Kotzen mit Cola vollpumpt, der sudanesische Dorfpolizist, der ihn mitten auf die Dorfstraße seine Notdurft verrichten läßt, im Beisein des ganzen Dorfes, vom Spot seiner Taschenlampe beleuchtet, denn »hier im Sudan kennen wir keine Latrinen. Hier im Sudan verrichten wir unsere Notdurft ohne Umstände, denn wir sind ein freies Volk.« Sapolsky sei eine Mischung aus Jane Goodall und Woody Allen urteilte die New York Times zu recht, er ist scharfsinnig und äußerst witzig, und selbst wenn man sich bis dato für Paviane nicht interessierte, nach ein paar Seiten Lektüre sind sie das spannendste Thema der Welt. Und das wichtigste: er ist nicht nur witzig ... Ihn charakterisiert jener feine Humor, der vielen Intellektuellen jüdischer Herkunft eigen ist: voller Selbstironie und in enger Nachbarschaft zur Melancholie, zur tragischen Wendung.

Jüdischer Humor

Was macht jüdischen Humor eigentlich aus? Was verbindet Sapolsky mit den Marx Brothers, Lenny Bruce oder Woody Allen? In den USA ist der Anteil von Menschen jüdischer Herkunft an humoristischen Werken und Darbietungen auffallend hoch, in Europa war er es, bevor sie von den Nazis ermordet wurden oder fliehen mußten. Es scheint weniger mit dem Glauben zu tun zu haben – die meisten dieser Künstler und Intellektuellen sind nicht-gläubig –, als ein Erbe ihrer Familiengeschichte zu sein, der kontinuierlichen Erfahrung des Andersseins, der Ausgrenzung und Verfolgung. Dies würde auch erklären, warum man bei den geborenen Israelis angeblich diesen Humor umsonst

sucht: In den europäischen Ländern hätten, so erklärt es der ungarisch-jüdische Humorist Mikes, die Juden ohne die Fähigkeit, ihre Unterdrücker auszulachen, nicht überleben können. Trotzdem erschöpft sich dieser Humor nicht im berühmten jüdischen Witz, den die Schweizer Publizistin Salcia Landmann 1960 in Erinnerung rief und zum Bestseller machte. Und er erklärt sich auch nicht nur als Gegenreaktion auf 2000 Jahre Antisemitismus.

Ezra BenGershôm zeigt in seiner Kulturgeschichte des jüdischen Humors, **Der Esel des Propheten**, weitere Dimensionen und tiefere Wurzeln des jüdischen Humors auf. Er untersucht Humor und Satire in der hebräischen Poesie des Mittelalters, analysiert daraufhin zahlreiche Literaten und ihre Werke bis heute, geht den verschiedenen Erklärungsmustern nach, vergleicht den jüdischen Humor mit seinen Antipoden in anderen Kulturen, mit indischem, indianischem, buddhistischen etc.pp. – und kommt zu dem Schluß, daß es sich erstens um einen »kosmischen Humor« handle, und zweitens doch die Religion mit ihrem spezifischen Welt- und Menschenbild die entscheidende Prägung des jüdischen Humors ausmache. Kosmischer Humor erfasse das menschliche Dasein in seiner Totalität, die gesamte Palette der Gefühle: Staunen, Ekel, Scham, Schuldgefühl und Lachen über sich selbst. »Der Mensch, der sich humorvoll der Grenzen seiner Freiheit bewußt wird, *tut* etwas: er transzendiert sich. Er erhebt sich zu humorvollem Ernst über die Grenzen menschlichen Ernstes. Von da ist es nicht weit zu der Einsicht, daß Humor ein Bestandteil des religösen oder kosmischen Lebensgefühls ist.« Die jüdischen Züge dieses Lebensgefühls leitet er aus der Thora und der jüdischen Religion ab, eine These, die er mit zahlreichen Legenden und Erzählungen aus der chassidischen Überlieferung und dem Talmud, aus der jüdischen Bibel und sogar der Kabbala untermauert und illustriert. Sie verweisen auf ein einzigartig reziprokes Verhältnis: Gott lache nicht über, sondern mit dem Menschen. »Lachen während und nach der Schoáh« und »Phantastisches und Groteskes in der Schoáh-Literatur« nehmen das ganze letzte Drittel des Buches ein. Wenn man auch nicht mit allen Schlußfolgerungen d'accord ist, und – als nicht-religiöser Mensch – das Spezifische der jüdischen Religion nicht immer nachvollziehen kann und mag, ist diese Kulturgeschichte doch einzigartig, sehr fundiert, reichhaltig an Details und darüberhinaus eine Fundgrube jüdischer Literatur mit ausführlichen Zitaten.

Humor-»Kultur«

Angeblich sind wir ja eine Spaßgesellschaft, deren Spaßkultur (lt. Findeisen/Kersten) aus »Suff, extremem Sexismus und einer ritualisierten Angriffshaltung« bestehe. Was die Ballermann 6-Debilität allerdings mit »Kultur« zu tun hat, warum man jedes dahergelaufene Phänomen mit dem Wort »Kultur« belegen muß, fragt sich der Satiriker und Sprachkritiker Eckhard Henscheid. Seine Rache an der »Kulturkultur« ist eine Sammlung aller möglichen Kulturen aus Büchern und Presse der letzten 10 Jahre: *Alle 756 Kulturen. Eine Bilanz.* Sie verbreiten sich wie eine Bakterienkultur: 1992, im Jahr des Buches *Dummdeutsch* zählte er ganze 9 Kulturen (da hat er aber wohl noch nicht so genau hingeguckt), sie vermehrten sich bis 2000 auf 276, um dann explosionsartig auf das Dreifache zu steigen. Mittlerweile kann man buchstäblich alles als Kultur bezeichnen: die Säufer sprechen von »Altbierkultur« und »Zapfkultur«, die Antifaschisten von »Haßkultur« und »Gegenhaßkultur«, der Bundespräsident von »Entfeindungskultur«, die Grünen von »Sich-Vermittelns-Kultur«, die Ärzte von »Impfkultur« und die Internet-Surfer von »Dotcom-Kultur«. Das alles zusammen ergibt unsere »Leitkultur«, von gehässigen Zungen als »Lightkultur« diffamiert. Daß es auch eine »Folterkultur« gibt, ist geradezu widersinnig, genausogut könnte man von einer »Mordkultur« oder einer »Kriegskultur« sprechen … das kommt vielleicht noch. Schade, daß Norbert Elias schon gestorben ist, über den Spagat »Zivilisationskultur« hätte er sich wohl amüsiert. Kurzum: ein Kulturbeutel voller Realsatire, zur Reinwaschung unserer Sprache.

Allerdings: So einzig ist die Idee wieder nicht, auch Gernot Volger hat im Sommer 1998 für die *SZ* Kulturen gesammelt, vor allem aus der *ZEIT*, darunter etliche, die Henscheid nicht entdeckt hat. Und dann muß man sich natürlich fragen, welcher Kulturbegriff Henscheids Kritik eigentlich zugrundeliegt. Kultur ist heute mehr als abgehangene Kunst, lexikonreife Literatur und die Festspiele in Salzburg. Der Kulturbegriff hat lange genug zur Ausgrenzung und Abwertung gedient. Jetzt ist er von fester, fast gottgegebener Größe mutiert zu einer flüchtigen, ständig in Veränderung befindlichen Kategorie, meint eher Prozeß, Geschehen, Kommunikation, meinetwegen auch Moden, Trends und Zeitgeist. Ob der satirisch sich gebende Sprachkritiker nicht ablenkt von einer letztlich kulturkonservativen Einstellung? Der Untergang des Abendlandes steht wegen eines aufgesplitterten und manchmal gewiß lachhaften Kulturbegriffs noch lange nicht bevor …

Daß die Sprachvertrottelung mit dem Computer noch zunimmt, ist ein alter Hut, daß die Übersetzungsprogramme dem noch eins draufsetzen, kann man sich hochrechnen. Albert Camus bezeichnete einst die Übersetzer als »verwegene Kämpfer, die den Turm von Babel angreifen«, für die Programme *http Babelfish* und *F.B. Win-Translator* sind sie nur noch »fetthaltige Kämpfer, die den Aufsatz von Babel in Angriff nehmen«. Oliver Thomas Domzalski und Jan Simane stellten berühmte Texte, vom Computer neu übersetzt, zusammen: *Vor Gebrauch kräftig schütteln – Vörn nutzen aus mächtig wackeln.* Nationalhymnen, Gesinnungslieder und Politparolen, Gedichte und Balladen, Naturergüsse, Sprüche und Reime, Werbung und »Ewige Wahrheiten« – einmal durch die digitale Klapsmühle gedreht und sie sind bis zur Unkenntlichkeit verstümmelt, insbesondere, wenn von Sprache zu Sprache zu Sprache gemurkst wird. Armer John Maynard (»und immer zehn Minuten mit Büffel«), armer Erlkönig (»an seinen Hebeln war das Kind gestorben«), armer Panther von Rilke, der kurzerhand in einen Leoparden verwandelt wird (»sein Anblick wurde, wenn er ermüdet wird, um das Personal zu führen, denen er nichts mehr beurteilt«) … Dieses Konglomerat aus seelenlosem Unsinn ist nur tröpfchenweise zu genießen, sonst wandelt sich das Lachen schnell in Ekel und Magengrimmen. Aber es steht ja dabei: »zu den Gefahren und zu den Nebenwirkungen laden Sie Ihren Arzt oder Apotheker ein.«

»Das menschliche Dasein steckt voller Witz, aber wie steht's mit dem Aberwitz? Diejenigen, die diesen Aberwitz ganz bewußt und in voller gemeiner Absicht selbst produzieren, sind nur sehr, sehr selten in deutschen Landen«, findet Andreas Prüstel, und Kriki gehöre unbedingt dazu. Ersterer schrieb das Vorwort zu Krikis *Im Reich der Schnitte* und letzterer heißt eigentlich Christian Groß und collagiert auf Max Ernst, Ror Wolf und Monty Python komm raus. Als besessener Sammler und Jäger durchstreift er die Flohmärkte, um in Kisten scheinbar unauffälliges Material zu finden, das sich zuhause unter seiner Schere in pfiffige Kleinodien voller surrealem Schalk verwandelt. Ein Bricoleur, ein Bastler, der wie die Traummaschinerie des Unbewußten das, was anderen als Müll und Marginalie erscheint, zu neuen Zusammenhängen verkoppelt. Dazu genügt manchmal auch schon ein Titel, ein Satz: Zwei Illustrationen zur Mund-zu-Mund-Beatmung bekommen die passenden Gedankenblasen »Er liebt mich«, »Er liebt mich nicht«, das Bildnis »The Ordinary Man« mutiert zu einem Steckbrief »Ein übles Schwein: Der ordinäre Mann«.

Nach einem ähnlichen Collage-Prinzip verfährt Gerhard Glück, allerdings nur denkerisch. Sein Werkzeug ist nicht die Schere, sondern der Pinsel, den er meisterlich beherrscht. So entstehen denn auch nicht einfach Karikaturen, sondern Cartoon-Gemälde, aufwendig, ausgefeilt und mit einem untrüglichen Sinn fürs Detail. Wie bei Kriki verpaaren sich auch hier scheinbar fremde oder gar unverträgliche Elemente zu einem neuen Zusammenhang, stoßen gegensätzliche Dimensionen von Raum und Zeit aneinander, werden Wortspiele umgesetzt. Sein neuester Band *Gezeiten* beweist, wie schon die vergriffenen Bände vorher, *Ansichtssache* und *Aus dem Leben von Mona & Lisa und anderen*, daß hier ein Alltagssurrealist am Werk ist, viel besser als jene Aftersurrealisten, die noch immer Frauenkörper mit Schubladen pinseln oder Uhren in der Landschaft. Ein leeres Meer, ein gestrandetes Boot mit einem Pärchen auf Ruderpartie und im Vordergrund ein Abfluß mit herausgezogenem Stöpsel – das reicht schon fast an Magritte heran. Und seine Kunstwitze – der »Mann mit Dürermütze« trägt einen Hasen auf dem Kopf, und »Herr K. versteht etwas von Kunst, er nennt seinen verdorrten Gummibaum liebevoll Giacometti«, um nur zwei Beispiele herauszugreifen – sind auch nicht ohne. Auffällig wenig Sex und Tod – Glücks Bilder liegen irgendwo dazwischen, seine »komische Kunst« ist unspektakulär subtil in unseren Alltagspannen verankert.

Satrie und Tabu

Bertrand Russell sagte mal, viele Menschen würden eher sterben als denken. Und solche Exemplare bekommen postum sogar noch einen Preis für ihre unsägliche Dummheit: *Die Darwin Awards für die skurrilsten Arten zu Tode zu kommen*. Nominiert und diskutiert werden die Kandidaten im Internet unter www.DarwinAwards.com, gegründet von Wendy Northcutt, und verliehen wird der jährliche Preis an all jene, denen es gelingt, sich besonders zielstrebig und auf spektakulär-dummen Wegen aus der menschlichen Gemeinschaft zu verabschieden. Wenn ein Fischer auf die gloriose Idee kommt, den Fluß unter Strom zu setzen, um die Fische zu töten, und dann

selbst hineinsteigt, ohne vorher den Strom abzuschalten; wenn ein Tourist just während eines schweren Gewitters auf einem hochgelegenen Aussichtspunkt an einen Metallzaun pinkelt, worauf der Blitz seinen Penis explodieren läßt; wenn ein Schwertschlucker einen Regenschirm schluckt und dann den Aufspannknopf drückt – dann sind sie schon mal nominierungsreif. Auffallend ist, daß es sich dabei überwiegend um männliche Exemplare der Gattung handelt, wobei neben angeborener und angesoffener Dummheit zwei Motive besonders gefährlich sind: Angeberei und Masturbation mit ungewöhnlichen Hilfsmitteln.

Da stellt sich schon die Frage, ob Satire den Wettlauf mit der Realität überhaupt gewinnen kann. *Noch schrecklichere Bilder – Meisterwerke des schwarzen Humors* verspricht der Eulenspiegel Verlag (nachdem *Schreckliche Bilder* bereits vergriffen ist), und zeigt mit seinem Querschnitt nicht nur durch die deutschsprachige Cartoonisten-Szene (auch tschechische, russische, italienische und belgische Zeichner sind mit von der Partie) jede Menge Abgründiges zu den Themen Unfälle, Gewalt, Krankheit, Tod. Hachfelds Märchenprinz trifft auf ein völlig vergammeltes Dornröschen, und Beck bietet im Nagelstudio Kreuzigungen an. Ein kleines Mädchen zerfleischt einen Pitbull (»Lena ... du hast doch nicht schon wieder ... Ja weißt du denn überhaupt, was so ein Pitbull kostet?!?«), ein anderes lockt auf der Straße alte Männer mit Schokolade in ihre Wohnung, um sie zu mißbrauchen und zu töten – eine toll gezeichnete Geschichte von Atak. Das Motiv der verkehrten Welt eignet sich immer für einen schwarzen Lacher über grausame Kinder, grobe Mütter, wehrhafte Omas, mörderische Weihnachtsmänner.

Bizarr geht es zu im Band *Schweinische Bilder*, ebenso bei Eulenspiegel, mit weitgehend derselben Besetzung. TOMs Domina peitscht ihre Kunden mit einer richtigen Katze aus, und das neueste »Sextoys 'r us« ist für JORGO der Toaster, für Rauschenbach das Blutdruckmeßgerät. Jede Menge anatomischer Blasphemien, wie POLOs Bauer, dessen Hoden bis zu den Schuhen hängen (»Hier Eier aus Bodenhaltung«), oder Ari Plikats Männlein, das nach der Penisverlängerung als Handtuchhalter für er-sie-es herhält, Geschichten von Anziehung und Abstoßung, von Aufklärung und Erfahrung. Rudi Hurzlmeier berichtet über ländliches Leben: »Hanfbauernbuben prüfen das verwaiste Melkgerät« – ein Bild, das aus dem leider vergriffenen Band *Wilde Kirschen* stammt. Dessen »Sittenbilder aus ländlichen Lustgärten«, so der Untertitel, arbeiten mit Remakes klassischer Malerei bis hin zu ihren Kitsch-Erben an einer merkwürdigen Zwitterkunst: »Ruhende Gurken« verballhornen das klassische Stilleben genauso wie die »Komposition aus Herrenschuhn und Damenhirn«. Im »Sommer in Sodom« präsentiert sich ein Schaf wie aus Woody Allens *Was Sie schon immer ...* vor der rotglühenden Landschaft eines irgendwie irre gewordenen Impressionisten. Kunstwitze, gewiß, aber mit Goldrahmen könnten sie sich auch in Galerien verirren. Und Großmeister Eric Fischl ist manchmal auch nicht weit entfernt ...

Nach Tod und Sex die Religion: *Das Leben des Jesus* hat Gerhard Haderer unter die Lupe genommen und in Wort und Bild neu erzählt. Da waren uns doch tatsächlich wichtige Details entgangen, zum Beispiel, daß der Knabe seine Erleuchtungen (und also auch seinen weit leuchtenden Heiligenschein) dem Weihrauchschnüffeln verdankte (enthält THC), daß seine Jünger bei jedem Wunder kräftig Silberlinge kassierten, immer fetter wurden und schließlich eine lukrative Weinkellerei gründeten, und daß er diesem goldbehangenen Klüngel schließlich in den Himmel entfloh.

Respektlos und frech, wie es sich bei diesem Thema gehört, ist auch Hans Traxler, der schon immer Ketzerisches liebte. *Alles von mir!* Und *Das fröhliche Krokodil*, zwei dicke, fulminant gedruckte Bände in der Art von »Gesammelten Werken« voll bestem Stoff über das Leben hier und dort und danach, über Himmel und Hölle, Geschlechterkampf und Rollenklischees, altgewordene 68er und Ökos, Märchen, Mythen und immer wieder Religion und Kirche. *Unseren täglichen Witz gib uns heute* spießt Gott und Kirche auf, das naive Papa-sieht-alles-Bild, Himmel und Hölle, der fressende und vögelnde Klerus etc.pp. Am besten kommen noch immer die Kreuzigungen, mal des Teufels, mal eines fülligen Zwitters, mal leergefegt: »Neutronenbombe: Rums – da ist der Heiland weg« (Waechter). Die Blasphemien können gar nicht ketzerisch genug sein, um dem religiösen Wahn gerecht zu werden. Das ganze übrigens als Ausstellungskatalog zum evangelischen Kirchentag 2001 in Frankfurt. Nur einer hat die Superliberalen nicht mit einem – noch so scharfen – Witz bedient. Ihm ist schlicht das Lachen vergangen: Chlodwig Poth hat mit seinem »Religions-Hassblatt« einen ganz und gar unwitzigen, aber treffend-bösen Abgesang auf die Bande all dieser selbstbehaupteten Menschheitserlöser und Moralführer geliefert.

Zwei weitere Karikaturenbände aus dem Eulenspiegel Verlag äußern sich entsprechend bissig zum Diesseits des Jenseits: *Gibt es noch ein Leben hinter der Scheibe?*, das den deutschen Karikaturenpreis zum Thema »Medien 2050« erhielt, und *Endstation Zukunft – Die Biennale der satirischen Zeichnung 2001*. Unter die Lupe genommen wird dabei weniger das matte Leben hinter als vor der Scheibe. Beim ersten Band mit Schwerpunkt Medien werden vor allem Medienverdummung und zunehmender Überwachungsstaat ins Visier genommen: Bei Barbara Henninger werden sogar die öffentlichen Klos per Videoüberwachung beobachtet und bei Harm Bengen müssen sich künftig die Stadtstreicher des Nachts mit einer Diskette zudecken. Thomas Plaßmann läßt einen Reality Designer Hausbesuche machen, der »your world« auf seinem PC kreiert: »Nun, wie hätten Sie's denn gerne?«, und Stephan Rürup stellt sich einen Service Scan beim Betreten des Kaufhauses vor: »Achtung, Achtung! Eine wichtige Mitteilung: Sie sind im ersten Monat schwanger. Umstandsmoden finden Sie im sechsten Obergeschoß ...«

Klarerweise spielen die Medien auch in der *Endstation Zukunft* eine große Rolle, daneben BSE und seine Folgen, Genmais, der den Nachbarn übers Haus wächst, Kampfhunde, Neonazis, globale Visionen unangenehmster Art. Inmitten eines riesigen Autofriedhofes ruft ein einsamer Hirsch, und im Naherholungsgebiet warnt ein Schild die zahlreichen Waldbesucher »Fuchsbau! Ausfahrt Tag und Nacht freihalten!« Besonders eindrucksvoll ist Rainer Ehrts »Little brother«, ein naturalistisch gezeichneter Fötus, der einen kleinen Bildschirm vor sich hält, an den seine Nabelschnur, sowie drei ihn umgebende Videokameras angeschlossen sind. Gewitzt ist Gerhard Glücks Haushaltsroboter, der in der Pause heimlich Karl Marx' *Das Kapital* liest, und desillusionierend der Cartoon von Barbara Henninger, mit den beiden Gören, die einen alten Mann in seiner Bibliothek besuchen, linkisch ein Buch in die Hand nehmen und verdutzt fragen: »Und was macht man damit?«

Das alles ist schön spitz, voll scharfer Beobachtungen und kenntnisreich, und trotzdem fragt man sich natürlich, ob die Satire beißend genug ist, wenn die Sparkasse Leipzig die Ausstellung fördert und ihr Vorstandsvorsitzender im Grußwort feststellt, wie öde das Leben doch ohne Humor wäre. BenGershôm schilderte in seinem Vorwort zum *Esel des Propheten*, wie sehr ihn die Problematik des Anti-Nazi-Witzes beschäftigte: »Der Flüsterwitz konnte uns einen Atemzug lang von unserem Elend ablenken. Er erlaubte den Verfolgten, sich über die braunen Machthaber zu erheben. (...) Wirkte aber gegenüber dem blutigen Terror nicht jeder Witz auch verharmlosend? Erleichterte nicht der Ulk den Unterdrückten, ihr Los hinzunehmen und ihre Entrüstung auf politisch unwirksame Weise verpuffen zu lassen?« Sind nicht die Zustände, die hier und heute satirisch aufs Korn genommen werden, zu auswegslos katastrophal, als daß wir uns noch darüber amüsieren könnten? Ein ganzer Planet wird durch die Mühlen des Turbokapitalismus gedreht, mit irreversiblen Folgen – und wir lachen darüber? Haben wir den Verstand verloren? Hilft Satire gar noch, uns an diese Zustände zu gewöhnen? Lachen wir uns einen ab, weil wir doch nichts daran ändern können oder vielmehr wollen?

Traurige Wirklichkeit

Den soziologischen Hintergrund für jene Art von Ventil-Humor, der jeden Veränderungswillen verdampfen läßt, liefert der Band **Kleinbürger. Zur Kulturgeschichte des begrenzten Bewußtseins**, herausgegeben von Thomas Althaus. Hier wird nicht nur über »Kunst und Kleinbürgertum bei Wilhelm Busch« referiert, dem Erzvater des deutschen Humors im allgemeinen und der Karikatur im besonderen, sondern werden auch Aspekte untersucht wie »Schopenhauers Opernglas. Über Größenverhältnisse des Lebens«, »›Minen des Komischen‹ – Flaubert liest Comte«, »Reduktion mit Perspektive. Literatur, Philosophie und Film 1944–47« und »Sozialistisches Biedermeier als Lebensform. Vernichtung, Auferstehung und Apotheose des Kleinbürgertums in der DDR«. Wenn auch das Kleinbürgertum heute anders aussieht als im 19. Jahrhundert oder in der DDR, wenn die gehobenen Konsumansprüche die der ehemaligen Großbourgoisie noch übersteigen und selbst die kleine Verkäuferin an Südseestränden Cocktails schlürft – die Enge des Denkens bezieht sich doch nur auf ein größeres Territorium. Der Anpassungswillen und die Priorität der eigenen Behaglichkeit siegen über alles bessere Wissen. »Wenn ich's nicht tu, dann tun's die anderen« und »Ich allein kann auch nichts ändern« sind die Standardsprüche des Kleinbürgers heute, mag er sich noch so weltoffen und interessiert geben. Und Jugend schützt schon gar nicht vor Spießertum; in seinem Desinteresse an der gesellschaftlichen Realität unterscheidet sich der Love Paradist nicht vom Kölner Schunkelkarnevalisten.

Der Verein der Dummköpfe wird jedenfalls nicht kleiner, und das paßt ja auch in die Absichten aller Regierungen. Schließlich bauen Wirtschaft und Politik gerade darauf, daß es jede Menge ignoranter, gutgläubiger Konsumenten gibt, die sich von den paar Kritikern und Miesmachern ihre Laune und Kauflust nicht verderben lassen, die brav denjenigen wählen, der am lautesten »Hier!« schreit und die größten Bonbons verspricht. Nur wenn Dummheit dann so überhandnimmt, daß sie die Konkurrenzfähigkeit der Wirtschaft gefährdet, dann wird Alarm geschlagen. Matthijs van Boxsel geht noch weiter. Er versteht unsere ganze Kultur als Produkt vergeblicher Versuche, die Dummheit in den Griff zu bekommen. Seine eigene **Enzyklopädie der Dummheit** inbegriffen. Womit er ein wenig untertreibt. Die Enzyklopädie ist zwar alles andere als systematisch und auf dem ersten Blick eher ein Durcheinander von kürzeren und längeren Essays zu den bestimmten Aspekten, Orten und Erscheinungsformen der Dummheit. Und wahrscheinlich entzieht sich die Dummheit letztlich auch dem Verstehen. Aber wir erfahren doch eine ganze Menge über sie. Die Initialzündung gab Robert Musils Aufsatz *Über die Dummheit*; Ausgangspunkt und Motto ist der wunderbare Kalauer »Kein Mensch ist intelligent genug, seine eigene Dummheit zu begreifen.« Ob Dantes *Inferno* oder *Schilda*, letztlich wird den Dummen ihre Weigerung, an der Erkenntnis teilzuhaben, zu einer Art Hölle. Dummheit ist das menschliche Vermögen zur Selbstdestruktion, was uns erneut vom Tier unterscheidet – das Tier ist mit Instinkten gesegnet. Insofern sind die dumme Gans und die blöde Kuh lediglich ein freches Ablenkungsmanöver. Gleichzeitig ist unsere Dummheit auch eine Chance, denn sie zwingt uns, unsere Intelligenz auszubilden – und unseren Humor. Dumme Menschen sind erstaunlich humorlos, nicht nur, weil sie bestimmte Pointen nicht verstehen, sondern weil Humor eine Form von Intelligenz ist, die eine flexible Sicht auf die Dinge und auf sich selbst erfordert. Van Boxsels *Enzyklopädie der Dummheit* ist im besten Sinne ein gelehriges Buch, voller Material aus Philosophie, Literatur und Kulturgeschichte, von der griechischen Mythologie bis zu Bugs Bunny, nachdenklich und doch leichthändig, ernst und doch sehr komisch.

Die Träne verbindet Lachen und Weinen, Freude und Trauer. Ohne Einfühlsamkeit, ohne Fähigkeit zu trauern, fehlen auch die Voraussetzungen für den fröhlichen Gegenpart, da triumphiert dann schenkelklopfendes Wiehern und Geblödel. Der rüde Humor einer Welt, die ihre eigentliche Lustlosigkeit, ihre Depressivität mit Kreischen übertönt. Nach Gisela Berkenbuschs Studie *Zum Heulen – Kulturgeschichte unserer Tränen* (Transit 1985) hat der Amerikaner Tom Lutz 1999 **Tränen vergiessen – Über die Kunst zu weinen vorgelegt.** Während Berkenbusch mit Hilfe von Handbüchern, religiösen und pädagogischen Traktaten, Briefen, Literatur (auch trivialer), Liedern und Schlagern eine spezifisch deutsche Kulturgeschichte des Weinens schreibt und eine Position sowohl gegen die fortschreitende Unterdrückung der Tränen als auch gegen Gefühlsduselei bezieht, geht Lutz allgemeiner auf die Geschichte der Tränen ein, auf ihre Interpretation in Psychologie, Medizin und Neurophysiologie. Er bezieht neben Literatur und Kunst auch Film und Werbung, Ethnologie, Mythos und Religion mit ein und entfaltet eine faszinierende Fülle an Phänomenen, Deutungen und Erklärungen. Warum ist uns zum Heulen zumute, wenn wir traurig *und* wenn wir glücklich sind? Wir weinen aus Wut, Zorn, Enttäuschung, Frustration, Schmerz, aber auch aus Erhobenheit, Sentimentalität, Rührung, Freude und natürlich bei exzessivem Lachen. Wir weinen für uns und um andere,

wir rufen um Hilfe und wir erpressen mit unseren Tränen. Und wir lassen es uns gut gehen mit unseren Tränen; viele Leute gehen gezielt ins Kino, um sich im Dunkeln so richtig ausheulen zu können, während das reale Leid der Weltnachrichten sie mehr oder minder kalt läßt.

Schon nehmen sich allerlei forschende Dienstleister, nicht zuletzt die Büttel der Biochemie auch unserer Tränen an, und untersuchen ihre Anwendbarkeit auf die Steigerung der Warenproduktion, versuchen die heilende Tränensubstanz sogar künstlich per Gentechnologie herzustellen. Fragte gestern noch der Therapeut: »Geht's gut? Heute schon geheult?«, wird man bald in der Dritten nicht nur Organspenden einsammeln, sondern auch Tränenspenden abzapfen – Leid genug gibt's ja für einen steten Strom des neuen Wundermittels.

Aber Tränen, egal welcher Art, sind nicht nur dazu da, die Augenhornhaut schön feucht zu halten, Wunden schneller heilen zu lassen, im stressigen Alltag wieder besser funktionieren zu können. Sie sind natürlich unsere ureigene Form kleiner Erlösung. Gisela Berkenbusch: »Das Weinen zeigt Ausweglosigkeit, aber auch Revolte. Wer nicht leidet oder leiden kann, hat auch keinen Grund zur Veränderung« – und nichts zu lachen. ●

Literatur

Thomas Vogel (Hg.): *Vom Lachen. Einem Phänomen auf der Spur.* Attempto Verlag, Tübingen 1992, 234 S., ISBN 3-89308-158-5, DM 36,–
Jan Bremmer/ Hermann Roodenburg (Hg.): *Kulturgeschichte des Humors. Von der Antike bis heute.* Primus Verlag, Darmstadt 1999, 238 S., ISBN 3-89678-204-5, DM 49,80
Nigel Barley: *Traumatische Tropen.* dtv 12399, DM 18,50
Robert M. Sapolsky: *Mein Leben als Pavian.* Claassen Verlag, München 2001, 456 S., ISBN 3-546-00249-0, € 20,95
Ezra BenGershôm: *Der Esel des Propheten. Eine Kulturgeschichte des jüdischen Humors.* Primus Verlag, Darmstadt 2000, 277 S., ISBN 3-89678-170-7, DM 78,-
Eckhard Henscheid: *Alle 756 Kulturen. Eine Bilanz.* Zweitausendeins, Frankfurt a.M. 2001, 121 S., ISBN 3-86150-241-0, DM 17,–
http://babelfish & F.B. Win-Translator: *Vor Gebrauch kräftig schütteln – Vorn nutzen aus mächtig wackeln. Berühmte Texte – vom Computer neu übersetzt.* Eichborn Verlag, Frankfurt a.M. 2001, 128 S., ISBN 3-8218-3526-5, DM 12,90

Kriki: *Im Reich der Schnitte.* Edition Nautilus, Verlag Lutz Schulenburg, Hamburg 2001, 144 S., ISBN 3-89401-384-2, € 12,80
Gerhard Glück: *Gezeiten.* Lappan Verlag, Oldenburg 2001, 84 S., ISBN 3-8303-3020-0, € 24,90
Wendy Northcutt: *Die Darwin Awards für die skurrilsten Arten, zu Tode zu kommen.* Hoffmann und Campe Verlag, Hamburg 2001, 272 S., ISBN 3-455-09344-2, € 15,95
Rolf Lonkowski/Andreas Prüstel (Hg.): *Noch schrecklichere Bilder. Meisterwerke des Schwarzen Humors.* Eulenspiegel Verlag, Berlin 2000, 256 S., ISBN 3-359-00994-0, DM 39,90
Rolf Lonkowski/Andreas Prüstel (Hg.): *Schweinische Bilder.* Eulenspiegel Verlag, Berlin 2001, 224 S., ISBN3-359-01424-3, € 22,50
Gerhard Haderer: *Das Leben des Jesus.* Verlag Karl Ueberreuter, Wien 2001, 40 S., ISBN 3-8000-3863-3, € 14,80
Hans Traxler: *Alles von mir!* Zeitausendeins, Frankfurt a.M. 1999, 257 S., ISBN 3-86150-297-6, € 25,55
Hans Traxler: *Das fromme Krokodil.* Zweitausendeins, Frankfurt a.M. 2001, 224 S., ISBN 3-86150-387-5, € 25,55

Achim Frenz/ Caricatura (Hg.): *Unsern täglichen Witz gib uns heute. Alles zum Thema Kommunikationsschblierigkeiten* (sic!) *zwischen Mensch und Gott.* Verlag Kein & Aber, Zürich 2001, Ausstellungskatalog der Caricatura in Frankfurt a.M., 160 S., ISBN 3-0369-5205-5, € 20,50
Gibt es noch ein Leben hinter der Scheibe? (Deutscher Karikaturenpreis zum Thema »Medien 2050« verliehen von der Sächsischen Zeitung, Dresden) Eulenspiegel Verlag, Berlin 2000, 128 S., ISBN 3-359-01400-6
Andreas J. Mueller (Hg.): *Endstation Zukunft – Die Biennale der satirischen Zeichnung 2001.* Eulenspiegel Verlag, Berlin 2001, 144 S., ISBN 3-359-01405-7, DM 39,90
Thomas Althaus (Hg.): *Kleinbürger. Zur Kulturgeschichte des begrenzten Bewußtseins.* Attempto Verlag, Tübingen 2001, 335 S., ISBN 3-89308-323-5, DM 68,–
Matthijs van Boxsel: *Die Enzyklopädie der Dummheit.* Eichborn Verlag, Frankfurt a.M. 2001, 192 S., 3-8218-1596-5, DM 49,80
Tom Lutz: *Tränen vergiessen. Über die Kunst zu weinen.* Europa Verlag, Hamburg/ Wien 2000, 414 S., ISBN 3-203-79575-2, DM 49,50

ABO

Verbrieft? **Sicherheit?**

**testcard im Abonnement:
2 Ausgaben für 26,– €* inklusive Versandkosten**

E-Mail an mail@testcard.de, telefonisch unter (0 61 31) 22 60 - 78 oder diesen Abschnitt kopieren und ausgefüllt an folgende
Adresse senden bzw. faxen: Ventil Verlag, Augustinerstr. 18, 55 116 Mainz, Fax (0 61 31) 22 60 - 79

Ich möchte ein *testcard*-Jahresabonne-
ment (2 Ausgaben) zum Preis von

☐ 26,– € (Deutschland)

☐ 31,– € (Europa).

Das Abo verlängert sich jeweils um ein
Jahr, wenn es nicht vier Wochen vor
Ablauf des Bezugszeitraumes gekündigt
wird.

Abonnement-Beginn
ab *testcard*-Nummer: _____

Name, Vorname
_____

Straße
_____

PLZ   Ort
_____

Datum / Unterschrift

Garantie: Ich weiß, daß ich diese
Bestellung innerhalb von 10 Tagen
beim VENTIL VERLAG, Augustinerstr. 18,
55116 Mainz, widerrufen kann. Zur
Wahrung der Frist reicht die rechtzeitige
Absendung.

Gewünschte Zahlungsweise:

☐ Vorauskasse (Überweisung)
    VR-Bank Mainz, BLZ 550 604 17
    KTO 100 138 258 (Ventil Verlag)

☐ beiliegender Verrechnungsscheck

☐ Bankeinzug

_____
Kontoinhaber/in

_____
BLZ   Kontonummer

_____
Kreditinstitut

_____
Bankeinzug: Datum / Unterschrift

testcard #1
Pop und Destruktion
ISBN 3-931555-00-3
12,78 €

*Antischallplatten, The Who,
The Clash, GG Allin,
Destruktive Coverversionen,
Industrial , Laibach,
Maschinenmusik, This Heat,
Die böse Avantgarde,
Moderner Horrorfilm,
Die Wiener Gruppe, Fluxus
u.v.m.*

testcard #2
Inland
ISBN 3-931555-01-1
14,32 €

*Krautrock, Jazz in der DDR,
Ladomat 2000, Oval, DOM,
a-Musik, Musik am Bauhaus,
Hoher Meißner 1913,
Indigo, Monarchie & Alltag,
Punk, Hausmusik, Boygroups,
Auswahldiskographie
u.v.m.*

testcard #3
Sound
ISBN 3-931555-02-X
14,32 €

*Organum, Le Syndicat,
:Zoviet*France:, Kraftwerk,
Drone Records, Beach Boys,
Artware Audio, Dub,
Hans Peter Kuhn, Random
Acoustics, Sound und Film,
Entpolitisierung des Pop,
Auswahldiskographie
u.v.m.*

testcard #4
Retrophänomene in den 90ern
ISBN 3-931555-03-8
14,32 €

*Die Goldenen Zitronen,
HipHop, Progressivrock,
Apocalyptic Folk und
die Neue Rechte, Anthony
Braxton, Peter Thomas,
Einstürzende Neubauten
Revival in der Neuen Musik,
Trans Am, Neoismus
u.v.m.*

testcard #5
Kulturindustrie
ISBN 3-931555-04-6
14,32 €

*Pop in Brasilien, Stereolab,
Das Ende der Indies, Nirvana,
Gepflegter Rock in der DDR,
Linke im Film, Situationismus,
Klassik-Hitparaden, In- und
Außenseiter, Adorno / Hork-
heimer, Barry Guy und AMM,
Auswahldiskographie
u.v.m.*

testcard #6
Pop-Texte
ISBN 3-931555-05-4
14,32 €

*Zur Krise der Pop-Kritik,
Feminismus und Pop, Crass,
»Ghetto«-Begriff in Punk und
HipHop, Red Krayola, Nurse
With Wound, Luther Blissett,
Albert Marcœur, Thomas
Meinecke, Deep Freeze Mice,
Auswahlbibliographie
u.v.m.*

testcard #7
Pop und Literatur
ISBN 3-931555-06-2
14,32 €

*Paratexte auf Plattencovern,
ESP-Disk, Hubert Fichte,
Rolf-Dieter Brinkmann, Krise
der Kritik, Social Beat,
Interview mit Pierre Bourdieu,
Literatur und DJ-Culture,
Interview mit Wolfgang
Müller, Geburt der Comics
u.v.m.*

testcard #8
Gender
ISBN 3-931555-07-0
14,32 €

*Pop-Feminismus,
Drag Kings, Produzentinnen,
Frauen hinterm Turntable,
Gender Cyborg und Techno,
Geschlechterbilder in Musik-
videos, Terre Thaemlitz,
Modern Primitivism,
Sexismus auf Plattencovern
u.v.m.*

testcard #9
Pop und Krieg
ISBN 3-931555-08-9
14,32 €

*Rock-'n'-Roll-Krieg Vietnam,
Luigi Russolo, Sakropop,
B92 – Opposition in Belgrad,
Katastrophenfilme,
Atari Teenage Riot, South
Park, Blackmetal in Israel,
Rock für Krieg,
Geschichtsrevisionismus,
u.v.m.*

testcard #10
Zukunftsmusik
ISBN 3-931555-09-7
14,32 €

*6000 Jahre John Cage,
Fetisch Internet, Futurama,
Technikkörper, Cyberpunk
und Kontrollgesellschaft,
Post- und Pop-Feminismus,
Gameboy-Musik, mp3-Labels,
Belle & Sebastian, Iannis
Xenakis, Buckminster Fuller,
u.v.m.*

Ausführliche Infos zu
allen Ausgaben, Plattentips,
Veranstaltungstips und
Bezugsquellen für in *testcard*
besprochene Tonträger
unter

www.testcard.de

Tonträger

Leider liegt nicht jede in *testcard* besprochene Platte im Pappaufsteller des Supermarkts Deines Vertauens aus. Ab sofort stellen daher wir im Internet eine Liste mit **Kontaktadressen von Plattenlabels** zur Verfügung.

Außerdem gibt jeden Monat neue **Kurzbesprechungen** aktueller Veröffentlichungen und **Veranstaltungstips** rund ums *testcard*-Universum: **www.testcard.de**

Ae = Alexander Ebert
Ar = Andreas Rauscher
Cj = Christoph Jacke
Fm = Franziska Meifert
Gw = Gunther Weinell
Hjl = Hans Jürgen Lenhart
Hp = Hans Plesch
Ju = Johannes Ullmaier
Kr = Knarf Rellöm
Mb = Martin Büsser
Pw = Patricia Wedler
Rb = Roger Behrens
Sw = Stefan Wagner
Tg = Thomas Groetz
Tl = Tobias Lindemann
Tp = Tine Plesch

EUGENE CHADBOURNE
Ayler Undead

Im Beiheft zur CD hat Chadbourne einen selbstgezeichneten Stammbaum veröffentlicht, der seine gemeinsamen Anknüpfungspunkte mit Albert Ayler zeigt. Wo die Presse Ayler »primitive«, »fake« und »destroyer of jazz« nannte, heißt es bei Chadbourne: »anarchist«, »weirdo« und »iconoclast«. Zumindest in Sachen Ablehnung finden sich beide in ehrenwerter Gesellschaft. Chadbourne nennt »Psychedelic Rock« und »Country« als Einflüsse, bei Ayler waren es New Orleans, Hymnen und »Lullabies«. Beides sind keine Musiker mit puristischem Jazzverständnis, sondern Dekontextualisierer, in deren Musik Humor und Melancholie dicht beieinander liegen. Wenn Ayler französische Militärmusik zitierte und auf ganz eigene Weise interpretierte, hatte dies einerseits absurden Witz, andererseits immer auch eine gehörige Portion Wehmut, einen tiefen, klagenden Blues-Einschlag. Ähnliches trifft auf Chadbourne, den Bruder im Geiste, zu. Spaßige »weird music« (Chadbourne hierzu: »I spent

my every waking hour trying to figure out how to make weirder and weirder music«) wechselt bei ihm oft in Sekundenbruchteilen mit melancholisch-wehmütigen Momenten ab. Insofern ist Chadbourne geradezu prädestiniert, Ayler zu interpretieren, was er nun erstmals auf einer ganzen CD in Begleitung von Uli Jenneßen (Drums) und Joe Williamson (Kontrabaß) zum besten gibt. Chadbournes Gitarren- und Banjo-Versionen von Omega Is The Alpha, Ghosts und Prophecy bieten eine Ayler-Übersetzung mit den Mitteln des Chadbournschen Vokabulars: dort, wo Ayler Volksmusik, Trauermärsche und Militärmusik einfließen ließ, begegnet ihm Chadbourne mit Country-, Cajun- und Folk-Elementen. Eine E-Gitarren-Freak-out-Interpretation der Marsellaise schlägt schließlich den Bogen zu Hendrix und macht diesen zum Bindeglied zwischen Ayler und Chadbourne. Eine logische Lesart.

[Grob / a-Musik] mb

BLAKTRONICS
Movement:Moment
Truth & Desire
DEFCON 5 FEAT. BLUE
Movin In 01

Das Label Moving Records gibt es seit einem guten Jahr. Moving hat eine Adresse in Heidelberg und die BetreiberInnen sind Magnus Miller, Marc Neuert und Stefanie Kiwi Menrath, deren Buch Represent what ... Identitäten im HipHop hier ein paar Seiten später vorgestellt wird.

Die ersten beiden Veröffentlichungen von Moving Records sind zwei EPs von den Blaktronics. Die wiederum sind im Kern ein Duo, Ed Dee Pee und Coppa Tone, die derzeit in San Francisco leben, aber ständig mit wechselnden DJs oder MCs zusammenarbeiten. Blaktronics, so sagen die beiden, sei jener Zweig der Physik, der sich mit dem Verhalten der freien Blaktronen befasse. Blaktronen seien die dunkelsten bekannten Menschen, die Urvoraussetzung aller Menschen. Alles klar? Oder anders formuliert: Blaktronics bedeutet »Soul Energy« – es geht um die Fähigkeit, eine Schwingung zu vermitteln, zu bewirken, daß in einem

anderen Körper Schwingungen ausgelöst werden.

Die Musik der Blaktronics ist Soul im weitesten Sinne, zieht dich erst einmal in ein anscheinend watteweiches Universum aus sanften Sounds. Alles ist warm, jazzig, entspannt und natürlich tanzbar. Weitere unüberhörbare Einflüsse sind HipHop, House, Ambient – alles ist programmiert, nicht gesamplet, entsteht also aus einer organischen Quelle. Weghören und reines Relaxen sind hier aber trotz der Schönheit der Musik nicht angesagt. Manche Beats und Rhymes sind zu dunkel, fordern Aufmerksamkeit und irgendwann dringen die Worte ins Hirn durch und das alte Last Poets-Stück Niggers Are Scared Of Revolution klingt ebenso durch, wie die Anspielung auf Gil Scott-Herons Revolution Will Not Be Televised.

Defcon 5 feat. Blue kommen aus Flint bei Detroit, einer kleinen Stadt, die den Niedergang der Autoindustrie miterlebt und schlecht verkraftet hat. Blue, die für Stimme und Texte sorgt, ist als Poetess schon weit herumgekommen und lebt mittlerweile in New York. Hier klingt alles gleichfalls entspannt, nur reduzierter und wesentlich perkussiver, näher am Hip-Hop und sehr funky. Blue versteht sich darauf, sich sowohl mit ihrer Stimme im schnellen Scat ins musikalische Konzept hineinzufügen, also das Instrument zu spielen, als auch den Hauptpart zu übernehmen. So klingt das Stück Welcome To The Bluest Eyes wie eine klassische Spoken Word Performance, die nicht nur auf den Roman von Toni Morrison anspielt (»left with no choice?«) , sondern die ganze afroamerikanische Musikgeschichte heraufbeschwört, dabei auch die Namen der Frauen nennt, die diese Geschichte wesentlich mitbestimmt haben und nebenbei noch diverse mögliche, vor allem aber auch positive Bedeutungen der Farbe Blau durchspielt. Sehr wichtig ist das und es klingt ungeheuer gut.

[moving records / groove attack] tp

HUGH DAVIES
Warming Up With The Iceman

Um diese äußerst eigenwilligen Aufnahmen mit ihrer ebenso eigenwilli-

gen Klangästhetik zu verstehen, ist ein Blick in die Vita von Davies nicht ganz ohne erhellende Wirkung. Stockhausen-Schüler Davies wurde in den 6oer Jahren Nachfolger von Cornelius Cardew, sollte aber sehr bald eine ähnliche Fahnenflucht gegenüber der Neuen Musik Stockhausenscher Prägung begehen wie sein Vorgänger. Als Davies Ende der 6oer nach London kam, schloß er sich der dort brodelnden Improvisationsszene – namentlich der Music Improvisation Company (mit u. a. Derek Bailey und Evan Parker) – an. Hört man sich vorliegende Solo-CD an (übrigens erst die Zweite in der langen Laufbahn des inzwischen 58jährigen Musikers – die erste erschien 1981 auf *FMP* – gegenüber Genossen wie Braxton, Chadbourne und Elliott Sharp geradezu ein Null-Output), so wird deutlich, wie weit sich Davies abermals von der Improvisation der Endsechziger entfernt hat, wie »far out« er längst gegenüber seinen Kollegen klingt. Die Solostücke sind zwar noch reine, freie Improvisationen, allerdings auf selbstgebauten und auf elektroakustischer Basis abgenommenen Instrumenten mit so seltsamen Namen wie Shozyg und Multishozyg. Zwischen obskuren blechernen Percussionsarbeiten (ohne Rhythmik), Geknusper und Geknurpel mit zwischengeschobenen elektrifizierten Fieptönen, Glas- und Glockenspielklängen, Laufstall-Rattern und dumpfem Brummen entwickelt Hugh Davies eine Musik im Rahmen von »Klangkunst« beziehungsweise »Soundinstallation«, die sich zwischen allen Stühlen, namentlich zwischen freier Improvisation, Cage-Tradition und Fluxus/Neodada à la Yoshi Wada, äußerst wohl fühlt. Eine (nicht ganz gefällige) Anregung für die Gehörgänge und sicher auch – die CD kann es nicht vermitteln – für die Augen.
[Grob / Vertriebe: a-musik, JHM, No Man's Land, Rene Liebermann] mb

SHIRLEY ANNE HOFMANN
AlpTraum 🆑

Shirley Anne Hofmann hat eine höchst abwechslungsreiche musikalische Vergangenheit. Aufgewachsen ist sie in Kanada; ihre Eltern, aus dem Sudetenland eingewandert, hielten

auf die eigene musikalische Tradition. Der Vater, Musiklehrer, wußte aber auch Big-Band-Swing zu schätzen und brachte seiner Tochter Klavier und Trompete bei. Im Schulorchester lernte sie dann auch noch Euphonium. Shirley Anne Hofmann wollte Jazzmusikerin werden. Sie ernährte sich von der Arbeit in Wirtshauskapellen, die sie dann auch zurück nach Europa führte. Dann stieß sie zu The Blech, später zu Momo Rossel bei L'Ensemble Rayé und zum Orkester Ben Jeger – und sie veröffentlichte eine erste Solo-CD *From The Depths*. Das alles muß nicht nur deshalb erzählt werden, weil es ein interessanter musikalischer Lebenslauf ist, sondern weil alle diese verschiedenen Erfahrungen und Entwicklungsphasen in ihrer Musik zu hören sind. Sie arbeitet mit Traditionen auf eine Weise, die ich respektvolles Nicht-Ernst-Nehmen nennen möchte: Sie inkorporiert und experimentiert mit Lust und Witz, mit Ironie und Humor, klingt feierlich und flott mal nach Volksmusik und mal nach Sampler, bajuwarisiert Ravels berüchtigten *Bolero* mit tiefsatten Bläsern, setzt »homemade«-Loops ebenso ein wie Megaphone, Gartenschläuche, Kinderinstrumente, Jodeln und Niesen. Landschaften werden heraufbeschworen, groteske und sentimentale Geschichten in diversen Sprachen erzählt (»Absurdes Spanisch« ist nur eine davon), Situationen in Musik übersetzt und in einen Gesang, der sämtliche freien Formen beherrscht. Scheinbar geht es irgendwie um alpine Szenerien – doch halt, was wie das Muhen einer Almkuh klingt, ist eigentlich ein Wal und in Wirklichkeit Frau Hofmann am Euphonium und die Reise – oder der (Alp?)Traum – führt bis nach Rußland, dreht sich in diversen Tanzfiguren (Tango, Bolero, Walzer, Tanz auf Dach und Drahtseil ...) bis ans Meer und dann zurück nach die eigensinnige Schweiz, in der Hofmann nun auch lebt und der sie zuguterletzt einen Walzer ans Herz legt – für eine Schweiz in Europa vor dem Jahre 3000 ... Bis jedoch irgendeine zukünftige EU-Kommission das genauer abklärt, kann man wie frau mit dieser Platte sehr viel Spaß haben!
[Label Usines / No Man's Land] tp

LE TIGRE
Feminist Sweepstakes 🆟

»Man kommt nicht als Frau zur Welt, man wird es.« (Simone de Beauvoir)
»Ich bin mehr daran interessiert, Vorstellungen zu überschreiten von dem, was eine politische KünstlerIn heute sein kann, als mit meinem Image stereotypische feministische Empörung wiederzugeben«, sagte Ex-Bikini-Kill-Sängerin Kathleen Hanna einmal im Hinblick auf ihr Image in den Medien.
Kathleen Hanna hat nach dem selbstbetitelten Album von 1999 mit ihrer Band Le Tigre nun das zweite, *Feminist Sweepstakes*, herausgebracht. Und wieder präsentiert sich das New Yorker Trio als energetisch-sprühende Musikentladung. Ausgehend von einer Sequenzer/Synthesizer/Gitarren-Ästhetik spielen Le Tigre sowohl mit der digitalen Simulation der Grenzen zwischen Mensch und Maschine als auch mit Genderidentität und Rollenmodellen. Le Tigres »Cut-and-Paste«-Arbeitsweise wird immer angetrieben von dem Bestreben, Popmusik von der ideologischen Ödnis des Mainstream zu befreien, ohne dabei den tänzerischen Hedonismus aus den Augen zu verlieren. Als Dancetrack-Version mit theoretischem Überbau: »Feminist Electro Punk«.
Trotz der gesellschaftlichen Relevanz lehnen Le Tigre das Modell einer größtmöglichen politischen Effektivität durch den Schritt zu einem Major ab. Wichtiger scheint es ihnen, als Teil eines antisexistischen internationalen Netzwerks von Bands, Labels und Magazinen zu fungieren. Getreu dem Motto: die Bewegung bleibt in Bewegung. So ist es auch nicht verwunderlich, daß *Feminist Sweepstakes* auf dem Label der umtriebigen Chicks On Speed erscheint.

Als Postfeministinnen wollen sich Le Tigre nicht bezeichnet wissen, schließlich ist die Welt auch nicht im postfeministischen Zustand. Denn in der Sphäre der Massenkultur werden emanzipatorische Forderungen weiterhin stigmatisiert, belächelt oder als altmodisch empfunden und mit Klischees wie ›Zensur‹ und ›Freudlosigkeit‹ gleichgesetzt. Angesichts immer noch allzu spärlich besetzter Reihen weiblicher Musikerinnen – von Ausnahmeerscheinungen wie Peaches, Missy Elliot oder Ursula Rucker einmal abgesehen – erscheint dieses Postulat noch lange nicht erfüllt. Gerade die boomende Nu'Metal-Szene mit ihren Testosteron geschwängerten Machogebärden ist ein weiteres Beispiel dafür, wie weit die (Musik)-Welt von der Dekonstruktion der Geschlechter entfernt ist.

[Chicks On Speed Records / EFA] pw

DO MAKE SAY THINK
& Yet & Yet 🎵
HANGEDUP
Same 🎵
FLY PAN AM
Ceux Qui Inventent N'ont Jamais Vecu 🎵

Das *Constellation*-Label dürfte vor allem dank der Veröffentlichungen von Godspeed you Black Emperor! eine gewisse Bekanntheit erlangt haben – so erstaunlich das auch ist, daß ausgerechnet eine so unkonventionelle, verwobene Outsider-Band weit über Insider-Kreise hinaus bekannt geworden ist. Böse Zungen könnten anhand des Godspeed-Erfolgs (der ja ein Erfolg innerhalb eines Klientels ist, das sich noch vor gut zehn Jahren in der Hardcore-Szene wohlgefühlt hätte, als HC noch nicht für tätowierte Muskelmänner, sondern *do it yourself*, Integrität und musikalische Freiheit samt Selbstbestimmung stand) Vergleiche zum Fantasy-Boom und zum Erfolg von *Herr der Ringe* ziehen. Beiderseits Romantik, Esoterik, sensuelle Nebelschwaden, Rückeroberung des Epos ... mit dem Unterschied, daß *Herr der Ringe* (als Buch wie als Film) zutiefst reaktionär ist (darüber muß auch nicht mehr diskutiert werden); Godspeed dagegen (Konstellation, etwas vereinfacht wiedergegeben: Punks,

die Schubert für sich entdeckt haben) erfrischend, unorthodox.

Deren Prinzip zeichnet auch die neueren *Constellation*-Veröffentlichungen aus, sprich: (Neo-)Romantik ohne reaktionären Background, Pathos mit genau der Dosis Integrität und Post-Jugendzentrums-Flair, die das Ganze nie in die Niederungen der Esoterik abgleiten läßt. Gewissermaßen eine Wiederbelebung von Canterbury-Artrock und *Rock in Opposition*: handwerklich »progressive« wie damit auch wertkonservative Musik, die jedoch einem Background der Selbstbestimmung entspringt, der zwar voll Siebziger-Batik-Style ist, aber doch inmitten neoliberaler Wirren sympathisch sein muß. So zum Beispiel auch Do Make Say Think, die CD in brauner Umweltschutz-Pappe – eine Art Jugendzentrums-Version von Tortoise, also »Postrock zum Anfassen«. Fast schon plagiatorische Tortoise-Elemente (die Rhythmen, der Baß) werden durch eine gewissermaßen »uncoole«, ganz und gar unprätentiöse Spielfreude wieder wettgemacht, kulminierend in wilden Jazzrock-Verdichtungen mit einer Spur Henry Cow, kontrastiert von ambientesken Gitarrensounds, die dann aber über weite Strecken wirklich dreist (nämlich bei Labradford) geklaut sind.

Auch das Viola-Drum-Duo Hangedup bietet eine Art Wiederkehr vertrauter Klänge, die meine oben geäußerte Vermutung bestätigen, daß es sich bei dieser Szene um eine Wiederbelebung des *Rock in Opposition*-Umfelds handelt. Nimmt man dessen Ausläufer *RecRec* und *Recommended No Man's Land* (in den 80ern eine Institution in Würzburg, heute in Berlin) hinzu, dann findet sich zu Hangedup sofort eine Analogie, die ins Auge springt: Das tschechische Duo Iva Bittova (Geige, Gesang) und Pavel Fajt (Drums). Ehrlich, die klangen (fast) genauso wie heute Hangedup ... Tom Cora nicht zu vergessen, der da auch Spuren hinterließ. Und das heißt, auf den Kosmos der 2000er übertragen: Instrumentaler Emocore mit Violinenarbeit, die sehr viel osteuropäische und jüdische Folklore übernommen hat. Alte Säcke wie ich sagen: 100% Abklatsch. Jüngere Semester jedoch haben die Chance, den Reichtum einer inzwischen fast vergessenen

Szene und damit musikalischen Formensprache neu oder besser überhaupt erstmals zu entdecken.

Die vier Musiker von Fly Pan Am, von denen es auch direkte Verbindungen zu Godspeed gibt (der Gitarrist war gerade mit ihnen auf Tour) bieten in diesem Reigen auf alle Fälle die eigenständigste Musik: Analog-digital-Kollisionen mit sehr viel Dynamik und Überraschung. Trockene Grooves und sogar knackige Funk-Ansätze werden mit elektronischen Störgeräuschen vermischt; New-York-No-Wave-Zitate mit entsprechenden Afrobeat-Reminiszensen werden von Gitarrenarbeit durchwoben, die wiederum sehr artrockig, robert-frippesk daherkommt. Acht unberechenbare Nummern mit jeweils unterschiedlichem, aber immer offenem Ausgang.

[Constellation / Hausmusik / Indigo] mb

FENNESZ
Endless Summer 🎵 / 🎵

Die Reputation, die Christian Fennesz inzwischen genießt, ist enorm groß. Vor einigen Jahren, noch zu Zeiten seines Debütalbums *Hotel Paral.lel*, wurde er nur von einigen Eingeweihten wahrgenommen, die sich gerade auf dem Weg von Industrial hin zu neuer abstrakter Elektronik befanden. Inzwischen ist er bei mehrseitigen Artikeln in einschlägigen Magazinen angekommen. Die Hörgewohnheiten scheinen sich tatsächlich verändert zu haben, wenn man auch zugeben muß, daß *Endless Summer* – Grund für die Aufmerksamkeit der Presse und zweifelsohne sein Opus magnum – seine bisher zugänglichste Arbeit ist.

Aus seiner Vergangenheit als Gitarrist hat Fennesz nie einen Hehl gemacht, für ihn ist und bleibt die Gitarre eine wichtige Soundquelle.

Gegenüber der Wiedereinführung der Gitarre in elektronisch produzierte Popmusik via Sampling, ein von Destiny's Child bis Mirwais reichendes Phänomen, setzt er aber nicht auf reinen organischen Klang. Stattdessen generiert er selbst die abstraktesten Klänge aus einigen wenigen Akkorden und Pickings. Nie verheimlicht *Endless Summer*, das Kind einer Computer-Festplatte zu sein. Das Kunststück, das Fennesz hier so wunderbar leicht gelingt, ist die Verbindung zwischen zielsicher emotionalen Melodien und Abstraktion. Der Querverweis zum 60er Jahre-Surf-Film, den der Albumtitel vorgibt, und damit das Spiel mit Sentimentalität und Eskapismus, passen perfekt.

[Mego] tl

YANNIS KYRIAKIDES
a conSPIracy cantata 🔘

In der 45minütigen Titelkomposition treffen zwei kryptische kommunikative Medien aufeinander: Auf der einen Seite das Orakel von Delphi, auf der anderen sogenannte »spy number transmissions« über Kurzwellenradio. Während des Kalten Krieges dienten die »number stations« als Kommunikationswege, mit denen Geheimdienste Kontakt zu ihren Spionen aufnahmen. Per Kurzwelle wurden über Nummern, phonetische Buchstabencodes, Morse und kodierte Geräusche interne Codes gesendet, die Außenstehenden völlig unverständlich blieben. Kyriakides ist von der Idee fasziniert, daß zwar jeder auf der Welt diese Botschaften hören konnte, sie also frei verfügbar waren, niemand außer den Eingeweihten sie jedoch verstand. In gewisser Weise gilt dies für alle Fachsprachen, für den Wissenschaftsbetrieb, dessen Spezialsprachen streng zwischen Eingeweihten und Ausgeschlossenen trennen, aber auch für die Sprachen der Kunst, speziell der Neuen Musik, in deren Feld Kyriakides operiert. *SPI* ist für zwei Alt-Stimmen, Piano und Elektronik komponiert, wobei die elektronischen Geräusche die Atmosphäre und Textur der damaligen Geheimbotschaften rekonstruieren. Zwei weitere Kompositionen schließen sich an, *hYDAtorizon* (ein Stück, in dem vier in einem

Klavier installierte Lautsprecher Sinustöne aussenden und damit die Saiten zum Schwingen bringen) und *tetTIX* (eine Komposition für Stimme, Drummachine und Insektengeräusche). Alle drei Stücke stellen einen Komponisten vor, der eine suggestive und zugleich minimalistische Klangsprache gefunden hat. Seine Arbeiten selbst sind eher sphärisch als kryptisch verschlossen, erinnern an Alvin Lucier, sind jedoch wesentlich weniger wissenschaftliche Versuchsanordnungen als ausgearbeitete Kompositionen, die ganz neue Elemente im Umgang mit elektronischen Sounds in die Neue Musik einführen (zum Beispiel eine komplexe, an Drum 'n' Bass geschulte Rhythmik in *tetTIX*).

[Unsounds / Lowlands, Online: unsounds.com] mb

WU TANG CLAN
Iron Flag 🔘 / 🔘
GHOSTFACE KILLAH
Bulletproof Wallet 🔘 / 🔘
RZA
Digital Bullets 🔘 / 🔘
METHOD MAN / REDMAN
How High 🔘 / 🔘

»Industry Hijacking« in 36 Kammern oder wie bastelt man seine eigene Kulturindustrie – vor nicht ganz zehn Jahren trat der Wu Tang Clan aus Staten Island, New York, mit dem Anspruch an, die Plattenindustrie mit ihren eigenen Mitteln zu schlagen. Der Plan ging so weit auf, daß sich die Gruppe um Mastermind RZA und den hauseigenen Pop-Star Method Man eine eigene Nische zwischen Underground und Mainstream schuf. Sie verfügen über eine Sportswearkollektion, eine eigene Comicserie und dienten als Vorlage für ein Playstation-Kung Fu-Spiel. Neben der zugkräftigen Selbstvermarktung als neunköpfige HipHop-Supergroup sorgten sie jedoch auch kontinuierlich für eine ungewöhnliche Basisanbindung, indem sie als Produzenten Nachwuchstalente wie Teilzeit-Wu-Tang-Mitglied Cappadonna und den jüdischen Rapper Remedy durch Gastauftritte bei den zahlreichen Soloprojekten, Sampler und in Form eigenständiger Alben förderten.

Der systematische Pluralismus des Wu Tang Clans und der zugehörigen Parallelprojekte erinnert in seiner weit verzweigten Struktur nicht nur an Ensembles und deren Posses (á la Public Enemy, *Rawkus*-Label oder die frühen Soul Assassins), sondern an intertextuell angelegte Comicuniversen á la *Marvel*. Die Soloalben, Gastspiele bei assoziierten Bands und Seitenprojekte entsprechen der Struktur von Comicbänden, in denen Figuren sowohl innerhalb einer Gruppe, als auch im Rahmen von Soloabenteuern auftreten können. Der Wu-Tang-Kosmos umfaßt ein Spektrum das vom Soundtrack zu Jim Jarmuschs *Ghost Dog*, über Sampler mit protegierten Acts bis hin zur kontinuierlichen Zusammenarbeit mit anderen Performern reicht. Die gelegentlichen Zusammenschlüsse von RZA mit Prince Paul bei den Gravediggaz und von Method Man mit Rap-Weirdo Redman bilden der Comicanalogie entsprechend das Äquivalent zu den DC/Marvel-Crossoverbänden, in denen Figuren unterschiedlicher Verlage aufeinandertreffen.

Das Duo Method Man / Redman hat das auf der Platte *The Blackout* und in einigen Videoclips etablierte Stand-Up-Comedy-Programm inzwischen zu einem eigenen Spielfilm ausgebaut, der sich wie das zugehörige Video ausgiebig bei Vorbildern der 70er Jahre von Cheech and Chong bis hin zu der Saturday Night Live-Truppe um John Belushi und Dan Ayckroyd bedient. Der Soundtrack zum Film *How High* bietet zwar einige gelungene neue Tracks, zu einem nicht geringen Anteil betreibt das *Def Jam*-Label damit jedoch auch eine nicht sonderlich aufregende Zweitverwertung, die vermutlich als Vorlauf zu einem zukünftigen Method Man-Greatest Hits-Album dient (die aktuelle Greatest Hits-Kompilation des Ol' Dirty Bastard erscheint als ein besonders absurder Fall von Wu Tang-Exploitation. Der momentan immer noch eine Gefängnisstrafe absitzende Wu-Rapper hat bisher erst zwei Alben, die beide noch erhältlich sind, veröffentlicht.)

Das vierte Wu Tang-Album selbst stellt nach *The W* (2001), das überwiegend aus Kooperationen mit prominenten Gaststars von Busta Rhymes bis Isaac Hayes bestand, eine Art

Back-to-the-Basics-Programm dar. Dieses wirkte sich auch unmittelbar auf den Inszenierungsstil der Videos aus – keine mit CGI-Effekten und Zoten vollgepackten *Familie Feuerstein*-Szenarien mehr, sondern eine stark reduzierte Party-Club-Ästhetik. Präzise, minimalistische Beats ergänzen sich auf der neuen Platte mit Soul-Fragmenten zu einem dichten Patchwork, in dem auch die weniger bekannten Rapper des Clans ihre Skills demonstrieren können. Die Wu Stars Method Man, Ghostface Killah und RZA nehmen sich zu Gunsten des Ensembleprinzips zurück. Da Ol' Dirty Bastard (ODB) anscheinend keinen Hafturlaub bekommen hat, müssen die restlichen Wu Tanger zumindest für dieses Album leider ohne ihn auskommen. Dafür absolviert Public Enemy-Rapper Flavor Flav, bis heute eine der prägendsten Figuren in Sachen Comic-Relief im Rap und Wegbereiter für Busta Rhymes und ODB, einen Gastauftritt auf dem Track *Soul Power*.

Parallel zu *Iron Flag* erschienen die aktuellen Solowerke von RZA und Ghostface Killah. Während RZA die Abenteuer seines Cartoon-Alter Egos Bobby Digital auf gewohnte Weise mit zahlreichen Gastauftritten aus dem Wu-Umfeld fortsetzt, arbeitet der momentan interessanteste Wu Tang-Solokünstler Ghostface an der Verfeinerung seiner überwiegend auf Soul-Samples aus den 7oern aufbauenden Ästhetik, die in ihrer unaufgeregten Funkiness und unaufdringlichen Melancholie über den Standard-Wu Tang-Sound hinausgeht. Zwar befinden sich manche Tracks hart an der Grenze zum konventionellen Kitsch, aber im entscheidenden Moment kriegt der Ghostface Killah doch immer wieder die Kurve. Seine ausgeschlafene Soul-Chamber befindet sich näher an R'n'B-Größen wie Mary J. Blige (deren aktuelles Album übrigens auch sehr zu empfehlen ist) als an den 36 Kammern der Shaolin-Trickkiste des RZA. Gerade diese Vielseitigkeit sorgt dafür, daß das offene Konzept des Wu Tang Clans auch nach zehn Jahren trotz der einen oder anderen Entgleisung immer noch funktioniert. Jedenfalls eine sympathische Alternative zum stilisierten Größenwahn des Puff P. Diddelidoodïdaddys (oder wie auch immer er sich gerade

nennen mag), der sich auf *MTV* damit rühmt, daß er in seinen Videos nur mit echtem Champagner auf die Kameralinse spuckt. Überhaupt sollte Puff Daddy nur noch in Begleitung von Komiker Ben Stiller als Kontrollinstanz Videos aufnehmen dürfen. Der Wu Tang Clan bewegt sich hingegen weiter in der Grauzone zwischen selbst betriebener MC-Nachwuchsschule, die unter anderem Gruppen wie Royal Fam und die Sunz of Man hervorbrachte, und mainstreamkompatibler HipHop-Supergroup.

[Iron Flag: Loud Records; Bulletproof Wallet: Sony; Digital Bullets: Gee Street Records; How High: Def Jam] ar

THE BLIZZARDS
The 6os Anthology.
Beat in Germany 🆑

Sie gehörten leider nicht zu den Stars der internationalen Beat Szene, und dennoch haben sich die Blizzards aus Stade bei Hamburg ihren Platz in der deutschen Rockgeschichte verdient. Mit ihren Coverversionen *Ohne Dich* (Heart Full of Soul) oder *Hab' keine Lust heut aufzustehen* (Ik heb geen zin om op te staan) – aufgenommen mit einem der ersten zwei hergestellten VOX-Verzerrer – ist es eigentlich verwunderlich, daß den Blizzards der Erfolg wie ihn etwa die Lords genossen, versagt blieb. Ein informatives Booklet präsentiert auf 30 Seiten Hintergrundinformationen und seltenes Fotomaterial.

Im Rahmen der CD-Reihe *Beat in Germany Smash! Boom! Bang! The 6os Anthology* stellt das obscuraber-gut-Spezialabel *Bear Family* aus Hambergen weitere deutsche Bands wie The Kettles, The Rivets und die Rainbows vor.

[Bear Family] ae

DIE GOLDENEN ZITRONEN
Schafott zum Fahrstuhl 🆓/🆑

Eine eigene Geschichte.

18 Jahre ist die Band jetzt zusammen, 18 Jahre Zusammenarbeit der Ur-Mitglieder Schorsch Kamerun und Ted Gaier, die durch ihre Unterschiedlichkeit die Dialektik dieser Band ausmachen. Nach dem anfänglichen Berühmtheitsstatus mit Fun-Punk, jetzt schon seit 10 Jahren (genauer eigentlich: seit der Wiedervereinigung und der damit Hand in Hand gehenden Mordbrennerei der Rechten) Agitations-Pop. Das heißt für Linke wie sie: Immer wieder die Behauptungen des Mainstream (oder von Teilen des Mainstreams) zu überprüfen und Lügen aufdecken. Zum Beispiel:

– Endlich mal ein Wort zu diesem Scheiß »Nazis raus«, das Linke aus rechter »Ausländer raus«-Rhetorik übernommen haben. »Wat solln die Nazis raus aus Deutschland, wat hät denn des für a Sinn – Die Nazis könne doch net raus, denn hier gehörn se hin« sagen die Zitronen.

– Oder der Vorführreflex des modernen Rassismus: »Action Now! Cooler schwarzer Mann – Süßes gelbes Kind – Schöne rote Frau.«

– Oder die Sprachbeobachtung des kleinen Chefs, des Vaters, des Bullen u.s.w.: »Da gab es nie mehr als eine Meinung für mich. Die Frage stellte sich nicht. Hast beim Kochen wohl Glück gehabt, sonst würd es mir nämlich nicht schmecken. Du hast ein Benehmen, wie ein Gartenschlauch, krumm und dreckig!«

Die Band gibt ihre Neuigkeiten aus der Gegenöffentlichkeit mit einer Selbstverständlichkeit und einem Verve heraus, daß es eine Freude und ein Knacken ist! Was ist neu? Daß die Band sich selbst als Geschichte bearbeitet: Siehe die Neuversion von den

Schwierigkeiten die Regierung stürzen zu wollen, das früher *Alles was ich will, ist nur die Regierung stürzen* hieß. Und die Anspielung auf das Cover der ersten Single vor 17 Jahren.

Wenn ein Zug nach Hamburg hereinfährt, ist auf einer Mauer am Hauptbahnhof folgendes zu lesen: EINE EIGENE GESCHICHTE.

[Buback / Indigo] kr

JOIE / DEAD BLONDE GIRLFRIEND
Pretty As A Picture 🔘

Joie/DBG ist keine Band und auch kein Duo, wie der Name vielleicht vermuten läßt, sondern ein Typ mit seiner Akustik-Gitarre, der rockt ... und einer früheren Freundin, die an ihn glaubte, als er es selbst nicht tat, damit Tribut zollt. (Sie ist, um Euch zu beruhigen, durchaus noch am Leben). Er gilt als einer der Vorreiter der etwa '98 aufkeimenden NY-Anti-Folk-Scene und ist Freund und Roadie der Moldy Peaches, die wiederum seinen Song *Where Are You* coverten. Joie/DBG hat in zahllosen Bands gespielt und Alkohol/Drogen-Probleme hinter sich. Er hat mit seinen energiegeladenen Punk-Folk-Performances eine Menge Leute inspiriert, hostet mittlerweile wöchentlich die *Raven Café Open Stage*, ein Treffpunkt für Akustik-Songwriter, und spielt regelmäßig im *Sidewalk-Cafe*, NY.

Pretty As A Picture ist eine rasante Reise durch Rock'n'Roll Tragödien, Zweifel und Protest, Verlangen und Verlust, Aufstieg und Fall. Trotz zahlreicher Guest-Appearances ist es letztendlich aber doch Joies Solo-Album. »I'm not really sure if I belong in this world / but I'm not leaving anytime soon ... 'cause I don't mind going down in flames« singt Joie in *Rock-N-Roll Tragedy*. Und in *Rockstar Junkyard* heißt es: »Play my Songs on the radio, put them on MTV / Where I won't forget anyone of you before you forget about me / In the Rockstar Junkyard ... I'm gonna get the hell out of here.«

In New Yorks East Village wird Joie/DBG in einem Zug mit Bob Dylan, The Ramones und Johnny Cash genannt und seine drei früheren Veröffentlichungen *Rockstar Junkyard* und *White Trash Symphony I and II* waren schnell vergriffen. Seine Einflüsse sieht er selbst bei Leonard Cohen, Tom Waits, The Stooges, oder The Replacements und meint, Punks, Poeten und sogar Folkies verstehen, was er macht. Joies Songs sind nichts für jedermann – ihr müßt schon auch die dunklen Seiten des Lebens erfahren und die Welt vielleicht ein wenig verändern wollen. Veröffentlicht hat er *Pretty As A Picture* auf seinem eigenen *Inside Out Records* Label, da es anderen Firmen trotz Lob zu heikel schien und kümmert sich selbst um Promotion und Versand. Good luck, Joie ...

[www.mp3.com.jdbg und inside out records] sw

GREG DAVIS
Arbor 🔘 / 🔘

Greg Davis war mir bislang unbekannt. Über den musikalischen Kontext, aus dem er entstammt (Hrvatski, Marumari) kann ich ebensowenig sagen. Doch diese unter eigenem Namen herausgebrachte Platte fördert mit einem Schlag sehr viel Potential zutage. Die Koordinaten sind ganz einfach zu beschreiben: Laptop-Sounds gemischt mit Folk im Stil von John Fahey. Etwas ähnliches hatte bereits Jim O'Rourke versucht, als er die Minimal Musik von Tony Conrad mit dem Gitarrenspiel von Fahey zu mischen versuchte und für bizarre, aber entzückende Kontraste sorgte. Bei Greg Davis klingt die Musik hingegen ziemlich kontrastfrei homogen, alles in allem dermaßen stimmig warm und heimelig, daß sie in manchen Momenten kurz davor ist, ins Geschmäcklerische von *ECM*-Musikern wie Steve Tibbetts zu kippen. Der Balanceakt gelingt hier allerdings. Vorurteile über die Dichotomie von Laptop und Folklore, also die vielleicht entgegengesetztesten musikalischen Ansätze, die nur denkbar sind, werden aufgehoben, Zuweisungen wie ›künstlich‹ und ›authentisch‹ greifen da nicht mehr. Natürlich ist *Arbor*, um dermaßen kaminzimmerhaft feierabendlich abgerundet zu wirken, eine äußerst gefällige Platte, zudem eine, bei der bereits Elektronik so vertraut wie Folklore funktioniert. Das aber kann und sollte kein Argument gegen diesen Ansatz sein.

[Carpark Records / Hausmusik] mb

La Economia Nueva (Operation Gatekeeper)

ULTRA-RED
La Economia Nueva (Operation Gatekeeper) 🔘
ULTRA-RED / ANNA PLANETA
Split 🔘

Neues vom politischen KünstlerInnen-Kollektiv aus Kalifornien, dessen Schaffen ja in der Vergangenheit in *testcard* schon aufmerksam verfolgt wurde. Ultra-Red arbeiten projektbezogen, widmen sich jeweils einem Thema durch Musik und Installationen. Nach Projekten über die Vertreibung der Schwulenszene aus dem Griffith Park Los Angeles und die Situation in den Barrios in LA haben sie sich nun der US-amerikanisch-mexikanischen Grenze angenommen. *La Economia Nueva* sampelt auf drei Tracks Mitschnitte von Protestkundgebungen an einer der Grenzstationen. Grund der Widerstandsaktionen ist das US-Regierungsprojekt »Operation Gatekeeper«, das eine fortschreitende Militarisierung der Grenze vorsieht, an der bereits jetzt fast täglich Menschen im Feuer der Grenzpolizei sterben. Freiheit gilt eben nicht mehr den Menschen, sondern nur dem Kapital, das ohne Widerstand zwischen dem Niedriglohnland Mexiko und den reichen USA hin- und herwandern kann. Musikalisch sind Ultra-Red einen Schritt weiter gegangen und weben ihre Field-Recordings inzwischen in dichte Clicks-&-Cuts-Klangteppiche ein.

Die zwei Stücke auf der Split-EP mit Anna Planeta gehen noch ein Stück weiter. Unter der Produzentenhilfe des House-Musikers John Tejada entstanden hier zwei kickend-tanzbare Minimalhouse-Stücke. Über den Beats laufen die Samples von Protest-Sprechchören und dem Lärm der Polizeihubschrauber im Takt. Aufge-

214

nommen wurden diese bei einer Demonstration gegen den IMF und die Weltbank in Washington DC. Ultra-Red zeigen bei beiden Releases abermals eine Möglichkeit, konventionelle politische Meinungsäußerung in modernste Kunst umzusetzen, bei der weder Botschaft noch ästhetischer Anspruch auf der Strecke bleiben. Die B-Seite von Anna Planeta mit Field-Recordings aus einem katholischen Schulhaus in der Nähe von Leeds, das bei der Gothic-Szene in UK als eine Art Wallfahrtstätte gilt, ist nicht minder interessant.

[beide: Fat Cat / Hausmusik] tl

MARIANNE NOWOTTNY
Manmade Girl –
Songs And Instrumentals 🎵

Manmade Girl ist nicht die erste Veröffentlichung der 18-jährigen Marianne Nowottny, die in New Jersey lebt. Als sie 17 war, erschien ihr Debüt-Album *Afraid of Me* und zusammen mit Donna Bailey nahmen sie unter dem Namen Shell einen Longplayer auf, beides bei der befreundeten *Abaton Book Company* veröffentlicht.

Musikalische Grundlage der Songs bilden Keyboardsounds und -melodien sowie die sehr markante Stimme Marianne Nowottnys, die rein gar nicht an die eines Teenagers erinnern will. In vielen Stücken singt sie weniger, sondern trägt ihre Texte auf poetische Art mit beinahe schon beängstigendem Selbstbewußtsein vor. Auf *Manmade Girl* kommen zu dem Keyboard elektronische Sounds und Soundscapes hinzu und es herrscht eine eher düstere, zeitweise fragile Grundstimmung vor, manchmal psychedelisch oder sogar ins wavige gehend. Aber keine Angst, *Manmade Girl* ist sicher keine Gothic-Wave Platte. Vielleicht trifft es die Schublade Avantgarde besser, auch wenn diese mir mittlerweile etwas verstaubt scheint.

Die meisten Instrumente, neben Keyboard noch Gitarre, Percussion, Drums und Baß, wurden von der Multiinstrumentalistin selbst eingespielt, von Mark Dagley – auch bildender Künstler und Mitbetreiber der *Abaton Book Company* – erfährt sie Unterstützung an Gitarre und Percussion,

von Bronwen und Aidan DeSena an den Background-Vocals. Das Album wurde zwischen Mai '99 und Februar '01 im Abaton Homestudio/New Jersey und in Virginia aufgenommen. Gemastert wurde die Doppel-CD übrigens von Elliot Sharp. CD1 enthält Songs, CD2 dagegen vor allem instrumentelle Fragmente und experimentelle Collagen.

Marianne Nowottny schreibt persönliche Texte, surreale Ausflüge der Phantasie, Traumsequenzen mit Titeln wie *Bourbon Prince*, *Rainy Days and Vinyl*, die im Booklet nachzulesen sind. Das Cover – wohl auch von Marianne Nowottny selbst entworfen – zeigt eine hybride Puppen-Kreatur, die an eine lädierte Batwoman mit Katzenauge erinnert, geschmückt mit Computer-Schrott und Kabeln.

In der Presse waren bereits Vergleiche mit Tori Amos – bei beiden zählt das Keyboard zur Hauptsoundquelle – Lydia Lunch, Patti Smith und auch PJ Harvey zu lesen. Live spielte sie bereits zusammen mit dem Experimental-Girl-Duo Blectum From Blechdom, und das englische *The Wire*-Magazin bedachte die Veröffentlichungen mit großem Lob. Dennoch hat *Manmade Girl* hierzulande keinen regulären Vertrieb, kann aber gewiß direkt über www.abatonbookcompany.com geordert werden, wo sich auch noch mehr Infos finden.

[abaton / www.abatonbookcompany.com] sw

POINT by CORNELIUS

CORNELIUS
Point 💿 / 🎵

Kaigo Oyamada ist, wie wir aus Mike Always eigenem Labelportrait entnehmen können, bekennender Fan des britischen, längst verstorbenen *él*-Labels und hat von dem auch etwas geerbt, nämlich die Mischung

als grazilem Pop, Witz und einem völlig unberechenbaren Songwriting. Ganz egal, ob Cornelius hier Heavy Metal parodiert (*I Hate Hate*) oder den Titeltrack aus Terry Gilliams Film *Brasil* covert – es bleibt stets eine eigene Handschrift bewahrt, die in einem unglaublich klaren, zugleich aber auch schwindelerregend geschichteten Arrangement besteht. Vokalfetzen, die wie Samples klingen, folgen ganz der rhythmischen Segmentierung, die äußerst nervös ist, ständig Cuts setzt, während doch zugleich alle Stücke als Songs funktionieren und von Akustikgitarre getragen werden. Die Gitarrenanschläge, Gesang, Beats und Samples sind genauestens aufeinander abgestimmt, mal durch harsche Breaks, mal durch Verschiebungen und Überlagerung verzögernd gesetzt, weshalb *Points* auch ideal – so das Info des *Matador*-Labels – als »Headphones music« funktioniert. Cornelius ist ein Tüftler, der trotzdem nie (wie beispielsweise Squarepusher) die Songstruktur außer acht läßt, einer, der die Popmusik wohl liebt, dem konventionelle Pop-Arrangements allerdings zu langweilig sind. Seine glasklaren Sounddesigns, diese komplexe, alle Elemente dem Rhythmus unterordnende Mischung aus Pop, Glam, Songwriter-Gitarrenspiel und bizarrem Sampling, läßt sich zudem mit nichts anderem inner- und außerhalb Japans vergleichen.

[Matador / Zomba] mb

V/VM
Hate You 💿 / 🎵

Was auch immer die V/VM-Bande aus dem Norden Englands bisher inspiriert hat: es hat auf dieser Compilation seine Wirkung verfehlt. Gewohnt motzig und frech ist an dieser Platte eigentlich nur das Booklet, wo auf einer Hate List von Breakcore-Producer DJ Scud über Pan Sonic bis zu John »The Fall« Peel alle ihr Fett abbekommen. Die Musik enttäuscht. Wer hat nicht schon tausendfach durch den Verzerrer gejagte Breakbeats kombiniert mit atonalem Krach gehört? Was soll so provokativ an einem elend langen Drone-Instrumentals mit Titeln wie *The Bleeding* oder *Ghostbusters* sein? Das alles machen inzwischen ganze Legionen an Laptop-Punks. Und wenn V/VM mit typisch englischem Humor Kinderfernsehmelodien durch den Verzerrer jagen, könnten sie gleich in der Billy Hill-Show auftreten. Einzig das zehnminütige, gnadenlos durch Distortion entstellte Beatles-Loop am Ende der CD (aus *Hey Jude* wird *Hate You*) ist originell. Ohne hier mit Worten wie »Scharlatanerie« um mich werfen zu wollen: nichts können macht nichts, alles hassen macht auch nichts, langweilige Musik machen dagegen ist und bleibt langweilig.

[V/VM] tl

VERSCHIEDENE
Africa Raps 🔘

»Rivers of my father / Carry me home«, singt Gil Scott-Heron auf der *Winter In America*-LP, »home – to Africa«. Der Kontinent, auf den so viele afroamerikanische Soul-, Blues-, Funk-, Jazz-Musiker und Rapper ihre Sehnsüchte projiziert haben, hat längst auch den Sound der nordamerikanischen Brüder und Schwestern adaptiert und als Sprachrohr für die eigenen politischen Probleme genutzt. Hierzulande wissen wir nicht viel vom meist auf Kassetten vertriebenen Rap aus Senegal, Mali und Gambia – doch die vorliegende *African Raps*-Compilation, ein Highlight aus dem Hause *Trikont*, macht Lust, erzeugt beinahe Sucht nach mehr. Gerappt wird in den eigenen Sprachen, aber auch mit der Grammatik der Kolonisatoren, zum teil in Englisch, zum Teil in Französisch, oft auch die Sprachen innerhalb eines Songs durchmischend. Doch auch alle, die diese Sprachen oder das Sprachgemisch nicht verstehen (der Text im Booklet gibt Aufschluß über die Inhalte), dürften begeistert sein von der Vokalkunst und der oft auch

eigenwilligen musikalischen Begleitung, die den Funk absolut raus hat, ihn aber auch gerne mal mit eigenen folkloristischen Elementen mischt. Weil »moderne Musik aus Afrika schlecht in Richtung Europa« reist, wie es in den Liner Notes so bitter wie treffend heißt, weiß hier auch fast niemand, daß Dakar eine Metropole der HipHop-Kultur ist, nicht zuletzt dank dem großen Erfolg von Positive Black Soul, die in Senegal so bekannt sind wie hierzulande vielleicht nur die Fanta 4 (aber vergleichsweise um Lichtjahre besser), ganz davon abgesehen, daß auf ihren enormen Erfolg unzählige HipHopper folgen, deren Tapes und zum Teil auch CDs eine Rap-Kultur ausgebildet haben, die so politisch motiviert wie musikalisch ausdifferenziert ist, daß man sie durchaus mit dem Geist der europäischen Punk/Hardcore-Szene in den Achtzigern vergleichen kann. »Jeder Straßenzug Dakars hat heute seine Posse«, beginnen die Liner Notes. Der Rap ist heim gekommen, heim nach Afrika, zumindest auf einige Flecken dieses Kontinents, dessen Drama noch immer darin besteht, daß er von den kapitalistischen Staaten in dem Maße ökonomisch ausgeblutet wird, in dem diese sich zugleich auch nicht für dessen Kultur interessieren (*testcard* mit seinem Euro/US-Avantgarde-Zentrismus zum Teil inbegriffen). Die hier versammelten 16 Beispiele kratzen ihrerseits gerade mal an der Oberfläche, aber sind zumindest ein Anfang.

[Trikont / Indigo] mb

INSTITUT FUER FEINMOTORIK
Penetrans 🔘/🔘

»Accept the expected«, heißt es auf dem Rücken dieser CD – und, ja: Wirklich Unerwartetes findet man in den Massen an Musik, die auf den Markt strömen (und vor allem bei deren elektronischer Variante), sehr selten. Aber muß man sich deshalb gleich in sein Schicksal fügen und essen, was auf den Teller kommt? – Nein, wahrscheinlich war's auch nur ein institutseigener Scherz, dafür sprechen schon Songtitel wie *Behalte du deinen Traum, ich behalte das Geld!*, *Es ging mir niemals besser!* und

Wird es sehr weh tun?. Andererseits: Viel bewegen, im Sinne von die Hörerin/den Hörer überraschenden Klängen, Ausbrüchen oder Modulationen, tut sich in den instrumentalen Tracks der Bad Säckinger Klangforscher nicht – sonst würden sie sich ja vielleicht auch eher INSTITUT FUER GROBMOTORIK nennen. Doch gerade die kleinen Verschiebungen, die sich innerhalb der Grooves – und die sind die große Stärke dieser ansonsten abstrakten und minimalen, strengen Musik – akustisch beobachten lassen, machen das Album zu einem interessanten Hörvergnügen inklusive Mitswingfaktor.

[Staubgold / a-Musik] gw

SPACEHEADS AND MAX EASTLEY
The Time Of The Ancient Astronaut 🔘

Seit Jahren, ach was, seit Jahrzehnten taucht immer mal wieder der Name Max Eastley im Zusammenhang mit ambitionierten Minimal-, Ambient- und Soundscape-Projekten auf, nie wirklich an erster Stelle, nie in Form einer markanten und historisch wegweisenden Veröffentlichung, aber doch als eine Art treuer Begleiter und Mitgestalter einer Tradition, die von La Monte Young über Brian Eno bis zu Autechre reicht. Das Stigma des Zweit- bis Drittklassigen müßte ihm allerdings spätestens mit dieser Veröffentlichung aberkannt und in ein Erstklassiges umgemünzt werden. Anno 2001 ist keine derart vielschichtige Analog-Elektro-Fusion erschienen. Und auch unabhängig von bloß temporären Superlativen hat dieses Trio das Zeug zu einem Klassiker. Elegische Trompete, gespielt von Andy Diagram im Stil zwischen Jon Hassell und 80er Miles Davis, wird hier von den Electronics und Samples (Eastley) und den Percussions (Richard Harrison) dermaßen gut geerdet, daß sich *The Time Of The Ancient Astronaut* wie eine nachträgliche Korrektur von einst vielgelobten, aber doch retrospektiv peinlichen Ambient-Welt-Sound-Platten anhört, wie eine Zurücknahme vom Eno/Byrne-*Bush Of Ghosts* und vom Eno/Hassell-*Possible Music*. Kongenial treten hier esoterische *ECM*-Jazzpartikel mit flirrendem Noise in

Dialog, begegnen sich AMM, frühe Chrome, Jan Garbarek und Squarepusher auf einer Überholspur ins Niemandsland der zielgruppenlosen Unverkäuflichkeit. Groß an alledem klingt jedoch gerade nicht eine abermals eigen- und neuartige Fusion von scheinbar Unvereinbarem, sondern die ganz lockere Zusammenkunft ohne verkrampften »Schaut mal her, was noch so alles geht«-Verdacht. Als offenkundig improvisierte Session wird hier ein strukturell in sich logischer Spannungsbogen aus Kontrasten heraus entwickelt, der spätestens mit Track 8 namens *Hail Bob* den verdichtetsten Free-Space-Jazz seit Sun Ra zur Erde zurückbringt.

[Bip-Hop / Hausmusik] mb

STARDAX & PINK ELLN
The Electronic Dreamplant 💿 / 💿

Viel wurde über die Multimedialität diskutiert. Wenig wurde sie bisher im Musicbusiness praktiziert. Meist präsentieren Labels die Verwendung neu-

er Technologien nur sehr zögerlich. Wenn überhaupt, wird geprahlt mit Fortschrittlichkeit und Modernität. Das klein-feine Offenbacher Label *Saas Fee* arbeitet da ganz anders und scheint so eine Art postmodernes Indietum zu entwickeln. Neben Ausstellungen und einer wundervollen Homepage (*www.saasfee.de*) haben die Damen und Herren schon schnuckelige Musik von Superpop und Sergej Auto herausgebracht. Die Kooperation von Stardax und Pink Elln in Form der CD/CD ROM *The Electronic Dreamplant* fügt sich da bestens ins abwechslungsreiche Bild. Akustisch versorgt einen Pink Elln mit superentspannten Electronica, das herrlich floatende *Parallel* und das an Lobe erinnernde *Gigant* seien als Anspieltips genannt. Visuell gibt es von Stardax neben Animationen und Videoclips zu den Elln-Sounds, viele kleine elektronische Bild-Freunde namens Tools & Sweeties. Da kann man sich den niedlichen Bildschirmschoner *Popscreen* installieren, das Adventure *The Honey Lover* durchwandern oder

sich einfach zu Pink Elln-Sounds zwischen virtuellen Seerosen und Universen treiben lassen. Eine Menge Arbeit wurde hier von *Saas Fee* und Freunden für eine Menge medienverbundartiges Erlebnis investiert. Wir dürfen danken und genießen!

[Saas Fee / InterGroove] cj

REV. 99
Turn A Deaf Ear 💿

ERNESTO DIAZ-INFANTE & CHRIS FORSYTH
Wires And Wooden Boxes 💿

Wer bei Lyrik und Jazz an betuliche, rotweinselige Highbrow-Culture für Studienräte denkt, liegt bei Rev. 99 ganz falsch, denn dieses Ensemble um den Slam-Poeten 99 Hooker ist äußerst verdichteter Stoff. Hookers Vokalattacken und zwischenzeitliche Saxophon-Ausbrüche werden von Ernesto Diaz-Infante (Gitarre, Piano, Glockenspiel), Chris Forsyth (E-Gitarre) und Akio Mokuno (G3 Powerbook) begleitet. Das ist spontane, harsche

Improvisation und zugleich konzentriertes Miteinander von Stimme und geräuschhafter Untermalung. Elektronik, flirrendes Saxophon und ein äußerst zerfahrenes Gitarrenspiel (die Derek-Bailey-Schule) machen konzentriertes Zuhören unumgänglich. Das allerdings lohnt sich, denn diese treibende Session (auch wenn Auftritte dieser Art nur bedingt auf Tonträger wiedergegeben werden können) ist unorthodox und zugleich unverkrampft.

Zwei Begleiter von 99 Hooker haben mit *Wires And Wooden Boxes* eine Improvisations-CD eingespielt, die mit geringem Aufwand sehr viele verschiedene Stimmungen wiedergibt. Im Dialog von Akustik- und E-Gitarre, Piano und Percussion wechseln Diaz-Infante und Forsyth zwischen harschen Free-Formen (auch hier: Bailey-Chadbourne-Schule), meditativen Momenten (Satie- und Feldman-Einsprengsel auf dem Klavier). Im Bereich zeitgenössischer Improvisation bietet das Duo erfrischende Neukombinationen, einen kontrastreichen Minimalismus, der für Freunde dieser Musik empfehlenswert ist, lassen sich doch zwei Musiker entdecken, die hierzulande bislang noch fast völlig unbekannt sind. Gerade in der Improv-Szene, die sich längst auf nur wenige, allseits bekannte Namen eingeschworen hat, sind Neuentdeckungen dieser Art leider selten.

[Pax recordings / PO Box 591138 / San Francisco, CA 94159-1138] mb

RHYTHM & SOUND
Rhythm & Sound 🄲🄳

Einsteigen, zurücklehnen, die *Basic Channel*-Familie darf übernehmen. Die Berliner, die keinen Wert auf Namen und wortreiche Erkennbarkeiten zu legen scheinen, konzentrieren sich weiterhin auf die minimalen Welten zwischen elektronischem Techno und jamaikanischem Dub. Diese neue Zusammenstellung beinhaltet zehn nichtchronologisch präsentierte Tracks erstmals in digitaler Form. Die letzten vier Jahre werden, teils neu gemastert, teils editiert, revuepassiert. Auf *Smile* erheben sich sogar einmal Vocals aus dem Baß-Fluß, der niemals wieder derselbe sein wird. Die Neube-

arbeitung des Chosen Brothers-Tracks *Mango Walk* findet hier in Form von *Mango Drive* auch noch einen wundervollen ›Hit‹ des Albums. Eigentlich laufen verbale Umschreibungsversuche diesen seit Jahren traumhaften Stücken entgegen. Ob die Sounds fließen, treiben, vorsichtig aufmucken oder gar ins beinahe vollkommen Abstrakte abdriften: Die Erzeugnisse von Rhythm & Sound bleiben stets phantastisch, großartig und geschmacksvereinend. Begnadete Bescheidenheit.

[Rhythm & Sound / EFA] cj

CHRISTOPH WELL / HANS WELL / REINHARD MICHL
Sepp Depp Hennadreck
(Buch & 🄲🄳)

CHRISTOPH WELL / HANS WELL / MICHAEL WELL / REINHARD MICHL
Zing Zang Zing 🄲🄳 / 🄼🄲

GERHARD POLT
Abfent, Abfent ...! 🄲🄳
Heute wegen Tod geschlossen
(Buch)

ACHIM GRESER / HERIBERT LENZ
Aufstand der Anständigen
(Buch)

Es gibt verschiedene Möglichkeiten, die Dekonstruktion der Wirklichkeit zu betreiben, Machtverhältnisse und Interessenlagen zu analysieren, herrschende Ideologien zu demontieren. Man kann die Gesellschaft sezieren und theoretisieren, provozieren und verstören und man muß sich dessen bewußt sein, daß jede Protesthaltung im Kapitalismus ganz schnell unschädlich gemacht wird, indem sie selbst kapitalisiert wird, also in verkäufliche Moden und Trends umgewandelt. »No Future« hatte spätestens dann selbst keine Zukunft mehr, als Fürstin Gloria als ›Punkerin‹ in Talkshows auftrat und C & A zerrissene Jeans und Shirts verkaufte. Die Rapper laufen selbst schon wie eingetragene Markenartikel herum und Techno/House ist nichts anderes als bürgerliches Freizeitvergnügen für die, die den lieben langen Tag Computerfiepen und Handygedudel im Ohr haben und am Abend bei schnelleren Beats entspannen wollen. Aber da unten in Bayern, deep down south, gibt's noch ein paar Widerstandszellen, die anders funktionieren. Sie reaktivieren

das eingebaute Renitenz- und Revoluzzer-Gen der bayrischen Species, und lassen sich nicht einlullen von den ›Laptop & Lederhosen‹-Sprüchen aus der Münchner Staatskanzlei, denn die Krachledernen sind für sie noch nicht »Landhausmode«, sondern Arbeitsg'wand. Sie vermehren sich zahlreich und unterweisen auch schon die Kleinsten im Fach bayrische Subversion. Die Rede ist von der Biermösl Blosn, deren aufsässige Jodler längst über die Weißwurstgrenze hinausgetönt sind und sich harmonisch mit dem Schreigesang der Toten Hosen verbrüdert haben. Wer ihre zahlreichen LPs und CDs kennt, kann verstehen, warum der Filmkritiker Georg Seeßlen schreibt, Bayern müsse irgendwann einmal ein Paradies gewesen sein – hier blitzt es wieder auf in einer so widerspenstigen, frechfröhlichen Volksmusik, wie sie früher eigentlich gemeint war. Das hat nichts mit jenem Melk-Pop zu tun, der in den Schunkelbuden des Fernsehens und der Bierzelte sich »volkstümlich« gibt. Und weil sich früh übt, wer kein angepaßter Depp werden will, gibt's von der Biermösl Blosn, also den Well-Brüdern, schon zwei CDs/MCs mit dazugehörigen Kinderliederbüchern, illustriert und ausgeschmückt von Reinhard Michl: *Sepp Depp Hennadreck* und *Zing Zang Zing*. Statt »musikalischem Grießbrei« (G. Polt) hört man hier pfiffige und rotzfreche, alte, erneuerte und auch wenige ganz neue Kinderlieder und – Sprüche, lustvoll gesungen, gekräht und aufgesagt von den Kindern der Familie Well. Auch das sind »Formen letzter Hausmusik« (A.Tietchens); wer als Knirps an diese Traditionen anknüpft, der dürfte später immun sein gegen Hitparaden jeglicher Art.

Wer Biermösl Blosn sagt, der muß auch Gerhard Polt sagen. Der bayrische Kabarettist zählt wirklich zum besten, was in Bayern frei herumläuft. Nach außen wie ein bayrisch-gemütliches Urvieh, ist der studierte Politologe und Skandinavist eigentlich Spezialist für Kommunikation, auf gut Deutsch: für Gemeinheit, Ausgrenzung und alltäglichen Wahnsinn. »Ein Paradies ist immer dann, wenn einer da ist, der wo aufpaßt, daß keiner reinkommt.« Seine Dialoge sind so präzise und verdichtet, daß man meistens gar nicht mehr lachen kann oder aber Tränen. Von ihm ist alles empfehlenswert (soweit man auch nur halbwegs bayrisch versteht), auch die letzte CD *Abfent, Abfent ...!* (soll heißen Advent), und zwar egal, ob Weihnachten ist oder nicht, und das letzte Büchlein *Heute wegen Tod geschlossen*, kleine Gespräche über den Öha- und Heureka-Effekt, Promis, Beerdigungen, Fertigferien und natürlich über »uns Deutsche«: »Wir Deutsche, wir bremsen uns viel zu sehr. Bitte, geben Sie Ihrem Hund einmal einen Fußtritt. Da ham Sie gleich wieder diese Tierschützer am Hals, für die ist doch ein Silberfisch auch schon ein Haustier. Und jetzt stellen Sie sich vor, Sie hätten wie weiland diese Römer einen Sklaven, der nicht gehorcht, geben ihm einen Tritt, und dann ham Sie wieder diese Tierschützer am Hals. Obwohl des diese Tierschützer einen Dreck angeht. Weil meines Erachtens ist doch ein Sklave noch immer ein Mensch.« Greser & Lenz haben diesen Band passend illustriert, und wer sich für dieses kreative male couple interessiert, findet bereits drei Bände mit gesammelten Cartoons bei Antje Kunstmann, zuletzt *Aufstand der Anständigen*, mit einer Reihe provozierender Zeichnungen, die sich auf die Aufforderung des Kanzlers beziehen. Eine »Sonderbeilage Wehrtechnik« ergänzt die Alltagsenzyklopädie von Politik, Sport, der »Seite für sie« bis Lokales, sprich Frankfurt, Hessen. »Die opulente Erbärmlichkeit deutscher Lebensräume hat in Greser & Lenz freundliche und zugleich genaue Dokumentatoren gefunden«, lobt Martin Mosebach im Nachwort. So isses.

[Christoph Well / Hans Well / Reinhard Michl: *Sepp Depp Hennadreck*. Max Hieber Musikverlag, München 1993, Buch 69 S., ISBN 3-920456-17-3, € 15,30. CD-Länge 62:14 (auch auf MC), € 19,70. Christoph Well / Hans Well / Micheael Well / Reinhard Michl: *Zing Zang Zing*. Max Hieber Musikverlag, München 2001, Buch 132 S., ISBN 3-920456-33-5, € 15,30. CD-Länge 63:47 (auch auf MC), € 20,20. Gerhard Polt: *Abfent, Abfent ...!* Kein & Aber Records, Zürich 2001, Vertrieb über Eichborn, CD Länge 66, ISBN 3-0369-1205-3, € 15,50. Ders.: *Heute wegen Tod geschlossen*. Illustriert von Greser & Lenz. Kein & Aber, Zürich 2001, 63 S., ISBN 3-906542-18-1, DM 19. Achim Greser & Heribert Lenz: *Aufstand der Anständigen*. Verlag Antje Kunstmann, München 2001, 191 S., ISBN 3-88897-285-x, € 15,90] fm

MORPHOGENESIS
In Streams (Volume 2)
1997 – 2000 🄲🄳

Zusammengesetzt aus »amplified objects«, Elektronik, »water machine«, Radio, Piano und dergleichen mehr im Spektrum zwischen Kleinstobjekten, Elektronik und klassischem Improvisations-Instrumentarium, sind die hier sechsköpfigen Morphogenesis mit drei Live-Nummern und einer Studioaufnahme zu hören. Der Improvisationsprozeß folgt einem äußerst dichten, selten nervösen Flow und entwickelt über weite Strecke eine angenehme Spannung aus Kontemplation und »Stör«-Geräuschen, wie sie am ehesten mit den Arbeiten von AMM zu vergleichen ist. Eher harsche »Cracked«-Improvisation (die Möslang / Guhl / Voice-Crack-Schule) steht neben ruhigen »Arte-Povera«-Improvisationen (vergleichbar mit Kapotte Muzik), dichte Post-Industrial-Sounds werden von Fragmenten traditioneller Jazzimprovisation umspielt. Derart in eine lange Geschichte eingebettet, läßt sich kaum mehr von Avantgarde sprechen, denn auch diese Form des »Dazwischens« hat eine Tradition, die zum Teil über zwanzig Jahre zurückliegt (man höre so manche Aufnahmen aus der *Los Angeles Free Music Society*). Doch nicht auf die Neuartigkeit kommt es hier an, sondern auf die Frage, inwiefern die Improvisation jeweils gelungen, in sich stimmig klingt ... auch wenn die Kriterien, dies zu bewerten, bisweilen sehr fragwürdig und subjektiv sind. Es ist davon auszugehen, daß Morphogenesis nur ihre wirklich besten Live-Performances für diese CD ausgewählt haben, denn was den Reichtum an stilistischen wie klanglichen Kontrasten und an Dynamik angeht, weisen diese Aufnahmen weit über die Berechenbarkeit der meisten Improv-Veröffentlichungen hinaus. Der AMM-Vergleich zu Beginn zu Beginn hatte daher seinen Grund: Nur ganz wenige bekommen so etwas hin.

[Paradigm Disc / Drone Records] mb

NAM JUNE PAIK
Works 1958 – 1979 🄲🄳

»Paik was a Composer/Performer before he became a Video Artist.« Mit dieser banalen Aussage von Michael Nyman wirbt das *Sub Rosa*-Label auf dem Backcover der CD für eine äußerst verdienstvolle Wieder- bzw. Erstveröffentlichung von einigen Schlüsselwerken der Fluxus-Bewegung. Daß nun ausgerechnet der stark überbewertete Nyman Paiks musikalische Pionierarbeit ins Gedächtnis rufen muß, darf da nicht weiter stören, ist wohl eher ein verzweifelter Versuch, den Verkauf um vielleicht zwanzig CDs weltweit zu erhöhen ... Die hier veröffentlichten Arbeiten haben nichts an Spannung eingebüßt, sondern zeigen Paik als die humorvolle Variante eines Stockhausen beziehungsweise als das wahrhaft anarchistische Gegenstück zu John Cage. Die hier erstmals veröffentlichten Cut Up-Stücke ähneln späteren Videoarbeiten von Paik auf akustischer Ebene, sind noch immer in ihrer Radikalität unüberbietbar und in Sachen kontrastreicher Verdichtung bis ins Absurde hinein wesentlich irrwitziger als alles, was zum Beispiel die Mothers Of Invention in dieser Hinsicht veröffentlicht haben. Aber auch die Arbeiten für präpariertes Klavier und das Duett Paik/Takis (für Klavier, Stimme und Metall) überzeugen durch eine einzigartige Mischung aus Witz, Parodie und Avantgarde-Gestus. Das, was Paik hier nachträglich popkompatibel macht (wenn man Pop nicht als Musikstil, sondern als »style« im Sinne eines Auftretens und künstlerischen Selbstverständnisses versteht) ist die Tatsache, daß diesen Nummern sowohl das esoterische wie auch überhöhte Moment Neuer Musik abgeht (Warnlampe: Stockhausen), daß Frechheit, Ikonoklasmus und Selbstironie zum festen Bestandteil der Arbeiten gehören und also das ausmachen, was Fluxus gegenüber dem akademischen Kontext der Neuen Musik einmal unterschieden hatte.

[Sub Rosa / EFA] mb

RAZ MESINAI
Before the Law 🆑

Das Gesetz, das hier in seiner Unergründlichkeit vor einem/einer aufscheint, ist das Kafkas. Ich bin weder mit der New Yorker noch mit irgendeiner anderen Illbient-Szene allzu vertraut und so habe ich es John Zorn zu verdanken, daß er mir den Zugang zu einem äußerst originellen Werk ermöglicht. Raz Mesinai hat sein Album Before the Law bei Tzadik in der Reihe Radical Jewish Culture veröffentlicht und beschäftigt sich auf seine spezielle Weise mit einigen Texten Kafkas. Mesinai verwendet dazu außer traditionellen Instrumenten auch Samples von deren Klängen, ferner genuin elektronische Sounds. Außerdem spielt er Klavier, Flöte und ein ziemlich brachiales Schlagzeug. Auf der CD arbeitet er mit einigen großen MusikerInnen des Tzadik-Umfelds: Mark Feldman u. Meredith Yayanos (Violine), Jacqueline Leclair (Oboe u. Englischhorn), Michal Moser u. Erich Schön-René (Cello) u. Ralph Farris (Viola).

Die Stücke sind in der Regel kammermusikalisch instrumentiert. Ihr Klangspektrum vereint das Erbe der Avantgarde mit spezifisch jüdischen Intonationsformen. Sperrig und derb kommen die Stücke daher, tauchen Fragmente in ein fahles Licht und hinterlassen HörerIn beunruhigt. Selten scheint die Umsetzung von Text in Musik unter Verzicht auf den direkten Weg einer Liedvertonung so geglückt, ja zwingend. Denn den Weg einer tonmalerischen Illustrierung geht Mesinai in der Regel auch nicht.

Er erfindet einfach musikalische Entsprechungen zur hermetischen Welt Kafkas. Bekannt geworden ist Raz Mesinai in der New Yorker Dub- und Illbient-Szene, aber das vorliegende Album geht weit über eine derartige Zuordnung hinaus. Die Klänge, die herkömmlichen Instrumenten wie einer Violine, einer Oboe oder einem Cello abverlangt werden und sie einmal in den Bereich Neuer Musik rücken und dann wieder die jahrhundertealte Geschichte jüdischer Musik evozieren, wirken nie bloß gesucht oder beliebig Mesinai gelingt eine faszinierende Verschmelzung, die weder der Gefahr irgendwelcher Gefühligkeit erliegt noch der einer selbstreferentiellen Abstraktion.

[Tzadik-Radical Jewish Culture / No Man's Land] hp

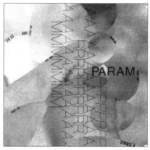

MARCUS SCHMICKLER
Param 2LP / 🆑

Marcus Schmicklers Gastspiel im Bereich der Neuen Musik gehört sicher zum Aufregendsten und zugleich von der Realisation her auch Aufwendigsten, was a-Musik bislang als Label veröffentlicht hat. Hier stellt einer den Dünkel der Befugnis in Frage, indem er zeigt, daß es durchaus auch unabhängig von einem akademischen Kontext möglich sein kann, quasi von außen in die Hallen der Neuen Musik einzudringen und Arbeiten zu realisieren, die für diesen Bereich fast schon als wegweisend gelten können. Die CD (die limitierte Vinyl-Edition bietet ihr gegenüber zum Teil ungekürzte Versionen der Stücke) beginnt mit einer eher moderaten, ›Deep-Listening‹-versunkenen Orgelnummer und rahmt zusammen mit Agogh, dem letzten Track für Chor und Vokalsolisten, die dazwischen liegenden En-

semblestücke, mal für Streichquartett plus elektronische Nachbearbeitung, mal für Bläserquintett, Percussion und Elektronik, um nur ein paar der vertretenen Besetzungen zu nennen. Was es hier zu hören gibt, zeigt genaueste Kenntnis der verschiedenen Strömungen innerhalb der Neuen Musik und zugleich die einfühlsame Herangehensweise eines Musikers, der sein Gespür für ungewöhnliche Sounds und stilistische Kombinationen bereits hinlänglich in anderen Gefilden (eher als ›populär‹ gehandelt wurden) unter Beweis stellte. Angeknüpft wird hier an sehr vieles, an die erhabene, driftende Wucht eines Giacinto Scelsi, an Ligeti-Polyphonie, aber auch an die elektronische, beinahe zerberstende Kleinteiligkeit bei Iannis Xenakis und an Stockhausen zu Kontake-Tagen. Reminiszenzen an die frühen Schönberg (etwa zu Beginn von aS/N) werden mit Morton-Feldman-Partikeln gepaart, Momente von kurz aufblitzendem Wohlklang zerbrechen kurz darauf mit einer Lust an tonaler Selbstzerstörung, die der Angespanntheit in der Musik von Franco Evangelisti nahekommt.

All dies mag sich wie ein bloß irrer, eklektizistischer Crossover aus dem Who is Who der Musik des 20. Jahrhunderts lesen, wird von Schmickler jedoch keineswegs altklug zitathaft und schon gar nicht effekthaschend verwoben, sondern fließt wie selbstverständlich in sehr wohl geschlossene Kompositionen ein. Daß hier jemand die zweite Wiener Schule mit den eher soundorientierten Komponisten der zweiten Hälfte des letzten Jahrhunderts als quasi natürlichste Sache der Welt homogenisiert, ist dermaßen aufregend, klanglich reich und zugleich besoffen sinnlich, daß der »Preis der deutschen Schallplattenkritik« nur noch einen Sack voller Schlafmünzen wert ist, sollte er nicht an Param verliehen werden.

[A-Musik] mb

XINLISUPREME
Tomorrow Never Comes 🆑

Hilfe! Japan kracht mal wieder und spielt mit folgenreichen Erdbeben. Doch das Duo Yasumi Okano und Takayuki Shouji ist anders als der her-

Wiederkehr eines Phantoms

NIKOS SKALKOTTAS

Nikos Skalkottas, der griechische Komponist, wurde nur 45 Jahre alt, hinterließ aber über hundert Werke. Lange Zeit war kaum etwas davon verfügbar, dank des schwedischen (!) BIS-Labels hat sich das neuerdings geändert.

Aber was macht Skalkottas (1904–1949) überhaupt interessant? Warum ihn aus der Versenkung holen, in der noch viele andere zu anderen Zeiten namhafte KünstlerInnen liegen und nicht etwa seinen Lehrer Jarnach? Ein Schüler Schönbergs aus Griechenland, das hat sicher einen eigenartigen Reiz, zumal unsere Kenntnis moderner griechischer Musik ansonsten allenfalls Xenakis oder Theodorakis gilt. (Wobei fraglich ist, wieweit der erste überhaupt als Grieche wahrgenommen wird und beim anderen das umfangreiche Orchesterschaffen jenseits der bekannten Vokalwerke ...).

Skalkottas hat die Mehrzahl seiner Stücke nach der bei Schönberg Ende der 20er Jahre gelernten Zwölftonmethode komponiert. Er fand jedoch individuelle Wege, damit umzugehen. Seine großen Werke verwenden gleichzeitig mehrere gleichberechtigte Reihen, was allerdings meist zu einem eigenartigen Schichtungscharakter der Musik führt und kaum je zu undurchhörbarer Überladenheit. Skalkottas umging außerdem das Verdikt Schönbergs gegen Volksmusik, komponierte einen musikalischen Atlas griechischer Folklore in seinen 36 Tänzen und ließ deren Charakteristika auch immer wieder in seine Musik einfließen. Aber auch andere Tanzformen finden Eingang in Skalkottas Oeuvre: Foxtrott und Tango sind holzschnittartig modelliert gerade auch neben ganz anderen Satzmodellen im ausufernden Zyklus der 32 Klavierstücke von 1940, der so etwas wie ein Lexikon des Skalkottasschen Kompositionskosmos bildet. (Hier ist einzuflechten, daß Schönberg Unterhaltungsmusik nicht ablehnte und auch gerne Gershwin hörte ... Skalkottas andererseits für seinen Lebensunterhalt u. a. als Stummfilmpianist tätig wurde).

Dieses vielgestaltige, in der Gesamtheit beinah postmodern anmutende Schaffen Skalkottas erntete (außer in seiner Berliner Zeit bis 1933) kaum Resonanz. Sicher, in Nazideutschland hätte Skalkottas Kunst ebenso wenig reüssieren können wie die seiner damaligen Mitschüler. Seine Abreise nach Griechenland war wohl nicht als endgültig geplant, erwies sich aber als Verbannung in eine kulturelle Diaspora, wo er immer wieder auf allergrößtes Unverständnis stieß. Er ließ sich aber dadurch beim Komponieren erstaunlicherweise nicht entmutigen, überlebte auch mit Glück die deutsche Invasion seiner Heimat und eine damit verbundene Zwangsaufenthalt in einem Internierungslager.

Diese isolierte Position (der gelernte Geigenvirtuose arbeitete als schlichter Orchestermusiker) mag es Skalkottas erleichtert haben, beim Arbeiten keine Kompromisse eingehen zu müssen. Die Ergebnisse sind oft überwältigend, expressiv und doch ganz aus dem Geist der Instrumente heraus komponiert, also voller Spielfreude und Virtuosität. Miniaturen unterschiedlichster Art finden sich ebenso wie spektakuläre Ballettmusik oder das erste atonale Kontrabasskonzert, um nur weniges zu nennen.

Der Kosmos Skalkottas, lange nur ein Gerücht, ist erstmals in Teilen zugänglich. JedeR Interessierte sollte nicht zögern.

Discographie Nikos Skalkottas:

– *Violinkonzert / Largo Sinfonico* u. a. Georgios Demertzis, Malmö Symphony Orchestra, Nikos Christodoulou. BIS CD 904
– *Maienzauber (Ballettsuite) / Kontrabasskonzert* u. a. Dora Einarsdottir, Vassilis Papavassiliou. Iceland Symphony Orchestra, Nikos Christodoulou. BIS CD 1024
– *1. Klavierkonzert / The Maiden and the Death (Ballettsuite)* u. a. Geoffrey Douglas Madge, Iceland Symphony Orchestra, Nikos Christodoulou. BIS CD 1014
– *Musik für Violine und Klavier.* Georgios Demertzis u. Maria Asteriadou. KC BIS CD 501024
– *1. Streichquartett, 10 Stücke f. Streichquartett, Streichtrio* u. a. New Hellenic Quartett u. a. BIS CD 1124
– *32 Klavierstücke* u. a. Nikolaos Samaltanos BIS CD 1133/1134
– *Le retour d'Ulysse i. d. F. f. zwei Klaviere u. Musik f. Cello.* Nikolaos Samaltanos, Christophe Sirodeau, Pia Segerstam u. Maria Belaoussova

[hp]

---

kömmliche, inzwischen fast als traditionell bezeichenbare Japan-Noise rund um Heuler wie Merzbow, Masonna und Co. Ihr Drumbox-Gitarren-Gewitter läßt durchaus Strukturen erkennen und außerdem einen ganzen Rattenschwanz an (Underground-)Geschichte. Da ist vor allem der radikale, industrialeske Noise-Rock von Big Black im Spiel, vermengt mit meterhohen, ultraverzerrten Gitarrenwällen, von der Griffbrett-Technik an (early)

Sonic Youth orientiert, vom Soundgewitter dagegen an Lärmorgiastikern wie den unnachahmlichen Trommelfellzerstücklern Airway (siehe: *Los Angeles Free Music Society*). Aber auch wohlig gänsehäutige Psych-Abfahrten der britischen Schule (Spacemen 3, My Bloody Valentine, Jesus & Mary Chain) haben ihr ihren Platz, ebenso wie der gute alte *Earache*-Brachial-Veganer-Core rund um Godflesh und OLD. Dermaßen mit Geschichte angereichert, dynamisch, bedrohlich, einerseits verweigernd wie auch andererseits durchaus gekonnt progrockig, schlagen Xinlisupreme zwar kein neues, aber doch ein eigenes Kapitel auf – eines, das leider nicht auf einer ganzen CD durchgehalten werden kann. Nach den ersten vier bis fünf dichten Nummern sind die Stücke häufig von willkürlichen, unstrukturierten Noise-Passagen ohne Kick durchsetzt.

[Fat Cat / Hausmusik] mb

PYROLATOR
Inland 🆑

Sie ist wieder da, diese eigenartige und schroffe, 1979 aufgenommene Platte, angereichert mit sechs Bonustracks, die zum Großteil zwischen 1978 und 1979 entstanden sind und als Vorarbeiten für *Inland* gelten können, jene Veröffentlichung, deren Plattencover wir uns schon einmal bei der gleichnamigen *testcard*-Ausgabe bedient hatten. Unsere damalige Überlegung war es, die Schwerpunktausgabe zu Geschichte deutscher Popmusik mit einem Cover zu versehen, das bereits auf optischer Ebene deutlich machen sollte, daß uns nicht an einer freudigen Feier »deutscher Pophegemonie« gelegen war; im Gegenteil: der Bezug zum Deutschsein sollte sich als gebrochen zu erkennen geben. Nichts erschien uns diesbezüglich gelungener als das Pyrolator-Cover von Frank Fenstermacher, das in seinen Braun- und Grautönen und dem abgebildeten kopflosen Anzugmann auf der Rolltreppe abwärts so solide schlicht »deutsch« konnotiert war wie die Stimmung jener Zeit, zu der die Platte entstand. Der Text zur Wiederveröffentlichung bestätigt, daß das, was wir damals geahnt hatten, auch intendiert war. »Pyrolators erste Synthesizer-Soloplatte wird bestimmt vom Protestgefühl«, heißt es dort, »Ergebnis der stark politisierten Zeit: der deutsche Herbst und die daraus folgende Aufrüstung des Staates (...). Pyrolator trägt sich mit dem Gedanken, ein Protestalbum der anderen Art zu machen: ohne Worte, ohne Sprache, ohne laut herausgeschriene Texte, wie sie für die Punkbewegung so typisch waren. Allein mit Klängen sollen Bilder kreiert werden, die von Protest und Kritik erzählen.«

Die Klänge orientierten sich an der damals gerade aufgekommenen Industrial-Bewegung, erinnern an Throbbing Gristle und Cabaret Voltaire, gepaart mit dem Einfluß der Minimal Music, die seinerzeit besonders durch Brian Enos *Obscure*-Label (Arbeiten von David Cunningham, Gavin Bryars u. a.) Verbreitung fand. Die Idee einer politisch motivierten Instrumentalmusik lag in der Luft. Was da auf einem Korg MS20-Synthesizer und SQ10-Sequenzer entstand, entsprach keineswegs den gängigen Vorurteilen von Synthie-Musik, weder jenen von happy Discopop noch jenen von entrückter Kraut-New-Age-Ästhetik, wie sie für einen Großteil der *Sky*-Veröffentlichungen gang und gebe war. Die Grundstimmung von *Inland* bleibt selbst dort, wo die eingearbeiteten Alltagsgeräusche – etwa Kinderstimmen – auf nichts Bedrohliches verweisen, klaustrophobisch, unbehaglich, ganz dem Grundgefühl jener Zeit entsprechend, als Deutschland zu einem gigantischen Hochsicherheitstrakt umgerüstet wurde. Parallelen zur heutigen Zeit und dem monströsen Schily-Sicherheitspaket liegen zwar auf der Hand, alleine, daß sich die Stimmung von damals nicht mehr in einer Zeit herstellen läßt, in der solche Maßnahmen von einem Großteil der Bürger mit Applaus unterstützt werden und die dazugehörige Soundtrack von Wohlklang à la Kruder und Dorfmeister begleitet wird.
[Ata Tak / EFA] mb

C.O.C.O.
s/t 🆑

Drei Worte genügen eigentlich zum Beschreiben der Musik von C.O.C.O.: DIY (Do it yourself), reduziert und funky. Achja, doch noch ein Nachtrag: *K-Records*.

Also: diese CD hat dilettantischen Charme, sie geht gut ab, sie verbreitet eine gewisse fröhliche Unbeschwertheit, ein DraufgängerInnentum im guten Sinne, weil der Hauptanteil der Arbeit ins Tun und Machen und nicht ins Aufpolieren und Soundtüfteln gesteckt wurde. Von ein paar schwer perkussiven Dub-Elementen mal abgesehen. Klar muß HörerIn das mögen, diesen Hauch des Rauhen

und Rohen, der etwas an jene 8oer-Jahre-Ästhetik erinnert, die Bands wie den Slits oder dem frühen James Chance eigen war, eine Ästhetik, wie sie auch auf dem Sampler *Anti N. Y.* wiederzufinden ist. Ein weiterer Bezug sind ESG – C.O.C.O. treffen eben jenen spröden, aber souligen Ton, der bei aller Sperrigkeit höchst tanzbar ist, kombinieren gerappte Passagen und Wechselgesang mit diesem punktgenauen Vorwärtsstreben, das Rhythmusgruppen eigen ist. Kein Wunder, denn eigentlich ist diese Band – oder besser: dieses Duo – die klassische Rhythmusgruppe: Hinter C.O.C.O. stecken Olivia Ness an Bass und Gesang und Chris Sutton an Schlagzeug und Gesang. Sutton ist eigentlich der Bassist vom Dub Narcotic Soundsystem, erweist sich hier aber als formidabler Drummer, während Ness meisterlich eine Gesangslage beherrscht, die zurückgenommen und leidenschaftlich zugleich ist. Calvin Johnson, fame of DNS, hat das Debüt von C.O.C.O. übrigens auch produziert.
[K-Records / No Man's Land] tp

ELECTRO SUN
Ubik 🆑

Nichts geringeres als subliminale Ekstasen verheißt einem/einer das neue Album von Electro Sun mit dem lapidaren Titel *Ubik*. Zugegeben, da ist was dran. Schließlich ist es ein Qualitätsprodukt aus dem Hause *Edition Stora*, Unterabteilung *Storage Secret Sounds*, der Heimat immerhin von Helgoland, Oleg Kostrow oder Felix Kubin. Oder Pia Burnette, die von ihrem gemeinsamen Projekt mit Felix Kubin bekannt sein sollte. Sie ist die Stimme von Electro Sun und es gibt eine Spur in die Vergangenheit. Anfang der Neunziger Jahre gab's in Hamburg die Mausi Sisters und da waren neben Burnette auch sie Organistin Kathrin Kuhrau und der Schlagzeuger/Trompeter Bruno Maier beteiligt. Dazugekommen ist der Kontrabassist Thomas Jung, als Musiker vielleicht noch von Stau her in Erinnerung. Richtiges Orgelgebrause und derbes Getrommel sind ein trefflicher Hintergrund für die etwas unterkühlte, aber volltönende Stimme Burnettes. Dramatik und Intensität entwickeln sich unvermittelt, aber beeindruckend. Musik, die unter die Haut geht, am Rande von Pop, aber auch sonst nicht so ganz in Schubladen zu entsorgen. *Ubik* ist übrigens auch ein Romantitel von Philip K. Dick. Eine halluzinatorische Reise in andere Bewußtseinszustände, die sehr unterschiedlich ausfallen können. Finster und bedrohlich ist das manchmal, dann aber wieder losgelöst, schwebend und etwas melancholisch. Es ist natürlich Pia Burnettes Stimme, die in diese disparaten Zustände so etwas wie einen Zusammenhang bringt. Aber wozu grübeln? Lieber zurücklehnen und fühlen, wie diese seltsame Droge ihren Weg durch die Adern nimmt und abwarten, welche Reaktionen daraus erwachsen. Denn alles hat auch etwas Organisches, Wuchernd-Fließendes ... etwas, daß sich einem anverwandelt. Oder umgekehrt ... aber es ist sicher nicht feindlich.

[Storage Secret Sounds, www.stora.de] hp

VERSCHIEDENE
In The Beginning There Was Rhythm

Wer bereits alle einschlägigen britischen Wave-, Post-Punk-, Dub- und Industrial-Scheiben der Endsiebziger im Regal stehen hat, braucht diesen Sampler wohl kaum, es sei denn wegen des ausführlichen Beiheftes (fast schon ein kleines Buch) mit Text von Stuart Barker. Der hat diese Sammlung auch unter Mithilfe von Adrian Self und Herausgeber Jon Savage zusammengestellt. Sie könnte zumindest einer jüngeren Generation den Einstieg in eines der spannendsten Kapitel der Popgeschichte erleichtern. Interessant ist dabei auch die Kontextualisierung, die der Sampler vornimmt: *In The Beginning There Was Rhythm* (der Titel ist dem gleichnami-

gen, auf dem Sampler vertretenen Song von The Slits entlehnt) kontextualisiert den britischen Wave-Underground zwischen Punk und Disco (bzw. Funk, Dub und Reggae) und zeigt damit dessen Pionierstellung für den musikalischen verlauf der weiteren Jahrzehnte (Stichworte: Sampling, Technohouse). Mit vertreten sind 23 Skidoo, A Certain Ratio, This Heat, Gang Of Four, The Human League (mit ihrer wirklich großartigen Nummer *Being Boiled*), Throbbing Gristle (mit *20 Jazz Funk Greats*, also einer ihrer »poppigeren« Nummern), The Pop Group und Cabaret Voltaire.

Es läßt sich den Herausgebern nicht vorwerfen, die Musik von damals über Auswahl und Kommentar »geglättet« wiederzugeben und ihrer damaligen (politischen wie zum Teil ästhetischen) Radikalität beraubt zu haben, denn der Sampler enthält nicht nur explizit politische und sperrige Nummern, sondern ist auch im Beiheft darum bemüht, den historischen Kontext, in dem diese Musik entstand (Thatcherism, *Rock Against Racism*, Arbeitslosigkeit), aufzuarbeiten. Im Vordergrund steht der antirassistische Impuls dieser Musik, die sich schwerlich als Bewegung definieren läßt, und der kurze, glückliche Augenblick, in dem hier (was »reiner« Punk nie vermochte) politische Agitation, Avantgarde und Groove zusammenliefen. Eine gut zusammengestellte, hervorragend kommentierte Sammlung, der man die nationale Beschränkung auf Großbritannien nicht wirklich vorwerfen kann, da der Text ohne jeglichen chauvinistischen Unterton auskommt und außerdem würdigende Querverbindungen zu den USA (Mars, DNA, ESG u.a.) zieht.

[Soul Jazz Records / Indigo] mb

ULI TREPTE'S MOVE GROOVE
Staticsphere
TAKES ON WORDS
Yestermorrow Songs

Nachdem es den größten Teil der 90er Jahre relativ still um ihn gewesen ist, gründete Uli Trepte gegen Ende des Jahrzehnts überraschend wieder ein eigenes Ensemble. 1998 erschien dann eine erste CD unter dem Titel *Move Groove*, und auch live war die Musik

des *Guru Guru-* und *Spacebox-*Masterminds wieder zu erleben. Der Umschwung in sein Alterswerk vollzog sich ja bereits 1990 mit seiner schönen Veröffentlichung *Jazz Modalities*. Diese LP ist klassisch in dem Sinne, weil alle überflüssigen Schnörkel hier verschwunden waren zu Gunsten einer elementaren bluesigen Meditation. Das Fundament von Treptes Musik, die unspektakuläre, luftige E-Baß-linie, die auf eine paradoxe Weise zugleich fett und ätherisch-entspannt daherkommt, ist nicht nur das Ergebnis seiner jahrzehntelangen Beschäftigung mit diesem Ausdrucksträger, sondern das Resultat einer umfassenderen künstlerischen Durchdringung. Hier geht es nicht um Rock, schon gar nicht um Popmusik und selbst Jazz könnte man nicht so einfach zu dieser Musik sagen. Sein aktuelles Projekt *Move Groove* baut um Treptes Baß herum eine überaus stimmige Atmosphäre aus einer sparsamen Handtrommel, sowie Flöten-und Saxophonlinien. Hinzu tritt gelegentlich Treptes tiefer, kehliger Scatgesang, der dem Ganzen eine fast schamanische Atmosphäre verleiht. Im Grunde hat man es also mit Volksmusik zu tun. Im Jahr 2001 kam dann die CD *Staticsphere*, die das *Move Groove-*Konzept noch einmal komprimiert. Gleichzeitig erschien mit der Veröffentlichung *Takes on Words* ein Songprojekt, das Trepte mit dem holländischen Multimedia-Künstler Aja realisiert hat. Bei den ersten vier Songs steht Uli Trepte im Vordergrund. Die Texte, die er hier vorträgt, sind von einer ähnlich verblüffenden Basisnatur wie sein scheinbar einfaches Baßspiel: wer hat schon den Mut, ernsthaft Zeilen zu singen, wie: *here comes the music, where will it go?* Trepte traut sich das und man beginnt tatsächlich über seine Haiku-artigen Weisheiten nachzudenken. Die nächsten vier Songs werden dann von seinem Mitstreiter Aja vorgetragen; er vertonte vier expressionistische Gedichte. Die dramatisch-grotesken Inhalte der Texte passen allerdings gar nicht zu der schlichten, ausgewogenen Musik. Auf die Zeile *In allen Lüften hallt es wie Geschrei* aus dem schönen Gedicht *Weltende* von Jacob von Hoddis folgt auch noch ein langgezogener Schrei. Das muß doch nicht sein. Die letzten vier Songs der CD vertonen dann eigene Texte von Aja. Die schablonenhafte Gesellschaftsanalyse und Zivilisationskritik, die hier entwickelt und vorgetragen wird *(living in the robot, money is the power bind* usw.) scheint allerdings noch aus den guten alten Hippie-Zeiten zu kommen. Das ist ein bißchen traurig und schade, weil Uli Trepte doch seiner Musik allein vertrauen könnte. In ihr ist bereits alles enthalten.

[Ordnung & Hartmann Records, Friesenstr. 24, 10965 Berlin, www.oha-records.com] tg

DIE FEINEN TRINKERS BEI PINKELS DAHEIM
Apfelmost und Essig ⓛⓟ

C.O. C.ASPAR
Fra De Skjulte / From The Secrecy ⓛⓟ

BRANDSTIFTER
Wildes Ding ⑦

Ein neues Label, *Epileptic Records*, überzeugt vor allem durch eine liebevolle, aufwendige Gestaltung der streng limitierten Vinylveröffentlichungen. Da wird noch gefaltet und geklebt, so daß jede Platte wie ein Unikat daherkommt. Inhaltlich positioniert sich das Liebhaberlabel bewußt weit gefaßt, will künftig Musik veröffentlichen, »which is not interested in being popular«. Jenseits populärer Pfade brummt und summt *Apfelmost und Essig*. Der witzige Bandname und Plattentitel läßt neodadaistische Späße erwarten, Fluxus-Minimalismus oder Songwriting im Stil des Welttraumforscher, doch weit gefehlt. Trotz freundlich gelber Verpackung bleibt die Musik durchgehend dunkel und industrialesk. Eine triste Grundstimmung läßt Turbinenräume oder Wasserwerke assoziieren, nur wenig Momente warmer psyche-

delischer Versöhnung; die gibt es aber auch, kurzzeitig. Eine irgendwie altmodische Platte. Würde man sie einem Krautrock-Veteranen als Kraftwerk-Mitschnitt von 1971 (also jener Phase, wo Kraftwerk live noch über weite Strecken auf Beat verzichtet hatten) verkaufen wollen, würde er es vielleicht glauben.

Ganz stark nach Neo-(oder Retro-)Industrial klingt C.O.C.aspars in dunkelrot getränktes Vinyl. »A solo live-recording that happened in & on an iron vessel of 6m heigh x 5 diameter, filled in the bottom with water, situated at a norwegian harbor, hidden & walled in a huge cave, and origines from the German occupations as a fuel tank for the warships.« Dunkel und verhallt dröhnen und brummen die beiden Seiten durch, ohne jedoch die entrückte Stimmung hinzubekommen, die vergleichbaren Bands mit solchen Sounds vor mehr als zehn Jahren gelang, etwa Zoviet France oder Cranioclast. Der Mix aus tribalistisch-archaischen Klängen und postapokalyptischer Bunkerästhetik fügt sich nicht so richtig zu einer homogenen Stimmung, sondern wirkt an vielen Stellen eher aufgesetzt düster.

Erfreulicher, weil einerseits witzig, aber nirgends gewollt, klingt da schon die Single von Brandstifter, zu Hause auf dem Doppelbett mit dem Casio MT 45 aufgenommen. Die eigenwilligen Coverversionen reichen von *Wondrin' Star* über *Wild Thing* (als *Wildes Ding* eingedeutscht) bis zu *Lachleute & Nettmenschen* von S.Y.P.H. Letztere geben auch die Referenzen an: Brandstifters Musik ist ganz eindeutig vom »genialen Dilletantismus« der Frühachtziger beeinflußt, von den damaligen Humor-, aber auch Härte- und Nonkonformismus-Konzepten (Assoziationen reichen von D.A.F. bis Mittagspause), vor allem aber erinnert der Mix aus Avantgarde-Minimalismus und Gespür für poppige Gassenhauer an das *Großenkneten*-Debüt von Trio. Dieser Vergleich ist als Lob zu verstehen und macht die Single nicht nur wegen ihrer aufwendigen Gestaltung zum Kleinod einer nicht totzukriegenden deutschen Schrägpop-Tradition.

[Epileptic Records, c/o Jochen Trümper/ Westend Str. 3/65195 Wiesbaden/ www.epileptic-rec.de] mb

KAMMERFLIMMER KOLLEKTIEF
Hysteria ⓒⓓ

Mit ihren gerade mal dreißig Minuten Spielzeit macht diese CD nicht den Fehler, unnötiges Dehnmaterial zu verbraten, sondern nur höchste Anspannung von der ersten bis zur letzten Minute zu liefern. Ganz zaghaft nur werden da Kontrabaß, Violine, Saxophon und Harmonium eingesetzt, ebenso zaghaft die zirpenden, rauschenden und flirrenden Elektronik-Untermalungen. Beide Elemente verstärken einander in gegenseitiger Zurückhaltung. Ein Beispiel: Der Synthesizer läuft mit einem brummenden Ton durch, sorgt für eine tragende, beinahe sakrale Grundstimmung, eine Geige ziseliert, doch die nervöse, flatterhafte Improvisation bleibt im Hintergrund, wird von den statischen Elementen getragen. An anderen Stellen ist es geradewegs umgekehrt: die Improvisation schwillt an, das Statische tritt in den Hintergrund, bleibt aber immer noch vernehmbar. Im Crossover zwischen großer Free Jazz-Tradition (Alan Silva, früher Charlie Haden), Kraut- und Free Form-Rock (Third Ear Band, Neu!) und This Heat'scher Klangverwischung (manche Überlagerungstechniken erinnern an Nummern wie *Not Waving*) stimmen nicht nur die Bezugspunkte, sondern – was viel wichtiger und zugleich so ungemein seltener ist – vor allem deren neuartige, begeisternde Zusammenfügung.

[Payola/EFA] mb

JAAP BLONK
Averschuw –
Electric Solo Improvisations ⓒⓓ

Der Niederländer Jaap Blonk gehört zu den Lautpoeten, die die Basis von Text und Semantik gerne hin zum Geräusch verlassen, um denjenigen Klangspielraum immer wieder neu zu definieren, den man mit Stimme, Körper und Raum gewinnen kann. Über die Entwicklung eigener Notationsweisen und vokaler Ausdrucksmethoden geriet seine Stimme zu einem virtuosen Instrument. Da ist es nur logisch, daß er mit seiner neuen CD Averschuw aus dem gleichen Grund der Erweiterung des Klangspektrums wie bei einem Instrumentalisten auf die Elektronik zugreift, zumal das akustische Spektrum in der Lautpoesie vergleichsweise schon intensiv ausgereizt wurde. Blonk setzt hierzu gleich bei den Außenposten seiner Lautpoesie an, den früheren »Phonetischen Studien«. Er zischt, schnalzt, flattert mit den Lippen oder erzeugt Gutturallaute, die er durch Ringmodulatoren und andere Effektgeräte schickt. Immer wieder neue Vokaltechniken und elektronische Parameter werden bei den Stücken unterschiedlich kombiniert. Die Dynamik und Exotik der Klänge sowie die extreme Intensität der Ereignisse übertreffen bei weitem das, was man von Blonk an Auslotung vokaler Abstraktionen bislang schon gewohnt war. Blonk nutzte dabei seine Erfahrungen aus seinen Arbeiten mit Free Jazz Trios. Er improvisiert die Stücke, wartet darauf Unvorhergesehenes zu nutzen, schafft Kontraste oder gibt auch mal über die Stereokanäle hinweg sich selbst Impulse per Delay oder Samples. Manche Stücke geraten dabei fast zu einer Art vokal gesteuertem, puristischem Techno, an anderer Stelle entwickeln sich Atemgeräusche zu einem futuristischen Tornado. Bei seinen Konzerten nutzt er inzwischen ein Instrumentarium, bei dem er durch dirigierende Handbewegungen in der Luft die Verfremdungen einleiten kann. Das klangliche Inferno, was damit ausgelöst werden kann, beinhaltet zwar immer eine Verführung zu Allmachtsgefühlen für den Musiker. Doch Blonk verliert sich bis auf wenige unnötige Längen nicht in den Reiz der Effekte, nach wie vor präsentiert er primär seine beeindruckende Improvisationsgabe und so würden die meisten Stücke auch ohne Effektgeräte eine intensive Wirkung entfalten. Die Verwendung von Elektronik in der Lautpoesie ist nicht neu. In den 70ern hat bereits eine als »Sonosophen« bezeichnete Gruppierung aus Schweden überzeugende Weiterentwicklungsmöglichkeiten gezeigt. Inzwischen ist die Musikelektronik nicht stehen geblieben und es ist angebracht, ihren heutigen Stand für vokale Improvisationen mit einem noch unverbrauchten Gestus einzusetzen. Hierzu hat Blonk mit Averschuw einen bedeutenden Impuls gesetzt.

[Kontrans / BV Haast] hjl

RALF WEHOWSKY / KEVIN DRUMM
Cases 🎧

Der Table-Top-Gitarrist Kevin Drumm (Mitglied bei Brise-Glace, zusammen mit Tony Conrad auf *Slapping Pythagoras* und mit Gastr Del Sol auf *Upgrade & Afterlife*, um nur ein paar Aktivitäten zu nennen) trifft auf den Elektronik-Zerkleinerer Wehowsky. Die Brücke zwischen Chicago und einem Mainzer Wohnzimmer scheint nicht stabil, denn fragiler und durchlöcherter läßt sich Musik kaum vorstellen, sondern klingt eher wie ein äußerst fein gesponnenes Netz, dessen Fäden nur bei gedimmtem Licht erkennbar werden. Die Zusammenarbeit klingt nach Musique Concrète der alten Schule, doch bei aller Nachbearbeitung bleibt hier noch äußerst transparent, welche der Sounds von welchem der beiden Beteiligten stammen. Keiner trumpft hier besonders auf, nirgendwo eskaliert etwas. Gegen allzu expressive Gesten setzen Wehowsky und Drumm auf »kaputte« Klänge jenseits von allem süßen Dreiklang-Einmaleins. Da wird geschabt und gefräst wie in einer Goldschmiede, flankiert von fies hohen Frequenzen und allerlei Pseudo-Störgeräusch. Für Menschen, die mit solcher Musik vertraut sind, wirkt dies im Ergebnis jedoch keineswegs bewußt abweisend oder gar provokant, sondern in sich stimmig, beinahe kontemplativ. Eine alte Cage-Aufnahme – mir persönlich übrigens immer noch die Liebste unter allen mir bekannten Cage-Veröffentlichungen –, *Cartridge Music* von 1960 (auf *Music for Merce Cunningham*, Mode Records, 1991), eingespielt mit Instrumenten wie Pfeifenreiniger und Streichhölzern, klang bereits ähnlich wie das, was Wehowsky/Drumm hier mit Laptop-Unterstützung hervorgebracht haben: Absolut konzentrierte feinmechanische Arbeit, eine bubenhaft versunkene, ja ernste Hingabe an Klangerzeugung, bei der ein Knistern als so wertvoll gehandhabt wird wie der Schlußakkord einer Mahler-Symphonie. Das Sympathische dieses Ansatzes muß nicht weiter erörtert werden. Und das gelungene Ergebnis, hoffe ich, konnte diese Kritik ein wenig vermitteln.

[Selektion / A-Musik] mb

JIM O'ROURKE
I'm Happy, And I'm Singing, And A 1, 2, 3, 4 🎧

Der umtriebige O'Rourke macht Zwischenstation bei *Mego*. Im Vorfeld gab es bereits kritische Stimmen, die anmerkten, daß Jim O'Rourkes Stärke sicher nicht die Musik aus dem Laptop sei. Inzwischen muß dementiert werden: Eher ist der straighte Rock nicht seine Stärke, mit dem O'Rourke zwar 2001 mehr Presseresonanz denn je erhielt, dafür aber auch oft von den falschen Seiten für eine Musik, die den O'Rourkschen Kosmos von der vielleicht unvorteilhaftesten Seite her gespiegelt hatte. Insofern wunderte es kaum, daß sich der Rezensent im *Wire* 12/01 kaum über O'Rourkes ›Rock‹-Platte ausgelassen hat, dafür ausgiebig über *I'm happy ...*, eine zwischen 1997 und '99 entstandene Powerbook-CD, die das Labelinfo verschmitzt mit einem »File under ›handsome‹« anpreist.

Seine drei Stücke verdeutlichen, wie viel Wärme, Nettigkeit und Kleinteiligkeit mit dem Laptop möglich ist, ohne notgedrungen Vokabeln wie »Dekonstruktion« aufzudrängen. Äußerst liebevoll und typisch zitathaft präsentiert die erste Nummer Minimal Music, eine Art Handformat von Steve Reich, die zweite eine Art Elektro-Frickel-Hommage an John Fahey, Nummer Drei schließlich wehmütig gedehnte, filmmusikalisch driftende Ambient-Sounds mit entfernten Folklore-Anleihen, also eine Art Laptop-Variante von Sigur Ròs. All das ist in der Tat ›handsome‹ und damit ein Kleinod, das zeigt, daß Jim O'Rourke nach wie vor dort am besten ist, wo er sich nicht allzu viel vornimmt.

[Mego / A-Musik / Hausmusik] mb

ARMCHAIR TRAVELLER
The Perfect Record For The Armchair Traveller 🆑

Was soll man sich unter einem Armchair Traveller vorstellen? Etwa jemanden, der zu Hause sitzt und die Welt auf dem Bildschirm vorbeiziehen läßt? Oder der mit dem Finger am Globus entlang läuft? Das Cover zeigt einen beleuchteten Globus, dessen Spitze eine Plattennadel bildet. Und entsprechend muß man sich auch die Musik der Armchair Travellers vorstellen, Weltmusik für zu Hause, allerdings nur imaginäre Weltmusik, kein klar zuordenbares Ethno-Flair, sondern ein Plunderphonic aus allen nur denkbaren Stilen und Ländern der Erde, collagenhaft und oft nur lose verkittet. Die Gruppe um Silvia Ocougne, Hella von Ploetz, Werner Durand und Sebastian Hilken spielt mit Gitarren, nicht näher definierten »string instruments«, Harfe, »traditional & invented wind instruments«, Cello, »frame drums« und »metal percussion«. Das Ergebnis ist kleinteilig, fragil, manchmal humoresk oder doch bizarr und absolut keiner Stilrichtung zuzuordnen (… hier macht er mal wieder Sinn, der Labelname No Man's Land). Ja, collagenhafte Weltmusik, das schon, aber doch ohne klare Assoziationen, zerrissen, auf keine konkreten Regionen verweisend, damit gewissermaßen äußerst sympathisch heimatlos. »Immer klingt die Musik von Armchair Travellers«, heißt es im Booklet, so ›als ob‹. Sie verleugnet ihre Herkunft, indem sie sie nicht verleugnet; sie spielt mit exotischen Atmosphären, aber immer über die Bande mehrfacher Brechung. Die einzelnen Stücke, imaginär auf verschiedenen Meridianen des Globus angesiedelt, klingen wie Stammesmusik, aber doch gleichzeitig experimentell und (post)industriell.« Das trifft die Sache ganz gut. Man stelle sich Zoviet France als ein spielerisch improvisierendes Ensemble mit Saxophonmundstücken, PVC-Rohren, afrikanischem Daumenklavier, Blumentöpfen und Pizza-Alu-Folien vor und bekommt vielleicht eine Vorstellung von dieser äußerst liebenswerten, ganz und gar nicht albernen, sondern nur schön kleinteiligen Musik.

[No man's land / www.nomansland-records.de] mb

BARDO POND
Dilate 🆑 / 🆑

Rockmusik kann auch zart sein, leise, fragil, ohne dabei ins Balladeske abzugleiten. Bardo Pond aus Philadelphia lassen Promozettelschreiber zum Äußersten greifen (»am besten mit gutem, langsamen Sex zu vergleichen«), weil schöne, intensive Musik nun mal schwerer als schlechte in Worte zu fassen ist. Lange, ausufernde Nummern voller Feedback und Verstärkerbrummen bauen den Heavy Sound von Black Sabbath und Quicksilver nach, ohne dabei selbst heavy zu werden. Ein äußerst androgyner, dünner und zittriger Gesang unterstreicht das Fragile dieser Musik, verleiht dem erdigen Brummen etwas Schwebendes. Vergleiche mit Sigur Rós bieten sich an, doch neben aller Besinnlichkeit und verkiffter Aura von weiten, menschenleeren Landschaften, rotiert hier auch ein sehr urbaner Heroin-Chic mit, etwas lasterhaft Schwarzes. Außerordentlich spannungsreich instrumentiert, etwa mit einer Violine beim Auftakter (Dirty Three-alike) und später sogar mit einer gar nicht mal nervenden Flöte, kommt die Musik von Bardo Pond der Eigenschaft von Cannabis, die Zeit zu dehnen, sehr nahe. Die Rezensenten sind verzückt: »Sie treiben dahin in einem Strom aus glühender Lava« (Superstar). Wir schließen uns an.

[Matador / Zomba] mb

TREVOR WISHART
Journey Into Space 🆑

Es beginnt vergleichsweise ruhig und konventionell, um sich dann umso furioser zu steigern. Journey Into Space ist ein vielseitiger Trip und ein (lange vergessener) Klassiker der elektroakustischen Musik. Zwischen 1970 und '72 am ersten elektronischen Studio Großbritanniens in der York University entstanden, erschienen die Aufnahmen erstmals als Doppel-LP in einer längst gesuchten Privatpressung. Auf dem Backcover dankt Wishart – einigen vielleicht über Tongues On Fire (auf Voiceprint) bekannt – allen Beteiligten, ganze 48 Namen, von denen 'so manche noch heute bekannt sind, zum Beispiel Steve Beresford und Jan Steele. Die musikalische Palette reicht hier von akustischer Musik (mit Fahrradklingeln, Flaschen, Metallobjekten) über Flöten und Bläser bis zu Field Recordings und Samples, darunter NASA-Aufnahmen des Apolloflugs. Eingeteilt in drei Nummern, wird ein weiter akustischer Kosmos beschritten. Heute fast konventionell anmutende Aufnahmen von Alltagsgeräuschen (Weckerklingeln, Autoverkehr etc.) wechseln ab mit harschen Cut-Up-Collagen und Neue-Musik-Passagen, die einen Bogen von Morton Feldman bis zum humorvollen Fluxus-Minimalismus spannen. Das Ideenreichtum dieser Aufnahme ist enorm und stellt so etwas wie das gebündelte Spektrum musikalischer Ausdrucksformen der damaligen Zeit dar, also eine Reise, bei der mit der linken Hand die Tür zu Pierre Henry, mit der rechten gleichzeitig die zur Psychedelic-Pforte geöffnet wird. Kompositorisch kommt es während der Stunde zu einer enormen Steigerung: Was sozusagen in der schmalen Kammer mit deren beengtem Geräuschkosmos beginnt, endet in einem donnernden Orchestergraben, der seine Fäden bis ins Weltall spinnt.

[Paradigm Discs / Drone Records] mb

NIOBE
Radioersatz 🔘

Electronics meets Song. Verzerrte Stimmen erzählen absonderliche Geschichten, in denen der Kasper auf den Esel verladen wird und im nächsten Moment stehst du in dieser Bar, die im 50ies-Style eingerichtet ist und Billie Holiday singt dir den Blues ins Ohr. Dazwischen blubbern Sounds, als wärst du auf einer Wattwanderung und bald fühlst du dich wie in dem Tauchkurs, den du im Sommerurlaub beinahe gemacht hättest. Zur sanften, leicht verrauschten Ballade zerrt und zirpt es, als würde jemand an der Skala eines uralten Radios drehen – Radio Hilversum? Nein, es ist Radio Mexiko und das ist eindeutig das Traumradio in deinem Kopf.

Niobe arbeitet gern mit merkwürdigen Effekten, die Stimmen verzerren und dick klingen lassen, als hätte die Sängerin Halsschmerzen oder als käme sie von weither, aus der Vergangenheit respektive den Anfängen des Radios zu uns. Jazzballaden, Torch Songs, Mitternachtslieder. Das hat einen nostalgischen Aspekt. Durch moderne Bearbeitungsmethoden, den Einsatz durchaus nerviger Geräuschsamples und lautmalerische oder auch Nonsens-Texte bleibt Niobes Musik allerdings fest der Gegenwart verhaftet und auch all das, was verträumt, außerweltlich oder unterwasserhaft wirkt, hat niemals etwas Esoterisches, sondern eher den versponnenen Witz eines sehr eigenen Universums. Das Labelinfo zieht übrigens den Vergleicht zu Karl Valentin und Joy Division.

Niobe lebt in Köln. Ihr Umfeld setzt sich folgerichtig aus Namen wie Joseph Suchy, Jan Werner, Harald Ziegler etcpp zusammen. Die Texte schrieb Janeta Schude und bis auf etwas Gitarre von Helmut Zerlett stammt alles von Niobe. Das Lexikon sagt, Niobe stünde im allgemeinen für eine weinende Frau, die nicht getröstet werden kann. Aber ich glaube, auch in Bezug auf die Wahl des Künstlerinnennamens hat Niobe sich was eigenes gedacht.

[tomlab / Hausmusik] tp

JOHN CALE
Sun Blindness Music. Inside the Dream Syndicate Vol. 1 🔘
Dream Interpretation. ItDS Vol. 2 🔘
Stainless Gamelan. ItDS Vol. 3 🔘

HENRY FLYNT
You are my everlovin'/ Celestial Power 🔘

Den very Kick, mit dem John Cale bei Velvet Underground Lou Reeds Stories'n'Hits zur popgeschichtlichen Zeitbombe hochfrisierte, das Noise-Drone-Repetitive, diesen Kick gab er sich zeitgleich auch daheim in Reinform, jetzt auf drei CDs aus dem Privatarchiv geholt und der weihevoll staunenden, ein/das Bindeglied zwischen E/Minimal und U/Pop feiernden Sound(=*Wire*-Leser)-Öffentlichkeit dargereicht.

Auf Vol. 1 zunächst drei Solo-Nummern, darunter zwei Vox-Orgel-Akkord- bzw. Einton-Umrundungen (*Sun Blindness Music* – 42 Min bzw. *The Second Fortress* – 10 Min) bzw. – dazwischen – eine proto-early-sonicyouthoide E-Gitarren-Düster-

No Man's Land | Label
| Mailorder
| Online Shop

| Strassmannstraße 33
| 10249 Berlin, Germany
| Phone ++49-30-4 29 18 57
| Fax ++49-30-42 01 45 61
| nomansland@t-online.de
| www.nomansland-records.de

Akkord-Durchschrubbung (*Summer Heat* – 11 Min) – alles ziemlich so, wie im Zuge vorangegangener Dream-Syndicate(= Conrad, MacLise, Young)-Ausgrabungen zu erwarten. Doch noch ehe man dazu kommt, die avanthistorische Fundfanfare beiläufig herunterstimmen und – vom Vol. 2 eröffnenden 20-min-Cale/Conrad-Viola-Schroff-Drone-Duo *Dream Interpretation* vorderhand bestätigt – einfach schön zerklüftete Appartement-Psych-Drones zu verbuch-/genießen, knallt mit der Vox-Orgel-Hypno-Echo-Granate *Ex-Cathedra* doch plötzlich das Sagenhafte, Stern-stundige (oder hier besser: Stern-fünfminütige) in die Szene, würdig gefolgt von einer unbetitelten Fluxus-Klavierquäl-Perfomance samt Heavy-Noise-Finale, ferner dem alle künftigen Industrial-Noise-Beats in zweieinhalb scharfbratzenden Minuten vorwegnehmenden Electronics-Scherzo *Carousel* sowie – nach einem etwas softeren Conrad/Cale-Streicher-Intermezzo mit dem sprechenden Titel *A Midnight Rain of Green Wrens at the World's Tallest Building* – dem heftigen, sämtliche so genann-ten *Urban-Gamelan*-Bemühungen panisch voraustoppenden Cale/MacLise-Duo *Hot Scoria* – was zusam-men eine essentielle Datenmenge abwirft.

Vol. 3 endlich setzt, wenn schon nicht noch eins drauf, so doch einiges dahinter: zuerst eine Art Soft-*Stainless-Steel-Gamelan*-Gitarren-In-C-Reminiszenz im Duo mit VU-George-Harrison Sterling Morrison, dann, in gleicher Besetzung, eine herbe, ab Minute acht wunderbar anstrengend freak-fiepsende Drone Dauer(=26Min)wurst mit dem nicht minder dauerwurstigen Titel *At about this Time Mozart Was Dead And Joseph Conrad Was Sailing the Seven Seas Learning English*, einen glatten Skip-Forward-Sax-Chacha mit Terry Jennings, den Noise-Beat-Killer *After the Locust* (mit Tony Conrad an einer »Thunder Machine«, whatever that might be) sowie schließlich den abermals solo-viola-dronig anfahrenden, doch nach fünf Minuten vom New York Fire Department unheldisch gestoppten *Big Apple Express*. Angesichts so schwindelerregender Ausdrucks- und Haltungsnoten bleibt einem kaum viel anderes, als *Vol. 3*

und vor allem *Vol. 2* zu den besten Cale-Veröffentlichungen seit ungefähr – tja, eigentlich unendlich vielen Jahren auszurufen.

Nicht ganz so all-time-high, aber um so unvermutet grundguter erscheint demgegenüber, wie ösenlos Henry A. Flynt auf seinen beiden, jetzt zur Doppel-CD getrauten 40plus-Minütern *You are my everlovin'* (1981) und *Celestial Power* (1980) a) Drone-Grundierung, b) Raga-Spirit (inkl. grashüpferisierender Rhythmik) sowie c) – Allmächd, na! – COUNTRY-Riff-und Skalomatik symbiotisiert. Womöglich findet irgendeiner der vielen 40-plus-Ex-Punk- bzw. Avantgardefreaks, die in Cowboy-Stiefeln grau zu werden sich entschieden haben, hier einen tequilawarmen Kompromiß.

[Table of Elements / Recorded / a-Musik] ju

ILSE LAU
Wijbren. De Beer 🆑

Das Beiheft der CD kann auch als Würfelspiel verwendet werden, auf dem Bärenkinder in den Teich plumpsen, Äste herrunterrutschen und in einer Frühform des »Mensch ärgere dich nicht« für Familienspaß sorgen. Weniger »für die ganze Familie« oder fürs Alter »von 9 bis 99« ist dagegen die Musik von Ilse Lau aus Bremen gemacht, denn die bedarf einer ganz speziellen Zielgruppe von offenohrigen, toleranten und konzentrierten Hörern. Sie besteht nämlich aus äußerst verdichteter Instrumentalmusik, die gerne – in Ermangelung eines anderen Begriffes – als Postrock bezeichnet werden kann. Rhythmisch exakt, mit einer Spur Shellac, jedoch frei von aller Rock-Power, wird hier dekonstruiert, was das Zeug hält. Aber das klingt glücklicherweise nie nervig, nicht nach Griffbrett-Mathematik im Don Caballero-Stil, sondern schnittig reduziert und oft mit dicken Anleihen an This Heat, die ja allemal als eine der ersten Postrock-Bands lange vor Erfindung des Begriffs gelten dürfen. Ihr spärliches, manchmal sogar richtig funkiges Gerüst entwickelt geradezu technoide Arrangements auf Rockband-Basis und fängt dabei in den besten Stücken (etwa *Männerpfanne*, der gigantisch guten dritten Nummer) etwas von den seligen Universal

Congress Of auf, was ich als Kompliment wirklich nur äußerst sparsam verwende. Durchmischt mit Reggae-Momenten und anderen angenehm für Entspannung sorgenden Stilmitteln, haben Ilse Lau zu einer Lockerheit gefunden, die ihre überdreht genau eingespielte Musik angenehm wenig blasiert und wenig musizistisch rüberkommen läßt.

[Fidel Bastro / Rendsburger Str. 5 / 20359 Hamburg] mb

NOONDAY UNDERGROUND
Self Assembly 🆑

Um es vorweg zu nehmen: ja, dies ist ein Reissue von 2000. Aber nicht irgendeiner. Was der Londoner DJ/Produzent Simon Dine und Sängerin Daisy Martey auf *Self Assembly* zeigen, gehört zum Besten, das England musikalisch in den letzten Jahren zu bieten hatte. Und auch nur, weil die letzten Singles des Duos so erfolgreich waren und auch nur weil die mittlerweile fast zwei Jahre alte CD sofort vergriffen war und auch nur weil Paul Weller beim *NME* einige gute Worte für die Band fand ... nur deswegen ist dies die Besprechung eines Reissues.

Daisy Marteys soulige Stimme – der von Julie Driscoll nicht unähnlich – meistert brillant die verschiedenen Stilrichtungen zwischen Boogaloo, Gitarrenpop, Tiki-Lounge, und Powerpop auf dem Album. Wären da nicht gelegentlich die leisen Elektrosamples und BigBeat-Einschübe in Simon Dines Kompositionen, *Self Assembly* klänge wie irgend etwas zwischen den Beatles, Steampacket, B52's und New Episode 6. Aber gut, *Self Assembly* ist auch der Titel eines Tom Wolfe Essays über genau das, was es hier zu hören gibt: 60s Modernism.

[Setanta / Apricot] ae

THE KAT COSM
Sophie Playing The Recorder At School 🎧

Das Label pries die Kat-Cosm-CD im Info mit höchsten Lobeshymnen an, betonte die Intimität der Aufnahmen und die gewagte Produktion. Die Stücke sind auf ein Minimum reduziert, (männlicher und weiblicher) Gesang, Akustikgitarre, ganz selten kommen eine E-Gitarre und Field-Recordings (das Übliche: Vogelgezwitscher, Glocken, Wind) hinzu. Für sich genommen ist diese Musik äußerst unspektakulär, aber in dem Maße eindringlich, in dem sie ganz uneindringlich daherkommt. Weich, britisch poppig trifft der Strang von Belle & Sebastian und Umfeld auf Nick-Drake-Versunkenheit. Das Gitarrenspiel ist einfach, greift auf uralte Lagerfeuereffekte zurück und wirkt damit zugleich wohlig vertraut aufs – zugegeben – konservative Ohr. Weil hier aber ein hohes Gespür für geschmeidiges Pop-Songwriting durchgängig eingehalten wird, bleibt dieses Debüt frei von befürchtetem »Faßt-Euch-an-den-Händen«-Blumenkinder-Flair. The Kat Cosm ist eskapistisch, träumerisch, überaus leicht und stellenweise sogar überzeichnet kindlich lieb bis hin ins »Teletubbies«-Idyll (die letzte Nummer mit ihren kurzen Akkordeon-Einsprengseln verströmt geradezu Waschmittel-Duft). Und doch verlockt auch danach wieder der »Repeat«-Knopf, der zur ersten Nummer mit leichten John Fahey-Folk-Adaptionen zurückführt, die wiederum dermaßen nett »Guten Morgen« sagen, als wäre es Untermalung von Werbung für selbstredend cholesterinfreie Margarine. Superschön, das alles, beinahe übermäßig schön.

[Edition Fourplay / www.klangkrieg-produktionen.de] mb

VOLKER PISPERS
Frisch gestrichen 🎧
Ein Wort ergab das andere – Das Beste aus 10 Jahren Solokabarett 🎧
Damit müssen Sie rechnen 🎧🎧
Volkerkunde (Buch)
Gefühlte Wirklichkeiten (Buch)

WERNER KOCZWARA
Am achten Tag schuf Gott den Rechtsanwalt 🎧

ULRICH MICHAEL HEISSIG
Ich, Irmgard Knef 🎧

V/A
Querbeet 1 & 2 Kabarett-Sampler 🎧

Politisches Kabarett – gibt's das noch? Aber klar doch: Hildebrandt, Richling, Jonas, Deutschmann, Pispers, Venske, Pachl, Reis und weitere. Apropos Volker Pispers: ein scharfzüngiger Lästerer, der besonderen Genuß daran hat, Statistiken und Zahlen aus der Zeitung, die man gewöhnlich gleich wieder vergißt oder übersieht, sinnlich vorzuführen, ob's nun um Schulden, Spenden oder Ministerpräsidentengehälter geht oder auch nur darum, daß man – durchschnittlich – in den letzten vier Tagen seines Lebens mehr Geld von der Krankenkasse verbraucht, als im gesamten Leben zuvor. Das schreit nach Konsequenzen, die er nicht schuldig bleibt ... Er fühlt der bundesdeutschen Politik auf den Zahn, und zwar so aktuell, daß man keine zehn Jahre lang mehr warten sollte, um sich seine bissigen Anmerkungen anzuhören. Könnte doch sein, daß sich irgendwann niemand mehr an Möllemann erinnert? Oder an Angela Merkel oder Bischof Dyba. Wäre doch schade!? Jedenfalls gibt es gleich mehrere CDs von Volker Pispers: *Frisch gestrichen* – ein Programm, für das er den Kleinkunstpreis 1995 erhielt –, *Ein Wort ergab das andere – Das Beste aus 10 Jahren Solokabarett* mit so gloriosen Nummern wie *Action exklusiv*, einem TV-Bericht über ein Geiseldrama, oder den beiden mehrteiligen *Politconferencen*, noch zu Zeiten von Helmut Es-kommt-drauf-an-was-hinten-rauskommt-Kohl. Nostalgische Gefühle sind jedoch gänzlich unangebracht, denn auch nach Kohl gibt es noch genug Stoff für die Doppel-CD *Damit müssen Sie rechnen* 1999 und ein gutes Jahr später das *Update 2000*

desselben Programms. Schwer zu sagen, welche treffender ist, welches Jahr satirewürdiger? Im Zweifelsfalle lieber das Update nehmen, denn die besten Nummern sind noch drin (nur vier Nummern entfielen), aktualisiert und angereichert durch neue Themen wie »CDU im Spendensumpf« oder »Scharping im Kosovo«. Einiges davon liegt auch gedruckt vor in *Volkerkunde* und *Gefühlte Wirklichkeiten*. Das Kabarett selbst seine Besucher bleiben nicht ausgenommen von der Kritik: es sei nichts anderes als ein geistiger Abenteuerspielplatz für Nörgler und Querulanten, ein »Therapiezentrum für alle Unzufriedenen«, es funktioniere als eine Art moderner Ablaßhandel, »wo man die knallharte Gesellschaftskritik in weichen Polstersesseln auffängt, und wo man das im Halse steckengebliebene Lachen in der Pause mit Champagner runterspült.« Damit hat er sicher recht – der Kapitalismus leistet sich seine Hofnarren – und trotzdem brauchen wir diese verbalen Säureattentate, diese ätzenden Wort- und Gedankenspiele, die einem selber viel zu selten gelingen, aber wenn man sie hört, zum Déjà-vu führen: »Sag ich doch ...!«

Ganz anders arbeitet Wiglaf Droste. Er schießt sich weniger auf das politische Geschehen ein als auf seine eigenen Alltagserfahrungen, ist entsprechend subjektiver in der Themenwahl, insofern aber auch gewagter, zynischer, härter in der Ausführung. *Das Paradies ist keine evangelische Autobahnkirche* heißt seine neueste Doppel-CD, mit der er sich wieder eine Menge Feinde schafft, nicht nur in der linken Szene. Er lästert über den zopftragenden Mann und über die tapfere kleine Feministin (»Läßt du mich bitte mal ausreden!«), über Rechthaber und Political Correctness-Getue, Hausbesetzer-Spießer und Polit-Klageweiber. Er lästert nicht nur, er ist geradezu gehässig. Ein großer Teil sind herrlich-böse Haßporträts auf den Belgier, den Handwerker, den Spanier, den Rapper, den Alt-Hippie, und insofern auch Rollenprosa. Nur indem er in die Rolle eines derart kompromißlosen Hassers schlüpft, kann er allen Ressentiments, und seien sie noch so überspitzt-paranoid, Raum geben. Und genau das hat natürlich eine feine Ventilfunktion für die eigenen Zorngefühle, und schärft den Blick für Heuchelei, scheinheiliges Getue jeglicher Art.

Nicht nur für alle Juristen und Juristenhasser ist Werner Koczwaras Kabarett-CD *Am achten Tag schuf Gott den Rechtsanwalt*, eine geistreiche und gewitzte Abrechnung mit Advokaten und Paragraphendschungel. Es beginnt mit einer düsteren Zukunftsvision: »Amerikanische Wissenschaftler haben festgestellt: In 2 Millionen Jahren gibt es auf der Erde nur noch Termiten und Rechtsanwälte ... Das eine sind diese enorm gefräßigen nimmersatten Dinger, das andere sind so kleine weiße ameisenartige Gliederfüßler. Der Unterschied zwischen beiden Species ist nicht sehr groß – egal, welche der beiden Sie befällt, hinterher ist immer das halbe Haus weg.« Er gibt einen Crash-Kurs in Sachen Jura und reitet einen schnellen Parcours durch Schönfelder, Sartorius, BGB und STGB mit so trockenem Humor und solcher Verve, daß man einen verkrachten Juristen hinter dem Kabarettisten vermutet, zu Unrecht. In routinierter Geschwindigkeit und mit einer larmoyanten Stimme, fast ein bißchen wie ein Topfscheuerwundermittelvertreter vor dem Kaufhaus, der den Hausfrauen in immer neuen aberwitzigen Varianten die Vorteile seiner Ware veranschaulicht und sie mit seinem hypnotischen Redeschwall gefangen nimmt – oder soll ich sagen wie ein Advokat? – springt er von Pointe zu Pointe. Er spürt die irrwitzigsten Formulierungen und Fälle auf, von Grenzsteinen, die verrückt geworden sind und Straffreiheit in Panikfällen, wenn ein Mann seinen Schwager niedertrampelt, um seine Frau zu retten. Schon in den neunziger Jahren machte er Furore mit dem Justiz-Kabarett *Warum war Jesus nicht rechtsschutzversichert?*, und für's nächste will er sich ein »feuriges Plädoyer für Schwarzarbeit und Steuerhinterziehung« austüfteln.

Ein tragikomischer Geniestreich gelang dem Kabarettisten Ulrich Michael Heissig: *Ich, Irmgard Knef.* Er verwandelt sich in die (fiktive) verkannte, auf dem Weg gebliebene Zwillingsschwester von Hildegard Knef. Irmgard spricht und singt wie ihre Schwester mit der gleichen rauchigen Stimme, die halbe Sätze verschluckt, sieht genauso aus mit Sonnenbrille und doppelter Portion falscher Wimpern, nur eben ist sie die gescheiterte Existenz, immer im Schatten ihrer berühmten Schwester, ihren Frust mit Alkohol und Tabletten betäubend: »Hildegard, am Broadway, sang immer vor vollen Häusern. Ich, am Ku'damm, sang immer voll vor Häusern.« Auch hier hört man sie singen, die alten Chansons, mit Knef-Timbre, aber neuen Texten. Das ganze Leben der Hildegard Knef zieht an uns vorbei, aus der Sicht der vermeintlich Zukurzgekommenen, die nun endlich auspackt. Und wer jetzt Mitleid bekommt mit der echten Knef, die übrigens nie dagegen protestierte (und jetzt tut's ihr sowieso nicht mehr weh), dem sei gesagt: Parodiert kann nur werden, was zu einem gewissen Typus aufgestiegen ist. Insofern, und weil es keine blödsinnig flache oder boshafte Karikatur ist, ist diese Parodie eine Art Hommage an eine exzentrische Schauspielerin und Diseuse. Daß es ein Mann macht, ist ein wesentlicher Teil der Brechung, gerade weil an keiner Stelle irgendein überzogenes Transvestogetue durchscheint.

Über die Schattenseiten und Scharmützel bei Ehe- und anderen Paaren macht sich Helga Mummert mit ihren Dialogen *Zwei sind nicht immer eins* lustig. Gesprochen von der Autorin selbst im streitbaren Duett mit Hanns Dieter Hüsch erhielten diese Szenen einer Ehe bereits im Hörfunk beim WDR Kultstatus und sind jetzt als CD erhältlich. Der Titel ist pure Untertreibung, die zwei sind sich schlichtweg nie eins, egal, ob es ums Essen, Anziehen oder den Urlaub geht. Diese in der Wirklichkeit nervtötenden Alltagssticheleien, mit denen viele Paare – und zwar generationsübergreifend – ihre Kommunikation bestreiten, sind mit wachem Auge auf den Punkt gebracht und gleichzeitig mit soviel sarkastischem Witz aufgeladen, daß man den gekonnten Wortreibereien mit Genuß lauscht – bis der eigene Partner sagt: »Genau wie du!«

Und wer jetzt Lust bekommt auf mehr Kabarett, der nehme ein, zwei Kostproben *Querbeet*. Auf ihnen lernt man dreizehn derzeitige Kabarettisten mit Live-Ausschnitten aus ihren Programmen kennen (u. a. H.-G. Butzko, Frank Lüdecke, Achim Konejung, Heinrich Pachl und Arnulf Rating), und hat danach die Qual der Wahl, durch welches Drachenauge er einen zweiten Blick auf die Realität werfen möchte.

[*Frisch gestrichen*, 1996, CD, ISBN 3-931265-03-X, € 15,90. *Ein Wort ergab das andere*, 1996, CD, ISBN 3-931265-06-4, € 15,90. *Damit müssen Sie rechnen*, 1999, 2 CDs, ISBN 3-931265-20-X, € 18,90. *Update 2000*, 2000, 2 CDs, ISBN 3-931265-28-5, € 18,90. *Volkerkunde*, 1996 / 3. Aufl. 2000, 122 S., ISBN 3-931265-04-8, € 8,50. *Gefühlte Wirklichkeiten*, 2001, 170 S., ISBN 3-931265-34-X, € 10,–. *Am achten Tag schuf Gott den Rechtsanwalt*, 2001, CD, ISBN 3-931265-35-8, € 15,90. *Ich, Irmgard Knef*, 2000, CD, ISBN 3-931265-27-7, € 15,90. *Querbeet 1*, 1999, CD, ISBN 3-931265-21-8, € 7,90. *Querbeet 2*, 2001, CD, ISBN 3-931265-33-1, € 7,90. Alle oben genannten Titel im con anima Verlag, Düsseldorf, Vertrieb: Eichborn. *Das Paradies ist keine evangelische Autobahnkirche*, Mundraub / FSR Produktions- und Verlags GmbH, Berlin 2001, 2 CDs, Best.nr.: 226007, € 20,90. *Zwei sind nicht immer eins*, Conträr Musik, Lübeck 2001, ISBN 3-932219-32-5] fm

BRIAN AGRO
Poems And Preludes Ⓗ

Ein kleines Jazzlabel veröffentlicht die CD eines Pianisten, dessen Musik gar nicht nach Jazz klingt. So viel zur Schublade. Eine ganz andere, geräumige Schublade müßte aufgemacht werden, um zu erklären, wie sehr das hier nach Erik Satie klingt und wie sehr Erik Satie schließlich auf den Jazz gewirkt hat – und sei es über Umwege, über Cage und Minimal Music. »Gemessen am permanenten Überdruck zeitgenössischer Avantgarde«, schreibt Thomas Meyer in den Liner Notes, »mag Brian Agros Musik wohl zunächst reduziert oder zurückgenommen wirken – oder geradezu alltäglich.«

Das ist süß formuliert, nicht alleine deshalb, weil es bereits entschuldigend klingt, sondern weil der »Überdruck« nach einer sehr männlichen Eigenschaft klingt und all das Unangenehme impliziert, was innerhalb der Rockmusik als »Dicke-Eier«-Musik bezeichnet wird. Daß es in der Avantgarde und in der improvisierten Musik ähnliche unangenehme Auswüchse wie im Rock gibt – männliches Gehabe, Posing, affektiert zur Schau gestellte Virtuosität, Musik als »Beweisen-Wollen« (von was auch immer) – dürfte bekannt sein; und macht Brian Agros Piano-Solo-CD zu einem wirklich tollen Kleinod, das als Alternative eben nicht New-Age-Harmonie anbietet (dieses ganze Piano-Wohlklang-Zeugs à la George Winston), sondern leicht gebrochene, dennoch harmonische und minimalistische Musik zwischen Debussy, Satie und Improvisation. Anders als bei den großen Piano-Minimalisten des 20. Jahrhunderts (allen voran Cage und Feldman) klebt an Agros Spiel noch etwas Süßliches, eine warme harmonische Färbung, die seinen Stücken etwas Leichtes gibt, das bis hin zum »neoklassizistischen Triller« (Thomas Meyer) gehen kann. All das klingt aber an keiner Stelle affektiert und übertrieben gewitzt, sondern ist in eine Musik eingebettet, die vielleicht gerade deshalb zum Zuhören anzuregen vermag, weil sie so wohlklingend zurückhaltend, so unaufdringlich ist.

[Percaso / RecRec] mb

SURVIVAL RESEARCH LABORATORIES
Same 🆑

Die Performance-Gruppe rund um Mark Pauline mit ihren sich gegenseitig und das Publikum angreifenden, aus Zivil- und Militärschrott zusammengebauten Maschinen, hatte im Sinne einer ausgeklügelten Kommunikationsguerilla stets mehr zu bieten als all die Bürgerschreck-Künstler mit ihren sattsam bekannten Sadomaso-, Selbstverstümmelungs- oder »Mein-Hund-heißt-Hitler«-Attitüden. Ihre Inszenierung von Kriegssituationen mit dem Ziel, die herrschende technokratische Macht bloßzulegen und dem Publikum eine »Möglichkeit der Selbstaneignung« (Pauline) in die Hand zu geben, hatten (und haben vielleicht noch immer) etwa sehr Antiautoritär-Erfrischendes. Trotzdem scheint ihnen inzwischen der Ruch der Achtziger anzuhaften, denn in den einschlägigen Diskursen taucht ihr Name seltsamerweise kaum mehr auf.

Leider weiß diese Audio-CD von den gar nicht veralteten Strategien wenig zu vermitteln. Das einzig Neue, was sie ins Bewußtsein zu rufen vermag, ist, daß SRL anscheinend weiterhin so aktiv sind wie eh und je, denn die hier versammelten »Soundtracks« stammen alle aus den Neunzigern, der jüngste von 1998. Das Maschinengewummer und -geratter gepaart von Incredible Strange Music-Soundfetzen und Geisterbahn-Gelächter gibt jedoch keinen Eindruck von dem Gesamtkonzept der Performances, sondern gerinnt auf der bloß akustisch nachvollziehbaren Ebene zu statischem Noise gegen den sogar Merzbow an einem eher schlechten Tag inspiriert dynamisch klingt. Das darf nicht SRL zum Vorwurf gemacht werden. Gefragt werden muß allerdings nach dem Sinn einer solchen Edition. Viel notwendiger wäre gewesen, anhand einer umfassenden Darstellung (Buch mit Interviews und Statements, eventuell Video oder CD-Rom dazu) einen Gesamteindruck von SRL zu liefern, von deren (Anti-)Spektakeln und der hinter ihnen stehenden Intention. Das wartet anläßlich der Krieg-gegen-Terror- und Gute-gegen-böse-Welt-Stimmung auf eine Wiederentdeckung, ist doch das einzige in deutscher Sprache je erschienene Buch zu SRL bereits seit knapp zwanzig Jahren vergriffen, also länger schon als der Golfkrieg, zu dem es auch schon … Anders gesagt: Anlässe, sich mit SRL zu beschäftigen, gibt uns die Weltpolitik täglich. Diese CD verwässert aber eher, worum es da eigentlich geht.

[Sub Rosa / EFA] mb

MUTTER
Europa gegen Amerika 🆑

»Der Krieg ist vorbei, ein neuer beginnt, dort sind die Opfer, zeig Du mir die Feinde« singt die Band Mutter auf ihrer aktuellen Platte Europa gegen Amerika. Auf der Rückseite des Booklets: George W. Bush sitzt – ausgestattet mit Mickey-Mouse-Ohren und Dollarzeichen, die amerikanische Flagge als Tischdecke nutzend – vor der Weltkugel, die er sich anschickt, mit Messer und Gabel zu verspeisen. Und das Hinweisschild: »Das ist der Feind«. Im Hintergrund dazu eine brennende Wolkenkratzer-Silhouette. Die Platte erschien im August 2001.

Ursprünglich war das Motiv ein im Zeichen des Kalten Krieges von den Russen entworfenes Propagandaplakat aus den 70er Jahren und wurde von Mutter-Sänger Max Müller in einen neuen Kontext gesetzt. Auch die Vorderseite des Covers korrespondiert mit der Thematik »Alte gegen Neue Welt«; dort wird eine Frau in denverhafter Glam-Ästhetik zwischen der Amerika- und der EU-Flagge positioniert.

Eigentlich sollte die Platte schon einige Monate vorher erscheinen, der Releasedate verschob sich dann aber auf zwei Wochen vor den Terroranschlägen in New York. Die Plattenfirma überlegte, die Platte einfach einzustampfen. Presserezensionen verhielten sich aufgrund von Fehlinterpretationen verhalten bis negativ, die Musiker erlebten Beschimpfungen am Telefon, einige Läden wollten die CD nicht in ihren Bestand aufnehmen. Mutter wurden von der Geschichte eingeholt – die Kritik an ihnen ging allerdings in die falsche Richtung.

Denn Mutter legen es darauf an, Haltungen und Strukturen aufzuzeigen, aus denen heraus Feindbilder produziert werden. Denkmuster sollen freigelegt und in ihrer aufgezeigten Austauschbarkeit obsolet gemacht werden. Sie haben, wenn auch unfreiwillig, mit kassandrahafter Sicherheit die Komplexität der aktuellen Geschehnisse getroffen.

Wäre die Platte nach dem 11. September erschienen, die Öffentlichkeit hätte wohl nie diesen Entwurf zu Gesicht bekommen. So aber tappten einige Rezipienten in die eigene Klischeefalle, wie schon 1996 bei der Platte *Nazionali* geschehen, als eine Diskussion um Rockbands rechts der Mitte entbrannte. Die Band, die sich damals zu Studioaufnahmen in der Toscana aufhielt, bezog sich aber lediglich auf eine italienische Zigarettenmarke gleichen Namens. Ein Schelm, wer Böses dabei denkt.

Hamburg, Detmold, Wolfsburg und die Vorgängerband Campingsex waren die ersten Bezugspunkte der Mutter-Biographie. Seit 1986 agieren Mutter nun vom Berliner Exil aus. Mittlerweile haben sie sechs Alben veröffentlicht und bewegen sich immer noch gerne auf doppeltem Boden, oszillieren zwischen Authentizität und Provokation, um als Parodie auf das Bedeutsame im nächsten Moment den magischen Schleier zu lüften: nichts ist so, wie es scheint. Die Band, die ihre erste Platte vor 12 Jahren mit *Ich schäme mich Gedanken zu haben, die andere in ihrer Würde verletzen* betitelte, fungiert als Reflektor des globalen Panoptikums und ist in ihrer Wahrnehmung traumhaft zielsicher. Getrieben von einer nahezu ironiefreien Ernsthaftigkeit, mit der Dringlichkeit der Goldenen Zitronen und der theaterhaften Dramatik eines Einstürzende Neubauten-Entwurfs erarbeiten Mutter eine Art musikalische Geisterbahn, deren Personal sich aus Psychopathen, Nazis, Mördern, Linksradikalen oder Spießern rekrutiert. Es geht um die Abbildung der Welt, nicht um einen utopischen oder moralischen Entwurf.

Max Müller schlüpft bei seinen Rollenspielen in viele Maskeraden, um Strukturen und Systeme von Denkweisen freizulegen. Er selbst bleibt hinter seinen Texten, die jeden Identifikationsversuch sofort zur Strecke bringen, unsichtbar. Aus der Position

des Beobachters heraus, pflückt er die Blumen des Bösen und bindet einen bizarren Strauß menschlicher Erscheinungsformen.

Der Song *Wir waren niemals hier* auf *Europa gegen Amerika* windet sich als nihilistisches Postulat aus den Löchern dunkler Noiserockträume. Von der Nichtigkeit alles Bestehenden: »Etwas bleibt eine kurze Zeit, dann ist alles weg, so als ob es niemals da war. Die Dummen wollen, das etwas von ihrem Dasein zeugt, wer will sich an die erinnern, die nie etwas zu sagen hatten.« Aus dieser Haltung heraus entsteht aber nicht Resignation, sondern Hoffnung: Wer nichts zu verlieren hat, kann alles gewinnen. Und wo alles ausgehöhlt und entleert wird, kann auch die Basis für einen vehementen Humanismus entstehen.

Mutter betreiben keine Aufbereitung des momentan so beliebten 8oer Jahre Styles, denn sie waren und sind noch immer konsequent in ihrem Erscheinungsbild. Auch wenn sie sich von den kakophonischen Klanggebäuden verabschiedet haben, bohren sie noch immer tief mit dem Finger in offenen Wunden. Die schweren Bratz-Gitarren, der nölend zwingende Gesang entspringen einer Lärm-Rock-Ästhetik, die mitunter sogar gebrochen wird von poppig, anschmiegsamen bis zu chansonhaften Stücken (*Damals in Berlin*), stets konterkariert von den mit Pathos, Klage und Provokation überzogenen Textausbrüchen. Mit *Europa gegen Amerika* scheint die Geschichte der 15 Jahre alten Mutter auf den Punkt gebracht.

[Whats so funny about / Indigo] pw

GAK SATO
Tangram 🔘

Aus Mailand kommt diese erstklassige Produktion des Japaners Gak Sato. Seit er 1998 quasi die künstlerische Leitung bei *Temposphere* – einem Sublabel von *Right Tempo* – übernahm, setzt er Akzente, was den italienischen NuJazz-Sound betrifft. Mit zehn Stücken, sowie zwei Remixen des Titeltracks *Tangram* kommt das vorliegende Album stilistisch sehr in die Nähe von *Compost*- oder *K7*-Produktionen. Als herausragendste Eigenschaft jedoch spielt das Album

mit starken perkussiven Elementen, zu denen ein leichter House-Rhythmus läuft. Die relativ sparsame Instrumentierung und der klare, keineswegs nur synthetische Sound qualifizieren die CD als Dauerbrenner im Stile von Nicola Conte oder St. Germain. Trompete, Gitarre und Steve Piccolos Stimme geben Tangram eine überaus sympathische Note, die vielen aktuellen Produktionen fehlt.

[Temposphere] ae

LALI PUNA
Scary World Theory 🔘/🔘

Popmusik kann so versöhnlich klingen, so angenehm lau und zart! Geschmeidig entwickeln Lali Puna hier ihre Sounds auf Basis eines elektronischen Flows, der sehr stark an die seligen Young Marble Giants erinnert. Nun zeichnet sich gute Popmusik aber dadurch aus, daß sich alles Versöhnliche an ihr nur als ein unhaltbares Glücksversprechen zu erkennen gibt. So auch auf *Scary World Theory*, wo Valerie Trebeljahr mit ihren beinahe teilnahmslos dezent dahingehauchten Texten mit jeglichem eindimensionalen Popverständnis von der unbedingten Freude am Hier und Jetzt bricht. »Quit your jobs / don't cross your fingers / don't work for people / You can't trust / Quit their money / Leave their places / Slam the door and / don't look back / You've been here so long / Don't take the middle curse / Don't hesitate, it's overdue / Suit or revolt, it's up to you.«

Umso angenehmer, daß ein solcher Text in eine Musik eingefügt wurde, die einen derart scharfen Ton nicht vermuten läßt. Es ist im Gegensatz zu all den tätowierten Blökern der berufsmäßig protestierenden Rock-Fraktion gerade das sanfte Element, das hier für Verbindlichkeit sorgt und den bitteren wie wütenden Texten eine Bestimmtheit verleiht, die mit dem Effekt vergleichbar ist, den auch Robert Wyatt einmal erzielte. Wie im guten Wimp-Pop der Frühachtziger spielt diese Musik mit der schönen Oberfläche und mißtraut ihr zugleich: »Born / bored / discovered / all the things we do are pin-up sweet.« Eine große Platte, die zeigt, daß die wirkungsvollsten Anti-Pop-Statements gegen die warenförmige Verhärtung unserer Welt noch immer am wirkungsvollsten mit den Mitteln des Pop ausgetragen werden können ... wenn denn ein so gutes, reflektiert arbeitendes Gespann wie hier (namentlich Valerie Trebeljahr, Markus Acher, Christoph Brandner und Florian Zimmer) zusammenkommen.

[Morr Music] mb

CKID
Crashkid Went There 🔟
BLÄTTER
Leaves 🔟

Noch so einer. Ein ehemaliger Indie-Gitarrist, Autechre-Fan der ersten Stunde, nach langjährigem Banddasein Rückzug ins Studio und seitdem am Werkeln an eigenen Songs. Die Biographien von Electronica-Machern lesen sich immer irgendwie ähnlich. Daß ckid aber nicht One in a Million ist, sondern ein Könner – und noch dazu ein Netter (»No laptops were harmed« steht hinten auf dem Cover) – beweist seine erste Platte. Crashkid Went There schert sich einen Dreck um den vermeintlichen Standortnachteil Provinz und überzeugt einfach mit sechs melancholischen Songs, die zeigen, daß die Abenddämmerung am Stadtrand von Sheffield auch nicht dämmriger sein kann als in seiner Heimat Nürnberg. Mit welch reduzierten musikalischen Mitteln ckid diese Stimmung umsetzt und wie geschickt und ohne Klischees er die Gitarre zum Einsatz bringt, macht aus, daß diese Platte so hervorragend geworden ist.

Das ideale Kontrastmittel zu Crashkid Went There ist die Leaves EP von Akira Shiozawa alias Blätter. Nicht, weil hier bösester Noise geboten wird, sondern weil Shiozawa mit

anderen Mitteln ähnliches wie ckid erreicht. Eine durchwegs sanfte, emotionale Musik, selten von erkennbaren Rhythmen durchzogen und mit Clicks und Sounds à la Oval arbeitend. Dies sind keine Songs, sondern kurz auflodernde Stimmungs-Bilder, die durch ihre Klarheit und Reduktion bestechen. Eine aus der Flut an ähnlich gelagerten Platten herausragende Veröffentlichung.

[ckid: Becalmed / Hausmusik; Blätter: Lux Nigra / Hausmusik] tl

VIV CORRINGHAM / PETER CUSACK
Operet 💿
SAADET TÜRKÖZ
Saadet Türköz 💿

Viv Corringham und Peter Cusack legen mit Operet ungewöhnliche Stücke vor. Einerseits bearbeiten sie traditionelle Lieder aus Mazedonien, Aserbeidschan und der Türkei, zum anderen legen sie Eigenkompositionen vor. Ungewöhnlich ist der strikt beabsichtigte Kunstcharakter auch der Folklore-Adaptionen mit Samplern und sehr bewußtes Arrangement. Hier geht es nicht um Ansprüche auf Authentizität, was ja ohnehin naiv und blödsinnig wäre. Wenn denn schon das Original nachempfunden wird, dann ist das in die elektrifizierte Gegenwart eingebettet – was also zunächst sehr unspontan und unecht anmuten mag, entbehrt letztlich nicht einer grundlegenden Aufrichtigkeit. Drei Facetten scheint mir Operet zu haben: die Bearbeitung von Folklore und zwei Formen des Kunstlieds, einmal einfach, gitarrig angehaucht, erzählend und zum anderen an der Grenze zum Pop, sehr am Rhythmus orientiert und gleichzeitig stark melodie- und gesangsbetont – alle drei Varianten der Bearbeitung und Komposition sind stark gebrochen, durch Umgebungsgeräusche, die aus dem Londoner Alltag und/oder vom Sampler kommen. Operet kombiniert Geräusche und Songs, will, so heißt es im Info, die HörerInnen auf eine Reise mitnehmen, auf der alles, was so im jeweiligen Moment hören, genauso wichtig ist wie das Lied. Erinnern mag diese Platte mit ihrer dann doch sehr britischen Weise,

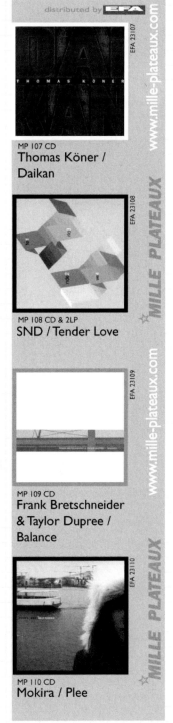

distributed by EFA

EFA 23107

MP 107 CD
Thomas Köner / Daikan

EFA 23108

MP 108 CD & 2LP
SND / Tender Love

EFA 23109

MP 109 CD
Frank Bretschneider & Taylor Dupree / Balance

EFA 23110

MP 110 CD
Mokira / Plee

www.mille-plateaux.com

MILLE PLATEAUX

Kunstlied, Experiment und Avantgarde zu verbinden, zuweilen aber auch an Bands wie Non Credo. Oder an die musikalische Arbeit von Saadet Türkoz.

Türköz' Eltern stammen aus Kasachstan und sind mit einem Umweg über Pakistan in die Türkei und schließlich nach Istanbul gezogen. Türköz ist mit zwei Sprachen aufgewachsen, kasachisch und türkisch. Bei Treffen der Leute aus Kasachstan wird gesungen, und weil Türköz nicht auswendig lernen wollte, hat sie damals schon improvisiert. 1980 ging sie in die Schweiz, wo ihre Schwester lebt. Sie knüpfte Kontakt zu KünstlerInnen wie Muda Mathies von Les Reines Prochaines. Improvisieren heißt für sie also Geschichtenerzählen und ist ihr daher eigentlich die fast authentischere oder besser, die vertrautere Form. Aber sie interpretiert auch traditionelle Lieder, immer möglichst sparsam instrumentiert. Dabei achtet sie wenig auf überlieferte Formen, sondern singt die Lieder so, wie sie sich daran erinnert. Der Text eines Hochzeitslieds wird von Türkoz ergänzt um den Blickwinkel der 16jährigen Braut, die einen Mann heiraten muß, den sie zum ersten Mal sieht. Bei *Intakt* hat Sadet Türköz vergangenes Jahr eine CD veröffentlicht, auf der sie ausschließlich Duoaufnahmen eingespielt hat. Ihre jeweiligen PartnerInnen sind bekannt, nicht nur als wichtige MusikerInnen der Improvisationsszene, sondern auch für Geschick, Gespür, Intuition: Martin Schütz, Cello, Elliott Sharp, Gitarre, Burhan Öcal, Oud oder Saz und Joelle Leandre, Kontrabaß. Die Lieder sind z.T. traditionelle Folklore aus der Türkei, Kaschstan oder Aserbeidschan, klassische türkische Lieder und Gedichte sowie zusammen mit dem/der jeweiligen DuopartnerIn entwickelte Eigenkompositionen. Insgesamt sind es sehr karge, sehr sperrige Aufnahmen, denen zuzuhören aufs erste sehr anstrengend ist, da die Art wie Türköz singt, uns höchst unvertraut ist, gebrochen, weil sie eben nicht die traditionellen Formen einfach weiterverfolgt.

[Review Records/No Man's Land; Intakt Records] tp

IVES DAOUST
Bruits 🆑
ROBERT NORMANDEAU
Clair de terre 🆑
GILLES GOBEIL
... dans le silence de la nuit ... 🆑

Neues aus den Klangwelten der Elektroakustik, angeführt von Yves Daoust, dessen hervorragende *Bruits*-CD mit einem akustischen Bild der Stadt beginnt, in der Daoust auch als Professor für elektroakustische Musik arbeitet – Montréal. Zahlreiche Aufnahmen – Kinderstimmen, Verkehrsgeräusche, Musikfestivals, Politikerreden, Partygeräusche – bilden die Basis für ein schier erschlagendes Panorama aus Sounds, harsch durcheinander gemischt, selbst noch auf verfremdeter, elektronisch nachbearbeiteter Ebene mit dem akustischen »melting pot« der Stadt spielend, also ein Sammelsurium an musikalischen und nichtmusikalischen Geräuschen, die hier aufs Ohr eindringen. Daoust zeigt sich als Freund der Komplexität bis hin zu bruitistischen Verdichtungen. Und so wird hier auch eine Nachbearbeitung von Chopins *Fantaisie-Impromptu* zu einer expressiven und äußerst komplexen Nummer, die so gar nicht mehr nach Kerzenschimmer klingen mag.

Im Vergleich mit Daoust sind die Arbeiten von Robert Normandeau aus Quebec äußerst geradlinig und streckenweise geradezu entspannt. Das beginnt mit *Malina*, Theatermusik zur Aufführung des gleichnamigen Romans von Ingeborg Bachmann, durch den Einsatz der Shakuhachi durchsetzt von Ethno-Elementen, die nur dezent elektroakustisch verfremdet wurden. Aber auch für die anderen beiden hier vertretenen Stücke gilt, daß das akustische Ausgangsmaterial

(im Fall von *Erinyes* ist es bloß eine Frauenstimme) zwar stellenweise bis zur Unkenntlichkeit nachbearbeitet wurde, das Ergebnis allerdings sehr flächig, raumfüllend ambient bleibt, also weniger mit harschen Brüchen arbeitet.

Das Spektrum der Arbeiten von Giles Gobeil, ebenfalls elektroakustischer Musiker aus Montréal, reicht von 1995 bis 2001und ist sicher die stimmungsvollste, wenn auch nicht komplexeste der drei CDs. Das reicht von akustischen, assoziativen Bearbeitung von Literaturvorlagen (Marcel Proust, H.G. Wells und Jules Verne) bis zum akustischen Abbild einer Italienreise. Wo Daoust jedoch Montréal geräuschhaft verdichtet, setzt Gobeil akustisch stimmungsvolle Tupfer – entsprechend dem romantischen Bild, das gerne bis heute mit Italien verbunden wird und so gar nicht zu dessen politischer Realität passen will. Letztere eine stellenweise schöne CD, allerdings an manchen Stellen auch etwas überladen poetisch, von bildungsbürgerlichem Pathos durchzogen.

[alle: empreintes DIGITALes/Vertriebe: Artware/Drone Records] mb

WORKSHOP
Es liebt Dich und Deine Körperlichkeit – ein Ausgeflippter 🆑

Nachdem die letzte Workshop-Platte mit dem ausgeflippten Titel von Frank Apunkt Schneider in *Bad Alchemy 39* schon unüberbietbar hypermanieristisch ausexegiert und metagehyped wurde, bleibt hier – außer einem lämpeligen Verweis darauf – bloß noch zu resümieren, daß dies die endlich legalisierte Drei-Ehe aus Rhizo-Can-Reminizenzibilität, post-pophistorischem Welttraumforscher-(Ge)Samt-(über)blick und hamburger-schule-lyrics-transzendierend ins Laffiistische entschraubter Einkehr-Ambiguität, kurz: die 01er-Definition uncoolistischer und eben darin cooler German-Vocals-Indie-Popistik ist: »Man versucht es sich ganz schön zu machen / Wie? – da kommt man aus dem Staunen nicht mehr raus / Man faßt es kaum, ja?« (aus: *Wie sieht es aus?*) Ja. Wie jetzt?

[Sonig] ju

CORNELIUS CARDEW
Treatise 🄬

John Corbett nennt *Treatise* in seinen Linernotes »a sonic Rorschach«. Das Stück mit Morton Feldmanschem Zeitausmaß, sprich 141 Minuten Spielzeit, wurde zwischen 1961 und '67 komponiert, fällt also in die Zeit, als Cardew als improvisierender Musiker bei AMM begann. Cardew selbst sprach daher von einem »special-purpose notation-system ... that demands an improvised interpretation«, bestehend aus 193 Seiten, die aus reinen Graphiken bestehen, also gar keine Notenlinien mehr aufweisen, sondern eher mit Skizzenblättern von ... na ja, vielleicht Robert Delaunay oder Oskar Schlemmer vergleichbar sind.

Weiter als Cage und selbstredend auch Feldman je gegangen sind, ist diese Form der ›Notation‹ ganz darauf angelegt, frei interpretiert, also individuell entschlüsselt zu werden. Über den bereits 1981 verstorbenen Stockhausen-Schüler Cardew könnte hier zum Verständnis von *Treatise* sehr viel geschrieben werden; etwa über seine politische Haltung, die Hinwendung zum Marxismus, die zu den Piano-Solos *The Thälmann Variations* geführt hatte, der vielleicht fruchtbarsten Umsetzung kommunistischer Arbeiterlieder im Kontext bürgerlicher Kunstmusik, zumindest ein schönes Kleinod wenig bekannter Musikgeschichte ... nun, um solchen Schwärmereien gleich vorzubeugen: *Treatise* läßt wenig überschwängliche Emotion erkennen, bleibt ausgesprochen zurückhaltend oder doch zumindest so von Jim Baker (Piano, Electronics), Carrie Biolo (Vibes, Percussions), Guillermo Gregorio (Clarinet, Alto Sax.), Fred Lonberg-Holm (Cello, Electronics) und Jim O'Rourke (Electronics)

unter Leitung von Art Lange interpretiert. Die Komposition, die »any kind of reading« zuläßt, ist hier also zunächst einmal nicht originär ein Werk von Cardew, sondern eine Umsetzung, die ganz von den beteiligten Instrumentalisten bestimmt wurde. Diese haben sich dafür entschieden, äußerst bruchstückhaft, von Pausen durchsetzt, ohne große Dynamikschwankung, eine Interpretation zu wählen, die durchaus Parallelen zur ›New York School‹ erkennen läßt, also ein bißchen Feldman, ein wenig Wolff und viel *Atlas Eclipticalis*-Cage, zudem eine Interpretation, die die graphischen Vorlagen nach eigenem Muster (Cluster-Setzung nach auf den Blättern vorgegebenen Nummern u.ä.) auflöste und strukturierte. Ob das im Ergebnis zu ›brav‹, gewissermaßen traditionalistisch gelöst worden ist, bleibt seinerseits Interpretation ... oder aber eine bloße Geschmacksfrage, die mich zum Beispiel dazu bringt, vor allem das erste Drittel der zweiten CD zu empfehlen.

[Hat (now) Art / Helikon Harmonia Mundi] mb

VOLKER HORMANN
Jungle Guitar Music 🄬
VERSCHIEDENE
Training im Achter 🄬

Seit den frühen 8oern arbeitet Improv-Gitarrist Volker Hormann mit Homerecordings, nun gibt es seinen ersten ›offiziellen‹ Tonträger, eine Single, auf der es knarzt, scheppert und brummt wie ein Zusammentreffen von Stahlfedern, Radkappen und Fahrradketten, nicht ohne auch ein paar hübsche Countryfolk-Momente aufblitzen zu lassen. Ein Stelldichein von Fred Frith, Eugene Chadbourne, Jim O'Rourke und John Fahey im Geiste, genauer gesagt, irgendwo in Bremen.

Die 7"EP als Sampler-Format für Künstler, die ganz weit draußen, aber daher ja auch so sympathisch sind: Das ist seit alten *ZickZack*-Tagen selten geworden. Hier nun teilen sich ganze sieben Künstler, dicht an dicht gekuschelt, das enge Format: James Din A4, Reinhart Hammerschmidt, Ilse Lau, Dr. Treznok, Tim Tetzner, Diazo, Metamorphosis und Endiche Vis.Sat. Die Bandbreite reicht von Knisper-Knusper-Elektronik bis zu eindring-

lichen Soundscapes, von Free Improv-Rock (Ilse Lau) bis zu eigenwilligen Formen der konkreten Poesie/Lautpoesie (Dr. Treznoks *Menschen schreyben Schreybmaschinen*), von Hardcore-Minimal-Disco, die wie rückwärts gespielter Michael Nyman plus gepitchter Miles Davis klingt – super also – (*Nadjas Autoscooter* von Diazo + Claudia Kapp & Agatha Wenninger) bis zu Streichquartett-Attacken. Wo gibt es sonst so viel Außer- und Ungewöhnliches auf so engem Raum?

[Happy Zloty Records / A. Wilken / Verdener Str. 51 / 28205 Bremen / happyzloty@web.de] mb

VERSCHIEDENE
Raumschiff Monika 🄬

Von Gudrun Gut zusammengestellt, bieten die 16 Stücke auf diesem Sampler einen guten, absolut repräsentativen Überblick über das kleine *Monika Enterprises*-Label, das so etwas wie eine eigene Schule herausgebildet hat, die wir jetzt aber besser nicht »Berliner Schule« taufen wollen. Mit Barbara Morgenstern, den Quarks, Zigarettenrauchen & Rosa (siehe hierzu Tine Pleschs Artikel), Contriva und Komeit wird eine Palette abgedeckt, die nicht auf Quantität setzt, sondern auf ein klares Labelprofil. Und das ist halb elektronisch, leicht ambientesk, könnte niedlich genannt werden, wären da nicht unverkennbare Spitzen, Strudel und Tiefen, alles in allem wohnzimmerhaft und so verspielt wie gerade nötig, dabei bewußt feminin (nicht notwendig, was die Besetzungen angeht, sondern als eine Haltung, falls es denn so etwas wie eine nicht-männliche & dito machofreie Klangästhetik geben sollte). Als großer leuchtender Stern thronen die Young Marble Giants als beschützende Ahnen über allem. Der Hang zum

Kompakten, zur bescheidenen Geste und zum Kleinkoffer-Format macht dieses Raumschiff aerodynamischer und damit windiger als so manche übertrieben verchromte Flotte.

[Monika Enterprises / Indigo] mb

NO
ßen 🔟

Wer bereits Veröffentlichungen herausbrachte wie *auftritt aus block-flöten, sieben tänzern usw.* Und *fünf schöne lieder für windorgel*, hat Sinn für bizarre Momente im Leben. No, dahinter steht Jan Iwers, auch bekannt unter dem Namen Tuulen Laulu ... sofern man bei Platten, die

in limitierter Stückzahl zwischen 100 und (so in diesem Fall) 200 Exemplaren gepreßt wurden, überhaupt von Bekanntheit sprechen kann. Vordergründig ist *ßen* eine Minimal-Elektronik-Platte mit je einer Nummer pro Seite; was sie jedoch von zigtausend limitierten Minimal-Elektronik-Platten unterscheidet, ist ihr Witz, ihr Sinn für überdrehte, schrille und oft auch wunderschön nervende Sounds. Die flirrenden Nerv-Attacken klingen hier mal wie ein rappelndes Telefon im Loop, wie das Notrufsignal, das aus einem feststeckenden Aufzug dringt – oder wie eine Bucht voller Robben. Dieser Aufstand von Alarmanlagen, Martinshörnern und imaginären Tierstimmen kippt dann an so mancher

Stelle zu einer Art Gabber-Techno ohne Beat, bloß noch Wellen von zuckendem, wackelpuddingartig nachschlabberndem Geräusch. Und das zeichnet *ßen* wirklich aus: Diese neodadaistische Geste, die Lust am Geräusch nicht mit verkniffener Ernsthaftigkeit an versunkene Klanglandschaften zu koppeln, sondern immer auch eine Spur Cartoon beizumischen. Vom Gestus her wie Runzelstirn & Gurgelstock, von der Musik dagegen ganz woanders, gibt No den Geräuschen wieder Lachen und Leichtigkeit zurück.

[No: Jan Iwers / Dorotheenstr. 5 b / 30419 Hannover; erschienen auf Darkness Productions: Michael Krause / Tettnanger Str. 207 / 88214 Ravensburg] mb

---

Minimalisten

STEPHAN MATHIEU, EKKEHARD EHLERS
Heroin 💿

Es beginnt mit den Aufnahmen eines Feuerwerks. Knatter, knatter, zisch. Orgel setzt ein. Was dann folgt ist ein lang anhaltender, intensiver Drift. Wegen ihrer Monotonie und dem Zerdehnen der Zeit in eine einzige Ansammlung von Intensität, wurden Velvet Underground und Spacemen 3 immer als Heroin-Musik bezeichnet; Mathieu und Ehlers übertragen deren Prinzip (aber auch das Prinzip von La Monte Young und Dream Syndicate) auf die Klangfarben von Orgel und Melodica, mit jede Menge Loops untermalt. Entstanden ist eine ebenso einfache wie suggestive, trancehafte Kleinod-CD, die im Innenteil einer sehr schön gestalteten Papierverpackung John Lennons Statement »I always liked simple rock music« zitiert – ein Satz, der hierzulande vor allem dadurch bekannt wurde, daß ihn Fehlfarben bereits 1980 auf *Monarchie und Alltag* zitiert hatten. Obwohl von Rockmusik weit entfernt, arbeiten Mathieu und Ehlers wie jede gute Psychedelic mit dem Effekt des (klanglichen) Verwischens, mit einer gewissen Unsauberkeit des Sounds,

die das Gefühl von Ferne und Dämmerung vermittelt. Den schönen Drift eben, eine Intensität der schlichten Mittel, die mit den wirklich nur besten Nummern von Gas vergleichbar ist.

[Brombron / Staalplaat]

HEIMIR BJORGULFSSON
Machina Natura 💿

Nicht minder schön gestaltet, aber noch wesentlich minimalistischer, in Sachen Verwischung fast schon an den Rand des Nicht-Mehr-Wahrnehmbaren gehend, zugleich distanzierter, ist die MiniCD von Bjorgulfsson, ein Musiker aus dem isländischen Trio Stilluppsteypa, an seine letztjährige Veröffentlichung auf *Ritornell* anknüpfend.

Machina Natura verarbeitet Field Recordings mit digitalen Sounds. Hohe Frequenzen, flatterhafte Clicks & Cuts, subtil stille Sequenzen und elektronisches Rauschen trifft auf nachbearbeitete Naturklänge, deren Ursprung kaum mehr erkennbar ist. Diesbezüglich von Ambient und Trance so weit entfernt wie von allem New Age-Verdacht, gräbt sich *Machina Natura* musikalisch in einen Bereich der Abstraktion ein, der nur ein paar Ellen von der Stille, dem Schweigen der Geräte entfernt ist.

[Staalplaat]

TROUM
Tjukurrpa 1 (part 1: harmonies)

Die Verpackung (erste Edition von 500 Exemplaren) ist so rund wie die CD selbst. *Tjukurrpa* soll eine CD-Trilogie werden, hier gibt es den ersten Teil, »organic & archaic dreamscapes«, erzeugt durch Gitarre, Baß, Akkordeon, Stimme und Effekte. Diese elegische, gedehnte Musik strahlt Ruhe aus und hat zugleich etwas mit einfachsten Mitteln erzeugt Majestätisches. Filmmusik für Breitwand-Epen, jedoch ganz ohne konkrete Klänge. Auch hier: Ein Drift, an alte Zoviet France erinnernd, entfernte Assoziationen an tribalistische Ethno-Musik, allerdings zerdehnt zu einem Brei aus Sound, der wie aus ganz weiter Ferne herangetragen klingt, dem berühmten Rauschen vergleichbar, wenn man sich eine Muschel ans Ohr hält.

[dronetroum@aol.com]

PURE
Low 💿

Nummer Neun der *Staalplaat Material-Serie* (eine CD-Reihe mit speziell gefärbten CD-Hüllen, die kein reguläres Cover haben, sondern einen quadratischen, covergroßen Materialausschnitt aus Pappe, Plastik, Stahl, Draht u.ä.) ist eine Full Length-CD von Pure, bei dem selbst der Künstler, ganz Minimalist, darauf verzichtet,

COH
Love Uncut 🆑

Diese kurze CD enthält nur 4 Nummern, für die es jeweils eine Karte gibt, die je nach Laune als Cover verwendet werden kann. COH ist ein Seiten-

projekt von Coil, an dem unter anderem Peter Christopherson, Ivan Pavlov, Steve Thrower, Frankie Gothard und Louise Weasel beteiligt sind. Spuren der frühen Achtziger sind deutlich hörbar, etwas der Throbbing-Gristle-Einsatz der Electronics, manche Spuren gehen zeitlich noch weiter zurück, so erinnert vieles im Auftakter an die collagenhaften Sounds früher Pere Ubu. Nun bietet COH allerdings mehr als nur eine Reanimierung alter Wave/Industrial-Ästhetik, sondern federt diese wiederum mit sehr viel Ironie und Pop-Appeal ab. *Love Uncut* hört sich an wie ein homoerotisches Konzeptalbum (inklusive dezent stöhnender Männerstimme), bei dem Glam, Camp und Noise einander umspielen.

Flankiert von eigenwilligen Coverversionen (Soft Cell *My Angel*, Vicious Pink *Fetish*) besitzen die Nummern einen dandyesken Charme, der die einstige Antiästhetik und die harschen Industrial-Provokations-Strategien mit beinahe lyrischem Witz unterlegt. Oscar Wilde würde das, wäre er hundert Jahre später geboren worden, sicher mögen. Zwar gibt es auf *Love Uncut* keine reflektierte Auseinandersetzung mit *queer aesthetics* im Stil von Terre Thaemlitz, dafür jede Menge spielerische Assoziationen an schwul konnotierte Sounds, die von Discopop bis EBM reichen. Und all dies angenehm frei von Drastik, Vereindeutigung und Bürgerschreck-Attitude.

[Eskaton / Artware / a-Musik] mb

---

seine Musik auf dem Promozettel zu beschreiben. *Low* geht tief, aber ist keineswegs gefällig atmosphärisch. Die Songs sind auf stets nur leicht variierte, anschwellende Drones reduziert, mal ein hohes Schellen, mal tieffrequenziges Brummen, anhaltend, den Raum selbst dann noch ausfüllend, wenn der Volume-Knopf niedrig ausgepegelt ist. Auch hier standen La Monte Young und Ultra-Minimalisten wie Phil Niblock und Alvin Lucier Pate. Dunkle, bohrende Musik. Vor allem der dritte Track hat eine äußerst beklemmende Düsenjäger-Bombengeschwader-Atmosphäre, die den Nerven einiges abverlangt und gerade deshalb so bohrend wirkt, weil die Klänge niemals konkret werden.

[Staalplaat]

JASON KAHN
Plurabelle 🆑
TU M'
01 🆑

Lange ist es her, als Jason Kahn noch bei Universal Congress Of spielte. Mehr und mehr haben sich die Arbeiten des Schlagzeugers im Laufe der Jahre von herkömmlicher Rhythmik entfernt. Seit seinem Umzug von Los Angeles nach Berlin 1990 arbeitete er viel mit europäischen Improvisations-Musikern, darunter Voice Crack, Evan Parker, Shelley Hirsch und Chri-

stian Marclay. Seine neue Solo-CD, live im Studio aufgenommen, verdeutlicht, wie weit er sich vom konventionellen Schlagwerk entfernt hat und das Instrument, das als bloßer Rhythmuserzeuger angesehen wird, für schwingende, beatfreie Sounds nutzt. Auf *Plurabelle* werden Schlagwerk und Metallobjekte elektronisch nachbearbeitet, so daß die Schwingungen nachhallen wie Loops. Das ergebnis ist höchst meditativ, aber nicht geschmäcklerisch. Statt Beats gibt es durchdringend tiefe, brummende Turbinen-Sounds, hohe Glockenklänge und archaisch rituell anmutendes Geklöppel. Die Klangquellen bleiben jedoch meist vage, die Sounds daher entrückt. Genau der richtige Minimalismus für den nächsten Besuch in Rothkos Kapelle.

Ebenso entrückt, minimalistisch und ohne klare Zuordenbarkeit der Instrumente arbeiten tu m', das italienische Trio Rossano Polidoro, Emiliano Romanelli und Adrea Gabriele, veröffentlicht auf Jason Kahns *Cut*-Label. Sie bezeichnen ihre Arbeit als »draws from plunderphonia, electro acoustic, jazz, rock, minimal techno«, wobei keines der genannten Elemente wirklich Oberhand gewinnt. Alles bleibt nebulös und in der elektronischen Bearbeitung verschlüsselt wie der Singsang eines Morsealphabeths, durchdrungen von Rauschen, also kontraproduktiv im Sinne einer klar

umrissenen Sprache. Die Kunst des Verwischens wird hier jedoch durchweg ästhetisch angenehm, genauer gesagt mit Zurückhaltung eingesetzt und sorgte für ein geschmackvolles, leicht befremdendes »Radiofrequenz«-Album mit sehr vielen suggestiven Momenten.

[Cut / Jason Kahn / kahn@attglobal.net / www.cut.fm / im Vertrieb von u. a. No Man's Land und A-Musik]

DIRK SPECHT
Raumreserve – DruckKamer Teil 1 – 8 🆑

Obskures und Gebranntes aus dem Eigenverlag, einer Szene, deren Medium einst einmal die Kassetten waren. Musik für eine Tanzchoreographie von Vera Sander, jedoch ohne Beats, Trippel und Triller, eher verhallt dunkel, in Drones verliebt. Eine klaustrophobe Luftschutzbunker-Atmosphäre, ein postindustrialesker Höllenschlund mit leichten Anklängen an Cranolclast, manchmal durchsetzt vom Pathos früher Current 93. Keine Ahnung, welche Bildersprache das Tanztheater entwickelt hat, doch vor meinem geistigen Auge wirbeln Mönche in Kutten mit Betonschluchten und Autobahnbrücken durcheinander. Gewissermaßen berechenbare Musik, schon lange so dagewesen, aber genreintern betrachtet äußerst gut gemacht.

[Eigenverlag] mb

VERSCHIEDENE
Samba Bossa Nova 🔘
Glücklich IV 🔘/🔘

URI CAINE
Rio 🔘

Brasilien ist das einstige Traumreich der Lusiaden, Zuckerland, Karneval in Rio und so weiter. Vor allem aber auch die Militärdiktatur von 1964 bis Anfang der Achtziger, was für die Popkultur, und zwar auch die globale, bislang noch nicht befragte Konsequenzen hatte und hat (in Europa und den USA, selbst im Schatten des realsozialistischen Pop, ist die Frage von Pop und Politik nie unter Bedingungen terroristischer Repression gestellt worden; Brasilien allerdings hat die Konstitution der Popkultur, sowohl der westlich geprägten wie auch der vermeintlich eigenen allerdings unter protofaschistischen Bedingungen erlebt). Für die politische-ästhetische Avantgarde – Samba und Musica Popular Brasileira – und die formalästhetische Avantgarde – Bossa Nova –, die heute als die typisch brasilianische Musik wahrgenommen werden, hieß das: Gefängnis, Ausweisung, Exil (Gilberto Gil, Tom Jobim, João Gilberto etc.). Davon ist heute nichts zu hören, wenn sich DJs wie Rainer Trüby der – gewiß verdienstvollen und allemal hör- und tanzbaren – Verbreitung brasilianischer Musik widmen; weniger Popmode, mehr politischer Modernismus täten den insgesamt hübschen *Glücklich*-Kompilationen gut. – Zu glatt wird diese Musik nun für europäische Tanzflure kompatibel gemacht; ausgespart bleibt, daß gerade hinter der sonnigen Rhythmik eigenwillige Rezeptionen der europäischen Moderne, Atonalität und Serialismus stecken, Dissonanzen, die hier zu Mischungen und Montagen führten (etwa im brasilianischen HipHop), die etwas zu schnell übergangen werden. Schon im 19. Jahrhundert, wo die Ursprünge des Sambas und der Chorinho liegen, zeigt sich: Brasilien kennt kaum die Trennung zwischen E und U, statt dessen eher eine zweite Kulturindustrie, die die globale irgendwie zu ignorieren scheint.

Dem *Putumayos*-Label ist es zu verdanken, daß mit der Zusammenstellung von gut dreißig Jahren brasilianischer Musik – Quarteto Jobim-Mandelbaum, Da Lata, Jairzinho Oliveira, Jussara Silveira, Moreno Veloso + 2, Jorge Aragão, Eliete Negreiros, Paulinho Moska , Rosa Passos, Márcio Faraco und Rita Ribeiro – ein bemerkenswert lehrreicher und tanzbarer Querschnitt durch diese Musik gelungen ist, im Übrigen jedem Verdacht, bloß einer Mode zu folgen, erhaben; die gibt es nämlich in Brasilien selbst nicht. Diesem Prinzip der Verweigerung, bei gleichzeitiger stilistischer Präzision, folgt seit langem schon Uri Caine, der mit *Rio* nun seine erste Hommage an brasilianische Musik und ihre Besonderheiten liefert: »Lindo, tesão, bonito e gostosão!«

[Samba Bossa Nova: Exil / Putumayos; Glücklich: Compost; Uri Cane: Winter & Winter] rb

RHYTHM KING & HER FRIENDS
s/t 🔘

HOLLY MAY
Where Are the Brillant Ballerinas ? 🔘

So geht das auch mit dem Gender-Bending: der König ist einfach weiblich und das merken wir dank der englischen Sprache erst, wenn's um seine – äh, ihre, äh Freunde?, Freundinnen? geht. Rhythm King & her Friends sind aus Hamburg und Berlin, haben eine Demo-CD veröffentlicht und darauf gibt's einen feinen Mix aus Gitarren-Strukturen und Elektronik, aus Songs und Samples, etwas unbehauen kommt die Musik rüber und durchaus Low-Fi, der Gesang ist englisch und französisch. Verwendet werden außerdem Casio, Drumcomputer, Samples, Gitarren, Baß. Natürlich fallen einer oder einem die Riot Grrrls ein, Le Tigre oder auch Stereo Total – letztere der musikalischen Verspielt-heit und der französischen Sprache wegen – schließlich macht das sonst fast niemand. Ach ja, überhaupt: Die Texte! Die handeln von lesbischem Coming Out und Lesben aus den 30er Jahren, von Körper-Haßliebe, von Kleidungscodes und Zuschreibungen (»What can I wear today? Choose my pants or shall I use my dress. Everything looks queer today – I know I need some vacation from my boyish closet«). Queer Theory kommt auf die Bühne und aus den Boxen und jedeR kann dazu tanzen: Hier kann sich treffen, wer sich sonst leider allzu oft aus dem Weg geht: die Musik-interessierte und die Musikerin, die Feministinnen, die Lesben und andere an Gender-Themen, Gender-Politik, aber vor allem auch an guter Musik interessierte Menschen aller Geschlechter! Rhythm King sind übrigens Pauline, Sara, und Linda und alle spielen alle Instrumente.

Holly May kommen aus Wien. Tanja Frinta, Katrin Artner, Lisa Wawrusch und Sushila Mesquita arbeiten in der ganz klassischen Besetzung Gitarre, Gitarre, Baß, Drums und Gesang. Doch was da auf der ersten 5-Track-CD zu hören ist, entwickelt eine eigene Dynamik und einen eigenen Reiz, einen Sog aus Gitarren, Sprache und Gesang, aus elliptischen Riffs und Melodielinien. Sanft und schräg klingt das und entwickelt doch eine gewisse beißende Schärfe und eine melancholisch-wütende Intensität, die dir die Gänsehaut über den Körper jagt. Gesangslinien und Gitarren schichten sich ineinander – wer will, mag sich an die guten, die unkitschigen Produktionen des britischen, auf Gitarren spezialisierten Labels *4AD* erinnert fühlen, vor allem an die frühen Lush. Holly May geht es nicht darum, offensichtlich Stellung zu beziehen, sie mögen nicht als »wütende Emanzen« eingeordnet werden – eines der Schlüsselworte in ihren (englischen) Texten ist »still« – was zu Deutsch eben auch still oder ruhig bedeutet. Oder »noch« wie in »da kommt noch was«. Aber diese Stille kombiniert sich mit Sätzen wie »I warn you« mit, Texten, die von innerem Zorn und Krieg mit sich selbst sprechen, von ruhigem Widerstand handeln und durchaus, in *The Collector*, Themen wie Entführung und Vergewaltigung von Mädchen ansprechen, ohne dabei simpel didaktisch zu sein. »I wanna know a place where you break the boys' boys race and I'm the passive one and you're the passive one.« Die Musik zu diesem Lied klingt übrigens ganz übersprudelnd.

[Kontakt Rhythm King & Her Friends: rhythmking@gmx.net; Kontakt Holly May; www.trost.at] tp

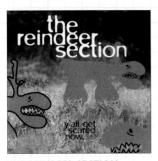

THE REINDEER SECTION
Y'all get scared now, ya hear! 🄲

Hier gibt es den musikalischen Nachschlag zu Frank Schneiders Belle & Sebastian-Artikel aus testcard # 10, und zwar einen Nachschlag, der mehr als nur ein Appetitanreger ist. Alleine die Besetzung frönt dem Wahnsinn: Initiator Gary Lightbody von Snow Patrol tat sich mit John Cummings (Mogwai), Aidan Moffat (Arab Strab), Richard Colburn und Mick Cooke (Belle & Sebastian), Colin MacIntyre (Mull Historical Society), Jenny Reeve (Eve), Willie Campbell und Carlie Clarke (Astrid) zusammen, um in nur zehn Tagen 17 Nummern einzuspielen. Aber wo sind sie denn alle?, wird man sich beim Hören fragen, so dezent instrumentiert ist diese Platte. Ohne Hang zu Übertreibungen wird hier auf slow geschaltet, die Rolläden werden runtergelassen und der ganze Zimmermuff mit ins Mikro gehaucht. Keine Musik für Kriegsgewinnler, sondern nur etwas für blasse Schwarzteetrinker, die auch im Sommer nicht ohne Strickpulli aus dem Haus gehen. Mit Nick Drake im Hintergrund, wird hier fragilster, die Synopsen nur leicht wie eine Feder streichelnder Pop geboten. Musik für überreizte Menschen und solche, die es erst gar nicht werden wollen.

[Bright Star Rec./PIAS] mb

(MULTER)
popout 🅣
N
segment: karnap 🅣

Bereits 1999 aufgenommen wird hier rückwärts gearbeitet: Nachdem das kleine Genesungswerk-Label im letzten Jahr aktuelle, äußerst geräuschhafte, experimentell dronende Nummern von (multer) veröffentlicht hatte, kommt mit diesen zwei Nummern das poppige Frühwerk, faszinierend schlichter, aber keineswegs grob gestrickter, trockener Synthie-Pop in Frühhachtiger-Tradition, was in diesem Fall auf der einen Seite an Dome (den dereinst obskuren Wire-Nachfolger), auf der anderen an Holger Hiller anknüpft. Ein weiteres Kleinod bietet N, ein reines Gitarren-Album des (multer)-Gitarristen Hellmut Neidhardt. Und das klingt wie Frippertronics ohne Robert Fripp-Virtuositäts-Generve und auch ohne Heul-Jaul-Pathos; kleinteiliges, harmonisches, krautig verträumtes Gitarren-Geklicke und -Gezirpe, das bestens geeignet ist, auch all jene zu begeistern, die dieses Instrument glauben, nicht mehr hören zu können.

[Genesungswerk, c/o Mal Hoeschen, Unnaer Str. 34, 44145 Dortmund, www.genesungswerk.de] mb

CHESSIE
Overnight 🄻🄿/🄲

Fast anachronistisch, geradezu nostalgisch erscheint es, am Beginn des 21. Jahrhunderts Musik zu machen, die der Fortbewegung per Eisenbahn huldigt. Noch dazu, wenn man aus den USA stammt, einem Land, das seit Jahrzehnten kaum mehr einen miesen Dollar in sein Schienennetz gesteckt und den Inlandsflugverkehr zum Transportmittel Nummer eins erkoren hat. Doch bei Chessie liegt ein ganz spezieller Fall vor. Stephan Gardner, bis zur Produktion dieses Albums noch alleine für Chessie verantwortlich, ist ein Eisenbahn-Freak, der sich seit seiner Kindheit mit Waggons, Weichen und Bahnhöfen beschäftigt und für eine amerikanische Bahngesellschaft als logistischer Berater arbeitet. Das dritte Chessie-Album Overnight, zusammen mit Kooperationspartner Ben Bailes entstan

den, zollt dieser Begeisterung Tribut. Kaum ein Rhythmus in einem der neun langen Stücke, der nicht nach Weichenrattern und Dampflokschnauben klingt. Über diese rhythmischen, sehr an Industrial erinnernden Grundgerüste spielen Bailes und Gardner verschiedene Gitarrenspuren, Bass und diverse elektronischen Klänge. Die einzelnen Songs sind sehr repetitiv, einer akustischen Umsetzung des Bahnreisens gleich. Und der Zug von Chessie befindet sich auf Nachtfahrt, findet seinen Weg durch dunkle Tunnels und über vereiste Hochpässe (wie es auch das Cover suggeriert). Die Musik spielt entsprechend mit romantischen Motiven, hier ein einsames Piano, da eine im Hall versinkende Gitarre. Die nachträgliche Bearbeitung der Stücke mit elektronischen Effekten sorgt jedoch dafür, daß hier nichts in Kitsch abgleitet. Somit erreichen Chessie eine ästhetische Klarheit und ein Abstraktionsniveau, das für Postrock (wenn man sie diesem Un-Genre überhaupt zurechnen mag) außergewöhnlich ist.

[CD: Plug Research/EFA; LP: 2nd Rec./EFA] tl

ERWIN HALLETZ
Deutsche Filmkomponisten 🄲

Die mittlerweile achte Folge dieser Serie widmet sich Erwin Halletz, der rund 50 Jahren für den deutschen Film Arrangements und Soundtracks schrieb, darunter Titel für Vico Torriani, Udo Jürgens, The Mills Brothers, Louis Armstrong und Harry James. Während seiner Karriere verlieh er mehr als 120 Filmen seinen ganz persönlichen Sound, der von exotischen Dschungel-Rhythmen bis auf Verfolgungsjagd-Spannung, Revuesongs und Jazzarrangements alles bieten konnte. Wenn wieder vorzugsweise etwa Sonntag Nachmittag Filme wie Liane-Das Mädchen aus dem Urwald, Das Rasthaus der grausamen Puppen, La Paloma, In Frankfurt sind die Nächte heiß oder DM-Killer im Fernsehen laufen, hat Halletz dort für die Musik gesorgt.

Alleine wegen des knapp 80-seitigen Booklets mit diversen farbigen Filmplakaten macht diese CD wirklich Spaß.

[Bear Family] ae

HAKAN LIDBO
After the End

Das ist die Konsequenz, die aus Squarepusher folgt: Sperrige Breakbeats, die mit Sounds spielen, aber mit dem Rhythmus arbeiten. Nachdem Goldie jüngst alles kompiliert hat, was Drum'n'Bass in Sachen Tanzbarkeit zu bieten hat, kommt hier das Finale, das hörbar Untanzbare, dafür aber Konzentrierte, das Nachdenkliche dieser letzten großen Mode (die ja im Übrigen eine ganz ähnliche Wendung nahm wie zu Beginn des 20. Jahrhunderts die freie Atonalität zur Zwölftonmusik), Avantgarde versus Retrogarde. *After the End* ist zu Beginn des 21. Jahrhunderts als Nachtrag einer Musik zu hören, deren rhythmische Binnenstruktur gleich einer Zentrifuge an die Grenzen des Anderen stößt. Hakan Libdo komponiert, und obwohl den Breakbeats verpflichtet bleibend, finden sich genügend Verweise auf Trans Am, auf Grindcore, Sounds, die man auch von Radiohead oder A Silver Mt. Zion kennt, ja, die fast »wie ein Naturlaut« einsetzen, als wären sie direkt aus der Partitur von Mahlers Erster Sinfonie übertragen worden.

[April Rec. / Indigo] rb

STATIC
Eject Your Mind ⑫/⑬

Hanno Leichtmann kann nicht genügend Projekte auf einmal betreiben. Neben seiner Band Ich Schwitze Nie, den Projekten Paloma (mit Hannes Strobl) und The Beige Oscillator & DJ Attaché (mit Nickolas Bussmann) und nach seiner Zeit als Free Jazz-Schlagzeuger macht er nun auch alleine unter dem Namen Static Musik. Nach Maxis auf *audio.nl* und *Mermaid/Sonar Kollektiv* erscheint nun bei *City Center Offices* ein Album, das dem Output der Kuschelbande dort angenehme Kühle und ein sanftes Glitzern entgegensetzt. Mit gesanglicher Unterstützung von Ronald Lippok (To Rococo Rot, Tarwater) und Justine Electra findet Leichtmann hier seine eigene Definition dubbiger, elektroider Popmusik. Auf den instrumentalen Stücken wagt er sich sogar bis in experimentelle Gebiete vor,

z.B. wenn er in *Resonance (Remix)* Field-Recordings von O & A in einen House-Track verwandelt. Zum Glück fallen emotionale Momente dennoch nicht der minimalistischen Soundökonomie zum Opfer, der Song-Titel *Sometimes I'm Sad For A Few Seconds* ist trotz aller kühlen Eleganz Programm.

[City Centre Offices / Indigo] tl

JOHN CAGE
Music Of Changes ⑬
JO KONDO
Works For Piano ⑬

Cages *Music For Changes* mit David Tudor am Piano, ist eine historische Aufnahme, eingespielt im Funkhaus der WDR 1956. Es handelt sich um das erste Stück, bei dem Cage mit dem »I Ging« als Zufallsoperator arbeitete. Der Titel *Music Of Changes* entspricht ganz dem Gehörten: permanente Sprünge, keine erkennbare melodische oder rhythmische Struktur. Im Vergleich zu vielen meditativen späteren Arbeiten von Cage, die oft auch nach mit Hilfe des »I Gings« orakelt wurden, liegt hier harsche, verdichtete Musik vor, die frei ist von all den an Cage gebundenen Stille-Assoziationen.

Bei der Klaviermusik des japanischen Komponisten Jo Kondo (Solo Piano: Satoko Inoue) fühlt man sich dagegen ehr an John Cage und Morton Feldman erinnert, aber auch an die japanische Tradition Neuer Musik von Komponisten wie Isang Yun. Kondo wundert sich in den Liner Notes, daß seine Klaviermusik Stoff für eine ganze CD hergibt, obwohl er doch immer Ensemblemusik vorgezogen hat, da ihm die Interaktion zwischen Musikern wichtig ist. Die Arbeiten für Piano dagegen liefern eine Interaktion der Töne, strenge Abgrenzung einzelner Töne voneinander, wenige Melodielinien, dafür fragmentierte Rhythmen bis hin zu losen Assoziationen an europäische Tanzmusik. Will man dies einkreisen, kommen Debussy und Satie in den Sinn, jedoch in minimalistische rhythmische Patterns fragmentiert. Für Freunde der zurückhaltenderen Neuen Musik unbedingt empfehlenswert.

[Beide: Hat Now / Helikon Harmonia Mundi] mb

MATCHING MOLE
Smoke Signals ⑬
MOTHER MALLARD'S PORTABLE MASTERPIECE CO.
Like A Duck To Water ⑬

Nachdem Robert Wyatt Soft Machine verlassen hatte, gründete er 1971 Matching Mole, eine Band, die nur zwei – allerdings hochdosierte – Platten hinterließ. Das Debüt von 1982 bestach durch Minimalismus und Klarheit, die auch Wyatts Soloplatten zu eigen war, die darauf folgende *Little Red Record* war eine AgitProp-Platte mit äußerst dichten Progressiverock-Arrangements, geprägt von Canterbury-Bands wie National Health (deren Gitarrist Phil Miller auch bei Matching Mole spielte). Nach der nur kurzen Lebenszeit von etwa einem Jahr löste Wyatt die Band auf, da er sich nicht als Bandleader fühlte, also Schwierigkeiten hatte, anderen Musikern Vorschriften zu machen. Mehr als zwanzig Jahre später sind nun die ersten Live-Aufnahmen der Band veröffentlicht worden, die fast alle aus dem Frühjahr 1972, also der *Little Red Record*-Phase stammen. Das heißt im Klartext: Wenig Gesang, hochkomplexe Arrangements, jazzrockige Linien am Keyboard (Dave McRae von der Mike Westbrook-Band) und ein treibend gespielter Bass (von Bill MacCormick; Phil Manzanera's 801). Wer Progrock der Canterbury-schen Prägung mag, wird vollends begeistert sein, wer nicht, lasse allemal die Finger davon.

Eine weitere Wiederveröffentlichung, auf die zwar nicht die Welt, aber ein kleines ›special interest‹-Publikum gewartet haben mag: Mother Mallard's Portable Masterpiece Co., von Keyboarder David Borden 1969 gegründet, und zwar ursprünglich als Ensemble, das Stücke von Robert Ashley aufführte. Die CD-Reissue enthält das komplette zweite, 76er Album von MMPMC und neuere Aufnahmen der ersten reinen Synthesizer-Band, die musikalisch zwischen Minimal Music (die *Lovely Records*-Schule) und Progrock pendelt, frei von Gitarren und Schlagwerk, rein instrumental versteht sich, ausgestattet mit mehreren Moogs und Tape Rekordern. Suggestiv und kraftvoll bieten die sieben Nummern einen eher lebhaften Counterpoint zur verträumt wabernden Tradition von Tangerine Dream und Klaus Schulze.

[Cuneiform Records] mb

ANTHONY BRAXTON
Quartet (Dortmund) 1976 ⓒ

Beinahe, im Anflug von Unvorsicht, hätte ich diese CD im Rahmen des Improvisations-Blocks besprochen, was letztlich so falsch gewesen wäre, wie Stan Getz in eine Freejazz-Kolumne zu packen. Der Rahmen für Improvisation ist bei diesen Quartett-Arbeiten im Braxtonschen Sinne äußerst eng gesteckt und flankiert von notierten »half-step«-Kompositionen, sprunghaft rhythmischem Spiel, das voller Zitate steckt. Mal wird Zirkus- und Marschmusik zitiert (was nach einer äußerst bizarren, reizvollen Afro-Variante von Weill und Eisler klingt), mal Duke Ellington und Charles Mingus, allesamt aber durch Braxtons Kompositionstechnik im Gewand der Neuen Musik gespiegelt. Statt Limitation durch Komposition kommt es so – wie häufig in der Musik von Braxton – zu einer Vielzahl von Ausdrucksmitteln und einander umspielenden Musiktraditionen, die weit über das Genre hinausgehen. »The problem with jazz«, so Braxton, »is that tey're defining it in such a way that *you cannot do the best*.« Also fand er seine eigene Definition, ein swinging Mix aus Webern, Be Bop und afrikanischer Folklore, um es etwas holzschnitthaft zu umreißen, hier großartig umgesetzt mit Hilfe von George Lewis (Posaune), Dave Holland (Baß) und Barry Altschul (Schlagzeug).

[Hat / Helikon Harmonia Mundi] mb

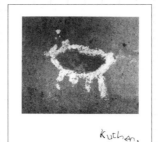

Kuchen.

KUCHEN
Kids With Sticks ⓛⓟ / ⓒ

Das erste Album von Melanie Barham alias Kuchen ist nett. Punkt. Nun gut, es ist mehr, schließlich hätte man zu Brian Eno auch nicht gesagt, daß er »ganz nette« Musik mache. Gerade an Eno erinnert aber dieses Album in seiner außerirdischen Leichtigkeit bei gleichzeitiger Tiefe sehr häufig. Nur sind an Melanie Barham weder ihre Vergangenheit in der 4AD-Band Pale Fountains, noch die letzten fünf Jahre Electronica spurlos vorbeigegangen. Sozusagen ein modernes Update der Enoschen Ambientphilosophie, angereichert mit schrulligen Eigenheiten wie mindestens drei gleichzeitig laufenden Melodien und rumpelnden Rhythmen aus der *Warp*-Schule.

[Karaoke Kalk] tl

YESTERDAY'S NEW QUINTET
Angles Without Edges ⓛⓟ / ⓒ

Madlib, Producer der kalifornischen HipHop-Gruppe Lootpack und Mensch hinter dem Helium-Rapper Quasimoto, hat den Jazz im Blut. Glaubt er jedenfalls. Besessen von dieser Musik, das Gesamtwerk von Sun Ra, Lonnie Liston Smith und Miles Davis in sich aufgesogen, schleudert er seit einem Jahr als Yesterday's New Quintet unablässig neues Material auf den Markt. EPs, Singles, Compilationtracks, nun ein Album. Was hier in Fließbandarbeit im Heimstudio entstanden ist, ist von sehr unterschiedlicher Qualität. Natürlich ist es erfrischend, wenn da einer vom HipHop kommt, sich dem Jazz nähert und autodidaktisch Instrumente lernt. Aber muß denn gleich aus jedem kleinen (gelungenen) Lauf auf dem Fender Rhodes ein zweiminütiger Track gemacht werden?

Die Beliebigkeit, mit der Madlib diese Platte zusammengestellt hat, ist wohl ihr größtes Problem. Einige hervorragende Ideen, die besonders dann hervorblitzen, wenn HipHop-Beats auf ungewohnt nonlineare Weise auftauchen, werden durch eben mal Hingerotztes entwertet. Natürlich werden konservativen Jazz-Fans hier wohltuende Elektroschocks am laufenden Band versetzt, für HipHop- und NuJazz-Fans mit Köpfchen taugt die Platte auch. Aber eigentlich sollte man letzteren lieber *In A Silent Way* oder *Expansions* in die Hand drücken. Anderenorts muß währenddessen Madlib noch viel üben.

[Stones Throw / Groove Attack] tl

VERSCHIEDENE
Elektronische Musik – Interkontinental ⓒ

Hier kommt die große, elektronische Ruhe. Nach *Elektronische Musik aus Buenos Aires* hat *Triple R* (Mitherausgeber der Zeitschrift *De:Bug* und Mitarbeiter für *Kompakt*) zum zweiten Mal einige ambiente Tracks ausgewählt, um sein Labelprogramm vorzustellen. *Interkontinental* schaut nicht zurück, sondern stellt Unveröffentlichtes vor, möchte offensichtlich anreißen und andeuten, worum es den Musikern und Künstlern auf *Traum* zu gehen scheint. Die elf Stücke (plus ein Video von Yvette Klein) strahlen immaterielle Gelassenheit aus. Dies bedeutet nicht, daß hier nur gechillt werden soll. *Traum* von Fairmont (aka Jacob Farley) etwa ist durchaus nicht nur auf Medienkunstinstallationen denkbar, sondern will tanzen machen. Weil sich das so gehört, seien noch einige weitere Vertreter genannt (im Prinzip sind alle Dinger sehr, sehr schön): Philippe Cam, Akufen, Miss Dinky und Process. Auf der doppelten 12" finden sich übrigens andere Mixe, die mehr auf den Tanzflur ausgerichtet sind. Diese Compilation sollte nicht unbeachtet an einem vorbeischweben. Hier deutet sich nämlich, nicht nur für Freunde der minimalen Elektronik, Großes an. Also Obacht: diese Sounds sind interkontinental, interdisziplinär und zwischen den Stilen!

[Traum / Kompakt] cj

HARALD »SACK« ZIEGLER & E*ROCK
Mind As Master

HARALD »SACK« ZIEGLER
Two Electroacoustic Love Songs

Fünf Nummern in absolut ansprechender Verpackung als schnuckelige Mini-CD und beigelegtem Comic, bestehen aus ebenso cartoonhafter Elektronik, mal in Knusper-Beats zerlegt (hoher Mouse-On-Mars-Faktor), mal zu flächigen Orgelteppichen ausgerollt. Dazu gibt es bizarre Samples aus dem Zoo von nebenan und ein sehr kölsches, a-musikalisches Gemisch aus Kinderzimmer und Avantgarde, wobei das Duo »Sack« und E*Rock den Bogen raus hat, nie ins karnevalesk Humorige abzusinken.

Die zwei elektroakustischen Liebeslieder zeigen »Sack« als Liedermacher (räusper), der eine Antwort auf die Frage gibt, ob Liebeslieder in deutscher Sprache wirklich immer wie Blumfeld oder Wolfgang Petry klingen müssen. Nein, müssen sie nicht. *Zwei Wochen* mit ständig rezitiertem *Ich vermisse dich fürchterlich* wird zu Trommelloops geflüstert. Pierre Henry goes Schlager. Für *Zusammen(h)alt* gibt es Punkteabzug wegen Kabarettisten-Wortspiel-Alarm, musikalisch dagegen toppt diese Nummer in Sachen bizarrer Nettigkeit mit Heliumstimme und Robert-Ashley-Minimalismus-Klingklang plus Trompetentraurigkeit höchst versöhnlich sogar noch den anderen der beiden Tracks.
[Sack / E*Rock: Audio Dress Recordings / POP Box 40572 / Portland, DA 97240-0572, USA / Sack solo: Crustaceans And Reptiles, PO Box 20179 / London W10 4WE – UK / crustaceansandreptiles@hotmail.com] mb

8 DOOGYMOTO
Same

Kleinteilig und doch groovy, niedlich und zugleich introvertiert. Minimal-House mit einer Spur Nippon-Hip-Hop. Dafür sorgen Viktor Marek (auch von Knarf Rellöm Ism bekannt) an Beatbox, Gitarre und Gesang, Heinrich Köbberling an Synthesizer und Schlagzeug und Sängerin Fumi Udo, die auch am Xylophon zu hören ist. Gesungen wird vorwiegend in Japanisch, Englisch und Unverständlich (letzteres soll wohl deutsch sein, ist

aber auch nicht wichtig). Besonders gelungen sind die eher ruhigeren Nummern, deren fragile Stimmung und insektenhaftes Zirpen einen Bogenschlag zwischen fernöstlicher Popmusik und den guten alten Young Marble Giants glatt hinbekommt.
[Reis-Schallplatten, Wohlwillstr. 20 / 20359 Hamburg / www.reis-schallplatten.de / reis-schallplatten@gmx.net] mb

BIOSPHERE
Substrata /
Man with a movie camera

In beispiellos schöner, von Jon Wozencroft gestalteter Papphülle befinden sich zwei CDs mit eigenartig entrückter Musik. *Substrata* ist die Wiederveröffentlichung des erstmals 1997 auf All Saints erschienenen Albums, *Man with a movie camera* ist ein eigens für den gleichnamigen russischen Stummfilm von 1929 aufgenommener Soundtrack. Auf beiden CDs verwischen Ambient-Sounds und Field Recordings zu weich treibenden, entgrenzt schwerelosen Sounds. Zivilisationsgeräusche finden sich in Synthieklänge eingewoben, die an menschenleere Landstriche denken lassen, wahlweise Grönland, Island, Tundra, Sahara. Hitze und Kälte liegen da dicht beieinander. Tribalistische Zitatfetzen verweigern diesbezüglich bewußt jegliche genaue Lokalisierung, bleiben wie sämtliche Sounds nicht ›konkret‹ zu-ort-bar (als Raum, als Klangquelle). Vergleichbar mit den Ambient-Arbeiten von Aphex Twin und den besseren Momenten im Werk von Scanner, kommt hier absolut gestylte, futuristisch aufgeladene Musik mit einem Hauch von Ethno-Kolorit zusammen. Eine warme und zugleich distanzierte Dauer-Sphärik, die genau beides zu vermeiden weiß: Biosphere

klingt an keiner Stelle eindeutig nach Froschteich oder Ultraschall, vernebelt aber auch nichts, sondern schickt lediglich seine Sounds ins Ungewisse. Soll heißen: Wo Ambient durchkommt, kommt er ohne Eso-Touch durch, wo Techno sich (gerade mal) ankündigt, bleibt er ganz zurückhaltend kompositorisches Mittel. Diesbezüglich Superlative ins Spiel zu bringen, wäre falsch und dumm. Es bleibt einfach nur positiv anzumerken: Ideale Musik im Zusammenhang mit Landschaften. Zum Beispiel auf einer Zugfahrt zwischen Köln und Koblenz. Zum Beispiel am Strand von Sizilien oder Chile. Aber auch im Hinterhof einer Wohnsiedlung in Krefeld. Denn: Der ideale Ambient ist fähig, selbst das tristeste Umfeld noch schön zu färben. Sein Verdienst ist das Versprechen auf Besseres. Das aber, zugegeben, war schon immer die Eigenschaft der besseren und besten Musik.
[Touch] mb

JEREMY LEWIS
The Last Time I Did Acid I Went Insane And Other Favorites

2001 war auch das Jahr des New Yorker Underground – im Fahrwasser der Strokes kamen hierzulande auch noch die großartigen Moldy Peaches mit an, bei ihrem Freund Jeffrey Lewis hörte es aber schon wieder auf ... Vielleicht lag's am Vertriebswechsel des Labels von EFA zu Zomba, daß niemand über dieses klasse Album schreiben wollte.

Jeffrey Lewis ist Comiczeichner, hat auch das Cover der Moldy Peaches gestaltet und natürlich sein eigenes, das eine Melange aus Wolkenkratzern, Zügen, Tieren und seltsamen Menschen zeigt. Er lebt derzeit in New York und erzählt uns auf *Last Time ...* Geschichten, begleitet von seiner Gitarre und zeitweise von Freunden, und es kreuzen auch mal deutsche Gastschülerinnen auf, mit denen dann spontan ein Stück aufgenommen wird (*Amanda is a Scalape ...* was auch immer er damit meint).

Im *Chelsea Hotel Oral Sex Song*, der auch als Single ausgekoppelt wurde, singt er »If I were Leonard Cohen or any other songwriter I would get the oral sex first and write the song about it later«. Im Titeltrack berichtet er uns auf eine äußerst charmante Art von seinen Drogenerfahrungen, oder er erzählt uns, wie es wäre, eine Freundin zu haben. Lewis hatte die 10 Songs in den letzten Jahren geschrieben und gar nicht geplant, diese als Album zu veröffentlichen, bis er von *Rough Trade* die Mail bekam, daß sie ein Album von ihm herausbringen wollen.

Seine Musik erinnert an frühen Beck, Catpower oder Daniel Johnston, den er auch sehr mag und hat den homemade, charming Touch der Moldy Peaches. Lewis ist nie laut oder aufdringlich – er ist persönlich und manchmal introvertiert, ja verträumt, aber auch lustig, spitzbübisch und etwas slackermäßig ... Man könnte es Folk nennen oder Songwriting; seine Platte hätte auch bei *Betrug* erscheinen können und würde sich neben Bastian Wegner – auch tolle Platte übrigens – bestens machen.

Er selbst mag auch The Fall und The Clash, oder hört 60s Psychedelic und Garage Rock, zählt zur NYer Anti-Folk Scene, von der dieses Jahr noch ein Sampler, der von Kimya Dawson compiliert wurde, erscheinen soll und hat auch viele seiner Songs auf mp3.com zum freien Download angeboten.

Hey, und wofür die ganzen fetten Produktionen, wenn eine Person mit Gitarre uns solche Geschichten erzählen kann ...

[rough trade / sanctuary / zomba] sw

JOSEPH SUCHY
Entskidoo 💿

Zart und sehnsüchtig erklingen eingangs Gitarrenharmonien und ein paar Sekunden lang mag sich der Hörer/die Hörerin fragen, ob da die richtige CD im Schacht liegt, aber dann drängen von unten düster-lärmige Klangschichten dazu: doch – es ist sehr wohl Joseph Suchys vierte Solo-CD *Entskidoo*. Neun Trennpunkte sind gesetzt, aber die sollen keine einzelnen Stücke anzeigen, höchstens Orientierungspunkte setzen – hier ist alles eins, eine Entwicklung, ein Aufeinandertreffen und Auseinanderdriften, letztlich aber ein Zueinanderfinden verschiedener Schichten und Strategien zwischen Wohlklang und Verzerrung. Klangflächen zwischen Ruhe und Sturm, Nachdenklichkeit und Aufregung. Verspielte Kleinräumigkeit mündet in große Soundwürfe, neben minimalistisches Pfriemeln schleicht sich schlicht Ohrenbetäubendes (nein, euer Nachbar bohrt nicht gerade die Wand auf und ihr dürft euch auch nicht in Seelenruhe wegträumen) ... Diese Platte will eben einfach eure Aufmerksamkeit und die hat sie auch verdient! So geht das eben auch mit dem alten und hier nahezu sprichwörtlichen »Ein Mann und seine Gitarre« – plus Verstärker, Effekte und Mischpult, klar. Dazu braucht es auch fast kein Wort und fast keinen Gesang. Von »Multiphrenie« spricht das Info – hat Suchy

doch auf seinen bisherigen Soloveröffentlichungen schon einige Möglichkeiten ausgelotet: Konzeptarbeit, Schnittstellen zwischen analog und elektronisch, halsbrecherischer Freenoise. Auf *Entskidoo* verschmilzt Gitarrist, Produzent und Labelbetreiber Suchy all diese Herangehensweisen zu einem Soundlabyrinth, in dem sich das Verirren respektive Verweilen lohnt. Am guten Ende steht dann eine Zusammenarbeit mit Suchy, Tim Elzer (Don't Dolby) und Yvonne Cornelius aka Niobe, die sich einmal mehr als geniale Vokalartistin des experimentellen Torchsongs erweist: strange und schön, das alles.

[entenpfuhl, A-Musik] tp

FELIX KUBIN
Jet-Lag Disco 💿

Im Frühjahr 2001 reiste Felix Kubin auf Tournee nach Japan. Speziell hierfür wurde die schmucke 3"-CD aufgenommen, die es aber auch auf dem deutschen Markt zu erwerben gibt. Hat Kubin die hier vertretenen Nummern bewußt für ein japanisches Publikum ausgewählt? Na ja, das mußte er wohl gar nicht, denn sie sind durchaus nicht untypisch für sein Oeuvre, also nicht mehr oder weniger japanophil wie sämtliche Kubin-Musik. Und die besteht aus einem quirligen Mix aus Humor (nennen wir es: flotte, freundliche Unterhaltungsmusik) und Experiment. Eckpunkte

aus der Vergangenheit: Pyrolator, Residents. Schrullige, aber zugleich auch liebliche Post-Disco-beinahe-instrumental-Musik mit Hang zum Miniaturhaften. Sechs Nummern: So muß man sich wohl einen Alleinunterhalter 2040 im Altersheim vor lauter *testcard*-Abonnenten vorstellen.

[A-Musik] mb

VERSCHIEDENE
Popshopping Mixed Up 🔘
Popshopping Vol. 2 🔘

Pop und Werbung haben vieles gemeinsam. Die Allianz der Kulturindustrie hatte vor allem in den sechziger und siebziger Jahren beides gerne zusammengebracht: Werbetonträger, meist Singles, auf denen Produkte zu flotten Popsongs angepriesen wurden. Selbst die Parteien griffen zu solchen Methoden – *Wir wählen CDU* schmetterte ein von Dieter Thomas Heck angeheizter Chor auf der Single *Hits aus Bon(n)anza*. Stücke dieser Art, von Moulinex- bis zu Ford Taunus-Werbung, finden sich auf *Popshopping Mixed Up* unter anderem von Konishi Yasuhara (Pizzicato Five), Tobi Tob (5 Sterne Deluxe) und Rune Lindbaek kongenial kommerziell remixt. James Last-Geschmetter trifft auf flotte Latin-Disco, flippiger House auf locker lebensfrohen Swing. Absolut albern überhöht schält sich die Werbung als Kern von Pop nach außen und feiert eine Leichtigkeit, für die man keinen Adorno gelesen haben muß, um ihr falsches Glücksversprechen zu durchschauen. Eine ebenso lehrreiche wie clubtaugliche Scheibe.

Als Ende 2000 *Popshopping – Juicy Music From German Commercials 1960–1975* erschien, war abzusehen, daß es nicht beim ersten Teil bleiben würde. Letzten April wurde von Crippled Dick sogleich eine Remix CD nachgeschoben und im November folgte *Popshopping 2 – More Music From German Commercials 1962–1977*. Senor 45 und Sir d'Oeuvre haben diesmal 28 weitere Schätze von ihren Flexidiscs und aus obskuren Rundfunkarchiven zusammengetragen. Darunter die Werbejingles zu *BWM* (Peter Schirmann), *Edelkakao* (Wolfgang Dauner) oder *ARAL* (Peter Thomas). Und wieder findet sich im

Booklet amüsantes Hintergrundwissen zur Entstehung der jeweiligen Hits, die man sogar noch nach rund 20 Jahren wiedererkennt.

[Crippled Dick Hot Wax] mb & ae

VERSCHIEDENE
American Breakbeat. Electronic Music From USA And Canada 🔘

In der Regel haben Elektronik-Sampler die Eigenschaft, mit gerade mal zwei guten Tracks das Regal nur unnötig zu verstopfen. Hier ist das Verhältnis ganz anders: Es sind brillante und gute, bestenfalls interessante, aber überhaupt keine schlechte Nummer zu hören. Die Auswahl präsentiert mit Kit Clayton, Matmos, Lesser, Kid 606 und Lowfish, um hier wirklich nur einmal die Bekanntesten zu nennen, alles andere als liegengebliebenen Datenschrott. Mit Bedacht und hervorragendem Händchen für die Anordnung der Tracks ist da ein Sampler entstanden, der mit dem hartnäckigen Vorurteil aufräumt, die USA seien eine Kulturwüste in Sachen ambitionierter Elektronik jenseits von Technohouse. Im Gegenteil: Der Stand ist hier weiter als bei so manchem Clicks + Cuts-Tüftler, die Verknotungen zwischen Eckpunkten wie Trance, Drum 'n' Bass und Soundscapes funktionieren hier schlafwandlerisch undogmatisch, sind in fast keinem der Fälle dem Club verpflichtet, aber auch nirgends Laptop-Autismus. Auf 29 Tracks gibt es eine erstaunliche Leichtigkeit zu entdecken, der gerne auch eine Spur Humor untergemischt ist.

[Klangkrieg] mb

STROTTER INST.
Schlepper 🔘

Die Schallplatte als Kunstwerk: Auf der einen Seite eine lange Einlaufrille, handbeschrieben mit Namen und Titel versehen, auf der anderen Seite eine ebenso lange Auslaufrille, zwei Mäuse (oder Ratten?) ins Vinyl graviert. Ein bewußt hoher Aufwand für eine ebenso bewußt limitierte Musik. Strotter Inst. (das Anhängsel kann für Installation oder Instrument stehen) stellt sich an den Rand zu Kunst und Musik, »so wie die Strotter einst am Rande der Gesellschaft in der Kanali-

sation nach gestocktem Fett fischten«. Die Musik basiert auf Installationen von fünf umgebauten Lenco Plattenspielern und reiht sich ohne Abstriche in die neominimalistische Tradition von Musikern wie Mika Vanio ein. Die vier Stücke bestehen aus monotonem Pumpen und Knistern, das entfernte Dancefloor-Strukturen aufweist, die aber wie zufällig klingen, bedingt durch das Rotieren der präparierten Plattenspieler. *Schlepper* ist bei aller aufgeladenen Diskursivität doch vor allem Kunst, nämlich eine Musik, die sich als formales Statement selbst genügt und die am Rande zur Nichtmusik genau das macht, was Kunst tun sollte, nämlich unsere Wahrnehmung in Frage zu stellen.

[Bauer im Anzug Produktion / chess@solnet.ch] mb

PAROLE TRIXI
Die Definition von süß 🔘

Angeblich sollen Parole Trixi es ja hinkriegen, den gordischen Knoten eines indie-informierten, auf alles und jeden Effekt gefaßten Publikums tatsächlich nochmal in zwei Lager zu zerkloppen. Umso besser. Wir sind hier schließlich nicht in Roskilde, Dirk. Liegt wohl auch daran, daß hier, auf dieser Platte, eine mit diversen Post-its abgeklebte Version von Punk gespielt wird, die keineswegs den »Rock 'n' Roll!«-Beigeschmack nach warmgewordenem *Biker's Farm* atmet. Ein gewaltiger Sprung auch vom noch halbwegs konventionell-geschrabbelten Stück *Punk Rock* auf der *Stolz&Vorurteil*-Compilation, das hier seinen Namen nicht unsignifikanterweise in *Hier im Jetzt* geändert hat!

Punk also im von uns gegangenen Sinne von: etwas in Herangehensweise, Form und Pathos wahllos Zusammengeschustertes, nicht immer unbedingt Zusammenpassen-Wollendes, wie es auch für Indie-KennerInnen-Indie ja heutzutage ästhetisches Existenzminimum wäre. Dies läßt an den interessanteren Sound z. B. der ersten deutschen Punkplatten im Vergleich zu ihren schon bald recht konventionell klingenden englischen Pendants denken, der auch daraus resultierte, daß sich dort schon bald eine Punk-Infrastruktur entwickelt hatte, während in der diasporösen Musikkultur hierzulande die InhaberInnen von Produktionsmitteln hilflos am unverstandenen Material rumschusterten, dem sie keine ihnen bekannte Form verleihen konnten. Daher rocken (zum Glück) die ganz frühen Deutschpunkplatten (und später noch die des begnadeten Beutelschneiders Herbert Egoldt) auch nicht, sondern stolpern, straucheln, stottern. Das tun auch Parole Trixi. Dies liegt vor allem am Gesang der Ex-*Straight*-Herausgeberin und ehemaligen *Spex*-Autorin Sandra Grether, die ihre überkochenden Messages in die Texte hämmert, stopft, zwängt, diese wiederum in die Musik und die Musik dann wieder in ihren Kontext. Ihre Refrains sind keine bekömmlich portionierten und wohlproportionierten Hymnik-Entitäten der Produktlinie *Du darfst mitgrölen*, vielmehr auch nach Länge, Sperrigkeit, Gehalt und lutherhafter Hingenageltheit Manifeste. Die Art, wie die Texte »Gefühle« »beschreiben«: die Ohnmacht, die einer aus sexistischen Zuschreibungen wie dem Süßheits-Paradigma erwachsen, das Gefühl, immer nur reagieren zu können, das Auftourgehen mit der Band als Beziehungssollbruchstelle (trotz prinzipiell feministisch orientiertem Typen) usw., ist kein braves Aufsagen lyrisch abgeschmeckter Impressionen, läßt eher an bulimistische Entrümpelungsaktionen denken. Eine Schub- und Aufprallwirkung geht davon aus, vergleichbar der foucault'schen Splitterbombe *Die Ichmaschine*, nach der ich damals Wochen damit verbrachte, meine runtergefallenen Kinnladen wieder aufzusammeln und zusammenzukleben.

Anders allerdings als die vor formaler Cleverness berstende erste Blumfeld hinkt bei Parole Trixi die Musik dem um sich schlagenden Gesang hinterdrein, so daß das sich im Lied artikulieren wollende Sprechen nicht unter die Ökonomie punkrockaggressiver Gestik gezwungen wird, die knappe, kurze, harte Slogans per ästhetischem SMS (vgl. hierzu *Letzte Mahnung*) verschicken will. Ebenso wenig wie sie mit jenem fauligen öligen Frieden von großmannssüchtiger Alternative-Amtlichkeit imprägniert, der dann auf den Stücken rumliegt wie eine alte Möbelpolitur. Sowas habe ich bei allem Rumgeschiebe auf der Übersteuerungsspur und Atari Teenage Amoklauf Im Wasserglas seit Jahren nicht mehr gehört, zumindest nicht frisch gepreßt, auch nicht auf *Kill Rock Stars*, allenfalls noch auf obskuren Singles der Jahre 78–83. Die Slits konnten sowas und die Raincoats und natürlich die großartigen Shaggs, in Deutschland z. B. dann das Waschküchenklangbild von Östro 430 oder der Proto-Schrammel-Post-Politrock von Carambolage. Der aufmerksamen und eher seelsorgerisch-tätigen, denn mit paternalistischem Händchen Reibungsenergien stillschweigend auf Richtung einer ästhetischen Totalität korrigierenden Produktion von Bernadette Hengst ist zu verdanken, daß *Die Definition von Süß* nicht in gängiggangbare Formate eingeschweißt wurde, sondern als Fragezeichen da aufragen darf, wo alle immer nur in den weiträumigen Ausrufezeichen-Hainen lustwandeln wollen.

Wenn nun aber eine seit vielen Jahren über Musik schreibende und reflektierende Frau relativ spät mit einer Platte debütiert (andere Projekte von und mit ihr sind mir jedenfalls nicht bekannt), die zunächst nach noch nicht zu sowas wie einer kommensurablen Form gebrochenem jugendlichen Übermut bzw. Bored Teenage-Angst klingt, dann ist das natürlich nicht juveniler Ausdruck ebensolchen Daseins, sondern möglicherweise eine bewußt und strategisch lancierte Geste, die gegen ein allgemeines Angekommensein und Vergessen anschreit. z. B. säuft die *Spex*, Grethers ehemaliges Heft, ja gerade in der Belanglosigkeit geschmäcklerischer Fadesse ab. Während dort all jene Themen, die von *Spex* vor ein paar Jahren erst einmal auf die popkulturelle Agenda (zumindest in Deutschland) gesetzt worden waren, unter den gerade aktuellen Klangteppich gekehrt bzw. als Quoten-Thema irgendwie unmotiviert so mitgeschleppt werden, beharren Parole Trixi darauf, daß sie noch keineswegs durch sind oder sich etwa erübrigt hätten. In diesem Sinne handelt ihre Musik auch von der Enttäuschung über die Verödung des Popinteresses an Feminismus und darüber, daß sich im Prinzip nichts geändert hat: »Ich stehe auf der Straße, / lieber als in der neuen Ausgabe / eines dieser Musikmagazine/ mit Wissenschaft für Männerspleene, / Denn da geht's dieser Tage / unbeherzt nur um die Frage / wie sich privilegierte Typen/ weiter ihre / PLÄTZCHEN SICHERN!« – Ein Stück, daß sich nicht auf Beilagen-CDs zwischen den Po-Grabschern der *Strokes* und *Vincent Gallo* verstecken läßt.

Es wäre allerdings zu fragen, ob über ein solches Abfeiern des Schrägen und jene Rezeption via Slits/Raincoats/Shaggs-Vergleich, wie ihr sie in jedem Popblatt, das halbwegs was auf sich hält, zu diesem Zeitpunkt über diese Band schon gelesen haben werdet, nicht ein gewisser Standard und eine gewisse Formtradition etabliert wird; so wegen: Hey Mädels, ich find's total super, daß ihr eure Instrumente nicht so gut beherrscht, weil ihr bla Produktionsmittel und bla Zugangsweisen und bla Genderkategorien; also wiederum eine sexistisch wirksame Instrumentalisierung eines bestimmten Klischees von »Frauensound« stattfindet. Schwierige Frage, aber tolle Platte, die sie überhaupt erst einmal wieder stellt, anstatt unter der Last pophistorischer Bescheidwissensvöllegefühle in den Kissen einer (mit sich, der Welt und Vincent Gallo) einverstandenen Ästhetizismus zu versinken.

[What's So Funny About / Indigo] fas

BABY FORD
& THE IFACH COLLECTIVE
Sacred Machine 🔟

Peter Ford und sein Team sind zurück beim geraden Bassdrumbeat. Ohne allzu sehr nach hinten zu schauen, verwendet der Brite seine mannigfaltigen Erfahrungen aus Techno und House, um wieder tanzen zu lassen. Die elf langen Tracks haben den Club vor irren Augen. Der Floor, der Beat, der Körper. Abschalten der Reflexions-schlaufen, Rauskicken des Schuld-bewußtseins. Hier und jetzt und ab geht's. *On The Floor*, direkt, in der Ader, am Puls. Das war seit den Acht-zigern Peter Fords Spezialität, keine Frage. daß er diese Konsequenz nächtlicher Ekstasemusik aber noch einmal so genau auf die Punkte brin-gen würde, war nicht zwingend zu erwarten. Da wird eine *Tea Party* zum trainspottingartigen (Underworld lassen grüßen, und zwar neidisch) Rausch. Eigentlich unerhört, diese Musik zu Hause alleine zu konsu-mieren, da müssen Menschenmassen her. Oder Drogen. Oder beides.

[Klang / EFA] cj

LIFE WITHOUT BUILDINGS
Any Other City

Aufgeregte, aktionistische, nervös sich überschlagende (aber keinesfalls hy-sterische) Gitarrenmusik in klassischer Rockband- Konstellation mit Front-frau: Das sind Life Without Buildings aus Glasgow, die sich nach der B-Seite einer Single von Japan benannt haben. In ihrer Musik assoziieren sie spontane Kunstäußerung mit schein-bar einfachen Mitteln und versuchen ein Durchbrechen der herrschenden Verhältnisse durch bloße, unbändige Lebendigkeit.

Life Without Buildings kommen aus der Art School-Ecke: Tagsüber wid-men sie sich der Kunst und die Nächte gehören der Band. Die wäre ohne Sue Tompkins nur eine halbe Sache – denn sie, die Erfahrungen bei der aus Frauen bestehenden Performance-gruppe Elizabeth Go gesammelt hat, kann ihre Stimme wie ein Instrument einsetzten. Tompkins singt nicht unbe-dingt nur Lieder, sondern scheint eher Minidramen durchzuspielen: Dialoge, Selbstgespräche, ein Tasten und Aus-testen, das unmittelbare Freude, wenn nicht gar Ekstase auslöst. Das sollen die Songs bei aller Hektik auch trans-portieren. Sagt Ms Tompkins, die live mit allerhand Zetteln auf der Bühne zugange ist und fast keine Minute stillsteht, sondern tänzelt, hüpft. Und während die Gitarren und das Schlag-zeug nichts allzu Besonderes tun, nur ihre Aufgabe erfüllen, den Rhythmus und die Riffs zu liefern, die die Basis

für Sue Thompsons Vocals sind, baut sich die Sprache, der Gesang auf, erst einzelne Silben, dann Wiederholungen, dann Veränderungen, dann Sätze, Wiederholungen, Veränderungen ... eigentlich ist das Minimal Art, die sich hoch nervös verdichtet und sich – vielleicht von tiefer Melancholie her kommend – ins Überschäumende schwingt. Das muß man/frau gar nicht unbedingt sehen, das kann, nein, das muß man/frau hören!

[Tugboat Rec.] tp

VERSCHIEDENE
Philadelphia Roots 🔲/🔲
Studio One Soul 🔲/🔲
Darker than Blue: Soul from Jamdown 1973 – 1980 🔲

Der Untertitel *The Sound of Philadel-phia – Funk, Soul and the Roots of Disco 1965 – 73* erspart jegliche län-gere Beschreibung. Genau das ist es: Die Geburt der Disco aus dem Soul heraus, hier noch schwer mit Strei-chern versüßt und von Brass Arrange-ments zugleich geerdet. Vorbildliche Liner Notes stellen die Geschichte und einzelne Werdegänge vor. Beim Hören ist man einfach zu Dank ver-pflichtet, Dank für so hochwertige, liebevoll zusammengestellte Compi-lations, die Highlights des Soul davor retten, in den undurchsichtigen Tiefen von Second Hand-Läden einfach unterzugehen. Nummern wie *Hey Boy* von Brenda & The Tabulations oder *Waiting For The Rain* von The Philly Sound sind Schätze einer urban trei-benden, von aufgestauter Sommer-hitze fast zerfließender Musik, die sich schon beim ersten Hören deshalb so stark einbrennen, weil alles tief vertraut klingt, aus alten Filmen her-übergeweht – aber eben noch lange nicht abgeschmackt.

Ebenso verdienstvoll, ohne Ein-schränkung: *Studio One Soul*, Soul-Aufnahmen aus der legendären jamai-kanischen Produktionsstätte. Wem die Interpretennamen (Leroy Sibbles, Norma Fraser, The Heptones, Otis Gayle, Richard Ace u. a.) nichts sagen, der mag angehalten sein, einmal tiefer in den jamaikanischen Kosmos jenseits von Marley und Tosh zu dringen – die Songs jedoch dürften sattsam bekannt sein, darunter *Can't get enough (of your love, baby)*, *The first cut is the deepest*, *Set me free (you just keep me hanging on)* und (als großes Schluß-licht) *No one can stop us*. Allseits bekannte Soul-Evergreens finden sich hier in jamaikanischen Reggae-Ska-Versionen mit streckenweise schier unglaublichen Sounds, auf Hinterzim-mer-Format reduziert mit kratzigen Gitarrensound und malmend tiefen Bässen. Ein gewisses Unterarrange-ment bis hin zum Proberaum-Flair bei gleichzeitigem Groove, den die be-kannten Versionen dieser Nummer selten gehabt haben, macht den Reiz aus: Reduzierte Arrangements bei oft höchst komplexer Ausführung.

Noch einmal Jamaika: *Soul from Jamdown* bietet eine erstklassige Com-pilation mit Perlen wie Ken Boothes *Ain't No Sunshine* und *It Is Because I'm Black?*, Alton Ellis' *It's A Shame* und Carl Brandneys *Slipping Into Darkness*, um nur drei der allesamt großartigen achtzehn Nummern hervorzuheben. Viele Stücke sind jamaikanische Reg-gae-Adaptionen von Soul-Hits aus der *Motown*-Schmiede, aber auch Curtis Mayfield (*Darker than Blue*) und Randy Newman (*Baltimore*) wurden gecovert. Was diesen Sampler hervorhebt, ist seine politische Ausrichtung. Die Liner Notes, Zitate und Photos im Beiheft heben die gespannte Atmosphäre her-vor, das rassistische Klima, unter dem die Stücke entstanden sind, Nummern mit Zeilen wie »Something is holding me back / is it because I'm black?« oder »Ain't no love in the heart of the city / ain't no love in the heart of town«, im Beiheft mit einem Photo der schwarzen Slums illustriert. Auf eindringliche Weise zeigt Peter Dalton, der das Beiheft gestaltete, welch politisch aufgeladenen Gehalt diese Nummern hatte und wie sachte, vor-sichtig, aber zugleich allgemein ver-ständlich in ihnen das eigene Elend und die Notwendigkeit zur Veränderung thematisiert wurden. Hier erhält der Soul seinen historischen Kontext zurück.

[Philadelphia Roots & Studio One Soul: Soul Jazz Records / Indigo, Darker than Blues: Blood and Fire] mb

THE DIFF'RENT STROKES
'This Isn't It ⑦/⑬

Die Band, die 2001 die meiste Beachtung fand, waren mit Sicherheit die Strokes. Verdient haben sie es ja – wollte sie in USA erst niemand signen, wurde dann über die Veröffentlichung auf dem legendären und reanimierten englischen *Rough Trade*-Label ein Hype losgetreten, und nie war mensch sich dann so einig …

Das hat Folgen: Neben dem *Aguilera*-Bootleg von Freelance Hellraiser und sicher noch einigen mehr im Netz kursierenden, betraten die Diff'rent Strokes die Bühne, vier Hit-Songs wurden hier in rein instrumental-exotische Casiosounds verpackt, ein Tribute-Record, mit einem Augenzwinkern versteht sich … und nach einer englischen (oder amerikanischen?) Sitcom benannt. Musik für den sonntäglichen Tanznachmittag, tolle Idee … und ein Genuß für jeden Fan.

Das Cover wurde dem europäischen Strokes-Cover – also Hand in schwarzem Lederhandschuh auf nacktem Gesäß – mit Spielzeug-Accessoires nachempfunden und die Strokes selbst stehen drauf (auf die Musik), verkündet *Rough Trade*. Wer hinter dem Projekt steht, wurde streng geheimgehalten, Gerüchte gab's, daß irgendjemand von Pulp oder den Strokes selbst die/der Macher sei, but who knows …

Das Label kündigt auch einen Video-Clip und eine zweite EP an, nach der die Identität der Diff'rent Strokes kein Geheimnis mehr sein sollte, und *The Commercial Album*, mit Coverversionen diverser Indie-Klassiker von Pulp, Radiohead, New Order, Nirvana, etc … ach, und es kommen auch die Diff'rent Stripes, diesmal in klassischem Kostüm …

Aber bis dahin erfreuen wir uns an *Hard To Explain*, *Modern Age*, *Last Nite* und *Is This It* im Casio-Gewand.

[guided missile / www.guidedmissile.co.uk] sw

KOJI ASANO
Quoted Landscape ⑬
A Second Dam ⑬
Autumn Meadow ⑬
Crevasses ⑬
Spirit Of The Wardrobe ⑬
Spherical Moss Factory ⑬

Quoted Landscape: Ein eher beschauliches Naturcover, fast ECM-kompatibel, auf der CD eine durchgängige, siebzigminütige Nummer, in 20 (nicht merklich zu unterscheidende) Subtracks unterteilt. Super sperrige elektronische Natur-Musik – eine neue Form von Ambient? Eine (harsche) Antwort auf das Jahreszeiten-Geklimper des *Windam Hill*-Pianisten George Winston? Nun, im Beiheft der CD des derzeit in Barcelona arbeitenden japanischen Musikers gibt es keine Information, alles bleibt kryptisch. So auch die Musik. Siebzig Minuten Elektronik, allerdings kaum Dynamik, sondern ein Knistern, Kabelbrand ankündigend, das wie weit entferntes Gewittergrollen heranzieht und nicht wirklich störend wirkt, auch wenn sich alle fünf bis zehn Minuten harte Knoten herausbilden, die wie Blitze aus den Boxen schleudern. Naturhaft, organisch wirkt diese Form der Elektronik in der Tat. Ihre Zurückhaltung, die an den radikalen Minimalismus von Musikern wie Bernhard Günter erinnert, ist zugleich auch ein Element von Stärke – Konsequenz. Man kann *Quoted Landscape* in der Tat als Landschaftsmusik auffassen, nicht wirklich im Ambient-Sinne, sondern ganz impressionistisch: Die Sounds verarbeiten in ihrer Flüchtigkeit das Farben- und Klangspiel der Natur, sind einer permanenten, aber stets nur nuancenhaften Veränderung unterworfen. Wer sich darauf einläßt, wird von diesem knisternden Stimmungsbogen mehr haben als alle vor-

dergründig zur Entspannung konzipierte Musik in Sachen Kontemplation bieten kann.

Ähnlich genau könnte auch auf die anderen Arbeiten in Koji Asanos *Solstice*-Reihe eingegangen werden, die im Abstand von jeweils nur wenigen Monaten hier eingetroffen sind und als »Work in Progress« inzwischen bei der Nummer 26 angekommen sind. Um hier nicht allzu ausufernd zu werden: Jede einzelne Veröffentlichung ist absolut konsequent, jede einzelne verfolgt ein in sich geschlossenes Klangkonzept und geht damit nicht selten bis an die Grenze konventioneller Belastbarkeit unseres Hörempfindens. Allerdings: Um Lärm (im Sinne von »Noise«) handelt es sich in keinem der hier bekannten Fälle. *Spirit Of The Wardrobe* irritiert vielmehr durch die langen Pausen, die den Großteil der CD in einer Konsequenz einnehmen, wie wir sie ansonsten nur von John Cage her kennen. Im Gegensatz zu der Cageschen Art, die Stille zu durchbrechen, etwa durch fein gesetzte, zurückhaltende Klaviertupfer, fiept es hier mal, rauscht oder dübelt, niemals harsch, aber stets unerwartet, keiner Logik, schon gar keiner kompositorischen folgend. Zumindest vom Eindruck her ist dies konsequente Zufallsmusik. Andere CDs wie *Crevasses* und *A Second Dam* irritieren vor allem durch den brutalen Minimalismus und gemeine hohe Frequenzen. Die Musik klingt häufig wie von selbständigen Klangskulpturen erzeugt. Umso spannender wird es auf *Spherical Moss Factory*, der ersten nicht-elektronischen CD, komponiert für Violine (Tomomi Tokunaga) und Kontrabaß (Kentaro Suzuki). Der Minimalismus bleibt voll erhalten, das Streichen der Saiten dehnt Klang in schier meditativer Ruhe, aber ganz ohne Hang zu entspanntem Wohlklang. Bis zum Zerbersten mit Energie aufgeladen geht Unruhe von einer Musik aus, die doch völlig ruhig gespielt wird. Bereits die ersten fünf Minuten – eine Art La Monte Youngsche Radikalreduzierung von Elementen, wie wir sie bei Morton Feldman finden – sorgen für eine unglaubliche Anspannung, obwohl oder doch weil so wenig passiert. Asano: Ein Mann, den man trotz des hohen Outputs nicht unterschätzen sollte!

[Solstice; www.kojiasano.com] mb

VERSCHIEDENE
*CCMIX: New Electroacoustic Music
from Paris* ②CD
*Institute of Sonology 1959–69.
Early Electronic Music* CD

In den frühen 50ern konzipierte Iannis Xenakis ein auf die Umsetzung graphischer Notationen zentriertes Computer-Musik-System namens UPIC, das – simsalabim – schon 1978, vom Meister selbst mit dem scherbenscharfen Power-Electroacoustics-Hit *Mycenae Alpha* getauft, vom Stapel lief und in den Folgejahren u.a. von den auf dieser Compi Versammelten, konkret: Brigitte Robindoré, Jean-Claude Risset, Julio Estrada, Nicola Cisternino, Takehito Shimazu, Curtis Roads, Daniel Terrugi und Gérard Pape, genutzt wurde. An deren Werken erweist sich einerseits die große Sound/ Struktur-Bandbreite des Konzeptes, andererseits aber auch, daß ein neues Generierungsverfahren im Vergleich zu schon früher entwickelten elektroakustischen Arbeitstechniken nicht zwangsläufig völliges Soundneuland erschließt. Letzteres beweist nicht zuletzt der soundmodernistische Abgleich mit Xenakis' eigener, hier dankenswerterweise mitintegrierter '72er Tape-Studie *Polytope de Cluny*, die ohne weiteres mit den gelungensten UPIC-Arbeiten – neben *Mycenae Alpha* selbst vor allem Robindorés *L'Autel de la Perte et de Transformation*, Cisterninos *Xöömij*, Terrugis *Gestes de l'écrit* und Shimazus *Illusions in Desolate Fields* – mithalten kann. Gleiches gilt für die schon '59 bis '69 entstandenen, aber erst jetzt veröffentlichten Highlights aus der Utrechter Sonologen-Küche, namentlich Dick Raaimakers' Klavier-Space-Verschnipselung *piano forte*, Frits Weilands *studie in lagen impulsen* und Konrad Boehmers Sprottelgranate

aspekt. Von Gründervater Gottfried Michael Koenig gibt es die *funktion orange*, nicht unbedingt seine beste, aber immer noch eine sehr respektable Farbfunktion. Und Rainer Riehn schließlich cutmosht mit seinen *Chants des Maldoror* einen 26-minütigen Schlußpunkt hin, den zwar vom Höreindruck her höchstens null Prozent der Wahlberechtigten mit Lautréamont assoziieren würden, aber wer würde umgekehrt schon diese Rezension mit Riehns Geräuschabfolge assoziieren? [Mode / Sub Rosa] ju

IMPROV-CORNER

KEITH ROWE / BURKHARD BEINS
Grain CD

Eher zurückhaltend und streng old school geht es im Duo Rowe (Tabletop Guitar) und Beins (Percussion) zu: Der AMM-Aktivist mit seinem einzigartigen Gitarrenstil gibt sich in diesem Duo äußerst reduziert. Zwischen nur wenig Eruptionen und auch äußerst wenig flächigen Sounds dominiert knarzende, kleinteilige Improvisation, auf daß sich die Scharniere biegen. Improv-Minimalismus für ganz harte Fans. Leider ganz ohne die Suggestivkraft von Keith Rowes hervorragender Solo-Veröffentlichung *Harsh*, also eher eine Veröffentlichung von Musik, die live, nicht aber auf Konserve zu wirken versteht. [Zarek, s.o.]

STEAMBOAT SWITZERLAND
Budapest CD
ac/dB (Hayden) CD

Das Trio Dominik Blum (Hammond Orgel, Piano, Electronics), Marino Pliakas (E-Baß) und Lukas Niggli (Drums, Percussions) legt ganz neue Wege der Improvisation vor. Auf *Budapest* ist ein improvisiertes Livekonzert zu hören, von Stephan Wittwer abgemischt und zum Teil noch einmal nachbearbeitet, während *ac/dB (Hayden)* auf Kompositionen von Sam Hayden basiert, also einen gewinnbringenden Clash zwischen zeitgenössischer Komposition und Improvisation anzettelt. Beiden CDs

gemeinsam ist der äußerst eigenwillige Umgang mit Formen der freien Improvisation europäischer Schule und Prog-Rock. Während elektronische Sounds immer wieder irritierend dazwischenhacken, treiben die Instrumente oft sehr verdichtet, groovy, kurz: rockig nach vorne. Besonders die Orgel, der viel Raum gelassen wird, scheut sich nicht, aus dem tiefen Zitatenschatz der Siebziger zu plündern. Falls so etwas wie die virtuelle Zusammenkunft von Schlippenbach, Deep Purple und Soft Machine überhaupt zu denken wünschenswert ist, dann bitte in der hier vorgelegten Manier. [Grob / a-Musik]

**IGNAZ SCHICK /
ANDREA NEUMANN**
petit pale CD

Ignaz Schick (Perlonex, Phosphor u.a.) mit Live Electronics und Pianistin Andrea Neumann legen gut vor, Vorurteile darüber abzubauen, daß sich improvisierte Musik nur in abgetrampelten Pfaden bewegen muß, die selbst ein Laie schon nach wenigen Tönen als »Free Jazz« und/oder »Gedudel« klassifiziert. Ihre kleinteilig dichte, über weite Strecken angenehm ruhig wie schmurgelnder Kabelbrand zischende oder wie ein nicht geerdeter Plattenspieler brummende Minimal-Musik versteht es, durchgängig Spannung zu bewahren. Wo so manche Adepten im schwerelosen Raum zwischen den Galaxien von *Staalplaat* und *Mille Plateaux* eher autistisch auf der Stelle eiern,

XTATIKA
Tongue Bath CD

Das Cover ist in Schwarzweiß gehalten, darauf ist eine Frau zu sehen, den Körper in tänzerischer Pose gedreht, die nach oben gestreckten Arme von dicken Kordelschnüren eingebunden – klar suggeriert das erst mal Sado-Maso, hier in der edlen Entertainmentvariante, was ja – die CD wird von John Zorn veröffentlicht – von Ansatz und Coverartwork her nichts Neues wäre. Die zweite Assoziation heißt Theater, Performance, Ausdruck-

bleibt diese Musik einem ständigen Dialog unterworfen und damit eben gerade nicht berechenbar geradlinig, sondern voller vorantreibender Risse. Zwischen *clicks&cuts*-Schule und AMM-Tradition ist da ein atomar brodelndes Zwischenlager entstanden, das im besten Sinne als Aufbereitung bezeichnet werden darf. Im Wechselspiel von Harsh Noise, sphärischem Rausch(en), Neue Musik-Zitaten und neoimpressionistischer Klangfarben-Malerei auf KlickKlack-Ebene sind alte, durchaus bewährte Strukturen freier Improvisation so übertragen worden, daß das blöde, juvenile Dogma von einer »neuen Generation« endlich mal als Lob ausgesprochen werden kann und muß.

[Zarek / Schreinstr. 33 / 10247 Berlin / im Vertrieb von Drone Records]

JAMES COLEMAN
Theremin – Zuihitsu ⓒ

Im Mittelpunkt von *Zuihitsu* steht, wie der Titel bereits andeutet, das Theremin mit seinem ganz eigenen, ja eigentümlichen Klangspektrum, das immer einen leichten Science Fiction-Touch verbreitet und dabei zugleich auf sehr niedliche, weil längst nostalgisch anmutende Art futuristisch klingt. Doch nicht um diesen spaßigen Aspekt geht es bei Coleman, sondern um freie Improvisation und »experimental chamber music«, die eher ›streng‹, also zurückhaltend, kontemplativ und gefaßt rüberkommt. Begleitet wird Coleman von Gred Kelley an der Trompete, Tatsuya Nakatani an

(äußerst spärlich eingesetzten) Drums und Percussion, Vic Rawlins (Amplified Cello, Aluminium Cello, Sarangi und Electronics auf drei Stücken), Bhob Rainey (Sopran Saxophone auf zwei Stücken) und Liz Tonne (Gesang auf vier Stücken). Die Duo-, Trio- und Quartett-Sessions passen zwar in diese Improvisations-Rubrik, gehen aber von der Klangsprache fast schon in den Bereich der Neuen Musik, mit einigen Arbeiten von John Cage vergleichbar, mit Fluxus-Stücken (etwa von Nam June Paik) und mit Cornelius Cardew. Eine äußerst eigenständige, bedachte Veröffentlichung, in den USA über *Forced Exposure*, *Anomalous* und *Twisted Village*, in Großbritannien über *ReR Megacorp* zu beziehen; leider ist kein deutscher Vertrieb angegeben, doch die einschlägigen Mailorder sollten die Bezugsquellen kennen.

[James Coleman, www.zuihitsu.net / theremin@myrealbox.com] mb

PAUL WIRKUS, UWE SCHNEIDER
3/5/1 ⓒ

Nur Baß und Schlagzeug, live eingespielt. Es ist die erste Veröffentlichung des *mik.musik.!.*-Labels und zugleich ein Dokument, wie unberechenbar und eigen Improvisation sein kann, wie viel auf diesem Terrain noch geht. Hier zieht ein akustisches Gewitter auf, grollend, aber keineswegs überstürzt. Improvisation am Rande zu Dark Ambient, keinerlei Beats, sondern Schlagwerk-Arbeit mit hohem Empfinden für Sounds,

den Klangskulpturen von Bertoia vergleichbar. In Erwartung eines nur kleinen Kundenkreises erscheint die CD in einer Erstauflage von 111 nummerierten, handbedruckten Exemplaren. Und dies, obwohl die Musik gar nicht sperrig oder ›verkopft‹ elitär ist, sondern im Gegenteil eine Intensität besitzt, die so manchen schnell produzierten Space-Night-Drift-Stücken einiges entgegenhält.

[Mik.musik.!. / a-Musik]

URS LEIMGRUBER, JACQUES DEMIERRE, BARRE PHILLIPS
Winge Vane ⓒ

Nur Saxophon, Kontrabaß und Piano, live. Das ist klassische europäische Improvisation, genauestes Zusammenspiel ohne allzu expressive Ausbrüche. Die Trio-Arbeiten sind nicht spektakulär, denn sie lassen beim Hören keine Intensitäten im Sinne von solistischen Ausbrüchen und Höhenflügen erkennen. Ihre Strenge besteht in einem Zusammenspiel, in dem alle Beteiligten sich konzentriert aufeinander beziehen. Stille Momente und Pausen sind fester Bestandteil einer Musik, bei der die Kompositionsprinzipien eines Webern locker in die Improvisation einfließen. Gerade weil solche kontemplativen Formen der Improvisation drohen, in der sowieso fast unüberschaubaren Flut an Improv-Veröffentlichungen unterzugehen, sei die CD wärmstens empfohlen. Beständiger ist oft, was nicht mit lautem Blöken daherkommt.

[Les Disques Victo] mb

stanz und bestätigt sich in der Musik: Expressiv-ekstatischer Schrei- und Sprechgesang, hypnotische Percussion, im Hintergrund schwingende Töne, die durchaus auch bedrohlich wirken – dazu düster-satte Rockmusikversatzstücke. Die Instrumentenliste des New Yorker Quartetts liest sich bis auf Baß, Bowls und Vocals unvertraut: Kwenggari, Tinsa, Changgo, Puk. Ost – hier traditionelle koreanische Musik, Pansori – trifft West; das karge Labelinfo wählt den Vergleich mit Nine Inch Nails. Sei's drum.

Ich muß eher an Diamanda Galas denken. Im CD-Booklet steht ein Text aus Hildegard von Bingens *Physica*, der uns aufklärt, daß eine verrückte Person zu heilen sei durch drei Waschungen ihres geschorenen Schädels mit einer Brühe aus einem gekochten Wolf, dessen Kopf und Eingeweide zuvor aber weggeworfen werden müssen ... Vielleicht heißen die Stücke deshalb *Manic Holiday*, *Ghost Dance*, *Sick Fuck* oder *Malady*. Xtatika machen es spannend; die Brüche, die hier stattfinden, sind allerdings nicht

unbedingt zwischen Ost und West, sondern eher zwischen laut und leise. Sie versuchen sich auch nicht in einem zwanghaft-heuchlerischen »Wir integrieren die Traditionen zweier Welten« – nein, sie verstehen es einfach, aus meinethalben zwei Traditionen eine durchaus aufregende Musik zu machen. Zwischen leisen, sparsamen perkussiven Elementen und dramatischen Ausbrüchen, von satten Baßlinien begleitet, die hochtourig vorwärtsjagen, mündet das Klanginferno mal in locker swingenden Jazz, ein andermal könnte die Musik auch gut als Soundtrack für einen Horrorfilm funktionieren, während das letzte Stück erkennbar Gospel-Elemente enthält: beschwörender Sologesang, rhythmisches Händeklatschen. Vokalistin Haena Kim, die eine Ausbildung in klassischer koreanischer Musik hat, schreibt alle Stücke. Ihre Mitmusiker Seung Yeon Seo, Vongku Pak, Kyungwook Jung und Mas Yamagata sind gleichfalls zwischen Rockmusik und koreanischer Musikperformance zu Hause. Produziert hat ein alter Bekannter aus dem US-Experimental-Umfeld: Martin Bisi. *Tongue Bath* ist die erste Veröffentlichung auf *Oracles*, einer neue Reihe auf Zorns *Tzadik*-Label. Nach diesem Auftakt können wir in Ruhe gespannt sein, was da noch kommt.

[Tzadik Oracles, No Man's Land] tp

CHAOS AS SHELTER
New Jerusalem Now!

DWELLING LACUNA
Cheap dynamite for expernsice silence

Klopfen und Pochen, tiefe Drones, ein Zischen wie von Raketen: *New Jerusalem Now!* ist das Vinyl-Debüt von Chaos As Shelter, einer Ein-Mann-Combo aus Israel und damit einer der ersten mir bekannten Beiträge Israels zur Post-Industrial-Dark-Drone-Schule, dieser Hafler-Trio-Zoviet-France-Kapotte-Muziek-Tradition minimalistischer Sound-Mythologie. Und dazu passend: in goldenem Vinyl gehalten, so schwarzgold insgesamt im Erscheinungsbild wie auch das jüdisch konnotierte *Tzadik*-Label. *New Jerusalem Now!* ist dunkel gehalten, klingt nach Krieg. Die Jagdbomber hängen tief, die Luft ist elektrisiert. Fetzen von ethnischem Gesang dringen durch das Kriegsgeläut. Beinahe überdeutlich sind alle Sounds auf Gefahr geschaltet, fern jeglicher Versöhnung, frei von Ambient-Behaglichkeit. Zugleich bleibt das gesampelte Material frei von aller Wertung, transportiert lediglich Stimmung.

Auch Dwelling Lacuna aus Köln verbreiten wenig Hoffnung. Die dunkelsten Throbbing Gristle-Sounds werden erneut ins Leben gerufen (und zwar die zerrenden Instrumen-tal-Nummern der T.G.-Live-Box); Baß, Gitarre, Tapes und Percussion arbeiten an verhallten Sounds, die keinerlei behagliches Klima aufkommen lassen. Die tiefen Drones klingen nach Stukkas, die entfernten Rhythmen verbreiten den Charme von Arbeitslagern. Industrial ist hier wieder an seine Wurzeln zurückgekehrt, hin zu einer morbide apokalyptischen Stimmung, die Fortschritt nur noch im Sinne der Katastrophe denken und hörbar werden lassen kann. Im Gegensatz zu Throbbing Gristle fehlt jedoch jegliche martialische Geste und Symbolik, damit auch jeglicher Hinweis auf irgendeine politische Konnotierung. Die Assoziationen bleiben unbestimmt. Und wenn auch viele Elemente ästhetisch nur ein Zollstock-Glied vom Frühindustrial abweichen, wirkt es doch angenehm unprätentiös, daß hier die Sounds als solche für sich gestellt werden und ihre Richtung schon im Kopf der Hörer entwickeln müssen.

[Drone Records Bohnenstr. 14 / 28203 Bremen / DroneTroum@aol.com] mb

FUTURE 3
Like ...

Ein Nachtrag zur letzten Nummer, Zukunftsmusik; also: Das »Was wäre wenn« im Sinne des Perfektfuturs zum märchenhaftesten »Es wird einmal gewesen sein« weiter gesponnen, wenigstens mit antizipiertem Happy End: beschlossen wird diese tanzbare Elektrobastelei mit einem einfachen wie eingängigen Discotrack, der noch einmal die hübschen *Sushi*-Compilations in Erinnerung ruft. So gibt es hier sowieso viele – sagen wir – Souveniers an die Neunziger, Mitbringels einer Zeitreise durch die verschiedensten Sparten, entlang der vielen Spuren elektronischer Tanzmusik. Aber, die Musik behält insgesamt eine Schärfe, etwas Schneidendes, fast Brutales, als ginge es um die geheime Signatur des vergangenen Jahrzehnts: Das war nämlich immerhin popkulturell eine schöne Zeit, in der allerdings schon die »Tragödie der Kultur« (Simmel) rumorte, mit der das neue Jahrtausend erwachte (mindestens als Farce des Privaten). Schließlich also: »Jetzt muß statt Mühle wieder Schach gespielt werden.« (Bloch)

[April Rec. / Indigo] rb

SUN RA ARKESTRA
Sunrise In Different Dimensions

Die Liner Notes von Graham Lock stimmen traurig. »All of my compositions are meant to depict happiness combined with beauty in a free manner. (...) One of the decisions America must make is as to whether *Music Is An Art* or merely a commercial gimmick.« Diese Sätze befanden sich auf Sun Ras erster Veröffentlichung von 1957 (*Jazz by Sun Ra*) und könnten nicht programmatischer sein: Musik als Kunstform schließt das Glück nicht aus, sondern bietet gerade als solche gegenüber kommerzieller Berieselung Erfüllung. Graham Lock zitiert allerdings auch einen späteren Sun Ra, dessen Optimismus 1989 bereits gebrochen war: Warum werden Millionen Dollars für Boxer und Football Spieler ausgegeben, fragt er, aber fast nichts für die Musik? »We're artists and we have beauty. And we need money to present it to the world.«

Nachdem ich dies gelesen hatte, fiel mir abermals meine Ignoranz ein, als ich vor mehr als zehn Jahren ein Konzert von Sun Ra im Frankfurter Jazzkeller deshalb nicht besuchte, weil der Eintritt achtzig Mark gekostet hätte. Nun gut, ich hatte damals nicht besonders viel Geld, aber erst später wurde mir klar, daß dieser Preis für ein ganzes Orchester (Sun Ras Musiker waren bei ihm quasi angestellt) in einem kleinen Kellerclub mehr als angemessen war, angemessener als all die Eintrittspreise für Rock- und Popmusiker in großen Stadien. All dies tut allerdings kaum etwas zur Sache, also zur Bewertung vorliegender CD, Mitschnitt eines Livekonzerts in Willisau 1980. Um Schönheit aber ging es, darum, sie der Musik als »commercial gimmick« vorzuziehen.

Sun Ra wußte, wovon er redete, schließlich gelang es ihm, selbst noch der Filmmusik von Walt Disney (eine Sache, die viele wohl zurecht als »commercial gimmick« ansehen) eine Schönheit einzuhauchen, die fast sprachlos machte. Auf diesen fünfzehn Nummern läßt sich noch einmal nachhören, wie stark Schönheit bei Sun Ra von Kontrasten lebte, von zucker-, aber auch bittersüßen Melodiefragmenten, leichten Swing-Referenzen und expressiven Free-Ausbrüchen. Die hier vorgelegte Auswahl ist eine Mischung aus Eigenkompositionen und Coverversionen (von u.a. Duke Ellington und Coleman Hawkins), die bewußt nicht jene Space-Kompositionen in den Mittelpunkt stellt, die bereits auf zahlreichen anderen Veröffentlichungen zu hören sind. So gibt es hier zwar keinen wirklich neuen Sun Ra zu entdecken, jedoch jenseits seiner abgefahrenen Keyboard-Sounds einen Orchesterleiter und Pianisten, dessen Gespür für die Verbindung von Tradition (also: Blues, Swing, Dixieland) und Freejazz einzigartig ist, ja – schön, wie er selber schrieb, so schön, daß die Frage gestellt werden darf, warum solche Ausnahmemusiker nicht wie Fußballspieler bezahlt und gefeiert werden.

[Hat / Helikon Harmonia Mundi] mb

THE MICROPHONES
The Glow Pt. 2 🄲🄳

Die Musik klingt, als ob eisiger Wind um die Hütte gepfiffen hätte, in der dies aufgenommen wurde und deshalb das Dargebotene besonders wärmend hat ausfallen müssen. Pappschachtel, Beiheft mit handgeschriebenen Songtexten und intime LoFi-Atmosphäre fügen sich in eine bekannte Tradition ein – Palace Brothers, wohin man hört, hier allerdings auch von Musikerinnen mitgetragen und nicht mehr nur völlig auf eine, nämlich die melancholisch lebensmüde Stimmung des einsamen Mannes beschränkt. Kurze, verrausche und von Verstärkerbrummen umspielte Elektro-Ausbrüche durchbrechen die meist akustisch abgehangene, versunkene Kamingesellschaft. Wer noch träumen kann und mag, wird diese reduzierte,

auf Halbmond-Nächte abgedunkelte Variante von (mit Einschränkungen) Roy Harper schätzen und bedarf auch keiner weiteren Beschreibung mehr. Ein lapidares, aber durchaus verbindliches Lob, mit einem wohligen Seufzer versehen, sollte genügen.

[K Records / Southern] mb

THE DEIST'S POUCH
Everybody has a Pouch 🄷

Zwei kurze Nummern auf 45 rpm, so schnell kommt man kaum mit dem Wenden nach. Umso größer der Aufwand: Mal acht und mal zehn Musiker am Set, inklusive Klavier und Glockenspiel, um Vic Chesnutt an Gitarre und Gesang zu begleiten. Trotz großer Besetzung sind beide Nummern fragil, zurückhaltend folkig, kurz: Chesnutt in bester Form – und dies auf einem Format, das ständig zu wenden zwar nervt, das aber doch niemand wirklich missen will.

[Sommerweg Rec. / www.sommerweg.de] mb

GIL SCOTT-HERON
A New Black Poet / Small Talk
at 125th and Lenox 🄻🄿 / 🄲🄳
Pieces of a Man 🄲🄳
Free Will 🄻🄿 / 🄲🄳
The First Minute of a New Day 🄲🄳
The Revolution will not be
Televised 🄻🄿
GIL SCOT-HERON /
BRIAN JACKSON
Winter in America 🄻🄿

Unstrittig: daß die Wiederveröffentlichung der frühen Gil-Scott-Heron-LPs längst überfällig war; daß das Produkt aus kritischer Wachheit und deeper Soulfulness kaum je, allenfalls bei den naheliegendsten Vergleichspolen Curtis Mayfield und The Last

Poets (deren epochales Debüt jetzt auch Get-Back-LP-reissued ist), so konstant so hoch war wie in den Proto-Raps und Songs des 1970 (nach einem Roman und einem Lyrikband) frühvollendet auf den Vinyl-Plan getretenen New Black Poets; daß sowohl seine Spoken-Word-Hits wie Whitey on the Moon, No Knock, Ain't no new Thing, Pardon our Analysis, Bluesology, Black History bzw. das slogangebende (in der groove-unterlegten Fassung noch bekanntere) The Revolution will not be televised als auch seine – im Team mit Pianopartner Brian Jackson komponierten und eingespielten – Soulklassiker Lady Day and John Coltrane, Home is where the Hatred is, Pieces of a Man, Free Will, Did You hear what they said?, Peace go with you, Brother, The Bottle oder Offering (viel davon auf der '75er-Hit-Compi The Revolution ...) unverzichtbare Staffeten einer potentiell populären (wenn auch de facto wenig hitparadenheimischen) Great Black Music waren und noch sind; daß Scott-Heron auch in späteren, musikalisch teils etwas ankompromißten, aber stets okay gebliebenen Werkphasen Triftiges zu sagen hatte (vgl. stellvertretend etwa den Song 1980 auf der gleichnamigen Elektro-Disco-Platte aus dem gleichen Jahr, die Reagan-Abrechnung B-Movie auf Reflections ein Jahr später, oder Washington D.C. bzw. Black History/ The World auf Moving Target, wieder ein Jahr später) und sogar in einigermaßen jüngerer Zeit, als sanfter, aber absolut unverblödeter Grandaddy of Black-Conscious-Rap, noch immer zu sagen hat (vgl. etwa seine Message to the Messengers auf Spirits, 1993); und daß deshalb schließlich mindestens ein Best-of-Mix auf jede noch so einsame Insel mit- bzw. mindestens der Revolution-Sampler, besser aber das ganze frühe Programm unverzüglich in jeden nicht schon mit den Originalen bestückten Plattenfriedhof reinmuß.

Strittig: Inwieweit Scott-Herons zwar radikalen (=Black-Panthernahen), aber trotz/wegen aller Deepness realistisch-pessimistischen, d.h. bewußt auf jeden Revolutionsromantizismus, Eschatologismus, Muslimismus oder Afro-Folklor- bzw. Utopismus verzichtenden Statements (»Space is the Place but you're stuck on the ground«) weiß-linke EuropäerInnen zu allzu universalistischen Mißverständnissen bzw. allzu umwegloser Identifikation verleiten, inwieweit umgekehrt seine (gerade durch den messagezentrierten, technischen Soulperfektionsstandards Hohn sprechenden Gesangsgestus noch gesteigerte) Smoothness einer onkeltomistisch verplatteten Groovygroovy-Rezeption Vorschub leisten, schließlich aber auch, inwieweit solche Fragen angesichts der Möglichkeit, den zu Entdeckenden endlich auch ohne abturnende E-Bay-Flohmarkt-Wursteleien zu entdecken, von nachgeordneter Bedeutung sein könnten. Scott-Heron selbst wäre es wohl wichtiger, nicht in ewig unabschließbarer Geschichtskomplettierung (zu der in diesem Umfeld jüngst auch (Re)Issues von – u.a. – Eugene B. Redmonds charismatischer *Poetic Excursion thru the black experience via »Blood Lonks and Sacred Places«* auf Ikef, der *Harlem Bush Music (Taifa)* von Gary Bartz' NTU Troop auf Milestone, ferner der '66er-Sun-Ra/Henry-Dumas-Conversation *The Ark and the Ankh*, wieder Ikef, oder der schwer gesuchten Ra/Baraka-Kooperation *A Black Mass* etc. etc. einladen) steckenzubleiben, denn: »The Revolution will be no re-run/ The Revolution will be live.«

[BMG / Rumal / Get Back] ju

REZNICEK / KUBIN / MANCHA
Ipsomat Légrand ⑩

Grashüpfer-Zirpen eröffnet den Titeltrack, langsam kochen die Elektrospulen auf, weitere Sounds schleichen sich ein, eine elektronisch verfremdete Stimme brabbelt blechern aus der Ferne, schließlich setzen knatternd die Drumboxen ein, bevor der spannungsreiche Aufbau in chillig schöne Suppe verfließt. Und als Dreingabe auf der B-Seite zwei Remixe von Mark Mancha, die das an sich schon sehr abstrakt gehaltene Stück weiterhin verfremden, einige Momente loopen, kurze Passagen als Splitter rausspringen lassen, um das Stück schließlich völlig von seinem Aufbau beraubt spiralförmig strudeln zu lassen. Alles in allem ein Kleinod unberechenbarer Elektronik.

[The Disaster Area / Hausmusik] mb

BULBUL
Bulbul ⑩ / ⑫
U 5 ③

Das Welser Austro-Melvins-Projekt des Gitarristen Manfred Engelmayr vom One-Man-Orchester zum Trio erweitert und zusätzlich verstärkt durch die Saxophongruppe des Orchester 33 1/3. Ja, der ewige Melvins-Vergleich klebt Bulbul wie ein Zettel auf dem Rücken. Aber was ist dran? Zuvörderst wird hier ein ähnliches ästhetisches Grundprinzip beackert: Das unter Metal-, Post-Metal- bzw. Anti-Metal-Laborbedingungen gewonnene, von aufbrausend-gebremsten Breaks und anderen Löchern durchschossene, aus unwohl-temperiertem Riffing rausgesägte Material wird einer skrupellosen Chirurgie unter den Extrembedingungen von Mad Scientism und de Sadescher Vernunftexegese überantwortet.

Ein bißchen Verortungsservice gefällig? – Vielleicht mit ein wenig weniger ingrimmigem Schielen nach dem Guinessbuch und der ultimativen Entschleunigung als die Melvins, mit geringerem Wall of Filth-Faktor als diverse *Am Rep*-Heroen, weniger säbeltanzende, implodierende Oper als Fantomas; in sich ruhender vielleicht sogar. Rock wird hier eher mit europäisch-semi-akademischem Historismus und seiner experimentellen Metastatik kontaminiert als mit Meta-Rock-Gedankengut oder dem Ideologiestarrkrampf der Stoner-Bewegung. Noch-Was-Anderes-im-Schädel-Haben-Als-Immer-Diese-Rock-Klischees sei Dank! Bulbul verfertigen keine Astronautennahrung mit schlecht verhohlenem Schweine-Rock-Geschmack und sophisticateter Verrohung. Und doch wird natürlich der genrekonstitutive Tod durch Aufprallschutz souverän erreicht. Das Info nennt relativ zurecht Beefheart, und ein paar »Umwelt-Sounds« werden der hingerockten Schleim- und Kriechspur auch noch injiziert.. Interessant erscheint, daß das Magmaartige, das, wie es ja genau genommen auch schon bei Black Sabbath als sozusagen zu zähem Brei raffiniertem Urgestein anzutreffen war, ein dialektisches Torkeln zwischen Aufgeweichtheit und Härte hinlegt, ohne gleich hingabevolle Knetmasse sein zu sol-

len. Zwar härtet sich diese Rohmasse immer wieder zu bizarren Gesteinsformationen, zerklüfteter Psychotik und harschen Bodenerosionsimpressionismus aus, gerinnt der ausgekübelte Soundteer sozusagen zur Straße, wird dann aber doch wieder davongehoben, wie der Flugsand, dessen terminologischer Name nicht von ungefähr an einen beliebten französischen Irritainer erinnert. Dann wieder irgendwo was, was sich anhört wie eine Windharfe aus den verrosteten Kompositionselementen von *Spiel mir das Lied vom Tod* zusammengeschweißt und Zitherpartien durch instrumental-beschworene Wüsteneien wackliger Konsistenz. Rückwärts abgespielte Fortschrittsgedanken kollidieren mit im eigenen Saft driftenden Weltraumschrott und Ein-Akkord-Punk. Schiffschraubenakkorde zergehen in nachmenschlicher Gemütlichkeit. Irgendwo zucken auch mal soulige Bläsersätze in nur leichter Verbeultheit ins allgemeine »Pantha reihert« oder James-Brown-Groove-Japsen geht der monolithischen Schwere an die Gurgel. Kurz darauf ertrinkt irgendwo ein Hund in siedendheißer Heterogenität. Glasbläserharmonien tun ein übriges. Sowieso! Dann wieder Geräusche wie frierende Klanginstallationen im unbeheizten Kunstkontext. Etc.

Apropos Kunstkontext, altes Haus. Das nachgereichte Bulbul-Werkstück – eine 3"-CD in anregender Verpackung – wurde dann folgerichtig aus Wiener U-Bahngeräuschen zusammengestückt. An mindestens einer Stelle entsteigt schöne, menschenleere Popmusik im Sinne von Pyrolators *Ausland* der Idee als solcher, ansonsten immerhin scheues rhythmisches Asthma aus dem Klangreichtum der Nahverkehr-Personenbeförderung rausgefräst, natürlich nicht ohne die stilbewußten Stille-Näherungen, die es heute so hat. In der Kürze liegt hier klischeehafterweise die Würze, denn die Rundfahrt durch den Klangraum dauert hier nur eine Zigarette (inklusive zum Automaten runtergehen und Aschenbecher suchen). Hätte man/frau/sonstige auch gut ein Lebenswerk draus machen können. Also keine Editions-Gigantomanie, sondern mit Maß und Ziel hergestellt.

[Trost Records / www.trost.at] fas

OH!
Upper Disker /
Gelbphase

Oh! wie Ordnungswahn, Orientierungslauf und Old School-Gefrickel sind u.U. eine aus amerikanischen Zukunftsvorstellungen der 50er Jahre ausgebüchste vollautomatische Einbauküche zur Verfertigung diszipliniert-wuchernder Monaden-Gratins aus den freilich schon handelsüblich gewordenen Traditionsbündeln und einer eingelegten Zeitgemäßheit, die – mag sein – nicht mehr so ganz zeitgemäß ist, wie sie verschmitzt behauptet. Sei's drum! Ab und zu wieseln kleine Haushaltsroboter aus der Schrankeinheit, um verschüttete Milch oder zerbrochene Ehen wegzusaugen.

Im Vergleich zu ihren MitbewerberInnen am deutschen Band-Elektronik-Markt, wo die Luft mittlerweile auch schon dünner geworden ist, sind Oh! um Haaresbreite trimmdichpfadartiger und weniger vernissagenkompatibel (was ein Vorteil ist) und fahren lieber mit der Kreidler, die Kreidler bloß im Namen führen, durch innere Schweizen, die die Vorgenannten ja doch bloß nicht zugeben wollen. Wegen »Avantgarde« und so. OH! hingegen gefallen sich darin, Pet Sounds Metheny für den Kathedralengedanken-Bastelbogen zu elaborieren, live übrigens an der Schwelle zum Brodeln gespielt (was sich hier bereits in einer den noch grassierenden Gimmickpathos entschärfenden Dringlichkeit, Präzision und Strenge andeutet). Und stellenweise plustert sich auch der Baß zu einer durchtrainierten Knackigkeit auf. Heißt: Die verspielt-blümerante Kichrigkeit ihres von mehreren Singles flankierten Debüts ist eine richtig junge Dame geworden, die weiß, was sie will, und die aufdringliche und angeheiterte Frage nach der Fortschrittlichkeit des ganzen Projektes in der mit geschichtsphilosophischem Nebel vollgequalmten Spelunke des Zukunftsmusik-Diskurses per Karategriff auf sich selbst zurückwirft. Zwar kann der Kritikaster hier durchaus auch entrüstete Etiketten wie »flauschige Dienstleistungselektronik« rümpfen und bleistiftkauend an sein Blatt kabeln. Klar, ihr »Bandsound« (hier paßt dieses halbverschüttete Kompositum aus der *Fachblatt*-Ära

tatsächlich mal irgendwie) ist natürlich wieder so ein Flusensieb für alle möglichen Soundgadget-Sounds, pophistorische Kenntnisstände (On y soit qui [an ein, zwei Stelle zumindest] Mezzoforte y pense!) und was junge Menschen sonst noch so ihren Tonerzeugnissen gerne an Überladenheiten aufbrummen. daß das nicht als Feuerwerk der Einfälle und Datenbänke am von *Spex* und *Intro* ausgefalteten Pophimmel verglüht, liegt wohl daran, daß OH! es hinkriegen – insbesondere aufgrund unzickigen Echt-Schlagzeugeinsatzes – von einer Hochkonzentriertheit durchpulst zu sein, die jene Summe der Teile erst einmal braucht, um sich dann einer Mehr-als-eben-das-Werdung aus materialem Stolz zu verweigern. Anders gesagt: Irgendwie nesteln sie zwar einer üppig aufgedonnerten Erhabenheit am Büstenhalter herum, kriegen aber programmatisch das Häkchen nicht auf. Statt unangenehmer kafkaesker Amtlichkeit verstrahlen sie eher die kecke Sinnlichkeit eines Früchtekorbs und laden zum Verweilen in jenem Zustand ein, der einer jeden Relevanz mit kynischer Faulheit vorausliegt. Stellenweise hat man/ frau/sonstige auch den Eindruck, das eigenartige Sozialverhalten von Radiojingles in freier Wildbahn zu beobachten. Ihre Paarungsrituale wirken auf uns Menschen niedlich und melodiös.

Ergänzend gibt es auf der Maxi nochmal einen Non-LP-Track in Kurz- und Extended-Fassungen und remixähnlichen Bearbeitungen durch Laub, Elektronauten und Metamatic, bei denen auch Freunde des Tortoise-Vergleichs voll auf ihre Kosten kommen können müssen. Komplementärerweise *Gelbphase* betitelt, begibt sich hier das von Yves Klein erfundene und patentierte Blau auf den phasenverschobenen Weg zu sich selbst, der durch fluffy Wahrnehmungsstörungen erschwert wird und mal als fädenziehende Kaumasse endet, wie im Elektronauten-Mix, mal auf einem Schmuddelfilm ins Blaue hinein surft, mal in den Wahnsinn seiner Massentauglichkeit getrieben wird und zuletzt als gähnenähnliches Feedback, das gerade Schleife-Binden lernt. Uterustikale Fruchtblasmusik, die nicht mit ihren Reizen wuchert? Aber gewiß doch!

[Musik der Zukunft / Virgin] fas

VERSCHIEDENE
Anti NY ⏺/⏺

Es gibt ihn, den typischen New York-Sound, das Brodelnde, Unruhige und Übernächtigte, den wahren Soundtrack zu Bret Easton Ellis' *American Psycho*. Dieser Sound wurde einmal, vor langer Zeit, »No Wave« genannt. Er ist die Quelle, aus dem so verschiedene Phänomene wie die Talking Heads, Sonic Youth und The Swans entsprungen sind. Legendär und heute ein gesuchtes Sammlerstück: Der von Brian Eno zusammengestellte *No New York*-Sampler (*Antilles* 1978) mit Bands wie DNA, Mars, James Chance & The Contortions und Teenage Jesus & The Jerks. No Wave, das war Noise, sehr viel Noise, oft mit einer mächtigen Portion Dilettantismus – z.B. bei Mars – vorgetragen, aber auch Funk, verschwitzter Disco-Groove, im Gegensatz zur damals populären Discomusik gepaart mit nihilistischen Texten und kühlen Baßläufen. Wenn Velvet Underground nach Heroin klangen, dann war No Wave Kokain-Musik. Nervös und haßerfüllt, aber auch mit einer guten Dosis Glam angereichert. Fast alle Bands, die damals unter die Kategorie No Wave gezählt wurden, sind entweder vergessen oder nach einer kurzen, radikalen Frühzeit mit ganz anderer Musik bekannt geworden, so etwa Arto Lindsay, dessen heutiger Kreuzzug zwischen Jazz und Latin-Folklore kaum mehr Ähnlichkeiten zu den aufgepeitschten DNA hat. Als Netzwerk jedoch lebte dieser Sound weiter und wurde von stets neuen, immer wieder vergessenen Namen mit dem typisch fahlen Leben gefüllt. Das Neben- und Miteinander, die gegenseitige Befruchtung von weißen wie schwarzen Underground-Stilen, also vornehmlich Punk und HipHop, zeichnete die zweite, auf *Anti NY* vorgestellte Generation aus, die ebenfalls getrost als No Wave bezeichnet werden können, auch wenn die Liner Notes das vermeiden.

Was das Münchener Produzentenduo Munk da ausgegraben hat, sind in der Tat sensationelle Funde, die zusammenzustellen mehr als drei Jahre benötigt hatte. Die Musik aus der Zeit zwischen 1978 und '84 stammt aus der Szene rund um den *Mudd Club*, der Underground-Variante des *Studio 54*, eine Art Post-Warhol-Factory, wo sich Künstler, Musiker und Filmemacher trafen. Auf einem Photo ist »Sham 69 rule ok« zu lesen, in großen Lettern im Club an die Wand geschmiert, die Gäste jedoch trugen schwarze Anzüge und weiße Hemden. Künstler-Boheme und Punk gingen eine Ehe ein, die typisch für New York war, typisch für eine Szene ohne jene beschränkte Oi!-Haltung, die den Punk zu jener Zeit in England bereits dahingerafft hatte.

Zu hören gibt es einen Track von Gray, der Band des Künstlers Jean-Michel Basquiat, das einzige Stück, das jemals von ihnen aufgenommen wurde. HipHop- und Graffiti-Urgestein Rammellzee ist mit der Wave-Band Death Comet Crew zu hören, hinter dem Namen The Del/Byzanteens verbirgt sich die Band von Jim Jarmusch. Die Schriftstellerin Vivien Goldman ist mit einer wunderschönen Nummer zwischen Folk und kühlem Wave zu hören, Sexual Harrassment spielen bizarren Elektro-Wavepop auf, ein klanglich eigenartiges Bindeglied aus Suicide, den Residents und Eurythmics. Unbedingt erwähnenswert sind auch Konk, die seinerzeit in bis zu zehnköpfiger Besetzung Afrobeats, Disco und Punk zu einer unglaublichen Prä-House-Fusion verschmolzen haben, vergleichbar mit den New Yorker Wave-Funk-Heroen ESG. Es fällt schwer, nicht bei jedem einzelnen dieser Tracks ins Schwärmen zu geraten, zudem es sich leider um nur sieben Nummern handelt. Der Rest der CD wurde mit Remixen von Paul Moog, Funkstörung und anderen angereichert, die den Bogen zur Gegenwart schlagen möchten. Deren Qualität möchte ich gar nicht in Frage stellen, doch bereits die Originale haben eines dermaßen Zeitgenössisches, daß es der Übersetzung gar nicht bedurft hätte.

Dieses Zeitgenössische macht sich weniger am Sound fest als an der unglaublich offenen Herangehensweise, mit der hier Discohouse und Avantgarde aus einer Punk-Haltung heraus zum selbstverständlichsten Miteinander der Welt gemacht wurden. Genau dies im momentan unaufhaltsam uns überrollenden 8oer Revival wiederzuentdecken, ist musikalisch wie (als politische Geste betrachtet) menschlich sinnvoller als alle Zoot Woman dieser Welt.
[Gomma/PP Sales Forces] mb

ERIKA JÜRGENS
Top 12 – Charts Of Prenatal Music ⏺

Im Beiheft ein Text von Prof. Dr. Karl Zeneimer über die Bedeutung pränataler Klangeinflüsse auf das noch nicht Geborene, auf der CD schließlich 12 Stücke mit Titeln wie *Gastritis, Herostrat, Collar And No Rosy Prospects* (eine Nummer, die frau sich wohl besser nicht während der Schwangerschaft anhört) oder *Dolus, Minimal Change, Homefighter And A Timid Smile*. Sollen wir das nun ernst nehmen? Da drängt sich die Frage auf, ob es diese ominöse Erika Jürgens, »composed music for well-known maternity wards, in germany and abroad, during the last 30 years of the 20th century«, überhaupt gibt. Das aber spielt auch eine eher unbedeutende Rolle, denn was es zu bewerten gilt, ist die Musik, deren Ausführende hier nur mit Initialen angegeben sind, darunter ein gewisser EM, mit ziemlicher Gewißheit Erik Mältzer, Inhaber der *No Edition*. Neben Gitarre, Midi, Computer und Sampler kommen Dobro Gitarre, selbstgebaute Zither und Spielzeuge zum Einsatz. Die Musik, ein eindrucksvoll uneindeutiger Mix aus freier Improvisation, elektronischen Distortion-Sounds, Pop (?)- und Noise-Partikeln. Stücke ohne den Anflug von erkennbarer Struktur. Falls Föten unterstellt werden darf, noch nicht vom Formatradio versaut zu sein, sondern Musik auch und gerade dann zu mögen, wenn sie als ungebändigte Freude am Klang daherkommt, ist die Musik von Erika Jürgens therapeutisch dringend zu empfehlen.
[No edition/Semmelweisstr. 24/
45470 Mülheim a.d.Ruhr] mb

CHRISTOPH SCHLINGENSIEF
trifft Richard Wagner 🄲🄲🄳

DIEDRICH DIEDERICHSEN
trifft Arnold Schönberg 🄲🄲🄳

Wenn irgendein hinfälliger *Deutsche-Grammophon*-Gesellschafts-Promoter auf die schwankende Idee käme, totvermarktete Hochkulturaltlasten per imageträchtiger Prominentenadoption zu relaunchen, wenn das Mißverständnis mit *Harald Schmidt trifft Bach* und *Iris Berben trifft Vivaldi* begänne, um dann über ein hip-terroristisch blutgegrätschtes Duo aus *Schlingensief trifft Wagner / Diederichsen trifft Schönberg* ins Unausdenkliche (*Nena trifft Ferneyhough / Barenboim trifft Onkelz, Scharping trifft Der Freischütz / Bin Laden die New Yorker Philharmonie*) zu driften, wenn Schlingensief bei

Wagner als benbeckeroid puberposendes Schwarzledermodel und Diederichsen bei Schönberg als gestrenger Wurstpräzeptor anklingelten, ohne daß die ungefragt Getroffenen (die in der richtigen Welt doch allenfalls ihre Beleutseliger zu beleutseligen hätten) irgendwo abgebildet wären – vielleicht eilte dann ein junger Rezensent die lange Treppe durch alle Distinktionsränge hinab, stürzte in die Manege und rief das: Halt! Panne! durch die Fanfaren des sich immer anpassenden Orchesters.

Da es aber nicht so ist, da Schlingensief den ganzen Wagner-Pomp im Booklet zwiespältig bepöbelt und den dräuenden Teutonikübertritt nochmal verschiebt, da Diederichsen sich mit Schönberg wirklich Mühe gemacht hat und den sympathisch

Sperrigen so sympathisch sperrig propagiert, als plane er, bald bei *Bad Alchemy* anzuheuern, da sein Plädoyer im weiteren dazu führen könnte, daß sich der eine oder andere *Soma*-Repetitionist popdiskurspflichtschuldig in Schönbergs materialmodernistische Tonsetzerei – über deren Auswahl und Anordnung hier nicht zu streiten ist – versenkt (und wenns doch bloß *faz*lesende Zahnärzte, die sich solche Boxen leisten können, sind, ist auch nichts verhackt) und da sowohl Schlingensief wie Diederichsen im Booklet innen netter dreinschauen – da dies so ist, legt der Rezensent das Gesicht auf die Tastatugfggggc mm, und, im Walkürenritt wie in einem schweren Traum versinkend, schnarcht er, ohne es zu wissen.

[DGG] ju

Kino zum Lesen

3. Auflage 2002, 176 S., Pb.,zahlr. Abb.
€ 14,80/SFr 27,-
ISBN 3-89472-311-4

„Kamerastile im aktuellen Film ist ein schön gemachtes und so interessantes wie anregendes Buch."
Zoom

520 S., Klappbroschur, viele, teilw. farb. Abb.
24,80/S Fr 44,30
ISBN 3-89472-506-0

„Eine lohnende Lektüre."
Filmbulletin

412 Seiten, einige Abb.
24,80 /SFr 44,30
ISBN 3-89472-508-7

Die Filmbiographie ist eines der ältesten und vielschichtigsten Filmgenres überhaupt. Von Abel Gances Napoléon über die US-Biopics der Dreißigerjahre bis zu Oliver Stones Präsidentenfilmen reicht der Fächer.

160 Seiten, Pb., viele Abb.
€ 14,80/SFr 27,-
ISBN 3-89472-338-6

Oi Warning ist einer der erfolgreichsten deutschen Filme der letzten Jahre. Er erzählt die Geschichte des 17-jährigen Janosch, der vom idyllischen Bodensee nach Dortmund zu einem alten Kumpe ausreißt. Dort gerät er in die Skin-Szene.

Schüren Verlag • Deutschhausstr. 31 • D-35037 Marburg • www.schueren-verlag.de

Bücher

ae   = Alexander Ebert
cj   = Christoph Jacke
cw   = Christian Welzbacher
db   = Dagmar Brunow
fas = Frank Apunkt Schneider
fm   = Franziska Meifert
gw   = Gunther Weinell
jk   = Jens Kastner
ls   = Luka Skywalker
mb   = Martin Büsser
nk   = Natalja Kyaw
nins = Nina Schulz
tp   = Tine Plesch

RONALD M. SCHERNIKAU
Die Tage in L. – darüber, daß die ddr und die brd sich niemals verständigen können, geschweige mittels ihrer literatur.

In Zeiten, wo die Kürze von Buchtiteln nicht unerheblich über deren Verkauf entscheidet, kommt diese Wiederveröffentlichung schon im Titel geradezu altbacken streng einher. Immerhin läßt Schernikaus 1988 am Institut für Literatur Johannes R. Becher in Leipzig eingereichte essayistische Abschlußarbeit bereits nach der Manier von Romanen aus dem 18. Jahrhundert sogleich erkennen, worum es in diesem Buch geht. Alle, die aufgrund des Titels und der notorischen Kleinschreibung völlig kryptische Texte erwarten, seien beruhigt: Schwierig an Schernikaus Themen und Sprache ist höchstens das Sujet, weil es die Kenntnis von ideologischen und ästhetischen Diskussionen voraussetzt, die für alle seit '89 Aufgewachsenen von Jahr zu Jahr unbekannter geworden sein dürften. Darüber hinaus ist es vor allem eines: brandaktuell, obwohl es weder BRD noch DDR mehr gibt, sehr wohl aber deren Mentalitäten.

Etwas vereinfacht ließe sich der 1991 an AIDS gestorbene Schernikau als ein orthodoxer Marxist (im Sinne von Georg Lukacs' Definition, Revolution als Ziel geschichtlichen Denkens zu setzen) mit unorthodoxem Verhältnis zur sozialistischen Praxis beschreiben, ein Homosexueller und Künstler, der auf eine ästhetische Erneuerung der Gesellschaft jenseits sozialistischer Stereotypen nicht verzichten wollte, dessen politische Utopie im Gegenteil stark mit der Vorstellung von Boheme, Avantgarde und Dandytum verknüpft war – ein Mensch, dem eine solche ›andere‹ Lebenspraxis geradezu Voraussetzung auf dem Weg zu einer nichtkapitalistischen Gesellschaft war. Diesbezüglich mußte Schernikau sich notgedrungen zwischen alle Stühle setzen: Ein Großteil der von ihm propagierten kulturellen Äußerungen (experimentelle Literatur, Pop Art, Schwulenbewegung) fand im Westen statt, blieb dort jedoch dem Kapitalismus gegenüber weitgehend affirmativ; die DDR hingegen, in der Schernikau zwischen 1986 bis 1989 studierte (1989 erwarb er die Staatsbürgerschaft der DDR, kurz bevor sie zusammenbrach) garantierte ihm zwar den ideologischen Überbau, nicht aber die Erfüllung des Sozialismus im Sinne künstlerischer und individueller Freiheit (man denke nur an die Situation der Homosexuellen unter Honecker). Geistig dermaßen obdachlos verarbeitet *Die Tage in L.* (»L.« verweist auf Leipzig), was seit Schernikaus Debüt *Kleinstadtnovelle* sein zentrales Thema sein sollte: Die Unmöglichkeit, am gesellschaftlichen Leben mit seinen Konventionen teilhaben zu können und die kritische Reflexion, jenen Prozeß, der das Nicht-Können schließlich zu einem Nicht-Wollen werden läßt.

In *Kleinstadtnovelle* ist es noch die Situation des jungen Homosexuellen, der von der Schule und schließlich der ganzen Stadt geächtet wird, *Die Tage in L.* dagegen thematisiert Homosexualität nur noch als eine Eigenschaft unter vielen, die das Nicht-Teilhaben-Können im Sinne einer nunmehr intellektuellen Entscheidung bedingen.

Verleger haben seit '89 händeringend und gierig auf den »Wende-Roman« gewartet. Um jene »Wende« mitsamt ihren Folgen überhaupt verstehen zu können, ist *Die Tage in L.* ein wesentlich wichtigeres Buch als all das, was die Brusigs dieser Nation kurz darauf in Form nostalgischer Unterhaltung verarbeitet haben. Äußerst sensibel beschreibt Schernikau die

Mechanismen der Macht in Ost und West und sagt voraus, worüber Soziologen sich bis heute den Kopf zerbrechen: Warum DDR und BRD sich nicht verständigen können … was auch nach dem Ende der DDR noch – bis heute – gilt. Schernikaus Beobachtungen sind pointiert und lesen sich über weite Stellen wie eine anhand konkreter Beispiele vorgenommenen Aktualisierung der *Dialektik der Aufklärung*: »es gibt jetzt einen neuen plattenladen in westberlin, es ist der größte bisher, die platten kommen aus allen ländern; imperialismus ist internationalismus, bloß reaktionär. (…).« Im Überangebot an Platten und Büchern vergräbt der Schrott die Stimmen der Kritik auf ähnlich effektive Weise wie es im Osten die Staatszensur vermag. »Es gibt die guten bücher«, stellt Schernikau ernüchternd fest, »weil es die schlechten gibt. Das ist der späte kapitalismus.«

Die BRD kennzeichnet Schernikau als »literarisch«: Es darf alles behauptet werden, dafür ist nichts wahr. Im Westen zu leben bedeutet, kulturindustriell formatiert funktionieren zu müssen: »wer das neueste lied von michael jackson nicht kennt, stellt sich außerhalb jeglicher menschlichen kommunikation. beeindruckend an der ausschließlichkeit dieses gespräches ist seine freiwilligkeit.« Zugleich ist der Westen so stark geworden, »daß er endlich auch begriffen hat, daß opposition den staat jung hält.« Gedanken dieser Art haben heute, nachdem Pop als Synonym für Jungsein, Attraktivität und sogar Teil der Allgemeinbildung zur selbstauferlegten Bürgerpflicht geworden ist, an Aktualität nur hinzu gewonnen. Auf ihre Weise bleiben auch Schernikaus Ausführungen über die Zwänge in der DDR aktuell, auch wenn sie sich nicht mehr auf den Sozialismus anwenden lassen, sehr wohl aber auf die noch immer weit verbreitete Schrebergarten-Mentalität vieler Bewohner in den neuen Bundesländern mitsamt ihrer Angst gegenüber allem Fremden und Neuen: »das wort identität, das jetzt sogar feierlich einzug in die dokumente der deutschen kommunistischen partei gefunden hat (unsere kommunistische identität) (wolle mer se reilasse? Unsere kommunistische identität! helau! helau! helau!), dieses wort ist der ausdruck nicht nur für die kindische angst, selber zu verschwinden, sondern vor allem für das der welt. – weil alles so bunt und vielfältig ist, kucken wir lieber gleich ganz weg. Ich bin ich, und eigentlich reicht mir das auch.«

Als ein Thomas-Bernhard-Stück im Ostberliner Theater aufgeführt wird, muß Ex-Wessi Schernikau erschreckt bemerken, daß er als einziger über das Stück lacht: »das publikum, rechtschaffen empört über das geschehen, sieht die komik nicht mehr. die ddr hat verlernt, die wirklichkeit auszuhalten. sie kann nur noch verurteilen. sie kann nur noch wegkucken.«

Was am Ende bleibt, ist gegen beide Systeme gerichtet und vielleicht ein Schlüsselsatz im Leben und Werk von Ronald M. Schernikau: »wer nicht aus egoistischen motiven revolutionär ist, wird immer ein unzuverlässiger kämpfer bleiben.« Alleine dieser Satz begründet die Notwendigkeit eines der in Sachen Reflexion reichsten, sprachlich ausgefeiltesten Bücher über die jüngere Geschichte Deutschlands auch und gerade für deren mögliche bessere Zukunft.

[Ronald M. Schernikau: *Die Tage in L. – darüber, daß die ddr und die brd sich niemals verständigen können, geschweige mittels ihrer literatur.* Brosch., 214 Seiten, Konkret Literatur Verlag, Hamburg 2001, ISBN 3-89485-206-5] mb

STEFANIE MENRATH
Represent what… Performativität von Identitäten im HipHop.

Stefanie aka. Kiwi Menrath legt mit diesem Buch ihre Dissertation vor, die sich zwar auch wie eine solche über weite Strecken liest, aber doch als sehr erhellende Veröffentlichung gelten kann, handelt es sich doch um den bislang ersten umfangreichen Text, der sich mit Identitätenbildung im (vorwiegend deutschen) HipHop auseinandersetzt. Im ersten Teil setzt sich Stefanie Menrath mit Judith Butlers Performativitäts-Konzept auseinander, das als Folie für die folgende HipHop-Betrachtung (auch, aber leider nur sehr am Rande, unter Gender-Aspekten) dient. Nach einer kurzen, gut gebündelten Geschichte des Rap und dessen Techniken/Technologien, wird der zweite Teil äußerst anschaulich. Auf der Basis von Gesprächen mit HipHoppern – darunter ganz normale Fans, aber auch Musiker wie Torch – wird HipHop-Identität als »bewußte Selbstinszenierung« analysiert, die allerdings trotz Inszeniertseins einen großen Wert auf das »keeping it real«, also auf Authentizität innerhalb der eigenen Szene legt. Vorm Hintergrund der Underground/Mainstream-Dichotomie, der die Szene sicher nicht als einzige ausgesetzt ist (ähnliches ließ sich bei Punk/Hardcore und Techno beobachten) kommt Stefanie Menrath zu einem erstaunlichen ergebnis: »Die HipHopper verstehen sich einfach als Gegen-Bewegung zum Mainstream, sondern als sich fortlaufend performierende, ›werdende‹ Minderheit. (…) Die HipHopper dechiffrieren zur Verfügung stehende Identitätspolitiken mit dem Ziel, permanent offene, flexible Identitäten zu ermöglichen. Ihren Neuentwurf queer zu nennen, würde diesen Begriff unnötig ausdehnen – obwohl es auch im HipHop um ein Zurückweisen biologistischer Annahmen wie z.B. von ethn. Identität und ›race‹ geht.« – Schönfärberei? Ja und nein. Stefanie Menrath hat einen Ausschnitt der HipHop-Szene beleuchtet, der mit Sexismus und ethnischen Stereotypen sehr reflektiert und selbstkritisch umgeht. Daß weder sie noch die von ihr Befragten für die ganze Szene sprechen können, mag am Ende ein überzogen positives Bild von der Szene zeichnen; doch diese Methode kann durchaus auch als legitime Strategie ausgelegt werden: Die bessere Seite zu Wort kommen zu lassen, dürfte der Szene im Blick nach vorn mehr helfen, als erneut belastende Stereotypen auszukramen. Dies wäre die Aufgabe einer ganz anders angelegten Arbeit …

[Stefanie Menrath: *Represent what … Performativität von Identitäten im HipHop.* Brosch., 180 Seiten, mit Abb., Argument Verlag, Hamburg 2001, ISBN 3-88619-282-2, 15,50 €] mb

WILLIAM A SHACK
Harlem in Montmartre

Bis zum Einmarsch deutscher Truppen in Paris 1940 existierte in Montmartre ein üppiges afro-amerikanisches Kulturleben, wie es an Vitalität nur noch von Harlem überboten wurde. Zahlreiche Jazzmusiker machten Paris zu ihrer zweiten Heimat, teilweise wegen des besseren Arbeitsangebots in Nachtclubs und Varietés oder schlichtweg um dem Rassismus in den USA zu entfliehen. Die »Revue Nègre«, Josephine Baker, Ada »Bricktop« Smith, Benny Carter und das Orchester von James Reese Europe feierten hier große Erfolge und führten den Jazz in Europa ein. Damit verbunden waren zusätzlich der von den Parisern gerne aufgenommene Kleidungs- und Lebensstil. Zahlreiche neue Impulse ergaben sich ein weiteres Mal durch die Universalsprache des Jazz, was zur Gründung des legendären »Hot Club of France« führte und nebenbei auch noch exzellente Musiker wie Django Reinhardt und im Nachkriegsparis Boris Vian hervorbrachte. Zudem erschienen die ersten wissenschaftlichen Betrachtungen zum Jazz; geschrieben von Hugues Panassié.

William Shack, Anthropologe in Berkeley, vermittelt auf knapp 200 Seiten einen kompakten Eindruck vom amerikanisch geprägtem kulturellen Überangebot in Montmartre zwischen den zwei Weltkriegen.

[William A Shack: Harlem in Montmartre. University of California Press, Berkeley, 2001, 191 Seiten, ISBN 0-520-22537-6, 35,– €] ae

BARBARA KIRCHNER
Die verbesserte Frau.

Barbara Kirchner hat u. a. für *Spex*, *de:bug* oder *testcard*, aber auch die *Frankfurter Rundschau* geschrieben. Sie ist Naturwissenschaftlerin und ihre Doktorarbeit in theoretischer Chemie befaßte sich mit Molekulardynamiksimulation. Eine sehr eigene und sehr interessante Betrachtungsweise ergab sich immer aus diesem Nebeneinander von Gebieten, die uns Kulturfuzzis und -fuzzinen so weit auseinander gelegen scheinen – Barbara Kirchner ist frei vom popistischen Tunnelblick, und schaut lieber genau in jene Ecken, die uns langweilig, theoretisch, allzu rational, nicht steuerbar und sonstwie rabäh erscheinen.

Barbara Kirchner hat einen Roman geschrieben. *Die verbesserte Frau* ist ein Krimi mit Thriller- und Sci-Fi-Elementen, der im studentischen Milieu spielt und darüber hinaus moderne Forschung ins Visier nimmt: Outsourcing, Drittmittelforschung, also Privatisierung von Forschung und die Folgen sind hier die Stichworte. Wer alltäglich in der Zeitung genauer hinliest, kann die kleinen Artikel aus der Welt der Naturwissenschaft entdecken, die vermelden, wie der Mensch dem Menschen gerne ins Hirn eingreifen möchte, biochemische Prozesse steuern und verändern will – alles im Sinne (ver)besser(t)er Lebensqualität natürlich, die mann oder frau sich halt leisten können muß. Forschung, die unkontrolliert im Namen des frei flottierenden Kapitals stattfindet, muß ihre Ergebnisse daher in irgendeiner Weise verkaufen. Kirchner hat sich Schmerzforschung als Beispiel gewählt. Das Thema ist brisant – gerade deshalb weil es an den hochaktuellen großen Diskussionen wie Sterbehilfe, Gen- oder Stammzellenforschung vorbei die Augen auf das richtet, was unter dem glitzernden Mäntelchen »Lifestyle-Droge« Wahrnehmung und Bewußtsein verändert – und zwar ganz anders als das, was als Bewußtseinserweiterung durch Drogen einstmals gut gemeint war.

Brisant ist auch das Personal des Romans, spiegelt es doch gern verkannte Realität als Normalität: Lesben, Bisexuelle, Schwarze, Schwule, ergänzt um pathologische Persönlichkeiten, gewöhnliche Schleimer und WG-Mitbewohner mit sado-maso Neigungen.

Schauplatz ist Borbruck, eine nicht ganz kleine Stadt mit Mafia, Uni und privatem Forschungsinstitut. Es ist Sommer, und es ist ein unheimlicher Sommer: schon mehrere junge Frauen sind verschwunden, nur ihre Schuhe blieben zurück – Mord? Entführung?

Bettina Ritter, lesbisch, Single, hat ihr Musik- und Geschichtsstudium auf Eis gelegt, weil sie ihre Interessen nicht im Lehrplan wiederfindet und jobbt sich durchs Leben. Ihre Fernliebe heißt Ursula Olim, die sowohl an der Uni Vorlesungen hält als auch im privaten Forschungsinstitut *Morgen und Partner* arbeitet, das wiederum an der Uniklinik einen Frauenpsychiatrieflügel eingerichtet hat. Schnell ist Bettina mittendrin im undurchschaubaren Geschehen: Catherine, eine schwarze Studentin aus Großbritannien, eigentlich nur eine vage Bekannte, ruft an, weil sie sich wegen einer ausbleibenden Freundin Sorgen macht, Bettina agiert als Trösterin, und verliebt sich ein bißchen – doch kurz darauf wird Catherine grausam ermordet.

Zwielicht scheint auf: An welchen Themen forscht die attraktive Ursula Olim wirklich? Hat die Frauen/Lesbengruppe recht, die ihr und dem Institut Morgen vorwirft, Frauen in der Psychiatrie zu mißbrauchen? Was soll der Sadomasokram bedeuten, den Bettina bei ihrem Mitbewohner Johannes findet – vor allem im Hinblick auf die Tatsache, daß Johannes nach dem Mord an Catherine von der Polizei verhört wird? Catherine hinterläßt einen Brief voller Andeutungen und Bettina Ritter, ohnehin unruhig, wird zur Detektivin.

Zorro muß reiten und Miß Marple goes hardboiled: Ist doch der Detekiv dieses Genres, wie Dashiell Hammet es schuf, immer auch Rächer in einer korrupten Gesellschaft. Ich sage nicht, wie es ausgeht, das gehört sich nicht bei einem Krimi. Aber turbulent wird es und nicht völlig splatterfrei. Frauen können das schon auch, das mit der Wut, der Rache und dem Hinlangen. Aber das nur nebenbei.

Barbara Kirchner entwickelt ihre Handlung geschickt und schreibt auf unaufdringliche Weise, klug und spannend – jenseits von semiflotter InsiderInnenpopschreibe oder Dasprangere-ich-an-Flugblatt-Stil. Zugutzuletzt wahrt Barbara Kirchner bei eindeutiger Parteinahme für Bettina Ritter doch eine Multiperspektive, die zumindest eine Ahnung vermittelt, was einige Beteiligten zu ihrem Tun treibt.

[Barbara Kirchner: *Die verbesserte Frau*. Verbrecher Verlag, 221 Seiten, 14,32 €] tp

KREUZBERGBUCH

**JÖRG SUNDERMEIER /
VERENA SARAH DIEHL /
WERNER LABISCH (HGS.)**
Kreuzbergbuch

Das 20. Jahrhundert war in vielerlei
Hinsicht ein Furchtbares – auch für
und mit uns Deutschen: wenn man
beispielsweise an die Vernichtung der
Juden oder die Einknastung der RAF
und den 2.Juni mit der damit zusam-
menhängenden, wohl nie mehr auf-
hörenden Sicherheitspanikpolitik
denkt. Es hat aber auch – manchmal
sogar gleichzeitig – schöne Zeiten gegeben: die 20er und frühen 30er Jahre
in Berlin, eben jene 60er Jahre und
die 80erJahre in Kreuzberg. Alle Abschnitte zeichnen sich aus durch ein
hohes Maß an Freiraum, also Unab-
hängigsein vom System, also Gesetz-
losigkeit, Kreativität, also Schwulen-
und Lesbenszene, also neue politische
Ideen, Veränderung, neue Lebenskon-
zepte usw. Jedesmal ist mit doppeltem Haß zurückgeschlagen worden –
hoffen wir, daß es diesmal nicht ganz
so schlimm ausgeht.

Ich hab auch mal in Kreuzberg
gewohnt, von '84 bis '87 ist das gewesen, komische Zeiten waren das, noch
so scheiße jung und blöd in der Birne

und wußte verdammt nicht, was ich
irgendwo verloren hatte, ja so war
das damals. Nich' schön, auf jeden
Fall! Deshalb bin ich auch wieder da
weg gezogen, im Winter '86/'87, als
es so schweinekalt war. An einem
Abend hab ich einen Robben&Wient-
jes Laster mit meinem Webstuhl und
sonstigem Hab und Gut vollgestopft
und hab mich mit meinen zwei
Katzen und einer fremden Frau, die
sich später als komplett verrückt her-
ausstellen sollte, auf den Weg zurück
in den Westen gemacht. Auf der
Höhe von Magdeburg fing der Wagen
an zu stottern und wollte nicht mehr.
Später stellt sich heraus, daß der
Fahrtwind zu kalt war und uns deswegen der Scheißdiesel eingefroren
war. Nach einer Weile konnten wir
wieder weiterfahren, nur um kurz hinter der Grenze wieder stehen bleiben
zu müssen. Mittlerweile war es tief
in der Nacht, die Alte neben mir drehte langsam durch und erzählte nur
noch von ihren beschissenen, gerade
erst verstorbenen Verwandten, zu denen sie jetzt müßte und meine Katzen
maulten so jämmerlich, als müßten
sie erfrieren. Ach, wir hatten übrigens
keine Standheizung, das vergaß ich,
glaube ich, zu erwähnen. Na ja, danach
ADAC und der ganze Kack, Hotelzimmer, die Alte hört nicht auf zu reden,
meine Katzen freigelassen und am
nächsten Morgen natürlich nicht
wieder dazu bewegen können, in den
Katzenkorb zu gehen, das volle Programm halt. Das Auto hat dann noch
eine neue Einspritzdüse gekriegt, aber
das hat auch nix geholfen, in Hannover hab' ich dann wieder gestanden,
die Alte in den Zug gesteckt und
mich mit den Katzen in die hinterste
Ecke einer Fernfahrerkneipe verpißelt,
und da auf einen neuen Robben&

Wientjes Laster gewartet. Irgendwann
abends, nach 24 Stunden, war ich
dann endlich zu Hause – Na ja, ein
Zuhause konnte man das auch nicht
nennen. Aber das ist wieder eine andere Geschichte.

Berlin ist für mich eine Mischung
aus Alptraum und verpaßten Möglichkeiten. Ich liebte es natürlich, einmal im Monat direkt vom Sozialamt
mit der Bahn in die Friedrichstraße
zu fahren, und mit meiner Beute
von 4 Stangen Lexington für jeweils
25 DM an den Bullen vorbeizumar-
schieren, die in der Kochstraße wahrscheinlich darauf aufpaßten, daß
sich keine russischen Agenten ein-
schleusten, oder irgend so'n Quatsch.

Die Geschichte, wie Camping
Sex im Frontkino versuchten, in das
Guiness Buch der Rekorde zu kommen, wird noch an anderer Stelle
erzählt werden. Lest ihr erst mal das
Kreuzbergbuch, da kommen genau
solche Geschichten drin vor. Wie
Darius James in New York in einer
Bar sitzend Kreuzberg via TV-Set
entdeckte und sofort wieder vergaß,
oder die komische Anekdote mit
Almut Klotz und dem Zettelmann.
Max Müller erinnert sich, als wär's
grad gestern gewesen und in Christiane Roesingers *Fischlabor* sollte es
wochenlang nach einer umstrittenen
Blutperformance nach Rinderblut
riechen. Knapp 20 kleine und äußerst
kurzweilige Erzählungen warten auf
einen gemütlichen und schmunze-
ligen Abend mit euch.

Sagte ich schon, daß Verbrecher
wunderbare Menschen sind? Nein?
Dann tu' ich's jetzt!

[Jörg Sundermeier, Verena Sarah Diehl, Werner
Labisch (Hg.): *Kreuzbergbuch*. Mit Zeichnungen,
160 Seiten, Verbrecher Verlag. ISBN: 3-935843-
06-02, 12,30 €] ls

**TERRY WILSON
AND BRION GYSIN**
Here to Go London

Die Biographie des Multitalents Brion
Gysins läßt ungefähr erahnen, was
dieser Künstler alles miterlebt und
initiiert hat. Er gehörte den Surrea-
listen an und stellte 1935 zusammen
mit Arp, Dali und anderen aus, war
eng mit Sylvia Beach und Meret
Oppenheim befreundet. 1950 ging er

zusammen mit Paul Bowles nach
Marokko, kehrte zurück nach Paris,
begann eine lange Freundschaft mit
William S. Burroughs, erfand die erste
Traummaschine und spielte in den
Filmen *Towers Open Fire* und *Cut-Ups*
mit. Gysin schrieb die Linernotes zu
Brian Jones' *The Pipes of Pan at Jou-
jouka* sowie das Szenario für *Naked
Lunch*. Terry Wilson nähert sich hier
anhand von stundenlangen Interviews,
vielen Illustrationen und gut recher-

chierten Hintergrundinformationen
dem Werk eines Mannes, der neben
seiner kaligraphischen Kunst, seinen
Gedichten und experimentellen
Romanen auch für eine sehr visionäre
Philosophie bekannt war. Lange
Zeit vernachlässigt, hat Terry Wilson
das Werk eines der wichtigen Köpfe
der Moderne wieder aufleben lassen.

[Terry Wilson and Brion Gysin: Here to Go. -
Creation Books: London, 2001, 246 Seiten, ISBN
1-84068-047-4, 23 €] ae

Hinter den Bergen: Österreichische Literatur

*»Du wundern mein schön
deutsch sprach?
sein sprach von goethen
grillparzern stiftern
sein sprach von nabeln
küßdiehandke
nicht sprach von häusselwand«*
Ernst Jandl

Es ist beeindruckend, wie viele avant-gardistische Schriftsteller ein so kleines Land wie Österreich »hervor-bringt«, ein Land, das seit Europas großen Kriegen den Ruf hat, provin-ziell und rückwärtsgewandt zu sein. Dieses Negativ-Image mag aber auch eine Folge davon sein, daß seine Lite-raten permanent in Anthologien und Handbüchern als »deutsche« Autoren heimgeholt werden, à la »Deutsch-land erzählt«. Von Rainer Maria Rilke bis Peter Handke«. Österreichische Literatur beschränkte sich demnach auf Rosegger und Waggerl. Die hier vorgestellten Literaturgeschichten vermögen immerhin dies zu korrigie-ren. Das ist verdienstvoll. Weniger schön ist, daß der Literaturbetrieb in Österreich offenbar genau aussortiert, wer nun dazugehört und wer nicht. Verdient jemand sein Geld mit dem Malerpinsel oder Zeichenstift, ist er ein Maler und kann kein Autor sein, Schlußpunkt. Was aber sind Lexika, Handbücher, Überblicke wert, wenn sie so stark von Zeitgeist, Markt, Medienrummel bestimmt sind? Wie dankbar ist man, in einer Literatur-geschichte von sagen wir 1920 schon mal Kafka zu begegnen, wenigstens am Rande. Da merkt man, jemand hat aufgepaßt, ist wirklich informiert, hat seine Augen auch auf die Gewächse am Straßenrand gerichtet, statt im-mer nur den Asphalt der Hauptstraße abzumessen ...

Klaus Zeyringer erhebt in seinem Band *Österreichische Literatur seit 1945* zwar nicht den Anspruch einer österreichischen Literaturgeschichte, sondern möchte lediglich ein Fenster auf die österreichische Literaturland-schaft seit '45 öffnen, die Konturen dieser Landschaft sichtbar machen,

mit exemplarischen Einschnitten tiefer vordringen, Routen anbieten: »In kartographischen Aufrissen werden derart Zusammen-Hänge, Sprach-Felder, Spiel-Wiesen, also literarische Kunst-Regionen im Reich zwischen Bewußtem und Unterbewußtem sichtbar: ein weites Land.« Klingt das nicht alles schon wieder nach austria-kischen Almwiesen? Zeyringer gibt also Überblicke, über den Literatur-betrieb, die Interessenvertretungen, die »Bestände« von der Nachkriegs-literatur bis heute. Im Kapitel *Seg-mente* geht er auf bestimmte Autoren (Handke, Brandstetter, Artmann, Tur-rini, sowie die Autorinnen Nöstlinger, Regensburger und Nöst) und Motive (Eis-Schnee-Motiv, Naturkulisse) intensiver ein, in den *Aufrissen, neuer-dings* wirft er ein Licht auf die neuere österreichische Lyrik, Dramatik und Prosa vor allem in den Neunzigern und analysiert den Bestseller *Schlafes Bruder*, und im letzten Abschnitt widmet er sich besonderen Aspekten wie der Bernhard-Rezeption und dem Zusammenhang Literatur und Film (Handke und Scharang). Man findet also jede Menge Anregungen, Informationen, Hintergründe, Analy-sen und Lesehilfen. Und einiges findet man auch überhaupt nicht. Zum Bei-spiel kein Wort über Gerhard Jaschkes Zeitschrift *Freibord*, nichts über Otto Breicha und seine jahrzehntelange Betreuung der *protokolle*, die, neben den Grazer *Manuskripten* von Kol-leritsch, ein breites Forum für neue österreichische Literatur bildete, oft und gerade auch in Zusammenhang mit bildender Kunst. Für Klaus Zey-ringer hingegen sind die »Doppelbe-gabungen«, also schreibende Künstler, bildende Schriftsteller kein Thema, obgleich ein sehr österreichisches Phänomen, bedenkt man nur Herz-manovsky-Orlando und Alfred Kubin. Nach 1945 wären da wenigstens Günter Brus und Hermann Nitsch zu nennen, beide keine Marginalien der österreichischen Literatur seit den 60ern, allein schon wenn man die Quantität ihres literarischen Werks in Augenschein nimmt. Selbst wenn man die Schriften von Nitsch als fiktive und reale Aktionspartituren ausjurierte, bliebe vor allem das sehr eigenständige und umfangreiche literarische Werk von Brus (allein die

Schriftenausgabe 1984-88, *Morgen des Gehirns, Mittag des Mundes, Abend der Sprache* umfaßt über 1000 Seiten) – der sich hiermit als veritables Ge-spenst der österreichischen Literatur nach '45 erweist. Es scheint fast, als würden die Nur-Literaten und Germa-nisten den bildenden Künstlern das Schreiben nicht zugestehen. Andere Namen, die man sofort vermißt, sind der »Philosoph« Günther Anders, der »Journalist« Alfred Zellinger (*Liebe als fatale Strategie gegen das ironische Spiel der Verführung* u. a.) oder Domi-nik Steiger, wiederum wohl wegen illegaler bildnerischer Tätigkeit aus-geschlossen ...

Eine reichhaltige visuelle Ergän-zung ist *Die österreichische Literatur seit 1945 – Eine Annäherung in Bildern*, herausgegeben von Volker Kaukoreit und Kristina Pfoser. Über 800 Fotos zeigen Schriftsteller zu Hause, vor der Schreibmaschine, bei Lesungen und Preisverleihungen, auf Kongressen, auf der Bühne, natürlich im Kaffeehaus, im Beisl, und gelegentlich auch auf ei-nem Berggipfel. Friederike Mayröcker in ihrem Arbeitszimmer, in dem sie offensichtlich mit der Chaostheorie experimentiert. Thomas Bernhard auf einer Bank vor einem Kino, darüber die Ankündigung *Die Hexen von East-wick* und *Er macht es seit Jahrhunder-ten*. Peter Handke beim Fußball-spielen und Ingeborg Bachmann als ganz junge Frau mit Bubikopf auf dem Spiegeltitel. André Heller 1974 im Hippie-Look mit Peter Alexander. Seltsam und berührend, wie jung und anders sie alle mal waren, bevor wir jene typischen Porträts in der Schule kennenlernten. Ob es notwen-dig ist, die Konterfeis der Schriftsteller zu sehen, deren Bücher man liest? Eigentlich nicht. Aber da Literatur Teil der Medienlandschaft ist, unvermeid-lich. Weiters sind jede Menge Doku-mente abgelichtet, Zeitschriftentitel oder Auszüge, Flugblätter, Plakate, Buchcover, auch kuriose Dinge wie die Urkunde über die Verleihung der österreichischen Staatsbürgerschaft an Bertolt Brecht (1950). Der wollte nämlich überall hin, nur nicht in die DDR, die dann als Notnagel herhalten mußte. Was die Prüfbits angeht, schneidet dieser Band jedoch kaum besser ab als der obige: Brus und Nitsch tauchen nur als Namen auf

Dokumenten auf oder gar auf Fotos ohne Namensnennung, wie beispielsweise von der Uni-Aktion 1968. Das ist – halten zu Gnaden – ein Hammer: man sieht einen nackten Mann auf dem Katheder eines Hörsaals stehen, der sich gerade selber zum Kotzen bringt – ein nicht gerade alltägliches Bild –, und erfährt nicht mal wer?! Wie weit darf Verdrängung nach über 30 Jahren gehen?

Ein ganz eigenartiges Panorama bietet uns Kurt Adel: *Die Literatur Österreichs an der Jahrtausendwende*. Es beschränkt sich im allgemeinen auf die letzten 15 Jahre, und bezieht auch Schriftsteller der Länder der ehemaligen Österreichisch-Ungarischen Monarchie mit ein. Man muß dazu sagen: Kurt Adel ist 1920 geboren und zählt somit über 80 Lenze. Das erklärt einiges. Zum Beispiel seine Unterscheidung zwischen sprachbezogener Dichtung (Wiener Gruppe, Konkrete und Experimentelle Dichtung) und weltbezogener Dichtung und Literatur, die er nach mehr als 30 Themen sortiert, inhaltliche wie Frauen, Sex, Menschlichkeit, Heimat, und formale wie Lyrik, Haiku, Erzähler, Biographien etc. – Konrad Bayers *Der sechste Sinn* nicht weltbezogen?

Innerhalb der Themengruppen folgt ein loses Patchwork von Autoren und/ oder Buchbeschreibungen. Es hat eher den Charakter einer zwar bemühten, aber doch unbefriedigenden Bestandsaufnahme. Ein sortierter Zettelkasten voller Informationen und Minirezensionen, aber die Zusammenhänge und Metaebenen fehlen. Man fragt sich, wieso ausgerechnet ein Wissenschaftsverlag wie Peter Lang so ein Buch im Programm führt. Auch wenn Kurt Adel Moderne und Avantgardeliteratur nicht offen ablehnt, führt ein gewisser konservativer und altbackener Ton zu unfreiwillig komischen Bewertungen. Über Ernst Jandl merkt er an: »In Jahrzehnten des Lebens in der Sprache waren ihm zahllose Anklänge und Mehrdeutigkeiten gegenwärtig; er nützte sie auch zum Protest im sozialen Bereich, gegen den Krieg und leider auch im Bereich der Familie nach manchen Ehrungen seiner Mutter in früheren Jahren, gegen Staat und Religion, im Bereich des Sexuellen und des Fäkalischen.« Oder über Gerhard Roth: »Die kriminalroman-nahen Bücher der Folgejahre – *Der See* (1995), *Der Plan* (1998) – unternehmen, von den bisherigen Büchern weit entfernt, Ausflüge in den Bereich Sex,

Pissoir, Penis.« Offensichtlich liegt der Geschmack von Kurt Adel sowieso woanders: »*Wia a bunta Reg'nbog'n* (1999) von Schwester Maria Ancilla Schaffler umfaßt Bäume, Blumen, Tagesarbeit, Landschaft und Jahrlauf, das Menschenleben, den Herbst als Maler, die Bimmelbahn im Feistritztal. Sie schreibt ein Wiegenlied für den kleinen Peterl, ruft Gott den Keltertreter an, er möge uns Trauben werden lassen. Sie möchte wie ein Kind sein und träumen können. Die Gedichte sind einfach und herzlich, formal unstreng, folgen manchmal bereitwillig dem Vorschlag des Reims. Das ist Dichtung aus dem menschlichen Bedürfnis zu dichten, zugleich Lob Gottes und Geschenk an die Freunde.« Man möchte ausrufen: Träum weiter, altes Österreich! Aber da sind Bayer, Brus und Jandl vor – und das sind längst nicht alle.

[Klaus Zeyringer: *Österreichische Literatur seit 1945. Überblicke Einschnitte Wegmarken.* Haymon-Verlag, Innsbruck 2001, 653 Seiten, ISBN 3-85218-379-0, 36,– €. Volker Kaukoreit / Kristina Pfoser: *Die österreichische Literatur seit 1945. Eine Annäherung in Bildern.* Philipp Reclam jun., Stuttgart 2000, 360 Seiten, ISBN 3-15-010473-4, 44,90 €. Kurt Adel: *Die Literatur Österreichs an der Jahrtausendwende.* Peter Lang Verlag, Frankfurt a. M. 2001, 288 Seiten, ISBN 3-631-37972-2, 45,50 €] fm

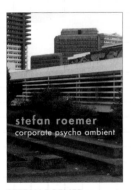

STEFAN ROEMER
Corporate Psycho Ambient

Stefan Roemers Photographien sind eine Art Psychogramm des öffentlichen Raumes und der ihm eingeschriebenen Zeichen von Macht, aber auch von Widerstand. Sprache spielt im Photozyklus *Corporate Psycho Ambient* eine zentrale Rolle: Die Art und Weise, wie sie von wem im öffentlichen Raum verwendet wird – sei es

über Straßenschilder, Werbeplakate oder Graffiti –, sagt sehr viel über die Kämpfe aus, das Territorium zu markieren und als Besitz abzustecken oder gegen die Besitzer umzuschreiben. Stefan Roemer geht es dabei aber auch um häufig auftretende Widersprüche, um die Komplexität, mit der Worte wie auch die Symbolsprache von Styles (Turnschuhe, Che-Guevara-Konterfei) im Alltag auftreten, um dort mal Stereotypen zu erzeugen und mal mit ihnen zu brechen. Das reicht von Maklerbannern »Wir vermieten die Mitte« bis zum Laden mit der Aufschrift »Südfrüchte Paul Horn«, hinter dem das Plakat einer exotisch schönen, mit Bananen behängten Schwarzen rassistische Stereotypen in aller Plattheit fortschreibt, findet aber auch über Brüche statt, etwa dem Photo einer Heckscheibe, auf der sich sowohl ein Aufkleber des schwulen Regenbogensymbols wie des Kölner Stadtwappens befindet. Ein zentrales Thema dieser

Bildserie ist nicht zuletzt die Sexualisierung des öffentlichen Raums durch Werbung und Mode, die in einem offenkundigen Widerspruch zur alle Intimität abwehrenden Architektur steht, von der Roemers Photos ebenfalls Zeugnis ablegen. Doch der Widerspruch ist nur scheinbar: Sexualität findet sich in diesen Bildern als bloß veräußerlichte Sprache des Marketings wieder, als eine Art globalisierte Bildsprache von Lust und Konsum, die deshalb keinen Kontrast zur Architektur bildet, weil auch sie Machtverhältnisse zementiert. Erdrückend platt und ernüchternd deutlich ist dies auf einer Wandaufschrift eines Abbruchhauses in Köln zu lesen: »Zu vermieten 0 m², 580 DM, nur an alleinstehende deutsche Blondine.« Auf ähnliche Weise gelingt es auch Stefan Roemers Photos, den Zynismus den Überlegenheit zu demontieren.

[Stefan Roemer: *Corporate Psycho Ambient.* Brosch., 80 Seiten, farbig, Köln 2001, Schaden Verlag, ca. 17,40 €] mb

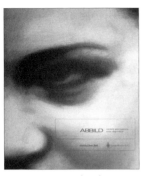

PETER PAKESCH (Hg.)
Abbild. Recent Portraiture And Depiction.

Eine Bestandsaufnahme: Das Portrait in der Gegenwartskunst. Die hier vertretenen, mit guten Reproduktionen abgebildeten Werke werden von zahlreichen disparaten Texten flankiert, darunter Essayistisches, Literarisches und Klassisches (Texte von Georg Simmel, Antonin Artaud und Samuel Beckett). Die Herausgeber wissen, daß es den einheitlichen Ansatz diskursiv so wenig mehr geben kann wie in den künstlerischen Arbeiten selbst. Ein gewisses Mißtrauen gegenüber dem Abbild als

authentischem Dokument hat sich eingestellt – und dies vor allem in jenem Medium, das lange als Garant für Authentizität schlechthin galt, der Photographie. Es wundert daher nicht, daß bereits im ersten Satz der Einleitung das ebenso gefürchtete wie heiß diskutierte Wort »Genetik« auftaucht: Wie kann, zieht es sich durch fast alle Arbeiten des Kataloges, das künstlerische Abbild überhaupt noch auf das Portrait im Sinne eines Einzigartigen, eines physiognomischen Fingerabdrucks setzen, während Wissenschaft und Medien bereits an dessen Abschaffung oder doch zumindest Austauschbarkeit arbeiten?

Neben wenigen älteren Arbeiten (u. a. von Gerhard Richter und Martin Kippenberger) besteht die Auswahl aus fast ausschließlich jüngeren Arbeiten zwischen 1998 und 2001, die größtenteils von einer Krise gekennzeichnet sind. Sei es, daß die Malerei das Abbild als »Blick nach innen« zum Klischee erstarren läßt, sei es, daß die Photographie ihren eigenen Repräsentationscharakter in Frage stellt. Besonders stark, weil zugleich tief verunsichernd, wirken

die Schwarzweißphotos von Hiroshi Sugimoto: Seine Photos von Wachsfiguren (hier: Lady Di, Oscar Wilde und Papst Johannes Paul II.) stellen die Authentizität der Photographie in mehrfacher Hinsicht in Frage, vor allem durch den Effekt, daß seine brillanten Photos, wie Anne Krauter in ihrer Einleitung schreibt, »lebendiger und zugleich überzeitlicher« wirken »als das Wachsvorbild oder ein journalistisches Foto.«

Abbild ist ein heterogener Katalog, der exemplarisch dokumentieren möchte, nicht aber Tendenzen postulieren. Diese Vorsicht führt zu einer breit gefächerten Palette von Beiträgen, die von Maria Lassnig bis Paul McCarthy, von Charles Ray bis Cindy Sherman, von Günther Förg bis Wolfgang Tillmans reicht, letztlich also auch Vorsicht in der Hinsicht, daß auf bekannte Namen gesetzt wurde. Neues gibt es hier entsprechend wenig zu entdecken, der Verdienst dieser Zusammenstellung liegt eher in seinem Versuch, Zwischenbilanz zu ziehen.

[Peter Pakesch (Hg.): *Abbild*. Geb., 260 Seiten mit zahlr. farbigen Abb., Wien New York 2001, Springer Verlag, ISBN 3-211-83722-1, 36,– €]
mb

BLECHEIMER UND LUFTPUMPE
 # 1. Eine Materialsammlung.
(Heft und Kassette)

Kassettenzines sind ja irgendwie die *Werther's Echte*-Tüte unter den subkulturellen Distributionsmedien. Da nicht alles gemacht werden muß, was technisch gemacht werden kann, beschränkt sich vorliegende Fachzeitschrift darauf, aus den Medien Papier und Tonband zu bestehen. Namensmäßig wurde *Blecheimer&Luftpumpe* übrigens von Uwe Jahnke inspiriert, der bei einem S.Y.P.H.-Konzert mit diesen beiden platonischen Haushaltsgegenständen Schlagzeug gespielt bzw. simuliert haben soll – ihr lacht, aber ihr habt ja keine Rockmusik der 70er Jahre miterleben müssen!

Verpflichtet fühlt sich dieses Projekt (wenn auch weder stalinistisch noch ausschließlich) der deutschen New Wave-Musik (oder wie auch immer man/frau/sonstige das jetzt begrifflich problematisieren will) und ist aus der gleichnamigen *Yahoo*-

Newsgroup hervorgegangen. Zwanghaft Interessierten sei nestwärmstens empfohlen, da mal vorbeizuschauen, zumal sie sich von anderen, eher dubiosen Projekten wie der *Ich will Spaß*-Page durch ein hin und wieder ja auch einfach nur sympathisches SpezialistInnentum, KomplettistInnen-Amok sowie eine gesunde Portion Weltfremdheit abhebt. Wer also Gruppen wie Pension Stammheim, Fucking Gute Bürger Band, Säurekeller, Chemische Ameisenscheiße, Nützliche Idioten, Haushaltswaren, Der Kohleklau, André Hitler, Zusatzzahl, Männer in nassen Kleidern, Mutterfunk oder Das Erwin Bräutigam Quintett stillvergnügt im Herzen trägt, kann sich in dieser Teilöffentlichkeit sicherlich extrem selbstverwirklichen.

Blecheimer&Luftpumpe. Eine Materialsammlung ist eine reine Fangeste, versucht sich an einer längst überfälligen Spurensuche und Rekonstruktion dessen, was im Zuge von

Punk, New Wave, Industrial etc. seinerzeit in Deutschland passiert ist, und zwar ganz ohne Ächzen im diskursiven Gebälk. Das Interesse gilt eher den Leuten, die das mal gemacht haben, die irgendwie auszugraben und ihnen auf den Nägeln brennende Fragen vorzulegen, wer was wann wo wie mit wem und gegen wen jetzt genau getan hat und ob es vielleicht noch irgendwo vergessene Restauflagen im Keller hat. Halt der gute alte »Mensch« hinter der jeweiligen Mythos-Miniatur.

Insassen einschlägiger Kanonis wie Frieder Butzmann (dessen charmante Butzmannhaftigkeit v.a. auf der Kassettenbeilage, wo sich die nicht-transkripierten Reste des gewissenhaft geführten Interviews zu Liebesgier, *Zensor*, G.P. Thomann, *Eisengrau*, *Geniale Dilletanten*-Festival etc. finden, mal wieder einfach bezaubert ist) oder Uli Putsch (S.Y.P.H., Bits) erinnern sich im Dienst der »historischen Wahrheit« ebenso wie eine eher obskure SpezialistInnen-Klientel: Harald Falkenhagen (von der eine-selbstproduzierte-und-saurare-Single-in-1000er-Auflage-Gruppe Phonophobia, von denen es mittlerweile auch eine posthume LP gibt); Daniel Wandke (von V.U. [was in diesem Fall ausnahmsweise mal nicht Velvet Underground heißt, sondern Verlorene Unschuld] und der eine-selbstproduzierte-und-saurare-Single-in-1000er-Auflage-Gruppe D.U.R.); die ehemalige Betreiberin des *Heimvorteil*-Tapelabels (außerdem früher bei der eine-selbstproduzierte-und-saurare-Single-in-1000er-Auflage-Gruppe No Aud). Dazu gibt es ein Feature über neugewellte Musik in Bergisch-Gladbach (mit Bands wie Schrank auf den Kopf Stuhl auf die Fresse und Zwangsarbeitergewerkschaft), den Versuch einer umstrittenen *Pure Freude*-Discographie usw.

Ferner wird ein zwar – wie ich mal bescheidwissern möchte – beileibe nicht vollständiger, aber superliebevoller Themen-Discographieteil zubereitet, der erst einmal nur bis »G« geführt wird und später fortgesetzt werden soll. Hier findet man/frau/sonstige nicht nur recht zuverlässige Basisangaben, angereichert um zeitgenössische Rezensionen, die der Natur der Sache folgend meistens von A. Hilsberg und D. Diederichsen stammen, Literaturangaben (auch wieder meistens *Spex*- und *Sounds*-Artikel) und außerdem so ca. alles vom Autoren Zusammengeklaubte über Bands und Mitwir-

kende (wobei die Ergebnisse der Newsgroup fruktifiziert werden konnten): »Bernd Schäumer war auch als OMO bekannt und spielte zuvor bei der *Vorgruppe* aus Wanne-Eickel/Herne. [...] In Spex, Juni 1984 sieht man auf einem Bild einen gewissen OMO, Angestellter bei *Rough Trade*-Deutschland, keine Ahnung ob das Bernd Schäumer ist.« Die Jürgen Dönges-Frage konnte hingegen allerdings nicht mit der wünschenswerten Deutlichkeit geklärt werden. Flankierend enthält die Kassette noch: Butzmann-O-Töne, Auszüge aus dem Rosenheim-Tape-Sampler *Mit dem Ofenrohr ins Gebirge*, Quotenpunk, ein unveröffentlichtes Phonophobia-Stück, Kram, Herausgeber-Geräusche aus eigenem Anbau, ein musikalisches Lebenszeichen von D. Wandke und melancholisch-kratzigen Indiepop eines amerikanischen NDW-Affiniciados. Dieses Große-Ganze kommt übrigens sonderformathalber als Videokassettenbox und in Non-Din-Größe. In näherer Zukunft soll zu aller Füllhornhaftigkeit auch noch eine historisch-kritische Kassettographie zusammengetragen werden, wer was weiß oder hat, meldet sich am besten bei der unten eingeblendeten E-Mail-Adresse...

Interessanterweise erscheint sowas ja nicht von ungefähr beinahe zum gleichen Historisierungszeitpunkt, zu dem Jürgen Teipels Dokumentar-Kladde *Verschwende Deine Jugend* anstatt in Minimalstauflage vor sich hin zu dümpeln, tatsächlich

so eine Art szeneinternes Massenpublikum zu erreichen scheint, Japaner bejaypete *Zick Zack*-Discographien ins Netz stellen und auf *Ebay* die legendären und ultra-obskuren Singles weggehen wie warme

Semmeln aus der Hofpfisterei von König Midas. Das Ziehen von Rückschlüssen aus Auktionsergebnissen auf den mittlerweile erlangten Grad beruflicher Etabliertheit der entsprechenden VerehrerInnengemeinde ist erlaubt, ja erwünscht.

Angemessen finde ich dabei, daß im Schwange dieses längst fälligen pop-archäologischen Aufarbeitungsschubes nicht nur jene Handvoll Bands/Projekte/Platten zur Wiedervorlage kommt, die in den ersten Erinnerungswellen der späten 80er und frühen 90er als interessant und namedropwürdig erachtet worden waren, da sie als avantgardistische Speerspitze auch im internationalen Maßstab für (zum Teil extrem) innovativ und kanonfähig gelten durften. Selbst Teipels Buch vollzieht diese Beschränktheit auf einen relativ eng-gesteckten ErstligistInnen-Radius noch mit, was ihm nicht vorzuhalten ist, aber Spinnkram wie *Blecheimer&Luftpumpe* umso notwendiger macht.

D.H.: Für ca. 0,00000000001 % der Menschheit und die 12 Leute, die bis hierher gelesen haben, von absoluter, nachgerade monolithischer Essentialität.

[Pop Culture Bookshop/Popdom, Vogteistr. 12–14, 50670 Köln, Tel 0173 7273 339, musikkomm@musikkomm.de] fas

WOLFGANG MÜLLER
Die Elfe im Schlafsack.

Der gute alte Wolfgang Müller – einer, den man einfach gerne haben muß, so nett, so herzlich märchenonkelig erzählt er. Doch Vorsicht: Seine Märchen und Fabeln aus Island lesen sich zwar an, als wären sie das ideale Geschenk für Großeltern oder zum Vorlesen für die Kinderlein vorm Schlafengehen geeignet, entpuppen sich aber doch über weite Strecken als waschechte, gerade mal als Märchen getarnte Schwulenpornos für ganz durchtriebene ABP'ler (»Anhänger besonderer Praktiken«). Etwa wenn ausführlich vom gleich-

geschlechtlichen Sex zwischen Elfen- und Menschen-Männchen die Rede ist und der daumengroße Elf mit verhextem, einem ansonsten nur Walen angemessenen, also gigantisch großem Penis nur dadurch befriedigt werden kann, daß ihm der Protagonist eine Wunderkerze im Harnleiter zündet. Nichts für Kinder, fürwahr, so wenig wie für humorlose Menschen, für humorlose Heteros so wenig wie für jene Homos, die darin gleich eine Verunglimpfung ihrer allemal noch immer volkstümlich als »pervers« verschrienen Freuden wittern. Allen jedoch, die ihre Hirnrinde nicht mit einer Wäscheklammer umschlossen

halten, dürfte auffallen, was für ein großartiger Erzähler Wolfgang Müller ist, einer, der es versteht, vermeintlich Unvereinbares spielerisch zusammenzubringen, Niedlichkeit mit Hardcore, Kluges mit Trivialem, Altväterliches mit surreal Versponnenem. Sein Buch gehört zum Erfreulichsten, was uns der derzeitige, (vor allem für Island) unerfreuliche Island-Boom beschert hat – einem Hype, an dem der langjährige, sozusagen altgediente Islandforscher Müller zu partizipieren keineswegs nötig hat.

[Wolfgang Müller: *Die Elfe im Schlafsack.* Brosch., 106 Seiten, Berlin 2002, Verbrecher Verlag, ISBN 3-935843-04-6] mb

NORIYUKI HARAGUCHI
Catalogue Raisonné 1963 – 2001

Es ist schon lange her, daß Haraguchi durch seine Arbeit auf der *Documenta* 6 auch hierzulande ins Gespräch kam. Das war 1977. Sein Werk, eine schwarz gestrichene Stahlwanne, mit Altöl gefüllt, faszinierte durch die glänzende Oberfläche: Poesie, die von einem Abfallprodukt ausstrahlte, eine keineswegs dem Material gemäß schäbig, sondern geheimnisvoll auratisch wirkende Arbeit, die zugleich mit dem Zen-Buddhismus in Zusammenhang gebracht und damit als genuin japanische Antwort auf die Minimal Art betrachtet wurde.

Es ist nicht sonderlich schwergefallen, seither die zeitgenössische Kunst zu beobachten und zugleich am Namen Haraguchi vorbeigekommen zu sein. Zwischen einer Neubewertung der Photographie, den zahlreichen auf Sensation ausgelegten issue-Ausstellungen und der Beschäftigung mit Neuen Medien war für diese äußerst zurückhaltende Kunst wenig Raum. Umso verdienstvoller, daß nun mit dem von Helmut Friedel herausgegebenen *Catalogue raisonné* eine großangelegte Werkschau veröffentlicht wurde, die zwar sicher keinen Trend zu setzen vermag, die aber vielleicht dadurch begünstigt wurde, daß gegenüber der permanenten Aneinanderreihung von Sensationen und Crossovers im Kunst- und Ausstellungswesen eine gewisse Ermüdung eingetreten ist.

Die von Haraguchis Arbeiten ausgehende Ruhe ist nur die eine Seite, sozusagen die Außenseite, der westliche, mit Zen assoziierte Blick auf Japan, der solche Arbeiten auch mit den spiegelnden Lackflächen in

Verbindung bringt, die sich häufig in der traditionellen japanischen Architektur finden lassen. Die andere Seite ist das Temporäre, ebenfalls ein wichtiges Element japanischer Kultur, wie Helmut Friedel in seinem monographischen Essay ausführt: Wo Haraguchi Altöl, Stahl und Polyurethan einsetzt, werden zwar stets Erinnerungen an die US-amerikanische und europäische Minimal Art und stellenweise an Arte Povera wach, doch auch hier gibt es einen klaren Bezug zum temporären Kunstverständnis Japans, »demzufolge auch Tempelanlagen und Schreine (...) in regelmäßigem Turnus von jeder Generation neu aufgebaut werden«, so Helmut Friedel. Wer da – vor allem bei Haraguchis Ölwannen – an John Cage denkt, liegt sicher nicht ganz falsch, denn möglicherweise lassen sich diese Arbeiten, die nur vorspiegeln, ›stille‹ Skulpturen zu sein, am ehesten musikalisch – und

zwar im Cageschen Sinne – fassen. Der *Catalogue Raisonné* gibt Einblick in ein konsequentes, logisch entwickeltes, aber doch auch vielfältiges Schaffen, das in den Sechzigern unter anderem mit präzisen Holznachbauten von Flugzeugteilen beginnt und in den Achtzigern mit rechteckigen Polyurethan- und Stahlplatten seinen Höhepunkt in Sachen schlichter Materialreduktion erhielt. Der nicht gerade populäre Katalog in Zeiten populistischer Kunstbetrachtung könnte eine Kunstströmung in Erinnerung rufen, deren Qualität darin bestand, die Sinne zu schärfen und also Fragen der Wahrnehmung aufzuwerfen anstatt den Eindruck zu vermitteln, die Antworten gleich schon mitgeliefert zu haben.

[Helmut Friedel (Hg.): *Noriyuki Haraguchi. Catalogue Raisonné 1963 – 2001.* Geb., 208 Seiten, mit zahlr. Abb., Hatje Cantz Verlag, ISBN 3-7757-1055-8, 50,11 €] mb

GERTRUDE STEIN
The First Reader. Die Welt ist rund.

Eine Neuerscheinung und eine Wiederveröffentlichung von der wohl eigenwilligsten Schriftstellerin des 20. Jahrhunderts, der wittgensteinschen Kronprinzessin des scharf und klar gesetzten Wortes, die vermehrt zu lesen wohl noch immer ein angebrachter Appell ist angesichts der Tatsache, daß mit ihrem Namen fast

immer nur das Verslein »a rose is a rose is a rose« verbunden wird. Gertrude Stein, die Meisterin eines großen Gesellschaftsromans und außerordentlicher Frauenportraits von meist ›einfachen‹ Lebensläufen hat zugleich sehr viel Kurzprosa verfaßt, darunter *Die Welt ist rund*, nun beim *Ritter*-Verlag in Neuauflage erschienen, mit Illustrationen von Franz Erhard Walther versehen. Erzählt

wird die Geschichte von dem Mädchen Rose, ihrem Hund Love und ihrem Cousin Willie. Auch in dieser Erzählung rund um runde Dinge wie Teiche, Sterne, Erdkugeln und Bäume, kommt die berühmte Zeile von der Dichterin vor, als Rose ihren Namen in eine Baumrinde ritzt und schließlich, nachdem sie feststellt, daß der Baum rund ist, den Satz ins Unendliche hin schließt: »Rose ist eine

Rose ist eine ...«. Die Klarheit der Sprache wirkt auch noch nach einem halben Jahrhundert bahnbrechend. Der avantgardistische Aspekt und die damit verbundene Schwierigkeit, Gertrude Steins Prosa schnell am Stück weg zu lesen, liegt gerade in einer Übervereinfachung, in der Aneinanderreihung von knappen Aussagesätzen. Einer der schönsten in vorliegendem Buch: »Und die ganze Zeit war die Welt einfach rund.«

The First Reader, eine Art Sprachfibel für Kinder, nun mit schönen Illustrationen von Günter Brus zweisprachig erschienen, macht deutlich, daß Gertrude Stein in all ihren Texten dazu neigte, eine Sprache für Kinder oder auch eine Sprache aus der Sicht von Kindern zu verwenden. Die subversive Kraft ihrer Texte besteht darin, die gegebene Welt nicht über eine eingebaute Reflexionsebene in Frage zu stellen, sondern aus dem Wesen der Sprache selbst heraus. Das Schreiben in »Kinder«sprache ist damit weit von Attributen wie »unschuldig« und »naiv« entfernt, sondern stellt vielmehr die Gegebenheit unseres Denkens als Gemachtes fundamental in Frage, indem es sich Satz für Satz an klare Aussagen hält, deren tiefe Melancholie wiederum eine Wirkung ist, die wohl alleine Er-

wachsene verspüren mögen. Kindern dagegen mag dies so sonnig erscheinen wie die Buntstiftzeichnungen von Brus, aber Kinder dürften auch schon den Stachel bemerken, der den ›Es ist wie es ist‹-Sätzen innewohnt. Weil sich aber Gertrude Stein, die stets dazu neigte, die Kompliziertheit des Lebens aus einfachen Sätzen heraus zu entwickeln, stilistisch für ihr Kinderbuch kein bißchen verbogen hat, ist dieses Meisterwerk auch Erwachsenen ans Herz zu legen.

[Gertrude Stein: *Die Welt ist rund.* Brosch., 90 Seiten, Klagenfurt 2001, Ritter Verlag, ISBN 3-85415-117-9; Gertrude Stein: *The First Reader.* Geb., 126 Seiten, Klagenfurt 2001, Ritter Verlag, ISBN 3-85415-295-7] mb

GUNTRAM VOGT
Die Stadt im Kino

Ein wenig drollig erscheint es schon, auf das Cover eines wissenschaftlichen Werkes, rechts unten und – als einziges Bild in Farbe – ein Szenenfoto aus *Lola rennt* zu plazieren. Das erste, was dem Leser da in den Sinn kommt ist etwa ein Satz wie: »Produktplacement als Verzweiflungstat«. Denn daß an prominenter Stelle nun ausgerechnet Lola und ihr knallroter Haarschopf prangt, wird am Verkaufserfolg des Bandes kaum etwas ändern können: er wird ausbleiben. Zu seriös ist das, was Guntram Vogt und Philipp Sanke hier in mühevoller, über zehnjähriger Kleinarbeit zusammengetragen haben – dies läßt zumindest die ein wenig langweilige Aufmachung im Inneren erahnen, die den auf Lola fixierten Leser gleich beim zweiten Blick wieder abstoßen dürfte.

Auch wenn *Lola rennt* in *Die Stadt im Film* tatsächlich vorkommt, so geht es hier eigentlich um eine Entwicklung der Projektionen des Urbanen im Kunstprodukt Film, eine Geschichte, die in Einzelstationen an ausgewählten Beispielen erzählt und durch einen großen einleitenden Essay zusammengehalten wird. Insgesamt 102 Studien sind nach dem immer gleichen Schema aufgebaut und verleihen dem Buch lexikalischen Charakter. Das Problem zeigt sich jedoch im Konzeptuellen. Aufgrund der begrenzten Auswahl entpuppt sich der Band einerseits als unvoll-

ständiger Sammelband. Anderseits aber läßt der reduzierte Umfang des Aufsatzteils – 50 der insgesamt 800 Buchseiten – wichtige Aspekte nur schlaglichtartig aufblitzen. In zwei Bände aufgeteilt, mit (nach zehn Jahren sollte auch dies kein Problem mehr sein) ein bißchen mehr Zeit für's Details und einer Anzahl von weiteren Autoren (es muß ja nicht jedes DFG-Projekt, so wie hier, im egozentrischen Alleingang gemacht werden) wäre aus dem Band ein wirklich wichtiges Nachschlagewerk geworden. Auf diese Weise blieb es lediglich ein dickes Buch.

Doch immerhin, es bleibt der Trost, daß die Informationen, die hier versammelt und aufbereitet wurden, als Anregung für die weitere Beschäftigung mit der Stadt im Film dienen könnte: der Filmstadt und architektonischen Kulisse, dem proportional veränderten Nachbau von realen Situationen, dem Unterschied von Außen- und Studioaufnahmen generell. Leider fehlt auch ein Blick von außen, der das Spektrum enorm erweitert hätte. Nicht nur die Stadt im deutschen Film, sondern auch die deutsche Stadt im internationalen Film wäre ein wichtiger Aspekt gewesen, den Vogt hätte mitberücksichtigen sollen: dann hätte er etwa die deutschen Filme, die in den Kulissen des Trümmer-Berlin spielen (Staudtes *Die Mörder sind unter uns* als neoexpressionistisches Kulissenspektakel mit grellen Licht-Schatten-Effekten) mit solchen anderer Regisseure vergleichen können (etwa Rosselinis

Germania Anno Zero, mit dem quasidokumentarischen Anti-Pathos der »echten« Trümmerstadt und ihren versprengten Seelen ausgestattet, das den Zuschauer erschauern läßt). Der filmimmanente Blick, der den Vergleich scheut, birgt die Gefahr eines lediglich deskriptiven Vorgehens, bei dem gar die Analyse von Funktion und Bedeutung der Stadt im jeweiligen Werk vollständig fehlt. Leider passiert Vogt genau dieses nicht selten. So erzählt er – etwa bei der Phil Jutzis Verfilmung von Döblins *Berlin Alexanderplatz* (1931) – die Handlung gleich doppelt: einmal mit dem Personal in der Hauptrolle, ein zweites Mal mit der Kulisse. In einem dritten Schritt beide Aspekte zusammenzubringen, mit Ähnlichkeiten und Unterschieden anderer Beispiele aus dem In- und Ausland zu konfrontieren und damit die Einzelstudie vor diesem Hintergrund zu konturieren – diesen entscheidenden Schritt erspart sich der Autor. Und er dürfte damit die eigentlich lohnende Arbeit einigen weiteren Forschern überlassen haben, die sicher bereits in den Startlöchern steht, ist doch *Film und Architektur* im weitesten wie im engeren Sinn lange schon (spätestens seit der gemeinsamen Ausstellungen von Film- und Architekturmuseum in Frankfurt am Main) ein Modethema. Nur die Leser, die auf ernsthafte Resultate warten, müssen sich noch ein wenig gedulden.

[Guntram Vogt: *Die Stadt im Kino.* Geb., 820 Seiten, Marburg 2001, Schüren-Verlag, ISBN 3-89472-331-9, 68,– DM] cw

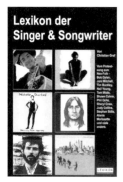

CHRISTIAN GRAF
Lexikon der Singer & Songwriter

Hauptaufgabe des Kritikers ist es, zu meckern. Lexika bieten sich diesbezüglich geradezu an. Immer fehlt etwas, meist sogar, denkt der Kritiker, das Entscheidende. Die Lexikon-Reihe des *Imprint*-Verlages gibt im speziel-len sehr viel Anlaß zum Meckern, denn abgesehen von einer dort permanent gepflegten Jugendsprache (der zugleich anzumerken ist, daß sie aus dem besteht, was fünfzigjährige Rock 'n' Roller für Jugendsprache halten), zeichnet sich die Reihe durch editorische Schnellschüsse aus, an denen die Fehler wie Windpocken kleben. Vielleicht liegt es daran, daß die Szene der Singer/Songwriter vergleichsweise überschaubar und außerdem relativ leicht an Material heranzukommen ist – wie auch immer: Nachdem Christian Graf in diesem Verlag ein ärgerliches *Punk Lexikon* veröffentlicht hatte, gibt er mit dem *Lexikon der Singer & Songwriter* einen Nachschlag, über den ich kaum meckern kann. Es ist zwar durchaus diskutabel, ob die Genre-Zuweisung Singer & Songwriter nicht an sich obsolet ist, wenn man aller-dings an ihr festhalten möchte, dann kann eigentlich nur eine Auswahl herauskommen, wie sie bei Graf alles in allem gelungen zusammengestellt wurde. Das reicht von Woody Guthrie bis Jackson Browne und Joan Baez und läßt zugleich viel Raum für die jüngere Alternative Folk & Country-Szene von Ryan Adams bis Victoria Williams. Seltsam und damit zu vieles ausblendend ist allerdings die Entscheidung, fast nur Solisten aufzunehmen, also auf jene Vertreter des Genres zu verzichten, die unter Bandnamen auftreten. Damit fehlt die gesamte Palette von Giant Sand bis Palace Brothers. Hier hat die Tücke des nicht mehr zeitgemäßen Lexikon-Titels dann doch für eine etwas schiefe Auswahl gesorgt.

[Christian Graf: *Lexikon der Singer & Songwriter*, Lexikon Imprint Verlag, Berlin 2001, Schwarzkopf & Schwarzkopf, ISBN 3-89602-239-3] mb

Kraut & Rüben

Auf Franzobel war Österreich 1995 mächtig stolz, weil mit ihm seit langem wieder einmal ein Österreicher den Bachmann-Preis errang. *Die Krautflut* hieß der Text – und Kraut & Rüben ist heute noch sein Schreibkonzept: Als Enkel der Wiener Gruppe packt der literarische Shooting Star seine Österreich-Kritik in triviale Alltagsszenen voller Sprachverbuxelungen, Kalauer, Alliterationen, Bernhardschen Wiederholungsschleifen, Versatzstücken aus der Warenwelt. *Oide Hoda'n* (=alte Lumpen) ist die Aufnahme einer Lesung aus dem Literaturhaus Wien vom Juni 2001, von Bertl Mütter auf der Posaune begleitet. Gleich vorweg: Im Vergleich zu seinem Roman *Scala Santa oder Josefine Wurznbachers Höhepunkt* (Zsolnay, Wien 2000) sind diese kurzen Texte ein fader Abklatsch seiner sonst so überschwenglich-grotesken Wortraserei. Sie sind bemüht witzig: Die Welt von Familie Kreil besteht aus Ikea-Möbeln, in denen sich die Schwedin Frau Kreil räkelt und Schwedenbitter trinkend auf ihren Mann wartet, der am liebsten im Internet mit Hilfe von Pornobildern Englisch lernt. Die Schöpfungsgeschichte steckt voller Verwechs-lungen, statt Adam und Eva sind Dick und Doof die ersten Menschen, ihre Kinder heißen Max und Moritz, und Noah wird mit Lehrer Lämpel verwechselt – Kurzschlüsse im Gehirn. Ein ziemlicher Satzsalat, artifizielle Demenz, oft auch nichtssagender, belangloser Schmäh. Wenn einem zum Thema Nazi nur eine lauwarme Tierbeschreibung aus dem Biologiebuch einfällt, die Bewegungen der Nazis seien langsam und gemessen, ihre Nahrung Termiten, Käferlarven und Schmalzbrote, die sie mit ihrer langen klebrigen Zunge zu sich ziehen und sie seien in Europa, Amerika und Kärnten heimisch, dann ist das schon ein bißchen arg dürftig. Oder haben Österreicher einen gänzlich anderen Humor?

Verglichen mit *Oide Hoda'n* sind die *asphaltpoeten* aus dem Berliner Osten ein Genuß. Nicht durchweg, aber größtenteils: die Schreibe von Spider, Robert Naumann oder Michael Stein, um nur ein paar zu nennen, kann sich lesen oder vielmehr hören lassen. Es ist Lesebühnenliteratur aus den Kellern und Clubs im Ostteil der Stadt; die regelmäßigen Leseshows heißen Reformbühne Heim & Welt, Surfpoeten, Radio Hochsee, Chaussee der Enthusiasten oder Lokalrunde, und jedermann kann hier seine Geschichte vortragen, aber nie dieselbe zweimal.

Anders als die Slam-Poeten berufen sich die Autoren nicht auf die Beat-Generation und deren literarischen Anspruch aufs Experiment. Als echte Autodidakten kultivieren sie das Provisorium; vorgelesen wird aus Kladdeheften und Zetteln – Gedrucktes gibt's noch nicht –, geschrieben wird für den Vortrag und das Publikum, nicht für Verlage und Rezensenten. Die Geschichten sind folglich nicht zu lang, gehen überwiegend vom Ich-Erzähler und seinen Alltagserlebnissen aus, pflegen den unerwarteten Bruch, die Übertreibung, die Pointe. Es macht Spaß zuzuhören. Auf der Live-CD *asphaltpoeten* sind Auswahltexte dieser Lesebühnen versammelt, ihre Autoren werden im beiliegenden Booklet vorgestellt und interviewt. Was dabei auffällt, ist, daß diese Leute, die sonst ziemlich voraussetzungslos arbeiten, einfach dahinschreiben, was ihnen gefällt, daß diese Leute auf den klassischen Kanon als Vorbilder und Lieblingsautoren zurückgreifen, auf Heinrich von Kleist, Robert Walser, Thomas Mann und Goethe: »Goethe und Helge Schneider, zwei sehr wichtige Vorbilder ...«

Welche Frau könnte schon widerstehen, wenn ihr Bruce Willis, Warren Beatty, Robert de Niro Steve McQueen, Nicolas Cage oder Clint Eastwood die heißesten Liebesgedichte ins Ohr flüstern, welcher Mann winkt ab bei Sharon Stone, Kim Basinger, Sandra Bullock oder Demi Moore? Das Konzept ist genial, die Durchführung auch: Die deutschen Synchronsprecher der größten Stars (die meisten aus Hollywood, ein paar aus Frankreich) sprechen die schönsten Liebesgedichte, und zwar streng getrennt: *Für dich 1* die Männer, *Für dich 2* die Frauen. Die Gedichte sind bewährtes Material von Goethe bis Brecht, alles Knüller und keineswegs verstaubt, die Musik dazu kaum Musik, von weitem ein paar verwehte Klänge, Alltagsgeräusche, Vögel, Bahnhofshalle, Herzklopfen, Wasserrauschen, das Kratzen einer Feder, herrlich einfach. Unerträglich wären hier Geigengefidel und Klaviersonaten. Die Stimmen hypererotisch und hautnah.

Und weil's so schön war, hat der Verlag gleich nochmal draufgelegt: *Liebesgrüße aus Hollywood 1* (wieder die Männer) und *Liebesgrüße aus Hollywood 2* (die Frauen). Untertitel: *Die deutschen Stimmen der Hollywoodstars sprechen Liebesgedichte zu Popmusik.* Zu Popmusik? Hölle!! Wer hat denn diese Schnapsidee gehabt? Will man die Discotussen unbedingt zu Goethe und Heine bekehren? Man muß kein Purist sein, um zu merken, daß diese beiden Programme einfach nicht kompatibel sind. Solange die Musik schwebend bleibt, ist's gerade noch erträglich, sobald der Rhythmus

und die austauschbare Melodie eines aus der Konserve gemischten Pop dazukommt, hechtet man zum CD-Player und drückt die Stoptaste. Gäbe es doch einen Knopf, um die Musik auszufiltern! Wer glaubt, so ließe sich im Schnellschuß an die genialen, weil feinst abgestimmten Jazz & Lyrik-Erfolge der 60er und 70er anschließen, hat diese wohl nie richtig gehört. Abgesehen davon habe ich den starken Verdacht, daß Leute, die auf Euterpop abfahren, der Crème deutscher Dichtung die fettarme Milch aus dem Supermarkt vorziehen. Ihnen wäre brockenweise verständliches Geraune in Englisch sicher lieber als Sätze wie: »Hold wie du scheinst, sollst du auch handeln«. Bitte nicht wieder so!

Noch ein Experiment: *Die Männer sind alle Verbrecher.* Diesmal durch Wegnahme von Musik: *1a-Schlager – voll Zorn & mit Liebe gesprochen* von deutschen Theaterschauspielern. Wenn Rolf Boysen allen Ernstes *Ausgerechnet Bananen* spricht, Sunnyi Melles *Die Männer sind alle Verbrecher*, Mario Adorf *Hammse nich 'ne Braut für mich*, Rosemarie Fendel *Leb wohl, mein kleiner Gardeoffizier* und Rudolf Wessely *Ein Freund, ein guter Freund*, dann merkt man, daß das Schlagerniveau von damals beträchtlich höher lag als heute, irgendwo in der Nähe zu Ringelnatz und Kästner, humorvoll und sentimental, melancholisch und durchaus tiefsinnig, absurd und verrückt. Nicht in jedem Fall

findet sich eine solche Dimension, da helfen dann auch die vorzüglichen Interpretatoren nicht – *Am Sonntag will mein Süßer mit mir segeln gehen* bleibt flach. Michael Skasa hat diese CD zusammengestellt und vielleicht wollte er ja Qualitäten mischen und Unterschiede deutlich machen. Auf jeden Fall wird wieder einmal deutlich hörbar, welche Lücke das Verschwinden der jüdischen Komponisten und Texter gerissen hat, auch in der Trivialkultur. Der »klassische« Schlager ist heute sowieso am Aussterben, seine Reste für derlei Experimente kaum mehr geeignet …

[Franzobel & Mütter: *Oide Hoda'n.* Edition Aramo, Wien 2001, Vertrieb: Edition Echo Mundi, CD, ISBN 3-934429-84-X, 19,50 €.
asphaltpoeten – eine live-cd. Ausgewählt von Ulf Geyersbach, Kein & Aber Records, Zürich 2001, Vertrieb: Eichborn, ISBN 3-0369-1113-8, 15,50 €.
Für Dich. Die deutschen Stimmen von Bruce Willis, Robert de Niro … sprechen die schönsten Liebesgedichte; floof publishing, Stuttgart 1999, Vertrieb: Eichborn, ISBN 3-8218-5121-X, 9,95 €.
Für Dich 2. Die deutschen Stimmen von Sharon Stone, Julia Roberts … sprechen die schönsten Liebesgedichte; floof publishing, Stuttgart 2000, Vertrieb: Eichborn, ISBN 3-8218-5135-X, 9,95 €.
Liebesgrüße aus Hollywood 1. Die deutschen Stimmen der Hollywoodstars sprechen Liebesgedichte zu Popmusik. floof publishing, Stuttgart 2001, Vertrieb: Eichborn, ISBN 3-8218-5185-6, 15,80 €.
Liebesgrüße aus Hollywood 2. floof publishing, Stuttgart 2001, Vertrieb: Eichborn, ISBN 3-8218-5186-4, 15,80 €.
die männer sind alle verbrecher – 1a-schlager, voll zorn & mit liebe gesprochen. Hörkunst bei Antje Kunstmann Verlag, München 2001, CD, ISBN 3-88897-288-4, 16,90 €] fm

MAX HORKHEIMER / ERICH FROMM / HERBERT MARCUSE u.a.
Studien über Autorität und Familie.

Dieses schwergewichtige Werk, der erste Forschungsbericht des Frankfurter Instituts für Sozialforschung, wurde 1935 im New Yorker Exil abgeschlossen; abgesehen von einem Raubdruck in den Sechzigern gab es bislang keine Neuauflage der 1936 in Paris erschienenen Erstausgabe. Der vorliegende Reprint schließt nun endlich eine Lücke, zeigt die eher praxisbezogene Arbeit des Instituts, die doch zugleich das Fundament der kritischen Theorie bildete. Der elementare erste Teil wird eingeleitet von einer allgemeinen Studie Max Horkheimers über die Wechsel-

beziehung von gesellschaftlicher und familiärer Autorität und der Krise, der die Familie im Spätkapitalismus ausgesetzt ist. Erich Fromms sozialpsychologischer Teil untersucht die Familie unter vorwiegend psychoanalytischen Gesichtspunkten, während Herbert Marcuse in seinem ideengeschichtlichen Teil der Stellung der Familie von Luther über Kant, Hegel, der Gegenrevolution bis hin zu Marx und andererseits der Lehre vom totalen Staat hin nachgeht. Von zum Teil heute eher historischem Interesse sind der zweite und dritte Teil, zum einen die statistischen Erhebungen, die schicht- und länderspezifisch das Verhältnis zu Familie und Sexualmoral auswerten, während der dritte Teil aus zahlreichen

kleineren Literaturberichten besteht, darunter ein sehr interessanter Text von Hans Mayer über »Autorität und Familie in der Theorie des Anarchismus«.

Es sind nicht die großen, endgültigen Aussagen, die dieses knapp tausendseitige Kompendium so wertvoll machen, sondern oft einzelne Stellen, kleine, auf den ersten Blick eher kurios oder randständig wirkende Abschweifungen, die sich als eine Art sittengeschichtliche Fundgrube entpuppen, etwa die Ausführungen über Homosexualität in der Wandervogel-Bewegung (… ich höre Thomas Meinecke hier schon den Bleistift spitzen).

Über weite Strecken klassisch und im Sinne eines Klassikers bis heute gültig sind Horkheimers einleitende Ausführungen, etwa über die familiär abgesteckten Geschlechterrollen und die gespaltene Rolle des Mannes, der außerhalb der Familie einer ganz speziellen gesellschaftlichen Funktion unterworfen ist, innerhalb der Familie dagegen als ›ganzer Herr‹ im Kleinkosmos der Macht regiert. Ganz anders dagegen Erich Fromms gehorsam freudianischer Aufsatz, der den ganzen Muff heterosexueller Ethik des ausgehenden 19. Jahrhunderts noch mittransportiert und seinem Duktus nach genau jenen Jargon des Schematismus beinhaltet, der Foucault und Deleuze so übel aufgestoßen sein dürfte.

Diese kleinen Makel dürfen allerdings nicht darüber hinwegtäuschen, daß die *Studien über Autorität und Familie* aus heutiger Sicht über weite Strecken ungemein zeitgemäß wirken: Sie gerade zeigen sich als Scharnierstück zwischen kritischer Theorie und späteren, gemeinhin poststruktu-

ralistisch genannten Ansätzen wie etwa Foucaults Machtanalyse und dem antiautoritären Ansatz von Deleuze. Das alte, von Personen wie Habermas selbst geschürte Mißverständnis, daß zwischen kritischer Theorie und ›den Franzosen‹ keinerlei Gemeinsamkeit bestünde, wird durch diese Wiederveröffentlichung abermals um ein entscheidendes Stück entkräftet. An vielen Stellen findet sich hier bereits ein Bild von Autorität gezeichnet, das ganz im Sinne Foucaults nicht von einem Machtzentrum ausgeht, sondern deren polymorphe Gestalt hervorhebt. Die Grundthese, daß Familie machtstabilisierend ist und also keinen ernstzunehmenden Gegenpol zur staatlichen Autorität darstellt, mag noch so banal und zum Gemeinplatz geworden sein – an sie zu erinnern bleibt notwendig, so lange Ehe noch immer zur normativen Vorstellung von erfüllter Gemeinschaft gehört. »Die Wege, die zur Macht führen, sind in der bürgerlichen Welt nicht durch Verwirklichung morali-

scher Werturteile, sondern durch geschickte Anpassung an die Verhältnisse vorgezeichnet. Dies erfährt der Sohn recht eindrucksvoll aus den Zuständen in seiner Familie«, schreibt Max Horkheimer in seiner allgemeinen Einführung.

Eines jedoch unterscheidet das Institut für Sozialforschung von heute vergleichbaren Kompendien: Obwohl die Rolle der Frauenbewegung bedacht wird, sind nicht nur fast alle Texte aus männlichem Blick geschrieben, sondern zu alldem – von Männern; eine Tatsache, die inzwischen undenkbar wäre. Solche Schönheitsfehler zeigen, daß sich in der Forschung inhaltlich wie strukturell wenigstens etwas getan hat, weniger dagegen im gesellschaftlichen Verhältnis zu Autorität und Familie, das da diagnostiziert wurde.

[Max Horkheimer, Erich Fromm, Herbert Marcuse u. a.: *Studien über Autorität und Familie.* Hardcore. 950 Seiten, Zu Klampen, Lüneburg 2001, ISBN 3-924245-08-8, 64,– €] mb

LIANE V. BILLERBECK / FRANK NORDHAUSEN
Satanskinder. Der Mordfall von Sondershausen und die rechte Szene.

1993 hatten drei Jugendliche in der thüringschen Kleinstadt Sondershausen einen Mitschüler ermordet. Der Fall rund um die Black-Metal-Band Absurd wurde von der Boulevardpresse als Ritualmord aus der Satanistenszene aufgebauscht und ausgeschlachtet. Einer der Täter von damals lebt inzwischen unter Neonazis in den USA. Die Neuauflage des erstmals 1994 erschienenen Buches dreht sich also um das äußerst obskure Gemisch aus Black Metal, Satanismus und Neonazismus, eine Spur, die unter anderem auch zur schwedischen Band Burzum führt (vgl. Dietmar Daths Artikel in *testcard* # 9), deren Sänger ebenfalls wegen Mordes im Gefängnis sitzt. Das Geflecht aus Metal, Satanismus, Weltverschwörungen und Nazi-Ideologie ist dermaßen randständig und (um den treffenden Bandnamen anzuführen) absurd, daß es sich eigentlich bestens als Stoff für Romane

eignen würde (ein Sujet, dem sich Dennis Cooper ja auch in seinem jüngsten Roman *Period* angenommen hat), als blutige Spur in der Realität zum Glück dann aber doch eher selten vorkommt. Die äußerst detaillierte Recherche der knietief in der bürgerlichen Presse verankerten Autoren Liane v. Billerbeck (*SZ*, *Zeit*, *Stern*, *Woche*) und Frank Nordhausen (*ARD*, *Spiegel*, *Stern*, *Zeit*, *Woche*) geht dem Fall mit entsprechender Geringschätzung gegenüber den Boulevardkollegen nach, verstrickt sich aber am Ende selbst in einem platten Sensationalismus. Der liegt vor allem in einer trivialen, moralinsauren Ursache-Wirkungs-Logik, die suggeriert, daß Horrorfilme wie *Evil Dead* und *The Texas Chainsaw Massacre* und Musikrichtungen wie Death- und Black Metal gewalttätiges Verhalten fördern. Nur Millimeter vom Aufruf zur Zensur entfernt, fällt *Satanskinder* nicht mehr ein, als ein paar extreme Spielarten von Film und Musik ernsthaft zum Nährboden für realen Mord und geistiges Verwirrtsein zu erklären. Hier spricht noch derselbe quietistische Geist gegen die

»bösen« Spielarten der Kunst, der die Beatles der Anstiftung zu Mord bezichtigt, weil Charles Manson erklärte, er habe sich von *Helter Skelter* inspirieren lassen. Und wenn schließlich zwei der Täter kommentierend mit der Bildunterschrift »Kinder des Satans« gezeigt werden, »Carcass, der Schriftzug auf den T-Shirts, ist der Name einer Black-Metal-Band, die zu ihren Idolen zählte«, ist die Grenze des guten Geschmacks endlich überschritten. Da muß man einfach erbsenzählerisch entgegenhalten, daß Carcass nie eine Black-Metal-Band waren, sondern anfangs Grindcore, später Death Metal, außerdem sanftmütige Vegetarier aus der britischen Hausbesetzer-Szene. Wie, solche Kritik ist jetzt kleinkariert? Mag sein. Aber alles, was *Satanskinder* in mir ausgelöst hat, war, mal wieder *Texas Chainsaw Massacre* anzusehen und Morbid Angel aufzulegen. Sorry, folks – so nicht!

[Liane v. Billerbeck / Frank Nordhausen: *Satanskinder. Der Mordfall von Sondershausen und die rechte Szene.* Brosch., 328 Seiten, Ch. Links Verlag, ISBN 3-86153-232-8] mb

TERRY RAWLINGS
MOD. A Very British Phenomenon

Die wohl einflußreichste Jugendkultur dokumentiert dieser Reader im Großformat vom Popkultur-Experten Omnibus Press.

MOD. Die Entwicklung eines ganz speziellen Stils, Outfits, Sounds und schließlich Clubkultur wird von Terry Rawlings hervorragend dokumentiert und mit diversen Interviews unterlegt. Einige Hundert Fotos – Konzerte, Flyer, Modefotos und Magazincover – illustrieren das Mod-Phänomen vom seinem Beginn in den 50ern bis zu seinem Höhepunkt in den mid-60s. Erstmals werden bei Rawlings auch die diversen Revivals der 80er beschrieben, ein Aspekt, der im Zusammenhang mit Mod gewöhnlich nicht dokumentiert ist. Den Small Faces, The Who und Paul Weller sind längere Abschnitte gewidmet. Das »... only surviving British youth movement that can be looked back on ›without embarassment‹ « wird gut leserlich in all seinen Aspekten wie Northern Soul, Pillen, Scootern, den Beach Riots, Mode und vor allem smarten Stil dargestellt. Schließlich hinterließen die Mods und das, was sie verkörperten ihre Spuren u. a. beim James Taylor Quartet, Style Council, den Charlatans sowie unzähligen Punk- und New Wave Bands bis hin zur Gründung von Creation Records. So muß ein Buch über Jugendkultur aussehen.

[Terry Rawlings: MOD. A Very British Phenomenon. Omnibus Press, London, 2000, 209 Seiten, ISBN 0-7119-6813-6, € 34] ae

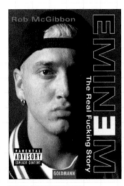

ROB MCGIBBON
Eminem – The Real Fucking Story

Bevor wir hier ernsthaft anfangen, die Biographie über Eminem zu zerpflücken, müssen wir erst mal eine Begriffsbestimmung vornehmen. Worum geht es hier? – Es geht um American White Trash. Zerrüttete Familienverhältnisse, Mutter alleinerziehend und sicher nicht die hellste – zumindest ist bekannt, daß sie ihrerseits schon eine entsprechende Erziehung genossen hatte, was nicht immer alles entschuldigen soll – hatte Eminem das Pech, als armer, weißer Junge im schwarzen Ghetto aufzuwachsen. Was liegt da näher, als auch ›schwarz‹ werden zu wollen, um wenigstens die nächste Stufe der gesellschaftlichen Hierarchie zu erreichen, nicht mehr ausgegrenzt, sondern akzeptiert zu werden. Also war die Idee, Rapper zu werden – der renommierteste und vor allem einträglichste Beruf des schwarzen Mannes Ende des 20sten Jahrhunderts in the US – gar keine so schlechte. Üben, üben, üben war die Devise, weil: echtes Talent war nicht vorhanden. Außerdem mußte er das ganze Defizit eines zurückgebliebenen Schülers nachholen, überhaupt erst mal etwas wollen, viel lesen und anfangen, selber zu schreiben und zu dichten. Das hat er geschafft, Hut ab. Zu mehr reicht mein Respekt aber erst einmal nicht. Die Platten von Eminem sind okay bis hölzern und sie sind eindeutig weiß. Schon die Kritik zu seinem nicht mehr erhältlichen Debüt *Infinte*, war einhellig: Schlecht abgeguckt, Junge – Note 6!

Eminems einziges Potential ist seine Wut – und die ist enorm. Der Junge ist wirklich saumäßig wütend, immer eine gute Voraussetzung, um endlich mal zu sagen, was man/frau denkt und dafür zu sorgen, daß man/frau auch gehört wird. Wut ist im Zweifel das einzige Gefühl, das ihm geblieben ist nach all dem FuckUp: »... My daughter's down to her last diaper, that's got my ass hyper ...« Das klingt ja noch ganz niedlich und bodenständig, aber bald wissen wir, wovon Eminem, genau wie alle anderen, träumt: »I'm tired of not having a phone, I'm tired of not driving a BM, I'm tired of not working at GM, I'm tired of wanting be him, I'm tired of not sleeping without Tylenol PM, I'm tired of not performimg in a packed coliseum, I'm tired of not being on tour, and I'm tired of fucking the same blonde whore after work ...« Tja, wer will nicht volle Häuser rocken und Groupies ficken, zeigt mir die oder den, schon ok. Zu dem eher romantischen Stück '97 *Bonnie and Clyde*, in dem Eminem seine Frau Kim erschlägt und dann im See versenkt (bei Nick Cave haben das alle höchst romantisch gefunden), äußert er sich selber wie folgt: »... wenn ich wütend ... bin, setze ich mich hin und schreibe die frauenfeindlichsten kranken Reime der Welt. Es ist nicht das was ich allgemein empfinde, sondern das, was ich genau in dem Moment fühle. Es ist besser, so etwas auf einer Platte auszusprechen als es im wirklichen Leben zu tun ...« Wohl gesprochen, mein Kleiner, kotz dich ruhig aus.

Du bist zwar kein Revolutionär, aber sauer genug, um auf die Etikette zu scheißen und wenn wir uns verdammt nochmal einig darüber sind, daß die Verkorkstheit deiner Mutter und der Mutter deiner Mutter und der Mutter deiner Tochter eine Jahrtausende alte patriarchale ist, dein Vater nicht nur deswegen abgehauen ist, weil deine Mutter vielleicht ein bißchen durchgeknallt war, sondern deswegen, weil er halt ein Mann war und es sich leisten konnte, zu entscheiden, daß er doch kein Kind wollte und ihm alles plötzlich zu anstrengend wurde, und solange du nicht abhaust, dich stattdessen um deine Tochter kümmerst und sie liebst, trete ich jedem in den Arsch, der es ironisch findet, daß du mit genau dem Song deinen Durchbruch geschafft hast!!!

Rob McGibbon hat so einen Arschtritt verdient. Er findet es ironisch, daß: »... ausgerechnet dieser Song und die Aufmerksamkeit, die er erregte, dazu beitrug, Kim aus dem Teufelskreis der Armut zu ziehen, über die sie sich so lange beklagt hatte.« Das hat sie gar nicht verdient, die blöde Bitch, wie? Erst rummeckern, dann mit Leben davonkommen und dann auch noch davon profitieren, das haben wir gerne. Rob McGibbon hat genauso wenig kapiert wie alle anderen, die erst sabbernd zuhören und dann die Moralkeule schwingen – Schwanzlutschen, Arschficken, Frauen grundsätzlich als Nutten bezeichnen, sie schlagen, erniedrigen und auf den Strich schicken, ok, aber sie umbringen? Das geht dann doch zu weit! Es sei denn, es passiert so verklausuliert wie bei Cave. Das Problem ist mal wieder nicht der Künstler, sondern die Rezeptionen. Kritiker, die nichts zu kritisieren haben, die zufrieden sind mit den bestehenden Verhältnissen sollten ihre Schnauze halten, sich zurückziehen und das Feld denen überlassen, die bereit sind, hinter die Kulissen zu schauen und Künstler in ihrem Bestreben nach Veränderung zu unterstützen. Ich möchte verdammt nochmal nicht in der Haut

einer jugendlichen *BRAVO*-Leserin stecken, die alleine mit der Konfusion fertig werden muß, auf der einen Seite Eminem total niedlich zu finden, aber auf der anderen Seite von ihm in den Arsch gefickt, totgeschlagen und im See versenkt werden zu sollen.

Aber das interessiert unseren Biographen herzlich wenig, in Wahrheit möchte McGibbon nämlich selber von Eminem in den Arsch gefickt werden – er ist so verliebt in den Jungen, daß er seitenlang beschreibt, wie sehr Eminem sich angestrengt und hart gearbeitet hat, so daß der Übersetzer sich gezwungen fühlte, den Synonyme-Duden von vorne bis hinten abzuschreiben und sogar diverse Male zu wiederholen. Anstatt auf 150 Seiten ein paar Fakten vom Stapel zu lassen und Hintergrundinformationen zu liefern, ergeht der Autor sich in Beileid für das verkork-

ste Leben seines Möchtegernschützlings. Eminem »feilt an seiner Kunst, schuftet verbissen, strebt an, kämpft sich durch, besteht Feuertaufen, übt besessen, stellt sich geschickt an, verbessert seine Kunstfertigkeiten, arbeitet hart an der Verwirklichung seines Traumes mit Rap Geld zu verdienen ...«. Soll ich weiter machen?

Es ist ekelhaft, sag' ich euch, und wenn ihr mal berühmt werdet und ein gewisser Rob McGibbon bei euch anklopft, um eine Biographie über euch zu schreiben, schmeißt ihn hochkant wieder raus. Ich jedenfalls gehe gleich morgen zum Notar und halte fest, daß sich dieser Idiot nicht nach meinem Tod an mir vergreift. Aber eigentlich kann ich mir das auch sparen, der interessiert sich sowieso nicht für Frauen!

[Rob McGibbon. *Eminem. The Real Fucking Story*. Goldmann Verlag. Tb.,158 Seiten, 16 farb. Fotos, ISBN 3-442-45033-0, 6,– €] ls

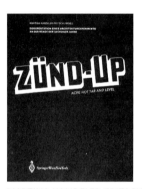

MARTINA KANDELER-FRITSCH (Hg.)
Zünd-Up. Dokumentation eines Architekturexperiments an der Wende der sechziger Jahre.

Lange Zeit war es den bildenden Künstlern vorbehalten, mit der großen Verweigerung zu spielen und ein »Schluß mit den Meisterwerken« (Artaud) zu skandieren oder sich sogar durch bloßes Nichtstun – wie im Fall von Stewart Home, der zum Kunststreik aufgerufen hatte – einen Namen zu machen. Die Architekten, so gerne sie sich selbst auch als Künstler sehen wollen, blieben in Sachen großer Verweigerung außen vor, denn sie müssen spätestens bei der Umsetzung formale, im wahrsten

Sinne des Wortes konstruktive Kriterien erfüllen, auf die bildende Kunst längst verzichten konnte.

In den letzten Jahren hat sich jedoch der Blick auf Fragen danach, was Architektur leisten kann und sollte, ein wenig verschoben. Von den verschiedensten Seiten her angeregt – unter anderem auch von einer linken Urbanismuskritik – sind Ansätze von utopischen und alternativen Architekturkonzepten wiederentdeckt, diskutiert und neu bewertet worden, die sich während ihrer Entstehung sehr wohl auf einem ähnlich selbstkritisch reflektierten – und vor allem: verweigernden – Stand wie die bildende Kunst befanden.

Die Rede ist von jenen Gruppen und Personen, die nicht primär Werke, sondern Ideen hinterlassen haben, etwa die Situationisten (Constants *New Babylon*, Konzept einer auf Trägerkonstruktionen freischwebenden Stadt), Archigram im London der ausgehenden Sechziger und Dekonstruktivisten in jüngerer Zeit, deren Modelle sich bewußt nur noch auf dem Papier ausgeführt finden ... Und nun, da die Diskussion über solche Konzepte des Nicht- oder Noch-Nicht-Machbaren gerade vielleicht ihren Höhepunkt erreicht hat, ist ein

Katalog über die wirklich fast völlig vergessene *Zünd-Up*-Gruppe aus Wien erschienen, deren eigenartiger Verdienst tatsächlich darin bestand, keine Architektur hinterlassen zu haben, sondern bloß ein bißchen Papier. Papier zu einer ganz den ausgehenden Sechzigern verhafteten Vision von Erlebnis-Architektur, die nichts mit heutigen Erlebnisparks gemeinsam hat, sondern ein irres, enttabuisiertes Gemisch aus sexualisiertem öffentlichem Raum, Maschinen-, Motoren- und Rock'n'Roll-Begeisterung proklamierte. Sich die bloße Existenz von *Zünd-Up* heute noch einmal ins Bewußtsein zu rufen, ist womöglich wichtiger als die Frage danach, wie machbar und überhaupt wünschenswert die Realisierung ihrer Konzepte gewesen wäre. Anders gesagt: *Zünd-Up* hatten den kurzen, nur etwa vier Jahre (circa '68 bis '72) andauernden Traum von einer alles entfesselnden Rock'n'Roll-Ästhetik gedanklich auf den Stadtkörper übertragen und deren Scheitern damit im Grunde schon vorweggenommen. Denn: »Sex, Drugs & Rock'n'Roll« gepaart mit der futuristischen Gleichsetzung von Maschine (hier vor allem: Auto und Motorrad) mit orgiastischer Intensität münden in einer solchen Konsequenz nicht in die Steigerung kollektiver Lebensqualität, sondern haben stets nur der Unterhaltungsindustrie neue Inspirationen für Vergnügungsstätten geliefert. Wer aber konnte und wollte daran 1968 denken?

Zünd-Up formierten sich 1969 als Gruppe von Architekturstudenten an der Technischen Hochschule in Wien (mit dabei waren u. a. Bertram Mayer, Michael Pühringer, Hermann Simböck und Timo Huber), beeinflußt von Professor Karl Schwanzer. Zu dieser Zeit fand in Österreich bereits eine Auseinandersetzung mit unkonventionellen Architekurmodellen statt – etwa bei Haus-Rucker Co und Coop Himmelb(l)au –; die Zünd Up-Crew verfolgte deren Ideen mit Interesse, wandte sich von diesen Gruppen jedoch wegen ihrer moderaten und ästhetizistischen Haltung ab. Was folgte war eine Auseinandersetzung mit Architektur, die das Haus als Äquivalent zum Körper und zur Maschine begriff: Um die Umpanzerung zeigenössischer Architektur zu sprengen, galt es, das Verhalten gegenüber der eigenen Körperlichkeit als Panzer zu begreifen, Triebunterdrückung und funktionalistisches Bauen als einander bedingende Faktoren der Intensitätshemmung zu begreifen. All das fand zu einer Zeit statt, in der Jimi Hendrix, Janis Joplin, die Rolling Stones und die Doors – so Zünd-Up – einen neuen, luststeigernden Ton anstimmten, in der Easy Rider Maschine und Geschwindigkeit als Symbole des Ausbruchs propagierte (genauer: der Film wurde in diese Richtung hin rezipiert und damit teilweise mißverstanden) und in der mit Andy Warhols Factory ein (immer schon verklärtes) Ideal von Pop als Aneinanderreihung intensiver Lebensmomente aus Sex, Drogen und Enthemmung die Runde machte. All diese Einflüße fanden bei Zünd-Up zu einer Art symbolischer Guerilla zusammen, die den Kern der alten, behäbigen Städte – vor allem den Kern des von Sachertortenduft und Pferdemist umwölkten Wien – sprengen wollte und ihm das Modell einer Stadt entgegensetzte, die so etwas bieten sollte wie einen Mix aus Geschwindigkeit, Motorenlärm, Rockmusik, Schweiß und turbinenstark lustvoll aufeinanderprallende Körper. Wen wundert diesbezüglich die personelle

Überschneidung zwischen Zünd-Up und dem Otto-Mühl-Kreis mit all jenen esoterischen Implikationen, die nachträglich vorzuwerfen freilich immer sehr leicht fällt?

Angreifbar sind auch die Collagen von Zünd-Up, die wenigen erhaltenen künstlerischen Dokumente der Gruppe, in denen sich Pin Up-/Pornomodelle und Gebäude-/ Maschinenteile durchdringen, Fleisch und Stahl, Vagina, Patronenhülse und Flugzeugrumpf – einerseits platte Freud-Rezeption (und damit ganz in der Tradition Wiens verankert), andererseits aber auch lesbar als Kritik an kapitalistischer Wahrnehmung, die Körper in dem Maße wie Maschinen betrachtet, in dem Maschinen zugleich libidinös aufgeladen gestaltet und propagiert werden.

Eine Zünd-Up-Collage läßt die Spitze des Stephansdoms – Inbegriff touristisch nostalgischer Wallfahrt – wie eine Rakete nach oben schnellen, überzeichnet dessen phallische Form im Wunsch, das Gebäude endlich explodieren zu lassen. In Deep Throat, dem berühmtesten Pornofilm jener Zeit, gibt es eine Fellatio-Szene, während der die Lustgefühle des Mannes, der da einen geblasen bekommt, mit dem Aufsteigen einer Rakete ins All illustriert werden, seine Ejakulation schließlich – Porno war seinerzeit formal ebenso experimentell wie auf Symbolebene platt – mit dem Hämmern zweier Bronzefiguren auf zwei Glocken im – pöh – Glockenspiel einer Kirchenuhr.

Wahrscheinlich muß man sich Zünd-Up als ähnlich progressiv-regressiv wie diese Form des frühen, um künstlerische Legitimation ringenden Pornofilms vorstellen. Zum einen läßt sich aus der von Zünd-Up gewählten Kombination aus Stahl, Motor, Explosion und Frauenkörper eine Kritik an der platten kapitalistischen Warenform ablesen, die all diese Elemente stets werbend miteinander verquickte (Paradebeispiel sind die auf blitzenden Motorrädern posierenden nackten ›Miezen‹); damals hingegen, im Milieu einer heterosexuellen, von Männern bestimmten Avantgarde-Aufbruchsstimmung, zielte so manche vermeintliche Kapitalismuskritik im bloßen Wunsch nach dem schnellen Fick und dem

»easy ride« wohl nur darauf, die überall vorhandene kapitalistische Propagierung von Schönheit und Oberfläche zu steigern. Der Angriff auf bestehende ökonomische Verhältnisse und deren Manifestationen in sämtlichen visuellen Bereichen – von der Werbung bis zum Herrenmagazin, von der Architektur bis zum Design – wurde auf eine ›Intensivierung‹ und erträumte Sexualisierung der Umgebung reduziert, die am Ende dem Kapitalismus selbst oder dessen fatalen, esoterischen, autoritären Gegentendenzen wie etwa Otto Mühls AAO-Kommune in die Hände spielte. Das größte, abgefahrenste und selbstredend nie realisierte Projekt von Zünd-Up war der Vienna-Auto-Expander, ein »monumentales Objekt in Form eines Flippers«, in dem »der Benützer des Autos Phantasiewelten erleben kann.« Das Auto als »Flipperkugel« sollte entweder in einem spielerischen »destroy-game« zerstört werden, dem Besitzer am Ende des Spiels als Schrottpaket mitgegeben, um es im eigenen Garten zu begraben, oder aber »zum Rennwagen auffrisiert und über zwei Röhren in 20 Meter Höhe durch die Kärntnerstraße in das Dach des Stephansdoms gejagt werden«.

Zünd-Up sind das Paradebeispiel für eine alte Vorstellung von revolutionärer Avantgarde, die trotz einiger blendender Ideen und sehr viel sympathischer Wut an etwas hat scheitern müssen, was einem Großteil der 6oer/7oer-Linke zum Verhängnis wurde: Der naive Glaube an ein befreiendes Zusammenspiel aus Sex-Maschine-Rock 'n' Roll, bis heute fortgesetzt in einer trivialen, popistischen Foucault-, Deleuze/Guattari- und Lyotard-Rezeption, unterschätzt den schon lange auf Sex, Maschine und Rock 'n' Roll abonnierten Kapitalismus, der mit solchen Entgrenzungen souverän umzugehen weiß. Die Wünsche waren legitim, die Ziele hingegen falsch gesteckt. Die Ideen aber waren zum Teil großartig. Deshalb taugen Zünd-Up zwar nicht mehr im Sinne einer weiterführenden Architekturkritik, sind aber ein faszinierendes Stück Kunstgeschichte.

[Martina Kandeler-Fritsch (Hg.): Zünd-Up. Dokumentation eines Architekturexperiments an der Wende der sechziger Jahre. Springer Verlag Wien/New York 2001. ISBN 3-211-83582-2] mb

MADE IN GERMANY

DIE HUNDERT BESTEN DEUTSCHEN PLATTEN

musikexpress

MADE IN GERMANY
Die hundert besten deutschen Platten.

Ein gewagtes Projekt, dieses vom *Musikexpress* herausgegebene Buch, das wieder einmal die These bestätigt, daß sich Pop längst im Listenwesen erschöpft und über das Listenwesen zu erkennen gibt, wie sehr das Bewerten zur herrschenden Kategorie im Pop geworden ist – eine lehrerhaft autoritäre, allerdings mit Style-Kriterien argumentierende Benotung von Leistung. Eine große Jury von etwa achtzig Personen soll hier vermeintlich zur Objektivität beitragen und besteht zugleich aus so kuriosen Besetzungen wie Tocotronic einerseits und Dieter Gorny, dem Kampfhund in Sachen deutscher Pophegemonie, andererseits. Die Katastrophe in Sachen doppelzüngiger Strategie ist damit bereits vorprogrammiert: Das Buch bemüht sich redlich trotz einiger darin aufgenommenen Tiefschläger wie Rammstein, Scorpions, Marius Müller-Westernhagen und Heinz-Rudolf Kunze um Sympathie

für all die oppositionellen und weniger konformistischen Namen wie S.Y.P.H., Der Plan, FSK, Mouse On Mars, Huah!, The Notwist und Die Goldenen Zitronen (deren *Porsche, Genscher, Hallo HSV* zwar aufgenommen wurde, vielsagenderweise aber nicht ihre politisch so zentrale Platte *Das bißchen Totschlag*). Und doch kann dabei nicht über die Tatsache hinweggetäuscht werden, daß es bei alledem um eine nationale Klammer geht, die vor allem der Re-Territorialisierung des Pop dient. *Made in Germany* sucht weniger kritische Auseinandersetzung als daß es die vermeintlichen Qualitäten des deutschen Pop festschreibt und so wieder stylish werden läßt, deutsch zu hören. Einzig der Essay von Oliver Götz zeugt von einem kurzen Lichteinfall ins Dunkel. Seine Ausführungen über »deutschsprachige Musik im Post-NDW-Zeitalter« streifen zumindest die katastrophalen Debatten um Quoten und Identität, etwa Bernd Begemanns dumm chauvinistische Kampfansage gegen Anglizismen in der Musik, 1989 in *Spex* ausgetragen. Götz schließt seinen Text mit zwei vielsagenden Sätzen: »›Ich-Maschine‹ war die wichtigste deutsche Platte der Neunzigerjahre. Oder war es doch Rammsteins *Herzeleid* und Bernd Begemann hat einfach keine Ahnung?«

Offen bleibt, warum Blumfeld so wichtig waren. Soll hier Blumfeld im Sinne intelligenter deutschsprachiger Popmusik dafür instrumentalisiert werden, den nationalen Kurs hoffähig zu machen – etwas, wozu sich Rammstein selbstredend nicht

eignen, weshalb sie vielleicht sogar am Ende subversiver sind? Eine solche Vereinnahmung selbst kritischer Stimmen gelingt *Made In Germany*, weil hier an keiner Stelle thematisiert wird, wie reflektiert sich Blumfeld stets mit ihrer eigenen Rolle als deutschsprachiger Band auseinandergesetzt haben, wie wenig sie also deutsche Mentalität de facto repräsentieren wollen. Nur so aber hätte ein Buch über deutsche Schallplatten und die Menschen hinter diesen Platten Sinn gemacht: Als eine Geschichte von Haltungen und als genaue Analyse, welche Band sich wie gegenüber Deutschland positioniert. Darum kann und will es dem Listenwesen allerdings nicht gehen. Die Liste lebt nicht von kritischer Auseinandersetzung, sondern von Kanonisierung, die sich über Setzung fortschreibt, weshalb es nicht wundert, daß mal wieder Kraftwerk mit *Autobahn* auf Platz 1 gelandet sind.

Und noch etwas ist für das Listenwesen charakteristisch: Im Nebeneinander von Huah! und Wolf Maahn, von Selig und To Rococo Rot, von Halloween und Palais Schaumburg, wird jener Strang nivelliert, der genuin für eine gegenkulturelle, gegen das Image »deutscher Qualitätsarbeit« gerichtete Haltung stand und noch immer steht. Statt ihn hervorzuheben, arbeiten Publikationen wie diese nur daran, ihn einer Familie einzugemeinden, die andere als ein Gefühl von Wahlverwandtschaft aufkommen läßt.

[*Made In Germany. Die hundert besten deutschen Platten.* 240 Seiten, Hannibal Verlag, Höfen 2001, ISBN 3-85445-206-3, 19,– €] mb

CARL-LUDWIG REICHERT
Blues. Geschichte und Geschichten

Gleich anfangs outet sich Reichert, seines Zeichens Ex-Zündfunkmoderator und immer noch für den *Bayerischen Rundfunk* tätig, als Captain-Beefheart-Fan, was meine anfängliche Skepsis gegenüber dem Autor – weil weiß, bayerisch und selbsternannter Bluesexperte – was bekanntlich eine gefährliche Mischung ist – schnell in Wohlwollen umkehrte. Bald beweist er sogar, daß er gendergeschult ist und hat ein paar Neuigkei-

ten parat. Wer wußte z. B. daß Louis »Pausbacke« Armstrongs Frau Lil Hardin eine bekannte Pianistin war, oder daß die allererste Bluesplatte 1920 von einer Frau namens Mamie Gardener Smith aufgenommen wurde? Er erwähnt die Biographien von z. B. Memphis Minnie *Woman with Guitar* (1992) und zitiert fleißig Angela Davis' *Blues Legacies And Black Feminism* (1998).

Er zitiert überhaupt viel, gibt seine Quellen an und verschweigt nicht, was er von ihrem politischen Background hält. So reflektiert er

angenehm darüber, wie sehr die Geschichte des Blues eine Geschichte der einzelnen »Blues-Ermittler« ist. Eigentlich sind es die beiden Lomaxe, wie Reichert sie zärtlich nennt, Vater und Sohn, die leider erst die zweite und dritte Generation des Blues vernünftig dokumentieren konnten. Erst 1935 gelang es z. B. Big Joe Williams als dem ersten Bluesmusiker, sich das Copyright für den eigenen Song zu sichern, was ihm ein einigermaßen ruhiges Leben mit Eigenheim ermöglichte. An anderer Stelle beschreiben die beiden laut Reichert ausführlich, wie die »kreative Buchführung« der Plattenfirmen damals funktionierte, um den größten Teil der Einnahmen einbehalten, und die Musiker hungrig halten zu können. Willie Dixon war einer der wenigen, der sich später tatsächlich das Copyright an circa 500 Songs gesichert hatte. Auf der anderen Seite weiß Reichert natürlich auch von den traurigen Gestalten zu berichten wie z. B. Elmore James, der den Erfolg für seines Songs *Shake your Moneymaker* der weißen Band Fleetwood Mac überlassen mußte.

Daß sich überhaupt Rock, Rock 'n' Roll, Jazz, Pop und viele mehr ordentlich im Blues bedient haben, sollte inzwischen zum Allgemeinwissen gehören. Dafür macht der Autor dann auch wichtige Abstecher, um auf Urheber/Innen hinzuweisen. So nimmt er Partei für diejenigen, die klauen dürfen wie Elvis Presley – »dem weißen Neger mit Talent«, und putzt andere wie »Bill Schmalzlocke Haley« angenehm runter.

Immer wieder interessiert den Autor auch zu Recht der sexuelle Aspekt am Blues und er vergißt nicht zu erwähnen, daß z. B. Alberta Hunter und Bessie Smith Lesben waren und die Frauen eine sexuell sehr aktive Rolle eingenommen haben: »Now your nuts hang down like a damn bell-clapper, and your dick stands up like a steeple, your goddam asshole stands open like a church-door, and crabs walks in like people!« (Lucille Bogan). Selbst auf sado-masochistische Strömungen kommt er zu sprechen und zitiert an dieser Stelle den allseits geliebten R. L. Johnson: »I'm gonna beat my woman until I'm satisfied«. Außerdem verschweigt er den Umstand nicht, daß viele schwarze Musiker musikalischen und auch erotischen Kontakt zu Native Americans gehabt haben müssen. Einige der als afroamerikanisch geltenden Musiker sind mindesten zur Hälfte Native Americans. So sind die Nachfahren kanadischer Indianer für die musikalische Sparte Cajun verantwortlich.

Immer wieder fragt er nach den Gründen mißlungener Rezeption: »Es gibt seltsamerweise keine Publikationen über das Hokum-Phänomen (sexuelle Aufschneiderei). Das mag an der schizophrenen Haltung des puritanischen Amerika zur Erotik liegen, aber selbst dort gibt es inzwischen wissenschaftliche Untersuchungen zum erotischen Liedgut. Wahrschein-licher ist es, daß es sich um ein Tabu der Political Correctness handelt, also um das ›Elder-Wilde-Syndrom‹, das schon im 18. Jahrhundert farbige Vorbilder westlicher Zivilisationskritik ihres Unterleibs beraubte.«

Tja, sowas will dann auch erst einmal verdaut werden.

Ein klein bißchen problematisch wird er leider am Ende, wenn er auf europäischen Blues und natürlich unvermeidlicherweise auch auf deutschen Blues zu sprechen kommt. Der Mann ist halt Bayer und der Meinung, daß es auf dem Gebiet der Mundart noch einigen Nachholbedarf gibt. Da gibt er sich soviel Mühe, den authentischen Blues zu beleuchten, zu recherchieren, unter Genderaspekten zu sehen, bis hin zu dem Problem, daß immer noch wie damals die weiße Kulturindustrie am Blues verdient, und nicht die eigentlichen ProtagonistInnen, und dann versaut er es am Ende doch noch.

Schade! Trotzdem sehr lesenswert! Man kann die letzten Seiten ja einfach weglassen, es sei denn, man war in den 70ern Sparifankal-Fan, dann ist man auch hier genau richtig!

[Carl-Ludwig Reichert. *Blues. Geschichte und Geschichten.* 272 Seiten, dtv-premium, 20,– €] ls

KEN SCHLES
The Geometry Of Innocence.

Unschuld? Nein, nichts ist unschuldig, schon gar nicht das Medium der Photographie. Zwölf Jahre nach seinem ersten Photoband *Invisible City* legt der Photokünstler Ken Schles ein zweites Buch vor, das irritierend und scheinbar unzusammenhängend Bilder aneinanderreiht, die spätestens im hier gewählten Kontext ihre Unschuld verlieren. Die Kamera führt uns durch amerikanische Großstädte, zeigt Bankangestellte auf dem Weg zu ihrer Arbeit, Blicke aus einem Polizeihelikopter und auf Militärgelände, sie wechselt von Kinderspielplätzen in Todeszellen, von Bars in Altersheime. Die Aneinanderreihung erscheint wahllos, höchstens dem Versuch geschuldet, durch den ständigen Millieuwechsel möglichst viele Reize zu erzeugen, nicht jedoch euphorisch im Sinne von Pop, sondern als eine Art durch den Kontrast hervorgerufene Ernüchterung. »Considered in context, imagery can be a tool for critical observation and not simply a form of propaganda«, schreibt Schles im eigens verfaßten Nachwort, das er nicht ohne Grund mit einem Zitat aus Guy Debords »Gesellschaft des Spektakels« beginnen läßt. The Geometry Of Innocence ist ein Photoband, der die kommunikative Funktion von Dokumentationsphotographie in Frage stellt und sie zu einem Pseudospektakel rearrangiert, das sich wie eine Spurensuche nach der Struktur des Kapitalismus liest. Die Ungleichzeitigkeit des Gleichzeitigen wird sichtbar, eine auf zahlreiche Machtfelder ausgerichtete Arbeitsteilung wird so nach außen gekehrt und beschreibt so Gesellschaft als gut funktionierendes Regelwerk, das durch und durch auf Disziplinierung aufgebaut ist. *The Geometry Of Innocence* muß diesbezüglich als gelungene Weiterführung der Concept Art betrachtet werden, weniger als Photokunst, sondern als serielle Arbeit, deren Kontext über das Einzelbild hinaus auf einen gesellschaftlichen Rahmen verweist, den uns Photographie so oft zu zeigen vorenthält.

[Markus Schaden, Thomas Zander (Hg.): *Ken Schles. The Geometry Of Innocence.* Geb., 128 Seiten, 208 Abb., Ostfildern 2001, Hatje Cantz Verlag, ISBN 3-7757-1011-6, 133,– DM] mb

STEPHAN GÜNZEL

Immanenz. Zum Philosophiebegriff von Gilles Deleuze.

Geophilosophie. Nietzsches philosophische Geographie.

Kein genuin philosophisches Denken hat so sehr aus dem (sub-)akademischen Feld seiner Entstehung in die pragmatischen Bereiche von Pop und linker Politik ausgestrahlt wie dasjenige von Gilles Deleuze. Dennoch – so die These von Stephan Günzel – ist es bisher weitgehend unentdeckt geblieben. Ja, es hat den Anschein, daß sich dieses hermetische und bisweilen skandalös schwierige Werk hinter seiner Oberflächen-Rezeption und der Omnipräsenz einiger weniger seiner Begrifflichkeiten seltsam verflüchtigt.

»Oberflächen-Rezeption«? – Aber ist das Schreiben Gilles Deleuzes nicht gerade ein Versuch, Philosophie und Denken aus seinen metaphysischen Tiefenbehauptungen und -verankerungen zur Oberfläche zu erlösen, es so umzurüsten für eine andere Praxis, welche die Philosophie wieder politisch werden läßt? Was soll also falsch daran sein, daß Begriffe wie Rhizom, Nomadismus, Deterritorialisierung, und was dergleichen mehr ist, mittlerweile als diskursive Pokémons das Reden über rheinische Elektronik, Netzkultur, das Wetter, genmanipulierte niederländische Grassorten, den Elften September – und zuletzt sogar über eine so reaktionäre Bastion wie »die Naturwissenschaften« – überschwemmen?

Problematisch erscheint dabei jedoch, daß dieses revolutionäre Projekt in den freundlichen (Popkultur), feindlichen (angeblich soll es ja schon einen »Rhizom- Kapitalismus« geben; und wenn schon nicht in realiter, so doch zumindest als Popanz in der Phantasie konservativer Linker, die endlich wieder zu den klaren Verhältnissen ihrer Marx-Adorno-Lektüren zurückkehren wollen, anstatt sich ständig in epistemologische Abgründe gestürzt zu sehen) und kassierenden (akademischer Betrieb) Übernahmen kurzgeschlossen wird mit einem Bewußtseinsstand, der noch wesentlich im gutbürgerlichen Horizont eines von den Erkenntnissen der Frühaufklärung her formatierten Alltagsverstandes oder jener Philosophietra-

dition der Transzendenz verbleibt. In den so-vertraut-und-doch-so-fremden Begriffen der *Tausend Plateaus* ausgedrückt: die absoluten Deterritorialisierungsbewegungen werden zu relativen gemacht, indem sie als Transzendentalien reterritorialisiert werden.

Für Günzel hingegen besteht »die größte Schwierigkeit des [...] Denkens [von Deleuze und Guattari] darin [...], eine Philosophie des Werdens zu formulieren, die nicht in eine Dialektik mündet. – Anders gesagt, wie läßt sich das Projekt Heraklits erfüllen, ohne dabei gleichzeitig ›in Hegel zu denken zu denken‹?«

Jedoch: Der Immanenzbegriff, von dem her Günzel Deleuze verstehen möchte, sieht nur zufällig genauso aus wie der Stan Laurel des beliebten idealistischen Komikerduos: »›Immanenz‹ erweist sich bei Deleuze als ein eigener Prämisse folgendes Konzept: der Gegenkonzeption ›Transzendenz‹ in keinster Weise zu entsprechen. Das Gegenteil soll ein differentielles, kein symmetrisches sein, d.h. ›Immanenz‹ soll sich nicht derivativ aus der ›Transzendenz‹ herleiten, sondern durch sich selbst bestimmen.«

Was Günzel hier also versucht, ist nichts geringeres als die *Immanenzwerdung der Immanenz*, d.h. ihre Herauslösung aus der philosophiegeschichtlichen Fremdbestimmtheit als Komplementärbegriff von Transzendenz. – Um dies nachvollziehen zu können, werden die LeserInnen ihr Vorstellungsvermögen allerdings teilweise neu justieren müssen!

Mittels des Begriffes einer aus der dialektischen Pattsituation befreiten Immanenz führt Günzel in die verschiedenen von Deleuze (und Guattari) für eine bestimmtes Wegstück benutzten und dann am Straßenrand abgestellten Denkvehikel hinein: organloser Körper, Kriegsmaschine, Nomadologie, Schizo-Analyse usw.

Nicht, daß sie – als die post-signifikanten UFOs, die sie sind – nicht auch von außen schön, betörend, atemberaubend, ja ansteckend anzusehen wären – fremde, seltsam glitzernde Geschöpfe unbekannter Legierungen aus Sound und bedeutungsähnlichem organischen Material.

Sie eigenen sich ebenso gut als Disco-Deko wie als terminologisches LSD! Aber – wie das mit UFOs nun einmal so ist – von innen sind sie noch viel abgefahrener und vollgestopft mit kaum faßbaren Technologien ... (Die Innen-Außen-Metaphorik und das auch schon wieder transzendente UFO geben natürlich Punktabzug, aber ihr ahnt schon, was ich meine!)

Das Problem dieses philosophischen Ansatzes liegt natürlich darin, zuletzt doch nur immer an die Begriffe gebunden zu sein. Um das sagenumwobene ›Andere‹ überhaupt erst einmal denken zu können, muß auf eine bereits vorhandene diskursive Sprache zurückgegriffen werden. Deleuze (und Guattari) hingegen haben in dieser Sprache der Begrifflichkeiten eine Fluchtbewegung versucht, die sie (als »Sprache« und als »Schreiben«) von sich selbst entfernt, sich aus der in ihr und durch sie erzeugten »Präsenz« fortstiehlt. Die Begriffe fallen aus der Umklammerung ihrer Bedeutung bzw. reißen diese mit sich fort, werden Geschwindigkeiten, statt Starre zu bleiben. Darin besteht für Günzel die Immanenzbewegung, die Deleuzes Terminologien sowohl leisten als auch beschreiben sollen. Eine solche Bewegung wäre die Herstellung eines »organlosen Körpers«, der dann aber unweigerlich ein Einziehen des Sprechens (als organisierte Kommunikation) zur Folge hätte, wie im Falle des Schizophrenen, des Hypochonders oder des Süchtigen (die sich nach Deleuze/Guattari allesamt einen »organlosen Körper« geschaffen haben). Will man/frau/sonstige hierüber »philosophisch schreiben«, d.h. zu den Menschen und in geschichtlichen Zusammenhängen sprechen, so wird das Bewegungsmoment, daß das Immanenzfeld aus sich heraus erzeugt, von der absoluten Geschwindigkeit seiner Unfaßbarkeit und Ortlosigkeit herabgedrosselt (werden müssen) zur relativen Geschwindigkeit eines »Seins-in-Bedeutungen«. Dies zumal in der Wahl einer (für den Philosophen/die Philosophin als AutorIn von Texten) notwenigen Form von Präsenz (als »(Selbst-)Identität« und »Ort« im Diskurs). Die auch von den KritikerInnen der Präsenz notwendigerweise anzulegende Präsenz (von der aus die Kritik sich dann artikulieren kann) ist bei Deleuzeundguattari jedoch nicht die Präsenz der empiristischen Methode oder der romantischen Ironie, sondern erinnert eher an das Umgehen von Geisterwesen, den Umlauf von Gerüchten (vergleichbar ihrer Rezeption innerhalb der Popkultur). Für die Immanenz bedeutet dies, daß sie eben keine Begriff ist, sondern »die Bedingung zur Erschaffung von Begriffen«, wie Günzel meint. (Dies hat allerdings nichts zu tun mit dem polaristischen »Ätsch!« oberschülerhaft-»dadaistischer« Vexierdramaturgien: Wenn Du mich hier suchst bin ich da!/Gegen dieses Manifest sein, heißt Dadaist sein! [Helau!])

Die Frage, um welche die Möglichkeitsbedingung eines Immanenzdenkens demzufolge gelagert wäre, ist, inwieweit sich dauerhaft in ihm Transzendenz vermeiden ließe: Wie kann ein experimentelles Immanenz-Feld abgesichert werden gegen den Einfall von Begriffen, die ihm zugleich vor-, nach- und übergeordnet sind? Bereits der ›Begriff‹ der »Immanenz« für das Immanenz-Denken ist ja ebenso wie der Bindestrich bei »Immanenz-Denken« oder diese Rezension eine Transzendenz. Gerade diesen Backslash, dem auch das Denken von Deleuze (und Guattari) nicht vollends zu entkommen vermochte, weist Günzel immer wieder auf, nicht ohne ihm freilich selbst im Projekt einer Systematisierung anheimzufallen, indem nämlich anhand des Immanenzbegriffes die Relaisstellen von *Anti-Ödipus* und *Tausend Plateaus* systematisch durchgearbeitet und zu einem einheitlichen Feld konfiguriert werden. Günzel sieht dieses Problem selbst und möchte daher den Immanenzbegriff eher als eine Art Fahrplan, denn als Letztauskunft verstanden wissen. Keineswegs soll dieser nämlich suggerieren, daß sich diese Philosophie – deren genuine Leistung ja darin besteht, das hermeneutischen Duett des Bedeutens& Verstehens durch den mikropolitisch-pragmatischen Begriff des Gebrauchs, des In-Benutzungs-Verhältnisse-Übertragen-Werden-Wollens, ersetzt hat – im Immanenzbegriff eine Verständnisgrundlage im Sinne eines richtig-unverbrüchlichen Einfallstores

besitzt. Nach wie vor liegt die Erotik des deleuzianischen Denkens in seiner Polysemantik, seiner Gier nach neuen, noch nicht bekleckerten Begrifflichkeiten, die sich als Werkzeuge (nicht Universalien) eines Anders-Denkens benutzen lassen. Doch gerade dies ist, was Günzel als Immanenzebene beschreibt: anders als die Zucht- und Ordnungsinstanzen transzendentaler Denksysteme ist dieses Denken ein *Meehr* – eine (nebenbei bemerkt: völlig beknackte) Kontamination aus »Mehr« und »Meer«. Will (mit anrührender Hilflosigkeit) sagen: Never mind the totality here *are* the infinity!

Einem weiteren, in seinem allgemeinen Bekanntheitsgrad vergessenen Denker widmet Günzel sein neues Buch: Friedrich Nietzsche. (Sie kennen ihn vielleicht noch aus Vulgär-Ausdeutungen und Verkennungen wie der »Nazi-Nietzsche«, der »Wagner-Nietzsche«, der »Übermenschen-Nietzsche«, der »Geistesaristokraten-Nietzsche« oder summa summarum: der »Spät-Romantik/deutscher-Konservativismus-Nietzsche«.)

Aktualität besitzt Nietzsche v. a. durch seine postmodernen Rereadings als Geophilosoph, der – wie Günzel darlegt – in Kritik des hegelianischen Geschichtsbegriffs als erster zu einem Denken der Posthistoire gelangt. Eines Endes der Geschichte als Ideologiebegriff, nicht als apokalyptischer Kollaps eines zeitbezogenen Seins (wie in Endzeitfilmchen), sondern als Denken des Raumes, als Ausgang des Denkens aus der selbstverschuldeten Unmündigkeit des Historismus.

Nietzsche ist der erste Geophilosoph, der erste der modernen DenkerInnen, die das Denken wieder »an die Erde als ihr Medium binden«. Als erster stellt er die Frage nach dem Ursprung von Europa, seiner geographischen, klimatischen, politischen, sozialen Konstruktion als das, was Okzident gegenüber dem Orient sei. Vertauscht man/frau/sonstige hier »Europa« mit dem Abstraktum »der Westen« (wie es der zeitgenössische Universalismus unter Hinzunahme eines als europäisches Siedlungsland ja erst durch einen Genozid – eine Auslöschung der älteren kulturgeographischen Einschreibungen – sich konstituierenden Nordamerikas tut), so zeigt sich die ideologiekritische Brisanz der Methode. Der Essentialismus des »Westens« – nach Hegel Sitz eines die Geschichte durchwaltenden Sinnes namens »Weltgeist« – wird so vom Paradigma zum geohistorischen Einzelfall herunterrelativiert. Seine in solchen Diskursen immer im Schutz der Unausgesprochenheit mitausgesagte kulturgeschichtliche Höhe und weltpolitische Opinion-Leadership erscheint mit Nietzsches als kontingent, nicht als hegelianische Notwendigkeit.

Die Verräumlichung des Denkens durch Nietzsche als geographische und nicht zeitliche Tätigkeit, als Topographie und nicht als aus einem »Ursprung« heraus abgewickelte Kausalkette, bezeichnet einen epochalen Bruch und formiert die Leit-These, von der aus Mienengänge in Werk, Leben und Denken Nietzsches sowie deren Bezogenheit aufeinander gelegt werden. Die Geophilosophie im vorliegenden Sinne geht nach Günzel dabei von vier Axiomen aus: 1. Das Denken, als vorrangiges Thema der Philosophie, läßt sich im Unterschied von der gängigen Auffassung, die dieses als »Sprache« begreift, als »räumliche« Tatsache im Sinne mentaler Landschaften auffassen. Die Logik des Denkens ist somit eine, die mittels Bildern operiert bzw. durch Metaphern hergestellt wird, wobei Metaphern als Transmitter von Sinn

selbst eine geographische Struktur aufweisen.

2. Denken wird im Verhältnis (von Einzelnen, Gruppen, Nationen oder DenkerInnen) zum Raum ausgeprägt, wobei dieser nicht auf eine Anschauungsform reduziert wird, sondern als empirischer Raum gemeint ist. Dies ist auf der Gegenseite auch keine deterministische Vorstellung von kultureller Prägung durch geographische Einflüße, sondern eine konsequente Aufhebung des hausgemachten Problems der beliebten »Innerlichkeit«.

3. Verhältnisse im Außen sind im Rahmen traditioneller Philosophie weitestgehend unthematisiert geblieben, stets aber deren Bedingung gewesen. D. h. es kann angenommen werden, daß Philosophie(n) sich nach eben diesen Verhältnissen analysieren, kritisieren und gegebenenfalls kategorisieren lassen. Von hier aus kann die sich gegen ihr gesellschaftliches Sein verschließende »reine« Philosophie angebohrt und per »Gesteinsproben« als geologischer Prozeß aus sich ineinander schiebenden und aneinander ablagernden Bedeutungen eines jeweiligen Außen kartographiert werden. Der Philosophie (auch der Kunst, der Literatur etc.) kann damit nachgewiesen werden, daß sie Kondensat gesellschaftlicher Formationen ist und nicht »freischwebende Intelligenz«.

4. Zudem ist vorausgesetzt, daß aus einer Analyse nach geophilosophischen Maßstäben in der Folge Kri-

terien für die Unterscheidung von Philosophie in gegend- bzw. kulturspezifische Philosophie(n) gewonnen werden können. Das bedeutet im weiteren, daß Geophilosophie wertkritisch verfährt, indem andere Karten des »Außen« hergestellt und den gängigen entgegengehalten werden.

Günzel interessiert dabei, wie gesagt, nicht die Richtigkeit oder theoretische Fundierung einer geographischen Annahme innerhalb des philosophischen Diskurses, sondern deren Funktion darin. – Nietzsche wird hierzu als Vordenker der kritischen Geophilosophie angesehen: Seine *Genealogie* des Denkens, welche dieses auf seine Herkunft aus historischen und gesellschaftlichen Kontexten überprüft, wird dabei zur *Geologie* des Denkens: Die Frage ist nicht, wen oder was ein Denken beerbt, sondern wie der entsprechende *Denkraum* und seine Schichtungen, in dem das Denken »eingeschrieben« ist, aussehen. Gerade das meint *Geographie* ja immerhin selbst: Der Raum stellt eine Urschrift des Denkens dar. Die »Geographie« ist damit Paradigma der Philosophie, welches Aspekte der Gleichzeitigkeit, flächiger Vernetzung, des Gewachsen-Seins, des Konstruktivismus wie der Mannigfaltigkeit hervorhebt. – Die Geschichte ist *das* Geschichte.

[Stephan Günzel: *Immanenz. Zum Philosophiebegriff von Gilles Deleuze*. Blaue Eule, Essen 1998, 160 Seiten, 19,– €, ISBN: 3-89206-899-2. Stephan Günzel: *Geophilosophie. Nietzsches philosophische Geographie*. Akademie, Berlin 2001, 337 Seiten, 49,80 €, ISBN: 3-05-003622-2.] fas

BIRGIT UTZ
Alte Bande. Roman

Alte Bande, das ist für Birgit Utz nicht etwa der altbackene Ausdruck für eine Gang, sondern hier geht es um die alten Bande einer Männerfreundschaft. In den Kontext dieses Krimis gestellt, eine eher ärmliche Angelegenheit, da die Geschichte voll von verschiedenen Möglichkeiten der durchaus auch romantisch besetzbaren Konstellationen zwischen Frauen und Männern und Frauen und Frauen ist. Birgit Utz nutzt ihre Ausdrucksmöglichkeit, das Schreiben, um eine Normalität zu schaffen, die es in kleinen subkulturellen Enklaven

hier und da gibt. Genau diese kleinen Zellen beschreibt sie und das macht das Buch zu etwas Besonderem. Es liefert eine Zustandsbeschreibung, ist der Versuch, eine gegenderte linke Subscene aus aktuellster Zeit mit wahren Begebenheiten wiederzugeben – wie z. B. die tatsächlich stattgefundenen Naziaufmärsche in Hamburger Armen-Stadtteilen mit hohem Ausländeranteil. Daß man dabei keine gute Laune oder eine Art Aufbruchsgefühl bekommt, liegt wohl eher an dem desolaten Zustand der Linken, die Utz dann auch heftig und zu Recht an richtigen Stellen kritisiert.

Das Buch ist handwerklich ganz gut gelungen, auch wenn es zuweilen etwas hölzern und aufsatzartig ist und der Plot erst zur Mitte greift. Ab da gibt es allerdings kein Halten mehr, es kommt Leben in die Bude. Eigentlich ist die Frage nach dem Täter irrelevant, es geht nur darum, wer als erste / r den Wettlauf gewinnt.

Zum Schluß gibt es sogar doch noch ein versöhnliches Angebot. Eine Mischung aus Landkommune, Tagungsstätte und Rückzugsmöglichkeit steht zur Debatte, im Memorium einer guten alten Freundin. Auch so könnten alte Bande aussehen ...

[Birgit Utz: *Alte Bande*. Espresso Verlag, 221 Seiten, 9,90 €] ls

KIM COOPER / DAVID SMAY (Hg.)
Bubblegum Music is the naked truth.

Was eigentlich verbirgt sich hinter
dem Begriff »Bubblegum Music«?

Mehr als 40 Autoren stellen in sehr
unterhaltsamen Essays ihre Definition dieser Spielart des Pop einander
gegenüber. Zu Bubblegum gehören
klar The Partridge Family, The Monkees (zumindest ihre ersten beiden
Alben), The Archies, 1910 Fruitgum
Company und die Box Tops; aber
auch die Ramones, Abba und KISS?
Der gewichtige Band bemüht sich
sehr, einige der Kriterien aufzulisten,
nach denen diese Art der Popmusik
zu verstehen ist. Dazu zähen die
beliebige Austauschbarkeit der Mitglieder einer Hit-Band, die Vermarktung an ein Teenagerpublikum, die
fließbandartige und von Produzenten
bestimmte Songherstellung sowie
der verkaufsunterstützende Einsatz

von Cartoons, Memorablia, Puppen
oder sogar Frühstücksflocken. Etliche
Bands, Labels, Fanzines, Produzenten,
Plattencover und sogar Bubblegum
in Mexiko und Japan werden behandelt. Dieser Musikstil mit seinen
schließlich doch sehr speziellen
Merkmalen starb nicht mit dem 70er
Jahren: Acts wie die Backstreet Boys
und die Spice Girls greifen auf die
selben stilistischen und vermarktung-
stechnischen Kniffe zurück. Alles in
allem eine amüsante, verständliche
und reich bebilderte Reise ins Herz
des Kaugummis.

[Kim Cooper & David Smay (Hg.): *Bubblegum
Music is the naked truth. The Dark History
of Prepubescent Pop, From the Banana Splits to
Britney Spears.* Feral House, Los Angeles 2001,
326 Seiten, ISBN 0-922915-69-5, € 26,–] ae

RAINER WINTER
*Die Kunst des Eigensinns. Cultural
Studies als Kritik der Macht.*

Sich die Gesichtspartien mit Sicher-
heitsnadeln oder Designerpiercings
zu verzieren, als Autonomer inline-
skatend den eigenen Körper in Takt
zu halten oder im Unterhemd einfach den Fernseher aus zu schalten,
sobald der Kanzler spricht: Alles das
sind Praktiken von Bedeutung. In
ihrem je eigenen Kontext verhalten
die Handlungen Einzelner sich zu gesellschaftlichen Machtstrukturen,
reagieren auf sie affirmativ, wider-
ständig oder ambivalent. Einen
Konzertbesuch, das Tragen spezieller
Kleidung oder die Gewohnheiten
bestimmter Kleingruppen galten den
zuständigen Wissenschaften nicht
gerade als vordringlichstes Problem
politischer Relevanz. Seit einigen Jahren aber breitet sich auch in deutschen Universitäten ein Forschungs-
zweig aus, der in Großbritannien seine Wurzeln und in Australien und den
USA seine beliebigsten Ableger hat,
und dem solche vermeintlichen Kleinigkeiten wesentlich sind: Cultural
Studies.

Dabei geht es um das Wesen
der Dinge aber eigentlich nie. Mit seinen Ursprüngen im undogmatischen
Marxismus der New Left, haben
die Cultural Studies sich in den knapp
fünf Jahrzehnten ihres Existierens
insbesondere feministische und post-
strukturalistische Ansätze angeeignet,

mit denen sie nicht nach Essenzen
sondern nach Zeichen und der
fortwährenden Verschiebung ihrer
Bedeutungen suchen. Rainer Winter
charakterisiert sie zu Recht als
Forschungsrichtung und politische
Bewegung zugleich, deren Haupt-
augenmerk sozialen und politischen
Fragestellungen gilt. Insofern unterscheiden sie sich auch von einem
großen Teil der ethnographisch
orientierten kultursoziologischen
Forschung in Deutschland.

Kultur wird in den Cultural Studies nicht als Konglomerat von Werken oder Tun einer künstlerischen
Elite gefaßt, sondern als prozeßhaft
bestimmt. Sie gilt selbst als »produktive Kraft« und Kampfplatz von
gesellschaftlichen Auseinandersetzungen. So verstanden sind also auch
die eingangs erwähnten alltäglichen
Praktiken von politischem Gewicht.
Denn Kultur spiegelt nicht bloß
Sozialstruktur und determiniert auch
nicht das Verhalten der Subjekte.

Theoretisch versuchen die Cultural Studies mit diesem Kulturver-
ständnis immer wieder zu vermitteln
zwischen den großen sozialwissen-
schaftlichen Gegensätzen von Kultur
und Sozialem, Handlungsmöglichkeiten und Struktur, Mikro- und Makro-
ebene. Inwiefern sie dieses Programm
auch umzusetzen vermag, verdeutlicht die von Winter geschilderte Ge-
nese und konkrete Projektarbeit der
Forschungsrichtung.

In den nachgezeichneten Studien zu Populärkultur und Konsum-
verhalten tritt darüber hinaus der
politische Anspruch zu Tage, den Sub-
ordinierten ein Sprachrohr zu sein.
Und an diesem Anliegen setzt Winters eigene Arbeit an, die die Cultural
Studies insgesamt als »Kritik der
Macht« darstellen will. Dadurch, daß
sie den auch in Horkheimers und
Adornos Kulturindustriethese ver-
nachlässigten, weil als passiv, gefügig
und kolonisiert betrachteten individuellen Aneignungen und Artikulatio-
nen Gehör verschaffen, zeichnen sich
die Cultural Studies laut Winter als
politisches Projekt aus. Sie wirken
subversiv, indem sie im Anschluß an
Michel Foucault nicht nach Wahrheit
suchen, sondern Wahrheiten produzieren wollen, die sowohl Kultur verständlich machen als auch im Alltag
anschlußfähig sein sollen. Winters
Ansatz liegt eine postmoderne Zeit-
diagnose zu Grunde. Dieser gilt die
These der »reflexiven Modernisie-
rung« (Beck, Giddens) noch zu sehr
als auf Institutionen bezogen und
die kulturelle Dimension sozialen
Handelns vernachlässigend. Zwar hat
der Mainstream der gegenwärtigen
Soziologie in Deutschland sich nicht
einmal in Richtung cultural turn ge-
neigt und enthält sich damit sicherlich einige Erklärungskraft vor. Dennoch ließe sich fragen, ob ausgerechnet eine kulturwissenschaftliche
Ausrichtung dazu angetan ist, die

Defizite in der Analyse von Macht- und Herrschaftsverhältnissen angemessen auszugleichen. Indem er sich schwerpunktmäßig den Arbeiten des Sozialkonstruktivisten John Fiske widmet, legt Winter zumindest nahe, daß sich die Kritik der Macht vornehmlich darin äußert, den Deklassierten zu Artikulationsmöglichkeiten zu verhelfen. Um aber die neoliberale Flexibilität bei der Konsumwahl noch von selbstbestimmter und selbstbestimmender Rebellion unterscheiden zu können, mahnt Stuart Hall, ein anderer der

maßgeblichen VertreterInnen von Cultural Studies, die materiellen Grundlagen nicht aus den Augen zu verlieren. Die Verteilung der Ressourcen also, mit denen die Marginalisierten sprechen, löst sich nicht in das Wohlgefallen sozialer Gleichheit auf. Inwiefern also Phänomene der Popkultur soziale Identitäten schaffen können, die sich einem Machtblock entziehen, muß immer wieder aufs Neue geprüft werden. Als Bereicherung für Milieuforschung einerseits und Handlungsanalyse andererseits

können die Cultural Studies also gleichermaßen fungieren. Winters Verdienst liegt darin, diese Möglichkeiten detailliert offen gelegt und ein mal mehr für die Frage sensibilisiert zu haben, ob, inwiefern, wann und wo es sich beim Durchlöchern des Körpers, dem Zappen oder Skaten um eigensinnige Kunst oder doch nur das Agieren von Personen handelt, die zu »drei Viertel Automaten« (Bourdieu) sind.

[Rainer Winter: *Die Kunst des Eigensinns. Cultural Studies als Kritik der Macht.* Velbrück Wissenschaft, Weilerswist 2001, 388 Seiten, ISBN 3-934730-42-b] jk

JÜRGEN TEIPEL (HG:)
Verschwende deine Jugend. Ein Doku-Roman über den deutschen Punk und New Wave

Jürgen Teipels Buch nennt sich selbst: ein Doku-Roman. Es ist kein historisch-kritischer Abriß eines distanzierten Beobachters, sondern eine Montage aus einer Fülle von Interviews. Natürlich findet durch die Auswahl von einzelnen Gesprächs-Passagen und deren Zusammenführung auch eine Lenkung statt. Die ordnende Hand ist jedoch mit viel Geschick und Feingefühl vorgegangen. Dem Buch gelingt es, den Leser in seine Geschichte und in die vielen Geschichten, die Punk in Deutschland ab 1977 in Bewegung setzte, hineinzuziehen. In der Materialfülle, die hier ausgebreitet wird und in der Vielfalt der Denkansätze und des Erlebten erfährt man eine Menge über Musik-Machen, Denken und Fühlen der Protagonisten. Es gibt eine Reihe Storys und Zusammenhänge zu entdecken, die selbst dem Kenner dieser Szene und Musik noch nicht bekannt

sein dürften. Aufschlußreich sind allerdings auch die Verschiebungen im bisherigen Bild der deutschen Punk-und New Wave-Geschichte, die mit Teipels Buch geschehen. Dies läßt sich zunächst in der Feststellung zusammenfassen, daß das Konzeptuelle, Künstliche und Konstruierte des Punk nicht im Vordergrund steht, daß das bewußte Spiel mit Images und Identitäten, an die man sowieso nicht mehr geglaubt hat, zurückweicht. An ihre Stelle tritt die echte oder vermeintliche Authentizität des Geschehens. Spätestens, wenn man liest, daß jemand wie Blixa Bargeld wirklich selbst in einem elenden Keller gelebt hat, wenn also der damalige Undergroundstatus der Einstürzenden Neubauten derart unterfüttert wird oder werden muß, dann sind wir nicht nur im Berlin um 1980 herum, sondern auch mitten im Authentizitätshorror von heute. Das Buch wirkt dadurch auf beunruhigende Weise aktuell und schafft es aber trotzdem, eine historische Situation komplex darzustellen. Sehr zeitgemäß ist auch, daß das Thema Gewalt eine große und das Thema Sex eine ganz kleine Rolle spielt. Teipels Buch enthält viele genüßlich ausgebreitete Darstellungen von Gewalt und Blutrünstigkeit, die manchmal auch komische Untertöne haben, wie etwa Ben Beckers Schilderung eines Krawalls anläßlich einer Popper-Modenschau. Wenn man liest, mit welcher Brutalität sich eine Avantgarde-Gruppe wie Minus Delta T auf Festivals Gehör verschaffte, dann kann man schon ins Nachdenken über die geeigneten Mittel von

Kommunikation kommen. Im Buch läuft Gewalt wie ein Naturgesetz ab, sowohl beim Opfer (z. B. bei Andreas Dorau) als auch beim Täter (z. B. bei Mike Hentz). Daß Gewalt etwas ist, für das man sich nicht (mehr) zu schämen braucht, hat wiederum viel mit unserer Gegenwart zu tun: wo es keine Utopien, keine Sehnsüchte und Ideale mehr gibt, und der Mensch ganz auf sich selbst gestellt zum Einzelkämpfer mutiert, da wird plötzlich Gewalt zu dem legalen Wermutstropfen, der die menschliche Bedeutungslosigkeit überstrahlt, ob nun im Fall einer privaten Verteidigung oder auf der Ebene des Staatsgebildes. Ein bißchen Reflektion der eigenen Gewalt folgt erst im letzten Kapitel des Buches, wo deutlich wird, wie Punk und seine Intensität sich wieder in alle Winde zerstreute. Auf dem Schlachtfeld liegen die verwundeten Krieger. Aber sagt eine hohe Gewaltbereitschaft wirklich so viel über Punk aus? Schließlich waren Teds und Rocker auch nicht gerade friedliche Musikhörer. Darüberhinaus bleibt der Leser von Teipels Buch auch von einer anderen Sache nicht unberührt: es scheint, daß der größte Teil der Protagonisten des deutschen Punk schwerwiegende psychische Probleme hatte und hat. Es ist schon ein wenig erschreckend, festzustellen, daß künstlerische Originalität mit nicht unerheblichen psychosozialen Mankos einhergeht. Muß das denn sein?

[Jürgen Teipel (Hg.): *Verschwende deine Jugend. Ein Doku-Roman über den deutschen Punk und New Wave.* 375 Seiten, Suhrkamp, Frankfurt a. M. 2001, ISBN 3-518-39771-0] tg

RENATE WIEHAGER (HG:)

**Moving Pictures. Fotografie
und Film in der zeitgenössischen
Kunst.**

Die fünfte internationale Foto-Trien-
nale Esslingen 2001 beschäftigte sich
mit dem Einfluß von Film und Fotografie auf die zeitgenößische Kunst.
Das Vorwort beginnt bereits mit
einer gewichtigen These, nämlich mit
der »Beobachtung, daß am Beginn
des 21. Jahrhunderts die Geschichte
des bewegten Bildes endet und
zugleich übergeht in die Realität be-
schleunigter Informationen.« Wenn
auch gegenüber solchen virilio-esken,
generalisierenden Thesen von ›Ende
des‹ Vorsicht geboten ist, reagiert
Moving Pictures doch auf einen gra-
vierenden Wandel, der sich innerhalb
der letzten zehn Jahre in der Kunst
abgezeichnet hat. Fotografie, Film
und damit selbstredend auch Video
und Internet sind zu zentralen Medien

der Kunst geworden, sei es formal,
sei es, daß die Kunst deren Präsenz
im Alltag reflektiert. Vielleicht läßt
sich verallgemeinern, daß es dabei
zu einem entscheidenden Paradig-
menwechsel innerhalb der jüngeren
Kunstgeschichte kam: Wenn es den
Bewegungen der sechziger und siebziger Jahren, Happening, Fluxus, Land
Art und – mit Einschränkungen –
Concept Art noch daran gelegen war,
an einer Aufhebung der Grenze von
Kunst und Wirklichkeit zu arbeiten,
so erleben wir mit den Foto/Film/
Video-Arbeiten seit den ausgehenden
Achtzigern eine zunehmende Infragestellung des Wirklichkeitsbegriffs
selbst. Kunst reagiert damit auf das
Phänomen der Fiktionalisierung von
Wirklichkeit und ist selbst nur noch
in dem Maße ›real‹, in dem sie selbst
als Gemachtes die Gemachtheit, also
Konstruktion von Wirklichkeit the-
matisiert. Mit dieser aufklärerischen,

aber nicht mehr utopischen Geste
gelingt es ihr, zu zeigen, wie Bedürfnisse fiktional erzeugt werden. Die
Auseinandersetzung mit Foto und
Film ist eine Auseinandersetzung mit
emotional stark wirksamen Manipu-
latoren. Nichts anderes verdeutlicht
zum Beispiel die in *Moving Pictures*
vorgestellte Bildserie aus alten B-Movies von Tanja Duszynski, die anhand
von Stills zeigt, wie das Kino Männer-
bilder über Bedürfnisse geschaffen
hat, die dem Mann in solchen Filmen
zugeordnet wurden (schnelle Autos,
Whiskey, junge Frauen, Geld etc.). Im
Mittelpunkt fast aller Arbeiten steht
also die Desillusionierung, oft jedoch
nicht ohne eine verhalten zum Ausdruck kommende Sympathie für die
illusionserzeugenden Medien.

[Renate Wiehager (Hg.): *Moving Pictures.
Fotografie und Film in der zeitgenössischen
Kunst.* Geb., 200 Seiten, 219 Abb., davon
170 farbig, Stuttgart 2001, Hatje Cantz Verlag,
ISBN 3-7757-1037-X, 25,– €] mb

ANNAMARIE JAGOSE
Queer Theory. Eine Einführung.

Is queer finally here?
Wer sich bisher im Interpreta-
tionsdschungel zu queer umgehört
hat, trifft dort bisweilen auf geläufige
Auslegungen, die von »Ist doch nur
ein anderes Wort für schwul/les-
bisch« über »Queer ist halt anders,
also quer zu allem, was als Normal
gilt« bis hin zu »Ja, Judith Butler hat
da Gender anders ausgelegt, ist aber
sehr unverständlich geschrieben«.
Ist queer also alles oder eher nichts?
Wer dieser Frage auf den Grund
gehen möchte, um sich dabei von
dieser »ganz oder gar nicht« Formel
zu lösen, sollte sich die erste
deutschsprachige Übersetzung

des Buches *Queer Theory. Eine
Einführung* von Annamarie Jagose zu
Gemüte führen. Letztendliche, uni-
versalistische Weisheiten sind dort
nicht zu finden, weil »es über die
Definition von queer keinen Konsens
gibt – denn Unbestimmtheit gehört
zu seinem vielbeschworenen Charme«. daß Unbestimmtheit nicht Beliebigkeit bedeutet, illustriert Jagose
anhand der Diskurse, aus denen das
Konzept der Homosexualität entstanden ist, und bettet queer so in
seinen historischen Zusammenhang
ein. Zeitgenössische Stimmen, die
queer kritisch gegenüber stehen, läßt
sie genauso zu Wort kommen wie die
VertreterInnen, die in Queer Theory
eine Möglichkeit sehen, bisherige
Diskurse über Identität, Begehren,
Sexualität und Geschlecht, Macht
und Widerstand wenigstens vorläufig
aus ihrer Sackgasse zu entlassen.
Einleitend beginnt die Autorin
damit, theoretische Konzepte gleich-
geschlechtlichen Begehrens und
unterschiedliche Identitätsbegriffe
vorzustellen. Indem sie den Paradig-
menwechsel von homosexuellen
Handlungen zu homosexuellen
Identitäten erläutert, arbeitet sie
heraus, warum unterschiedliche Auslegungen von Homosexualität zu

unterschiedlichen Politikformen
geführt haben. So wird deutlich, daß
es »zwischen homosexuellem Verhalten, das es überall gibt, und homosexueller Identität, die sich unter bestimmten historischen Bedingungen
entwickelt« einen Unterschied gibt,
weil Homosexualität, »so wie sie
heute verstanden wird, keine über-
zeitliche Erscheinung ist.« Genauso
wenig übrigens wie Heterosexualität,
die, obwohl ausdauernd auf ihrer
Universalität und Natürlichkeit be-
harrend, ebenfalls eine Konstruktion
bleibt, weil auch sie kontext- und ge-
schichtsgebunden ist. In den folgenden Kapiteln unternimmt die Autorin
einen Streifzug durch die Geschichte
homosexueller Politiken und Theorien. So wird deutlich, daß Queer als
Kritik an und spezifische Weiterentwicklung zu früheren Annahmen der
Homo-Befreiung und lesbisch-femi-
nistischer Politiken zu verstehen ist;
daß lesbisch-feministische Organisierung sich gegen die Marginalisierung der eigenen Anliegen in der
Homo-Befreiungsbewegung gewandt
und letztere sich gegen die Ange-
paßtheit der Homophilen-Organisa-
tionen gewehrt hat.
In der Beschreibung der Homo-
philen- und Gay Liberation-Bewe-

gung werden schnell die unterschiedlichen Ansätze dieser beiden Politiken deutlich. Während letztere sich auf eine revolutionäre Umwälzung der Verhältnisse konzentriert hat, ging es ihrer Vorläuferin eher darum, eine grundsätzliche Anerkennung von der Gesellschaft zu erfahren und deren Toleranz gegenüber Homosexualität anzurufen. Nichtsdestotrotz war das Augenmerk der Gay Liberation Front auch nicht auf die Vielzahl gesellschaftlicher Unterdrückungsmechanismen gerichtet. Die Marginalisierung lesbisch feministischer Forderungen in der Homobewegung und die fehlende Repräsentation lesbischer Anliegen in der Frauenbewegung – da dies das Streben nach Gleichberechtigung hätte untergraben können – resultierten unter anderem in der Strömung des lesbischen Feminismus. Jagose stellt die facettenreichen theoretischen und politischen Ausprägungen des lesbischen Feminismus vor und verdeutlicht, inwiefern diese Analysen Queer Theory nachhaltig geprägt haben. Die Beleuchtung der Geschlechterhierarchien, die Auslegung von Sexualität als institutionelles Machtinstrument und die Kritik an Zwangsheterosexualität sind Vorläufer, auf die sich bestimmte Ansätze von Queer Theory berufen. Nichtsdestotrotz versäumt die Autorin hier, auf andere Herrschafts- und Ausgrenzungsmechanismen wie z. B. Rassismus einzugehen. So findet die Kritik von women of colour in diesem Kapitel gar keinen Eingang und wird auch im nachfolgenden Kapitel (queers of colour) nur kurz erwähnt.

Nach Jagose bewirkte die Neubewertung von Macht- und Widerstandsstrategien und eine schleichende Ernüchterung über die Möglichkeiten radikaler gesellschaftlicher Umwälzung, Mitte der siebziger Jahre einen erneuten Wandel weg vom Befreiungsmodell hin zu einem ethnischen Modell homosexueller Identität. Mit diesem Modell war es einigen Lesben und Schwulen möglich, Minderheitenpolitiken zur Erlangung von BürgerInnenrechten zu betreiben. Homosexuell war eine klar abgegrenzte Bevölkerungsgruppe und kein radikales Potential in allen Menschen mehr. Diese Funktionalisierung einer

Homoidentität für etablierte Politiken führte zu einer Auferstehung von Zentralisierungs- und Marginalisierungsprozessen. Identität trat als zentrales Moment auf und trug zu einer Aufrechterhaltung normativer Identitätskategorien bei. Wobei Grenzziehungen als solche vorerst nicht problematisch erschienen, aber vor dem Hintergrund des eigenen Anspruchs der Bewegung sich selbst ad absurdum führten. Das Paradoxe an dieser Politikform war außerdem, daß Identitätspolitiken ihren Ursprung in anti-rassistischer Politik hatten und das lesbische und schwule Modell dieser Bewegung weiß war. Sexuelle Orientierung hatte sich als das einzige Definitionsmerkmal für eine Organisierung der so genannten Community entwickelt. Diese Homo-Identität war angeblich einheitlich und deswegen auch blind für die Lebenswirklichkeiten anderer Gruppen. Nach Jagose hat diese unkritische Übernahme einer vorherrschenden Idee über Sexualität und die einfache Binarität zwischen Homo und Hetero letztendlich verdeutlicht, daß diese Vorstellung von Identität und der Idee eines einheitlichen Subjekts nicht das ausdrücken und analysieren konnten, was ursprünglich von ihr verlangt wurde.

Anfang der 90er Jahre erschien dann queer auf der politischen und theoretischen Bühne und versuchte genau diesen Kritiken und dem Spannungsfeld zwischen sexuellen und Geschlechterpolitiken Rechnung zu tragen. Als einen Entstehungskontext von queer nennt Jagose das Zusammenspiel von Theoriebildung und Aktivismus, das während der Aids-Krise entstanden ist und unter anderem eine Diskussion über sexuelle Praktiken statt sexueller Identitäten initiierte. Zusammen mit der Rückaneignung des ehemals homophob besetzten Ausdrucks queer, läuteten diese Momente einen Politikwechsel ein, der sich eher mit einer »In your Face Attitude« präsentierte als in zögerlichen Minderheitenpolitiken. Mit dem Aufkommen des Poststrukturalismus konzentrierte queer sich eher auf Differenzen als auf angebliche identitäre Gemeinsamkeiten. Denn der besondere Einfluß des Poststrukturalismus zeigt, daß »nicht nur Differenzen zwi-

schen Subjekten Identitätspolitik bedeutungslos machen, sondern ebenso die unlösbaren Differenzen *innerhalb* jedes Subjekts.« Natürlich erscheint in diesem Kapitel mit Lady B. eine besondere Theoretikerin, die am häufigsten mit queer in Verbindung gebracht wird. Warum diese Lady B. aber keine Performancekünstlerin ist, können Sie selbst nachlesen. Queer präsentiert sich dennoch als schlüpfriges Phänomen, gerade weil es sich nicht definieren läßt. Aber »indem es sich weigert eine feste Form anzunehmen, hält queer eine Beziehung aufrecht zum Widerstand gegen alles, was das Normale auszeichnet.«

Mit diesem Anspruch im Hinterkopf widmet Jagose sich folgenden Auseinandersetzungen: Kann queer tatsächlich halten, was es verspricht und mit seinem nicht-normativen Ansatz gegen Regime der Normalisierung aufbegehren? Oder bleibt queer nur eine reaktionäre, patriarchale Variante in der Auseinandersetzung um Geschlecht, Sexualität und Begehren? Resultiert die Dekonstruktion von Identitäten nicht in apolitischem Schweigen oder wie kann mensch mit queer noch politisch sein? Ist queer nicht Ausdruck einer privilegierten Klasse von AkademikerInnen, ohne daß es einen konkreten Bezug zu einer Praxis oder Lebensrealität hat? Trotz dieser umfangreichen Fragestellungen arbeitet Jagose meiner Meinung nach nicht genügend heraus, daß queer in dem Sinne eine Herausforderung ist, als daß es alle Kategorien hinterfragt, die der so genannte »gesunde Menschenverstand« bisher unangetastet gelassen hat und die sich als natürlich präsentieren. Neben Sexualität, Geschlecht und Begehren gehören meines Erachtens dazu auch Ethnizität und Kapitalismus, die in diesem Kapitel keine Beachtung finden. Denn wie schon Drucilla Cornell sagte: »There is nothing radical about common sense.«

Queer Theory hält das, was der Titel verspricht und bleibt eine Einführung. Eine nähere Auseinandersetzung mit der Transgender-Thematik taucht beispielsweise gar nicht auf, was für ein Buch über Queer Theory schon erstaunlich ist. Außerdem sind seit dem ersten Erscheinen des Buches mittlerweile sechs Jahre vergangen, in denen sich die Theoriebildung zu Queer um einiges weiterentwickelt hat. Um sich einen Überblick über die Entstehungsgeschichte von queer und die beginnenden Auseinandersetzungen darüber zu verschaffen, reicht es aber aus. Für eine intensivere Beschäftigung mit dem Thema ist die äußerst umfangreiche Literaturliste im Anhang sehr inspirierend. Welche unglaubliche analytische und politische Munition Queer Theory beinhaltet, die noch nicht grundlegend formuliert und genutzt wurde (z. B. in Bezug auf anti-kapitalistische und anti-rassistische Praktiken) und warum sie »Bereiche unterschlagener Wirklichkeit« (Negt) aufdecken kann,

beleuchtet der Anschluß der ÜbersetzerInnen, der sich ebenfalls den jüngsten Entwicklungen auf diesem Gebiet widmet. Dort wird auch noch einmal auf die Rezeptionsschwierigkeiten und individuellen Ausprägungen von queer im deutschsprachigen Kontext eingegangen. Denn auch das gilt es bei der Lektüre nicht zu vergessen: der Entstehungskontext des Buches bezieht sich ganz klar auf den australischen, neuseeländischen und nord-amerikanischen Raum.

Vielleicht werden sich einige nach der Lektüre des Buches in ihrer Kritik gegenüber Queer Theory bestätigt fühlen, vielleicht hat sich für andere der Nebel um das Phänomen

queer ein wenig gelichtet, vielleicht aber dient einigen diese Vorlage auch als Diskussionsgrundlage für eine Weiterentwicklung von queer. Letzteres würde dem radikalen Ansatz von queer, der sich vehement gegen seine eigene Etablierung und damit starre Festlegung wehrt, am dienlichsten sein. Denn die Zukunft von Queer Theory »liegt immerhin noch in der Zukunft.« Und da liegt auch seine Chance, wenn queer weiterhin auf »Entnaturalisierung als Hauptstrategie« setzen und seinen gründlichen »Widerstand gegen die Regime des Normalen« fortsetzen will.

[Annamarie Jagose. *Queer Theory, Eine Einführung*. 220 Seiten, Querverlag, Berlin 2001, ISBN 3-89656 –062-X, 15,50 €] nins

THOMAS MEINECKE
Hellblau. Roman

Die Bezeichnung Roman führt ein wenig in die Irre, denn die Handlung in *Hellblau* beschränkt sich aufs Minimale. daß die Hurricanes Dennis und Floyd zwei Personen, nämlich Tillmann und Vermilion, von den schmalen Inseln der Outer Banks vor dem US-Bundesstaat North Carolina eine Zeitlang aufs Festland vertreiben, ist gleichsam schon der Höhepunkt an Aktion. Wie immer berichtet Meinecke mehr, als daß er erzählt, und das geschieht nüchtern und unaufgeregt und sehr genau. Cordula aus Berlin reist nach Portugal und später in die USA zu Tillmann. Heinrich bleibt – bis auf einen Besuch mit Cordula in Bitburg – in Berlin, Yolanda in Chicago. Es gibt Post, mit der hauptsächlich Zeitschriften und CDs verschickt werden, spärliche

Telefonate und vor allem E-Mails – Diskurs und Diskussionsprozeß finden gleichsam live statt. Dabei ist nicht immer sofort klar, wer spricht. Tillmann und Yolanda arbeiten an einem Buch, dessen Titel noch nicht feststeht, das sich aber mit Race and Gender, Afrikanischen AmerikanerInnen und jüdischen Amerikaner-Innen, mit Wahrnehmung und Zuschreibung befaßt. Heinrich forscht über Bitburg, die Stadt, in der zwischen dem 8.5.45 und dem 5.5.85 über zehntausend amerikanische Kinder geboren wurden, die Stadt, wo sich Ronald Reagan und Helmut Kohl 1985 die Hand auf einem Soldatenfriedhof mit SS-Gräbern reichen. Vermilion arbeitet an einer Dissertation über Chassidische Juden. Cordula schreibt eine Seminararbeit zu Mumia Abu Jamal. Dazu Musik: Detroit Techno, R'n'B, Jazz, Soul, Klezmer …

Meinecke gräbt im Zettelkasten, verdichtet Nachrichten, Lebensläufe, Sachbuch- und Romanlektüren, Botschaften auf Plattenhüllen und Plattenrillen mit Wissenswertem aus ungeahnten Ecken zu Gedankenzusammenhängen, zu Kontinuitäten, die in die Zukunft weisen könnten. Scheinbar disparate Fäden laufen zusammen im Informationsaustausch. Mitunter durchaus gewagt assoziativ entsteht aus vielen winzigen Teilen ein vielschichtiges, in sich logisches Bild, das in eine Utopie der Entgrenzung mündet.

Denn, »1. Ru Paul bemerkte: *Who says that a black person has to be black?*

2. Tillmann und Vermilion stellen fest: *Bis in unsere Elterngeneration hinein wurde Sexismus von beiden Geschlechtern regelmäßig mit sexueller Revolution verwechselt. Eine sexuelle Revolution, sind wir uns einig, hat es in unserer Kultur aber noch nie gegeben. Never, never, sagt Vermilion. Die Sexuelle Revolution könne allein eine feministische sein.*

3. *Die im frühen Christentum weitverbreitete Ansicht, daß jüdische Männer menstruieren. Vermilions Arbeit dreht sich um den Topos des jüdische Mannes als eine Art Frau. Um die vor hundert Jahren weit verbreitete Ansicht, daß Juden östlich, weiblich und phantastisch seien.*

4. Sagt Yolanda: *Wir sollten unsere Begriffe des Eigenen, Fremden und Anderen einmal überprüfen, Tillmann.*

5. *Nachdem ich noch einmal die Drexciya-Doppel-CD The Quest durchgehört habe, finde ich es absolut irre, wieviel die uns mit ihren abstrakten, wortlosen Kompositionen zu erzählen in der Lage sind. Gerade durch die Abwesenheit konkreter Samples – denke nur an die grässlichen Kontrabässe in Drum & Bass – stehen ihnen gleichsam alle Formulierungsmöglichkeiten offen. Interessant dabei ist, daß uns Techno, dessen tatsächlich unsichtbare Stadt praktisch gar keine Strassen hat, no street, no street credibility, fernab also auch aller von Rap*

perpetuierten Mythen einer sozialen Realität existiert, dennoch als radikal dissidentes Medium erscheint.

Aber: 6. *Unbeantwortet: Warum es in den USA so wenige weibliche Techno Artists gibt. Weshalb Frauen überhaupt in aller Musik am ehesten körperlich, mit ihrer Stimme, zum Einsatz kommen. Wodurch das weibliche Subjekt ewig als Objekt in Erscheinung tritt. Wodurch sich wiederum, im Umkehrschluss, das emanzipatorische Potential von Instrumentalmusik ableiten läßt, sagt Heinrich.«*

Aber das ist nicht alles, was ihr in *Hellblau* vorfindet. Das Glossar reicht von White negroes & Afro-American Jews, weiblichen Männern und männlichen Frauen bis zu

U wie Unterwasser, Ursprungsmythos, U-Boot.

Meinecke verschweigt uns dabei nicht die anderen Ereignisse der Tage: Abschiebungen mit Todesfolge für den Abgeschobenen, Selbstmord einer Frau in Abschiebehaft, das endlose und ekelhafte Hickhack um die Entschädigung für ZwangsarbeiterInnen, die Schändung der Gräber von Heinz Galinski und Ignaz Bubis, der seit Jahren in der Todeszelle sitzende Journalist Mumia Abu Jamal.

Die Kritik, die *Hellblau* gern auf die Frage reduziert, »Welche Farbe hat Mariah Carey?« und auf den Nenner brachte, es gehe Meinecke nach dem Thema ›Zustandekommen nationaler Identität‹ in *Church of*

John F. Kennedy, nach dem Infragestellen tradierter Geschlechterverhältnisse in *Tomboy* nun um die Konstruktion ethnischer Zugehörigkeit verkürzt den Inhalt radikal und verfälschend – denn nichts geht ohne das andere: nationale Identität, Gechlechterrollen- und Zuschreibungen und ethnische oder religiöse Identität müssen gemeinsam aufgerollt und neu gedacht werden. Sollte es wirklich funktionieren mit der von Meinecke (oder Cordula?) angedachten Repolitisierung durch Mikroprozesse, dann ist *Hellblau* bei aller diskursiven Stilisierung seiner Figuren ein eminent politisches Buch.

[Thomas Meinecke: *Hellblau. Roman.* Suhrkamp, 335 Seiten, 28,80 €] tp

BERNDT SCHULZ
Lexikon der Road Movies

**RONALD M. HAHN /
ROLF GIESEN**
Das neue Lexikon des Fantasy-Films

Von Godards *Weekend* bis George Milles *Mad Max* und David Lynchs *Straight Story*: Road Movies sind Interpretationen einer Gesellschaft in Bewegung; und zwar in einem Genre, das zu Übertreibungen neigt, in einem Genre, wo es fast immer nur romantische Verklärung oder das apokalyptische Horrorszenario gibt. Road Movies erzählen vom Verhältnis der Menschen zur Straße, also zum öffentlichen Raum, der je nach soziopolitischer Stimmung als Weg in die Freiheit oder als Kriegsschauplatz empfunden wird. Berndt Schulz hat eine gehörige Anzahl an Road Movies gesammelt und sie neben Regisseur-

und Stichwort-Einträgen in einem umfangreichen Lexikon beim *Imprint Verlag* gesammelt. An der Auswahl gibt es wenig auszusetzen. Einträgen wie »Aussteiger«, »Rebellen« und »Rockfilme« gelingt auch, gewisse Motive im Laufe ihrer filmischen Entwicklung zu skizzieren. Was allerdings stört, ist die für den *Imprint Verlag* typische laxe Sprache, die zwar den Fan verrät, aber von jeglichem Anspruch an ein Lexikon weit entfernt ist. Jeglicher Nutzwert für Filmwissenschaftler, Soziologen und Journalisten geht flöten, wenn Einträge aus einer Mischung aus abgedroschener Jugendsprache und unbegründeten subjektiven Bewertungen im Fanzine-Stil daherkommen. Das fällt vor allem bei der Zusammenfassung von Filmhandlungen auf, die sich meist auf zwei Sätze beschränken, und bei der Kritiker-Bewertung, die meist nicht viel ausführlicher ausfällt. Wenn ein so komplexer Film wie *Weekend* als eine Gesellschaft mit Totalschaden »ist ins Schleudern geraten« beschrieben wird, ist am Ende nichts gesagt worden. Anstatt das Spezifische der jeweiligen Filme herauszuarbeiten, bleiben die Kommentare beliebig und austauschbar – die Sätze zu *Weekend* könnten ebenso unter *Mad Max* oder Spielbergs *Duell* stehen. Eine Auswahl von weniger Filmen bei genauerer Analyse, hätte dem Buch gut getan. Vorbildliche Veröffentlichungen wie Reclams *Lexikon der Filmklassiker* ha-

ben gezeigt, wie so etwas geht. Andernfalls taugen Lexika dieser Art höchstens, um Besetzungslisten, Jahreszahlen, also reine Fakten nachzuschlagen. Etwas wenig.

Ausführlicher, aber ähnlich lax kommentiert, ist das *Lexikon des Fantasy-Films*, das mit seinen satten 630 Seiten wohl darauf baut, daß zu Hochzeiten von *Pokémon* und *Harry Potter* Bedarf für ein Nachschlagewerk besteht. Neben dem *letzten Einhorn* und wahren Sturmwellen von Disney-Schmalz finden sich hier auch Filme wie Bunuels *Der andalusische Hund* verzeichnet, was bei einer Ausweitung des Fantasy-Begriffs nur konsequent ist. Das Horror- und Okkult-genre fehlt dagegen fast völlig. Was aber wäre der phantastische Film ohne Regisseure wie Argento? Was ohne Meisterleistungen wie *Wenn die Gondeln Trauer tragen*, der hier auch nicht berücksichtigt wurde? Etwa deshalb, weil auch Kinder unbedenklich in diesem Schmöker sollen blättern können? Ansonsten: viel ordentliche Fleißarbeit und ein paar höchst eigenartige Genre-Zuweisungen (da findet sich doch glatt ein Beitrag zu *Lola rennt* – Fantasy?).

[Berndt Schulz: *Lexikon der Road Movies.* Lexikon Imprint Verlag, Schwarzkopf & Schwarzkopf, Berlin 2001, ISBN 3-89602-284-9. Ronald M. Hahn / Rolf Giesen: *Das neue Lexikon des Fantasy-Films.* Lexikon Imprint Verlag, Schwarzkopf & Schwarzkopf 2001, ISBN 3-89602-281-4] mb

JUDY CHUNG, JEFFREY INABA, REM KOOLHAAS, SZE TSUNG LEONG (Hg.):

Harvard Design School Guide To Shopping

Der Rotterdamer Architekt Rem Koolhaas ist mittlerweile weit weniger als Entwerfer von Häusern bekannt, denn als Figur seiner eigenen medialen Vermarktung. Und die Vertreter der Medien, abonniert auf Hipness-Faktoren, reagieren stets auf diese selbstreferentielle Starfigur, als seien sie menschgewordene Pawlowsche Hunde. Immer wieder ist daher von einem Koolhaas die Rede, der ständig mit dem Handy telefoniert, sein Leben in Flugzeugen verbringt, sich an den Un-Orten dieser Welt aufhält, der sich für die Bizarrerien der Globalisierung begeistert, der die Ergebnisse dieser Studien nicht in Richtlinien für die Weltverbesserung, sondern – angeblich zynisch – in mehr Architektur und Kapital ummünzt. Da jedoch Koolhaas seine Wirkung genauestens kennt, hat er sich eine Gegenstrategie zurechtgelegt: kaum in den Fängen eines Journalisten, der eben glaubte, er habe eine offiziell-endgültige Koolhaas-Figur dechiffriert, schlüpft dieser schon wieder in die nächste Rolle, das nächste Projekt, hält die nächste Pikanterie bereit oder bewegt sich an den nächsten Ort. So erscheint Koolhaas mittlerweile wie der David Bowie der Architektur – nur daß er sich noch nicht aus dem erwartbaren Rollentauschzwang befreien konnte.

Tatsächlich existierte einmal auch ein geschätzter Architekt namens Rem Koolhaas. Die von ihm und seinem Büro OMA errichteten Bauten haben sich in den letzten Jahren verändert: von einer Art ironischer Neomoderne der achtziger Jahre, die Elemente der Heroen Mies van der Rohe und Le Corbusier oder der amerikanischen Sachlichkeit der dreißiger Jahre (etwa das Museum of Modern Art in New York) zu geistreichen Collagen verquirlt hatte, ist er zu einem selbstsicheren spätkapitalistischen Neufunktionalismus gekommen. Als Entwerfer arbeitet er rein konzeptuell und überträgt damit Strategien aus der Kunst in die Architektur, mit wechselndem

Erfolg, ganz so, wie jeder andere Architekt auch. Daß jedoch seine Architektur nicht mehr oder nur noch selten (bisweilen im wichtigen niederländischen Kritikerblatt Archis) als solche analysiert wird liegt daran, daß frühzeitig zum Entwurfskonzept die eigene Vermarktung hinzukam. Sie generierte neben der eigenen schillernden Person auch gleich zu einer ganzen »Schule« von hochgewachsenen jungen Männern mit hohem Haaransatz, Anzughose und T-Shirt, die sich, ganz das große Vorbild, in ihren Produktpräsentationen auf den Affront mit den konventionellen Erwartungen des Publikums kaprizieren. Zu diesem Konzept gehört aber auch der Ausstoß von Publikationen, beinahe so mechanisch und gedankenlos, wie eine Maschine, die ständig Tennis-bälle speit. Auch hier begründete Koolhaas eine Art von eigener Schule, indem er, gemeinsam mit dem Grafiker Bruce Mau, vor einigen Jahren den Band S,M,L,XL auf dem Markt platzierte. Das Buch, durchsetzt mit absurden, schwer verständlichen Graphiken, skandalträchtigen Texten vom Ende der Architektur und dominiert von einer wahren Bilderflut, wurde zu dem, was man damals »Kult« nannte. Andere Büros zogen nach: Ben van Berkel und Caroline Bos (UN Studio) etwa veröffentlichten ihr dreibändiges Computerarchitekturmanifest Move, die Koolhaas-Schüler MVRDV (Maas, van Rijs, de Vries) – seit längerem als legitime Koolhaas-Nachfolger gehandelt und schon vor ihrem prestigieusen Hannoveraner Expo-Pavillon-Projekt mit einer glänzenden Karriere beschenkt – gaben gleich mehrere Riesenbände heraus.

Doch das alles beeindruckt den Meister nicht, denn er ist bereits in Harvard angekommen und während die anderen für ihre Publikationen mit den Verlagen und der Finanzierung kämpfen müssen kann dieser auf seinem Professorenposten und jede Menge Fördermittel zurückgreifen. Im letzten Jahr bündelte Koolhaas die ersten Erkenntnisse aus dem »Harvard Project on the City« in Mutations, das gleichzeitig als Ausstellungskatalog für die gleichnamige Schau am Museum Architec-

ture en rêve. Centre d'architecture in Bordeaux diente. Dafür konnte er das in Barcelona ansässige Verlagshaus Actar gewinnen, das auch schon den MVRDV-Band Costa Iberica herausgegeben hatte. In gelbes Plastik eingeschlagen und mit einem schwarzen Aufkleber aus Schaumstoff versehen erzählte uns Koolhaas die Geschichte von der Veränderung der Stadt: das Phänomen Einkaufen, die Bedeutung des überwachten Raumes und das Verschwinden der Öffentlichkeit, die Verstädterung der Welt, die Veränderungen des Realen durch das Virtuelle. Auf der Rückseite des knapp tausendseitigen Werkes war die Quintessenz auf die einfache Gleichung »World=City« gebracht. Das sei zwar noch nicht ganz so, konnte man den Texten im Inneren entnehmen, werde aber, wie die gesammelten Statistiken zeigen, bald so sein.

Der auf sechzig Mutations-Seiten ausgebreitete Shopping-Komplex ist nun Gegenstand eines eigenständigen, weiteren Buches geworden, das unter der Regie Koolhaas' vor wenigen Monaten in die Buchhandlungen gelangte. Nach der Gesamtübersicht wird das »Harvard Project on the City« nun in Einzelbände aufgegliedert, jede, von Koolhaas an verschiedene Arbeitsgruppen delegierte Frage über die Veränderungen von Urbanität im neuen Jahrtausend, bekommt ein eigenes Buch. Zuständig ist nun der Taschen-Verlag. Ähnlich wie die Merkformel auf der Rückseite von Mutations läßt sich auch die Erkenntnis des Harvard Guide to Shopping in einem Satz zusammenfassen: nicht mehr eine Tatsache an sich ist gesellschaftlich relevant, sondern ihr Erfolg, zu messen an ihrer kapitalistischen Vermarktung und Konsumierbarkeit. Das hat auch Auswirkungen auf die Struktur und Funktion der Stadt. Also: »City=Shopping Mall«.

Im Shopping-Buch ist es genau ein einziger Text, der von Koolhaas selbst stammt, vierzehn von genau 800 Seiten, dazu noch in einer nahezu unlesbaren Bleiwüstenei präsentiert. Das Thema bezieht sich auf den eigens von Koolhaas kreierten Begriff des »Junkspace«, des unnütz verbrauchten scheinöffentlichen

Raumes, den er mit seiner margelosen Buchstabensuppe anscheinend im Kleinen wieder wett zu machen trachtete.

1,75 Prozent des Buches bestehen also aus nachweislichem Original-Koolhaas. Und dies wird, so steht zu befürchten, völlig reichen, um das Buch als gutverkäuflichen »Neuen Koolhaas« über die Ladentische zu befördern. Ein wenig erinnert diese Strategie an das Verfahren der Filmindustrie mit ihrem geliebten enfant terrible Orson Welles, der im *Dritten Mann* nur für einige wenige Sekunden auftrat und dennoch wie der eigentliche Hauptdarsteller wirkt. Nur Welles konnte mit noch weniger prozentualer Anwesenheit einem ganzen Projekt seine Marke aufprägen. Immerhin, Koolhaas war bei der Gesamtkoordination des »Harvard Projektes« auch sein eigener Regisseur, auch, wenn der Löwenanteil der Recherchier-, Schreib-, Strukturier-, und Denkarbeit von einem illustren Stab Unbekannter durchgeführt wurde. Der letzte Schliff aber – und darauf kommt es recht eigentlich an – läßt das vielstimmige Werk optisch wieder zu einem scheinbar echten Koolhaas-One-Man-Project zusammenschrumpfen: das Layout (eingerichtet von Sze Tsung Leong und Chuihua Judy Chung) verarbeitet das

einmal mit *S,M,L,XL* vorgegebene Corporate Design weiter. Einiges erinnert dabei dann tatsächlich an Film: etwa die Formulierung »Guest appearance by Denise Scott Brown und Robert Venturi«, die beide noch einmal – im Gespräch mit Hans Ulrich Obrist und einem Extra-Koolhaas ihre in den siebziger Jahren aufgestellten Las-Vegas-Thesen überprüfen dürfen. Oder die einleitende Bilderserie, die wie ein Daumenkino aufgebaut ist und bei der sich Aufnahmen von Einkaufskomplexen seit der Antike aneinanderreihen, die Seiten überwuchern, sich exponentiell vermehren und den weiterblätternden Betrachter mit ihrer Omnipräsenz in die schiere Verzweiflung treiben.

Gerade diese, eben Koolhaastypischen Elemente sind jedoch, die von jeher nicht nur die Übersichtlichkeit und damit die Lesefreude drosseln, sondern überhaupt an der Seriosität der Unternehmen zweifeln ließen. Hier drängt sich die Attitüde so sehr in den Vordergrund, daß der Inhalt aufgezehrt wird, der seinerseits zu selten durch umfassende Analysen brilliert und sich sicher am selbst produzierten Overkill durch das gesammelte Material ergötzt (wenn etwa der Beitrag über Disneyworld mit einem Absatz über die Invasion

Englands durch die Normannen 1066 beginnt, bei der Mitglieder einer gewissen Familie D'Isigny beteiligt waren). Der Schluß eines jeden Lesers kann daher nur sein: Man muß dieses, man muß auch die anderen neuen Bücher von Rem Koolhaas nicht besitzen. Beim Lesen und Blättern und Ärgern überlegt man vielmehr, wie es wäre, aus dem überdesignten Bibelformat und dem unnützen Material ein profundes Stück Sekundärliteratur ohne gestalterisches Brimborium herauszubrechen. Denn – hier wird die Gleichung komplizierter: »Reserach=relevant Facts+Analysis«. Sollte sich die »Koolhaas-Factory« daher nicht von ihrer jetzigen Strategie verabschieden, so bleiben die Bücher weiterhin zeitgeistige Eintagsfliegen, mit denen sich das selbstgekürte Faktotum des architektonischen Starglobalismus zweifellos gewichtigen, hochbrisanten Problemen annimmt, diese aber im gleichen Moment wieder mit seiner eigenen Kunstfigur »Koolhaas« erschlägt. Dazu aber ist eigentlich beides zu wichtig: die angeschnittenen Problemfelder – und der echte Architekt Rem Koolhaas.

[Judy Chung, Jeffrey Inaba, Rem Koolhaas, Sze Tsung Leong (Hg.): *Harvard Project on the city 2: The Harvard Design School Guide to Shopping.* Taschen-Verlag, Köln 2001,800 Seiten, zahlr. farb. Abb., ISBN 3-8228-6047-6] cw

Vom Verschlingen und Verschlungenwerden: Menschenfresser

Eine der ältesten abendländischen Diätregeln: Iß keinen Menschen! Du kannst ihn quälen, foltern, töten – für heilige Zwecke sowieso, aber essen – niemals! Ob jemand zivilisiert sei oder barbarisch, menschenwürdig oder tierisch: man erkenne es daran, ob er seinesgleichen in den Rachen stopft. Menschenfresser, das sind die ganz Anderen, auf irgendwelchen Inseln oder fernen Kontinenten. Kannibalen, das sind Schwarze, Braune, Rote, jedenfalls nicht Weiße. Ausnah-

me: Juden, Hexen, Satansjünger. Unabhängig davon, wieweit die Berichte über anthropophage Kulturen lediglich Projektionen und Verleumdungen waren (wie William Arens *The Man-Eating Myth* 1979 zu belegen versuchte) oder doch gesellschaftliche Realität – der Menschenfresser gehört zweifellos zu den Urphantasien des Menschen, Hüter der Grenze zwischen Mutter und Kind, dem Ich und dem Anderen, zwischen den Gefühlen Liebe und Haß, Sehnsucht nach Verschmelzung und Angst vor dem Verschlungenwerden. Menschenfresser tummeln sich überall in Mythen, Märchen, Religionen: Chronos/Saturn frißt seine Kinder und der Riese Polyphem verschlingt Odysseus' Gefährten, die Hexe will Hänsel und Gretel mästen und dann verschmausen, die

Christen verschmelzen mit ihrem Herrn, indem sie sich symbolisch sein Blut hinter die Binde kippen und seinen Leib teilen. Kannibalismus ist noch lange kein alter Hut, er geistert durch die modernen Mythen in Literatur und Film, von Dracula – eher Flüssignahrung zugeneigt –, bis zu den italienischen Kannibalenfilmen, den Zombiefilmen, den Serienkillerfilmen. Oder Peter Greenaways *Der Koch, der Dieb, seine Frau und ihr Liebhaber.* Die Sprache des Begehrens ist voll von anthropophagen Phantasien: Liebhaber haben sich zum Fressen gern, jemand sei knackig oder knusprig, süß oder sauer, zum Anbeißen eben. Und Serienmörder setzen dies zuweilen in die Tat um. Zwei spannende Reader widmeten sich jüngst dem Thema.

Verschlungene Grenzen. Anthropophagie in Literatur und Kulturwissenschaften von 1999, herausgegeben von Annette Keck, Inka Kording und Anja Prochaska, reicht von den kannibalistischen Vorstellungen der Antike und den frühen Entdeckerreisen des 16. Jahrhunderts über das Theater der Shakespeare-Zeit und Defoes *Robinson Crusoe* bis zu Kleists *Penthesilea*, Vampirismus und Schreiben am Fin de Siècle, Döblin, Margaret Atwood und menschenfressenden Serienkillern in Realität, Film und Literatur: Jeffrey Dahmer, *Silence of the Lambs* und *American Psycho* (alle 1991). Die Autoren Rodolphe Gasché, Reinhold Görling, Martin Windisch, Daniel Fulda, Maud Ellmann, Ralph J. Poole, Walter Burkert, Gerhard und Dorothea Baudy, Eva Horn und andere stellen dar, wie sehr das Motiv der Anthropophagie es ermöglicht, das Eindringen des Anderen in das Eigene als Wunsch- und Schreckgespenst zu thematisieren und darüberhinaus – im Bericht – das Andere wieder nach außen zu stülpen, sozusagen wieder zu erbrechen. Das Phantasma des Verschlungenwerdens dient als Legitimation der Unterwerfung des Anderen, wie bei *Robinson Crusoe*, und insofern auch als Mittel der Selbstversicherung, der Selbstkonturierung des neuzeitlichen Subjekts. Und immer, wenn diese Konturen in eine Krise geraten, haben kannibalistische Phantasien Konjunktur. Die Beiträge kommen nicht aus der schnellen Küche, sie sind delikat und intellektuell anspruchsvoll, und wer keinen blassen Schimmer von Lacan, Derrida & Kollegen hat, wird ab und an länger am Text kauen müssen.

Zwei Jahre später erschien *Das Andere Essen. Kannibalismus als Motiv und Metapher in der Literatur*, herausgegeben von Daniel Fulda und Walter Pape, und keinesfalls doppelt gemoppelt, sondern eine erneute Vertiefung und Ausweitung des faszinierenden Themas. Außer Fulda gibt es keinerlei Autorenüberschneidungen zum vorherigen Band und nur wenige thematische wie *Robinson Crusoe* oder *American Psycho*. Neben den Texten des »kannibalistischen Kanons«, neben Märchen aus der Romantik und Reiseberichten aus dem 19. und frühen 20. Jahrhundert werden vor allem jüngere und in diesem Zusammenhang weniger beachtete Texte berücksichtigt, u. a. Flaubert, Thomas Mann und die Literatur der Weimarer Republik, James Joyce und John Keats, Botho Strauß, Marcel Beyer, Kannibalismus im Theater bei George Tabori, Werner Schwab, Heiner Müller, sowie die Menschenfresser im Hollywoodkino. Die Aufmerksamkeit gilt dem thematischen Gehalt des Menschenfresser-Diskurses (welche Funktion hat das Motiv für die kulturtheoretischen, semiotischen, geschlechtsspezifischen etc. Entwürfe des jeweiligen Textes?) ebenso wie seiner ästhetischen Gestalt (wie wird das Motiv repräsentiert bzw. welche Verfahren provoziert es?). Am Motiv des Vampirismus wird schließlich die Frage untersucht, wieweit die ästhetische Kommunikation zwischen Autor, Text und Leser als »kannibalistisch« beschrieben werden kann, also nicht nur das Werk seinen Schöpfer aussauge, sondern auch noch der Leser zum vampirischen Opfer des Textes wird, der bestimmte Tiefenschichten seiner Psyche anzapft. Hervorragend ist die Einleitung von Fulda, der einen Überblick über Forschungsstand und Fragestellungen gibt und eine ausführliche Auswahlbibliographie zusammenstellte. Schlußendlich hat man begriffen, daß zu einer Kultur immer auch das gehört, was sie als Unkultur behauptet und gleichzeitig nicht erfassen kann. Nirgendwo wird das so deutlich wie beim Thema des Kannibalismus, egal, ob es den Anderen ausgrenzt oder sich provokativ gegen die eigene Kultur richtet. Die alte Frage »Wer sind die Menschenfresser?« kehrte sich zum Fragenden um: »Wer sind wir, die wir von Menschenfressern reden?« Oder wie Peter Hulme kurz und bündig sagt: »The man-eating myth is still with us – but as a story about ourselves.«

[Annette Keck / Inka Kording / Anja Prochaska (Hg.): *Verschlungene Grenzen. Anthropophagie in Literatur und Kulturwissenschaften*. Gunter Narr Verlag, Tübingen 1999, 362 Seiten, ISBN 3-8233-5701-8, 78,– DM. Daniel Fulda / Walter Pape (Hg.): *Das Andere Essen. Kannibalismus als Motiv und Metapher in der Literatur*. Rombach Verlag, Freiburg i. Breisgau 2001, 548 Seiten, ISBN 3-7930-9258-5, 50,20 €] fm

BEV ZALCOCK
Renegade Sisters. Girl Gangs On Film.

Während in der Filmliteratur der Darstellung und der Bedeutung von »Männerfreundschaften« und männlich dominierten Gruppierungen (Gangster, Militäreinheiten, Bikergangs) viel Text gewidmet wurde, fehlte bislang eine Studie zum weiblichen Äquivalent. Die jeweilige Motivation zur Einbringung dieser besonderen Art weiblicher Protagonistinnen, ihre Entstehung und Entwicklung im Mainstream- und Independent Kino wird in 13 Kapiteln und mit zahlreichen Schwarzweißfotos gut leserlich dokumentiert. Behandelt werden mitunter Russ Meyers B-Movies, Filme über sexbesessene Nonnen, Girl-Straßengangs, High-School Banden, Science-Fiction-Cat-Women sowie Rache- und Roadmovie-Epen. Und keinesfalls immer ist die weibliche Version eines Helden/Rächers die genaue Kopie des männlichen Vorläufers. Entsprechend unterschiedliche Ansätze stellt Bev Zalcock im Stil von männlichen und weiblichen Regisseuren fest. Erstmals 1998 erschienen, wartet diese überarbeitete Ausgabe mit einigen neuen Kapiteln, einem Interview mit Stephanie Rohtman (Student Nurses) sowie einer Aufgliederung von Charlie's Angels auf.

[Bev Zalcock: *Renegade Sisters. Girl Gangs On Film*. Creation Books, London 2001, 238 Seiten, ISBN 1-84068-071-7, 26,– €] ae

DIRK SCHWIEGER
ineinander 3

Dirk Schwiegers halbjährlich erscheinende, auf 13 Teile angelegte Heftserie ist, so scheint es, sein ganz persönlicher Spielplatz für formale Experimente im Medium Comic. Alles steht zur Disposition: die Frames, die Sprechblasen, das Lettering, Sprache und Schrift allgemein, Genres und Zeichenstile, die Linearität der Erzählung, der Sinnzusammenhang der einzelnen Bilder und Handlungsstränge etc. Die Bilder und Texte selbst sind, obwohl sie um alltägliche Begebenheiten und Gespräche kreisen, größtenteils assoziativ und unzusammenhängend angelegt. Der Sinn von Serie und Verlag ist, laut der hübschen Homepage www.eigen-heim.com:

»die völlige kreative Kontrolle des Künstlers über sein Werk (...) Comics schreiben und zeichnen, ohne Lektorat, ohne Sorge um Verlagsprofil, Anspruch, Rentabilität.« Hehre Ziele, hier wirklich mal in die Tat umgesetzt. Nur »lesen« läßt sich das Ganze recht schwer.

[Dirk Schwieger: »ineinander 3«. der eigen verlag: Berlin 2001; 40 Seiten; 2,99 €; ISBN 3-934948-11-1] gw

MICHA HIRT
die koronarArchitekten.
eine comic-noir bildergeschichte

Im vorliegenden aufwendigen A4-Band, der ganz in Schwarzweiß gehalten ist und bis auf eine Kurzgeschichte am Schluß ohne Text auskommt, wird das gute alte Hippie-Klischee der Blumen, die die Gewehrläufe von Soldaten verstopfen sollen, im wahrsten Sinne des Wortes »zerpflückt«: Geflügelte junge Wesen beiderlei Ge-schlechts züchten in einem im Weltall schwebenden, riesenhaften Herzen Blumen. Diese bringen sie immer wieder zu einem Planeten, der bis auf Hochhausschluchten und bandagierte, mithin gesichtslose Arbeitsdrohnen – alle im Anzug und mit Aktentasche – kein Leben, keine Vegetation aufweist. Nun kann man mit diesen Blumen anscheinend zwei Dinge tun: einpflanzen oder die Blütenblätter als Granaten verwenden. Nachdem we-der ein »Warnschuß vor den Bug« der Technokraten noch das Einpflanzen der Blumen diese – überträgt man das Bild – vom Weg des bedingungslosen, lebensfeindlichen Neoliberalismus abbringen kann, bleibt nur noch eine schwere Wahl: die vollständige Vernichtung dieser kalten Welt durch ein ganzes Gewächshaus voller Blumen. Mit einem Wort: Revolution.

[Micha Hirt: *die koronarArchitekten. eine comic-noir bildergeschichte*. Tsunami-Verlag: Berlin 2001; 96 S.; 13,10 €; ISBN 3-9807148-1-0] gw

BÄRBEL TISCHLEDER
Body Trouble. Entkörperlichung, Whiteness und das amerikanische Gegenwartskino.

Der Text, Dissertation am Institut für England- und Amerikaforschung in Frankfurt/M., setzt sich mit Judith Butler und den Gender Studies auseinander, um im zweiten Teil Körperinszenierung im Hollywoodkino zu analysieren. Ein historischer Exkurs über die Inszenierung von *Whiteness*, also die Hervorhebung des weißen Körpers, die Assoziation des weißen, weiblichen Gesichts mit Vorstellungen wie »Seele« und »Spiritualität« im klassischen Hollywood-Kino in Gegenüberstellung mit rassistischen Stereotypen vom Schwarzen, mündet in die Feststellung, daß sich vor und hinter Hollywoods Kameras einiges geändert hat: »*Blackness* ist nicht mehr erstrangig eine Markierung natürlich verstandener rassischer Differenz.« Es ist in verschiedenen Genres, vom Science Fiction- bis zum Katastrophen- und Gangster-Film (*Pulp Fiction*, *Independence Day*, *Deep Impact*) zu einer »›Neutralisierung‹ der Hautfarben« gekommen, die möglich machten, daß inzwischen auch Schwarze im Film an der Errettung der Menschheit teilhaben können. Zugleich mißtraut die Autorin jedoch der von ihr selbst eingestreuten Feststellung, daß Hollywood inzwischen progressiver als Washington sei und fragt in Anlehnung an Stuart Hall, inwieweit sich die »zunehmende Integration von Differenz« auf eine »bloß visuelle Präsenz schwarzer Körper in der Populärkultur« reduziert, hinter der kritisch betrachtet werden muß, welche »politics of representation« im Einzelnen vermittelt werden. Anhand von drei genauen Filmanalysen – zu *Philadelphia*, *Fargo* und *Titanic* – zeigt Bärbel Tischleder zumindest methodologisch, daß eine genaue Analyse von Körperinszenierungen noch immer ideologische Subtexte an die Oberfläche befördern kann, die scheinbar verschwunden sind. So rechnet sie zum Beispiel mit dem Mythos ab, *Titanic* sei ein klassenkämpferischer Film, der (nach Selbstaussage von James Cameron) »nur ein Schritt vom Marxismus« entfernt ist. *Titanic* sei im Gegenteil lediglich antiaristokratisch, damit latent antibritisch, um mit der Unterklasse und Protagonisten Di Caprio den Mythos vom amerikanischen Individualisten zu stärken; die nicht ganz so blasse Hautfarbe steht hier für Wagemut bei fehlender Dekadenz, für Kraft und Durchsetzungsvermögen, letztlich also für kapitalistische Tugenden, die hervorzuheben einen Diskurs eröffnet, der sich von alten europäischen Wertvorstellungen verabschiedet, um zugleich die »Geburt Amerikas« zu feiern.

Die durchaus nützliche Quintessenz von *Body Trouble* sensibilisiert, dem Emanzipationsschub in Hollywood nicht blind zu trauen, sondern nachzufragen, welchen übergeordneten Zwecken eine Toleranz dient, die in den seltensten Fällen um ihrer selbst willen Einzug ins Mainstreamkino fand.

[Bärbel Tischleder: *Body Trouble. Entkörperlichung, Whiteness und das amerikanische Gegenwartskino*. Brosch., 286 Seiten, Stroemfeld Verlag, Frankfurt a. M. 2001, ISBN 3-86109-158-5, 48,– DM] mb

GERHARD RICHTER
18. Oktober 1977

Es ist schon bezeichnend, daß Gerhard Richters Gemäldezyklus zum 18. Oktober 1977 nicht in Deutschland blieb, weil sich für die Bilder kein Käufer gefunden hatte. Nun hängen sie im New Yorker *Museum of Modern Art* und wurden dort mit einer außergewöhnlichen, umfangreichen Publikation gewürdigt. Die in Schwarzweiß gemalten, verwischten, nach Presse- und Polizeiphotos entstandenen Bilder besitzen eine suggestive Kraft, von der auch hierzulande häufig geschrieben wurde. Richter hatte verstanden, die Ereignisse rund um Mogadischu und den Tod der in Stammheim arrestierten RAF-Terroristen, auf eine Weise ins Gedächtnis zurückzurufen, die ein äußerst unan-

genehmes, flaues Gefühl vermittelte. Ohne selbst in irgendeiner Form Partei zu ergreifen, vermittelte Richter mit den verwischten, zum Teil kaum mehr identifizierbaren Motiven weniger, daß dies längst ein vergangener, ferner Teil der deutschen Geschichte ist, sondern vielmehr, daß es sich hier um Verdrängtes, noch lange nicht Abgearbeitetes handelt. Die Verdrängung und der mit ihr einher gehende unreflektierte Umgang mit der RAF ist den Bildern eingeschrieben – sie mahnen zur Erinnerungsarbeit im besten Sinne, indem sie die Verdrängungen an sich selber sichtbar machen.

Zu einer solchen Erinnerungsarbeit ist in Deutschland (jenseits von stereotypen RAF-Spielfilmen) noch kaum jemand bereit. Umso erstaunlicher, daß dies in den USA gelingt und dort wohl auch nur gelingen kann, weil die USA in dieser Form nie von einem linken Terrorismus getroffen und in ihren Grundwerten erschüttert wurden. Der vorliegende, von einem ausführlichen Text begleitete Bildband ist natürlich auch der Tatsache zu verdanken, daß die Geschichte der deutschen Nachkriegszeit, aus deren Bedingungen die RAF unmittelbar hervorging, dem amerikanischen Publikum erst einmal transparent gemacht werden muß. Dies gelingt Robert Storr auf vorbildliche Weise. Sein Begleittext, der hier auch in einer deutschen Übersetzung

vorliegt, bemüht sich, die historischen Ereignisse möglichst ohne Wertung in all ihren Aspekten zu rekonstruieren. Darunter finden sich dann auch Sätze, die zu schreiben hierzulande gerne unterdrückt wird, etwa zur Beerdigung von Hans Martin Schleyer: »Bei seiner Beisetzung, in Anwesenheit führender Vertreter aus Regierung und Wirtschaft, darunter nicht nur des sozialdemokratischen Bundeskanzlers Helmut Schmidt, sondern auch anonymer Militärs mit Schmissen im Gesicht, mögen viele, die Schleyers Tod betrauerten, zu denen gezählt haben, denen Hannah Arendt bereits viele Jahre früher eine ›bewußte Weigerung‹, über die Katastrophe des Nationalsozialismus zu trauern, oder eine ›echte emotionale Unfähigkeit‹ dazu attestiert hatte.«

Den Gemälden von Richter nur angemessen, geht es Storr um nichts anderes als eine Verstehbarmachung der damaligen Motivationen, Ideologien und Handlungen auf beiden Seiten. Das von ihm nachgezeichnete Schlachtfeld ist – beinahe schon im Sinne einer Schullektüre – vorbildliche Aufbereitung und ein hervorragendes Beispiel dafür, wie Kunstgeschichte gesellschaftliche Machtverhältnisse bestenfalls ein wenig transparenter abbilden kann.

[Gerhard Richter: *18. Oktober 1977*. geb., 248 Seiten, Ostfildern 2001, Hatje Cantz Verlag, ISBN 3-7757-1078-7, 68,– €] mb

HEINZ GEUEN UND MICHAEL RAPPE (HG.)
Pop & Mythos

Man könnte diese Rezension so einleiten: Kaum liest ein Günter Jacob in einem Kasseler Waschsalon, ist das gleich ein Fall für *Pop und Mythos*. Doch diese ketzerische Bemerkung übersieht, daß es vor jener Lesung längst den Namen gab: *Pop & Mythos* nannte sich eine 1996 initiierte Veranstaltungsreihe im Kasseler Kulturzentrum Schlachthof, die allerhand Persönlichkeiten des aktuellen Popdiskurses versammelte. Zum Namen kam sie eher aus pragmatischen Gründen, denn um in Zeiten schwindender Kulturbudgets an Staatsgelder zu kommen, mußten sich die Veranstalter irgendwas zum Thema »Mythos« aus

dem Ärmel schütteln. Angesichts der heutigen kulturpolitischen Lage eine völlig legitime Maßnahme, wenn man mich fragt. Da der Zusammenhang von Popkultur und Mythos aber ohnehin auf der Hand liegt, ist es Heinz Geuen und Michael Rappe gelungen, ein beachtliches Programm zusammenzustellen. Um nur einige zu nennen: Feridun Zaimoglu, Gabriele Klein, Luka Skywalker und Thomas Meinecke, Bands wie Stereo Total und Brüllen spielten, lasen und debattierten in Plattenläden, Kneipen und an anderen trashigen Orten. 17 dieser Beiträge sind nun nachzulesen, was den Vorteil hat, daß sie sich nun deutlicher aufeinander beziehen und miteinander in Dialog treten können, als es damals vor Ort der Fall war. Ob sie es aller-

dings tun, hängt von den LeserInnen selbst ab, die – wenn sie Lust haben – Bezüge herstellen können, scheinen doch die im Buch vorgegebenen Oberthemen »Pop-Ästhetik«, »mediale Konstruktion des Pop« und »Pop und Musik« einigermaßen beliebig und austauschbar zu sein. Die Herausgeber verzichten auf eine weitergehende Kontextualisierung der Beiträge – und ziehen sich aus der Affäre, indem sie ihren Band ein »literarisch-feuilletonistisches Lesebuch« nennen. Dabei hätte es bei manchen Artikeln schon interessiert, welche Aspekte anschließend wie diskutiert wurden (auch wenn, zugegeben, eine solche Aufarbeitung natürlich horrormäßig viel Arbeit kostet). Dennoch schade drum, denn indem man sich einer

Positionierung derartig entzieht, besteht die Gefahr, der Qualität vieler Beiträge nicht gerecht zu werden. Doch nun zum Lob: was freut, ist die Erkenntnis, daß man Namen, die man hätte erwarten können und die nicht auftauchen, am Ende gar nicht vermißt! Ein Segen ist auch, daß einem der unsägliche Popliteraturquatsch erspart geblieben ist und wir stattdessen zwei literarischen Beiträgen aus dem Umfeld von Kanak Attak begegnen, nämlich von Feridun Zaimoglu und von Imram Ayata aus Frankfurt, dessen köstliche Geschichte *Martin heidegert* absolut mit zum Besten gehört, was dieser Band zu bieten hat. Bleibt zu hoffen, das Ayatas erstes Buch bald auf den Markt kommt. Abzuwarten bleibt allerdings auch, ob sich in Zukunft Kanak Chic auch mal anders als nur in männlicher Form zeigt.

Apropos, um hier einmal die Gender-Frage zu stellen: Auch dieser Band zeigt, daß der Popdiskurs immer noch männlich dominiert ist. Daß sich in all den Jahren im Grunde nicht viel geändert hat, macht Tine Plesch in ihrem Beitrag über Frauen im Rockgeschäft klar. Plesch weist nach, daß das Gerede, die Musikbranche hätte sich für Frauen geöffnet, nichts ist als leeres Geschwätz. Insofern ist den beiden Herausgebern gar nicht genug zu danken (und das ist keine Ironie!), daß sie in ihrem Interview mit der DJ Patricia Dittmar-Dahnke nicht ein einziges Mal das Frausein thematisieren. Um Pop-Phänomene aus der Gender-Perspektive geht es auch im Beitrag von Janina Jentz, die die Figur des Stars beleuchtet. Sie untersucht, welche Prozesse den weiblichen Star produzieren und macht dies an der Starpersona am Beispiel Madonna und Lady Di über Marilyn Monroe zu Marlene

Dietrich deutlich. Im Spiel von Konstruktion und Authentizität wird der weibliche Star zum Star der Weiblichkeit, basiert doch der Starmythos mit seinem Glauben an ein authentisches Selbst hinter der Maske auf dem Topos von der rätselhaften Weiblichkeit. Kein Wunder also, daß Popstars wie Prince und Michael Jackson als effeminierte Männer gelten.

Der relevanteste Beitrag stammt vom eingangs erwähnten Waschsalonbesucher Günter Jacob, der überzeugend zeigt, wie sich der nationale Diskurs des Popdiskurses bedient und wie Pop als Mittel zur nationalen Identitätsfindung eingesetzt wird. Mit dem Regierungsumzug in die neue Hauptstadt, dem Berlin-Hype, der Etablierung von *VIVA* und der Forderung nach einer Quote deutschsprachiger Popmusik ist Pop zum Standortfaktor in Deutschland geworden. Nicht weiter verwunderlich ist daher das vermehrte Interesse der Politik an Pop – vor allem von rot-grüner Seite, was daran darin gipfelt, daß sich der BAP-Sänger für den Kriegseinsatz in Jugoslawien stark macht. Alles Zeichen der »popkulturellen Aufrüstung«, meint Jacob, die zur Zeit in Berlin vonstatten geht. »Auch Pop ist stolz, ein Deutscher zu sein«, polemisiert Jacob in seinem hochaktuellen, diskussionswürdigen Beitrag, der weder die Polemik nötig hätte noch das zwar köstlich zu lesende, aber im Grunde des Autors unwürdige Dissing von Diederichsen oder Stuckrad-Barre.

Klaus Walter – von dessen Sendung *Der Ball ist rund* ich als Nordlicht leider nur das Lob hören kann, das mir immer wieder darüber zu Ohren kommt – nimmt das Popradio unter die Lupe. Stichworte hier sind »Durchhörbarkeit« und »Entwortung«, da

– laut Marktanalysen – mittlerweile jeder Wortbeitrag als »Ausschaltimpuls« gilt, mit dem Resultat, daß Wortbeiträge immer kürzer, Hörspiel- und Feature-Sendeplätze immer seltener werden. (Zum Glück gibt es Freie Radios!!!) In einer faszinierenden Analyse – er muß Foucault gelesen haben – legt Walter dar, wie Popradio als Ordnungsfaktor in einer Welt funktioniert, die als immer unübersichtlicher wahrgenommen wird. Mit flotter Musik am Morgen und abendlichem Kuschelrock wird das Popradio zu einem »Leitsystem durchs tägliche Leben« der Kontrollgesellschaft (Deleuze hat er scheinbar auch gelesen) und füllt das Vakuum, das traditionelle Bastionen von Disziplinierung und Definitionsmacht wie Familie, Schule, Fabrik hinterlassen haben. Mit seinem durchstrukturierten Programm und dem Ausschluß von »unerwünschten Elementen« ist Popradio zum Erlebnisraum geworden – parallel zur Entwicklung der Städte, in denen »Erlebnisräume« wie Malls, Entertainment-Center und *gated communities* das Gefühl von Sicherheit suggerieren und dem Kontrollverlust entgegenwirken sollen. Das nur als kurzer Appetithappen. Man kann die Kasseler eigentlich nur beneiden um ihre Veranstaltungsreihe. Klar, daß nicht immer solche Perlen dabei sein können wie die hier beschriebenen Highlights, ich aber hätte mich jedenfalls damals mächtig gefreut, wenn in unserer kleinen Stadt Leute wie Geuen und Rappe dafür gesorgt hätten, den Leuten klarzumachen, daß Pop nicht nur Mythos bleibt, sondern etwas ist, wozu man sich gern verhalten will.

[Heinz Geuen und Michael Rappe (Hg.): *Pop und Mythos, Pop-Kultur, Pop-Ästhehik, Pop-Musik.* edition argus, 20,– €] db

PETER KÖHLER/ JÜRGEN ROTH
Edmund G. Stoiber. Weltstaatsmann und Freund des Volkes

Gäbe es wirklich einen verbindlichen Kanon der Weltliteratur – dieses Buch würde definitiv nicht dazugehören. Und dennoch: »Die verdiente Würdigung des gewaltigsten Staatslenkers seit Julius Cäsar – das eindrucksvolle Bild eines der letzten Könige des Herzens auf dieser Welt« (Klappentext)

macht gerade im Wahljahr als Bus-, Zug- oder wahlweise Klolektüre einen Heidenspaß. In dieser gelungenen Fake-Biographie werden keineswegs handfeste politische Argumente gegen den »Herausforderer« aufgelistet, nein, es wird hemmungslos überspitzt und geschwindelt, bis sich die bayerischen Balken biegen. So kommt bei all den bösartigen (und vermutlich nur allzu wahren) Unterstellungen vor allem das Hämeempfinden der Leser

auf seine Kosten. Um die demokratische Chancengleichheit zu wahren, würde ich dem Autorenpärchen allerdings anempfehlen, sich jetzt hurtig mit dem Lebenslauf des momentanen Amtsinhabers G. Schröder zu befassen – der ist mindestens genauso spannend!

[Peter Köhler / Jürgen Roth: *Edmund G. Stoiber. Weltstaatsmann und Freund des Volkes.* Eichborn, Frankfurt a.M. 2002; 172 Seiten; ISBN 3-8218-3584-2] gw

VERBRECHER VERLAG

Gisela Elsner
DIE ZÄHMUNG
Mit einem Nachwort von Tjark Kunstreich
Taschenbuch ca. 250 Seiten
15 € 30 SFr ISBN: 3-935843-09-7

Die Zähmung des Schriftstellers Alfred Giggenbacher durch seine Ehefrau, die Filmemacherin Bettina Begemann, galt 1984, als diese „Chronik einer Ehe" in Westdeutschland erschien, als Satire des Geschlechterrollentauschs. Achtzehn Jahre später ist von der „galligen Komik", die der Verlag seinerzeit versprach, nichts, aber auch gar nichts mehr übrig. Vielmehr erinnert Gisela Elsner in der Radikalität ihrer Ablehnung der Errungenschaften von 1968 an Houellebecqs Beschreibungen des postmodernen Beziehungselends, in der vom Geschlecht nichts mehr übrig blieb. (erscheint Mai 2002)

Stefan Wirner
SCHRÖDERSTOIBER
Taschenbuch 80 Seiten
8 € 16 SFr ISBN: 3-935843-07-0

Was plant eigentlich der Kanzlerkandidat Edmund Stoiber? Und was entgegnet ihm Bundeskanzler Gerhard Schröder? Stefan Wirner hat zwei Reden des Kandidaten und des Kanzlers montiert. Sie wurden so nie gehalten, und doch wurde jeder einzelne Satz von den beiden gesagt. Durch ihre Montage tritt die Ideologie, die hinter dem Jargon waltet, offen zutage. (erscheint März 2002)

Hrsg.: Verena Sarah Diehl, Jörg Sundermeier, Werner Labisch
MITTEBUCH
Taschenbuch 160 Seiten
12,30 € 24 SFr ISBN: 3-935843-10-0

Berlin-Mitte ist der Bezirk, der zugleich symbolhaft für das steht, was die Konservativen wie die Sozialdemokraten für sich reklamieren: die Mitte. Doch was ist das? Im Mittebuch finden sich Reportagen, Geschichten und Bilder, die belegen, dass die Mitte alles andere ist, als das, was sich Politik und Wirtschaft erhofft haben. Mit Beiträgen von: Lilian Mousli, Tanja Dückers, Ambros Waibel, Rattelschneck, Christiane Rösinger, Heike Blümner, Almut Klotz, Tjark Kunstreich u.v.a. (erscheint Mai 2002)

Rosenthaler Straße 39 10178 Berlin Fon: 030 28 38 59 54 Fax: 030 28 38 59 55 www.verbrecherei.de info@verbrecherei.de

Joachim Rohloff
WENN MAN DICH NICHT FRAGT, SAG NEIN
Deutsche, Pazifisten und Antiimperialisten im Krieg gegen den „Krieg gegen den Terror"
Taschenbuch 180 Seiten
12,30 € 24 SFr ISBN: 3-935843-08-9

Schon am Abend der terroristischen Verbrechen in New York und Washington stellte sich heraus, dass wir doch nicht alle Amerikaner sind. Viele Deutsche suchen und finden die wahren Schuldigen im Weißen Haus und in Israel. Die Friedensbewegung beweist noch einmal ihre intellektuelle Hilflosigkeit, und in der radikalen Linken kehrt der Antiimperialismus wieder. Joachim Rohloff prüft die Argumente gegen den Krieg der USA und kommt zum Ergebnis, dass die entscheidenden Fragen nie gestellt wurden. (erscheint April 2002)

Zeev Sternhell
FASCHISTISCHE IDEOLOGIE EINE EINFÜHRUNG
Eingeleitet von Anton Landgraf
Übersetzt von Jean Cremet
Taschenbuch 128 Seiten
12,30 € 24 SFr ISBN: 3-935843-02-X

„Es gibt in unserem politischen Vokabular nicht viele Begriffe, die sich einer solch umfassenden Beliebtheit wie das Wort Faschismus erfreuen, aber es gibt gleichfalls nicht viele Konzepte in der zeitgenössischen politischen Terminologie, die so verschwommen und unpräzise umrissen sind." Dies stellte der bedeutende israelische Historiker Zeev Sternhell bereits 1976 fest. Dieser Satz gilt bis heute. Daher nimmt Sternhell in dieser Einführung – die nach 26 Jahren nun erstmals auf deutsch vorliegt – eine genaue Bestimmung des Begriffes „Faschismus" aus seiner historischen und ideologischen Entwicklung heraus vor. (erscheint April 2002)

Oliver Grajewski
TIGERBOY #19
Comic 64 Seiten, geheftet
7,15 € 14 SFr ISBN: 3-935843-11-9

Der neue Tigerboy ist absolut. Hyperrealistische Stadteindrücke treffen auf den normalen Menschen. In der Natur rollen Köpfe. Passprobleme verhindern Grenzüberschreitungen. Auf Cuba ist es heiß und eventuell ist unsere Zukunft zwischen den Sternen tatsächlich so dunkel, wie deren Ma-terie. Erneut erscheint der Tigerboy in englischer und japanischer Sprache. (erscheint Juni 2002)

www.verbrecherei.de

ACHIM WOLLSCHEID
Selected Works 1990 – 2000

Das Buch ist schon ein Paradox: Es dokumentiert Achim Wollscheid als Künstler, also seine Licht- und Klang-installationen aus den letzten zehn Jahren. Nun läßt sich aber eine Arbeit, die mit den akustischen wie räumlichen Gegebenheiten einer Umgebung spielt und die also von den Faktor Zeitraum und klar umrissenen Ort bestimmt wird, schlecht in einem noch so gut gestalteten Kunstkatalog dokumentieren. Gerade dadurch, daß das Sinnliche und Interaktive in einem solchen Buchprojekt fehlt, daß also all das kaum vermittelbar ist, was Wollscheids Installationen zu einer kritischen Auseinandersetzung mit Architektur im Verhältnis zu deren Bewohnern werden läßt, kann ein solches Buch schnell snobistisch wirken im

Sinne ›abgehobener‹, selbstreferentieller Kunst für Diskurs-Insider in schwarzen Rollkragenpullovern. Diese Warnung nur, um sie zugleich zu entkräften. Wer den Werdegang von Achim Wollscheid kennt, der bis zu den »Musik«-Projekten von P 16 D 4 und S.B.O.T.H.I. zurückreicht, wer seine Hörspiele und Texte kennt, weiß um den (sub-)kulturellen Rahmen seiner Arbeiten, der vom Situationismus bis zum Wavepunk reicht, von Industrial bis zu Deleuze/Guattari, also sehr wohl abgefedert ist in einer Tradition, die Klang und Kunst nicht in den öffentlichen Raum bringt, um ihn zu ›verzaubern‹, sondern um Defizite bloßzulegen. Hier geht es nicht um ›Poetisierung‹, sondern um die Infragestellung des Verhältnisses von Mensch und Architektur, Funktion und Nutzung von öffentlichen Räumen, sei es auf Fußgängerwegen, Schulhöfen oder in Behörden. Wäre der Begriff nicht so überstrapaziert verwendet, müßte man die Arbeiten vielleicht als behutsame Markierungen bezeichnen, auf die Entfrem-dung zwischen öffentlichem Raum und dessen Benutzern hinzuweisen, auf diesen überall sichtbaren, aber schwer artikulierbaren Bruch, der zwischen Funktion und Bedürfnissen als schon längst nicht mehr thematisierte Norm existiert. Letztlich also sind Wollscheids Arbeiten Architekturkritik in einer

sehr dezenten Nachfolge von Gordon Matta-Clark, so dezent, daß sie wie Daniel Burens Streifen im öffentlichen Raum meist nur jenen auffallen, die bereits wissen, daß es sich dabei um eine Installation handelt.

Ich werde jetzt jedoch den Teufel tun, diese Form der Zurückhaltung kritisch nach ihrer Wirkung zu hinterfragen, so wenig, wie ich – da dieses Buch ja noch gelesen werden soll – auf die einzelnen Arbeiten eingehen werde. Nur so viel: Es ist leicht, Wollscheids Arbeiten dafür zu kritisieren, daß sie bereits sehr viel voraussetzen. Das unterscheidet sie von allen Holzhammer-Kunstspektakeln (Beispiel Christo) im öffentlichen Raum. Zugleich ist dieser Unterschied Grundvoraussetzung für eine ernsthafte Auseinandersetzung mit dem, was als Schlagwort so schön Urbanismuskritik heißt. Wer das Unbehagen und die kommunikativen Defizite verstehen will, die aus einem Großteil der zeitgenössischen Architektur und Städteplanung hervorgehen, sollte sich Wollscheids dezenten Hinweisen zuwenden und nicht auf jene Aktionen setzen, die ihrerseits Spektakel sind und als Spektakel geradezu der kommunikativen Veröedung des Raums in die Hände spielen.

[Achim Wollscheid: *Selected Works*. Brosch., 104 Seiten, Selektion 2001, ISBN 3-943801-01-3] mb

RAINALD GOETZ
Jahrzehnt der schönen Frauen

Die letzten Jahre waren voller Veröffentlichungen von Rainald Goetz. Erschien der 1954 in München geborene Autor einst eher medienscheu bis -skeptisch, so tauchte Goetz zuletzt in Interviews und gar mit einem eigenen Sendekonzept im ZDF auf. Dort nutzte er die Randsendung *Nachtstudio*, um drei Folgen lang eine Art Fernseh-Quartett, wie er es in seiner jüngsten Erzählung *Dekonspiratione* beschrieben hatte, zu inszenieren. Leider gelang Goetz und seinen Gästen keine produktive Reflexivität oder Tautologie, wie sie sein offensichtlich großer wissenschaftlicher Orientierungspunkt Luhmann immer wieder in der Theorie praktiziert hat. Am kritischen Fernsehen im Fernsehen gescheitert,

bleiben Goetz' Bücher (und auch seine mit Westbam aufgenommene CD *Heute Morgen*) ein Augen-, Ohren- und ergo kognitiver Sinnenschmaus. *Das Jahrzehnt der schönen Frauen* ist in zwei Teile gegliedert: Part 1 heißt *Krank* und kompiliert Taggedichte vom 1. Oktober 1999 bis 1. Januar 2000. Zum Jahrhundertwechsel prasseln Goetz' strukturiert wirre Gedankenfetzen und Lebenswirklichkeitsschnippsel auf eine/n ein – *Abfall für Alle* nicht unähnlich. Ganz nah am Goetzschen Alltag und doch voller Referenzen und Anspielungen, sitzt man neben Goetz im Zug oder Hotelzimmer. Part 2 ist von Goetz mit dem Namen *Kaputt* betitelt worden. Auf knapp 100 Seiten finden sich zehn Interviews aus so unterschiedlichen Medieninstitutionen wie *Süddeutsche Zeitung* oder *Ham-*

burger Abendblatt. Inhaltliche Schwerpunkte sind zeitgeistige Überlegungen und Diskussionen rund um Tag- und vor allem Nachtleben. Dabei wirken Goetz' Ausuferungen zum Beispiel medientheoretischer Art zum Internet äußerst fruchtbar für eigene Anschlußkommunikationen. Dieser Goetzband scheint kompakt in seiner Zerrissenheit und überrascht, beunruhigt, bricht den Alltag mit Alltäglichkeiten auf. Wie sagen sich Moritz von Uslar und Rainald Goetz (Reihenfolge dem Lesenden unbekannt) zum Abschluß des letzten Interviews und somit des gesamten Bandes: »Ist Schweigen schöner?« – »Never ever.« Maul aufmachen und weiter geht's!

[rainald goetz: *Jahrzehnt der schönen Frauen*. Merve, Berlin 2001, 213 S. brosch., 19 €, ISBN 3-88396-169-8, http://www.merve.de] cj

CHRISTOPH HAAS
Almodóvar. Kino der Leidenschaften.

Pedro Almodóvar gehört zu den wenigen Regisseuren, wie Christoph Haas am Ende seines Buches resümiert, bei denen »kommerzieller Erfolg und künstlerischer Anspruch« zu einer »selten erreichten Synthese gefunden« haben. Vom Underground-Regisseur, der in den ausgehenden Siebzigern die Punk-, Schwulen-, SM- und Transvestiten-Szene Spaniens begleitete, avancierte Almodóvar zu einem feinfühligen Kinoerzähler, der trotz großem Erfolg nie im Mainstream angekommen ist. In der ersten deutschsprachigen Monographie zeigt Christoph Haas anhand einer chronologischen Filmanalyse, aber auch mit Hilfe von Nebensträngen, die durchgängige Motive untersuchen, wie Almodóvar ein postmodernes Erzählen gelingt, das sowohl als Unterhaltung wie auch als komplexes Zitatgeflecht gelesen werden kann. Als Kenner der Filmgeschichte gibt

Haas damit erhellende Einblicke in Almodóvars Bildsprache. Politische Momente werden nur gestreift, was insofern legitim ist, als daß Almodóvar Politik in seinen Filmen weitgehend ausspart. »Als ich geboren wurde«, heißt es in *Live Flesh*, »war keine Menschenseele auf der Straße. Die Leute haben sich damals in ihren Häusern verkrochen vor lauter Angst. Zum Glück für dich, mein Sohn, haben wir in Spanien seit langer Zeit die Angst verloren.« Selbst diese Sätze, die einzigen in Almodóvars Werk, die auf Franco anspielen, nennen Franco nicht beim Namen. »Seine Rache an Franco«, so Haas, »hat der Regisseur gerne betont, bestehe darin, Filme zu drehen, als habe der Generalissimo nie gelebt.« Aber worin besteht sie, die Kunst, Franco und seine Spuren nachträglich auszuradieren? Almodóvar ist der Meister der *gender politics*: Seine Dekonstruktion von Geschlechterrollen, seine Abkehr vom Machismo und seine Fähigkeit, Macht und Unterdrückung auf dem Feld der

Begierde abzubilden – nicht zu vergessen die Sensibilität des homosexuellen Regisseurs, einen Großteil seiner Filme aus der Sicht reifer Frauen zu entwickeln –, machen Almodóvars Filme in Sachen *Gender* zu einem explosiven Politikum. Die Art und Weise, wie Frauen unter sich, Männer unter sich und Frauen und Männer zueinander sprechen, sich bewegen und einander betrachten, durchbricht das normative Geschlechterverhalten im Mainstream-Film, weshalb auch noch die scheinbar eher harmlosen späten Almodóvar-Filme eine Provokation auf den heterosexuellen, männlichen Blick darstellen. All dies hat Christoph Haas leider nicht herausgearbeitet. Er umschifft den *Gender*-Aspekt fast durchgängig weiträumig und hat so solide Filmanalysen hinterlassen, die leider auf die interessantesten Fragen keine Antworten geben.

[Christoph Haas: *Almodóvar. Kino der Leidenschaften.* Geb., 190 Seiten, mit zahlr. Abb., Hamburg / Wien 2001, Europa Verlag, ISBN 3-203-84119-3, 16,90 €] mb

ANDREAS GURSKY
Retrospektive

Das Foto einer Berglandschaft in den Dolomiten. Der Nebel hat sich fast bis zum Boden gesenkt. Mitten im Bild, winzig klein, eine rote Gondel, die aus der Nebelwand heraus auftaucht, ein irritierender Fremdkörper. Auf der anderen Seite wiederum Fotos von Menschenmassen, hunderte von verschwitzten Körpern auf dem Mayday, gestreckte Arme beim Konzert der Toten Hosen und fuchtelnde, nicht ganz so uniforme Armbewegungen an der Börse von Tokyo. Ein chaotisches Gewimmel, vom Fotografen aufgefangen mit dem distanzierten Blick, eingefroren im Breitleinwand-Format. Ebenso breit auf anderen Fotos in Szene gesetzt: Die bunte Warenpalette in einem Supermarkt und Turnschuhe

in einer beleuchteten Glasvitrine, jeder Schuh sein eigener Star.

Die Rede ist vom Fotografen Andreas Gursky. Und von einem umfangreichen Werkverzeichnis, das über seine Bilder gerade erschienen ist. Andreas Gursky, 1955 in Leipzig geboren, Schüler von Bernd und Hilla Becher an der Kunstakademie Düsseldorf, zählt eindeutig zu den faszinierendsten deutschen Fotografen der letzten zwanzig Jahre.

Ein zentrales Thema in Gurskys Arbeiten ist das Verhältnis von Mensch und Umgebung, sei es zwischen dem Einzelnen und der Masse, zwischen Mensch und Natur oder der Welt, die vom Menschen selber geschaffen wurde, den Hotels, Supermärkten, Schwimmbädern und Autobahnen. Auf den ersten Blick wirken Gurskys Fotos dabei nüchtern, keineswegs spektakulär, denn sie widmen sich in der Regel Motiven, die so unspektakulär erscheinen, daß kein Amateur sie ablichten würde. Kaum ein Hobbyfotograf würde wohl einen Panoramablick über das Schwimmbad von Ratingen aufnehmen, sondern höchstens in diesem Schwimmbad Nahaufnahmen von seinen Freunden machen.

Genau das unterscheidet Gursky allerdings auch vom profanen und zugleich befangenen, weil privaten Blick auf die Welt: Seine Bilder spielen mit dem Eindruck von Objektivität, mit einer vermeintlichen Nüchternheit, die gerade daher rührt, daß es auf diesen Fotos kein Interesse für den Einzelnen gibt. Das Individuum ist als solches, als Portrait, aus Gurskys Arbeiten ausgeklammert. Gerade dies verführt, seine Fotos als kühl, distanziert und in einem weiteren Trugschluß als dokumentarisch anzusehen.

In Wirklichkeit aber ist jedes seiner Fotos poetisch, voller Teilnahme und Liebe bei der Wahl des Motivs. Die Poesie seiner Bilder kommt gerade dadurch zustande, daß sich die Teilnahme nicht offen zu erkennen gibt, sondern daß der Fotograf hier einen Schritt zurückgeht, auf daß die Details auf den ersten Blick von der Totale geschluckt werden. Erst der zweite Blick, das genauere Hinsehen gibt dem Auge die Möglichkeit, auf einzelnen Figuren zu ruhen und schließlich genau jene philosophische Dimension zu erkennen, die in Gurskys Bildern angelegt ist: Seine Fotos zeigen das Ganze, den Raum, in dem der Einzelne sich bewegt, ohne selbst sehen zu können, in welchem Raum er sich bewegt. Gurskys Großausschnitte eröffnen uns, wie klein immer nur der Ausschnitt dessen ist, was wir selber sehen, wie wir also Teil eines Ensembles sind, das wir unmöglich überblicken können.

An dieser Stelle ließe sich einiges über Niklas Luhmann anmerken, über die Fähigkeit der Selbstregulation von sozialen Systemen und die Schwierigkeit der Beobachtung zweiten Grades. Aber viel sinnlicher und damit auch wesentlich vieldeutiger finden sich all solche systemtheoretischen Überlegungen in Gurskys Fotos wieder. Gurskys scheinbare Objektivität beim Blick auf Sportveranstaltungen, das Börsenspektakel und Fabrikhallen, läßt immer auch offen, ob wir die Bilder nun als schön empfinden oder von der entfernten Beobachterposition abgestoßen werden. Weil meistens beides mitspielt, eine Faszination für die Totale, die dem Betrachter das gottähnliche, erhabene Moment erlaubt, auf alles gleichermaßen und zeitgleich herabblicken zu können, aber auch eine Ernüchterung darüber, wie geregelt, organisiert und unspek

takulär der Blick auf die Welt über die Totale wird, erzeugt Gursky vor allem eines: Melancholie. So nahe am göttlichen Blick, so fernab von all dem, was wir rührig Einzelschicksal nennen, erstarrt Erhabenes plötzlich in Langeweile, in ein letztlich beliebiges und austauschbares Kommen und Gehen.

Im letzten Jahr hat Andreas Gursky ein Konzert der Toten Hosen fotografiert. Während Campino gerade seine Hand ins Publikum streckt, sind tausende von Händen im Publikum in die Höhe gerichtet, bilden ein »Ornament der Masse«, das sich choreographisch kaum von Nürnberger Nazi-Veranstaltungen unterscheidet. Rockmusik und Faschismus gehen hier auf engste Tuchfühlung. Würde man jedoch einzelne Fans von diesem Abend herauspicken und fragen, wie sie denn diesen Moment in der Masse empfunden haben, wäre wohl keinem irgendeine Analogie zu den Nazis bewußt. Und gerade darin besteht sie, die große Kunst der Fotografie bei Gursky: Den Einzelnen endlich einmal nicht zu Wort kommen zu lassen, schon gar nicht entschuldigend, sondern zu zeigen, wie Öffentlichkeit, soziales Verhalten, Anpassung und

– jetzt doch noch einmal Luhmann – systemrelevante Kommunikation funktioniert. Ganz schön ernüchternd.

Im Klappentext als »Over Size«-Buch hervorgehoben, hat der »Hatje Cantz«-Verlag in Zusammenarbeit mit Andreas Gursky einen Katalog herausgebracht, der im Miteinander von großformatigen Abbildungen und doppelseitigen Detailaufnahmen die Dialektik von Gurskys Fotos dermaßen gut herausarbeitet, daß zum Preis des Katalogs eigentlich nur zu sagen ist: Sparen Sie sich beim nächsten Skiurlaub einen Tag und investieren Sie das gewonnene Geld in ein Buch, das Ihnen zeigt, wie so ein Skiurlaub aussieht, wenn man ihn aus der Distanz heraus betrachtet. Die grobkörnig eingefügten Nahaufnahmen, die den Blick auf Details freigeben, zeigen in diesem Buch, worum es Gursky geht, indem es ihm gerade darum nicht geht: Sobald einzelne Personen fixiert werden, erhält auch seine Fotografie eine Versöhnlichkeit, die der genauen Wahrnehmung der Welt nur schadet.

[Andreas Gursky: *Großformat.* 196 Seiten, Hatje Cantz Verlag, Ostfildern 2001, ISBN 3-7757-1052-3, DM 148,–] mb

ANNIBALE PICICCI
Noise Culture

Dieses Buch ist schlicht, ehrlich gesagt nicht gerade schön aufgemacht und läßt staubtrockenen Stoff erwarten. *White Noise*, in der Schriftenreihe *Berliner Beiträge zur Amerikanisik* des John F. Kennedy-Instituts der FU Berlin mit dem Untertitel *Kultur und Ästhetik des Rauschens in der Informationsgesellschaft am Beispiel von Thomas Pynchon und Don DeLillo* erschienen, liest sich bereits wie eine Satire auf Sprache und Ästhetik des Wissenschaftsbetriebs. Bekanntlich verbirgt sich ja hinter solchen »Lies-mich-nicht!«-Anti-Bringern manchmal höchst anregender Stoff, wie man ihn in peppiger aufgemachten, populärwissenschaftlichen Büchern derart konzentriert selten findet. Sieht man vom üblichen hier zitierten Kanon ab, der von Kittler bis Weibel und von Baudrillard bis Deleuze reicht, gelingt es *Noise Culture* doch an einigen Stellen außerordentlich gut, Querverbindungen zwischen kultu

rellen Phänomenen zu ziehen und den musikalischen Begriff der »Noise Culture« auf wahrnehmungspsychologische Phänomene zu übertragen: Das Rauschen wird zum Synonym für die Verdichtung und schließlich für das Zuviel an Information. Als Geräuschsynonym für Simulanität und semiotischem Kollaps fand das Rauschen Einzug in die verschiedensten Kunstformen, von der Musik (Picicci untersucht die Tradition von Russolo bis Cage) bis zur Literatur (hier von Marinettis Sprache als »größtmöglicher Unordnung« über Burroughs bis zu DeLillos Roman *Weißes Rauschen*). Was die Moderne noch euphorisch als avantgardistische Strategie gepriesen hatte, findet sich in postmodernen Romanen wie *Weißes Rauschen* bereits in fast schon satirischer Form als Phänomen des Alltags wieder: Das »weiße Rauschen« hat sich in sämtlichen Lebensbereichen ausgedehnt und sorgt dort für »die zunehmende Komplexität bzw. Relativierung des Erlebten und die vollständige Auflösung

von bisher unveränderbar gehaltenen Erkenntnisprozessen«, für genau jene Verwirrung und Auflösung gültiger Codes also, die Autoren wie Pynchon und DeLillo zum Anlaß für ihre ebenso kruden wie amüsanten, verschwörungstheoretisch durchsetzten Romane nehmen. Zu diesem Zynismus paßt es, daß der Protagonist von DeLillos Roman *Weißes Rauschen* als angesehener Professor für den einzigen Lehrstuhl der Hitlerforschung immer wieder beim Objekt seiner Forschung Halt sucht: Hitler wird zum Refugium des Verläßlichen. DeLillo weist sarkastisch, aber nicht ohne moralischen Unterton darauf hin, daß die mediale »Noise Culture« die Hinwendung zum Faschismus, die Sehnsucht nach Kontur, gleich mitproduziert. Daß das Rauschen aber auch emanzipatorisches Potential beinhaltet und zahlreiche Gedanken mehr, läßt sich in *Noise Culture* gewinnbringend nachlesen.

[Annibale Picicci: *Noise Culture.* 122 Seiten, Berliner Beiträge zur Amerikanistik, ISBN 3-88646-046-0] mb

JEAN-FRANCOISE LYOTARD
Das Inhumane.
Plaudereien über die Zeit.

Der Untertitel muß ernst genommen werden. Es handelt sich um Vorträge von Lyotard, die keinerlei Anspruch an philosophische Genauigkeit erheben, sondern mit Gedanken und oft nur kurzen Gedankenblitzen um sich werfen. Dieses Denken und Formulieren eines Denkprozesses als Spiel macht Lyotard ebenso allzumenschlich wie angreifbar. Strittige bis indiskutabel in Blaue hinein fabulierte Momente reiben sich mit ausgezeichneten Beobachtungen. Eine Gegenüberstellung von zeitgenössischer Kunst und Photographie liest sich beispielsweise ärgerlich pauschal und letztlich sogar laienhaft, da sie jegliche Form der Kunstphotographie ausklammert und schließlich das Medium in einer Art verurteilt, die kaum mehr dem konservativsten, auf Malerei abonnierten Kunsthistoriker in den Sinn käme; dem gegenüber einige scharfsinnige Gedanken zur Neuen Musik, ein Plädoyer für den Minimalismus. Anders gesagt: Lyotard gibt sich als Zeitgenosse und schreibt die Zeitgenossenschaft in seine Texte ein. Sie sind Versuche, das Gegenwärtige (vor allem die bildende Kunst) zu kontextualisieren, ohne darüber ein letztes Wort zu sprechen. Das Vorläufige macht das Unwissenschaftliche, beinahe Antiakademische und damit letztlich Sympathische dieser Texte selbst dort noch aus, wo man laut widersprechen möchte. Als radikaler Modernist, als welcher der »postmoderne« Lyotard bei seiner Beschäftigung mit den Werken von Barnett Newman und John Cage begriffen werden muß, wendet Lyotard die Mittel der Kunst auf Sprache an. Geradlinige Argumentation weicht dem sprunghaften, collagierten Denken. Ein nicht immer effektiver, aber durchaus legitimer Weg, zudem ein notwendiger Weg fort vom autoritären Sprechen.

[J.-F. Lyotard: Das Inhumane. 240 S., überarbeitete Auflage, Wien 2001, Passagen Verlag, ISBN 3-85165-473-0, 28 €] mb

(Süd-) Osteuropa-Special

REIHE TRANSFER BEI FOLIO

Die folio-Reihe *Transfer* bietet dem deutschsprachigen Bauer mit unbeirrbar gutem Geschmack die Chance, auch das zu fressen, was er nicht kennt. SchriftstellerInnen aus Rußland und aus den Nachfolgestaaten des früheren Jugoslawiens sind hier besonders stark vertreten.

Unter dem Titel *Verteidigung der Zukunft* hat folio auch zwei politische Sammelbände zu den Krisenregionen Balkan und Kaukasus im Programm. Letzterer wurde von dem OSZE-Beauftragten für die Freiheit der Medien, **Freimut Duve**, in den 70er und 80er Jahren als *rororo aktuell*-Herausgeber bekannt, und der persönlichen Vertreterin der amtierenden österreichischen OSZE-Vorsitzenden für den Kaukasus **Heidi Tagliavini** veröffentlicht. 24 SchriftstellerInnen und Intellektuelle aus den involvierten Ethnien haben hier Gelegenheit, ihre Standpunkte vor einer größeren Öffentlichkeit – es existiert auch eine englischsprachige Version – zu vertreten. Einige der Essays sind literarisch anspruchsvoll, manchmal mit autobiographischen Exkursen, verfaßt. Es entsteht ein plastischeres Bild der gesamten Region, ihrer Bewohner, ihrer Geschichte und Kultur als durch die hiesige Zeitungs- und Fernsehberichterstattung.

Gemeinsam ist den Autoren die Hoffnung auf eine friedlichere Zukunft und die Bereitschaft zum Dialog. Doch werden gegensätzliche Lösungen angeboten. Der in Tscherkessk und Moskau lebende Dichter B. Lajpanow etwa nimmt das Selbstbestimmungsrecht der Völker und damit die Nationalstaatsbildung zur obersten Richtschnur: »1. Tschetschenien muß freigegeben werden. [...] 2. Die Republik der Karatschaier und Tscherkessen muß aufgeteilt werden in ein Autonomes Gebiet der Karatschaier und ein Autonomes Gebiet der Tscherkessen. [...] 3. Die Republik der Kabardiner und Balkaren muß in eine Karbadinische und eine Balkarische Republik geteilt werden. [...] 4. Den Inguschen muß ihr Land, das ihnen nach ihrer Deportation weggenommen wurde, zurückgegeben werden, in Übereinstimmung mit dem Gesetz ›Über die Rehabilitierung repressierter Völker‹.« Ganz anders dagegen der Ansatz der in Abchasien aufgewachsenen Russin N. Wenediktowa, die sich an dem europäischen Modell orientiert: »1. Beim gegenwärtigen Stand der Entwicklung werden die nationalen Konflikte als unlösbar eingestuft und ihre politische Regulierung wird auf einen späteren Zeitpunkt verschoben. 2. Unter Mitwirkung aller Betroffenen werden die wirtschaftlichen Prioritäten (Energiesektor, Verkehr, Fremdenverkehr usw.) für den gesamten Kaukasus sowie der reale Platz der Region in der internationalen Arbeitsteilung festgelegt. 3. Gemeinsam wird ein Konzept ›Lebensraum Kaukasus‹ ausgearbeitet, das solche wichtige [!] Faktoren mit einschließt wie: die ethnokulturelle Einheit der Kaukasusvölker, die durch Chaos und Gewalt hervorgerufene Ermattung, das Streben nach einem besseren Leben und nach einer sicheren Zukunft für kommende Generationen, Verständnis dafür, daß der wissenschaftliche und technische Fortschritt nicht auf zu spät gekommene [!] wartet u.a.« Hier wird gerade die Überwindung des traditionellen Nationalstaatsgedankens angestrebt. Nach Wenediktowa ermöglichen neue Technologien kulturelle Identität und Zusammengehörigkeit ohne eigenen Staat: technika resaet vse. Aus vielen Stellungnahmen wird ersichtlich, welche – hoffentlich nicht zu illusorischen – Hoffnungen in die europäische Union als Vermittler und Vorbild gesetzt werden.

Doch weiter zur Literatur aus Ex-/ Post-Jugoslawien: Mit den zehn Erzählungen in *Walt Disneys Mausefalle* gelang dem Kroaten **Zoran Feric** ein bemerkenswertes Debüt. Der Mensch als Gefangener seines Körpers ist das zentrale Thema, das sich als roter Faden durch alle Erzählungen zieht. Vordergründig plakativ und mit dem Voyeurismus spielend, konfrontiert Feric den Leser mit gesellschaftlichen Tabus wie Invalidität, Krankheit, Prostitution, Schwangerschaft, Kin-

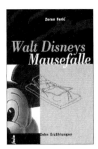

desmißbrauch, Tod usw., läßt ihn dabei aber mit moralischen Fragen allein.

Der neuere Erzählband *Engel im Abseits* ist thematisch aus demselben Guß. Eine besondere Rolle spielt die Durchleuchtung der Gesellschaft hinsichtlich des Umgangs mit ihren Randgruppen, wie Aidskranken oder Behinderten: »Die Szene ist rührend, denn wir wissen, er weint seinetwegen. In den örtlichen Kneipen wird schon lange gemunkelt, daß er und seine Frau dem heiligen Ante Kerzen anzünden, auf daß ihre kleine Mongoloide möglichst bald sterbe. [...] Sie hat Appetit und könnte einen Ochsen verspeisen, aber dann macht sie ins Bett. Sie müssen sie in Windeln halten, obwohl sie schon sieben Jahre alt ist. Schwerstens retardiert. Und hier ist einem anderen die Tochter gestorben. Eine Ungerechtigkeit!« Feric gelingt es, in spannenden Erzählungen hinterrücks mit heiklen Themen zu provozieren, ohne mit dem moralischen Zeigefinger herumzuwedeln.

Der slowenische Schriftsteller **Drago Jancar** wirft in seinem Erzählband *Die Erscheinung von Rovenska* einen Blick hinter große Persönlichkeiten wie James Joyce oder Kaiser Maximilian und entreißt Schicksale einfacher Menschen der Vergessenheit. Anhand realer und fiktiver Begebenheiten, die an manchen Stellen gegeneinander ausgespielt werden, wird dem Leser die Abhängigkeit von Zeitzeugnissen jedweder Art (Baudenkmäler, Chroniken, Zeugenaussagen) bei der Urteilsbildung vorgeführt. Dabei zeigt er die Grenzen ihrer Aussagekraft und die Unmöglichkeit einer objektiven Wahrheitsfindung: »Der Schoß war rot, sagte die erste. Er war blau, sagte die zweite. Er war lila, sagte die Frau Ingenieur.« Obwohl Jancar auch ihre Gefahren und Schwächen nennt, postuliert er die

Idee von der Literatur als subjektiver Geschichtsschreibung: »Der Anfang der Chronik wurde zurückgewiesen. Das sei gewissermaßen der Hauptbericht, hieß es. Das Interessantere sei der Nebenbericht. Der scriba war Teilnehmer, somit rückt der Hauptbericht in den Hintergrund, im Vordergrund haben persönliche Erlebnisse und Beobachtungen zu stehen.« In der letzten Erzählung mit dem Titel *Der Rest der Geschichte* wird das anachronistische Konzept des Chronisten verworfen: »Für den Chronisten, für den scriba communitatis, der in Ruhe an seiner Chronik schreibt, der Zeit hat, zwischendurch mit Gott zu reden, der in der Geschichte und in den Sätzen Ordnung haben will, für den gab es hier nichts mehr zu tun.« Was bleibt, ist wiederum ein Autor, dem die Phantasie durchgeht. Ein Schlafloser, der träumt, »die Teufel seien ins Land gekommen. [...] Man sagte, sie seien schon bis Laibach gekommen.« *Die Erscheinung von Rovenska* ist ein ernstes Buch, das aus aktuellem Anlaß nach der Rolle des Schriftstellers bei der historiographischen Aufarbeitung seiner eigenen Epoche fragt.

Miljenko Jergovic verdankte vor allem den politischen Rahmenbedingungen die weltweite Aufmerksamkeit für seine Kurzgeschichtensammlung *Sarajevo Marlboro*, die als Nachricht aus dem belagerten Sarajevo wahrnommen wurde: Schon 1994 veröffentlichte die Edition Palais Jalta mit finanzieller Unterstützung der Frankfurter Buchmesse und des Auswärtigen Amtes eine Auswahl daraus. Nicht nur dort versah man den kroatischen Autor mit den Vorschußlorbeeren, als würdiger Nachfolger von Nobelpreisträger Ivo Andric gelten zu dürfen.

Anhand der titelgebenden, dem bosnischen Rauchergeschmack angepaßten Zigarettensorte veranschaulicht Feric in der Kurzgeschichte *Das Grab* die Schwierigkeit, dem Ausland die eigene Lage zu vermitteln. Ein oberflächlicher Blick fördert nichts, eine Innenschau unversehens das Alte zutage: »Ich ziehe die Zigaretten aus der Tasche, siehst du das, sage ich zu ihm, das sind Zigaretten, die in Sarajevo hergestellt werden, und weißt du auch, warum die Schachtel völlig weiß ist, er schüttelt den

Kopf, weiß ist sie deshalb, weil man nirgends mehr die Aufschriften auf die Schachtel drucken kann. Du wirst jetzt daraus schließen, wie arm und unglücklich wir sind, weil auf unseren Zigaretten nichts draufsteht, du wirst zu dem Schluß kommen, weil du nicht zu sehen vermagst. Ich nehme die Schachtel und reiße sie auf, ich weiß, daß sie inwendig nicht weiß ist, kann sein, daß das die umgedrehte Verpackung einer Kinderseife ist, kann sein, daß es der Teil eines Kinoplakats oder ein Teil einer Schuhreklame ist. [...] Ich stülpe also die Schachtel um, und fast wäre ich zusammengebrochen. Da drinnen glänzt die Verpackung einer alten Sarajevo Marlboro, der Amerikaner kriegt sich nicht wieder ein, ich muß fluchen, ich weiß nicht mehr, was ich ihm noch sagen soll. Was immer ich zu ihm sage, er wird glauben, so wie es ist, guck dir das verrückte Volk an, drehen die Verpackung von den Zigaretten verkehrt herum und reißen dann die Schachteln auf, um zu sehen, was für Zigaretten sie gekauft haben. So wie ihre Zigarettenschachteln verkehrt herum sind, so ist bei ihnen alles verkehrt herum, das, was sie sagen, genauso wie das, was sie denken und was sie tun.«

In *Mama Leone* gewinnen Jergovics Erzählungen mehr Abstand von den unmittelbaren Kriegserlebnissen. Im ersten Teil *Als ich zur Welt kam, bellte auf dem Flur der Klinik ein Hund*, bestehend aus 21 Episoden, wird aus naiv-schlauer Kinderperspektive die Erwachsenenwelt vorgeführt. Gleichzeitig ist dies die Reminiszenz an eine friedvolle und aufgeräumte Kindheit in einem heute nicht mehr existierenden Land: »Ricardo ist aus Chile, machte uns die Lehrerin in der Gemeinschaftskunde aufmerksam, aber jetzt ist auch er aus Sarajevo, und ich bitte euch, daß ihr euch ihm gegenüber benehmt, als wäre er seit immer aus Sarajevo. Ich verstand nicht, was das bedeutete, obwohl ich begriffen hatte, daß es sich um etwas schrecklich Ernstes handelte. Bevor Ricardo unsere Sprache gelernt hätte, würde ich lernen, wie man sich gegenüber Menschen benahm, die seit immer aus Sarajevo waren. Das war mir sehr wichtig; wegen Salvador Allende und wegen Mama Allende, ich würde ihn fragen, ob Mama Allende am Leben war, und wenn sie es war, dann würden wir Palast Monada spielen, Pinochet würde wieder versuchen, Allende umzubringen, aber Ricardo und ich würden ihn retten.« Der zweite Teil, mit dem Titel *An diesem Tag endete eine Kindheitsgeschichte* zweideutig an den ersten angeschlossen, enthält 12 selbständige Kurzgeschichten, die sich mit der jüngsten Vergangenheit auseinandersetzen. Der Krieg, der Biographien durchkreuzt, Liebende trennt und Menschen in aller Welt verstreut, offenbart sich in ihnen als soziale Katastrophe. Die Erzählungen in *Mama Leone* sind ergreifend bis aufs letzte Taschentuch.

Als letztes noch nach Rußland: Trotz der Anmerkungen (wenn auch ohne Fußnoten) und eines hervorragenden Nachwortes dürften die beiden autobiographischen Erzählungen der russischen Dichterin **Olga Sedakova** in *Reise nach Brjansk* beim deutschen Publikum nachhaltig auf Verständnislosigkeit stoßen: Sedakova spinnt ein dichtes Netz intertextueller Verweise auf russische Klassiker (wie Puschkin oder Gogol) sowie auf – zu Sowjetzeiten zum Teil verbotene, nur durch das Samizdat bekannte – Autoren wie Zwetajewa, Bulgakov, Mandelstam, Jerofejew oder Achmatova, ein Netz, das weniger auf die internationale Leserschaft, als auf den im Durchschnitt vielbelesenen, russischen Rezipienten abzielt. Sedakovas Kosmos und Humor sind exemplarisch für die aus der inneren Emigration

zurückgekehrte Kulturelite Rußlands. Gerade aufgrund ihrer Innenperspektive zeichnen die Erzählungen ein eindrückliches und zuweilen skurriles Bild von den gesellschaftlichen und politischen Umwälzungen seit der (Vor-)Perestrojka. Die in den 8oer Jahren verfaßte, titelgebende Erzählung *Reise nach Brjansk* ist eine dezidierte Reverenz an Wenedikt Jerofejew, der mit seinem Roman *Die Reise nach Petuschki* in Deutschland öffentlich, in der UdSSR illegal bekannt geworden ist. Darin kommentiert Sedakova die sowjetrussische Realexistenz anhand eines eigenen offiziellen Auftritts als Übersetzerin in der Provinzstadt Brjansk, und zwar so ungeschminkt, wie ihr das nur in Gedanken oder im Samizdat möglich ist. Die Situation des nicht gedruck-ten bzw. sich nicht offenbarenden Schriftstellers wie die verleugnete oder verfemte Kunst, Musik und Literatur selbst, wird immer wieder reflektiert: »Zum Beispiel Chrennikows Rede bei der Verurteilung von Prokofjew und Schostakowitsch. Gut, zumindest das wird nicht vergessen. ›o, Maritana, meine Maritana, ich vergesse dich nie, niemals!‹ Denken Sie einmal daran, daß es solche Auftritte heute gar nicht mehr gibt, immerhin ein kleiner Fortschritt. Schnittke ist nicht einmal mehr geprügelt worden. Und die Geschichte mit der ›Pique Dame‹ – das war wohl eine Kleinigkeit? Wozu denn überhaupt diskutieren, was es gar nicht gibt? Daß es in der Kunst überhaupt unerwünschte Phänomene gibt, ist noch gar nicht bewiesen. Gerüchte,

Legenden, sollen sie reden, und alles mögliche verbreiten ... Daß ist bloß nicht befriedigte Eitelkeit, wir wissen ja, daß es sie gar nicht gibt und ihre Werke gibt es auch nicht, es ist also über gar nichts zu reden. Gehen wir lieber zu den Gedichten über – Erhabenes ist gewünscht, wie der verstorbene Ljonja Gubanow sagte, der die 36 Jahre seines Lebens als nichtexistierender Poet gelebt hatte. Einmal saßen wir bei mir in der Küche, zwei nichtexistierende Wesen von der Art des Secondlieutenant Sjedoch, nur umgekehrt ...« In der zweiten, 1998 geschriebenen Erzählung *Reise nach Tartu und zurück* pilgert eine Gruppe von Mokauer Intellektuellen zum Begräbnis des Literaturtheoretikers Jurij Lotman nach Estland. Der Vorgang steht symbolisch für die Verabschiedung von der überkommenen Rolle des sowjetischen Dissidenten. Doch die Erlebnisse auf der beschwerlichen, zum Teil zu Fuß zurückgelegten Reise verdeutlichen den Vertretern der alten inoffiziellen Kulturelite zugleich schon die Entfremdung auch von der neuen Generation der »legalisierten Religion und der privatisierten Moral« und damit ihren Verbleib in der Opposition zum herrschenden System.

[Freimut Duve / Nenad Popovic (Hg.): *Verteidigung der Zukunft. Suche im verminten Gelände.* Folio: Wien / Bozen 1999. ISBN 3-85256-136-1]

[Freimut Duve / Heidi Tagliavini (Hg.): *Kaukasus – Verteidigung der Zukunft. 24 Autoren auf der Suche nach Frieden.* Folio: Wien / Bozen 2001. ISBN 3-85256-161-2]

[Zoran Feric: *Walt Disneys Mausefalle.* Folio: Wien / Bozen 1999. ISBN 3-85256-085-3]

[Zoran Feric: *Engel im Abseits.* Folio: Wien / Bozen 2000. ISBN 3-85256-143-4]

[Drago Jancar: *Die Erscheinung von Rovenska.* Folio: Wien / Bozen 2001. ISBN 3-85256-160-4]

[Miljenko Jergovic: *Sarajevo Marlboro.* Folio: Wien / Bozen 1996. ISBN 3-85256-038-1]

[Miljenko Jergovic: *Mama Leone.* Folio: Wien / Bozen 2000. ISBN 3-85256-120-5]

[Olga Sedakova: *Reise nach Brjansk.* Folio: Wien / Bozen 2000. ISBN 3-85256-127-2]

Natalja Kyaw

Raum für Notizen:

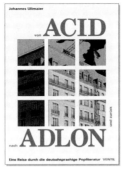

Johannes Ullmaier
*Von Acid nach Adlon und zurück.
Eine Reise durch die deutschsprachige
Popliteratur.*

ISBN 3-930559-83-8
Ventil Verlag
216 Seiten + CD / € 20,40

Martin Büsser
Wie klingt die Neue Mitte?

ISBN 3-930559-90-0
Ventil Verlag
144 Seiten / € 11,90

Martin Büsser
*If the kids are united.
Von Punk zu Hardcore und zurück.*

ISBN 3-930559-48-X
Ventil Verlag
158 Seiten / € 10,63

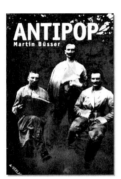

Martin Büsser
Antipop.

ISBN 3-930559-45-5
Ventil Verlag
194 Seiten / € 11,66

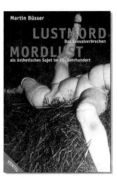

Martin Büsser
*Lustmord – Mordlust.
Das Sexualverbrechen als ästhetisches
Sujet im 20. Jahrhundert.*

ISBN 3-930559-57-9
Ventil Verlag
192 Seiten / € 15,24

Roger Behrens
*Übersetzungen – Studien
zu Herbert Marcuse.
Konkrete Philosophie, Praxis
und kritische Theorie.*

ISBN 3-930559-46-3
Ventil Verlag
252 Seiten / € 16,77

Roger Behrens
*ton klang gewalt.
Texte zu Musik, Gesellschaft
und Subkultur.*

ISBN 3-930559-46-3
Ventil Verlag
288 Seiten / € 16,77

Johannes Ullmaier
*Pop Shoot Pop.
Über Historisierung und Kanon-
bildung in der Popmusik.*

ISBN 3-929066-70-X
Verlag Frank Hofmann
106 Seiten / € 6,14